應用行為分析

Applied Behavior Analysis
for Teachers

Paul A. Alberto & Anne C. Troutman　著

周天賜　譯

APPLIED BEHAVIOR ANALYSIS FOR TEACHERS

NINTH EDITION

PAUL A. ALBERTO
Georgia State University

ANNE C. TROUTMAN

Authorized translation from the English language edition, entitled APPLIED BEHAVIOR ANALYSIS FOR TEACHERS, 9th Edition, ISBN: 0132655977 by ALBERTO, PAUL A.; TROUTMAN, ANNE C., published by Pearson Education, Inc., Copyright © 2013 by Pearson Education, Inc.

CHINESE TRADITIONAL language edition published by PSYCHOLOGICAL PUBLISHING COMPANY LTD., Copyright © 2017.

作者簡介

▨ 保羅・艾伯特（Paul A. Alberto）

　　保羅・艾伯特在紐約市亨特學院（Hunter College）取得學士學位後，便在南布朗克斯（the south Bronx）的小學教智能障礙學生；任教中，他在福坦莫大學（Fordham University）完成特殊教育（智能障礙）的碩士學位。之後搬到亞特蘭大並且在喬治亞州立大學（Georgia State University, GSU）取得了特殊教育（重度障礙）的博士學位。他的高等教育專業生涯在 GSU 教育心理和特殊教育學系任教。他是多重及重度障礙師資教育學程的協調者（coordinator）、應用行為分析學程的聯合負責人，也是大學語言和識字倡議（University Initiative on Language and Literacy）的聯合負責人。自 2003 年起他擔任 *Focus on Autism and Other Developmental Disabilities* 學報的共同主編。目前為教育科學院專案「中重度障礙學生讀寫整合」（Integrated Literacy）的主要研究者。

▨ 安娜・屈門（Anne C. Troutman）

　　1964 年安娜・屈門在喬治亞大學（University of Georgia）取得初等教育學士學位後，在小學任教了五年。她於喬治亞州立大學完成特殊教育的碩士學位，在自足班及資源班教導行為障礙學生，擔任危機介入專家及特殊教育督導。1977 年於喬治亞州立大學取得特殊教育的博士學位後，在孟菲斯大學（University of Memphis）大學部及研究所教授一般及特殊教育學生，直到 2009 年退休。

譯者簡介

▦ 周天賜

美國州立北科羅拉多大學特殊教育博士

國立臺北教育大學特殊教育學系副教授（退休）

作者序
PREFACE

　　難以置信，我們從本書《應用行為分析》（*Applied Behavior* *iii*
Analysis for Teachers）第一版出版至今已超過三十年了。雖然我們的
原則未變，但我們努力的領域卻有了很大的進步。作為這領域的專
家，我們學會，事前情境事件即使是遠端的也會影響行為；我們學
會更注意行為的功能，以前好像只注意行為的適當與否；我們學會，
厭煩後果的處理不若我們過去所想的那麼常需要；我們學會，強調
教導學生盡可能管理自己的行為。我們甚至贏得一般教育工作者相
當的尊重，因為應用行為分析的原則常用於全校系統，支持學生適
當的行為和正向社會互動。這些進步反映在本版（原文書第九版）
的內容。

　　我們撰寫這本教科書的初衷，在為自己的學生提供一本立論可
靠、組織有系統、可讀性高，甚而令人愛不忍釋的教科書。我們要
學生了解應用行為分析的概念，也知道如何應用那些概念於班級和
其他情境。應用行為分析不只是使學生行為表現良好的一個系統。
我們相信且我們的信念有研究的支持，這是最強有力的實用教導工
具。

　　我們不是要提供逐步引導的「食譜」以解決教育工作者可能遇
到的每一問題。無論如何那是不可能的：處理兒童和青少年的問題
非常有趣，因為每一個體是不同的，沒有一種方法對所有個體都有
效。我們要讀者能應用原則成功開創自己的「菜單」，原則的成功
應用需要教育工作者有創意地充分和主動參與。我們堅信應用行為
分析是強而有力的，強調應學會適當且道德地使用。本書的編輯便
於教師講授，指導學生閱讀及擬定行為改變計畫。本書從辨認目標

行為以蒐集和圖示資料，到選用一實驗設計、進行功能分析、安排後果、安排事前情境，以及類化行為改變成果，循序漸進。我們嘗試提供學生基礎的教學科技，作為其他方法課程的堅實基礎。

教師會有興趣知道，本書力求專業學術上的準確和提供詳盡的文獻。在編輯上，我們強調增加本書的可讀性和對讀者友善。我們不斷蒐集許多例子，希望學生喜歡閱讀。我們例子中所描述的學生，從幼兒到青少年包含各種能力程度；所描述的老師有優秀的，也有欠佳的。從這些例子對教師的描述，我們希望您的學生將是：從不可避免的錯誤，學會當個好老師。

本版新的內容

在準備本書新版時，我們採納了同事和曾使用本書的認真學生來函的熱心建議。因而本書新版的修訂包括：

- 對普通教育融合班有更多的例子和應用。
- 修訂章末的問題討論。
- *iv* 對泛自閉症障礙使用應用行為分析的新資訊。
- 更多關於正向行為支持的全校預防和介入策略的資訊。
- 擴充及改善有關功能評量和功能分析一章。

我們相信上述這些工具，伴隨著發展行為支持計畫能提供教師強而有力的方式，來處理學生一些最富挑戰的行為。我們不必經常依靠傳統的、厭煩的（aversive）或懲罰的方法，因此也減少了這些方法的涵蓋內容。

另外：

- 讀者能一開始就著眼於道德問題，並應用於本課程其他地方。我們更新、擴充了〈負責任地使用應用行為分析〉一章，並往前移到第 2 章。

- 讀者將熟悉文化對學生行為的衝擊並反映在介入措施上，透過增加例子和軼事關注教育情境的多元變異，以及需要對多元變異有敏感度。
- 回應評論者的回饋，本版大大地修訂以增加它的可及性。研究引用不再中斷本文的流暢，一起放在段落的結尾。語言本身的複雜也已修訂以增加它更大的可及性。
- 大量修訂了第9章（前版第8章）。承認懲罰概念有爭議並強調多樣觀點。刪除了與厭煩刺激相關的所有「如何做」的資訊。
- 本版新增附錄，解釋如何使用 Excel 作圖。

　　一如既往，我們搜尋專業文獻，以便能與你分享本領域最新的發展。在嚴謹諮詢各樣的專家，包括甥女、姪子和孫子後，我們更新了實例並嘗試用當前的俚語表達出兒童和青少年的時下興趣。我們在提及物品項目時，會再次更新其金錢價格。

　　我們不斷更新教室軼事方塊，這些內容顯示教師在各種情境中實施應用行為分析的原則。我們希望這些趣聞軼事能讓你感受到老師實施這些原則時的感覺，及這些原則產生的強有力的作用。我們也希望，你能體會到教師使用這些原則時的喜悅、自豪和最純粹的樂趣。第13章的最後，我們呈現了這些軼事，如果你想看看自己是否了解你所要學的一些原則，也許你會喜歡先閱讀這一部分。

致謝

v

　　感謝在我們出版本書的過程中提供協助的每一位，包括在Pearson 與我們一起工作的所有專業人士。感謝 Ann Davis、Christie Robb、Joanna Sabella 和 Sheryl Langner。也要感謝審查本書並提出建議的下列人士：迦太基學院的 Roger F. Bass、伊利諾州立大學的 Paula E. Crowley、德拉瓦州立大學的 Billie L. Friedland、聖荷西州立大學的 Jennifer Madigan、阿奎那斯學院的 Rebecca B. Peters、山

姆休士頓州立大學的 Philip Swicegood、德州大學艾爾帕索分校的 Robert P. Trussell、馬里蘭大學的 Mark Zablocki、芝加哥心理專業學院的 Shanna Davis、愛荷華大學的 John Northup、聖塔克拉拉大學的 Stephen Johnson；亦感謝 Rebecca Waugh 編製本書附錄。

　　我們同樣要感謝本書的愛用者。我們經常聽人們說他們先前初讀本書時是大學生，而如今在大學教書則會指定本書為教科書。我們很榮幸能與在教學發展路上的你們成為夥伴。

譯者序

　　本人自 1992 年開始教授大學部「行為改變技術」課程即採用本書英文第三版（1990），接觸本書已二十餘年。這是「行為改變技術」或「應用行為分析」不可或缺的一本優良教科書。因此，心理出版社邀我翻譯原文第九版，我一口就答應。誠如原作者在序文強調增加本書的可讀性和對讀者友善（making the text readable and user-friendly），也是我譯此版中文版努力的目標。

　　本書共十三章。應用行為分析是理論也是實務，兩者不可偏廢；是身為教師或父母盡職的技能，更是教導幼兒或身心障礙者必備的武功。因此譯者教大學部時，為增加同學對應用行為分析重要概念的理論與實務的深入，參考吳武典主編的《管教孩子的十六高招》編案例作業十二則，每則作業分別於每次上課時提出討論，討論完後即隨堂繳出；並依譯者整理的「行為改變技術方案報告」大綱分四次繳交作業，由前向後連鎖完成。教碩士班「單一受試研究」課程時採本書討論至前七章，尤其第 6 章〈單一受試設計〉中各種設計的圖表舉例所引用的文獻全班詳讀、討論，並依譯者整理的〈應用行為分析研究論文評論（審查）要點〉分析及評鑑論文。誠如原作者在本書第 6 章章首中冀望：「教師能閱讀並了解專業期刊的實驗研究報告，便能得知與時俱進的創新技術與方法；學會這些設計也可鼓勵他們成為『教師即研究者』（teacher-researchers），系統評鑑他們自己的教學並與他人分享他們的結果。有能力開展課堂本位研究將增加教師的信心、效率和可信度。在本章所引研究應用係取自專業期刊，伴隨每項設計的描述。每項設計也都應用在課堂的問題上，展現應用行為分析設計在教室中的用途。」

　　由於原文第九版與第六版的「愛挑剔教授」（Professor Grundy）及其他的軼事方塊大同小異新增不多，感謝陸世豪先生慨允引用第六版其所譯的稍加增補，並由心理出版社支付稿費。本書許多章都有「愛挑剔教授」及其他的軼事方塊，請勿等閒視之，把它看得無關緊要不加重視；教授者若善加利用，配合該章節該軼事方塊附近相關處，可用來作為引導學生深入討論的事例，由事入理增進學生深入學習。

　　感謝黃澤洋教授協助校閱第 4 章圖 4.18 及本書附錄「繪圖操作教學」。

　　抱著感恩的心欣然翻譯本書，藉翻譯這本書感謝父母恩、師長恩、親友及學生恩等因緣和合。

周天賜

序於橫山天翠園

2017 年 1 月 1 日

簡要目次
BRIEF CONTENTS

目次
CONTENTS

（正文頁邊數字係原文書頁碼，供索引檢索之用）

第 1 章　應用行為分析的基礎

你知道嗎……

- 你母親聲稱「你就像你父親一樣」，可能有些正確。
- 你腦中的化學物質會影響你的行為。
- 良好行為的增強物，椒鹽脆餅優於 M&Ms 巧克力。
- 班傑明‧富蘭克林採用了應用行為分析。

本章大綱

002 為何人們的行為表現出自己？為何有些人以社會讚許的方式表現，另有些人的表現卻被社會譴責或藐視？有可能預測人們可能要做的事嗎？如何改變對個體有害或破壞社會的行為？

為了努力回答這類問題，人類提出許多的解釋，從惡魔附身到腦中化學物質異常量。幾世紀以來不斷地辯論、記載、攻擊和捍衛這些答案，直至今日。有很好的理由繼續探究人類行為：有關人類特定行為發展的訊息可以幫助父母及教師找到養育子女或教學的最好方式。如果我們知道在特定狀況下，人們可能如何表現行為，我們就能決定是否要提供或避免這樣的狀況。作為教師的我們特別關心改變行為，事實上是我們的職責，我們要教導學生做某些事及停止做其他事。

為了了解、預測和改變人類行為，我們首先必須了解人類行為如何表現。我們必須盡可能回答上述所提「為什麼」的問題。因此，亞歷山大‧波普（Alexander Pope）的格言：「研究人類合適的對象是人」（或許改為「研究人性合適的對象是人們」），這句話不需要加以修訂，在 21 世紀就如同在 18 世紀一般真實。

本章我們思考關於人類行為有意義且有用的解釋之必要條件，然後描述人類行為的幾種詮釋對大多數實務工作者（包括教師）的影響。討論追溯**應用行為分析**（applied behavior analysis）[1] 以了解與預測人類行為的歷史發展。

❖ 解釋的有效性

有效的理論具備綜括的、可驗證的、預測的效用、簡約的等條件。

如果行為的解釋要對實務工作者有效，必須滿足四個條件：第一，它必須是**綜括的**（inclusive），它必須能解釋大多數的行為。如果解釋不能說明大量的行為，其有效性便受限，對行為做預測或系統

---

[1] 本書文本中若以**黑體字**印出，即在本書末「名詞解釋」有定義解釋（譯者註：如本頁的 applied behavior analysis）。

的改變就不可能。第二，解釋必須是可驗證的（verifiable），也就是說，我們可以用一些方式試驗其對行為的說明。第三，解釋應該有預測的效用（predictive utility），它應該提供在某些情境下人們可能做什麼的可信答案，從而讓實務工作者有機會改變情境而改變行為。第四，它應該是簡約的（parsimonious），簡約的解釋能就所觀察的現象做最簡單解釋。簡約不保證正確（Mahoney, 1974），因為最簡單的解釋並非永遠是正確的，但它避免了過度的想像，以致失去與觀察資料真實的接觸。當凌晨三點浴室的燈不亮時，在打電話給電力公司說停電之前，應先檢查燈泡。也許是停電，但簡約的解釋是燈泡燒壞了。在檢驗一些用來解釋人類行為的理論時，我們應該評估每種解釋的綜括性、可驗證性、預測的效用性及簡約性。

生物物理的解釋

自古希臘醫生首次提出，人類行為是由四種體液（血液、痰、黃膽汁、黑膽汁）間交互作用的結果以來，理論者就在人體物理結構中尋找人類行為的解釋。這類理論包括那些基於基因或遺傳因素的、那些強調生化影響的，及那些異常行為由腦傷引起的建議。下列軼事方塊顯示了遺傳影響行為的信念。

✳ ⋯⋯⋯⋯⋯⋯⋯
003 有些理論者主張人類行為是受物理影響控制的。
⋯⋯⋯⋯⋯⋯⋯⋯

 愛挑剔教授追蹤起因

　　觀察一位大學生的行為一段時間之後，愛挑剔教授注意到這位學生一貫地遲到、常常未準備功課、經常注意力不集中。因為愛挑剔教授確信他生動有意義的講課與此行為無關，他決定要一探究竟。他拜訪這位學生之前就讀的高中，並找到他十年級的英文教師馬南女士。她說：「是的，迪偉恩在高中時就像那樣。他在國中時期就沒有打好基礎。」

　　接著愛挑剔教授拜訪迪偉恩就讀的國中。他的諮商輔導員說：「你也知道，我們很多孩子就像這樣，他們只是在國小時沒有打好基礎。」在他就讀的

小學，校長對愛挑剔教授說：「迪偉恩從第一天就這樣，他的家庭狀況很不理想。如果我們沒有來自家庭的支持，很難有更多的進步。」

　　愛挑剔教授確信最終會找到答案，去和迪偉恩的母親談。他母親說：「我告訴你，他遺傳自爸爸家庭那邊。他們都是那樣的。」

◆基因和遺傳效應

　　迪偉恩的母親以遺傳影響說明他的不當行為，她可能是對的嗎？遺傳影響人類行為的後果，在正常或異常方面都經廣泛研究探討過。無疑地，智能障礙導致大部分行為顯著缺陷，有時與染色體異常或隱性基因遺傳有關。證據顯示其他行為特徵也有一些基因或遺傳的基礎。通常認為自閉症者在腦部發展和神經化學方面有異常，也許遺傳因素與這障礙有關（Abrahams & Geschwind, 2008; Szatmari, Paterson, Zwaigenbaum, Roberts, Brian, & Liu, 2007）。許多情緒和行為障礙，例如焦慮症、抑鬱症、思覺失調症、對立性反抗症和行為規範障礙症，似乎有某些基因起源（Bassarath, 2001; Burke, Loeber, & Birmaher, 2002）。注意力不足症和注意力不足過動症也似乎與遺傳基因有關（Larsson, Larsson, & Lichtenstein, 2004），有些學習障礙也是（Raskind, 2001）。

　　迪偉恩的母親向愛挑剔教授解釋她兒子的行為時，聲稱迪偉恩與他父親的家人相似，有相當程度的真實。某些基因特徵會增加某些行為特點的機率是可能的。

生物化學的解釋

　　有些研究者指出，某些行為也許導自於體內化學物質的過多或缺乏。這些化學物質的標示不同於古希臘人所假設的，但常導致類似的行為困擾。

　　生化異常已見於某些嚴重情緒障礙兒童的行為。調查這些因素，

※.............................. 004
有些障礙兒童顯示
有生物化學異常。

只確定了生化異常現象的存在，而非行為異常的成因。其他與過動、學習障礙或智能障礙之行為困擾特徵有關聯的生物物理學因素，包括了像是低血糖症、營養不良和過敏反應。生物化學或其他生理因素，可能伴隨其他影響，經常被認為導致對腦部或中樞神經系統的損傷。

愛挑剔教授領教套套邏輯

　　因為教學的職責，愛挑剔教授訪視實習教師。第一次訪視在小學資源教室的哈普小姐，他看到一位叫雷夫的學生在教室裡不停地閒晃。因為其他學生仍然坐著，所以愛挑剔教授好奇地問：「為什麼雷夫在教室閒晃？為什麼他不像其他人一樣坐著呢？」哈普老師對於教授在這部分如此無知感到吃驚。

　　「為什麼？雷夫是過動的。愛挑剔教授，這就是雷夫老是在座位上待不住的原因。」

　　教授回答：「啊！那非常有趣。你怎麼知道他是過動的呢？」

　　以近乎毫不隱藏的蔑視語氣，哈普小姐說：「教授，我知道他過動，因為他在椅子上待不住。」

　　在多觀察教室幾分鐘之後，他注意到，哈普小姐和督導教師交頭接耳並朝他的方向看。愛挑剔教授再度吸引哈普小姐的注意，他有禮貌地問：「是什麼引起雷夫的過動症？」

　　蔑視再也無法隱藏，哈普小姐說：「教授，過動是由腦傷所引起的。」

　　教授回答說：「的確是，你知道他腦傷是因為⋯⋯」

　　哈普小姐說：「教授，我當然知道他有腦傷。他是過動的，不是嗎？」

◆腦部受傷

　　哈普教師的例子說明套套邏輯，令人遺憾的是這並非少見。許多專家也以類似方式解釋學生的一大堆不當行為。特定行為源自腦傷的觀念源於 Goldstein（1939）的著作，他研究自第一次世界大戰腦傷

※........................
過動不一定是由腦
功能異常造成的。
....

返鄉的軍人，指認出某些行為特徵，包括注意力不集中、知覺混淆及過動。觀察有些智障兒童具相似的行為特徵，一些專家主張這些兒童也必定是腦部受傷，而且腦部傷害是行為的成因。這導致了過動症的指認（Strauss & Lehtinen, 1947），假設是無腦傷史者的輕微腦功能異常的結果。這症候群包括這些特徵：過動、注意力分散、衝動、注意廣度短、情緒不穩定性（易變性）、知覺問題和粗笨。許多有這些特徵的兒童目前診斷為注意力不足症（ADD）或注意力不足過動症（ADHD）（American Psychiatric Association, 2000），但是少有實徵支持所有出現這樣行為特徵的兒童都可能有腦傷。

005   目前許多兒童被定義為學業和社會問題發展的「高危險群」（at risk），是由於出生前（例如父母親營養不良或濫用毒品）和環境因素的影響。近年來胎兒酒精症候群、待產婦抽菸、使用非法藥物及嬰幼兒愛滋病，顯然會導致增加兒童的學習和行為問題（Castles, Adams, Melvin, Kelsch, & Boulton, 1999; Chasnoff, Wells, Telford, Schmidt, & Messer, 2010; Nozyce et al., 2006; Smith et al., 1995）。雖然明確跡象顯示這些因素導致生物化學、中樞神經系統和其他生理異常，但沒有特定行為缺陷或行為過度能直接地歸因於任何特定因素。

生物物理及生物化學解釋的有效性

根據生理因素尋求對人類行為的解釋有其重要涵義。由於這樣的研究，開發了防止或減少某些嚴重問題的技術。或許這類的技術最佳的例子是所有嬰兒接受苯酮尿症（PKU）的檢驗，以檢視是否有新陳代謝的遺傳性障礙。將有 PKU 的嬰兒以特別飲食安置，可防止過去認為與這障礙有關的智能障礙（Berry, 1969）。有可能在以生物或遺傳為基礎的未來研究上，能解釋更多的人類行為。然而，目前以此方式只能解釋大量人類行為中的一小部分。

有些生物物理學的解釋是可測試的，符合有效性四個要求的第二個。例如，科學家以觀察染色體確定唐氏症的存在，一些新陳代謝或

生化異常也可以科學地加以確認。然而，證明輕微腦功能異常是行為障礙成因的假定，並不是可靠的（Werry, 1986）。

　　即使有一些生理異常存在的證據，不一定所有特定行為必然是該異常的結果。對教師而言，基於假設生理異常的解釋幾乎沒有預測的效用。指出瑞秋不能自己走路、說話、吃東西，是由於染色體異常的發展遲緩，並不能告訴我們瑞秋可能學會表現這些行為的條件。哈普教師以腦傷引起過動來解釋雷夫在座位上待不住，不能提供任何可幫助雷夫學習待在座位上的有效訊息。說哈羅德無法閱讀是因為他是疑似障礙兒童，只是把哈羅德置於「沒有學習」這個更大的危險之中，因為我們對他的期待低。甚至先天氣質的明顯差異，對環境影響來說也是如此薄弱（Chess & Thomas, 1984），以致只能提供兒童在特定情況下傾向如何表現的有限資訊。

　　當假設物理病因作為學生行為的成因時，有效性的最後一個標準──簡約性也常被忽略。尋找這樣的成因常使教師忽略了教室中可能控制行為更簡化、立即的因素。或許這樣解釋最大的危險是，有些教師可能利用這些作為不教的藉口。例如瑞秋不能自己進食是因為她發展遲緩，不是因為我沒有教；雷夫不乖乖坐好是因為他腦傷，不是因為我教室管理技巧差。爾文無法閱讀是因為他有閱讀障礙，不是因為我沒有找出教他的方法。生物物理學的解釋也可能使教師對一些學生的期待低，當這事發生的時候，教師甚至可能不嘗試教導學生能夠學習的事物。下表總結生物物理學理論的有效性。

006

生物物理論的有效性	優良	普通	欠佳
綜括性			√
可驗證性		√	
預測的效用性			√
簡約性			√

✛ 發展論的解釋

　　觀察人類的行為確認了許多可預測的發展模式。生理成長以相當
一致的方式進行，大多數的小孩按可預測的順序及一般可預測的實足
年齡開始走路、說話及表現一些社會行為，像是微笑（Gesell & Ilg,
1943）。有些理論者嘗試以固定、內在的發展順序解釋人類行為的多
種層面，如認知、社會、情緒、道德等。他們提出的解釋，意圖說明
007　人類行為的正常以及「異常」（不為社會所接納的或少見的）。以下
回顧了眾多發展理論中的兩個，並以綜括性、可驗證性、預測的效用
性及簡約性來檢驗它們的有效性。

006

在垃圾桶旁邊的弗洛依德派學者

　　在訪視實習教師後回到大學，愛挑剔教授準備再度投入撰寫教科書，現在
至少落後七個月的進度。令他震驚的是，他先前細心組織的資料來源、筆記、
草稿以及修訂稿不再按順序「排列」在研究室地板上。更糟的是，他仔細組織
的便利貼紙條從牆壁、門窗及電腦上被拿掉了。愛挑剔教授抓狂般跑到大廳，
痛罵維護大樓的工人趁他不在的時候，從他房間移除這些他認為的「垃圾」以
便吸地和除塵。

「哎呀！哎呀！
愛挑剔教授你是
否丟掉了東西，
或正在『研究』
（research）你
丟掉的東西？」

當愛挑剔教授翻遍外面的垃圾桶時，一位同事表示同情地說：「這就是肛門驅除期和肛門持有期性格衝突所發生的事。」對於這項批評，愛挑剔教授吼叫與髒話的回應引來了額外的評論：「這是愛挑剔教授退化到口腔攻擊期的明確徵兆。」

精神分析論

007

雖然人類行為的許多不同解釋被描寫為精神分析，這些解釋都根源於西格蒙・弗洛依德（Sigmund Freud）的理論，他主張正常和異常的行為可在某些關鍵階段的進展來了解與解釋，是他的理論中最普遍被接受與廣傳的。他提出的假設性階段包括：口腔期（依賴與攻擊）、肛門期（驅除與持有）及性器期（當對性別覺察發生）。這幾個階段發生於六歲之前，若掌握得宜，進入潛伏期──青春期前的一種休息暫停，最後階段出現生殖期。

這理論主張，各階段進展成功的人變成相對正常的成人。在弗洛依德的觀點，當一個人因為其自我無法解決衝突而固著於（困住於）某一階段，或當焦慮引起退化至前一個階段的時候，便產生問題。固著或倒退到口腔依賴期的人也許會極端依賴，或用口尋求問題解決，如過度飲食、吸菸、酗酒或藥物濫用。固著在口腔攻擊期的人可能會使用譏諷或口頭辱罵。固著在肛門驅除期的人，會導致混亂無組織；固著在肛門持有期的人，會導致強迫性整潔。

認知發展階段論

皮亞傑（Jean Piaget）是人類發展階段論的生物學及心理學家，他對兒童認知與道德發展的說明影響教育工作者深遠。如同弗洛依德，皮亞傑主張生物學決定的某些力量，促進了發展（Piaget & Inhelder, 1969）。皮亞傑所提出那些讓有機體適應環境的力量，具體地

說，同化（assimilation）是轉化環境而增進個體功能，調適（accommodation）則改變個體行為以適應環境。這兩股力量間維持均衡的過程叫做平衡（equilibration）。平衡促進成長，促進成長的其他因素還有器官的成熟、經驗及社會互動等。皮亞傑提出的階段包括：感官動作（從出生到一歲半）、前運思（從一歲半到七歲）、具體運思（從七歲到十一歲）和形式運思（從十二歲至成人）。

發展論解釋的有效性

我們所討論的這兩個發展論都有綜括性，它們清楚解釋許多的人類行為，包括認知和情意、正常和異常的。然而可驗證性又是另一回事。雖然皮亞傑派理論者一再地展示與年齡有關的學業與學前的行為，但是對驗證精神分析解釋的嘗試並不成功（Achenbach & Lewis, 1971）。接受精神分析解釋人類行為的人，對驗證理論架構是相當抗拒的（Schultz, 1969）。雖然人們在特定年齡表現特定行為是可以驗證的，但這不能證明這些行為的成因是一個根本的發展階段，或不能到達或通過這樣的階段就會引發不當或不適應行為。少有證據驗證這些階段順序是不可改變的，或是到達或通過先前階段對較高階段功能發展是必要的。

下表總結發展論的有效性：

發展論的有效性			
	優良	普通	欠佳
綜括性	✓		
可驗證性			✓
預測的效用性		✓	
簡約性			✓

有些發展論可預測有些人在特定年齡會有的行為表現，然而並非所有理論都可以。就本質上，這些理論提供了平均一般人的普遍訊息。然而，「有關一般個體行為表現的平均預測，在處理實際個體上

是沒有價值的」（Skinner, 1953, p. 19）。發展論不能提供在何狀況預
測特定情境中個體行為的訊息，希望以改變情境來改變行為的實務工
作者，無法從發展論中獲得協助。當根據簡約性的標準判斷，發展論
對行為的解釋同樣是不當的。指出一兒童大發脾氣是因為固著在口腔
期的發展，是少有用途的最簡單解釋。由於缺乏簡約性，發展論的解
釋可能像生物生理解釋的那樣，帶給教師徒勞無益的藉口。教師們，
特別是障礙學生的教師，可能會永遠在等待讓學生做好每一項學習任
務的準備。至少從實用的觀點來看，鼓勵教師帶領學生從現在的階段
向下一階段發展邁進的解釋，比起發展論的解釋來得更有用。我們可
以期待愛挑剔教授同事的發展論，例如去解釋愛挑剔教授對過動概念
的困難，基於他未達到所需的形式運思思考階段來處理假設性建構。
對於他的行為有更簡約、更有效的解釋嗎？愛挑剔教授在以下軼事方
塊中繼續蒐集行為理論。

 愛挑剔教授的頓悟

　　在上次與實習教師令人洩氣的互動後，那天下午，愛挑剔教授決定再一次
臨時訪視。他決心不讓自己再度鬧笑話，他不提雷夫的過動而專心於觀察哈普
老師的教學。教學計畫顯示她在教數學，但愛挑剔教授對哈普老師班上正玩著
大小不同的積木感到困惑。哈普老師坐在小組的桌前，但沒有和學生互動。

　　上完課後，愛挑剔教授走近哈普老師並問她，為什麼沒有按計畫教基本的
加減法。

　　「教授！」哈普老師說：「我確實按照我的計畫教學。學生正利用積木領
悟數量的關係。也許你不熟悉建構主義取向，但每個人都知道真正的領悟對學
習過程的重要，而那是不可能教給學生的，我們只能協助他們內在知識的建
構！」

009 ▦ 認知論的解釋

　　哈普老師所擁護的教育原理是基於結合發展論要素的人類行為與學習的解釋，特別是皮亞傑派學者，在20世紀初期的德國率先提出。這種解釋的第一個主要提倡者是馬克司・魏泰邁（Max Wertheimer）（Hill, 1963），他對人知覺的真實性感興趣。

　　魏泰邁主張所知覺事物之間的關係比事物本身來得重要，他說，人們以有組織的方式知覺事物，因此所看到或所聽到的東西不同於組成這東西的部分。他稱此種有組織的知覺叫格式塔（*gestalt*），這個德文字在英文中並沒有精準相對應的字，但可以翻譯成「形式」（form）、「組型」（pattern）或「完形」（configuration），這個字（*gestalt*）被說英語的倡導者所沿用，故而我們稱此解釋叫做完形心理學（Gestalt psychology）。應用這個解釋於教育的人，相信學習在於加入自己有意義的組型和對資訊的領悟，而機械式學習即使得到問題的正確解答，是較沒有用的。

　　完形心理學對教育有相當影響，擁護這種方法來了解行為的著名教育學者是傑若米・布魯納（Jerome Bruner, 1960）。他提出「教育的認知論」（cognitive theory of education），強調重新安排思考模式與獲得領悟是學習新的學業與社交行為的基礎，而其所導致的教學實務稱為「發現式學習」（discovery learning）。對於學習的解釋以領悟、組型的重新安排，及直覺的躍進為基礎。教師不灌輸知識，他們只是安排促進發現的環境。動機被推測是內在需求滿足的結果，當組織加諸於安排的物品或事件時而發生。因此，動機是內在的，不須由教師來提供。其最近的發表應用在教育的認知理論稱為「建構主義」（constructivism），該方法主張教師無法提供知識給學生，學生必須在自己的心靈建構自己的知識（Brooks, 1990）。「勝過以行為或技能作為教學目標，概念發展與深入理解才是焦點。」（Fosnot, 1996, p. 10）

認知論解釋的有效性

　　認知理論解釋了許多人類行為，理論者可以說明智力和社會二者的行為。實際上所有的行為，可以解釋為將結構加諸非結構的環境事件，或所知覺此事件相對重要性的結果。因此，認知論符合綜括性的標準。

　　然而，該理論卻缺乏可驗證性。因為所有發生的過程都是假定內在產生的，所以沒有方法確認它們的存在。只有結果可驗證，而這過程只是假設的。

　　認知論的預測效用也是極為有限的。在學業方面，運用發現式或建構取向的教師很少掌握學生發現或建構了什麼。確實，大多數此理論的倡導者會堅持他們不想預測學習的結果。不幸的是，不願控制教與學過程的結果已導致相當不良的後果。一般而言，基於認知取向的教育實務不及那些強調直接教學來得成功（Engelmann & Carnine, 1982）。

　　針對有效性的最後一個標準，我們必須指出認知論不夠簡約。不論是在智力或社會領域，其解釋均不足以了解或預測行為。

010

認知論的有效性	優良	普通	欠佳
綜括性	√		
可驗證性			√
預測的效用性			√
簡約性			√

　　雖然到目前為止所描述的這些理論提供有關人類行為的訊息，但沒有一個完全符合我們的四個標準。我們所提出的解釋是相當概括的，關於對效用的結論並非暗示它們是沒有價值的。我們只認為，它們並未提供學校教師充分的實用指引。在下面的軼事方塊之後，我們將描述人類行為的行為取向解釋。我們相信該解釋大致能達到綜括性、可驗證性、預測的效用性及簡約性等標準。

愛挑剔教授採取行動

　　愛挑剔教授過了極糟的一天。在他早上八點的課堂上，學生攪亂了他的講課，當然，其中包括晚到的迪偉恩。他被一位實習教師取笑；他的珍貴講稿在又皺又臭的狀況下從垃圾桶裡找出來。儘管愛挑剔教授抗議，他的同事在那天還是一再提及「肛門驅除」與「口腔攻擊」的傾向。

　　回到家，自己灌了一大杯有療效的飲料後，愛挑剔教授決定要做些事。晚上他擬了幾個詳細的計畫並休息，相信自己的想法或做法是對的。第二天早上起床的時候，雖然有些頭痛，他充滿熱忱地決定要將計畫付諸行動。

　　他計畫的第一步驟是早上八點的課提早五分鐘到──這有點新奇，因為他通常在鈴聲響後幾分鐘才到教室。他花了額外的五分鐘和學生親切地談話以及回答學生對上節課堂中的疑惑。當八點鐘響的時候，他給這五位學生每人一張「準時獎卡」，在下次考試可加兩分。

　　早上講完課後，愛挑剔教授走向他的研究室，在門上貼著寫有「今天請不要清掃辦公室」的大牌子。然後他打開窗戶，猜想生物系將什麼東西棄置在垃圾桶內，才會有如此強烈的氣味。他花了一個小時重整他的筆記。

　　接下來，愛挑剔教授再度拜訪哈普老師，這次建議除非她學會控制雷夫的行為並教他基本的算術，否則她實習的成績就會令她失望。她習慣性輕視的表情變得全神貫注。愛挑剔教授也注意到雷夫，因為他太「過動」以致無法待在座位上，正當其他學生做練習的時候，他都在教室自由活動區的一件件玩具之間閒晃。他建議哈普老師只有雷夫在座位上停留指定的一段時間之後，才可以玩玩具，一開始的時間很短，而後逐漸增加時間的長度。愛挑剔教授進一步建議實習教師製作基本加減算術的閃示卡，並且允許學生在學會幾個組合之後玩彩色積木。

011

　　愉快地回到辦公室之後，愛挑剔教授遇見他精神分析取向的同事，他又開玩笑地重複對愛挑剔教授性格的洞見。不理會這評論，愛挑剔教授和他的助理愉快地談著話，讚美她協助整理草稿的迅速。助理向他保證這會是首要的工作，因為她等不及要丟掉這些嗆鼻的紙張了。

「圖書館員要我在您的 48 本逾期書中找一本……。如果您……哦……已使用完畢的話。」

　　在很短的時間內，愛挑剔教授覺得他讓事情在控制之下。即使愛挑剔教授只偶爾上課開始時給準時獎卡，大多數選修他早上八點課的學生都出席了，每天早上準時到。哈普老師停止說譏諷的話並開始教學了。雷夫的閒晃也顯著減少，而且數學小組也學會了加與減。愛挑剔教授依舊不理會同事的評論，當沒有回應反應時，那些評論也逐漸平息了。而他的筆記和草稿也很快地變成乾淨處理過的稿件。唯一負面的結果是來自校園安全中心的警示便條，上面寫著他辦公室的狀況易釀成火災，必須馬上清理。

✛ 行為論的解釋

　　在上述軼事方塊中，愛挑剔教授表現出他是行為學派的。為解決一些問題，他使用了源自另一種人類行為解釋的技術。行為論解釋的主張為：人類的行為不論適應或不適應，都是習得的，學習發生在行為後果所導致的結果。簡言之，令人愉快的後果隨之而來的行為傾向於反覆再三地發生，因此而習得；令人不愉快的後果隨之而來的行為傾向於不重複發生，因此未習得。假定他的學生（包括迪偉恩）上課遲到、管理人員的清掃、實習教師的嘲諷、雷夫的閒晃、他的精神分

析同事的挖苦都是他們過去所習得的，愛挑剔教授就能教導他們做其他的事情來代替。他這樣做，應用了行為論者對人類行為觀點的幾個學習原則。下面將介紹這些原則，並在之後的章節中詳細討論每一原則。

012 正增強

正增強（positive reinforcement，或作**積極增強**）描述兩個環境事件間的功能關係：**行為**（behavior）（任何可觀察的動作）與**後果**（consequence）（該動作的結果）。當一項行為隨著增加行為發生率的後果而來，便是正增強。

許多人類行為的習得是正增強的結果。父母稱讚小孩把玩具放好，會教導子女愛整潔；父母在雜貨店給小孩糖果讓他們停止哭叫，會教小孩學會用哭叫。愛挑剔教授的大樓管理員的清掃行為無疑也是習得的，且由正增強所維持，而他那精神分析同事的機智也是如此。愛挑剔教授運用正增強增加學生準時上課的比例，及雷夫待在座位上的時間量。

第 8 章將詳述增強作用。

負增強

負增強（negative reinforcement，或作**消極增強**）描述事件間的關係，其中當一些（通常是厭煩或不愉快的）環境情況被移除或是減低強度的時候，則行為發生的比例就增加。當人類以某些方式表現而造成不愉快的終止時，習得許多行為。例如，愛挑剔教授習得開窗以減少密閉空間中令人不舒服的味道。同樣地，他的助理很快地重組他的手稿，因為當她完成之後就可以把有怪味的紙張丟掉。

懲罰

第 9 章將詳述懲罰及削弱。

懲罰（punishment）也描述關係：隨著後果，行為會減少其未來的發生率。唯當先前行為的發生率降低，始稱這事物為**懲罰物**

（punisher）。行為論者將懲罰（punishment）一詞作為描述特定關係的術語使用；由於這個詞也用於非術語描述改變人們行為的令人不愉快的事物，會產生混淆。對行為論者來說，懲罰只發生在先前行為減少的時候。從這個術語的專業意義來看，帶來不愉快後果事件的事物不見得就是懲罰。行為論者不會像許多父母和教師這樣說：「我懲罰了他，但沒有改變他的行為。」只有功能關係得以建立時，才是懲罰。人們可以說愛挑剔教授對哈普教師口頭的威脅顯然就是懲罰物，因為她對他嘲弄的評論停止了。當然，我們希望他使用更正面的方式。

削弱

　　當不再增強一項先前增強的行為時，它發生的頻率就降低，這關係稱為**削弱**（extinction）。回想先前的軼事方塊，當愛挑剔教授不再回應他同事的嘲諷時，嘲諷便停止了。對行為論者而言，所有學習的原則是基於實際所發生的事來界定，而非我們認為會發生的事情。愛挑剔教授本來認為可以喝斥或其他方式表示他的惱怒來懲罰他的同事。實際上，當愛挑剔教授如此反應的時候，同事嘲諷的發生率卻增加了，這關係實際是正增強的關係。當撤除正增強物的時候，同事的嘲諷就停止了。

事前控制

013

　　要求在改變身心障礙學生的安置前，要實施功能評量或分析（見第 6 章詳細討論），已大大增加對事前控制的興趣。教師和研究員常常依靠檢驗在行為發生前的事前事件和情況，以確定要為適當或挑戰的行為做好什麼樣的準備。這也增加處理事前情況或事件以管理行為的重要性。

　　在行為發生之前的事前情境稱為辨別刺激，可「引起」（設立情境）行為。這是一種功能關係，稱為**刺激控制**（stimulus control），

✳ 事前控制是第 10 章的焦點。

介於行為和**事前刺激**（antecedent stimulus）之間，而非行為與後果之間。在這關係發展時必會出現後果，但是事前情況或事件是該行為發生的信號或暗示。在我們的軼事方塊裡，清潔人員遵守張貼的通知，顯然是過去已被增強的；因此愛挑剔教授張貼的通知是有效的，即使沒有增強物或懲罰物。

最近，研究員探討較遠端的各種事前事件和情境（Michael, 2000; Smith & Iwata, 1997）。通常稱**情境事件**（setting events）或建立操作（establishing operations）[2]，這些情境或事件可能與辨別刺激同時發生，或幾小時前甚至幾天前發生；可能發生在同一情境或在完全不同的情境；可能臨時改變增強物的價值或效率而影響行為。描述情境事件最簡單的是剝奪和饜足；學生自操場進來，剛打完足壘球賽汗流浹背，給他一瓶清涼飲料，可能比一位在有冷氣自助餐廳喝水的人，更具吸引力也更具增強作用。然而，情境事件可以是更複雜的。Kazdin（2000）描述了三種類型的情境事件：社會的、生理的和環境的。Bailey、Wolery 和 Sugai（1988）將環境的情境事件細分為教育向度、物理向度、社會向度和環境改變。這些不同的情境和事件可包括的變項有喧鬧或悶熱難受的教室（環境）、煩惡的職員或同儕（社會），或者頭疼（生理）等變異。

Bailey 等人（1988）也考慮到關於教材可能不適齡或不適合性別。可能沒有增強物會（或的確會）誘發青少年男孩接觸（更別說是閱讀）小美人魚彩色繪本。我們相信學生的種族或文化遺產也可以是情境事件，學生較有動機與刻畫像他們自己的人物的教材互動（Gay, 2002）。對文化多元化的注意，能使教師提供更有意義和有力的增強

---

[2] 有些作者（Michael, 2000）採用 establishing operations；其他（Kazdin, 2000）採用 setting events。有些作者交替使用二者；另有些作者區分使用。Kennedy 和 Meyer（1998）建議從不同的理論相似的概念描述這些用語。在這些術語的混亂（有時在同一版教科書內）釐清之前（Horner & Harvey, 2000），我們喜歡使用 setting events 的說法。

物且避免無效或討厭的策略。策略如個別化脈絡教學（Voltz, 2003），在一特定情境將教學嵌入學生感興趣的脈絡，可強化增強物的價值。以下軼事方塊描述一個使用了這種方法的班級。

014

音樂有魅力

加西亞女士，普通班教師；瓦爾登先生，特殊教育教師；阮氏女士，專業助理人員；他們共同負起小學融合班25名學生的責任，私下同意「賦予多元文化新意義」。他們學生的年齡範圍是七至九歲，班上有14個男孩和11個女孩：12名非裔美國人，8名拉丁裔和4名亞裔。其中有7位學習障礙孩子，4位行為障礙的孩子和2位智能優異孩子。另外還有個學生叫尤里，是來自俄羅斯的自閉症男孩。孩子們的共同點是都享有免費補助或減價的午餐，以及所有老師相信他們每一位都有無限的潛能。

事情進展得很順利，老師們使用標準課程和混用團體與個別教學。他們全班一致使用簡單積分制（完成工作和表現適當的學生能贏得具體物和活動增強物），對有些行為較具挑戰的孩子採較複雜的正向行為支持計畫。學生們的學習有進步，但一天下午瓦爾登先生在會議上說：「似乎沒人對學校真的有興趣，除了我們。」三位老師決定實施統整單元法，是加西亞女士在當地大學修課學的，並在網路上和大學圖書館研讀的。第二天早晨加西亞女士向學生解釋這計畫，要他們想想希望學習什麼。學生似乎認為老師一定在開玩笑，並且提出了從體育到恐龍的幾個建議，但是大多數興趣集中在音樂。「饒舌說唱！」幾名學生喊著，其他建議「莎莎舞曲！」當阮氏女士和瓦爾登先生在旁稱讚參與的學生時，「好！」加西亞女士同意：「我們列出已經知道的音樂清單，再列出我們希望知道的。阮氏女士，可否請您幫尤里把我們的點子用便利貼貼在黑板上？」

約一小時後他們列好一張清單，老師們驚訝地發現已將近午餐時間。他們更訝異於整個上午不需要給學生積分點數，只要口頭稱讚和輕拍背後就夠了。

其他的學習原則

　　除了這些主要的學習原則之外，愛挑剔教授說明了行為論者所描述用在人類行為的其他幾個影響，這些影響包括**示範**（modeling）與**塑造**（shaping）。示範是行為的展示。愛挑剔教授曾經示範不當的行為——上課遲到，很明顯地他的學生已模仿這行為。人們以模仿楷模而學得許多行為（適當的及不當的）。嬰兒以模仿照顧者而學會講話，大人可以觀摩示範而學會操作複雜的機器。

　　塑造是運用漸次接近地增強所期望的行為，以教導新行為。愛挑剔教授建議哈普老師運用塑造教導雷夫在座位上坐好，她首先增強短暫坐下的行為，然後逐漸增加雷夫獲得增強物所需的時間量。許多行為都是經由塑造來教導的，父母親可能在幼兒第一次自己穿衣服的時候誇張地稱讚他們，即使她的上衣穿反及內褲倒著穿；之後只要她的服裝整齊穿好，她就獲得讚賞。

015 行為論者的任務

❊…………………………
如果你能看到它、聽到它、感覺到它或嗅到它，它就是可觀察的。如果你能計數它或測量它，它就是可量化的。
…………………………

　　行為論者根據上述的原則，解釋典型和非典型人類行為的發展，此法的重要是強調行為。要能稱為行為的，必須是**可觀察**（observable）且**可量化的**（quantifiable）（Baer, Wolf, & Risley, 1968）。我們必須能看到（或有時聽到、感受到，甚至聞到）該行為。為了要使這樣的直接觀察有意義，必須要建立以量化術語（多少？多久？多常？）測量該行為的一些方法。除非能符合這些標準，否則行為論者無法可靠地闡明上述學習原則所描述的關係存在。

　　史金納（Skinner, 1953）認為，行為論者對行為的解釋不及對行為的敘述來得關心。他說，重點是哪一種環境的因素增加、降低或維持特定行為的發生率。重要的是，行為論者不否認可能導致某些行為問題的生理因素的存在，大多數的行為論者同樣也不否認遺傳的效果（Mahoney, 1974），或發展的階段（Ferster, Culbertson, & Boren,

1975）。他們主要在強調，維持行為的當前環境條件（事前情境及事後結果），及建立與驗證此條件與行為間的功能關係。

行為論解釋的有效性

行為取向最常受到的批評之一，就是留下太多未解釋的行為。強調可觀察行為導致許多人認為：除了簡單的動作反應，行為原則無法說明其他任何行為。然而，史金納（Skinner, 1953, 1957, 1971）應用基本學習原則解釋了各種複雜的人類行為，包括口語行為、社會學、經濟學、政治與宗教信仰。

行為原則無法說明所有層面的人類行為之事實，不應該因此假定它們不能說明人類行為。幾年以來，自史金納首先將行為原則發展成應用行為分析的原則，已說明許多層面的人類行為，而許多現象仍有待解釋。「同時（可能永遠如此），最好的策略就是將影響重要行為的變項獨立出來，並操控那些變項以改善生活。」（Poling & Byrne, 1996, p. 79）因為行為論者拒絕將他們無法觀察到的東西理論化，解釋必須等待驗證。為了可驗證性，行為論者已有準備暫時犧牲某些程度的綜括性。

可驗證性是行為論解釋的精華。其他論者先假設理論再嘗試經由實驗探究來驗證。另一方面，行為論者是在形成類化前先探究，而非先假設理論。對大多數兒童來說，大人的關注是一種積極增強物（Baer & Wolf, 1968; Harris, Johnston, Kelley, & Wolf, 1964），就是個類化的例子。只有在重複觀察兒童行為與成人的關注間建立的功能關係之後，才能做這樣的陳述。下表總結行為論的有效性：

行為論的有效性

	優良	普通	欠佳
綜括性		✓	
可驗證性	✓		
預測的效用性	✓		
簡約性	✓		

✽............................ 016

「解釋性的虛構」
無法解釋什麼。行
為論者根據觀察來
解釋行為，不是根
據想像。

行為取向的焦點在改變行為，預測的效用是任何行為論解釋的重要部分。經精確地建立與類化的功能關係，可用來改變不適應或不當行為，並增進適當的行為。行為論者受改變的行為而增強，而非由討論行為而增強。除非有可能利用類化來預測在某些情境下人們將會做的事，否則行為論者認為做陳述的意義並不大。大量的證據呈現學習原則在人類行為上的應用，這些資料使在諸多情境下行為的預測成為可能。

行為論的解釋是簡約的，符合有效性的第四個標準。唯有以可觀察、可驗證的功能關係描述行為，才能避免「解釋性的虛構」。這樣的虛構只以其後果來定義，導致了我們前面討論的套套邏輯。並非以「過動」（解釋性的虛構的一個實例）來解釋雷夫的隨意離座行為，愛挑剔教授選擇行為論來檢視雷夫離座之前和之後所發生的事情。以這方式，行為主義避開與所觀察行為及其與環境關係無關的解釋。若以過動的標籤為成因來解釋離座行為，或以固著或退化至肛門驅除階段來解釋亂糟糟的行為，是不被接受的。兩種解釋對這個問題都未增加任何有用的訊息。

對以當前環境的情況來維持行為，且以改變環境來改變這行為的假定，不但簡約且相當樂觀。教師若用心於發現並改變維持學生不適應或不當行為的環境情況，不會因為學生有文化差異、遲緩、腦傷、情緒困擾、過動，或高危險的，或是學習準備度不足而放棄他們。如果學生的行為是以行為的過度（太常走動）或不足（太少閱讀）的觀點，而非以解釋性虛構的觀點來描述，教師便能持續教學的事業——減少行為的過度並克服行為的不足。

⊞ 行為主義的歷史發展

行為主義成為一門科學源自幾世紀前的哲學和心理學的傳統。前面描述的學習原則在形成定義之前早已存在，自文明開始，人類行為

即受其影響。在接下來的段落，我們要檢驗幾個如何利用行為與其後果關係的歷史描述。然後我們要追蹤行為主義在正式解釋、預測及改變人類行為上的發展。

歷史先例

安排環境情況以影響行為並非最近的發明，據說古羅馬人將鰻魚放在酒杯底部以減少過度的飲酒。Crossman（1975, p. 348）提供一個使用積極增強的歷史例子：

椒鹽脆餅背後有一個有趣的歷史故事，大約西元 610 年的時候，一位富有想像力的阿爾卑斯山僧侶將烤麵包剩下的麵糰做成長條狀，再摺疊成扭曲狀的圈圈，代表祈禱中的小孩兩臂的交疊。當小孩學會禱告時，就會給他們這好吃的點心，因此這被稱為 pretiola，拉丁文中「小獎品」的意思。〔取自鹽湖城（Salt Lake City）Country Club Foods 椒鹽脆餅袋背後的介紹。〕

017

班傑明・富蘭克林（Benjamin Franklin）曾經證明當使用一種相當不同的增強物時，成人的行為也可以改變（Skinner, 1969）。當隨船神父抱怨很少水手參加禱告，富蘭克林建議神父每天在禱告之後負責提供水手定量的蘭姆酒。出席禱告會的狀況顯著地改善了。

父母和教師在教導兒童上也應用了這學習的原則。「將盤子洗乾淨，就有點心可吃。」父母這樣說是希望能用積極增強。「當做完算術的時候，你就可以玩遊戲了。」教師答應著說。父母和教師不論覺察與否，也使用懲罰：亂跑到街道上的小孩被責打；很快做完功課的小孩被給予更多的功課。我們都聽過：「故意忽略，他就會停下來了。他只是為了要引起注意。」如果他真的停下來，我們就有一個削弱的例子。當然，許多父母和教師當兒童表現良好的行為時未給予注

意，也削弱了適當的行為。每天，許多家庭都示範了消極增強：「你不准到外面玩，除非房間打掃乾淨為止。」教師也運用消極增強，例如當他們要求學生在午餐或下課之前完成功課。幼兒園教師要求小朋友使用「內在聲音」（inside voices）即是試著要建立刺激控制。無論何時教師向學生示範如何做某事，他們都在做楷模。

顯而易見地，人們在運用這些關係時不需要知道名稱。的確，應用行為的學習原則聽起來好像是普通常識。如果真如此簡單，為什麼學生必須要修課和讀書呢？為什麼有這麼多的教材被寫下來，為什麼做這麼多的研究呢？

答案是：若無法安排環境情況以建立功能關係，或是讓這樣的關係隨便建立，或假定這樣的關係是靠普通常識而建立的，這都是沒有效率的。這樣的無效率導致學校裡高比例的不適應行為，有時候是令人驚訝的學業或學前學習的低水準。我們撰寫此書的目的是在協助教師成為應用行為分析者。應用行為分析（applied behavior analysis）此一名稱的起源和定義，將在本章最後的部分來討論。

無論使用者是否有意識地使用，行為原則都在運作。

心理學先例

◇反應制約

多數人知道巴夫洛夫（Ivan Pavlov）的研究，觀察若餵狗的同時有音調響，當狗聽見音調響，即使當時沒有食物，狗還是開始分泌唾液（任何餵過狗的人都能觀察到類似的現象：當狗聽見食物盤從洗碗機拿下時，狗會開始流口水）。巴夫洛夫的精確觀察和測量至今仍是實驗研究的典範。他的古典實驗是關於食物粉（引發分泌唾液，一種自動的反射）與（通常對狗的分泌唾液不會有作用的）音調配對。音調響出現在食物粉的呈現之前，經重複的配對之後，只有音調響才引發唾液分泌（Hill, 1970）。這食物粉被標示為非制約刺激（unconditioned stimulus, UCS）；而音調為制約刺激（conditioned stimulus,

CS）。分泌唾液對食物粉來說是非制約反應，對音調來說是制約反應。這關係可以由下圖所示的兩階段來表示。配對刺激的過程，以無條件刺激引發的反應稱巴夫洛夫制約（Pavlovian conditioning）、古 *018* 典制約（classical conditioning）或反應制約（respondent conditioning）。

◈ 連結主義

　　另一個與巴夫洛夫齊名且具影響力的實驗者是愛德華·桑代克（Edward Thorndike）。桑代克研究貓而非狗，而且他的主要興趣是在找出情境與反應間的連結（Thorndike, 1931），他用公式表示了兩個對後來行為科學發展影響深遠的定律。效果律（Thorndike, 1905）是說：「在一情境中任一行為伴隨滿意的後果，該行為會與該情境有所連結，因此當這情境再發生時，這行為也會比以前更可能再發生。」（p. 203）第二個定律，練習律是說：在一特定情境中所做的反應會與該情境有所連結。效果律和積極增強原則的關係是顯而易見的，練習律則與前述刺激控制的原則有類似的關聯。

◈ 行為主義

　　約翰·華生（John Watson, 1914, 1919, 1925）是第一位使用行為主義（behaviorism）一詞的學者。華生倡導心理學中任何非來自直接觀察的資料均應完全丟棄，他認為心智、本能、思想、情緒等概念都是無用且不必要的。他否認人類本能的存在，而且將思想縮小為無聲的語言，將情緒縮小為身體的反應。我們熟識的一位華生派行為論者

❋⋯⋯⋯⋯⋯⋯⋯⋯
如果我們都是華生派論者，我們就不可能說：「她傷了我的感情」、「我的心思混亂」，或「運用你的想像力」。
⋯⋯⋯⋯⋯⋯⋯⋯

有一次回答一個問題：「我已經改變心意了（你應諒解這樣的表達）。」真正的華生派論者是不會承認任何像「心智」（mind）這種東西的存在的。

華生和蕾諾（Watson & Raynor, 1920）以白老鼠（制約刺激）配對一聲巨響（非制約刺激），制約了一位叫艾伯特的小嬰兒的驚嚇反應。華生聲稱，像恐懼這樣的所有「情緒」反應都是由類似的方式所制約形成的。在一個有趣的相關研究中，瓊斯（Jones, 1924）使一位對白兔以及其他有白毛物品有恐懼反應的三歲小孩淡化恐懼，他是將白兔與這小孩最喜歡吃的食物加以配對。可惜這實驗沒找艾伯特執行，他在他被制約的恐懼排除之前就搬家了。艾伯特可能終生害怕白老鼠，他可能因此產生許多問題，包括避免從事像行為論心理學家的工作。

◈ **操作制約**

本節開始所描述的學習原則，是那些以解釋、預測、改變人類行為的操作制約（operant conditioning）模式的支持者所提出。最著名的操作制約學者就是史金納（B. F. Skinner, 1904-1988），他是第一位將操作制約和反應制約加以區分的人。

你會回想起，反應制約與被刺激引發的行為有關，大部分這樣的行為是反射性的，也就是說，它們不是能隨意控制的。相反地，操作制約〔有時叫做工具制約（instrumental conditioning）〕，通常處理被認為是可隨意控制的，而非反射性的行為。操作制約主要關心行為的後果，並建立行為和後果間的功能關係。前述行為的觀點就是操作制約，也是本書所強調的。

史金納早期用動物做研究，主要是白老鼠。他沿襲早期行為論者的傳統，對他們來說，這特定動物是如此重要，因此一位研究者（Tolman, 1932）還寫了一本有關實驗用大白鼠（Mus norvegious albinius）品種的書。據說哲學家伯特蘭・羅素（Bertrand Russell）曾

✳ ·················· *019*
操作行為主動隨意發生；反應行為被動由刺激引出。
··················

開玩笑地指出：歐洲（主要是格式塔、內省的、理論化的）和美國（主要是行為論的、活動的、可觀察的）不同的研究重點，導因於可用老鼠品種的差別。歐洲老鼠靜靜閒坐著等待領悟，美國老鼠則好動幹勁十足，在籠子裡急轉急趕，提供許多行為供科學家觀察。

　　史金納也用鴿子做研究。他解釋（Skinner, 1963）：在第二次世界大戰服役時，他被派到一幢建築物，其窗檯常有鴿子聚集。因為沒事做，他和同袍開始訓練鴿子表現不同的行為。他們發展了一個相當精緻且成功的計畫──訓練鴿子引導火箭至敵方軍艦，不過最後在完全執行前放棄了。畢竟，鴿子的遞送是受限的。雖然「鴿子計畫」對史金納來說是個人與專業上的挫折，但也因此執著於他的興趣，最後從實驗室移至應用的情境（Capshew, 1993）。

　　早期應用在人類的操作制約技術，是在建立決定動物及人類行為的原則。這些原則應用在改變人類行為，通常叫做「行為改變技術」（behavior modification），直到 1960 年代才出現在非實驗室情境。本書作者之一曾在 1961 年的實驗心理學課得知，有些操作制約能應用到簡單人類行為。例如，大學講師笑著說，大學生以當教授站在教室某一邊的時候才表現有興趣的注視方式，將教授制約在教室的一邊。大學講師自負地強調不可能以此方式改變他的行為，因為他已察覺這個技術。他錯了，在第二次上課結束前，他退回到教室的一個角落。

　　在當時，儘管史金納（Skinner, 1953）的操作制約技術理論應用在複雜的人類行為及 Ayllon 和 Michael（1959）、Birnbrauer、Bijou、Wolf 和 Kidder（1965）等先驅的研究，少有人預期到這些原則會在美國心理學和教育及其他領域廣泛使用。1968 年，行為改變技術普遍應用在真實生活情境，因而發行《應用行為分析期刊》（*Journal of Applied Behavior Analysis*）刊登研究的結果。在該期刊的第一卷第一期，Baer、Wolf 和 Risley（1968）將應用行為分析定義為：「將行為的試驗性原則應用於改善特定行為的過程，並同時記錄評估

＊⋯⋯⋯⋯⋯⋯
應用行為分析必須處理社會上重要的、可觀察的行為。行為和介入間的關係必須能夠驗證。
⋯⋯⋯⋯⋯⋯

任何的改變是否歸因於這應用過程。」（p. 91）

Baer 和其同事（1968）指出，要符合應用行為分析的研究條件，它必須是改變社會上重要的行為，因為需要改變而被選擇，不是因為對研究者方便。它必須要處理可觀察、可量化的行為，下客觀的定義或以實例的觀點定義，在擬改變的行為與實驗者的介入之間功能性關係必須存在明顯的證據。在近期回顧應用行為分析自 1968 年至今的進展中，Baer、Wolf 和 Risley（1987）指出，雖然有為數不少的反對意見，以及在真實情境中許多實驗方法的失敗，應用行為分析家仍應該要堅持。他們表示：「在面對失敗被更簡約地視為是技術上而非理論上的觀點下，現今的理論已充分發揮功效以致不能揚棄。」（p. 325）換句話說，我們仍然無法使我們所知道應該發揮效果的確實發揮效果，但這是執行的問題，而不是應用行為分析成為一門學問的不適當指標。應用行為分析的定義比行為改變更精確。在我們前述的軼事方塊中，愛挑剔教授在改變行為上似乎成功了，但是他無法符合分析的標準，因為他無從確定是他的技術改變了行為，還是改變只是巧合。保有行為改變（或缺乏改變）的資料是應用行為分析的基本原則。對身心障礙學生許多做法是必需的，包括在第 6 章討論的行為功能分析，和鑑定特殊需求學生的部分過程——介入反應模式（Responsiveness to Intervention, RTI）（Bradley, Danielson, & Doolittle, 2007）。本書的用意在幫助教師成為應用行為分析者、有效的行為改變者，及學生表現所有層面的學習原則的有效分析者。

教師學習並練習應用行為分析原則，能協助學生以系統且有效率的方式精熟功能性與學業性技能，也能蒐集學生進步的資料供父母與其他專家參考。他們能夠因正向地管理行為而專注於學習。教師們能教導學生與同儕及成人相處，並做好的選擇。在教師提供安全、有趣與成功的學習環境下，將可使學生生活大不同。

結語

　　我們描述了解釋人類行為的許多取向。我們以綜括性、可驗證性、預測的效用性及簡約性等觀點來評估這些取向。我們也描述了一種對我們解釋人類行為最有用的方式——行為論的解釋。

　　在追溯人類行為論取向的歷史中，我們強調應用行為分析科學的發展。我們討論必須專注於對社會有用的人類行為研究，及對建立功能關係的詳細觀察。我們也提供了學習與運用應用行為分析原則的基本原理，以及在不同教育情境下應用的一些實例。

問題討論

1. 金先生是小學特殊需求學生的諮詢教師，他與洛芙女士（一位三年級的老師）一起工作。洛芙女士希望能讓傑容（她的一名學生）不要在室內到處亂跑並完成（或至少試圖完成）他的作業。當金先生建議使用貼紙增強傑容的適當行為時，洛芙女士說，該童是 ADHD，怎麼做都無效，除非他的父母同意帶他去治療，因為 ADHD 是醫療問題。金先生應該怎麼回應洛芙女士？

2. 金先生建議中村女士以使用貼紙換取自由活動的時間來幫助瑪麗亞（她的一名幼兒園學生；當要求瑪麗亞獨立工作，她就變得容易挫折及愛哭）。中村女士決定每當瑪麗亞獨立工作幾分鐘就給她貼紙，並描述了她認為瑪麗亞不再愛哭，這方案似乎有效。她感激金先生的幫助。中村女士是否運用了應用行為分析？這是否有關？金先生應該告訴她嗎？

第 **2** 章　負責任地使用應用行為分析

你知道嗎……

- 有些人認為行為改變與腦部手術是同一件事。
- 你可以是人道主義者同時也是行為主義者。
- 遵守規定並不總是符合專業倫理的。
- 有效的方法使有些人感到害怕。
- 應用行為分析可使學生更具創造力。

本章大綱

022　本章探討許多由應用行為分析實施者提出的議題，他們認為這些實施作為是不當的，或甚至是有違專業倫理的。首先，我們將考量一些常見的顧慮及這些顧慮的可能原因。然後我們要檢驗並對一些行為方法特定的批評加以回應，特別是在教育情境所使用的方法。我們會建議運用方法的倫理守則，愛挑剔教授也會回答不了解情況者的一些常見問題，同時我們會提出徹底了解方法與原則的理由。

✖ 對應用行為分析的考量

有些人相信改變行為常常會侵犯個人自由。

抗拒使用操作制約法來改變行為有幾個原因。最常用來描述這種技術的**行為改變**（behavior modification）一詞，引起了一些混淆。因為修改（modification）一字義同於改變（change），所以行為改變一詞，常被誤以指稱任何可能改變行為的方法。名稱的混淆也是本書寧願以**應用行為分析**（applied behavior analysis）為名的理由。

其他反對操作制約法的人來自那些覺得任何以系統方法改變行為是強迫性的，因此是不人道的。持此論點的那些人常自稱為「人道主義者」。他們的反對主要基於拒絕決定論的觀點，捍衛自由意志與個人自由。人道價值的直覺訴求，使人道主義者對行為論方法的拒絕成為不容輕忽的反對，雖然我們會看到，這樣的反對常依靠相當不穩固的邏輯基礎。

非常關心應用行為分析取向的一個源頭，是應用行為分析很有效。諷刺的是許多人對無效的技術，或至少其效果缺乏驗證的技術比較滿意。同樣的這些人時常拒絕其他的方法（諸如那些基於應用行為分析的方法），因為它們的運用導致可預測的、一致的行為改變。

這場造成「行為主義者邪惡的毀滅與認知良善的霸權」（Schnaitter, 1999, p. 209）的交戰，在 1970 與 1980 年代達到巔峰，而批評的熾熱正如 Schnaitter 所描述的特徵。在 1980 年代，應用行為分析實際上為特殊教育以外的研究者與教師所忽略（Axelrod, Moyer,

& Berry, 1990），也許因為其批評者認為在這戰爭中獲勝，而「行為主義」落敗了。當此爭辯正活躍時，我們正在就讀研究所，我們一位同學面對「行為主義已死！」的論述，她說：「什麼？他們已廢除了行為定律了嗎？」應用行為分析最近又變成攻擊的目標（Haberman, 1995; Kohn, 1993），甚至被一些特殊教育工作者所攻擊（Pugach & Warger, 1996）。Axelrod（1996）對此提出了幾個可能的原因：

■ 行為取向太費工且提供太少增強回饋。
■ 行為主義與流行的教育與心理學發展觀點牴觸。
■ 行為分析威脅到教育與心理學主要的權力結構。
■ 積極增強常是缺乏社會接受度的措施。
■ 行為主義無法像其他心理學與哲學一樣頌揚人性光輝。（pp. 248-253）

　　曾經運用直接教學法（源自行為原則）教導閱讀的人（Engel- [023]mann et al., 1988; Schug, Tarver, & Western, 2001）可以證實，這比提供學生豐富的文化情境，等待讀寫能力出現來得更費工夫。實施行為支持計畫也比送學生到校長室隨後將其留校察看或退學困難許多。Axelrod（1996）的說法是，行為取向之所以提供太少增強回饋，是由於大多數行為分析者從事相對薪資低工作的事實，例如教書。幸運的是，對運用應用行為分析有比金錢更重要的其他增強物回饋，大多數的老師在當學生學會閱讀與行為表現良好時就獲得增強回饋了。

　　我們在第 1 章描述了目前在學校與大學教師養成課程中受歡迎且實施的發展理論，這些理論無疑受現有權力結構所維持。Axelrod（1996）指出，甚至在一所大學任教多年之後，當他提出行為分析論點時，「仍然必須忍受老同事惡意的批評」（p. 247）。本書其中一位作者在一所規模非常大的學系工作，該系只有兩位同事自認為是行為論者。在最近的系務會議中，有一項提議要在學系宗旨加入「以建構主義派典為基礎」的陳述。我們全都不確知那到底是什麼意思（可

以某一派典為一個學系的基礎嗎？）但我們相當確信它不適用於我們。所幸有人在我們必須提出質詢時已轉移討論主題。

　　除了提出 Axelrod（1996）關注的議題外，我們將討論應用行為分析持續受到爭論的一些其他原因。

與其他方法的混淆

　　多數公眾對一般所稱行為改變（behavior modification）的反對，來自以此名稱描述的方法，與應用行為分析完全無關。受歡迎的期刊主編（Holden, 1973; Mason, 1974; Wicker, 1974）甚至行為改變專家（McConnell, 1970）在數年間對應用行為分析的形象造成不可計數的傷害，在其發展階段運用於人類行為時，將無關的處理方法都涵蓋在行為改變的標題下。催眠、精神外科、腦部移植、藥物治療、電擊治療都在此標題之下被混為一談。這些方法無疑地改變了行為，但它們與以應用行為原則系統地改變行為無關。如同把「心理分析、格式塔（完形）治療、原始吶喊療法、演講、書籍、工作和宗教」這一系列的治療介入列在行為改變標題下，是同樣的合乎邏輯並犯下錯誤（Goldiamond, 1975, p. 26）。儘管許多對應用行為分析的批評是對其多年前使用的反應，最近更多的出版品將每件事都歸咎於行為論方法，從教導大多數兒童的公共教育失敗到美國職場倫理的喪失（Haberman, 1995; Kohn, 1993, 2001）。

　　應用行為分析確實不包含像電療或腦部手術這樣的方法，也不涉及藥物的使用。合適的行為方法的有效運用常常減少強烈介入方法的需要。許多年前的研究強烈顯示，對過動（hyperactive）（Ayllon, Layman, & Kandel, 1975）或注意力不足症（attention deficit disorder）（Rapport, Murphy, & Bailey, 1982），使用積極增強是醫藥治療外的變通選擇。在名稱適當的使用之下，行為改變有可能終究會減少使用外科、藥物及其他改變行為的技術。因此尤為遺憾的是，名稱的不當使用引起了大眾對潛在良性技術的敵視。

※應用行為分析不是催眠、前額葉切斷、腦部移植、藥物治療或電擊療法。

正確使用下，*行為改變*（behavior modification）一詞只指源自人 *024*
類行為實驗分析的方法。不幸的是，在大眾心中這一詞已變成與其他
方法不可改變地連結在一起，最好避免使用。教師告知父母採用行為
改變，就必須準備面對負面反應。我們絕不是要倡導放棄行為改變技
術，我們只是建議老師對未知者或誤解者避免使用這一詞。在許多案
例中，其他的專家（包括行政人員或教師同仁），可能會像家長或校
委會成員一樣有誤解。職前師資培育計畫中使用的一些教科書或其他
教材也可能加深這混淆。因此也有必要向教導學童一樣地教育我們的
專業夥伴。這一詞的使用已持續對行為取向工作者造成困擾，有可能
不是行為論者所做的令人困擾，而是他們的指稱方式。教師應該對所
談論的方法保持謹慎，即使在教師彼此間也一樣。問題可能因計畫的
描述方式而引起，即使計畫本身是適當的。

Risley（1975）說明暫停增強法（time-out procedure）不被接受
的主要原因是：教職員認為此法是指在一自由建構的「小空間」中短
暫隔離（exclusion），「將他（學生）局限於狹小空間」的方法。這
些「小空間」和有適當照明的大空間構造沒兩樣。使用錯誤的字眼使
得這計畫被駁回。那些說話輕率的人在與可能會誤解的人士討論方法
時，尤應謹慎用語。

Carr（1996）建議當我們對一般大眾（包括家長與不是行為分析
者的教育工作者）演講時，應更謹慎修飾我們的言語。他主張使用符
合專業倫理的用語，將焦點集中在像同情、尊嚴、誠實等價值上，而
非專業術語。換句話說，與其說我們運用正增強以增加行為的未來發
生機率，我們應該說我們運用它是因為：「它是符合人道的方法（同
情），能幫助個體過得更好、更充實生活（尊嚴），而且我們誠懇地
（誠實）提供它作為回饋⋯⋯。」（p. 266）這肯定不是試圖欺騙，
我們相信絕大多數行為分析者都是誠實、富同情心，且對每一個體的
尊嚴都是支持的。

對有爭議方法的反彈

並非所有的誤解或敵視都來自專業領域之外。專業及大眾常拒絕源自行為實驗分析的方法。有些父母與教育工作者甚至拒絕使用正增強，聲稱學生應該由內在引發動機，系統的正增強會減少內在動機（Balsam & Bondy, 1983; Benabou & Tirole, 2003; Kohn, 1993, 2001, 2006）。實際上對此聲稱的證據少之又少（Cameron, Banko, & Pierce, 2001）。Cameron 和 Pierce（1994）檢驗了 96 篇已出版的研究，發現當運用正增強時，內在動機常常是增加而非減少。

我們不難理解，人們會拒絕引起疼痛或不舒服的方法以及運用隔離。雖然這些只是應用行為分析的少數工具，但已引起媒體、社會大眾與司法系統不成比例的關注（Stolz, 1977）。有必要注意厭煩或隔離法可能以兩種方式產生問題：

※..........................
厭煩及隔離法的使用指引將在第 9 章呈現。
....

1. 普遍誤用，且常被使用者描述為行為改變。
2. 即使在適當使用時，也比其他行為方法易於引起更多關注。

025　　　對任何人（特別是身心障礙者）造成痛苦或不舒服的方法引起關注的原因，是可以完全理解的。有關厭煩刺激法的爭論將在本章後段及第 9 章詳細討論。

對強制的考量

※..........................
行為是有規則可循的信念，並不意味人類沒有自由選擇他們想做的。
....

若假定應用行為分析是不人道的觀念，則每個人都應該自由選擇個人行為的發展過程。對那些批評行為方法的人來說，任何系統性嘗試改變他人的行為是強制的，因此是不人道的。

對行為論方法的批評是基於自由意志的哲學概念。倡導者假定自由意志傾向歸因於人類行為來自個體內在形成的力量，而非受制於預測或控制，這就是 Axelrod（1996）所述讚揚人性光輝的一例。換句話說，人類有別於動物就在於人類只做他們決定要做的事。相反地，

決定論的立場，主張即使人類行為具**規則行為**（lawful behavior）
（在預測控制之下），其原因可在環境事件中指認出。決定論者認可
這些事件間的系統關係（Mahoney, Kazdin, & Lesswing, 1974），並主
張人類行為是這系統的一部分。這種相對的觀點主張人類行為是在規
則的預測控制之下，人們做事或決定去做事是由於過去事件與當前情
境。重要的是，「規則」（lawful，在事件之間有秩序關係）一詞與
權威控制的涵義要有所區分。許多對應用行為分析的批評應是來自對
此簡單概念的誤解（Dollard, Christensen, Colucci, & Epanchin, 1996;
Nichols, 1992）。在此所使用的規則一詞，指的是事件間自然發生的
關係，不是嘗試要規範人類行為。

　　就定義來看，應用行為分析者也是決定論者。他們的立場是就具
體證據來預測，「**決定論**（determinism）的假設在處理人類行為上
是合理且基本的」（Craighead, Kazdin, & Mahoney, 1976, p. 172）。
這樣的假設來自大量的心理學研究，有些（但並非全部）是由那些自
稱為應用行為分析者所做。在事件與行為間規則的假設並不意指對人
類自由的排拒。對應用行為分析者來說，「自由是以人們有諸多的選
擇及執行其所選的權利來定義的」（Bandura, 1975, p. 865）。遺憾的
是，因為「誤解史金納的思想，不知怎麼的，相信行為分析有移除個
體能力去選擇替代反應的力量」（Newman, Reinecke, & Kurtz, 1996,
p. 277）。行為分析者的目標是要增加而非減少這樣的選擇或替代反
應，也因此增加個體的自由。高中生英文一再被當就沒有讀大學的自
由；小孩害怕與同儕互動，便沒有交朋友的自由；有嚴重行為缺陷的
人也許一點選擇機會也沒有，他們無法到處行動，照顧他們基本的需
求，或以任何方法控制其環境。強調選擇自由或選擇能力將在本章後
段和本書全書中提出，這是提供每個個體適當教育服務的基石。

　　了解決定論立場的一個重要概念是：行為與環境間的關係是相互
影響的（Bandura, 1969; Craighead et al., 1976）。環境事件控制行為，
但行為也不可避免地改變環境。這樣相互影響的關係存在人們之間，

※行為主義者根據個人做選擇和執行選擇的能力定義自由。

行為改變者的行為也受到受試者行動的影響而改變。因此，每個人影

026 響並控制他人行為。不可能中止控制；我們也不可避免會影響他人行
為（Bandura, 1975; Rogers & Skinner, 1956）。例如，很少微笑的小
孩與人相處並不融洽，所以老師與其他小孩也許會避開他。如果老師
系統地增強這個孩子偶然的快樂表情，他將更常微笑。因為微笑的小
孩較易相處與互動，其本身也更易對他人產生增強，包括他的老師在
內。而老師也有更多的機會增強其微笑。

　　在本書所見的內容中，行為技術既不是去人性化，也不是非人性
化。當目標是**人道**（humane）時，我們必須提供最有效可行的手段
來達成這些目標。在許多例子裡，證明應用行為分析的方法是有效
的，也是最人道的選擇。

　　下列軼事說明人道主義者與行為主義者間的衝突，我們要求你細
想這特例中，每一面向實施的價值。這事件有 35 年以上的歷史，當
時應用行為分析仍在嬰幼兒階段。現在有更多較精緻的方法，像功能
分析，在考慮採厭煩控制之前實施。然而，我們認為這個例子是如此
生動，應該放在這裡。

　　　另一所大學的一位同事給我們看了一部令人感動的影
片。女主角是一位養護機構中的小學女童。她常猛烈搖頭撞
頭，所以頭上戴著裝填墊料的足球頭盔。因為她會拿掉頭
盔，所以她的手被綁在床上。她不斷猛烈搖頭撞頭並找機會
拉扯頭髮，因此她頭髮稀疏，臉上總是帶著青腫傷痕，脖子
就像馬的脖子一樣粗。她不會講話。

　　　我的同事與其幕僚為她詳細規劃了一個運用各種增強物
的計畫。她被安置在計畫中，但持續其獨特的行為。在大家
灰心之餘，只有祭出法寶。當她猛烈搖頭撞頭的時候，我的
同事大喊：「不可以！」同時在她臉頰上打一巴掌。她短暫

地平息一陣子，又猛烈搖頭撞頭，處罰隨之而來。我的同事報告中提到不到 12 次的巴掌與喝斥之後，甚至從對面房間傳來的大喊「不可以！」也有效了。這方法很快地降到一週一次，在幾週之內便停止了。同時，這女孩不再戴足球頭盔且開始在桌前用餐。她睡在一般的床上。她金黃色的頭髮長出來了，變成一位非常漂亮、有纖細臉龐與脖子的小女孩。不到一年，她開始轉介到參加較大年紀女孩的團體，希望她能模仿那些女孩的行為。她常微笑。

原先的機構與父母發現她被打巴掌，他們立即將小女孩從我同事團隊的監護撤出來。影片的後段演出其撤回原機構的情形，她被綁在床上，手被綁在床邊。她戴著足球頭盔，她的頭髮被撕扯。她的臉瘀青一大塊，脖子就像馬脖子一樣的粗。（Goldiamond, 1975, pp. 62-63）

❖ 使用應用行為分析的倫理

所有的老師，不論他們是應用行為分析者與否，都關心道德倫理。在描述教師可以實施專業倫理的途徑之前，我們將討論道德本身的概念。如果是對的決定或行動，便符合道德。當然，這看來說得簡單，其實不然。什麼是對的決定，根據對誰來說是對的，以及我們決定怎樣才是對的，自亞里斯多德（Aristotle）時代以來已成為哲學家 *027* 及其他人士的主要課題。很簡單的陳述，一位做對的事情的老師，表現便是符合專業倫理的。然而，做對的事情的意思遠超出避免責難或甚至符合一些道德指導原則或標準。幾個協會，包括美國特殊兒童協會（Council for Exceptional Children, 2010）及美國行為分析師認證委員會（Behavior Analyst Certification Board）（Bailey & Burch, 2005），提供這樣的指引，並且教師和其他專家應該要熟悉和遵守適用於他們

＊⋯⋯⋯⋯⋯⋯
覺察潛在的批評有助於避免無知者的干涉。
⋯⋯⋯⋯⋯⋯

的那些指引。我們並非「比較關心……教師遵循規則勝於……教師成為道德捍衛者」（Watras, 1986, p. 14）。僅只是因為有些是被接受的實務，並不確保那就是對的（Kitchener, 1980）。幾世紀以來，遵守規則（或服從命令）的人們做過非常錯誤的事情。沒有一套規則可以涵蓋每一個最後的結果。在缺乏指引時教師必須養成行動表現符合道德，即使當他們的行動與指引或指示衝突的時候。

培植實習教師為道德捍衛者，是現在師資培育教授們強烈感興趣的主題。《師資教育期刊》（*Journal of Teacher Education*, 1986）的一期幾乎全部在探討這主題。共識顯示：由其他感興趣的實習人員以道德兩難方式的討論來發展道德推理最好。倫理道德不應以單一科目講授，應該透過所有科目養成。如果在你的課堂中沒有提出並討論道德主題，我們建議你將它們帶入課堂中。

雖然按專業倫理行事的主要理由是，依你所相信是正當的來行事，但仍有其他理由。教師必須時時覺察到他人關注教師的行止是否合乎道德標準。前面提過，當使用行為技術時，人們特別易於擔憂專業倫理問題。除非教師特別顧及專業倫理行事，並使他人確信放心他們這樣做了；否則他們會發現，非教育工作者會想獲取越來越多在教室裡那些能或不能做的事的掌控權。

執行應用行為分析的人們多年來同意：要確定所擬的介入是否合乎專業倫理時，必須考量許多的因素。這些因素包括「社區標準、法律、盛行的哲學、個人的自由、知後同意個案的責任及個案的態度與感受」（Sulzer-Azaroff, Thaw, & Thomas, 1975）。在學童或教養院院童的例子中，徵求學生家長或監護人的意見，詢問對此方法用在或將用在該童身上的感受如何是很重要的。對行為論者來說，關心像態度與感覺這樣的主觀標準似乎有點怪，但 Wolf（1978）提出了考量這些因素的有力案例。如果參與者不喜歡一個計畫，他說：「他們可以逃避、跑掉，或大聲抱怨。」（p. 206）Wolf建議應建立目標、方法及結果的社會效度。**社會效度**（**social validity**）或消費者滿意度

（Holman, 1977），只是消費者對計畫或方法的接受度。測量社會效度需要的資料來源，不是傳統上應用行為分析者這領域所使用的，包括問卷調查、晤談與實地調查。依賴這樣的資料有可能使得有關社會效度的結論不正確。然而，「這是完全有可能的：即使是無效地質疑一研究的社會效度，也比沒有任何質疑來得好：提供消費者機會表達被忽視的抱怨或不滿，可以避免有些計畫遭受致命反擊。至少被冒犯的消費者可以多少息怒，即使只是在一份不當的社會效度評量表空白處寫下意見，或是和申請人員談談。」（Baer, Wolf, & Risley, 1987, p. 323）現在應用行為分析研究論文大多提出其社會效度的議題。

　　Stainback 和 Stainback（1984）建議，漸受矚目的質性研究法提 *028* 供「更多的注意於社會與教育相關的研究成果」（p. 406）。Simpson 和 Eaves（1985）力陳嘗試量化這種主觀測量的方法。顯然，教師運用行為方法除了關心教室內的因素，還要關心自身的因素。目標、方法與結果都必須為教育的消費者（學生、父母與社區）所接受。極其重要的是：教師和研究者要關懷在大多數社區廣泛的多元文化，選擇目標、方法與結果要符合多元文化。

　　我們希望能讓你相信：你的道德表現是你的最佳利益。雖然我們先前承認，指引必然不完備，但我們相信如果不提供一些指引的話是不道德的。很難想像沒有把焦點放在保護學生權益的道德立場會是如何。由行為分析學會執行委員會（Executive Council of the Association for Behavior Analysis, ABA）認可的聲明，包括一系列的個人權益，提供教師在許多議題中做出合乎專業倫理之決定的基礎。我們將詳盡闡述聲明的每一部分，提出每項應該保護個人權利的具體實例。

　　這聲明的一開始是：「我們提議改變行為方法的接受者或預備接受者的個體有權利要求：(1)治療的環境；(2)個人福利是最重要的服務目標；(3)由合格的行為分析師治療；(4)教導功能性技能的計畫；(5)行為評估及持續評估；(6)最有效且可行的治療方法。」（Van Houten et al., 1988, p. 111）

治療的環境

　　一個治療的環境是「安全、人性化、能回應個別需求的」（Van Houten et al., 1988, p. 111），它也是令人愉快的。身心障礙學生的環境也必須對這些個體是最少限制的環境。最少限制的環境並不一定是普通班教室或甚至所有學生的普通學校，它是「加諸最少必要限制的環境；且確保個體安全與發展的環境。個體擁有行動與接觸喜愛活動的自由，而非安置的型態或地點，是最少限制環境的定義特徵」（p. 112）。

　　最近有些教育家建議：對任何一個孩子，無論其障礙多嚴重，唯一適合的環境是與其同生理年齡同儕的普通班。討論這實務的，稱為完全融合（full inclusion）（Stainback & Stainback, 1992），應該包括是否提供在普通班中回應每位障礙學童個別需求的安全、人性化環境的議題。那些支持障礙學生完全融合的人主張，對一般學生或障礙學生的正面或負面影響並非重點。對障礙學生另外分班造成了隔離。融合是公民權利，排除任何一位學生是不道德的（unethical）（Laski, 1991）。提供一個安全的環境是無庸爭辯的。這樣做需要簡單且明顯的步驟，但常為人所忽略，如移除任何有潛在危險的事物或將其存放在學生拿不到的地方。當一位學生用老師 10 公分長的尖銳剪刀刺傷另一位學生時，我們要先問，在一間有暴力衝突學生的教室中，為何沒有將剪刀上鎖收好呢？

　　學生在教室外的安全也必須確保。障礙學生通常易受傷害，例如：同儕的言語、肢體或性方面等虐待。霸凌已成為全國對所有兒童關切的事，對這些（障礙）學生的危險甚至更大（Flynt & Morton, 2004）。為了學生的安全必須檢視走廊、廁所、餐廳、遊樂場或校車。同儕不是唯一會虐待或忽略學生的人，普通學校或教室也不是唯一虐待或忽略學生的地方。最近，在我們（作者）之一所住的城市，一位住在教養機構的學生被遺留在校車上過夜。他的家長以為他在教

養院，教養院的人員卻以為家長帶他回家小住（他們有時也回家小住）。應該要有人確認才對。

　　提供人性化環境指的不僅是禁止忽視或虐待學生。每個人都有權利被有尊嚴地對待。「最低限度的有尊嚴地對待，是需要衛生設備、整潔、舒適、嘗試尊重的溝通與同意權。」（Schroeder, Oldenquist, & Rohahn, 1990, p. 105）這意即在許多其他事中，不在學生前面討論他們的問題，即使他們年紀很小或功能太低無法明白。也意味著不讓學生在訪客面前「表演」孩子所做的事，甚至他所做的「事」是滑稽的。也不要對待年紀較大的障礙學生像對嬰兒般，例如，在其他人面前換衣物。最近筆者之一曾經被試圖介紹給一位二十歲大的男生，他被安置坐在移動式馬桶上，與教室其他空間僅用屏風隔開。那是非人性且不道德的踐踏尊嚴。

　　敏於個體需求的環境，提供每個人舒適的地點或坐的位置、可觀看並從事的有趣事物，以及適合其年齡與功能之參與活動的機會。可讓學生選擇他們所要做的事、何時去做，及如何去做的事。最近日益強調對障礙個體提供選擇權（Mizener & Williams, 2009; Sigafoos, 1998），作為增進適當的學業和社會行為的策略，而且是每個人的權利。做選擇的權利，特別是對障礙兒童和老人而言，一定要和看顧他們的照顧者責任間取得平衡，以協助他們做出合適的選擇（Bannerman, Sheldon, Sherman, & Harchik, 1990）。當然，兒童不可避免地必須做他們不喜歡做的事，這些事會導致積極增強與成就感。畢竟，成人常做他們不喜歡做的事，但他們會很高興他們這麼做了。例如，我們就像桃樂西·派克（Dorothy Parker，美國女作家）一樣厭惡寫作，但喜愛所寫。

個人福利是最重要的服務目標

　　這似是顯而易見的道理：欲進行的行為改變應是對學生有益的。儘管如此，許多指控提出：集中式機構（*Wyatt v. Stickney*, 1972）與

學校（Winett & Winkler, 1972）利用行為改變計畫的主要目的在減少破壞機構或學校正常功能的行為，而不是為了機構裡的孩子或學生的利益著想。Winett 和 Winkler 檢視了從 1968 至 1970 年《應用行為分析期刊》中詳述行為改變計畫的文章。他們陳述大部分的文獻關注在壓抑講話、四處亂晃，以及像吹口哨、大笑與唱歌等干擾行為。Winett 和 Winkler 下結論說，應用行為分析的技術只是用來維持「治安」（p. 499），而不是為了學生的最大利益。他們進一步提及集中式機構也設定了相似的目標。

＊............................
如果沒有考慮學生的權利和最大利益，也可能濫用應用行為分析方法。

030

雖然 O'Leary（1972）同意 Winett 和 Winkler（1972），認為目標的詳細審視是重要的，但並不贊同他們的結論。他引述了許多表明研究者關注的像學業反應速率、談話、利社會行為，及語言與閱讀技巧等研究。O'Leary 確實同意 Winett 和 Winkler 的呼籲：「關注於我們希望孩子發展的行為與價值的全面的社群對話。」（p. 511）

應用行為分析法可用來增加或減少任何的行為，甚至像創造力（當然，是以可觀察的行為來定義的）這樣的行為，也可利用這技術增加（Malott, Whaley, & Malott, 1997）。沒有合理的解釋顯示這方法本身有利非學生本人來維持行為。適當的目標選擇可避免機構導向的改變標準，例如要「靜止不動、安靜無聲、乖乖聽話」（Winett & Winkler, 1972, p. 499）。

對選定的目標以學生的最佳利益來說，學生與其家長必須自願同意目標才行。美國聯邦法律規定需要家長同意為其障礙兒童所做的計畫，如果父母親不在，則必須監護人簽名確定任何所提議的計畫是為了該童的最大利益。這樣的要求是要確保計畫的參與是自願的。然而，對教學計畫則不需要所有方面都獲得家長的同意。Martin（1975）提出，對已廣為接受的整體教室管理與學生動機的策略不需要任何人的同意，甚至在教師決定要改換策略時。在尚未被廣為接受和那些只應用在個別學生上的方法則需要徵求同意。

要確保自願同意參與行為改變計畫，必須是被告知且是自願的

（Rothstein, 1990）。**知後同意**（informed consent）是基於對計畫的充分了解。除非父母或其他監護人證明了解計畫的各個方面（包括可能的危險），否則不算是知後同意。如果需要，通知資料必須以其所使用的母語來提供。

　　只有在沒有威脅或利誘下所獲得的同意，才算**自主同意**（voluntary consent）（Martin, 1975）。例如告訴父母除非應用特定方法，否則他們的小孩就需要送交機構治療，這是不被允許的：向父母保證如果用某一方法，他們的小孩就不再需要待在特殊班，這也是不道德的。Sulzer-Azaroff和Mayer（1977）指出，學生參與行為改變計畫的自願性也應考量。自願參與在於要避免威脅或太有力的誘因，計畫的許多層面盡可能讓受試者選擇。這樣的參與自然導致最後的自我管理（大多數學生的最終目標）。

由合格的行為分析師治療

　　由於許多應用行為分析法似乎如此簡單，常被一些未充分了解的人們誤用。常見的例子是，參加應用行為分析技術短期研習的教師，買一袋糖果，隨意地分發「增強」。普遍的結果是，感到疑惑的教師，就像其他有疑惑的人一樣，認為行為改變沒有效果。不幸的副作用是，經以此方法處理的兒童可能變得比以前更具破壞性；因為他們不了解為何獲得糖果，或不知道為什麼得不到糖果。此外，父母變得惱怒，因為他們的孩子不但蛀牙且食慾變差了；校長表示不勝其擾，因為他接到來自許多父母的抱怨；其他教師也生氣了，因為他們的學生也要求要糖果。應用行為分析的名譽又再度遭受打擊。

　　不可能在幾天之內便學會應用行為分析，足以實施合乎道德且有效的計畫（Franks & Wilson, 1976）。其中一位作者在許多年前參加一場座談會，其間她被要求為其他同事發展一套計畫：在閱讀幾小時之後，讓他們能在他們的方法課中納入行為改變技術，而不需單獨開設行為管理的課。當她反駁說，她在應用行為分析方面修過八門課，

031 ＊……………………

實施這些方法並非總是如聽起來一樣容易。

…………………………

有動物研究的基礎，已練習了這些方法 17 年，而現在仍然在學習，他人典型的反應卻是：「但行為改變是如此簡單啊！」

應用行為分析的原則的確容易了解，然而有效的實施不是那麼簡單的。除了詳盡理解這些原則之外，向合格指導者學習、在督導下的實習是我們期望的。這一點對一些較難的方法（像塑造法），或易流於濫用的方法（像厭煩或隔離等法）來說，尤為重要。

> 好的督導包括訓練、觀察和評鑑。

最初的培訓總是必須跟隨適當的督導。Martin（1975）指出，這樣的督導包括正式與非正式的在職訓練與定期評鑑。持續的督導將不斷提升合格人員的表現。同樣重要的是，確保無法勝任的人員不執行可能對學生有害或無法完成的方法，這對學生是最佳利益的保障。

教導功能性技能的方案

學生需要學會使他們在環境裡有效表現功能的技能，教導這些技能應該是每項學生教育計畫的重點。哪些技能是功能性的因人而異，對有些學生來說，學會代數是功能性的，因此他們可以學習幾何與三角函數；對其他學生而言，學習家事技能是功能性的，因此他們可以成為對家事有貢獻的家中成員。在每個例子裡，技能的選擇必須基於這樣的假定：「除非明顯存在相反的證據，否則個體有能力參與社區生活且有權利參與。」（Van Houten et al., 1988, p. 113）

這個假定對教育工作者是個基石。以我們的觀點來看，也就是說，認為年紀小的小孩（或如果是貧窮、高危險群或甚至身心障礙）無法學會學業與學前技能，這樣的看法是不道德的。如一位擔任資源班教師的朋友說：「我教導我的六歲孩子們，好比將來他們每個都要讀哈佛大學一樣。」我們同樣深信：浪費學生的時間在明顯證據顯示他們無法學會的傳統學業上，也是不道德的。對障礙個體來說，能夠照顧好個人的需求、協助家事、從事簡單的購物、自我娛樂、在公共場所表現得體、執行例行工作（如果有可能，包括那些有薪資收入的工作），這些都有功能性技能。這些技能應該成為他們教育的重點。

重要的是，當要決定有關功能性技能時，個體生活的特定環境應納入考量（Schroeder et al., 1990），其所在社區的風俗習慣與價值也是重要的可用資源。

有時消除或降低學生一些行為的發生率是必要的。會咬自己的孩童必須讓他停止繼續這樣做；傷害他人的學生不能允許其繼續；破壞性強無法繼續待在教室的學生必須學會停止奔跑、尖叫或損毀公物。然而，只是減少這樣的行為，仍然缺乏計畫來發展具建設性的行為。僅靜坐在椅子上不做任何事，也沒有比介入前好到哪裡。教師必須注意發展能夠導向學生學習或社會互動的行為。留意功能評量與功能分析（如第 7 章所述），將使教師能夠以適當行為替代破壞或危險的行為。 *032*

在一些例子裡，不當行為可能因增強建設性的行為而降低，而非因直接嘗試減少破壞行為而降低。例如，減少破壞行為不會自動改善學業表現（Ferritor, Buckholdt, Hamblin, & Smith, 1972），而改善學業成果可能會減少不當行為（Ayllon & Roberts, 1974; Kirby & Shields, 1972）。通常，學生表現任何適當行為，教師應該設法增強這樣的行為，並檢視這方法對不當行為的影響。有些學生適當行為的功能有限，以致持續表現不當行為而沒有機會接受積極增強。在這類情況下，經過嚴謹的功能分析後，教師也許首先要消除該不當行為。然而，這應該只是第一步，並且絕不在沒有詳細做功能分析就實施。必須盡早教該生以建設性行為來替代，達致功能性技能的習得。

行為評量及持續評估

具專業倫理的教師不能也不會任意決定教學生做什麼或不做什麼。對每位學生的目的與目標必須依據仔細觀察學生在多種狀況下的表現。在選擇目標且實施計畫之後，具專業倫理的教師會記錄計畫實施的情形。錯誤的敘述像：「我開始使用計數器幫助班恩學數學，他似乎表現得更好了。」我們希望你能夠說：「我觀察班恩四天，他在

❋⋯⋯⋯⋯⋯⋯⋯
目標設定的資訊來自許多來源：測驗、記錄、觀察、家長、教師和學生本人。
⋯⋯⋯⋯⋯⋯⋯

一位數加法上，10 題中答對 2 到 3 題。我給他 20 個籌碼，教他如何利用這些籌碼計數；那天他做對 6 題，昨天做對 7 題，而今天 9 題。當他連續三天都做對 10 題時，我就要教他減法。」在第 4 章我們教你如何用「行為用語」來說明，包括使用蒐集資料評量和評鑑這方法的結果。

最有效且可行的治療方法

「在有行為分析之前，監護式照顧經常是任何人能做的最佳照顧，但那不再是真的。通常，目前有權接受有效的介入意指有權接受行為介入……」（Malott et al., 1997, p. 414）。我們相信這個作者對於居住式治療所做的聲明有廣泛的應用。在學校或他處，沒有理由讓計畫的目標僅僅只是讓學生寂靜無聲，或僅僅是防止傷害自己或他人。

當同事提出「實證本位處遇」或「實證本位實務」「新的」要求時，許多行為分析者被消遣難以提供證據。多年來我們都在要求實證並且提供證據。

在設計改變學生行為計畫時，引導專家和家長的主要考量是，一項技術在改變類似學生相似行為被證實的效能。改變學業（Heward, 2003）與社會行為最道德且負責的做法為使用已確立有效的方法。在這本書中，我們將討論與改變具體行為的有關文獻和提供有效做法的建議。規劃行為計畫的教師應該不斷探討當前學報以跟得上新的專業033 發展。許多學報提供行為改變做法的資訊，研究對象是特定障礙學生和某些表現過度或不足的一般學生。

在某些案例中，經證明有效的做法，但要合於倫理或法律或許不太可能。最近關於限制與隔離做法的濫用與誤用的報告，導致了許多立法和政策聲明，試圖規範甚至禁止這樣的做法。這樣的做法是否必要或合適雖然沒有普遍的一致看法，但一致認為忽略失察和督導是關鍵所在（Council for Children with Behavior Disorders, 2009; Ryan & Peterson, 2004; Ryan, Peterson, & Rosalski, 2007）。教師在使用任何厭

煩或隔離做法前，應該細查他們關於這樣做法的教師任用準則或章程，因為規則也許有不同的變更。若未經授權使用，即使是短期的隔離（一項相對溫和但有效的技術），也許會招來批評或誤解。

　　無論如何，使用厭煩或隔離介入，應該是針對嚴重不適應行為，經使用正向做法而未能成功改變的備用。許多要減少或消除的行為使用正向或非厭煩做法，我們將在本書之後的部分進一步敘述。

　　我們先前討論了障礙學生於安全環境的融合運動，但重要的也是要考慮學生安置的效果或結果。多數研究完全融合的結果著重在社會效果（Favazza & Odom, 1997; Fryxell & Kennedy, 1995; Gelzheiser, McLane, Meyers, & Pruzek, 1998），對所有學生看來似乎是正面的。實務顯示沒有對一般學生學業表現具有害作用（Hunt & Goetz, 1997）；但是有徵兆顯示：有些障礙學生的學業表現比傳統的特殊教育安置更容易被拿來比較，例如抽離式資源計畫（Zigmond, Jenkins, Fuchs, Deno, & Fuchs, 1995）。

✱⋯⋯⋯⋯⋯⋯⋯⋯
減少行為的技術將在第 9 章闡述。
⋯⋯⋯⋯⋯⋯⋯⋯

⊞ 績效責任

　　績效責任（accountability）意指目標、做法和結果的公布，以便能受評鑑。應用行為分析非常適於這樣的績效責任。以行為術語敘述目標、清楚描述做法，以介入做法與行為間直接功能關係的觀點來定義結果。不可能像 Baer、Wolf 和 Risley（1968）所描述，實施應用行為分析而沒有績效責任。整個過程是可看見、可理解，且公開評鑑的。這樣績效責任的結果是家長、教師、行政人員及社會大眾可以自行判斷這方法是否有效或需要改變。

　　教師不應該將績效責任的要求視為負面或威脅，它是教師的優勢，可驗證他（她）的教學效能。這方法使教師能檢視自己的能力，並向他人展示這項能力。在年度評鑑會議面對督學時，以表格和圖示顯示閱讀能力的增加及破壞行為的減少，要比單只含糊陳述效果良好

的一年，令人印象深刻。

　　教師應對誰負責呢？就專業倫理行為方面而言，答案是「對每一個人」。教師要對其專業、社區、行政長官、學生家長、學生及其本身負責。

　　教師在課堂使用應用行為分析方法，依循本章提供的建議應會免掉許多有關的問題，表 2.1 總結了這些建議。沒有足夠的措施可預防所有的批評，也沒有一位教師可避免犯錯。然而，系統地注意應用行為分析學會（ABA）的專業倫理標準可以減少批評，並使教師從錯誤中學習，而不是被錯誤打敗。

034　| 表 2.1　使用應用行為分析的倫理建議 |
| --- |
| 確保所有工作成員是可勝任的。 |
| 選擇適當的目標。 |
| 保證自願參與。 |
| 是有績效責任的。 |

＊
....
績效責任是應用行
為分析的一項主要
優勢。
....

　　讓我們聽聽愛挑剔教授工作坊的討論，也許會提到你所關注的。在此所有由愛挑剔教授回答的問題，是針對每位從事應用行為分析工作的人所提出的。

 愛挑剔教授主持工作坊

　　在大學附近一大都會區的教育局長，要求愛挑剔教授針對中小學老師舉辦一場 2 小時的行為改變工作坊。雖然知道這類短期工作坊的限制（Franks & Wilson, 1976），愛挑剔教授決定，如果他把主題限定在基本學習原則的介紹上，就不會有什麼傷害。在約定的那天，愛挑剔教授穿著一身最好的肘部皮革拼接的花呢外套，站在 700 位老師前面，想著他是如何讓自己蹚這場渾水。

　　在緩慢的開始之後，幾位老師睡著了，其他許多老師公然改考卷。愛挑剔教授用力地踏步，他以扼要生動的話語說明充滿幽默的軼事，其中不乏他朋友

所熟悉的名字，在應用行為分析界的堂堂「巨擘」，那些老師卻全都不熟悉。當愛挑剔教授在演講的結尾感到滿意之時，他赫然發現他的演講比原本規劃的時間還早 45 分鐘結束。在如雷的掌聲之下（至少一部分原因是老師們認為他們可以提早解散），愛挑剔教授屏息以待接受提問。雖然有不少的騷動與調換座位，但當教育局長走上講臺並注視聽眾時，有人開始舉手了。問題的本質讓愛挑剔教授發誓絕不再答應短期的演講，但他盡力回答每一個問題。

問題：你所提的建議不就是賄賂嗎？

回答：很高興你提出這個問題。《韋氏第三版新國際字典》（*Webster's Third New International Dictionary*, 1986）定義，賄賂是給予物品以擾亂判斷或腐化人的行為。因此，我所描述原則的使用就不是賄賂了。老師運用這些學習原則以激勵學生做有益自身的事情，像是閱讀、數學及社交技巧等。

第二個定義是，賄賂是任何承諾或給予以引誘一個人做出違反其意志的表現。有些人可能會說那正是我所辯護的。作為一位行為論者，我對「意志」（wishes）一詞感到有些棘手，因為我可以看見行動而無法見其意志。對我而言，學生對是否表現某一行為以獲得增強物有自由選擇的權利，我的詮釋是，如果瓊妮選擇表現這行為，她便展示了她的「意志」。「賄賂」（bribery）一詞的定義隱含一些祕密狡詐的事情。我比較喜歡將應用行為分析視為公開、誠實的嘗試以正向改變學生的行為。還有其他的問題嗎？如果沒有……

問題：但小孩不是應該由內在引起動機嗎？當然，他們不需要因為獲得獎賞而學習。他們應該會想要學習。

回答：這位老師，你今天為什麼會在這裡？我相信提供在購物中心度過一天或來參加在職進修間做一選擇，你對學習的內在動機可能會有些動搖。我們所有在此的人都是被支薪而來的；大多數的成人（甚至那些熱愛工作的人），如果沒有一些具體應用積極增強原則，就不會持續工作。為什麼我們期待小孩做比期待我們自己更困難的工作呢？

問題：但我們的學生不會期待他們所做的每件事情都可以得到報酬嗎？

回答：當然，為何不會呢？然而，當你的學生變得越來越成功時，他們會開始對自然環境中可用的增強物有所反應，相同的增強物維持已成功之學生適當的行為。好學生也不能沒有增強物而努力，他們的行為被好成績、父母的讚許所增強，當然，也被對學習的熱愛所增強。當表現優良持續被增強，它最終變成一種衍生或制約的增強物。然而，對那些在課業學習上少有成功的學生，我們不能期待這在一夕之間發生。是否回答了您的問題？謝謝⋯⋯

問題：在上次的在職進修課程，演講者告訴我們使用增強物會減少內在動機。

回答：這是時下相當普遍的觀念（Kohn, 1993, 1996）。然而，並非所有人都同意，許多人對作為證據所援引的研究的效度和解釋產生質疑（Chance, 1992; Slavin, 1991）。我的看法是，有這麼多行為方法有效的證據，不採用這些方法是不符合專業倫理的。

問題：這種行為管理豈不是只將嚴重情緒問題症狀壓抑下來，而沒有針對問題的根源？

回答：喔！天哪！那是非常複雜的問題。行為論者不接受由一些隱藏根源所引起的情緒問題這樣的觀念。我們發現，如果我們處理這問題行為，其根源似乎就消失了。人類的行為不像雜草的根埋藏於地表下，等到降雨就迅速成長。

問題：是的，但每個人都知道如果你壓制一個症狀，就會有一個更糟的症狀來代替。那不就代表有潛在的問題嗎？

回答：不，這位老師，不是每個人都知道的。人類不像雜草一樣，也不像活塞引擎。一個症狀「消失」（goes down），另一個症狀未必就會「突然出現」（pop up）。我的同事（Baer, 1971; Bandura, 1969; Rachman, 1963; Yates, 1970）曾提出過廣泛研究顯示，將一所謂的症狀移除之後，並未導致新的症狀

「以汽車的『行為』來看，教授，您找到正確的原因了。現在，您在1973年換機油後……」

發展。事實上，當小孩的不當行為減少時，他們有時候會學習一些新的且未教過的適當行為（Chadwick & Day, 1971; Morrow & Gochors, 1970; O'Leary, Poulos, & Devine, 1972）。即使一些新的不適應行為發生（有時確實會發生）（Balson, 1973; Schroeder & MacLean, 1987），但沒有證據顯示它們是隱藏變異的替代症狀。功能分析通常顯示出這些行為對個體具有溝通功能，新行為持續表達傳遞一些需求。如果教以滿足相同溝通目的的適當行為，這不當行為將會減少。現在，如果……

　　問題：你所討論的不是基於像老鼠及猴子等動物的行為嗎？天哪，那是你訓練狗的方法：當牠表現可愛的動作就給牠愛吃的東西，而當牠不乖的時候就用報紙捲打牠。對待我們的孩子像動物一樣是不是不符合專業倫理呢？

　　回答：早期研究行為定律的研究用動物做實驗，但這並不意指我們控制人類行為就像對白老鼠、鴿子或甚至狗那樣。這樣的研究，又稱為「類比研究」（analogue research）（Davison & Stuart, 1975），只提供研究人類行為的基礎。應用行為分析者在真實世界運用方法來測試人類行為，並非在實驗室。這些方法考慮人類行為的複雜性及不可否認的人類自由，以選擇他們行為的方

式。所謂的不符合專業倫理，是未能將我們從任何資源所學的好好應用。

　　問題：這些東西可能對那些特殊兒童有效，但我的學生個個聰明，難道他們不知道嗎？

　　回答：好問題，他們當然會知道。行為定律對我們每一個人都發生作用。我們可以改變一位重度障礙小孩的行為，但這是一個非常複雜的過程。對你的學生而言，你可以簡化或縮短時間。你只要告訴他們隨因增強的內容就好了。你不須等待學生從經驗中習得。應用行為分析的原則對每個人，甚至是教授都有效。例如，以懲罰為例，如果我答應另外一個工作坊，那將會是個寒冷的一天……抱歉。還有其他的問題嗎？

　　問題：但行為改變技術如何在我的學生身上發生效果呢？我不在乎給他多少糖果，但他們仍然不會閱讀。

　　回答：應用行為分析不只是給學生糖果而已。如果你的學生對書面文字沒有反應的話，那麼你必須將其反應引導至刺激控制之下，這就是應用行為分析。如果他們不能說話，你就塑造（逐步形成）它，這也是應用行為分析。如果他們只是坐在那兒沒事做，你就引起他們的注意，這就是「應用行為分析」。還－有－其－他－的－問－題－嗎？

　　問題：我認為整件事看來好像很費工夫。應用行為分析似乎繁瑣且費時。真的值得這樣付出嗎？

　　回答：如果－它－不－值得，這樣的－麻煩－就不要－做。行為嚴重到需要複雜的方法就需要花費冗長的時間了。你不必用複雜的方法解決簡單的問題吧！試著以計時器使自己掌握時間。這問題以這方法花了你多久的時間呢？嘗試運用系統化的隨因增強與做記錄，然後比較你所花費的時間。你也許會感到驚訝！現在，我真的必須……

問題：我只有一位學生有嚴重的問題。如果我對他使用一些系統方法，其他的學生不會抱怨嗎？我應該怎樣和他們溝通呢？

回答：這問題不會如你想像的常常發生。大多數學生都知道表現不好的學生需要額外幫助；當他獲得幫助的時候也不會感覺意外或困擾。很少學生會問為什麼那位學生受到不一樣的對待。如果真有學生抱怨，我建議你向他們說：「在這個班上，每一個人都獲得他所需要的。哈洛德需要一些額外幫助使他記得好好坐在座位上。」如果你對所有學生持續增強適當行為的話，當使用一更系統方法對待一位有特殊問題學生時，他們不會抱怨這事。如果已經沒有問題的話，我……

問題：我學生中有問題的大多無法學習，是因為他們來自非常差的家庭環境。在這樣的情形下，你似乎使不上力，不是嗎？

回答：這位老師，鴿子可以辨別環境，並每次表現出被增強的行為。難道你意指你的學生能力不及鳥類？這樣的假設是不人道的。歸咎於你無法控制的不良學習與不當行為的影響因素只是拒絕接受責任而已。你也許無法影響課堂外的學生環境，但你在課堂環境方面有很大的影響力。你的職責是安排學習環境使你的學生盡可能地學習，不論是學業或社交的。你認為教學到底是什麼呢？「教學」是及物動詞，除非你教導某人某事，否則你不是在教學。

問題：你曾經在中學或小學教過嗎？

在此刻，愛挑剔教授變得語無倫次，且需要講臺上教育局長的協助。當他開車回家時，他了解到他犯了許多錯誤。其中第一個錯誤就是答應參加這工作坊。他之前以為教師期待獲得有關班級經營的具體協助，會對學習原則的理論探討感到興趣。他也以為老師們會立即了解到這些原則與學生行為之間的關係。愛挑剔教授了解到這期待對他來講是不合理的，然而，他決定在他的應用行為分析課程中納入更多的實務應用。

❖ 理論還是食譜？

　　愛挑剔教授無疑地修正了他的信念（有效使用應用行為分析需要基本原則的知識）。教師常拒絕理論並尋求對具體問題直接實用的解答。這是人的本性，希望只問如何解決一個具體問題就可得到一個具體的答案，並適用於所有學生所有情況的結果。曾經有人建議我們按字母順序列出行為問題單及每一問題的解答作為本書的附錄。然而，這樣的「食譜」取向有嚴重的限制。雖然應用「食譜」方法的學生可能較快獲得能力，但在基本原則上花較多時間的學生，在最後易於表現更多的能力（White, 1977）。在本書我們將盡力舉許多例子，協助你解決教師遭遇的許多問題；但我們真正希望的是：以我們的例子討論行為原則，提高你自己的能力，在面對任何問題時創造屬於你自己的解決方式。

038

結語

　　本章描述幾則反對使用應用行為分析方法的理由。這些方法受到批評，是基於它們干涉個人自由，且是不人道的。我們也描述了不同意這些反對意見的理由。適當使用應用行為分析法以增加選擇來增進個人自由。應用行為分析法是符合人性的，因為它是增加選擇與教導適當技巧的有效工具。

　　應用行為分析法會是合乎專業倫理的，如果該計畫包括：治療的環境、個人福利是最重要的服務目標、由合格的行為分析師治療、教導功能性技能的計畫、行為評量及持續評估，與最有效且可行的治療法。教師選擇應用行為分析法並考量這些因素，會知道他們是以學生的最大利益而行動。

問題討論

1. 請寫一封簡函給本年度你將輔導的學生家長或監護人。說明你的做法（依據本書第 1 章所述應用行為分析的原則），不要有可能讓家長心煩的任何專業術語。

2. 放學後你的一位同事讓你陷入困境。她聽說你正在使用「行為改變」輔導你的學生，並且認為你是非人性的、強制和不守職業倫理。你會對她說什麼？

第 **3** 章　敘寫行為目標

039

你知道嗎……

- 如果作曲家心中沒有旋律而譜曲的話，那麼泰勒絲（Taylor Swift）可能聽起來像女神卡卡（Gaga）。
- 除了滿足法令或行政上的要求外，仍有許多撰寫行為目標的理由。
- 攻擊是就旁觀者所見。
- 即使教授也寫行為目標。
- 90%可能不及格。
- 正確率並非總是足夠的。

本章大綱

040 在本章，我們將討論執行行為改變計畫的第一步：定義目標行為（所要改變的行為）。目標行為可以被選擇，因為它代表行為不足（例如具備太少的數學技能）或行為的過度（例如太多的尖叫）。指明要改變的行為之後，便準備好書面的**行為目標**（behavioral objective）。行為目標在描述計畫的教學或介入後的行為結果。行為目標描述了教學的預期結果，而非達成結果的過程（Mager, 1997）。

數學技能不足學生的行為目標，應該描述該生將達成的數學表現水準；過度尖叫學生的行為目標，應該描述對該生尖叫的可接受程度。任何看過行為目標的人應該能夠正確了解該生所要達成的是什麼。因為行為目標是學生行為改變計畫整合的一部分，是障礙學生個別化教育計畫（IEP）要求的一部分。我們也將討論目標與個別化教育計畫之間的關係。

你也會遇到一些在教學中運用行為取向的教師。透過他們，你會看到一些落實行為計畫的困境。考量資源班老師山繆女士在下列軼事方塊中的困境。

✱ ....
行為目標是種陳述，用於溝通擬改變的行為。它描述表現水準並作為評鑑的基礎。
....

❖ ❖ ❖ ❖ ❖ ❖ ❖ ❖

我們談論的是同一件事嗎？

三年級老師威伯福司女士焦急生氣。

她對朋友福登老師抱怨：「那位特教諮詢老師真是一點用也沒有。我兩個月以前要求她教導馬丁母音，但到現在馬丁仍然不會那些短母音。」

福登老師同意說：「你說的沒錯。我去年九月告訴她馬莉莎‧蘇態度不好。馬莉莎‧蘇去找特教老師的時間越久，她的態度變得越糟。當我糾正她的時候，她總是咯咯地傻笑。似乎沒有特教老師我們反而會更好。」

與此同時，特教老師山繆女士向她的督導吐苦水。

「那些普通班老師是如此不領情。就看看我對馬丁所做的吧。當我問他時，他可以說出所有的母音，他甚至也認識一首有關母音的短歌。以前總是板臉噘嘴的馬莉莎‧蘇，現在也較常微笑了。我已經確實照那些老師的要求做了。為什麼他們不領情呢？」

✛定義與目的

　　前述的軼事方塊說明了敘寫行為目標的一個最重要的理由：澄清行為改變計畫的目標並因而促進參與計畫人士間的溝通。因為它是一種書面聲明以擬改變的特定行為為標的，所以目標就成為學校行政人員、家長及學生之間，有關學校人員所應承擔學業與社交學習責任的同意事項。

　　行為目標也可以讓學生知道期待他的是什麼。它是提議學生的成就、告訴學生將要學習什麼，或其行為要以何種方法改變到何種程度的陳述。提供學生一種提議的學習結果的陳述，使其表現能符合正確 *041* 或期待的表現。這容許持續性評量，並提供訊息回饋與增強（Gagne, 1985, p. 309）。

　　敘寫行為目標的第二個理由是，清楚陳述教學標的促進老師與協助人員能有效規劃。清楚陳述的教學標的提供選擇適當教材與教學策略的基礎。Mager（1997）指出：「機械師和外科醫生在他知道要完成什麼時，才選擇工具。作曲家在知道他所想要達到的效果時才編曲。」（p. 14）清楚敘寫的行為目標應該防止老師只因為方便而使用教材，或只因為熟悉而使用策略。如果清楚定義目標，教材與教學策略的選擇就更可能會是適當的。

　　還有另一個敘寫行為目標的絕佳理由。想想下列的軼事方塊。

看法不同的問題

　　韓得森先生是發展遲緩學前班的老師，他正極度驚恐地快速走到校長室。他的學生艾爾文的父母剛剛威脅要將孩子轉學，他們堅稱韓得森先生並未教導艾爾文任何東西，也沒盡可能讓艾爾文有更多時間參與學前普通

班。韓得森先生在八月時同意教導艾爾文如廁訓練並感覺這孩子進步很多。然而，艾爾文的父母依舊很生氣，因為艾爾文每週仍發生好幾次意外，他們和學前普通班教師堅稱韓得森先生並未達成他所說的目標。

韓得森先生咆哮：「我已經訓練艾爾文如廁了。難道你們不能考量一週只有兩、三次意外狀況嗎？」

✻ ....
行為目標協助評鑑
進步情形。
....

如果在八月的會議中清楚地陳述書面行為目標，韓得森老師的驚慌是可以避免。假如在學年開始時已確立如廁訓練的定義，則目標是否達成就不會成為問題。行為目標提供精確的教學評鑑。當教師指認出學生的行為內容中的不足或過度時，就可指認出學生現有的表現與期待之間的差距。如果教師描述表現標準（終點目標）與記錄朝這目標的持續進步情形，介入方法的形成性（持續）與總結性（終點）評鑑就成為可能；因此，方案可視需要加以改變且可對未來加以規劃。持續性評量和測量能使教師、學生或第三者檢視持續的進步並確定何時達成目標。評鑑教法或學生的表現時，持續檢視減少了個人的詮釋或判斷的偏見。

由於行為目標確認了經一致同意的期待，有助於學生、家長、教師和其他專家之間在各種情境有效編擬計畫和溝通。在普通教育，教師和學生可用來設定目的，如改進代數長除法或加法等式的表現。也可用於治療師和學生之間設定對談或物理治療的標的，或學生和學校心理學者之間在行為改變的標的。最正式和廣泛的用途在於：行為目標是個別化教育計畫（IEP）的基本要素。當學生經確定為身心障礙時就有資格接受特殊教育服務，有資格接受廣泛的專業服務以滿足其 *042* 獨特的學習需要。為針對一名特定學生概述其教育計畫和服務，擬定其個別化教育計畫，闡述在本學年期間該生的學業和行為／社會目標。我們將看見，這些目的經由敘寫行為目標而實施操作。

明確指出擬改變的行為

在目標寫出之前或行為改變計畫開始時，標的行為（target behavior）必須加以清楚描述。轉介的訊息常含糊不精確。為撰寫有效目標，應用行為分析者必須將廣泛普遍的行為萃取為具體明確、可觀察、可測量的行為。這過程常稱為**指明**（pinpointing）行為。

「指明」可以一系列問題來回答，如：「請你告訴我他做了什麼？」或「你到底想要他做什麼？」例如，老師常因學生「過動」而轉介給行為分析師。轉介的老師與行為分析師必須確實描述所發生的事件來定義這「過動」行為。是否該生像哈普老師班上的雷夫一樣，在教室四處閒晃？他用鉛筆敲打書桌？或他坐在椅子上晃來晃去？

許多行為類別可能導致轉介且需要「指明」。這裡有一些例子，附帶一些能協助你推敲定義的問題：

薩巴遜不會做數學：問題是他沒有算術基本計算能力？或他在時限內無法做完問題？或他拒絕嘗試解題？

麗蓓嘉總是上課不專心：問題是她凝視窗外？或是她和鄰座同學談話？或在書上亂畫而不看黑板？

羅伯特總是干擾他人：是他搶同學的東西嗎？在課堂中和同學講話嗎？打鄰座同學嗎？

德西蕾的實驗方案一團亂：是她看不懂實驗手冊上的指導語？或她字體潦草？或她沒有正確地照規定的步驟執行？還是她會做實驗但結果寫得不連貫？

德蕾莎大發脾氣：是她哭泣和嗚咽？還是一屁股坐在地板上？或是在室內丟擲東西呢？

教師在描述更複雜或抽象類別的行為可能會問類似的一系列問題。如果轉介的老師說：「卡羅不會運用批判思考技能。」應用行為分析者會想要知道卡羅是否會：

1. 區分事實與意見。
2. 區分事實與推論。
3. 指明因果關係。
4. 指明推理的錯誤處。
5. 區分有關與無關的論據。
6. 區分有根據與無根據的歸納。
7. 從書面資料形成有效的結論。
8. 詳細說明使結論為真的假定。（Gronlund, 1985, p. 14）

行為分析者需要處理其他論題。例如，如果學生在不當時間離開座位，教師要注意的可能是他離座的次數或離座的時間長度。只離座一次的學生，但整個早上都不在座位上，與每幾分鐘在椅子上跳上跳下的學生所做的不同，就需要不同的介入策略與資料蒐集方法。像大發脾氣的複雜行為，在其間許多具體行為也許會同時發生。以一些優先順序列出這些行為也許有幫助。例如，可以按照對兒童或對環境列出由最少到最多的干擾。在轉介資訊進一步加以確認之後，標的行為就可以清楚地描述出來，**教育目標**（**educational goals**）與最終的行為目標也可以書寫出來。

:: 教育目標

行為目標應從提供學年架構的教育目標中衍生出來，這些目標應該衍生自評鑑資料的累積且應與課程計畫有關。目標定義學校所預期的學業與社交發展。在目標選擇期間，教育工作者推估下一學年學生教育潛能將發展的程度。因此，教育目標（長期目標）是年度計畫內容的陳述；而行為目標（短期或教學目標）是實際教學內容的陳述，通常對重度障礙是三到四個月（逐季的）而對輕度障礙學生是一學年的時間長度。

*教育目標在教學目標之前。

建立目標

　　多科團隊為正式轉介接受特殊服務的學生負責設定目標，這團隊包括該生、家長或監護人、普通及特殊教育代表、該生教育計畫所需的治療師代表（例如：語言、物理、職能）及學校心理學者或輔導員。依據學生的教育計畫而蒐集資料時，這團隊要探討各項評鑑的結果，以決定學生現有能力水準。這些資料包括：

1. **學校心理學**：蒐集的資料主要來自智力測驗的工具，例如魏氏兒童智力量表〔Wechsler Intelligence Scale for Children-IV（Wechsler, 2003）〕、貝氏嬰兒發展量表（修訂版）〔Bayley Scales of Infant Development-III（Bayley, 2005）〕、考夫曼兒童智力測驗〔Kaufman Assessment Battery for Children, 2nd ed.（Kaufman & Kaufman, 2007）〕；及特定障礙行為篩選測驗，例如兒童自閉症量表〔Childhood Autism Rating Scale, 2nd ed.（Schopler, Van Bourgondien, Wellman, & Love, 2010）〕。

2. **教育成就**：蒐集的資料來自測量一般學業成就的工具，例如廣泛成就測驗〔Wide Range Achievement Test—Revision 4（Wilkinson, 2006）〕、WJ 成就測驗〔Woodcock Johnson Achievement Test—III（Mather & Woodcock, 2001）〕、布雷根斯基本能力綜合診斷測驗〔Brigance Diagnostic Inventory of Basic Skills, Revised（Brigance, 1999）〕；或特定學業領域，例如數學能力診斷測驗〔Key Math Diagnostic Arithmetic Test, Revised-NU（Connolly, 1998）〕。

3. **適應行為**：蒐集資料的工具，來自評定表現個人在學校、家庭、社區日常生活所需的概念（例如：語言和學業）、社會、實務技能（例如：日常生活技能），例如 AAMR 適應行為量表——學校版第二次修訂版〔American Association on Mental Retardation Adaptive Behavior Scale—School Edition, 2nd ed.（Lambert, Ni-

hira, & Leland, 1993）〕，或文蘭適應行為量表第二版〔Vineland Adaptive Behavior Scales, 2nd ed.（Vineland II; Sparrow, Cicchetti, & Balla, 2007）〕。

044

設定目標資料的正式來源。

4. **治療服務**：語言病理、物理治療、職能治療評估的結果。
5. **身體健康**：從神經學、小兒科、視覺和聽力篩選的結果。

　　除了更多這些正式來源之外，目標設定小組也應該考量家長的需要與關注。前任老師的建議也應該納入考量。目前的班級、家庭、計畫的教育安置，或計畫的工作場所等的社交與學業環境需求應該要加以評估。基於這些累積的資料，委員會提供該生一組教育目標。之後預估的進步便包含在該生個別化教育計畫的長期目標。

設定目標資料的非正式來源。

　　對未被認為有特殊需求的學生設定教育目標就不需要廣泛蒐集資料。評量可能就限於團體成就測驗輔以教師自編的非正式評量，目標設定也受修訂的課程所限制。例如，通常在一學區四年級生被期待學習相同的事物，在標準課程之下，教同一學級的所有學生秘魯的自然資源、蚯蚓的分泌系統、分數的乘法與閱讀理解。教師的工作就是將這些教育目標轉化成班級每一學生合理的教學目標，該班級學生中有的已經知道這些事物，而有的卻缺乏學習這些事物所需的基本技巧。教師針對全班學生敘寫行為目標，並考量該團體的共通特性。此外，教師如果要幫助有困難的學生或進步緩慢的閱讀小組，就必須針對輔助學習教學課程的處方敘寫額外的行為目標。

以可觀察、可量化的用語敘寫目標。

　　因為教育目標是就長期而規劃的，以較廣泛的詞語寫出。然而，就實際的應用而言，它們需要以可觀察且可量化的用語寫出。就如你在第 1 章所學的，應用行為分析師只處理可觀察的行為。

　　對非障礙學生或輕度障礙學生而言，只就單一課程領域敘寫目標；對年幼或重度障礙學生來說，目標就應該針對數個學習領域來撰寫：

1. 認知

2. 溝通

3. 動作

4. 社會技能

5. 生活自理

6. 職業

7. 不適應行為

　　對數學學習困難的艾登與重度障礙的坦妮卡的假設性長期目標如下列。

艾登將會：

數學：精熟一年級程度的基本算術。

社會研究：說明聯邦政府三個部門的功能的知識。

閱讀：能指認出已讀過故事的相關部分。

自然：說明太陽系結構的知識。

語文：增進口語的創意表達能力。

體育：增進團隊運動的技能。

　　艾登的普通班老師會負責除了數學以外其他所有的目標設定。艾登的數學可參加部分時間特殊教育班（資源班）或由融合專責教師入班輔導。

※⋯⋯⋯⋯⋯⋯⋯
輕度障礙學生的
長期教育目標。
⋯⋯⋯⋯⋯⋯⋯

　　比較艾登與坦妮卡的目標。

坦妮卡將會：

認知：根據功能分類物品。

溝通：展現增加對功能命名的接受性理解。

動作：發展上肢大肌肉動作能力。

社會技能：適當參與團體活動。

職業：完成至少一小時的裝配任務。

※⋯⋯⋯⋯⋯⋯⋯
重度障礙學生的
長期教育目標。
⋯⋯⋯⋯⋯⋯⋯

不適應行為：減少隨意離座行為。

生活自理：展現獨立穿著的能力。

教師將這些廣泛的目的轉化為教學內容的陳述（行為目標）。

行為目標不只是目的的陳述。教師將目的打散成可教的要項。複雜的目的可衍生許多目標。例如，陳述學生將學會與其他學童合作遊戲的目的，可要求指認出分享、輪流及遵守遊戲規則等需要的個別目標。

❖ 行為目標的要項

為了要溝通所有需要的訊息與提供評鑑的依據，完整的行為目標應該：

1. 指明學習者。
2. 指明目標行為。
3. 指明介入的條件（情境）。
4. 指明可接受的表現標準。

指明學習者

最初設計行為目標在提升教學的個別化（Gagne, 1985）。為提升個別化，教師必須再指明為特定一位或一群學生發展目標。重新陳述強化教師以個別學習者為焦點，並以此焦點與其他人士溝通。因此，目標行為的陳述會包含：

❋⋯⋯⋯⋯⋯⋯⋯
使用這名學生的名字。
⋯⋯⋯⋯⋯⋯⋯

■ 約翰將會⋯⋯
■ 四年級生將會⋯⋯
■ 參與訓練課程者將會⋯⋯
■ 瑞普合作學習小組成員將會⋯⋯

指明目標行為

　　在小組選出並定義不足或過度的標的行為後，教師確實指明當達成預期的改變時學生將有什麼表現。這陳述清楚說出代表標的行為的精確反應。

❋..........................
敘述該生將有什麼
表現。
....

　　將內容包含在行為目標中有三個基本目的：

046

1. 確保教師一貫地觀察同一行為。正確觀察與記錄這同一行為發生或未發生，使所蒐集的行為資料精確與一致。
2. 標的行為的陳述能使第三者確認教師所觀察到的改變確實發生了。
3. 當有該教師以外的人參與時，標的行為的精確定義有助於教學的連續。

　　為達到這三項目的，必須描述標的行為以便其發生是可驗證。精確的描述減少同一行為做出不同的解釋。當教師可以看到或聽到這行為，或看到或聽到這行為的直接結果時，學生這行為的表現最能加以驗證。為了達到目標精確與清楚，描述行為的動詞應該描述直接可觀察（observable）、可測量（measurable），與可重複（repeatable）的行為。

　　雖然資優學生的老師會要學生去「發現」，而美術老師會要學生去「欣賞」，以此方式描寫的目標容易引起許多的詮釋。例如，難以讓第三者決定學生是否有下列行為表現：

■ 辨識大和小之間的差異。
■ 了解錢幣的價值。
■ 發展對梅爾維爾文學作品的鑑賞能力。
■ 在小組作業中持續練習。
■ 對攻擊加以節制。

使用這樣含糊的字眼，導致行為是否發生有所混淆與意見不一。因為任何行為可以許多方式加以描述，每一位與行為改變計畫有關的人士必須對該行為的共同描述意見一致，這種描述是該行為的**操作型定義**（operational definition）。當討論、觀察、計量、報告或諮詢有關這學生行為表現的定義時，盡可能地減少含糊。操作型定義包含行為動作表現的可觀察、可測量特徵意見一致的描述，這些特徵清楚地描述以致每個人都可以同意該行為是否表現出來。

有許多方式可用以操作上地定義行為。表 3.1 呈現了定義專注行為的幾個方式的實例。通常操作型定義包含一系列的類別或特定實例的行為。Fairbanks、Sugai、Guardino 和 Lathrop（2007）使用類別的簡短列表，以及 Umbreit、Lane 和 Dejud（2004）使用簡短列表呈現具代表性的行為。更廣泛的行為清單在蒐集資料上會要求額外的明確性。Regan、Mastropieri 和 Scruggs（2005）及 Allday 和 Pakurar（2007）使用更廣泛的列表。在他們的定義裡，Regan 等人另外以負面例子定義行為。Kemp 和 Carter（2006）的定義提供學生何時主動參與工作及何時被動參與工作的例子。Callahan 和 Rademacher（1999）為觀察者準備一列表，並特別為學生準備一列表。在某些例子裡包含時間因素，例如 Boyle 和 Hughes（1994）包含行為的頻率；Brooks、Todd、Tofflemoyer 和 Horner（2003）研究個別自動作業（seatwork）與團體教學時的專注行為。所以，操作型定義是以兩個教學方式敘寫。

多項指標的操作型定義更難以準確計數行為發生的次數，難以知道該生什麼時候達到了標準。避開這個潛在問題的方式是將複雜行為047 的結果操作定義。例如，要測量專注行為，目標可指出在時限內完成的數學題數。該生的專注行為僅在能完成這個結果（這個困難會在第 4 章做進一步討論）。

攻擊是一般行為描述的一個實例，可以就其功能（行為的後果或結果）或形態（構成此行為的動作）加以操作型定義（Barlow & Her-

表 3.1　專注行為（on-task behavior）的操作型定義

Fairbanks、Sugai、Guardino 和 Lathrop（2007）	側重手邊的工作，遵照所有指示，正在處理適當的材料。
Umbreit、Lane 和 Dejud（2004）	按照要求注視著材料或老師，寫出與分配任務有關的數或字詞，聽從指示。
Regan、Mastropieri 和 Scruggs（2005）	學生：(1)是在室內指定的區域；(2)用手做適當材料；(3)正在讀／寫問題／項目；(4)克制住做出關於工作／其他的詆毀評論；(5)問成人相關問題；(6)持續集中注意適當工作和（或）記錄工具；(7)平靜且間歇地將目光移開材料沒有書寫似在思考（僅與自己交談）。
Allday 和 Pakurar （2007）	當他或她是：(1)主動傾聽老師指示，定義為朝向老師或工作和口頭反應（如：問關於指導語）或非口頭反應（如：點頭）；(2)遵照老師的指示；(3)適當朝向老師或工作；(4)以適當態度尋求幫助（如：舉手）。
Kemp 和 Carter（2006）	主動專注行為乃在肢體上主動參與上課：(1)注視老師或老師所提的教材或工作（如：注視著正在讀的書，注視著習作，注視著老師示範的活動）；(2)注視著另一名學生對老師的回應（如：注視著另一名學生回答老師的問題）。
Callahan 和 Rademacher （1999）	當觀察塞思注視老師或相關的教材（如：課本、習作、紙），且（或者）參與教學期間所要求的，就記為適當專心努力於學習工作。定義總結在塞思的一張紙，這張紙包括適齡的圖示和寫著「專心意指：(1)我坐在我的位子；(2)我安靜地工作；(3)我注視著老師或我的教材」。
Boyle 和 Hughes（1994）	動手，有目的地參與工作，工作步驟間的延宕不超過三秒。
Brooks、Todd、Tofflemoyer 和 Horner（2003）	個別自動作業時：「注視著工作，手握著鉛筆，安靜地做指定的作業」。在團體教學時：「注視著講演者，手放開教材，聽從團體的指導語」。

sen, 1984）。Finkel、Derby、Weber和McLaughlin（2003）將攻擊的
結果操作型定義為：「任何以肢體接觸他人意圖造成傷害的異常行
為。」及Winborn-Kemmerer等人（2010）定義為財物損失。就形態
上定義攻擊如打、捏或推同儕；打、踢或咬老師；揚手或握拳打人；
踢、捏、咬或拉扯頭髮；打、踢、推、捏、抓、咬、拉扯頭髮或衣
服，或對同儕或成人其他不當的肢體接觸；及對人丟擲物品（Lerman,
Iwata, Shore, & Kahng, 1996; Johnson, McComas, Thompson, & Symons,
2004; Lien-Thorne & Kamps, 2005; Singh et al., 2007）。提供此標的行
為的具體例子以更加清晰易懂。

　　當目標用更精確的動詞時，操作型定義的需求就降低。增加的精
確度也可提高資料的精確記錄。精確的行為描述像是「會分類」而非
048「會辨別」、「會圈出」而非「會指認」、「會口頭陳述」而非「會
知道」等較不可能因不同的觀察者而做不同的詮釋，也減少反覆口頭
或書面澄清的需要。這裡有一些精確行為描述的例子：

■ 會指出一組數字中最大的項目。
■ 會口頭數出數個一角錢的相等值。
■ 會寫出《坎特伯里故事集》（*The Canterbury Tales*）序文的翻譯。
■ 會注視著他的書或說話者。

　　Deno和Jenkins（1967）曾提出選擇適當動詞的指南。其動詞分
類是依據教室獨立觀察者間發生的一致性。表3.2整理出三類動詞，
049分別是直接可觀察的動作動詞（directly observable action verbs）、含
糊的動作動詞（ambiguous action verbs）及不能直接觀察的動作動詞
（not directly observable action verbs）。

　　為了要評估目標行為的描述，Morris（1976, p. 19）建議利用其
IBSO（Is the Behavior Specific and Objective?）測驗問題：

1. 你可以數出這行為發生的次數，例如在15分鐘的時段、一小時

表 3.2　依可觀察度的動詞分類

048

直接可觀察的動作動詞

以卡片蓋住	畫出	放置
做記號	壓槓桿	刪去
畫底線	指向	圈起來
口頭重複	行走	說出
寫出	口頭數數	口頭朗讀
遮住	穿上，戴上	命名
填上	計數	陳述
移除	標記	告訴……

含糊的動作動詞

在書寫中確認	檢查	建構
配對	拿走	做出
安排	完成	閱讀
遊戲	定位	連結
給予	拒絕	挑選出
選擇	減去	改變
使用	除以	表演
總計	加上	命令
測量	重新分組	提供
展示	分組	乘以
圓滿結束	平均	達成
詢問	利用	總結
承認	找到	借用
看到，明白	轉變，變換	指認

不能直接觀察的動作動詞

分辨	好奇	解決
下結論	應用	追溯
發展	感到	測試
專注	確定	覺知
引起，發生	思考	創造
批判思考	區別	學習
辨識	欣賞	發現
覺察	變得有能力	知道
推斷	懷疑	喜歡
完全理解	分析	了解

資料來源：摘自 *Evaluating Preplanned Curriculum Objectives*, by S. Deno & J. Jenkins, 1967, Philadelphia: Research for Better Schools. Reprinted by permission.

049　　內，或一天？或是你可以算出該童表現這行為所花費的分鐘數嗎？也就是說，你可以告訴某人發生這行為的次數或分鐘數嗎？（你的答案應該是肯定的。）

2. 當你告訴一位陌生人你計畫要改變的標的行為時，他可以正確地了解並找出嗎？意即，你能在這行為發生時確實看到該童表現這行為嗎？（你的答案應該是肯定的。）

3. 你可以將這標的行為分解成較小的成分，其中每一成分比原有這標的行為更具體且可觀察嗎？（你的答案應該是「否」。）

指明介入的條件（情境）

行為目標的第三個要項為情境（條件）陳述。情境陳述列出事前刺激，包括教學、教材與環境，也包括可提供該生的各類協助。這些要素可能是行為表現的自然環境部分，或是老師所提供作為特定學習任務的部分。情境的陳述有助於確保所有層面的學習經驗會持續複製。

教師可以利用以下任一或所有幾類的事前刺激，設定適當反應的情境：

1. 口語要求或指導語：

山姆，指著小汽車。

戴比，把這些數目加起來。

朱蒂，回到你的座位去。

2. 書面指導語或格式：

用圖畫來表示這些句子。

找出乘積。

將每個字和其定義畫線連起來。

3. 示範：

這就是你如何使用石蕊試紙。

這就是如何操作……

※……………………
條件（情境）是與標的行為有關的事前刺激。
……………………

4. 使用的材料：

　　一份有 20 題個位數加法題的學習單。

　　一臺有綠色「啟動」按鍵以及紅色「停止」按鍵的錄音機。

5. 環境設定或時機：

　　在職業訓練工作坊。

　　在餐廳裡。

　　在操場上。

　　在自習課時。

　　在下課時。

6. 協助的形式：

　　獨立地。

　　有數線輔助。

　　有來自老師的部分肢體協助。

　　只接受口語提示。

050

　　教師必須確定所計畫的口語或視覺線索，確實能提供機會使該生做出預期的反應。也就是說，老師應該對學生提出明確不含糊的要求或指導語。老師握著寫有「get」（取得）一詞的閃示卡並說：「造一個有 get 一詞的句子吧！」（Give me a sentence for *get*）可能會聽到像「我忘記了我的牛奶錢」（I for get my milk money）或「我忘記了回家功課了」（I for get my homework）這樣的回答。

　　在目標中所描述的材料應該確保給學習者一致的刺激，並減少所要求的學習表現不經意且細微改變的機會。例如，展示一只紅色、一只藍色與一只綠色的襪子並要求學生「指出紅色」，比起呈現一部紅色車、一只藍色襪子和一個綠色杯子並做相同的要求，來得較不複雜。給學生一張有書面指導語要求填滿句子裡的空格，比提供一連串包括答案的字，來得較不複雜。要求學生依據一刺激圖片寫一則故事，不同於要求學生在沒有視覺刺激的情況寫一則故事。

✳ 提供適當的事前刺激將在第 10 章討論。

下列是情境（條件）陳述形式的幾個例子：

- 給一系列材料包含……
- 給一本教科書，含有除數為個位數的 25 題除法題……
- 給「上廁所」的手語符號……
- 給同義詞字典及書面指導語……
- 給一件附有紅色標籤線索的套頭毛線衣，並且口頭提示：「套上你的毛線衣」……
- 給同前的學習單，有 20 題包含不同分母的假分數與書面指導語：「找出商數」……
- 在沒有協助之下……

詳細敘述行為所要表現的情境（條件）給學生，可避免像下列軼事方塊中山繆老師所遇到的問題。

山繆女士教長除法

山繆女士再度和普通班老師之間有了麻煩。她與華生先生（六年級數學老師）同意她要教導小組的學生長除法。山繆女士仔細地檢查，確定她所教的方法與華生先生的一樣。她準備了數十份學習單，讓小組學生練習長除法連他們在睡夢中也會做。

當華生先生詢問山繆女士是否已計畫開始教小組學生長除法時，她可想而知的驚訝萬分。調查顯示：當小組學生與其他六年級學生一同學習時，是要求他們將數學課本的練習題抄到筆記本上；而小組中幾位學生抄錯一大堆，他們幾乎沒有答對題目。這與任務所要求的情境（條件）顯然不同。

作為學習困難學生教學計畫的一部分，教師也許需要納入輔助線索形式的額外支援，將完整的長除法題的範本置於學生的桌前。重要的是在行為目標的條件（情境）部分要包含像這樣輔助線索的描述，避免誤解。當線索不再需要時，目標就要重寫了。

指明可接受的表現標準

051

在描述行為目標的標準陳述中，教師設定最低可接受的表現標準，這陳述顯示介入後該生將達到的表現水準（結果）。表現本身已定義了，水準已設定評鑑標準。經由介入的過程，這標準用來測量所選擇為達到行為目標之介入策略的效果。

最初學會或**習得**（acquisition）的基本標準陳述，顯示出反應的**精確度**（accuracy）或反應的**發生次數**（frequency of occurrence）。這樣的陳述是以正確反應的數量、學生在嘗試呈現的精確度、正確反應的比例，或有錯誤限制內的一些表現等觀點敘寫的。這裡有一些標準陳述的例子：

> 20 個回答中答對 17 個。
>
> 能正確標示 10 件物品。
>
> 達 80%正確率。
>
> 有 80%的機率。
>
> 必須答對 20 題（100%的正確率）。
>
> 5 個嘗試中有 4 個正確。
>
> 有 5 次連續嘗試。
>
> 獨立完成如廁訓練的所有步驟。
>
> 列出書中四位主角的角色，報告不少於 250 字，拼字錯誤不超過 5 個。
>
> 在每一次的場合。

※⋯⋯⋯⋯⋯⋯
標準陳述設定最低表現的標準。
⋯⋯⋯⋯⋯⋯⋯

❋……………………
進一步討論持續時
間量與潛伏時間
量，請參見第 4
章。
……………………

當時間為該行為的重要向度時，應納入另外兩個標準的類型。持續時間量（duration）是該生表現該行為的時間長度的陳述。潛伏時間量（latency）是該生開始表現該行為前所經過的時間長度的陳述。

■ 持續時間量的標準陳述：

在 1 小時內完成。

至少持續 20 分鐘以上。

持續不超過 1/2 小時。

在 10 分鐘內回來。

在兩週之內。

■ 潛伏時間量的標準陳述：

在閃示卡呈現後 10 秒內表現該行為。

在口頭要求後 1 分鐘內表現該行為。

❋……………………
以百分比敘寫通過
標 準 要 小 心。 例
如，學生必須正確
答對多少題目才算
通過一份共五題的
數學小考 90%的標
準？
……………………

某些類型的內容需要特定的標準。當學生習得其他技巧所需建立的基本技巧時，80%的標準也許就不夠高了。例如，學習「幾乎全部」的乘法運算也許造成學生終生仍不知 8×7 為何。也有其他技巧需要 100%的精確度。只有 90%的時間記得過馬路之前觀看兩邊來車，可能造成提早終止未來的學習機會！

對某些學生來說，身心障礙可能會影響教師設定力度、方向或持續時間量的標準。例如，一位無法用鎯頭將釘子從頭到尾釘入木頭的學生，其動作範圍的限制會影響他伸展的動作能力；低張型肌肉（比一般人來得低張力）也許走路或坐著的持續時間量受限；肌肉的情況也許會限制手寫字體的完美。

052　設定可接受表現的標準時，教師必須謹慎設定具足雄心而合理的目標。選擇應根據該內容的特性、該生的能力，及提供的學習機會。標準應該要提供功能性技能的發展。沒有道理教學生很會打球而比賽每次都輸；或教學生會做數學題卻在普通班得到不及格的成績。有證據顯示（Fuchs, Fuchs, & Deno, 1988）設定具足雄心的目標導致更多的

學習，但教師不該設定無法達成的目標而使學生遭受挫折。

除了要考量正確數量或正確比例及反應精確度外，行為目標敘寫者也必須要確定學生從符合標準到展現精熟所需的次數。舉例來說，在教師認為珍已精熟之前，她必須表現十次嘗試中成功八次多久，才允許她進入下一個學習層次或下一個行為目標？

可由一開放式標準陳述來推論：學生第一次達到 85% 精確度時，此技能被認為「已習得」；或從現在起直到該學年結束，教師將持續測試、再測試直到實質達成 85% 的精確度。這兩種推論都可能是錯的。因此，下列其中之一的陳述應該包含在提供結尾或期末檢討的行為目標內：

連續 4 節達 85% 的精確度。

4 天中有 3 天達 85% 的精確度。

連續 3 節的教學，10 次嘗試成功 8 次。

連續 3 次至洗手間的路程都能在 10 分鐘內返回。

▦ 行為目標的格式

教師敘寫行為目標的管理輔助工具是採用標準格式，一致的格式協助教師納入所有所欲溝通訊息的必要成分。沒有一種格式一定優於其他格式，教師應該尋找與其敘寫方式或行政策略相符的格式。這裡提供兩種格式：

格式一

情境（條件）：展示 20 張學前兒童常用字的閃示卡，並給予指導語：
　　　　　　　　「讀這些字」。

學生：山姆

行為：口頭讀出這些字。

標準：連續 3 次嘗試，每一字在 2 秒鐘內說出的精確度達 90%。

格式二

學生：馬文

行為：會手寫 20 個四年級拼字。

情境（條件）：由資源老師口述，連續 3 星期錯誤不多於 2 個。

下列行為目標是來自先前為艾登與坦妮卡所設定的教育目標：

053 ## 數學

長期目標：艾登會精熟一年級程度的基本算術。

短期目標：給予像 6 ＋ 2 形式 20 題個位數加法的學習單，寫有書面指導語「算出總和」，連續 3 節數學課艾登能完成所有題目並達 90%的精確度。

社會研究

長期目標：艾登會說明聯邦政府三個部門的功能的知識。

短期目標：在閱讀《我們的美國傳統》（*Our American Heritage*）第 23 至 26 頁後，艾登會列出 10 項將法案變成法律的系列步驟。此陳述中不超過一個順序錯誤和一個漏失錯誤。這也將在隨堂練習與單元結束後的測驗中成功達成。

閱讀

長期目標：艾登會指認出已讀過故事的相關部分。

短期目標：在讀了〈項鍊〉（The Necklace）的短篇故事之後，艾登將寫出至少 200 字的報告：(1)列出所有主要角色；(2)主要事件的順序，錯誤不得超過 2 個以上。

自然

長期目標：艾登會說明太陽系結構的知識。

短期目標：給予太陽系圖時，艾登會從太陽開始標示出每個行星的適
　　　　　當位置，連續 2 節課都達 100%的精確度。

語文

長期目標：艾登增進其口語的創意表達能力。

短期目標：給予一系列人、物、地點的照片，艾登在 5 天中的 3 天會
　　　　　利用最少 7 個項目，說一個 5 分鐘故事給班上同學聽。

體育

長期目標：艾登增進其團隊運動的技能。

短期目標：在連續 4 節體育課中，給予一顆籃球，艾登會在 10 呎距
　　　　　離遠處，10 次嘗試有 8 次將球投入籃框。

　　回憶我們先前的討論，雖然艾登有輕度學習困難，坦妮卡有更嚴
重的障礙。這裡有一些針對坦妮卡的長期目標與相關的短期目標：

認知

長期目標：坦妮卡會根據物品功能加以分類。

短期目標：給予 12 張畢保德（Peabody）卡片（食物 4 張、衣物 4 _054_
　　　　　張、盥洗用具 4 張），每類一張樣本刺激卡，及口語提示
　　　　　「這張要分在哪裡？」，坦妮卡會在 20 次嘗試中，有 17
　　　　　次達 100%精確度將卡片正確歸類。

溝通

長期目標：坦妮卡展現增加對功能命名的接受性理解。

短期目標：給予點心時間環境中系列物品 3 件（杯子、湯匙、叉

子），及口語提示「拿起……」，坦妮卡會在連續 4 次的點心時間 10 次裡有 9 次將指稱的物品遞給老師。

動作

長期目標：坦妮卡發展上肢大肌肉動作能力。

短期目標：給予掛在天花板的軟皮球與口語提示「擊球」，坦妮卡在連續 5 天中的 10 次，每次皆擊中球並使之移動。

社會技能

長期目標：坦妮卡學會適當參與團體活動。

短期目標：在說故事時間與老師及兩位同學並坐著，坦妮卡在連續 5 天的 10 分鐘時段裡最少 3 次當叫到她時，能適當表現動作或口語反應。

生活自理

長期目標：坦妮卡展現自己獨立穿著的能力。

短期目標：給予紅色提示的黑色標籤套頭毛衣及口語提示「穿上毛衣」時，坦妮卡在連續 4 天中的 3 次嘗試裡有 2 次，在沒有任何肢體協助下，成功完成所有步驟。

職業

長期目標：坦妮卡完成至少一小時的裝配任務。

短期目標：依序給予 4 個 U 型水管的零件，坦妮卡能在 4 週各 3 節的職業課中，以每 3 分鐘一個的速率正確無誤地組裝。

不適應行為

長期目標：坦妮卡減少隨意離座行為。

短期目標：在早上九點至九點二十分的時段（功能性學業），坦妮卡會連續 5 天坐在自己座位上，除非老師允許離開。

愛挑剔教授的學生撰寫行為目標

　　這是本學期愛挑剔教授八點課堂學習有關行為目標的時間。在做了一場詳細規劃的講演之後（類似本章開頭的部分），愛挑剔教授詢問是否有任何疑問。道恩・湯普金停下磨了一段時間的修指甲，深深地歎口氣問：「是的，教授，您可否告訴我到底行為目標是什麼呢？」

　　愛挑剔教授回答：「年輕的小姐，印象中我剛才才說過吧！還有其他人有困惑嗎？」

　　接著一陣低聲嘀咕和不滿的聲音，愛挑剔教授只聽到其中兩個問題：「這在書裡有嗎？」及「這會考嗎？」

　　再一次針對行為目標主要內容簡要地描述之後，愛挑剔教授宣布班上每位學生要針對自然科課程領域寫一份行為目標，並在離開之前交給他檢查。這項宣布隨即引來一陣抱怨與相當多的紙張傳遞聲，及一堆舉手發問：

　　「你是說要列出主要要項嗎？」

　　愛挑剔教授說：「不，寫一個目標。」

　　「你是說要定義一個行為目標嗎？」

愛挑剔教授說：「不，寫一個。」

「但你從來沒有說要如何寫呀？」

愛挑剔教授說：「你認為這堂講演的目的是什麼呢？」

在提供紙筆給沒有這些工具的人後，課堂一片沉寂。迪偉恩第一個完成並驕傲地將他寫的交給教授：

了解消化系統的重要。

056

「嗯，迪偉恩，」愛挑剔教授說：「那是一個開始。你忘記行為目標必須言及行為嗎？想想我給你們的那些動詞……」當迪偉恩仍然一臉茫然時，愛挑剔教授迅速翻找其手提包並找出一張影本（參見表 3.2）。

「看這裡，」愛挑剔教授說：「用這些直接可觀察的動詞。」

迪偉恩一會兒之後帶著他的書面目標：

標示出消化系統的各部分。

「好，迪偉恩，」愛挑剔教授輕嘆：「那就是行為了。好的，現在，你回憶行為目標的要項是什麼？」迪偉恩再度一臉茫然。愛挑剔教授小心地寫：

條件（情境）　學生　行為　標準

迪偉恩在皮夾找出自動櫃員機收據寬的一邊如此寫著（愛挑剔教授對收據上顯示的負數並不感驚訝），然後迪偉恩回到他的座位。

一個小時半之後，正當愛挑剔教授後悔出這項作業時，迪偉恩又回來了：

給予一個尚未標示的人體消化系統圖，四年級的學生能夠無誤地標示消化系統的主要部分（口腔、食道、胃、小腸、大腸）。

愛挑剔教授感興趣地讀著迪偉恩所寫的目標，因為他自己的消化系統正開始成為他的注意焦點。「太好了！迪偉恩，」愛挑剔教授說：「我想現在去餐廳吃午餐或許會太晚了，為什麼你不先做這件事呢？」

「嗯，教授，」迪偉恩說：「我實在不了解你想要的是什麼，我仍然不確定我可以做另一件事啊！」

從自動販賣機那裡買一些餅乾後，愛挑剔教授沉思地走回辦公室。他發現一張紙並開始一邊吃一邊寫著：

給予列有適當動詞與行為目標要項的學習單後，選「教育411」課的學生會寫出五個包含所有要項的行為目標。

在沉思幾分鐘後，他加上：

在半小時內。

「也許，」愛挑剔教授喃喃自語：「如果我早確定我所要求的，並在一開始就告訴學生的話，他們就比較不會難於理解了。」

✥ 擴展基本行為目標的範圍

一旦學生或小組學生習得目標所描述的行為時，教師也許只注意已精熟該目標便進入下一步驟。這也許並不妥當，除非學生能在與最初教導環境不同的情況下也表現這行為。為了要學生能在不同情境、對不同的標準，或在缺乏增強後效的環境下表現功能行為，必須提供擴展學生運用這行為的能力。有關擴展運用的兩個可能觀點是：

1. 根據反應能力階層來規劃。
2. 根據學習水準階層來規劃。

反應能力階層
057

反應精確度（例如 10 次裡有 8 次正確）的測量，只是評估表現

的一個面向，它代表反應能力的習得水準。在這水準上，我們只是檢驗該生能做一些之前無法做的事情的能力呈現，及某種精確程度表現的能力。測量超越精確度、超越習得水準的表現能力時，就需要對標準或條件（情境）的陳述加以改變或增加。這樣的改變反映出反應能力階層。一旦孩子能表現該行為，我們接下來就要考量表現的流暢性或速率，及在那些非最初教學過程中另加的條件（情境）之表現。

反應階層應該包括最基本的層級：習得、流暢性、維持及類化。

就階層運用的實例，讓我們假定約翰在下列目標上已達到習得水準：

給予兩個兩角五分的錢幣、兩個一角的錢幣、兩個五分的錢幣和一個一分錢及口語提示：「約翰，將你的車資給我。」他在連續 3 節練習裡，10 次嘗試有 8 次正確遞給老師 75 分的錢幣。

蘿倫達到目標的習得階段：

給予兩位數的被除數、一位數的除數的 20 題除法題的學習單，蘿倫連續 4 天以 90% 的精確度，在適當位置寫出正確答案。

約翰與蘿倫在表現上已達到所述標準後，教學的關注應轉移到表現的**流暢性**（fluency），或他們表現行為的速率上。流暢性是指該生精確表現新習得反應速率的適當性。在約翰的例子中，我們知道他能選擇適當錢幣組成 75 分錢，但我們帶他去坐巴士而他花 5 分鐘才找出 75 分錢的話，這對他的幫助並不大，因為司機不能等那麼久。在蘿倫的例子，我們知道她現在會解除法題，但她要花很長的時間解題，我們進行預定的閱讀分組會中斷她的解題，或者她會因解題而錯

過閱讀課的一部分。

上述兩例，學生以不當的速率表現了精確行為。為確認表現適當速率的必要，教師可以在敘寫行為目標時指明可接受的流暢性，可在陳述標準時增加時間限制。就如下列目標中的括號內所示：

給予兩個兩角五分的錢幣、兩個一角的錢幣、兩個五分的錢幣和一個一分錢及口語提示：「約翰，將你的車資給我。」他在連續 3 節練習裡，10 次嘗試有 8 次（在 30 秒內）正確遞給老師 75 分的錢幣。

給予兩位數的被除數、一位數的除數的 20 題除法題的學習單，蘿倫連續 4 天以90%的精確度，在適當位置寫出正確答案（在 20 分鐘內）。

對一般學生與輕度障礙學生，速率常包含在初始的目標內，因此在單一的教學法中，合併了習得與流暢性。教學要注意流暢性，學生若表現流暢，該行為會保留較久，工作也持續較長期間，較不受分心影響，並且更能運用於新的學習情境（Pierce & Cheney, 2004）。

不需要調整原有的行為目標以包含**維持**（maintenance）這項能力水準。維持是指經過一段時間不需重教仍能表現一反應的能力。維持水準的能力由事後檢視與探測來確認，老師可以重新檢視確定該生仍會做這技能。維持也許可經由營造過度學習嘗試與分散練習的機會來提升。**過度學習**（overlearning）是指初始目標達成之後的重複練習。過度學習機會的最大量，是習得該行為所需嘗試數量的 50%左右。如果約翰學綁鞋帶花 10 節的教學，理想上我們就要提供額外的 5 節進行過度學習。**分散練習**（distributed practice）指的是散開時間的練習〔相對於集中練習（massed practice）將時間壓縮〕。集中練習的實例就是大學生考前的臨時抱佛腳，教材在考試前一晚十點到早上六點間習得，但大多在考後很快就忘了。如果要維持，最好的方式

058

維持的規劃將在第 11 章討論。

※

分散練習是長期維持學習較有效率的方式。

就是在考試前幾週每天晚上花一段短時間來分散練習。另一提供維持的方法，就是變化增強的方式（Skinner, 1968），將在第 8 章討論。

標示為**類化**（generalization）的反應能力層級在確保行為具功能性是極重要的。如果學生能在與習得地點不同的情況表現，或必要時調適這行為，便具有類化的反應。停止教學後，習得反應可跨越至少四個基本面向加以類化。書面陳述條件（情境），可反映該生對各種口語或書面指示、對各種材料、對各種人物、在不同的環境（情境）表現該行為的能力。下列的例子說明這樣的觀點：

各種指導語

給予幣值不等的錢幣及口語指示「將車資給我」（或「給我 75 分錢」；或「給我你坐車所需的錢」）……

給予一位數的減法 30 題與口語（或書面）指示「求出差數」（或「解這些題目」；或「寫出這些問題的答案」）……

各種材料

在至少三份不同履歷表的適當欄位，寫出姓名、住址、電話號碼及出生日期……

利用計數工具（數線、紙筆）展示數學的乘法原則……

各種人物

能運用「廁所」的標誌作為向老師或父母表示需要的信號……

能聽從數學（國文、社會、自然）老師（或父親、母親、教練、鋼琴老師）的指示……

各種情境

在特殊班洗手間（美術教室旁的洗手間）上完廁所後會拉起褲子……

繼續坐在數學（國文、社會、自然）課座位上完成作業……

學習水準階層

撰寫學習目標，似乎不可避免地使老師專注於具體、簡單的學習形式。確實，這也曾經是行為取向最常被批評的一項。然而，並不需要把學習目標限制在較低的學習層次。Bloom（1956）曾提出在認知、情意、心理動作等領域的學習階層。這些階層以漸增抽象程度的觀點將可能的學習結果加以分類。這些階層對以行為觀點敘寫學習目標是有助益的，因為它們建議以可觀察、可測量的行為作為簡單與複雜學習可能發生的結果。認知學習階層包括六個學習層次，如表 3.3 所顯示的例子（Bloom, 1956）。

許多行為目標是以知識層次的階層觀點來敘寫的（我們只是要學生展示其所知，或記得我們所教給他們的一些東西）。一旦學生精熟六層次中的最低層次時，教師可以規劃轉向較高的學習層次，改變後續的目標行為與標準陳述。Gronlund（1985）準備一個表（表 3.3）作為此過程的輔助工具，敘述在每一學習層次上適於描述目標行為的行為術語。

表 3.3 認知領域的一般教學目標和行為術語實例

一般教學目標例證	敘述具體學習結果的行為術語例證
認識一般用語	定義、描述、辨認、標示、列出、配對、命名、概述、複製、選擇、陳述
認識具體事實	
認識方法和程序	
認識基本概念	
認識原則	
了解事實和原則	轉換、答辯、區分、估計、解釋、擴充、概括、舉例、推論、釋義、預測、改寫、總結
解釋口頭材料	
解釋圖和圖表	
將口頭教材化為數學公式	

表 3.3　認知領域的一般教學目標和行為術語實例（續）

一般教學目標例證	敘述具體學習結果的行為術語例證
估計資料隱含的未來後果	
辯解方法和程序	
運用概念和原則於新的情境	改變、計算、展示、發現、操作、修改、運作、預測、準備、生產、關聯、秀出、解決、使用
運用定律和理論於實務情境	
解決數學問題	
建構圖和表	
展示方法或程序的正確用法	
確認未聲明的假定	分解、圖解、區分、辨別、識別、確認、說明、推斷、概述、指出、關聯、選擇、分開、細分
確認推理的邏輯謬論	
區分事實和推論	
評鑑資料的相關	
分析工作的組織結構（藝術、音樂、寫作）	
敘寫組織完善的主題	分類、結合、編寫、組成、創造、構想、設計、解釋、引起、修改、組織、計畫、重整、重建、關聯、整頓、修改、改寫、總結、說出、寫出
發表組織完善的演講	
寫一篇創作性短篇小說（或詩或音樂）	
提出一個實驗計畫	
統整不同領域學習解決問題	
形成新架構分類物品（或事件或想法）	
判斷書面資料的邏輯一致性	評價、比較、結論、對比、批評、描述、辨別、解釋、辯解、詮釋、關聯、總結、支持
判斷資料支援結論的適當	
以內部標準判斷工作（藝術、音樂、寫作）的價值	
以優秀的外在標準判斷工作（藝術、音樂、寫作）的價值	

060

資料來源：取自 *How to Write and Use Instructional Objectives* (5th ed.), by Norman E. Gronlund, 1991, Upper Saddle River, NJ: Prentice Hall, Inc. Copyright © 1991. Reprinted by permission.

◈知識

Bloom（1956）定義知識層次的學習範圍從特定事實到完整理論訊息的回憶或再認。這些記憶功能是認知學習的基礎層次所展現的唯一行為。下列習得目標是這層次為學生敘寫的實例：

　　讀過〈你所了解的生物學〉並完成第 2 章練習後，維吉妮亞在兩節課及單元測驗中，按演化複雜度，依序正確列出林奈氏分類系統（Linnaean system）的生物學類別。

　　給予加減乘除算術運算符號，丹尼在運算符號與基本功能的選擇題作答有 90% 的正確度。

　　給予莎士比亞戲劇清單，黛博拉會在悲劇名稱下畫線，且錯誤不超過一個。

◈理解

一旦學生達到知識層次的表現標準時，老師就提升到理解層次（意義的了解）。學生可能以解釋意義或舉例而展現理解。下列是這層次目標的一些範例：

061

　　給予林奈氏分類系統的生物學類別，維吉妮亞會在每一類別中提供一種有機體的書面描述。這描述至少包含一個與其他類別區分的因素。

　　給予加減乘除四則運算的 40 題基本算術學習單，丹尼做完有 90% 的正確度。

　　給予《哈姆雷特》的隱喻段落：「唉，只望血肉之軀能瞬化……」，黛博拉會寫出一篇敘述這段落的字面含義的文章。這篇文章至少 300 字。

◈應用

規劃 Bloom 的應用層次教學，需要該生在各種具體情境中運用方法、概念或理論。考慮這些目標：

給予五個有機體名稱及林奈氏分類系統，維吉妮亞將每一有機體放在適當類別之下，並寫出歸類的論點，每一論點至少包括兩個歸類的理由。

給予一組需要算術計算的應用題 10 題，丹尼會寫出計算過程及正確答案，達 100%的正確度。

讀過《哈姆雷特》後，黛博拉能解釋哈姆雷特的道德兩難與墮胎問題之間的比較，並引用一個她自己選擇的實例舉證。

◈分析

分析是將材料分解成組成的部分，辨認這些部分，討論其間相互關係，了解其整體組織的能力。下列是分析導向的目標：

給予一份五個有機體的清單，維吉妮亞會利用圖書館查詢適當參考資料並向全班報告，這些有機體在食物鏈或其棲息地的生態穩定性中所扮演的角色。

給予結合性質的書面陳述，丹尼會利用黑板上的實例向全班正確說明基本加性及乘性函數間的關係。

讀過《哈姆雷特》與《馬克白》後，黛博拉能引導全班討論劇情發展。這討論根據她以書面資料所提供每一場景的示意圖示。

◎綜合

在綜合的認知層次，該生應該展現將部分組合在一起，導致不同的、原始的或創新的整體能力：

給予一份參考書的清單，維吉妮亞寫出一篇 1,000 字的摘要，解釋達爾文演化論的生物學分類。這篇報告會針對精確、完整、組織及清晰等項加以評鑑。

給予基數 10 與基數 2 的數系，丹尼以口語表達對每個數系中的加減乘除函數的使用。

研讀莎士比亞悲劇《馬克白》後，黛博拉會以抑揚格五音步（iambic pentameter）改寫劇尾，假定刺殺國王沒有成功的情節。

◎評鑑

062

展示於學習階層的最高層次就是評鑑。要求該生做價值判斷：

基於互斥原則，維吉妮亞會設計一種以運輸方式分類的類目，並說明產生類別的理由與構成部分。

給予一組未知數及算術計算函數，丹尼會說明不同答案之可能正確的機率。

給予莎士比亞與培根的戲劇，黛博拉會陳述她所喜愛的戲劇，並以 500 字論文就一些基本寫作風格說明喜愛的理由。

學習能力有限者的學習階層

在大部分規劃擴展教學意向的例子中，我們傾向對顯著障礙學生集中注意在反應階層能力；而對一般或能力中上學生集中注意在學習

水準階層。這種二分法不一定僅以學生功能層次為依據。想想下列有關我們如何針對學習能力有限者的相關學習層次敘寫行為目標：

知識　給予一枚普通硬幣與口語提示：「這個叫什麼？」喬治說出名稱，連續5節課嘗試20次有18次正確。

理解　給予一枚普通硬幣與口語提示：「這個值多少？」喬治數出與該錢幣等值的一分錢幣數，並說出：「一角等於10分。」每個錢幣的10次嘗試中有8次正確。

應用　當呈現10張食物圖片，每張圖片中都寫上其價格。在口語提示「告訴我，這要多少錢」後，喬治在20次嘗試中，有18次算出圖片裡等值的錢幣數。

分析　當呈現物品的圖片，每張圖片中都印上其價目。給予一張1美元紙鈔及口語提示：「你可以買一枝鉛筆和一份報紙嗎？」喬治在20次嘗試中，有18次正確回答。

綜合　給予一張1美元紙鈔並指示去買不同價目的物品，喬治模擬買賣交易，並決定是否正確找零，10次嘗試中都無誤。

評鑑　給予一張1美元紙鈔與從庇護工場到家裡的5哩車程，喬治可利用1元搭公車而非買棒棒糖。

＊
即使是學習能力有限者，還是能習得高層次認知技能。

✥ 行為目標和個別化教育計畫

　　為發展有特殊教育服務需求學生的教育目標（長期目標）與行為 *063* 目標（短期目標），納入1975年所有《障礙兒童教育法案》（P.L. 94-142），及其後續法案1999年《身心障礙者教育法案》（P.L.

108-446, IDEA）明令規定。這項法案的結果已將原有目的與目標敘寫，及提供家長主動參與教育計畫過程的規劃項目加以正式化。這計畫過程最終導致**個別化教育計畫**（individualized education program, IEP）的發展。IEP 的核心在明列該生學年的長期與短期目標，及測量怎麼邁向這些目標而進步（Siegel, 2007）。除此核心要素外，IEP 包括轉銜計畫與服務的要項或陳述、正向行為介入與支援、參與州和地區的評量、延長學年服務、參與普通教育課程（包括必要的調整），及與未被鑑定為障礙的學生互動。聯邦法規納入六項要素作為 IEP 的核心部分：

1. 該生目前教育表現水準的陳述，可由標準化常模參照測驗、課堂本位評量、直接觀察及課程本位評量等評量而得（Yell & Stecker, 2003）。
2. 輕度障礙學生的可測量年度目標的敘述，或顯著障礙學生的年度目標和短期教學目標的敘述。
3. 至少以年度為基礎，由適當客觀標準、評估程序、課程表安排，確定短期教學目標是否達成。
4. 提供給該生具體的特殊教育與相關服務的陳述。
5. 計畫開始服務的日期與預定提供服務的期間。
6. 該生能夠參與普通教育課程的程度，及任何能使之參與的修正與調整。

　　這些要素說明了行為目標發展與 IEP 發展的共同點。兩個過程都包括累積資料以確定該生目前的表現水準、適當目標的陳述、為達成目的的行為目標（短期）發展，及目標精熟度的資料本位檢討。

　　特殊教育學生的資格要求具有身心障礙（依據該生的個人特徵和現有表現水準）。身心障礙的證據來自個人智力測驗、行為評量、學業成就及各種相關專家的報告。由於教育創新的結果和 2004 年《身心障礙者教育法修正案》（P.L. 108-446），有些州也要求蒐集學生

※
IDEA 要求為每一障礙學生敘寫 IEP。

對介入反應的資訊，以處理學習及行為困難。這架構的發展由介入反應模式（Response to Intervention, RTI）提供資訊。RTI用於協助區分學習困難（只需要補充教學）與身心障礙（需要特殊教育服務）。如果發現學生有資格接受特殊教育服務，RTI資訊協助個別化目標和規劃。

RTI 基本的模型有三個層次。「層次一」提供學校、年級，和（或）全班練習，認為是良好教學和行為管理的基礎（例如，額外的練習機會、清楚陳述適當行為的規則，及增加增強物和獎勵的機會）。「層次二」提供較有目標性的練習，例如對學業困難者提供小組教學、社會技能訓練和自我管理策略。在每個水準的練習必須是證據本位（例如：有研究依據的實體效率）和使用資料本位法檢視進步。由這檢視產生的資料提供教育目標和IEP訊息。「層次三」的介入由特殊教育和相關專業提供。採用的練習高度個別化，提供密集的支援和持續較長時期。在考慮如此密集的介入時，是用什麼啟動評鑑，以確定是否存在身心障礙及所需的 IEP，也是考量的一部分（Cummings, Atkins, Allison, & Cole, 2008; Fuchs & Deshler, 2007; Fuchs & Fuchs, 2005, 2006, 2007; Gresham, 2005; Hunley & McNamara, 2010; Lewis, Jones, Horner, & Sugai, 2010）。

下列建議有助於管理 IEP 和檢視 IEP 構成的目標：

1. 短期目標應該與目的的敘述有順序關聯。跨越目標的序列，教師可系統修改目標的元素。例如，條件（情境）（提供該生使用的材料、情境、格式、協助或調適的類型或數量）、反應（例如：反應方式、該反應所需的認知或肢體困難或複雜度），或標準（例如：反應量所需的數量或持續時間、比率、容許錯誤的數量或類型）可能會在老師形塑該生的反應以符合表現的標準，或使之更具功能性的同時，而增加或是改變。

2. 在輕度障礙學生個案，目的和短期目標應該直接處理轉介他們接

受特殊教育服務的原因。「他們需要敘寫的僅是由於障礙造成對特殊服務的需求，而非該童的整個計畫，除非所有領域都受影響」（Bateman & Linden, 1998, p. 43）。

3. 對中度、重度和極重度障礙學生，在 IEP 每一課程領域應包括有兩、三個短期目標，因為大多數學生所有領域的教育表現受障礙的影響。

4. 不應該增加新的短期目標，除非當前目標已達到維持階段且類化教學已開始了。

5. IEP 的管理應該是一個連續過程。教師和行政人員不應該忽略法規規定，檢討 IEP 應該「每學年最少一次」，而非「每學年一次」。

   (1) 當評量確定一輕度障礙學生對特殊教育服務的原始需求是否仍然存在，就應該檢討該生的目標。

   (2) 應該對中度、重度障礙學生的目標設定合理的檢討日期。當目標達成，老師應該增加新的短期目標並通知委員會成員（包括家長），用書面方式在年度檢討完整敘明。這樣的做法將促進學生的進步，且避免因等候全體委員開會而使教學停滯。

6. 設定檢討日期應該考慮較高層次的學習需求，以促進一項技能的充分功能。

✳ 當艾登的數學技能符合年級程度，他不再有障礙。

✳ 坦妮卡的目標應該常常檢討，以便她有最大可能的進步。

結語

065

我們描述了敘寫行為目標的過程，及這樣的目標與障礙學生所需的 IEP 間的關係。這過程是任何行為改變計畫的整合部分，不論這計畫是導向學業或社會行為。除非我們確知構成成功的要素是什麼，否則行為改變計畫不大可能會成功。行為目標有助於溝通，所以每個人都知道教學目標。行為目標也提供評鑑，所以每個人都知道目標是否已達成。

問題討論

1. 道格拉斯和他的老師同意：哪天整節閱讀課他坐好在他的位子，就會准許他挑選該天排球遊戲的隊伍。第二天結束時，道格拉斯和他的老師對他的腳放在他的書桌上是否屬適當坐好的行為有分歧。

   (1) 可以用操作型定義來定義兩種何謂「在位子上坐好」嗎？這樣道格拉斯就非常清楚什麼是在他的位子上乖乖坐好。

   (2) 你怎樣為道格拉斯在位子上乖乖坐好的行為目標寫一個標準陳述？

   (3) 如果道格拉斯達成在位子上坐好行為的標準，但在上課時對詹妮說話粗魯，老師應該怎麼做呢？

2. 將下列隱晦不明的動詞替換成較具體的：

   (1) 馬利歐能辨別「一些」與「很多」。

   (2) 馬利歐能想起美國的主要河流。

   (3) 馬利歐能夠指認花的各部分。

   (4) 馬利歐能了解全球暖化的結果。

   (5) 馬利歐知道 6×8 的乘法表。

   (6) 妮琪能辨識出故事的主要角色。

   (7) 妮琪能欣賞不同文化間的差異。

   (8) 妮琪能報時。

   (9) 妮琪能欣賞莫內（Monet）的作品。

   (10) 妮琪學會操作計算機。

3. 多數老師都需要寫目標作為教學計畫或 IEP 的一部分。許多老師認為敘寫這些目標是多餘的書面工作。花時間敘寫目標可以改進教學嗎？或者那些多數老師說的才是正確的？

第 **4** 章　蒐集資料的方法

你知道嗎……

教師對建議他們在課堂蒐集資料強烈反彈：

- 「我沒有時間記下任何人所做的每件事。我不認為我可以管理所有混在一起的記錄表、碼錶、手腕計數器及給予適當提示。我什麼時候該專心教學呢？」
- 「這資料蒐集每天至少增加額外的一小時在做摘要資料、做圖示等等。那些時間要從哪裡來呢？」
- 「饒了我吧！」

本章大綱

067 大多數教師用對待統計的相同熱忱，來看待我們在本章將討論的資料蒐集法類型。在某些例子裡，他們的評論有完全正當的理由。我們要檢視的方法有些在日常課堂使用並不實際，課堂中教師從不曾運用這些比較複雜的方法。然而，了解這些方法如何運作有助於了解應用行為分析已發表的研究。本章描述最通用的資料蒐集系統，並讓讀者知道這其中有多少可以經調整以供課堂使用。

✤ 理論基礎

即使接受課堂中資料蒐集的可行性，許多教師很少看到其中的價值。除了記錄測驗成績之外，大多數教師傳統上很少記錄學生的學業與社會行為。雖然如此，仍有很好的理由要蒐集課堂情境資料。

首先，觀察與測量使得「非常準確地確定一特定教學策略或介入的效果」成為可能。精確觀察與行為的測量使教師能夠確定其策略成功或失敗。其次，本章討論資料蒐集法類型提供教學或介入方法持續的（形成性）與定期的（總結性）評量。蒐集的資料可供教師做決定並在計畫實施過程中加以改變，而不是等待也許數週或數月才看看最後是否成功。如此使用系統化的形成性評量，在統計上和實務上顯著增加學生的成就表現（Fuchs & Fuchs, 1986）。最後，蒐集並報告效果本位資料（effect-based data）是績效責任的基本工具。

透過敘寫行為目標，教師傳達其改變特定行為的意向。他們也陳述標準以決定改變的程序是否有效。在許多課堂情境，會以實施前測與後測評估介入對學生原有表現水準的效果。然而，在行為取向中，對教學與計畫評鑑所期待的精確則需要額外的資料。

行為評鑑有兩個要求。第一，需要詳細觀察學生目前的功能表現。這項觀察應該反映在目標中的陳述情境與行為描述。例如，陳述學生在 30 分鐘內應該算出 25 題長除法的目標，需要老師確定學生在 30 分鐘內已經可以算出幾題長除法。第二，教學計畫的評鑑必須能

✤
行為評鑑要求觀察學生目前的功能表現和持續的進步。

夠提供教與學過程持續的檢視，並提供定期的評量方法。因此，評鑑
必須持續不斷，如此計畫才能隨教學進展加以調整。如同在例子中接
受長除法教導的學生一樣，老師應該每天記錄他們在 30 分鐘內算出
的題目數，因而提供持續性評量。過程的檢視可提供持續或改變教學
技術的指引，並避免錯誤假定學生的進步。令人惋惜地，這樣的錯誤
假定非常普遍，如下列軼事方塊所示。

068

華樂女士邁向電子化

　　華樂女士欣喜若狂。在她抱怨沒有教材教導最具挑戰的閱讀小組的幾
個月之後，她終於有幾部電腦和一件閱讀教學軟體。售貨員自豪地展示機
器並指出數百美元的投資是值得的。

　　「所有您必須做的，」售貨員向她表示：「是引導學生戴好這些耳機，
放入唯讀光碟，打開這寶貝。其他的事就交給它……你不用做任何事情。」

　　華樂女士輕鬆地執行了這教材的前測，安排每位學生每天上機15分
鐘，並認為她的憂慮結束了。

　　在學年底，華樂女士實施後測。雖然小組的幾名成員有顯著進步，但
有些學生一點進步都沒有的時候，可以想像華樂女士是多麼沮喪。

　　「我不明白，」她哀訴說：「電腦應該可以做任何事情，怎麼知道卻
沒有效？」

　　當她的校長希望她在推銷百科全書的新差事上成功時，親切地建議
道：「也許，你在此之前就應該檢查確認了。」

▪▪ 選擇一資料蒐集系統

　　評鑑行為持續評量的第一步就是選擇資料蒐集的系統。所選的系
統特徵必須適於所觀察的行為及所希望改變的行為。

行為可以在許多向度上加以測量與改變（White & Haring, 1980）：

1. **頻率**（frequency）：行為的頻率是學生表現該行為的次數。

　　布瑞特在 30 分鐘內離開座位 6 次。

　　在一次計時的試驗，瑤 10 題數學題做了 6 題。

　　馬文在星期三發了 8 次脾氣。

　　在說故事時間，露蕙絲的手放進嘴巴 5 次。

當確定行為發生的頻率時，我們在一段觀察的時段（例如 10 秒或 40 分鐘的自然課）內計算行為發生的次數。如果我們要跨觀察時段（從午餐時段到其他時段）去比較一行為的次數，觀察時段長度應該要相同。

如果行為只可能發生有限的次數，此訊息應該提供作為頻率資料的一部分。例如，知道瑤正確算出 6 題數學題少有意義，除非我們也知道總共有 10 個題目。對一些行為來說，沒有所謂極大值。例如，一位學生在課堂上大叫或離開她的座位就沒有次數的極大值。

2. **比率**（rate）：行為的比率是以與時間的比值來表示的頻率。

　　布瑞特隨意離座每分鐘 0.2 次。

　　在 2 分鐘的計時試驗期間，瑤每分鐘做 0.6 題數學題。

　　馬文在一天 6 小時的上學日，每小時發 1.3 次脾氣。

　　在 10 分鐘的故事時間，露蕙絲的手每分鐘放進嘴巴 0.5 次。

如果所有的觀察時段都相同，我們只要報告發生次數與觀察的時間量即可。然而，比率是最常用來比較在不同長度的時間量行為的發生。如果我們無法將觀察時段或反應機會標準化，將次數資料轉換成比率資料就能夠讓我們比較資料；例如，如果觀察時段被打斷或記錄表上的問題數量不同，比率能使比較資料成為可能。比率的計算以發生行為的次數除以觀察時段的長度。例如，如果布瑞特在星期一早上 30 分鐘的數學課隨意離座 6 次，則其比率為每分鐘 0.2（6 次除以 30 分鐘）。如果他在四年級 40 分

鐘的社會課隨意離座 8 次，其比率仍為每分鐘 0.2（8 除以 40）。
比率在本例為跨情境，與跨觀察時段都相同。

3. **持續時間量**（duration）：行為的持續時間量在測量一學生表現
此行為多久。

　　布瑞特隨意離座共 14 分鐘。

　　布瑞特每次隨意離座平均 3 分鐘。

　　瑤做數學題 20 分鐘。

　　馬文發脾氣持續 65 分鐘。

　　露薏絲的手放進嘴巴 6 分鐘。

當關注的不是布瑞特隨意離座幾次，而是每次他起身隨意離座有
多久或他起來有多久的時候，持續時間量是重要的。他可能在 40
分鐘的課堂中只隨意離座兩次，和他如果每次站起來幾分鐘，站
起來又坐下（未離座）是不同的。如果我們記錄布瑞特隨意離座
的持續時間量，我們可以說他在 30 分鐘的課堂中共隨意離座 8
分鐘；或者我們可以報告每次隨意離座的時間多長；或者我們可
以計算他每一次隨意離座的平均時間量。

4. **潛伏時間量**（latency）：行為的潛伏時間量是在指示表現該行為
與該行為發生之間的時間長度。

　　我告訴布瑞特坐在椅子上，他 50 秒後才坐下。

　　老師說：「開始做練習！」瑤瞪著眼發呆 5 分鐘後才開始做數
　　學題。

　　將馬文隔離，20 分鐘後他才靜下來。

　　我告訴露薏絲將手拿出嘴巴，2 分鐘後她才這樣做。

當關注不是放在一學生花多久做這行為，而是過了多久時間後才
去做這行為的時候，潛伏時間是有關的。例如，一旦瑤開始做習
題，她可以在可接受的時間內正確算出 60% 的數學題，但是她要
花 7 分鐘才開始做。

5. **形態**（topography）：行為的形態就是行為的「外觀」，也就是

它看起來的樣子。

瑤在數學考卷上將所有的 4 反向寫。

馬文發脾氣時尖叫、在地板上踩腳,並拉扯他的頭髮。

露薏絲的吸吮是將她的手指頭放在她的嘴裡直到指關節。

形態描述的是行為的複雜度與其動作的組成。例如,發脾氣可能同時涉及許多行為表現。有些行為是由一系列或一連串常一起發生的個別反應所組成。

6. **力度**(force):行為的力度就是指其強度。

瑤寫字很用力,戳破考卷產生很多洞。

馬文高聲尖叫以至於老師在走廊隔三個門都聽到他的叫聲。

露薏絲的吸吮是如此用力,拇指都破皮了。

描述行為的強度或力度通常導致難以標準化的質性測量。我們正試圖清楚表達一聲尖叫是多響亮(通常沒有用音響測定器)、小孩多用力撞桌子,或他多用力捶打自己或其他小朋友。

070　7. **場地**(locus):行為的場地描述它發生的位置,在環境中或例如該童或受害者的身體上。

布瑞特走近窗戶並凝視外面。

瑤將數學題答案寫在錯的位置上。

馬文在發脾氣時拍打自己的耳朵。

露薏絲吸吮她的左手指。

場地描述該行為的標的或該行為發生的環境。

 教授實施救援

當愛挑剔教授走到他車子時,他看到一大群學生,包括迪偉恩,聚集在某件他看不見的東西周圍。好奇心興起,他漫步至人群處。當他更靠近些,他看到學生所感興趣的東西,是一隻極大的白狗。這隻狗正在喘息、頭下垂、流著口水,並且看起來顯得憔悴。牠的毛纏結骯髒,拖著從緊繞在脖子上金屬項圈處算起大約 3 呎長的鍊子。

「看哪！教授，」迪偉恩說：「我想牠是一隻白色聖伯納。你想牠會咬人 *071*
嗎？」

「聽著，」教授語氣堅定地說：「接近陌生的狗是危險的，有人應該通知
校警並請他們告知市政府動物管制人員。」這隻狗，顯然認為教授是現場最有
權勢的人，一瘸一拐走向他，將牠的大頭靠在愛挑剔教授的腿上，並用牠那棕
色的大眼睛深情注視著他。

「另一方面，」拿起鍊子的尾端並輕輕地拉，教授說：「也許我要親自打
電話。」教授帶著狗回到系館，當他經過系辦公室時，祕書嚇得喘不過氣地
說：「教授，你不能⋯⋯」

愛挑剔教授從口袋裡拿出一只碼錶，啟動它，並交給祕書。「這不會超過
5 分鐘的，」他說：「你來計時並親自看著牠。」教授打一通電話給在獸醫系

的同事，對方聽了愛挑剔教授對動物的描述與其狀況便說：「在你那裡的是一隻大白熊犬。牠在做什麼？我幾乎聽不到你的聲音了。」

愛挑剔教授回答說：「牠正在搔癢。行為形態是牠用左後腳搔牠的左耳。根據我手錶上的秒針，牠的腳以每分鐘 75 下的速率搔動著。其力度足以撼動狗毛與其他殘屑超過 3 呎遠。而牠的腳在每三到四次搔癢間敲擊地板，其力度足以在大廳就聽見。牠現在已經抓了 3 分鐘，且從牠進到我辦公室 15 秒內就開始搔癢。」

「哦！」獸醫有點茫然地說：「大概是跳蚤。」（愛挑剔教授偷偷地望著走廊，希望那祕書沒聽見。）「你為什麼不把牠帶到診所來，我們會詳細檢查牠。聽起來牠像是在路上流浪一陣子了。如果牠是健康的，我們可以視狀況與救援協會聯繫，雖然他們安置這些大狗很麻煩。」

當愛挑剔教授回到大廳時，從祕書那兒收回碼錶，確認牠停留的持續時間量是 4 分 34 秒。祕書說：「牠實在是一隻男孩的可愛寵物，不是嗎？」那隻狗輕搖牠毛茸茸的長尾巴。「看哪，教授，我想這小可愛喜歡我。」

教授以堅定口吻說：「牠的名字，叫布哈斯（Burrhus F. Skinner 的名字）。」

決定採用一特定的資料蒐集系統，部分基於所關注的行為面向，部分基於方便性。資料蒐集系統可以分為三類，第一是記錄與分析在一段觀察時段產生理想上包含完整行為記錄的書面報告；第二是來自行為有形產品的觀察；第三是記錄行為發生時的樣本。這些系統可以加以分類如下所列：

分析書面記錄：軼事報告
觀察有形產品：永久產品記錄
觀察行為樣本：事件記錄
　　　　　　　時距記錄

時間取樣

持續時間記錄

潛伏時間記錄

✣軼事報告

軼事報告（anecdotal reports）以書面提供一學生在某一特定情境或教學期間行為的完整描述。軼事報告不指認一事先定義或操作型的標的行為。在記錄與分析資料後，觀察者期待指認出需要改變的特定 *072* 行為。軼事報告主要用在分析，而非評鑑。

老師、父母及治療師常用資料蒐集的軼事系統，描述一些正在發生的一般困擾或學業無法進步的情況。例如，可能會這樣陳述：「席拉經常破壞班級秩序且無法完成自己的功課。」或「在治療時間，我似乎管不住她去做所需的語言治療。」

這樣的報告很常見，應該提醒行為分析師指明這行為（參見第 3 章）。如果這特定行為持續難以確認，分析師就必須進一步細分解並找出標的行為，這也許是行為在自然情境下（像在餐桌、在閱讀課教室）困難的來源，並嘗試去寫下所發生的每件事。

這資料蒐集系統衍生出在一特定時段或情境中，幾乎已發生的每件事的書面記錄。這種系統結果是以日常用語書寫報告，描述個體及互動關係，而不只是資料表上單獨的標記。Wright（1960）提供一些撰寫軼事報告的指引：

✽ ⋯⋯⋯⋯⋯⋯⋯⋯
敘寫軼事記錄的指引。
⋯⋯⋯⋯⋯⋯⋯⋯

1. 在開始記錄軼事資料前，先記下一開始看到的情境、情境中的個體與其間的關係，及當你正要記錄時所發生的活動（例如：午餐、自由遊戲）。

2. 你的描述中應包含標的學生及其動作的對象所說與所做的任何事。

3. 你的描述中應包含對標的學生及動作的執行者所說與所做的任何事。

4. 當你敘寫時，要清楚地區分事實以及你對原因或反應的印象或解釋。

5. 提供一些當時的跡象，因此你能判斷特定反應或互動的持續時間量。

建構一個軼事報告

實施觀察後，要分析軼事報告以決定何項行為作為行為改變計畫的主題。最初的軼事形式的觀察，要將個別行為與關係分開並不容易，因此以表格的方式呈現軼事資料以便檢討是很有幫助的。Bijou、Peterson 和 Ault（1968）採順序分析系統，他們重新草擬軼事報告變成反映環境互動行為觀點的形式。由此方法來看，報告的內容分配成顯示事前刺激、特定反應與後果刺激等欄位。這種表格清楚地呈現出個別行為、刺激行為的事前情境與維持此行為的結果等之間的當時關係。

圖 4.1 的軼事報告是在小學教室中所做的，它記錄了一位叫做布萊恩的學生、他的老師及他的閱讀小組成員之間的一段互動。

使用 Bijou 與其同事建議的方法，這軼事報告的開頭部分轉變成如圖 4.2 開始的欄位。編碼事前情境、行為與事後結果以顯示時間順序。我們注意到在幾個例子裡，轉換的報告很明顯使既定的反應結果變成接續反應的事前情境。

*............................ *074*
分析軼事資訊的問題。
....

當軼事報告的內容安排成清楚呈現行為事件間關係順序的格式時，問題行為的來源就可確定了。下列的問題有助於分析：

1. 這行為有什麼可以描述為**不適當**？行為分析者應該有充分的理由把這行為列為不適當，其發生的情境及當時的活動。

2. 這行為常常發生嗎？或被認為是偶發的？

圖 4.1　軼事報告的摘錄　*073*

上午 9:40：布萊恩在教室四處閒逛，碰觸各種東西，如窗臺上的植物。老師說：「現在是分組閱讀時間。大家把書帶到圓桌來。你也是，布萊恩。」老師走向圓桌。布萊恩繼續閒逛。老師以較大的聲音說：「我還在等。」她走過去並把手放在他的肩膀上。布萊恩聳肩甩開她的手。她牽著他的手帶他到其他四名學生的小組。布萊恩坐著。老師說：「翻開你的書。布萊恩，你的書在哪裡？」布萊恩說：「在後面。」「布萊恩，後面哪裡？」「在我的書桌裡。」「去拿過來。」「我看她的書。」「不行，布萊恩，請去拿你自己的書。」（大約過了 15 秒）「現在，布萊恩，我們都在等你。」布萊恩說：「那就等吧，我們有的是時間。」老師站起來。布萊恩起來，走向他的書桌（他坐的地方）。當第一位學生（拉瑞）讀完後，老師說：「布萊恩，回來這裡。快輪到你讀了。」布萊恩回到圓桌。卡爾正在朗讀。布萊恩用他的鼻子發出聲響。卡倫（坐到他的左邊）咯咯地笑並發聲：「唷。」老師要卡倫不要亂叫。布萊恩再用鼻子發出聲響。卡倫就「哦，唷，唷」叫著。老師說：「布萊恩，我看見你。停止發出怪聲。我們都看見布萊恩了吧？當我們學習時，這樣表現是不行的。」布萊恩把書丟在地上，再彎腰去拿，他的椅子翻倒了。老師告訴他：「來坐在我旁邊。」布萊恩移動他的椅子並且開始輕聲哼著。老師站起來，移動離桌子 3 英尺遠，並且告訴布萊恩移動他的椅子「遠離這小組」。回到桌子那裡她說：「我們全都看見布萊恩，並且當你干擾小組時會怎麼樣？」拉瑞舉起他的手。「是的，拉瑞？」拉瑞說：「他們沒法朗讀。」老師說：「是，非常好，拉瑞。現在我們再來讀：輪到你，瑪麗。」瑪麗開始讀。布萊恩晃動他的椅子，卡倫看著咯咯地笑。布萊恩繼續晃動：他的椅子向後倒下。老師斥責他，把他帶到教室前面，叫他坐在面對黑板的椅子上。布萊恩在唱歌，拉瑞叫喊：「不要唱了，你干擾到我。」布萊恩平靜下來，開始在黑板上畫了起來（老師背對著他坐著）。布萊恩間歇地唱歌，聲音大到被聽到。老師說了兩次：「安靜，布萊恩。」閱讀小組結束（17 分鐘後）。學生被告知在門口排隊。在出口處老師告訴布萊恩當他與小組分開時表現好多了。「但明天你必須在小組第一個朗讀。」

上午 10:35：布萊恩與同學一起去上體育課。

圖 4.2　軼事報告的結構

時間	事前情境	行為	事後結果
上午 9:40		1. 布萊恩在教室四處閒逛。	
	2. 老師說：「現在是分組閱讀時間。……你也是，布萊恩。」老師走向圓桌。		
		3. 布萊恩繼續閒逛。	
			4. 老師說：「我還在等。」
	5. 老師把手放在布萊恩的肩膀上。		
		6. 布萊恩聳肩。	
			7. 老師牽著布萊恩的手，並帶他到桌旁。
		8. 布萊恩坐著。	
	9. 老師說：「布萊恩，你的書在哪裡？」		
		10. 布萊恩說：「在後面。」	
			11. 老師說：「後面哪裡？」
		12. 布萊恩說：「在我的書桌裡。」	
			13. 老師說：「去拿過來。」
		14. 布萊恩說：「我看她的書。」	

3. 能辨認這行為的增強或懲罰？來自老師、父母、其他小孩或一些 *074* 自然發生的環境事件等的後果（有意的或其他）。

4. 對這些事後結果而言，有沒有一種模式？

5. 能辨認這行為的事前情境嗎？

6. 有沒有可辨認的某些事件或刺激（事前情境）的模式，持續出現在這行為發生之前？

7. 有沒有定期重複發生的某些事前情境、行為與事後結果的連鎖？

8. 如果有經辨認該生不當行為與事前情境和事後結果的模式，什麼行為確實需要改變？是誰涉入這行為（例如，有關的學生、老師或父母）？

　　做軼事記錄也許容易有偏差。當級任老師擔任觀察者，其可能對於學生為何有不當行為已有先見想法，使之較傾向觀察到與那些想法一致的行為。任何觀察者應該盡可能小心記錄這麼多的活動，無需對發生行為的重要性或相關性做審查或價值判斷。當觀看和做筆記時，觀察者不應該試圖決定一行為是否為另一行為的結果，但應該只記錄一行為後接著另一行為是什麼。觀察者也應該機敏避免分心。不管發生什麼（當然，除非有人處於危險中），必須充分注意觀察該標的學生的這行為。沒人能同時蒐集軼事資料並且教導其他學生。對於自覺自己對一切正在發生的事情皆有責任的老師而言，這又更加困難了，即使當她蒐集資料時由他人進行教學。當分析軼事資料時應該牢記，多數學生在知道自己正被觀察記錄的情況下，會有不同的行為表現。觀察者必須盡所有努力不引人注目，避免弄出不必要的聲響，或對學生作出反應或眼光接觸。

　　軼事報告的運用對普通教育教師並不總是實用的。特殊教育教師被要求觀察有行為或學業困難或轉介特殊教育服務流程的學生。對這樣的觀察，記錄與分析軼事資料是非常有價值的。軼事報告能夠使這些教師確定教室中的何種因素引發或維持適當與不當行為。這些資料將作為教室環境或行為管理策略決定等可能改變的基礎。軼事觀察也可

以作為處理在較長過程中持續的、高度破壞的，或嚴重傷害的行為的第一步。這過程被稱為功能評量（參見第 6 章），需要對學生環境中物品與事件的詳細觀察、分析與操控，以確定何者引發與維持這行為。

075 ✦ 永久產品記錄

※.....................

永久產品記錄是最容易實施，但並非所有行為都留有永久產品。

....

自教師第一次走進教室，就已經運用了**永久產品記錄**（permanent product recording）。教師運用永久產品記錄來評定拼字測驗成績、驗證化學乳化液的產生，或計算學生放在架子的罐頭數量。**永久產品**（permanent products）是有形的項目或行為造成的環境效果。永久產品是行為的結果；因此，這方法有時候叫做**結果記錄**（outcome recording）。這類型的記錄是事後回溯法（ex post facto）的資料蒐集。

為蒐集永久產品資料，教師就行為目標的敘寫檢討該行為的陳述，並確定什麼構成該行為可接受的結果。例如，該行為是將積木堆成塔，目標陳述為該生是否要將積木放置在另一塊積木的上方，或積木應該按照某一顏色順序排列。如果該行為是學業方面的，條件（情境）也是具體的。例如，目標也許指定在一篇作文中允許的拼字錯誤數目，或在期末報告中要求參考文獻的數量。如果該行為是職業方面的，目標除了指定組裝裝飾物的數量以外，同時要求品質。在每一個案，教師要檢討該行為的操作型定義。在評鑑所要求行為的產品之後，教師只要記下有多少產品產出，及根據定義，有多少是可以接受的。

※.....................

永久產品記錄的應用。

....

因為行為的具體結果被評鑑與記錄，老師不須觀察該生直接從事的行為。便利是永久產品記錄之所以常常在教室使用的原因：它最少干擾教室作息的安排。

永久產品記錄的多樣化使得它在許多不同教學計畫或情境中有用。在教育情境中，永久產品記錄用在學業上的練習，例如：拼字正確度，書寫的字數和段落、作文、故事、班級日誌等成分，算數題完

成與正確度，自然與外語小考的表現等；也可用來記錄聽演講時的筆記及家庭作業的完成與正確度。在職業教學，永久產品記錄用在記錄工作成果，例如：擦洗罐子、裝填信封、洗衣分類及組合具體物等（Cade & Gunter, 2002; Cavanaugh, Heward, & Donelson, 1996; Coleman-Martin & Heller, 2004; Grossi & Heward, 1998; Jolivette, Wehby, Canale, & Massey, 2001; Konrad, Trela, & Test, 2006; Lloyd, Eberhardt, & Drake, 1996; Neef, Nelles, Iwata, & Page, 2003; Mason, Kubina, Valasa, & Cramer, 2010; Neef, McCord, & Ferreri, 2006; Regan et al., 2005; Reid & Lieneman, 2006; Ryan & Hemmes, 2005; Worsdell, Iwata, & Wallace, 2002）。

　　永久產品記錄的主要優點是得到的行為樣品的耐久性。永久產品的發生在被記錄之前，它不易於消失。據此，教師可保留某些標的行為實際產品的一個準確檔案（例如考卷），或產品報告供進一步檢討或事後驗證。

　　永久產品記錄可包括錄音帶、錄影帶及數位記錄系統的使用。用記錄設備，教師可以採樣特定瞬間行為，非一般的永久產品。在狂熱興奮情境（如團體遊戲時）的行為樣本，可以在方便閒暇時加以記錄與分析。非學校情境的行為樣本（例如在學生的家中），可由父母來取樣並交由專家分析。例如表達性語言的個別與團體樣本，也已加以錄音（Matson, Sevin, Fridley, & Love, 1990; Orsborn, Patrick, Dixon, & Moore, 1995）與錄影（Kim & Hupp, 2007; Loncola & Craig-Unkefer, *076* 2005; Schlosser, Walker, & Sigafoos, 2006）。經錄影在普通或特殊教育情境下學生表現的樣本，可供科際小組成員共同研究，以確定教育目標與介入方法（Anderson, Hawkins, Hamilton, & Hampton, 1999）。以錄音與錄影作為事實發生後資料蒐集的方式，正如同放學後批改學生的考卷或作文一般。

　　在本段關於選擇一資料蒐集系統的內容裡，討論到每一行為向度可能會觀察到什麼樣的永久產品或結果？

✳ 永久產品記錄可使用的行為向度。

比率：每一時間單位任一學業行為的書面產品數量。

持續時間量或潛伏時間量：除非有可行的記錄工具，否則不適用於永久產品記錄。

形態：字母或數目的正確組成；按照一模式操作排列的釘板設計、積木組合，或職業組裝生產線等活動。

力度：在寫字或打字時太輕、太重或不平均的施力；學生發脾氣時把教室牆壁踢出許多洞。

所列舉的例子並非詳盡無遺。因為永久產品記錄相對簡便，教師可以想像力豐富地以結果定義行為。我們已知老師的操作型定義：

■ 考試焦慮（test anxiety）為考卷上可看見的橡皮擦痕數。
■ 凌亂（sloppiness）為學生書桌 2 呎範圍內的地板上廢紙的數量。
■ 過動（hyperactivity）為學生書桌鉛筆盤上仍然保持平衡的桌球數量。

下面軼事方塊檢視了永久產品記錄的一種用法。

馬丁先生觀察打掃房間

馬丁先生一面主修特殊教育，一面在一間嚴重情緒與行為問題學生住宿機構任夜班助理。他的職責之一就是在就寢前檢查每個房間是否乾淨。他決定要為房間整潔建立一些增強系統，但不確定他可以測量什麼。當他嘗試測量與增強學生打掃房間的時間，他發現雖然大家都忙得團團轉，可是房間仍然雜亂。因為主要的問題似乎是在地板上、床鋪上及其他家具上的衣物、玩具與垃圾，他決定用這些物品的數量來測量。每天晚上熄燈前，他站在每個房間門口，帶著筆記板與上面有住宿生姓名和有著這週每天日期的空白表格。他很快地算出散布在不當位置的東西數量，並登錄在他的空白表格中。

░░ 觀察記錄系統

　　永久產品記錄法的資料蒐集是記錄行為的結果，而**觀察記錄系統**（observational recording systems）是用來記錄當行為實際發生時的行為樣本。資料蒐集者可以從幾個基本的觀察記錄系統加以選擇。教師對正在發生行為的次數感到興趣的可以選擇**事件記錄**（event re- *077*cording），那些想要找出行為發生具體指明時段比例的，可以選擇**時距記錄**（interval recording）或**時間取樣**（time sampling）。**持續時間記錄**（duration recording）能夠讓教師決定該生表現某些行為的時間長度；**潛伏時間記錄**（latency recording）測量學生在開始做某事之前所花費的時間長度。圖 4.3 說明觀察記錄程序與行為上刺激（S）－反應（R）順序等成分間的關係。

圖 4.3　與行為基本派典相關的觀察資料蒐集系統

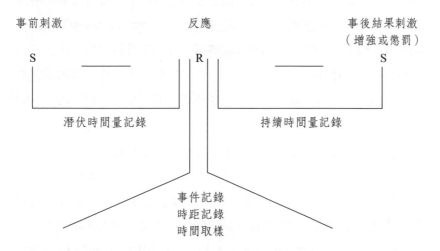

事件記錄

　　事件記錄是經常使用的觀察記錄程序，因為它最直接且精確反映一行為發生的次數。當運用事件記錄，觀察者每次在該生從事標的行為時劃記一筆。計算這些劃記即精確記錄該行為發生多少數量。在一特定觀察時段計數該標的行為，例如，閱讀時段或午餐時段。在一特定時段記錄該行為發生多少數量即蒐集其次數。如果觀察時段的長度是固定的，觀察者可只報導該行為發生的次數、其頻率或比率（在那段時間內每分鐘或每小時行為發生的次數）。如果觀察時段長度是不固定的，可用比率來報導。另一個策略是隨意將觀察時段標準化，例如只取每天該節的前 20 分鐘行為表現作為資料。

　　當目標要增加或減少學生從事某一行為的次數時，通常事件記錄是常會選擇的方法。事件記錄可用來記錄適當社會行為的增加，像一學生與同學分享玩具的次數。它可用來記錄學業反應（計算正確定義科學字彙的數量）的增加，或不當行為（計算一學生在體育課罵髒話的次數）的減少。因為老師嘗試要記錄該行為發生的確實次數，事件記錄必須要用不連續的行為。**不連續行為**（discrete behaviors）有明顯或一致同意的開始與結束。觀察者可以精確計算次數，因為可以清楚地判斷一事件何時結束而下一事件何時開始。事件記錄被用在劃記與記錄廣泛內容領域的行為，包括學業：看圖命名、認字與口語閱讀、加法、錢的選擇與計算、說出時間、科學字彙；溝通：答是或否的反應、問問題、請求、手勢；生活自理：用茶杯飲用、烹調及小便處理；社會技能：等待輪流、初步社交及說「請」；休閒技能：足球、籃球及使用有開關的玩具。事件記錄也用在計算不當行為的次數，像是大聲說話、倒在地板、刻板動作、丟擲、打人、吐口水、踢人、擊掌及推人（Alberto, Waugh, & Fredrick, 2010; Allen-DeBoer, Malmgren, & Glass, 2006; Brobst & Ward, 2002; Cannon, Easterbrooks, & Fredrick, 2010; Conroy, Asmus, Sellers, & Ladwig, 2005; Crozier & Tin-

078

cani, 2005; Denny & Test, 1995; Drasgow, Halle, & Ostrosky, 1998; Hagopian, Farrell, & Amari, 1996; Feeney & Ylvisaker, 2008; Horn, Schuster, & Collins, 2006; Johnson, Schuster, & Bell, 1996; Laushey & Heflin, 2000; Mancil, Haydon, & Whitby, 2009; Mechling, 2006; Nanda & Fredrick, 2007; Neef, Walters, & Engel, 1984; Nelson, McDonnell, Johnston, Crompton, & Nelson, 2007; Oakes, Mathur, & Lane, 2010; Schlosser et al., 2006; Simon & Thompson, 2006; Smith & Churchill, 2002; Stromer, MacKay, McVay, & Fowler, 1998; Vollmer & Bourret, 2000; Williams, Perez-Gonzalez, & Vogt, 2003）。

　　工作分析教學時也可以使用事件記錄。工作分析是一系列個別步驟，當連鎖在一起就形成像解加法題或洗手的複雜行為。在教導期間，老師記錄該生在列入工作分析諸步驟的表現。當這些步驟是一系列不連續的行為，每個都有明確或可清楚定義的開始與結束，使用事件記錄是適當的。工作分析的使用及資料蒐集將在第 10 章詳述。

　　一些用來歸類行為的稱呼可用來描述實際上是許多不同的反應，其中每一個反應在所謂的行為發生時可能會或可能不會發生。許多老師想要改變的目標行為例子有：專心與不專心行為、適當與不當言語表現、就座與隨意離座行為，或干擾鄰座同學。就精確的事件記錄（標準定義），一致同意的開始與結束是必要的。換言之，這些行為可以清楚的操作型定義使其互不連續（參見第 3 章）。

　　然而，並非所有的行為都能以事件記錄適當測量。這種資料蒐集法不適用於下列例子：

1. 行為發生屬高頻率（frequency），記錄的次數無法反映精確數目。某些行為，像跑步時的踏步次數、一些刻板行為（像重度障礙學生的擊掌或搖晃行為）及眨眼可能以高頻率發生，因此不可能準確計算。

2. 在一行為或反應可能延長發生時段的例子。這類行為的例子可能

像是吸吮拇指，或專注工作。例如如果記錄隨意離座行為，記錄顯示該生在早晨期間只隨意離座一次，若這一次行為從早上點名時間一直延長到午餐時間，則此記錄可能傳遞不準確的指示。

除了精確外，事件記錄的優點是資料蒐集本身相對容易。老師不須中斷授課來蒐集資料。老師只需要在索引卡或筆記板上的紙劃記、在手腕上的一條帶子上做斜線記號，或將迴紋針從一口袋換到另一口袋中。這樣的訊息可以計算並轉換至類似如圖 4.4 中所呈現的資料表中。

事件記錄也容易用在許多學業行為上。圖 4.5 是口語閱讀練習用來記錄錯誤的資料表。教師只要當一個別項目錯誤產生時，在一適當列做一個記號即可。表的首列可以記錄星期幾、學生姓名、日期，或朗讀錯誤的頁碼等。

在圖 4.6 的資料表上，教師可以記錄常用字的正確口語朗讀。學

圖 4.4　事件記錄基本資料表

事件記錄基本資料表

學　　生：派翠西亞

觀察者：柯恆老師

行　　為：不當隨意講話（未舉手）

時間 開始　停止		發生次數	總發生的 劃記次數
5/1/95	10:00　10:20	ＨＴ ＨＴ //	12
5/2/95	10:00　10:20	ＨＴ ////	9

圖 4.5　事件記錄資料表

學　生：傑諾米

觀察者：葛悟老師

行　為：口語朗讀錯誤

	卡羅	5/1/95	練習二	閱讀第7頁
替　　代				
錯誤發音				
插　　入				
重　　複				

生所選擇的常用字列在最左邊欄位，後續的欄位提供顯示學生朗讀字是否正確的空間。答對的總數記錄在欄的最下方（例如在 4 月 12 日 蒂帕正確讀出 5 個字，雖然與 4 月 10 日正確讀出的 5 個字不同）。每次老師要求蒂帕讀出一個字並記錄是否正確，就可以取得教學中正確認讀字的數量資料。這與逐步嘗試的資料蒐集有關聯。資料的取得可以給予蒂帕超過一次的機會讀出每個字，並只記錄那些反應，而非教學階段結束的時候取得。這是一種試探形式的資料蒐集。記錄正確或錯誤答案的簡單方法就是直接在印有該字（或其他線索）的閃示卡後面做記號。記號可以在稍後的總表中轉換成數量加總。 [080]

　　就更機械化傾向而言，計數設備是可購得的。雖然這些使資料蒐集更方便與精確，卻須負擔一些費用且可能會壞掉。用來計算雜貨店交易或高爾夫球數量的便宜計數器也許有用。適用於縫紉針頭尾端的針織計數器，大小足以適合放在一枝筆上。Drash、Ray 和 Tudor（1989, p. 453）描述下列四步驟，以最簡單便宜的口袋型計算機來記錄事件資料： [081]

080 **圖 4.6** 事件記錄資料表

學生：　　　　　　　　　　　　　　　　起訖日期：

目標：給予下列百貨商場（例如：沃爾瑪）會出現的 12 個常用字，蒂帕可以讀出每一題。

標準：連續 4 節課達 100% 正確度。

日期／嘗試

題目	4/10	4/12							備註
restrooms	+	+							
exit	+	−							
girls	−	+							
housewares	−	−							
pet	+	−							
supplies	−	+							
checkout	−	−							
express	−	+							
shoes	+	−							
linens	−	+							
videos	+	−							
electronics	−	−							
答對總數	5/12	5/12							

081　1. 按數字 1。

　　2. 按 1 鍵。

　　3. 按 5 鍵。

　　4. 按 5 鍵以記錄每個隨後的事件。

　　這些步驟設定計算機每次按下 5 鍵，就會累積每次發生行為的總 *081* 和，在觀察階段結束時，觀察者從總和中減掉 1（因為一開始設定的時候就記錄 1 了），並從計算機中得到此觀察階段實際發生的總次數。在練習之下，也許在 5 鍵上貼一張貼紙作為提示，觀察者可以用口袋中的計算機來計數（任何想要任教但穿沒有口袋服裝的人，需要一件木匠的圍裙）。

◆ 預定式記錄

　　事件記錄法的一種變型是**預定式記錄**（controlled presentations）（Ayllon & Milan, 1979）。在這方法中，教師建構或控制該生將必須表現該行為的機會數量。這方法最常由每次教學階段所呈現的事先預定的機會數量（或嘗試）所組成。一次**嘗試**（trial）可以視為一次不連續的發生，因為它有一個可辨認的開始與結束。一次嘗試由三項行為成分所定義：事前刺激、反應與事後結果刺激（S-R-S）。事前刺激的傳遞（通常是口語提示）代表該嘗試的開始；給予事後結果刺激（增強、矯正或懲罰），表示該嘗試的結束。例如，在一節課，老師可以決定學生有 10 次機會（或嘗試）依要求指出特定物品作反應。每次嘗試加以記錄對或不對。預定式記錄能讓老師僅由觀察每節課正確反應數量來檢視進步。

　　圖 4.7 及 4.8 呈現以不連續的嘗試或預定式記錄資料的變型。圖 4.7 的資料表為 Saunders 和 Koplik（1975）的變型，從左到右安排 15 節課。在每一節課或欄中，有代表 1 至 20 次嘗試的數字，教師用下列簡單方式記錄二分法的資料（反應正確或不正確）：

　　在每次嘗試後：

1. 圈出與正確反應對應的嘗試數目。
2. 在與錯誤反應對應的嘗試數目畫上斜線（／）。

　　在每節課後：

082 圖 4.7 預定式記錄資料蒐集表

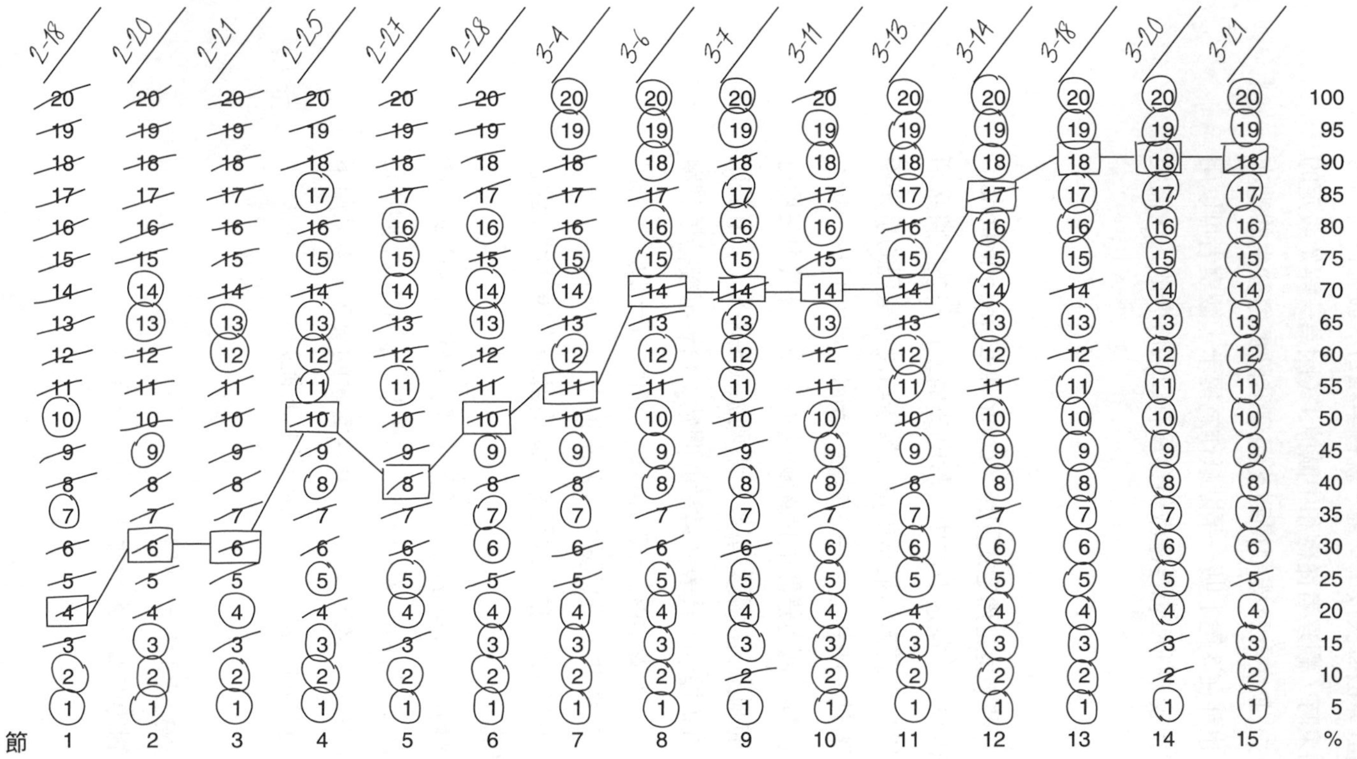
2-18
2-20
2-21
2-25
2-27
2-28
3-4
3-6
3-7
3-11
3-13
3-14
3-18
3-20
3-21
節 1 2 3 4 5 6 7 8 9 10 11 12 13 14 15
100 95 90 85 80 75 70 65 60 55 50 45 40 35 30 25 20 15 10 5 %

標的行為／技能　分類完整 vs. 不完整

標準　連續 3 節課達 90%的嘗試正確

材料　裝鹽、胡椒、糖、番茄醬、芥末、紙巾等的餐廳容器

學生　卡門

資料來源：取自"A Multi-Purpose Data Sheet for Recording and Graphing in the classroom," by R. Saunders and K. Koplik, 1975, *AAESPH Review*, Copyright 1975 by the Association for the Severely Handicapped. Reprinted with Permission.

圖 4.8　預定式記錄資料蒐集表

彼得

姓名：
工作：
日期：
功能性數數至 10

10	10	10	10	10
9	9	9	9	9
8	8	8	8	8
7	7	7	7	7
6	6	6	6	6
5	5	5	5	5
4	4	4	4	4
3	3	3	3	3
2	2	2	2	2
1	1	1	1	1

評語：

瑞塔

姓名：
工作：
日期：
功能性數數至 10

10	10	10	10	10
9	9	9	9	9
8	8	8	8	8
7	7	7	7	7
6	6	6	6	6
5	5	5	5	5
4	4	4	4	4
3	3	3	3	3
2	2	2	2	2
1	1	1	1	1

評語：

卡爾維克

功能性數數至 10

10	10	10	10	10
9	9	9	9	9
8	8	8	8	8
7	7	7	7	7
6	6	6	6	6
5	5	5	5	5
4	4	4	4	4
3	3	3	3	3
2	2	2	2	2
1	1	1	1	1

評語：

速蘭納

功能性數數至 10

10	10	10	10	10
9	9	9	9	9
8	8	8	8	8
7	7	7	7	7
6	6	6	6	6
5	5	5	5	5
4	4	4	4	4
3	3	3	3	3
2	2	2	2	2
1	1	1	1	1

評語：

湯雅

功能性數數至 10

10	10	10	10	10
9	9	9	9	9
8	8	8	8	8
7	7	7	7	7
6	6	6	6	6
5	5	5	5	5
4	4	4	4	4
3	3	3	3	3
2	2	2	2	2
1	1	1	1	1

評語：

洛依

功能性數數至 10

10	10	10	10	10
9	9	9	9	9
8	8	8	8	8
7	7	7	7	7
6	6	6	6	6
5	5	5	5	5
4	4	4	4	4
3	3	3	3	3
2	2	2	2	2
1	1	1	1	1

評語：

081 1. 將正確反應數（圈起來的那些）加總。

2. 在該節這欄正確嘗試總數的數字畫四方形框起來。

3. 直接在資料表上繪圖，連接每節課畫四方形的數字以產生學習曲線。

084 4. 在最右欄將每節課正確嘗試總數（四方形框住的數字）化成嘗試正確的百分比。如果在該節課中 20 次嘗試裡正確嘗試的數字是 8，則代表我們所看到最後一欄的正確百分比是 40（即 8/20）。

　　圖 4.8 是上述的資料表，它能夠讓觀察者最多觀察六位學生做同項工作，或觀察同一學生最多六項任務的修正表。

　　任課老師能運用預定式記錄改進教學。例如，在早期冷戰事件或柏林圍牆的討論中，老師可能想要問討論小組每一成員五個問題。一份有學生姓名和劃記回答正確或不正確的簡單資料表，就能提供有價值的訊息以便分析與評鑑。

　　事件記錄（包括預定式記錄）合乎觀察行為比率或次數的目的。例如：

適於用事件記錄的行為向度。

- 梅爾一小時自言自語的次數。
- 在 20 分鐘下課時間，查理打其他同學的次數。
- 在 15 分鐘世界地理的複習中，梅麗莎答對的題數。
- 山姆用低聲回答問題的次數。
- 瑪莉亂丟垃圾在地板上的次數。
- 艾略特每一步用一隻腳爬的階梯數。

斯托林斯女士計算打小報告的次數

　　斯托林斯女士三年級班上的四位學生似乎花大部分時間來告訴她其他同學哪裡不對。斯托林斯女士為此擔憂有兩個理由：學生工作沒有效率，

而且他們快要把她逼瘋了。當她請同事芭比女士給予意見時，芭比女士建議第一件事就是要計算每一位學生打小報告的次數。

「要不然，」她說：「你不能確定你制止他們的方法是否有效。」

每當學生對她提及其他學生姓名及描述任何不當行為，斯托林斯老師決定記為打小報告一次。因此，「強尼不做練習並一直煩我。」被記為一次。但「哈羅德與馬那羅一直在講話。」算成兩次。然後她又去找芭比女士。

她問：「每次他們這麼做時，我要怎樣記呢？我總是在教室走動而且我不想帶著紙和筆。」

芭比女士笑著說：「沒問題啦！」她回答：「我確信這就是為什麼乾豆子要有這麼多不同的大小和形狀了。我就針對不同學生選擇一種不同種的豆子，放一把在我的右邊口袋裡，當我觀察到行為時，就以觸覺將豆子移到左邊口袋裡。只是在你把褲子放進洗衣機之前，務必將豆子拿出來。」

時距記錄和時間取樣記錄

時距記錄與時間取樣資料蒐集系統是記錄行為發生實際次數近似值的方法。替代計數行為的每一次發生，教師可在觀察時段計數該行為發生的時距數目。有這兩種方法，就可記錄事件記錄法難以記錄的連續行為（持續時間較長的行為）與高頻率行為。

時距記錄與時間取樣方法可用來記錄像是專注與不專注行為；合作玩玩具；在位子上坐好；吸吮拇指；發脾氣，及敲打、踢、咬、抓與投擲物品等攻擊行為；高喊與發怪異聲；刻板動作；以及自我傷害行為（Austin & Soeda, 2008; Blood, 2010; Bryan & Gast, 2000; Charlop-Christy & Haymes, 1998; Cox, Gast, Luscre, & Ayres, 2009; Friman, 2000; Irvin et al., 1996; Kemp & Carter, 2006; Magee & Ellis, 2000; Reichow, Barton, Sewell, Good, & Wolery, 2010; Schneider & Goldstein, 2010; Todd, Campbell, Meyer, & Horner, 2008; Van Camp et al., 2000）。

085

＊ 觀察者計數時距，而非間斷行為。

就最能代表實際發生行為的觀點來看，事件記錄是最準確的，時距記錄次之，而時間取樣最後（Repp, Roberts, Slack, Repp, & Berkler, 1976）。然而每種系統都有其優缺點。

◇時距記錄

使用時距記錄時，教師定義一個特定時段（通常在 10 分鐘到一小時之間），在這時段裡觀察標的行為。這個觀察時段再加以細分成相等的時距，這些時距通常是 5、10 或 15 秒，偶爾 30 秒（不超過）。時距越短，資料越準確。教師畫了一系列的空格代表時距。在每個空格或時距中，老師只記錄在此時距中的任何時間內有（＋）或沒有（－）發生該行為。因此，每個時距只有一個劃記。圖 4.9 所示

圖 4.9　時距記錄資料表

學　　生：達瑞斯	行　　為：專注行為（眼睛注視紙張或在紙上寫字）
日　　期：8月29日	
開始時間：9：10	情　　境：第四節數學
觀 察 者：海芙琳老師	結束時間：9：15

以秒計的時距長度

觀察時段的分鐘數	10"	20"	30"	40"	50"	60"
1'	－	＋	＋	－	－	－
2'	＋	＋	－	－	－	＋
3'	＋	－	－	＋	＋	＋
4'	－	＋	＋	＋	－	－
5'	－	－	－	－	－	－

行為發生的時距數（百分比）：12 個時距數，時距的 40%
行為未發生的時距數（百分比）：18 個時距數，時距的 60%

的 5 分鐘觀察時段細分成 10 秒鐘的時距。在觀察時段的第一分鐘內，目標行為在兩個時距（第二與第三時距）中發生。整個 5 分鐘時段之中，目標行為在 12 個時距中（40%）發生。

因為時距資料記錄方式的緣故，我們只能從行為發生的記錄做有 *086* 限的結論。不論該行為在這時距中發生一次或五次，只做一個劃記。因此，實際發生的次數並未包含於這記錄中。在前一例中，如果咒罵行為要加以記錄，老師所能聲稱的是該生在兩個時距中曾咒罵過。這行為至少有兩個事例，但也許更多。甚至在第二時距中該生咒罵 11 次，而記錄也只呈現一個時距數。記錄不連續行為的發生像咒罵或打人，稱為*部分發生時距記錄*（partial-interval recording）（並非整個時距都發生該行為）。

像在教室遊走或不專注可能在一時距中開始，且行為持續到下一時距，這樣的持續時間會成為兩個時距數，因為在此例中行為在兩時距中被記錄。但相同的行為若只出現在一時距中，則相同的持續行為只記為一個時距數。記錄持續好幾個時距的行為稱為*全距發生時距記錄*（whole-interval recording）（整個時距都發生該行為）。

時距資料蒐集所面臨的額外問題是由所要記錄的每個時距短小所帶來的問題。同時進行教學與蒐集時距資料是非常困難的一件事，老師必須留意一位或數位學生，觀察碼錶或手錶上的秒針，並劃記在幾秒鐘之內標的行為是否發生。因此，常需要第三者擔任觀察者。

甚至在只有一位觀察者的情形，需要低頭看資料表記錄時都可能錯過一次的行為發生，因而導致資料不準確。由於需要看手錶以檢核時距的時間，觀察時以錄影的方式可排除這樣的誤差，並可利用 VCR/DVD 上的時間劃記時距（Miltenberger, Rapp, & Long, 1999）。觀察者也可以使用在每一時距的結尾發出嗶嗶聲的錄音帶來記錄時距，或設定計時器秒針顯示和一個可聽得見的信號，或使用在選定的時距內會報時或震動的商品，像是震動鬧錶（WatchMinder）或隱形鐘（Invisible Clock）。另一個簡化計時工作的方式，是將記錄時間

列入為預定計畫的一部分。例如，觀察者可交替使用 10 秒鐘的觀察時距與 5 秒鐘的記錄時距。

圖 4.10 是將 15 分鐘時段分成 10 秒時距的時距記錄表的例子。注意發生或未發生的劃記，資料蒐集者可以推論某些訊息：

1. 行為發生的概數。
2. 在觀察時段中行為概略的持續時間量。
3. 跨觀察時段中行為的分布狀況。

087 **圖 4.10** **不專注行為時距記錄**

10 秒的時距

	1	2	3	4	5	6
1	○	○	○	×	×	×
2	×	×	×	×	×	×
3	×	×	×	×	×	×
4	×	×	○	○	○	○
5	○	○	○	○	×	○
6	○	○	×	○	○	○
7	○	○	○	○	×	○
8	×	×	×	×	×	×
9	×	×	×	○	×	×
10	×	×	×	×	×	○
11	○	○	○	○	○	○
12	○	○	○	○	○	○
13	○	○	○	×	○	○
14	○	○	○	○	○	×
15	○	○	○	○	○	○

（縱軸：分鐘）

學生　馬爾康
日期　2/24
觀察者　某禮老師
開始時間　9：15
結束時間　9：30
行為　不專注

在 10 秒時距內行為發生與否

× = 發生
○ = 未發生

資料摘要

發生的時距數：38
發生時距的百分比：42%
未發生的時距數：52
未發生時距的百分比：58%

　　假定本例記錄算術書面作業的不專注行為，該行為在 90 個時距 *086* 中發生了 38 次。該行為發生的連續時距顯示不專注行為在長時間量裡持續發生（每次時距 3 分鐘），似乎主要受限於兩時段。當檢討這樣的資料時，教師應該分析該情境，有些徵兆顯示什麼似乎是直接促使的因素。在本例，不專注行為可能由於該學習單上有兩組書面說明，引起該生向鄰座同學詢問怎麼做。或者，不專注行為分布在整個時段中，顯然地缺乏某些模式，老師或許要思考不專注行為是不是一些更普遍的原因所造成的，例如注意力分散是由於教室裡的一些移動和交談導致的、對工作感到乏味，或缺乏先前老師教該工作必要的技能。

◈ 時間取樣記錄

087

　　為了要使用時間取樣，資料蒐集者選擇一觀察該行為時段並將這時段分成相等的時距。這個過程類似時距記錄所做的；但在時間取樣中的時距通常是分鐘而非秒鐘。這樣的格式可容許較長時段的行為觀察（Ayllon & Michael, 1959）。為了要記錄這些資料，觀察者畫一系列代表時距的格子。觀察者只在每一時距結束時觀察該生是（×）否（○）表現該行為而加以劃記。每一時距因此只有一個記號。注意：時間取樣法與時距記錄的不同，在於其只在**時距結束時觀察**，而非整個時距。

※⋯⋯⋯⋯⋯⋯⋯⋯
時間取樣只允許每一時距做一次觀察。
⋯⋯⋯⋯⋯⋯⋯⋯

　　圖 4.11 呈現的資料表顯示每週 3 天，發生於早上 9:05 到 10:05 間的 1 小時觀察時段。這小時被分成六個 10 分鐘的時距。在星期一（1 月 24 日），標的行為（未經允許在教室遊走）在第一、第二、第四與第五這四個時距結束時發生。在星期三，標的行為在第一、第 *088* 五、第六這三個時距結束時發生。在星期五，標的行為在第一、第四、第五、第六這四個時距結束時發生。老師可以總結每天或每週時距結束時該行為發生的時距數，或者可以記錄該週的每日平均值。因為時間取樣允許較長的觀察時段，所以老師可以整個早上針對該生標

圖 4.11　時間取樣資料表（每週 3 天，每天 1 小時觀察時段，10 分鐘的時距）

學　生：夏恩

行　為：未經允許在教室遊走

日　期：1/24 1/26 1/28

開始時間：9:05
結束時間：10:05
每天的總時段：1 小時

觀察者：

代　碼：　×＝發生　○＝未發生（在每一時距結束時記錄）

	10'	20'	30'	40'	50'	60'
1/24	✕	✕	○	✕	✕	○

	10'	20'	30'	40'	50'	60'
1/26	✕	○	○	○	✕	✕

	10'	20'	30'	40'	50'	60'
1/28	✕	○	○	✕	✕	✕

資料摘要

每日：星期一　發生時距數：
　　　　　　　發生時距百分比：
　　　　　　　未發生時距數：
　　　　　　　未發生時距百分比：

每週：發生時距數：
　　　發生時距百分比：
　　　未發生時距數：
　　　未發生時距百分比：

每日平均：發生時距數：
　　　　　發生時距百分比：
　　　　　未發生時距數：
　　　　　未發生時距百分比：

的行為蒐集資料。圖 4.12 的資料表顯示 3 小時的上午觀察資料，每小時分成四個 15 分鐘的時距。

　　記錄時間取樣資料有兩個相當簡單的方式就是設定計時器，在時距結束時發出響聲，並在計時器響起的時候觀察該行為；或使用耳機

❋
當使用時間取樣時，觀察者可能錯失很多行為。

圖 4.12 時間取樣資料表（3 小時觀察時段，15 分鐘的時距）　　*089*

學　　生：_____

行　　為：_____

_____

日　　期：_____　　　開始時間：_____
　　　　　　　　　　　　　　　　　　　　　　　結束時間：_____
　　　　　　　　　　　　　　　　　　　　　　　總時段：_____

觀 察 者：_____

代　　碼：　×＝發生　　○＝未發生（在每一時距結束時記錄）

15	30	45	00
15	30	45	00
15	30	45	00

資料摘要

發生時距數：

發生時距百分比：

未發生時距數：

未發生時距百分比：

聽預錄的聲響，在選定的時距發出響聲的時候觀察該行為。為避免學生揣測出時間安排用意並只在時距結束時表現（或不表現）某行為，可以變化時距長度。例如，一個 10 分鐘時間取樣的記錄法可能有 8、12、6、14、9 和 11 分鐘的時距。平均的時距長度也會是 10 分鐘，但學生就不會知道他們大概什麼時候會被觀察。相信大家都知道，要把計時器藏起來。

　　由於記錄時間取樣資料的方法，該行為的記錄僅能作有限的結

論。與時距記錄比較，在 10 分鐘的觀察時距內該行為也許發生不只一次。時間取樣一項特別嚴重的缺點，是當一次行為剛好發生在觀察者記錄發生的時間點之前或之後，會造成記錄該次行為不發生。

　　相對於秒鐘的時段，時間取樣將時段分割成分鐘的時距，這方法允許兩次觀察間隔較長時間。因此，對同時進行教學與資料蒐集來說較為實際。確實，時距可以設定為 15、30、45 分鐘或更長，允許觀察一整天或一整節。然而，時距越長，記錄的資料與該行為實際發生的

090 相近性可能會降低（Saudargas & Zanolli, 1990）。時間取樣主要適用於次數或長持續期間的行為記錄，例如專注、隨意離座行為或吸吮拇指。

　　雖然時間取樣用在教室是實用的，但是當行為改變計畫實施成功時，其用處可能減少。例如，如果貝瑞的老師決定以時間取樣記錄其隨意離座行為。當她以 15 分鐘時距記錄貝瑞在校的前 90 分鐘時，她的觀察顯示在基準線階段，貝瑞幾乎都是離開座位的。然而，當應用隨因增強（貝瑞，你只要坐在座位上 15 分鐘就可得到一個代幣）時，這方法會變得較沒有用。例如，如果老師堅持其記錄方式，只在每 15 分鐘時段結束時記錄，貝瑞若算準時間回到座位上就能獲得增強物。儘管有這假定，若這方法是成功的，這資料可能反映遠在這行為真正消除前，其已全然不見了。貝瑞短暫且多次的隨意離座，可能不會正好在時距的結束。就此觀點，因該行為的發生較不頻繁且較短暫，事件或持續時間記錄也許較實用，也較精確。圖 4.12 說明使用時間取樣蒐集資料的格式。

　　時距記錄或時間取樣蒐集的資料可用來測量行為，就頻率向度記述行為發生期間的時距數。然而，這些資料不能轉化為比率。當所記錄的是該行為發生在 60 秒時段中兩個 10 秒鐘的時距內，不能說此特定行為以每分鐘兩次的比率發生。時距記錄與時間取樣資料最常以該行為發生期間的時距百分比來表示。將原始資料轉化為百分比的方法將在下一章討論。測量時段可以利用時距記錄來推估，但這方法不適用於測量潛伏時間量。若在操作型定義中加入力度、場地與形態，可

隨事件記錄加以測量。

　　有關時距記錄與時間取樣的一些重點與差異概述如下：

1. 時距記錄與時間取樣兩者都提供行為發生多少的近似值。這兩者都不像提供實際發生次數的事件記錄來得準確。

2. 因為時距記錄將觀察時段分成比時間取樣較小的時距（通常是秒鐘而不是分鐘），提供與實際發生次數更接近的近似值。

3. 時距記錄通常用在短的觀察時段（或許 15 分鐘），而時間取樣用在較長的時段（如整個早上）。

4. 因為時間取樣將觀察時段分成較長的時距，比較容易在教學時同時實施。

5. 使用時距記錄時，在時距中任何時間內行為發生都要劃記。使用時間取樣時，只劃記在時距結束時發生的行為。

6. 對時距記錄與時間取樣兩者來說，觀察者記述的是行為發生（或未發生）的時距數量，而非行為發生的次數。運用這些方法蒐集的資料無法加以還原。

091

賽門女士觀察敲鉛筆行為

　　賽門女士是學習障礙學生的小學諮詢教師。她有一位叫阿諾的學生，在做作業時會用鉛筆敲桌子。他可以完成數量驚人的學習作業，但只要他沒有在寫字時就會敲鉛筆。普通班教師非常討厭這行為。賽門女士試著計數敲鉛筆次數，但發現阿諾敲得很快難以區分次數。

　　她與另一位叫做夏恩的學生一起合作專注留意。她決定記錄時距資料，這對夏恩來說是一項能勝任的任務。賽門女士仔細定義這行為，提供夏恩夾有記錄表的筆記板與碼錶，並告訴他如果阿諾在 10 秒鐘的時距中敲鉛筆就在格子裡劃記一個＋；若沒有，則記一個－。她讓夏恩觀察然後就去教小組成員。不久，她就聽到筆記板掉落地面的聲音，與一種在教室中

完全無法接受的煩惱表情。

「抱歉，賽門女士，」夏恩說：「我要如何同時看人、錶與記錄表呢？」

賽門女士意識到要求學生太多，集中專注有困難，她修改了她的程序。她把錄音機帶回家，並準備錄製每10秒鐘會發出「嗶」聲的一卷錄音帶。她把錄音機放在電子控制的微波爐旁邊，當她看著碼錶的時候，每10秒鐘按一下「歸零」的按鈕。當她十幾歲大的兒子（他學到在聽到幾聲「嗶」聲之後，就表示快要吃晚餐了；有關刺激控制的討論請參見第9章）過來問何時可以開飯與吃什麼的時候，她就需要重新開始一次。

第二天，賽門女士提供夏恩一副耳機與分成10秒鐘時距、15分鐘長的錄音帶。這樣子夏恩就能夠很有效地記錄敲鉛筆，甚至在他聽不見的時候。

❀·····················

行為諸向度適於時距記錄與時間取樣記錄。

·····················

◎資料蒐集表的變異

到目前為止呈現的是時距記錄與時間取樣資料蒐集表，教師記錄單一學生的行為有無發生。然而，這些基本資料蒐集格式是有彈性的工具，容易修改配合教學情境的變化。最常見的修改是為了：(1)資料表更詳細描述標的行為，其操作型定義可能包含幾個形態（例如刻板行為定義為拍手、搖晃身體，及舔手指等）；(2)調整資料表一次蒐集超過一項行為的資料（例如，隨意離座及說話）；(3)調整資料表一次蒐集超過一位學生的資料。

這些資料蒐集的每項需求可藉由編碼資料來達成。蒐集僅記錄單一行為有無發生的資料稱為二分法資料，教師記錄該行為發生與否。要更完整描述一行為的各種形態或記錄多項行為，每一項行為或變異在記錄時會以一個字母代碼來運用。若觀察者要記錄多位學生的資料，則在資料表上將每一位學生分派一個字母代碼。

至少有三種基本格式的編碼資料表：簡單圖例的編碼資料表、預定格式的編碼資料表，及動線的編碼資料表。每一種格式都可以使用時距記錄或時間取樣。

簡單圖例的編碼資料表　代碼資料蒐集表可以有像道路地圖上的圖例，列出所觀察的行為及每一行為的代碼。圖 4.13 上半部的圖例顯示幾列來自以時距記錄法記錄「干擾鄰座同學」發生的觀察時段資料。圖例包括打人（H）、隨意講話（T）及捏人（P）。在這例中，在觀察的第一分鐘裡，海克特在第一個時距打鄰座同學，在第三個與第四個時距和鄰座同學隨意講話，在第五個時距隨意講話且打鄰座同學。

　　若教師想要針對超過一位學生表現的同樣行為蒐集資料，則她可以運用相同格式提供每位學生一個代碼。例如圖 4.13 下半部，教師調整時距記錄資料表，將記錄珍（J）、如絲（R）與維納（V）在課間時間隨意講話的發生時距數。在這例中，在觀察的第一分鐘裡，珍和如絲在第一個時距隨意講話，如絲在第二個與第四個時距隨意講話。維納沒有隨意講話記錄，直到第二分鐘的第二個時距。

預定格式的編碼資料表　編碼的第二種格式呈現在圖 4.14，使用字母代碼代替事先填入資料表每一空格的多重行為或多位學生（每一空格代表一個時距）（Alberto, Sharpton, & Goldstein, 1979）。以此事先預備好的格式，觀察者只需在適當的代碼上畫斜線以表示發生的該行為或從事行為的該生。圖 4.14 上半部的實例顯示來自教師運用時間取樣記錄席維雅社會互動 3 小時觀察時段的資料列。社會互動的操作型定義包括六個潛在因素，每一項有一個代碼：I ＝學生主動互動，R ＝學生被動反應他人的主動互動，S ＝與另一位學生互動，A ＝與成人互動，V ＝口語互動，及 P ＝肢體互動。這例中，在第一個小時裡，席維雅第一項所記錄的社會互動是被動反應成人的口語互動，在第三時距結束時發生。

　　若觀察者想要跨多位學生對同一行為加以記錄，每位學生的代碼要填入一個空格中。圖 4.14 的下半部，調整過的時間取樣資料表有四位學生在三個上午課堂中「主動參與工作」。這例中，在第一個時

092 **圖 4.13** 時距記錄觀察圖例的編碼資料表

學　生：海克特　　　　　　　　　開始時間：9：10
日　期：9 月 18 日　　　　　　　結束時間：9：15
觀察者：休斯女士

行為代碼
H＝打人　T＝隨意講話　P＝捏人

	10"	20"	30"	40"	50"	60"
1	H	—	T	T	T H	—
2	—	P	P	—	—	—
3	—	—	—	T	T	
4	H					
5	—	H	—	T H	T H	—

（分鐘）

學　生：珍、如絲、維納　　　　　行　　為：課間時間隨意講話
日　期：9 月 14 日　　　　　　　開始時間：11：05
觀察者：納爾遜先生　　　　　　　結束時間：11：10

學生代碼
J＝珍（Jan）　R＝如絲（Ruth）　V＝維納（Veena）

	10"	20"	30"	40"	50"	60"
1	JR	R	—	R	—	—
2	—	RV	—	RV		R
3	JR		RV	RV	—	—
4		—			—	—
5		—		RV	R	

（分鐘）

圖 4.14　時間取樣觀察預定格式的編碼資料表 093

學　生：席維雅　　　　行　　為：社會互動
日　期：11 月 16 日　　開始時間：8：15
觀察者：范寧女士　　　結束時間：11：15

小時	10'	20'	30'	40'	50'	60'
1	I S V R A P	I S V R A P	I S ~~V~~ ~~R~~ ~~A~~ P	I S V R A P	I S V R A P	I S ~~V~~ ~~R~~ ~~A~~ P
2	I S ~~V~~ ~~R~~ ~~A~~ P	~~I~~ S V R ~~A~~ ~~P~~	I S V R A P	~~I~~ S V R ~~A~~ ~~P~~	~~I~~ S V R ~~A~~ ~~P~~	I S V R A P
3	I S V R A P	I S ~~V~~ ~~R~~ ~~A~~ ~~P~~	I S V R A P	I S V R A P	I ~~S~~ V ~~R~~ A ~~P~~	I S V ~~R~~ ~~A~~ ~~P~~
4	I S V R A P	I S V R A P	I S V R A P	I S V R A P	I S V R A P	I S V R A P
5	I S V R A P	I S V R A P	I S V R A P	I S V R A P	I S V R A P	I S V R A P

I = 主動（initiate）　S = 與學生互動（with student）　V = 口語互動（verbal）
R = 被動（respond）　A = 與成人互動（with adult）　P = 肢體互動（physical）

學　生：艾塔、卡門、凱爾、漢妮　　行　　為：主動參與工作
日　期：3 月 21 日　　　　　　　開始時間：9：00
觀察者：克萊因先生　　　　　　　結束時間：12：00

節次	10'	20'	30'	40'
1	A ~~C~~ ~~K~~ H	A ~~C~~ K H	A ~~C~~ K ~~H~~	A ~~C~~ K ~~H~~
2	A ~~C~~ ~~K~~ H	A ~~C~~ ~~K~~ H	A ~~C~~ ~~K~~ ~~H~~	A ~~C~~ ~~K~~ H
3	A ~~C~~ ~~K~~ H	A ~~C~~ ~~K~~ H	A ~~C~~ ~~K~~ ~~H~~	A ~~C~~ ~~K~~ ~~H~~

A = 艾塔（Atal）　K = 凱爾（Kyle）　C = 卡門（Carmen）　H = 漢妮（Hanne）

段，卡門與凱爾在第一時距結束時主動參與，卡門在第二時距結束時 094
主動參與，卡門與漢妮在第三與第四時距結束時主動參與。

> 這些蒐集資料程序非常有彈性。它們可以用於同時記錄幾位學生的資料。

動線的編碼資料表　第三種格式是編碼超過一項行為或超過一位學生的動線格式（tracking format）的運用（Bijou et al., 1968）。圖 4.15

圖 4.15 時間取樣動線的編碼資料表

學　生：蘿絲　　　　日　期：2月6日

觀察者：帕斯特女士　　　　開始時間：10：40

行　為：專注

	5'	10'	15'	20'	25'	30'	35'	40'
專注			X	X	X			
口語不專注						X		
動作	X	X				X		
被動							X	X

的上方顯示所記錄的專注行為，但老師也想知道非專注行為的一般特徵。因此，除了提供專注行為有無發生的欄位，老師提供了動線列顯示任何發生非專注行為的一般特徵。老師只要將一個檢查記號填入適當空格中以顯示行為發生。這時間取樣資料表顯示，在第一與第二個 5 分鐘時距結束時，蘿絲有動作的不專注行為；在第三、第四、第五時距結束時，她有專注行為；她在第六時距結束時有口語及動作的不專注行為，且在最後兩個時距結束時有被動表現的不專注行為。或者，如果老師要同時記錄二或三位學生的資料，資料表可調整提供一列為每位學生的資料。

使用代碼同時記錄多項行為的資料。095

蒐集一組學生的資料　調整用於小組的時距記錄或時間取樣的一種方法是循環式（round-robin format）（Cooper, 1981; Lloyd, Bateman, Landrum, & Hallahan, 1989）。以這種格式，觀察者在每一時距觀察並記錄單一小組成員行為的方式來估計小組行為的資料。例如，在上語言課時，老師可能選擇檢視小組的注意行為。呈現在圖 4.16，語言課分成相等的 15 秒時距以容納四位學生的小組，每位小組成員的名字被分派至每個時距中。

圖 4.16　循環式時距記錄

	第 1 個 15 秒時距	第 2 個 15 秒時距	第 3 個 15 秒時距	第 4 個 15 秒時距
	凱特	麥可	哈瑞	裘蒂
1				
2				
3				
4				

　　這例中，每分鐘的第一個 15 秒時距觀察凱特有無注意；在每分鐘的第二個時距間觀察並記錄麥可有無注意；哈瑞在第三個時距；而裘蒂在第四個。因為每位學生都只在每分鐘的一個時距中加以觀察，基於循環式基礎，結果資料提供整組注意行為的表徵，但不是該組任一位成員注意行為的準確表徵。另一種資料蒐集方法必須用來將焦點放在個別學生。蒐集全班的資料時也可使用循環式。為了測量專注行為，Sutherland、Wehby 和 Copeland（2000）循環觀察學生們四列中每一列的專注行為。採用時間取樣，老師注意在每一時距結束時，選擇的列所有學生是否（如專注行為的操作定義）朝向適當的工作或人。使用隨機順序，在觀察期老師觀察了每列的學生數次。

▓ 持續時間記錄與潛伏時間記錄

　　事件記錄、時距記錄與時間取樣的資料蒐集方法焦點主要在行為發生的確切或近似計數。持續時間記錄與潛伏時間記錄焦點在行為發生的時間量，而非次數向度。

＊持續時間記錄與潛伏時間記錄強調測量時間量而非行為的次數。

持續時間記錄

持續時間記錄（duration recording）用於主要關注是在學生表現一特定行為的時間量長度的時候。例如，如果老師想要知道學生隨意離座行為，適合用事件記錄或持續時間記錄。事件記錄提供有關學生隨意離座次數的訊息。然而，若老師關切的是學生隨意離座時間多久，持續時間記錄是最適當的資料蒐集方法。這例中，事件記錄將模糊標的行為的時間特性。雖然事件記錄可顯示該生隨意離座行為次數實質減少，卻並未顯示花在隨意離座時間長度確實增加了。

持續時間記錄適用於容易指認出開始與結束的行為。清楚定義該行為的開始與完成是重要的。使用清楚陳述的操作型定義，研究者測量專注學習、在座位坐好、適當社交互動、適當遊戲行為及其他休閒活動；職業技能例如：掃地、清理餐桌、裝填信封、歸檔；不當行為像吸吮手指或拇指；攻擊行為像咬、踢、抓、推、打及吐口水；干擾行為像吼叫、尖叫、咒罵等的持續時間量（Barry & Burlew, 2004; Chin & Bernard-Opitz, 2000; Ellingson et al., 2000; Gresham, Van, & Cook, 2006; Grossi & Heward, 1998; Keeling, Myles, Gagnon, & Simpson, 2003; Kim & Hupp, 2007; Lane et al., 2003; Oliver, Oxener, Hearn & Hall, 2001; Regan et al., 2005; Romaniuk et al., 2002; Shukla, Kennedy, & Cushing, 1999; Stewart & Bengier, 2001; Worsdell et al., 2002）。

觀察者可以手錶或時鐘的秒針來計時，但用碼錶可使過程更簡化。對一些特定行為如癲癇或發脾氣，觀察者可用錄音或錄影機；這過程的持續時間，可使用產生的永久產品和碼錶或錄影機上的自動計時器來決定。

蒐集持續時間資料的基本方式有兩種：記錄平均持續時間量或總持續時間量。平均持續時間量（average duration）是用在當學生例行或有規律地表現標的行為的時候。一天中，老師測量每次行為發生所耗的時間長度（其持續時間量），然後找出該天平均持續時間量。若

該行為規律地發生但發生的時間間隔大（例如：在一天中發生一次或一節課發生一次），則資料可能需要持續一週來取平均值。可用持續時間測量的一項行為是上洗手間的時間。也許老師覺得每次約翰在洗手間待的時間太長。為蒐集這行為的資料，老師決定要測量約翰每次上洗手間所花費的時間量。星期一，約翰上三次廁所，第一次花費 7 分鐘、第二次花 11 分鐘、第三次 9 分鐘。如果老師在該週的其他幾天持續以此方式蒐集資料，她便能夠計算約翰該週上洗手間的平均持續時間量。總持續時間記錄（total duration recording）測量一學生在一限定時間內從事一行為的時間有多久。這活動可以是或不是持續的。例如：可以在 15 分鐘的時段觀察「適當遊戲」的標的行為。觀察者記錄在這時段中該生參與適當遊戲行為的分鐘數。該童可能在上午 10:00 至 10:04（4 分鐘）、上午 10:07 至 10:08（1 分鐘）、上午 10:10 至 10:15（5 分鐘）玩適當遊戲。雖然這樣的遊戲行為記錄明顯是不持續的，在 15 分鐘的觀察時段中，這些記錄得出了適當遊戲 10 分鐘的總持續時間量。

潛伏時間記錄

潛伏時間記錄（latency recording）測量從要求學生表現一行為起，到表現該行為為止花了多少時間量。這方法測量呈現事前刺激與該行為開始間的時間量長度。例如，如果一位老師說：「邁克，坐下。」（事前刺激）而邁克坐下來，但他很慢才坐下以致到他坐下的時間間隔了 5 分鐘，老師便會關注該生反應的潛伏時間量。潛伏時間記錄用在測量事前的指導語和學生開始拿玩具、開始參與學習、開始轉變這中間的時間。也用於測量開始以破壞行為作為逃避學業和生活自理間的潛伏時間量（Ardoin, Martens, & Wolfe, 1999; Heinicke, Carr, & Mozzoni, 2009; Maag & Anderson, 2006; Shriver & Allen, 1997; Wehby & Hollahan, 2000; Zarcone, Crosland, Fisher, Worsdell, & Herman, 1999）。

　　如圖 4.17 所見，持續時間量或潛伏時間量基本資料蒐集表應該提供定義這方法的時間範圍的訊息。持續時間記錄資料蒐集表應該記錄該生開始這反應到完成這反應之間的時間量。潛伏時間記錄資料蒐集表應該記錄給該生開始反應的線索（事前刺激）到他或她實際開始反應間的時間量。

　　持續時間與潛伏時間記錄緊密地對應行為的持續時間與潛伏時間向度。形態、場地與力度也可以考量在此應用。例如，老師可能想要測量：

■ 卡文能完美維持一體操姿勢多久？
■ 蘿莎和其他每位學生各講多久的話？

圖 4.17　潛伏時間記錄與持續時間記錄資料表的基本格式

潛伏時間記錄資料表

學生：艾迪斯　　　觀察者：霍爾先生
行為：回座位坐好之前的經過時間

行為開始的操作型定義：＿＿＿＿＿＿＿

日期	時間		潛伏時間量
	發出辨別刺激	開始反應	

持續時間記錄資料表

學生：山姆　　　觀察者：詹姆士女士
行為：待在廁所裡的時間

行為開始時間：＿＿＿＿＿＿＿
行為結束時間：＿＿＿＿＿＿＿

日期	時間		持續時間量
	開始反應	結束反應	

■ 給予一非口語手勢要愛倫降低聲音之後，她要多久時間才做到？
■ 大衛要保持足夠壓力多久才能啟動微動開關？

❖ 這些如何能做到？

098

　　想到所有在教室發生的大小事，會讓本章所提到的這些似乎讓人覺得難以招架。實際上，他們也許面臨大量的忠告：「沒那麼實用」，如果在全班 34 名一年級英語學生裡，有 6 名各類障礙「融合學生」，或當中有 14 名行為異常和過動學生，或有 6 名重度智能障礙或自閉症學生。把本章扔在一邊前，記得我們在第一段曾說過，有些可能不是每天都實用的。然而，知道這些內容，能幫助你設計適當的資料庫績效系統，且使你能閱讀更權威的教育研究和更妥善準備好應用在你的教室裡。資料蒐集就教學而言應該是一項有助於班級經營的工具。蒐集資料提供選擇適當目標的依據、安排教學分組和符合績效責任的要求。那麼，這些如何能做到？關於要蒐集多少的資料、誰該蒐集，以及能提供什麼樣的輔助科技，這裡有些建議。

　　關於要蒐集多少的資料，要問的一個問題是：在一節教學內我該蒐集多少資料？可蒐集逐一嘗試資料（記錄該行為所有的發生）或蒐集探測資料（僅記錄發生的樣本）。蒐集教學時段的逐一嘗試資料，記錄該節每個反應，無論反應正確或不正確。教師能用兩種方式蒐集探測資料（一些反應的資料，並非所有的），可以在教學之前或之後蒐集。如果老師在 20 分鐘的課教 6 的乘法，她可以在開始上課之前探測或抽樣學生的知識（測量學生從上次上課保留什麼），或她也可以在上課之後探測（測量哪些是該生剛學會的）該生做數字樣本乘以 6 的乘法。探測（probe）一詞也意指在未經受訓練的情境（當小組購物在雜貨店計算乘以 6）時或在未經受訓練的變異內的反應（如應用問題）記錄標的行為正確或不正確。

　　在行為改變計畫（behavior-change programs）期間，逐一嘗試資料蒐集意指整節課連續資料記錄合適的隨因增強。例如，記錄整節體育課口頭攻擊的次數或時距數，或記錄在整節普通班自然課注意的時距數。在行為改變計畫中使用探測資料有幾個方式：(1)整天隨因增強生效，但僅在特定期間抽取學生行為樣本蒐集資料，例如僅在每節課前 10 分鐘，該生有機會與人口頭打招呼的前五次；或(2)當隨因增強尚未開始教，在某些時段探測或抽樣學生的行為；或(3)在隨因增強尚未開始教的環境，探測或抽樣學生的行為。

　　要問的另一個問題是：在一個星期中，我應該多常蒐集資料？專業文獻提供一些建議。每二或三天蒐集一次的資料，與每天蒐集的資料數值十分接近（Bijou, Peterson, Harris, Allen, & Johnston, 1969）。Fuchs 和 Fuchs（1986）探討了普通教育和特殊教育研究使用於學前、小學和中學學生課業學習的形成性評鑑。他們認為，系統的形成性評鑑不管是每日記錄或每週兩次都是有效的資料。Farlow 和 Snell（1994）建議：當實施新的行為計畫或教導新技巧，應該每天或每節蒐集資料，直到學生顯示六個資料點或兩個星期的穩定進步。每個星期兩次蒐集的資料可以準確和可靠地評斷持續進步。當質疑有學習問題時，在調整計畫時應該要每天記錄資料。一旦過了兩個星期可看出有進步，那麼蒐集資料改為每星期兩次是足夠的。

099　　教師不是唯一能或應該蒐集資料的人。你可找人協助蒐集資料。由人來計數不是高層次技巧。然而，可靠的資料蒐集的根本是適當的訓練和練習。

　　在共同教育班，特殊和普通教育工作者協同合作蒐集資料，檢視班上所有學生的進步情形。在班級和社區情境，教師和教師助理都能蒐集資料。語言治療師可以蒐集溝通目標的資料，物理或職能治療師蒐集學生學習自我插入導管或攀登臺階的資料。在特殊和普通教育班級，尤其融合身心障礙學生的班級，可以配對和小組方式訓練同儕擔任資料蒐集者（Marchand-Martella, Martella, Bettis, & Blakely, 2004;

Simmons, Fuchs, Fuchs, Hodges, & Mathes, 1994）。若情況許可，學生應該記錄他們自己的資料。記錄自己行為的自評能力是獨立自主的要素，這將在第 12 章詳細探討。

資料蒐集科技

低科技和高科技的協助有助於蒐集資料。我們已經描述了用於事件記錄的各種低科技的選項：從迴紋針和高爾夫球計數器，到用於持續時間記錄的廚房計時器和碼錶、預錄響聲的錄音帶，以及在特定時距鳴響和振動的手錶。如果可以的話，我們建議以錄影設備記錄永久產品。它將更容易和更準確記錄高頻率或干擾行為的資料，日後再觀看它的錄影，而不是在同時還要處理該行為。

高科技電腦化系統大大提升了資料蒐集的容易度和準確性。Kahng 和 Iwata（1998）描述且探討 15 個電腦化資料蒐集系統（主要使用筆記型電腦）的關鍵特徵。與紙筆法比較，他們建議這些系統可改進行為記錄的可靠性和準確性。所檢討的系統大多數使用與 IBM 相容的軟體；五個使用 MacOS。這些系統的能力範圍，從可蒐集的那些頻率、時距、時間取樣、持續時間量和潛伏時間量等資料（例如：Behavioral Evaluation Strategy & Taxonomy、The Behavior Observer System 或 The Direct Observation Data System）到那些有限的範圍，例如：Ecobehavioral Assessment System Software 可蒐集時距資料，或 Social Interaction Continuous Observation Program for Experimental Studies 可蒐集頻率和持續時間量資料。大多數的系統包括資料分析程式，約三分之一包括計算觀察者間一致性程式。

蒐集觀察資料的一個選擇是使用**掌上型科技**（handheld technology），例如個人數位助理（PDA）或智慧型手機。這些技術提供教師和研究者輕便、容易且多功能的資料記錄和即時資料分析。資料可以從 PDA 輸送到桌上型電腦或筆記型電腦，並轉換成試算表、圖表或表格。

　　這裡有個可以輕易從網站下載的共享軟體：*Count It*（Molgaard, 2001）。線上手冊提供歸檔個別行為和功能的客製化資料記錄。圖 4.18 提供使用 Count It 於地區學校系統普通和特殊教育班級的事件記錄指導語（Cihak & Alaimo, 2003）（譯者註：這兩筆文獻及軟體搜尋不易，可另在 App 商店找到適用的）。*Mooses*（Tapp, Wehby, & Ellis, 1995）是微軟 Windows 電腦所使用的軟體系統。另一個掌上型軟體選項是 *Minimoose*，當觀察學生時，這個系統可以用於事件、時距、持續時間和潛伏時間等資料的蒐集和分析。在一個現行的計畫，教育工作者使用廉價的掌上型硬體 HP iPAQII 和 Minimoose 蒐集中學

100

圖 4.18　使用 Count It 共享軟體蒐集事件資料

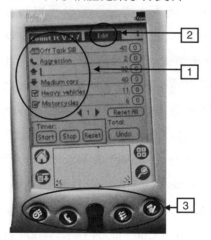

1 = 次數　2 = 編輯　3 = 硬體

事件記錄的指導語

可選擇一次記錄一標的行為，或一個或多個依變項。首先，選擇「編輯」（Edit）來標記特定標的行為的「次數」（Counters）。接著，刪除現有的標記，輸入新的標記，選擇「完成」（Done），然後「編輯」（Edit）。PDA 上的按鈕對應於指定的標記。重複直到所有標的反應的步驟或依變項已歸類。在觀察時，按硬體按鈕表示該具體反應。計數機會自動地增加一個依變項。在觀察的結尾顯示每一反應的總頻率。

資料來源：取自 Cihak & Alaimo, 2003. Used by permission.

生班級裡不專注行為、破壞行為及不當言語的部分時距資料，這系統也可確定資料蒐集者觀察者間一致性。

　　對蘋果電腦產品的使用者，*Behavior Tracker Pro* 可在 App 商店找到。它是設計用於 iPhone、iPod Touch 和 iPad®。這產品可以蒐集逐一嘗試資料及頻率、持續時間和潛伏時間等資料。老師、父母、專業助理人員和行為治療師藉著它可以記錄和圖示行為。透過它可以用 iPhone 與他人分享圖表。它的畫面擷取能力可記錄行為的發生或展示實施過程。隨著這些科技，我們可以期待產品持續推陳出新，改善蒐集各種資料的便於使用性、輕便性和功能性。

❖ 資料蒐集系統總結

　　適用於資料蒐集者的五種觀察系統為事件記錄、時距記錄、時間取樣、持續時間記錄，及潛伏時間記錄。圖 4.19 總結一特定標的行為選擇適當系統的決定過程。這過程要資料蒐集者回答一系列問題：

1. 標的行為是計次或計時的？
2. 若是計次的：
   (1) 該行為是不連續的或連續的？
   (2) 期待該行為的發生是高、中或低頻率？
   (3) 在介入或教學時，我能蒐集資料嗎？或我需要第三者協助蒐集資料，以使教學不受干擾？
3. 若是計時的，我想要測量反應開始之前的時間量或是表現反應期間的時間量？

❖ 信度

　　當資料蒐集仰賴人的時候，總是有誤差的可能。甚至在永久產品

＊資料蒐集者的問題。

＊如何選擇一記錄系統。

101

＊計算出永久產品記錄資料的信度。

圖 4.19 選擇觀察記錄的程序

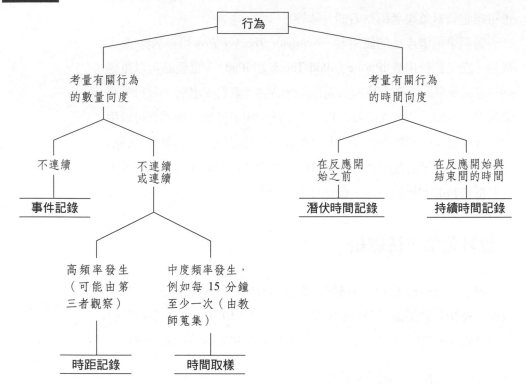

記錄（最容易記錄的）的例子裡，也會發生誤差。老師偶爾算錯數學題，即使他們方法正確；或在一篇文章裡忽略拼錯的字。然而，因為有有形的東西在，老師可以輕易地再次檢查準確度或行為觀察的**信度**（reliability）。然在使用觀察記錄系統的時候，老師沒有這項優勢。行為發生之後就消失了，老師無法回到之前檢查記錄的準確性。為了要確保資料的正確或可靠，最好是定期有第二位觀察者同時且獨立地針對同一行為進行記錄。當這樣做的時候，兩個觀察就可以相互比較，並計算出觀察者間信度（interobserver reliability）或觀察者間一致性（interobserver agreement）的相關或百分比（Baer, 1977; Johnston & Pennypacker, 1993; Sidman, 1960）。

102

要檢查事件記錄，老師與第二位觀察者（專業助理或其他學生），同時觀察該生並記錄該標的行為每一次的發生。觀察時段後，老師以較少的次數除以較大次數來計算一致性係數或信度。例如，如果老師在 40 分鐘一節課的時間內觀察到 20 次隨意說話，而第二位觀察者的記錄只有 19 次，計算結果就是 19/20 ＝ 0.95。因此，觀察者間一致性係數為 0.95 或 95%。這為研究目的而計算信度的方法缺乏某種程度的準確度，因此認為是粗估方法的計算。「問題是這種方法無法讓研究者指稱兩位觀察者看到同樣的行為，或他們看法一致的事件都是相同的事件。」（Tawney & Gast, 1984, p. 138）換言之，我們沒有十分把握說由另一位專業助理所記錄的 19 次行為與老師所記的完全相同。

※..................
計算事件記錄的信度。
....

除了以較短時間量除以較長時間量外，持續時間量與潛伏時間量資料的信度由類似事件記錄的方法來決定，如下列的公式：

$$\frac{較短的分鐘數}{較長的分鐘數} \times 100 = 一致性百分比$$

使用時距記錄或時間取樣時，計算信度的基本公式如下所示：

※..................
計算持續時間記錄與潛伏時間記錄的信度。
....

$$\frac{一致的時距數}{一致的時距數＋不一致的時距數} \times 100 = 一致性百分比$$

若資料呈現的 10 個時距，是蘿拉的老師與專業助理針對蘿拉是否隨意與鄰座同學講話的資料，我們看到資料中有七個時距是一致的（1、2、3、4、6、7、8），三個不一致（5、9、10）。因此，使用計算信度的基本公式如下：

$$\frac{7}{7+3} \times 100 = 70\%$$

	1	2	3	4	5	6	7	8	9	10
教師	×	×	-	-	×	×	-	-	×	-
專業助理	×	×	-	-	-	×	-	-	-	×

在某些研究情境下，應考量額外的、較嚴謹的信度公式。這就要計算發生信度（occurrence reliability）或未發生信度（nonoccurrence reliability）。當目標行為發生記錄少於所有時距的 75% 時，就應計算發生信度；當目標行為發生記錄多於所有時距的 75% 時，就應計算未發生信度（Tawney & Gast, 1984）。除了公式中使用發生行為（或未發生行為）的時距之外，這些係數都由相同的公式來決定：〔一致的時距數／（一致的時距數＋不一致的時距數）×100〕。[1]

103 ▓ 影響資料蒐集和觀察者間一致性的可能因素

一般而言，應用行為分析者致力的信度係數約在 0.90 左右。任何低於 0.80 的係數都是有嚴重錯誤的警訊。通常以檢驗該行為的操作型定義來解釋低信度係數；鬆散的定義，那些沒有明確說出行為形態，或何時開始與結束，導致低信度。觀察者可能未被精確告知他們要觀察什麼。低度的一致性也可能由於資料蒐集系統的訓練不足所致，也可能是主要觀察者或第二位觀察者沒有正確按照資料蒐集系統的步驟來執行，造成該行為發生的記錄不同。資料蒐集的環境也可能是影響因素，像在教室、家庭、社區與工作地點等自然情境，許多變數可能會影響行為，而許多行為也可能同時發生。所有可能會發生在自然情境的因素，對不熟悉情境或為建立信度只是偶爾蒐集資料的觀察者來說，會感到不是這麼容易，且可能在蒐集資料時更易分心；其蒐集的資料比起常在該情境中觀察者所蒐集的資料來說，可能較不精確（Fradenburg, Harrison, & Baer, 1995; Repp, Nieminen, Olinger, & Brusca, 1988）。

---

[1] 譯者註：可參考：(1)陳榮華（1990），《行為改變技術》，頁 355-356。台北：五南。(2)Cooper, J. O., Timothy, E. H., & William, L. H. (2007). *Applied Behavior Analysis* (2nd Ed.), pp. 117-120. Upper Saddle River, N.J.: Pearson Education.

Kazdin（1977a）提出四項也會影響觀察者間一致性的誤差來源：反應度、觀察者漂移、複雜度與預期。

反應度（reactivity）：教師們都很清楚，觀察者的出現可能會影響被觀察學生與其老師的行為，這種影響叫做反應度（Repp et al., 1988）。學生知道他被觀察，可能會表現得非常「好」，或跟平常有很不一樣的表現，兩種情形都會對標的行為造成錯誤的觀點。有些老師會在觀察者出現時給予標的學生較多提示（Hay, Nelson, & Hay, 1977），有些則增加指導與正向回饋的比例，兩者會影響該行為的正常發生（Hay, Nelson, & Hay, 1980）。就算是知道另一個人出現是為了蒐集信度資料也會影響主要觀察者的準確度，這種情形最多影響信度資料的 20%至 25%。建議信度檢查應該不造成干擾或要隱藏；可能的話，第二位觀察者應該蒐集幾位學生的資料包括標的學生的；或第二位觀察者是該生所熟悉的人，像課堂中的助理。這些建議不見得在每個例子中都是實用的，但只限制第一位與第二位觀察者間在觀察期間的溝通，的確可以減少影響彼此的觀察。

觀察者漂移（observer drift）：觀察者漂移是觀察者對其應用操作型定義的嚴謹度改變的傾向。隨著時間過去，觀察者心裡（對原先定義）變得較不清晰可對行為再定義。觀察者可能不確實依照操作型定義來記錄「標的」行為。若操作型定義出現在每一張記錄表上，觀察者就比較容易徵詢參考。觀察者應定期一起檢討定義並在計畫過程中加以練習。

複雜度（complexity）：第三個影響資料信度的是觀察編碼系統的複雜度，系統越複雜則信度越有問題。複雜度指的是所記錄反應項目不同類型的數目（例如同時觀察的破壞行為類型的數目）、所觀察不同學生的數目，或在一情境下所記錄不同行為的數目。在教室裡，教師可在一特定時刻，以限制所觀察學生或行為的數目來減少複雜度的影響。

※
Kazdin（1977）提供建議限制研究的複雜度誤差。

104

　　預期（expectancy）：第四個誤差是預期的影響。觀察者基於過去與該生相處的經驗，或基於父母或先前老師提供的訊息對該生先入為主的看法，對其所見的詮釋有潛在的誤差。此外，當觀察者是期待行為改變的老師時（由於他們做介入工作），他們較有可能發現。反之亦然，認為什麼也不能做的老師較不太會準確看出學生行為的改變。

　　觀察者也可能因學生的性別、種族、外貌或過去的成長背景而造成誤差。此外，誤差也可能來自該觀察的目的（Repp et al., 1988）。若該行為改變策略失敗會導致一問題學生轉換到另一環境，老師也可能是造成誤差的資料蒐集者。

　　本節描述的方法適合大部分老師確定信度，特別是如果為了要控制誤差。更嚴謹的標準有時是應用在研究裡。對觀察者間信度有興趣的學生可以參閱 Hawkins 和 Dotson（1975）及在 *Journal of Applied Behavior Analysis*（1977）第 10 卷中有關這主題的系列文章。

結語

　　在本章，我們描述了行為的各種向度（如頻率、比率、持續時間、潛伏時間、形態、力度、場地），及其與資料蒐集的關係。所討論的資料蒐集法包括軼事報告、永久產品記錄、多種的觀察記錄法（事件記錄、時距記錄、時間取樣、持續時間記錄，與潛伏時間記錄）。

　　為協助教師增加其資料的正確性，概述了決定觀察者間一致性的方法。如同為學生的學習負專業責任，教師蒐集資料以對其教學改變的需求或行為介入成功做決定。

問題討論

1. 傑瑞在五年級班上的行為被指為「破壞性」。諮詢教師入班訪談蒐集初始轉介資料。(1)她入班 3 天，每天花 30 分鐘記錄「破壞」行為次數。(2)在 3 天中，她從早上 9 點到中午時間每 20 分鐘觀察一次，看他是否表現破壞行為。(3)在週二早上與週四下午的 1 個小時，她坐在傑瑞班上記下他所做的每件事、他的老師所做的，及其他同學的重要舉動。這位諮詢老師在每一例子裡所使用的觀察記錄系統是什麼？

2. 蘇珊從未在下課前做完所有的數學題。為幫助確定她的問題性質，老師可以：(1)給她一組習題並記錄等多久時間她才開始做習題；或(2)記錄她開始做習題到完成要花多久時間。每一例子所使用的觀察系統各為何？

3. 四位學生資料蒐集者觀察約翰，他是四年級學生，拼字表現差。第一位觀察者將觀察時段分成 15 秒的時距，並記錄約翰是否在每個時距中練習拼字。第二位觀察者在練習結束後走到約翰書桌前，計算約翰在拼字簿上寫出答案的數量。第三位觀察者計算約翰每次將鉛筆拿起在拼字簿上寫字的次數。第四位觀察者將觀察 *105* 時段分成數個 5 分鐘的時距，在每一個時距結束時觀察約翰是否在做拼字簿上的練習。每位觀察者所採用的記錄方法為何？

4. 卡雲頓老師要學生幫忙她檢查同學們九九乘法的知識。學生兩個一組相互詢問 7、8 和 9 的乘法表並記錄正確率。每位學生發給一組閃示卡，一面有題目，而另一面有答案。而且，在答案那一面有一個地方用以記錄同學說的答案是否正確。這些學生是用什麼記錄法？

5. 在教室蒐集資料時明顯的闖入行動會影響該生被觀察的行為表現，其原因及方式為何？如何能減緩學生行為的潛在變化？

6. 如何使用智慧型手機的錄影功能來蒐集資料？

7. 敘述下列行為的不同向度：

    (1) 共同玩玩具。

    (2) 寫日記。

    (3) 踢家具。

    (4) 清理超市冷凍食品櫃的玻璃門。

    (5) 寫英文字母。

    (6) 騎三輪車。

    (7) 使用滑鼠在電腦螢幕上選正確答案。

    (8) 完成長除法作業單。

    (9) 主動社交問候。

    (10) 在別人眼前輕彈手指。

8. 下列是一篇社區本位職業訓練教學的軼事報告。陶德、他的同學露西及老師在一家寵物店（Pets-Are-Us）裡。這堂課的任務是要將 4 磅重的鳥飼料袋從儲藏室移到店前的架子上。將這軼事報告的訊息轉化為 A-B-C 欄的格式。

5 月 3 日早上 9:20：老師、陶德與露西在儲藏室。老師說明此項工作。她告訴兩位學生拿起一個袋子並跟隨她。他們跟著做，並將袋子放到適當的架子上。她引導他們回到儲藏室。老師告訴陶德拿起一袋種子，他走掉。她告訴他第二次。老師拿起一個袋子並牽著陶德的手，然後向架子走去。她遞給他袋子並指向袋子應該放的位置，他把袋子放在架子上。她告訴他回到儲藏室再拿另一袋。在儲藏室裡，她告訴他從一堆袋子裡拿起一袋。第三次他被告知，他拿起一袋並走到前面將袋子上架。在將下一袋拿出去的途中，陶德停在一只鳥籠前，放下袋子，並開始和鳥說話。幾分鐘之後，老師過來。他沒有注意老師。她把他的手放在袋子上並引導他到架子那兒，然後帶他去儲藏室。他拒絕提起袋子。她

遞給他一袋，他把袋子丟到地板上，這過程重複兩次。她拿起一個袋子並引導他回到外面的架子。她告訴他回到儲藏室。她去查看露西。10 分鐘之後，她發現陶德坐在地板上吃從他腰包拿出來的糖果。她拿走糖果，告訴他稍後再吃。她又一次叫他到儲藏室。當她再次尋找他的時候，他在兔籠前。她引導他回到儲藏室，告訴他拿起袋子。在第三次教導之後，老師在他前面握住袋子；他沒有移動手臂。她將他的手臂圍繞著袋子，他讓袋子從手上掉下來，袋子裂開來了。她責罵他。她去拿掃把。她回來而他正坐在地上吃鳥食。老師告訴陶德：「無法接受你的行為。所以，你今天不准再工作了。坐在那裡將你自己隔離直到我們要離開為止。我對你今天的工作表現非常失望。」

第 **5** 章　圖示資料

你知道嗎……

- 一張圖示勝過千百個資料點。
- 連接資料點不只是孩子的遊戲。
- 圖表可以作為溝通工具。
- 相同資料組的圖示方式可以不只一種。
- 自你在小學學到了如何圖示，圖示的改變並不多。

本章大綱

[107] 正如你所想像的，資料蒐集的結果是成堆的資料表。為了要使資料有用，這些表格的內容必須要重新安排成易於閱讀與解釋的方式。安排與呈現資料最常見的方法就是圖示（graph），適當的繪圖可提供在教學或介入時間內進步的圖形。圖示應該要簡單明瞭，又能提供足夠訊息以檢視進步。使用電腦製作圖表的步驟指引，可參見附錄。

✳ ⋯⋯⋯⋯⋯⋯⋯⋯⋯
圖示的目的。
⋯⋯⋯⋯⋯⋯⋯⋯⋯

　　圖示至少有三個目的。第一，在資料蒐集過程中提供組織資料的方法。在記錄表上的劃記或在資料蒐集格式上的代碼記錄是很難甚至不可能解釋的。將原始資料變成圖表提供進步情形的持續圖形，比起翻閱一大疊資料表要容易了解多了。第二，持續圖形使形成性評量（介入方法有效性的持續分析）成為可能。形成性評量可了解使用的方法如何運作，並在無法運作時加以調整。當介入結束時，檢視總結性計畫評鑑的圖示，一介入或系列介入的最後結果。第三，圖示可以作為教師、學生、父母及相關服務人員間溝通的工具。適當建構的圖示顯示在介入期間標的行為如何改變的所有訊息。我們應該能夠看圖示就了解，而不需要看單調的解釋。顯示在圖示上的訊息可用以撰寫與評鑑進步報告、個別化教育計畫及行為管理計畫。

∷ 簡單折線圖

折線圖的基本元素

　　折線圖常用來呈現教學或介入過程中一系列方法的資料，可供持續檢視該行為與評鑑教學或介入。圖示可以繪圖紙或電腦程式來建構。繪圖紙上的格子或電腦軟體使圖示準確，確保了資料點間的適當直線與相等距離。當資料正式呈現時，如在出版刊物上，格子通常加以省略。以下是建構折線圖的基本要素與規定的敘述（*Journal of Applied Behavior Analysis,* 2000, 2006; Gast, 2010; Kazdin, 2011），並以圖 5.1 的兩個圖示來加以說明。

圖 5.1　時間圖示的基本元素和代碼說明　*108*

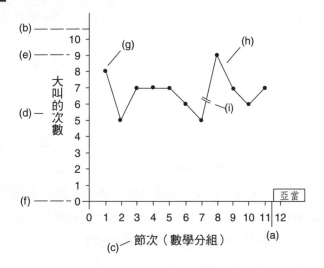

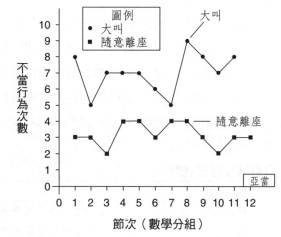

(a)橫軸	(d)縱軸命名	(g)資料點
(b)縱軸	(e)縱軸量尺	(h)資料路徑
(c)橫軸命名	(f) 0 從 x 軸升起	(i)資料連續性中斷

◈**軸線**

　　圖示是在一套界限內加以建構。這些界線稱為**軸**（axis）。折線圖有兩個軸：水平的**橫軸**（abscissa，**x**軸）與垂直的**縱軸**（ordinate，

107 ✳ ⋯⋯⋯⋯⋯⋯
這些軸（axes）無法砍樹（按：英文中 axes 亦有斧頭之義）。
⋯⋯⋯⋯⋯⋯⋯⋯

y 軸）。當圖示完成時，這些軸畫成 2：3 的比例。因此若 *y* 軸長 2 吋（約 5 公分），則 *x* 軸應該要 3 吋（約 7 公分）。若 *y* 軸為 4 吋（約 10 公分），則 *x* 軸應該是 6 吋（約 15 公分）。

1. 橫軸：橫軸是作為圖示底部的水平線，顯示呈現在圖示上的時段資料是多久蒐集一次的。例如，可以標示為天數、日期或節數。如果利用節數，則提供節數的定義是有助益的，例如「節數（早上 9:00 至 9:40）」或「節數（數學分組）」。圖示右邊的邊界以最後一個時段的數目結束。

2. 縱軸：縱軸是圖示左側的垂直線界線。縱軸上的命名指認出標的行為與所要報告的資料種類。例如，命名可能叫做「罵髒話的次數」、「罵髒話的時距數」，或「罵髒話的時距百分比」。標準資料轉換程式呈現在表 5.1。

    108

    (1) 縱軸量尺：*y* 軸的量尺用來記錄標的行為表現，總是從 0 開始。若報告行為發生的次數或行為發生期間時距量，量尺則從 0 開始到所需最大數量。這數量有時難以預估，如果資料在研究完成前就已劃記，則研究者也許必須重新畫圖示。若是以百分比報告，則量尺通常從 0 到 100%。配合資料量尺可

109

表 5.1　資料轉換程式摘要

記錄類型	資料轉換	
永久產品記錄	記述發生次數……	如果時間及機會是固定的。
事件記錄	記述百分比……	如果時間是固定的（或不重要）而機會是不固定的。
	記述比率……	如果時間是固定的（重要）而機會是不固定的，或如果時間是不固定的而機會是固定的。
時距記錄	記述時距數……	如果是固定的。
時間取樣	記述時距百分比……	持續或結束時行為發生。
持續時間	記述秒數／分數／時數……	行為發生的持續時間。
潛伏時間	記述秒數／分數／時數……	在事前刺激與行為開始之間。

以一個一點、2 個一點、5 個一點、10 個一點，或其他多個
一點進行。若橫軸從量尺的起始點（值為 0）稍微升起，圖
示較易閱讀；當資料點不停留在 x 軸上較易被分辨出來。

(2) 尺度中斷：有時候，縱軸量尺可能不是連續的。例如，如果
所有的資料點都在 40%以上，該圖示底部的部分就會是空
的，而上半部就會不必要的擁擠。可允許量尺從 0 開始，在
繪圖紙上畫兩條平行線，並在第二條線（上面那條）標示
40%。

◇ **資料**

1. **資料點**：小的幾何形狀，像是圓形、方形、三角形，用來代表在
一時段中標的行為的發生。例如圖 5.1 第一個圖所示，該生在第
一節罵人八次；因此，資料點就標記在 y 軸的 8 與 x 軸的 1 交會
處。每一個資料點都是獨立標記於圖上。一資料點的值或位置不
會影響到下一個資料點的值或位置。

2. **資料路徑**：當一實線連接資料點時，便形成資料路徑。

(1) 一種幾何形狀用來代表一條資料路徑上的每一點。

(2) 當超過一組資料出現在圖上，每一組用一種不同的幾何形狀
來代表。由哪一符號來代表哪一行為及其資料路徑，可以兩
種方式的其中一種表示，這兩種都可以在圖 5.1 的第二個圖
裡看到。每一路徑可加以標示且箭頭由標誌畫向路徑，或可
以提供列出每個幾何符號及其所代表該行為的圖例。三條以
內不同路徑應畫在同一圖上；當超過三條路徑時，就需要用
到另外的圖了。

(3) 資料路徑的實線顯示資料蒐集過程的持續性。若有預期介入
順序的中斷（學生缺席，或特殊事件發生），及常規性的活
動未實施，則在資料路徑上標記兩條平行斜線來表示。

3. **學生（參與者）的身分確認**：學生姓名寫在圖右下角的格子裡。

※ 計算百分比的優
點。
x 軸為橫軸，y 軸為
縱軸。

※ 超過三條資料路徑
的圖看起來雜亂。

將資料轉換為圖示

◈轉換永久產品資料為圖

　　永久產品資料所記錄的是行為的項目數量或百分比。例如,老師可能會記錄已做完的數學題數、正確拼字的百分比,及放在展示架上的罐頭數量,或放在籃子裡的髒衣服數量。如果反應機會數量是固定的(例如拼字測驗的題目總是 20 題,或數學學習單總是 10 題),僅將資料圖示成答對題數即可。若反應機會數量是不固定的(測驗題數或數學題數每次不固定),老師就須計算百分比(參見圖 5.2)。

圖 5.2　選擇永久產品資料測量轉換

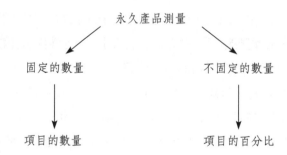

　　正確反應百分比是由正確反應數量除以全部反應數量的結果再乘以 100 而得,如下所示:

$$\frac{正確反應次數}{全部反應次數} \times 100 = 正確反應百分比$$

　　圖 5.3 呈現記錄凱薩琳段落書寫的資料,資料表上記錄凱薩琳每次段落書寫的字數,資料表底下是依資料所畫出的簡單折線圖。

◈轉換事件資料為圖

　　事件資料可以記錄為:(1)若時間量在每節是固定的,則為行為發生的次數,如在 40 分鐘數學分組期間該生隨意離座的次數;(2)若

圖 5.3 **轉換永久產品資料成圖示** *111*

學生	凱薩琳		
行為	給予題目及段首句，撰寫 30 字的短文		
日期	字數	日期	字數
1 3/16	16	6 3/27	18
2 3/18	24	7 3/30	24
3 3/20	20	8 4/2	20
4 3/23	20	9 4/4	24
5 3/25	22	10 4/7	25

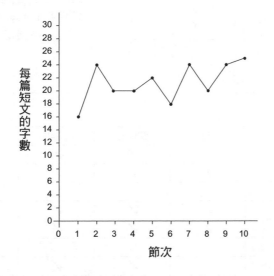

反應機會數量是固定的，則為正確數量或百分比，例如，在 10 個常 *110*
用字中，學生辨識出的數量；(3)若反應機會是不固定的，則為正確
的百分比，例如，當各節的教導時間不固定，學生遵守老師教導的次
數。圖 5.4 用以記錄麥克每天早上 10:20 至 11:00 班級活動時段的隨
意講話。老師劃記麥克未舉手就發言的次數。資料表右方是資料的圖 *112*
示。圖 5.5 是用來記錄塔莎在 10 個常用字中讀對的字數，資料表下
方，她的表現以兩種方式轉換成圖示（讀對的字數及讀對的百分
比）。

111 **圖 5.4** **轉換事件資料成圖示**

學生	麥克
行為	未舉手就發言
觀察時段	早上 10:20～11:00（全班活動）

日期		劃記次數	總計
1	星期一	///	3
2	星期二	/	1
3	星期三	卌 //	7
4	星期四	///	3
5	星期五	//	2
6	星期一	卌	5
7	星期二	////	4
8	星期三	////	4
9	星期四	卌 //	7

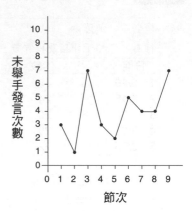

112 **圖 5.5** **轉換事件資料成圖示**

學生	塔莎				
行為	朗讀常用字				
	星期一	星期二	星期三	星期四	星期五
母親（mother）	✓	✓	✓	✓	✓
父親（father）	✓	✓	✓	✓	
姊妹（sister）					
兄弟（brother）		✓	✓	✓	✓
學校（school）	✓	✓	✓	✓	✓
雜貨店（grocery）					
醫院（hospital）			✓	✓	✓
警察（police）	✓	✓	✓	✓	✓
教堂（church）					✓
車站（station）					✓
正確總數	4	5	6	6	7

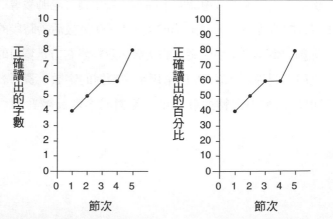

◆**轉換比率資料為圖**

當老師同時關心正確性與速度時，就需要轉換成比率資料。比率資料反映表現的流暢度且能判斷精熟度的發展。如果允許反應的時間在所有時段均相同的話，單單記錄頻率（次數）就足夠了。例如，該生每天有 20 分鐘時間用來完成 14 題數學習題就是一例子。然而，若分配反應的時間每次都不同，就必須計算比率使資料能加以比較。圖 5.6 複習比率資料的計算。

✻
將比率資料繪成圖。

圖 5.6 **計算正確或錯誤反應的比率** *113*

計算比率

正確反應比率的計算，是正確反應次數除以反應所花的時間：

$$正確率 = \frac{正確反應次數}{時間量}$$

例如，在星期一，如果凱文在 30 分鐘內正確完成了 15 個問題，他每分鐘的答題正確率是 0.5。

$$\frac{15 \ 題正確}{30 \ 分鐘} = 每分鐘 0.5 \ 題正確$$

在星期二，如果他在 45 分鐘之內正確完成了 20 個問題，他每分鐘的答題正確率是 0.44。

$$\frac{20 \ 題正確}{45 \ 分鐘} = 每分鐘 0.44 \ 題正確$$

如果凱文的老師只記錄凱文在星期一完成了 15 個問題，星期二 20 個問題，老師也許認為凱文的數學進步了。實際上，雖然在星期二數學題答對的題數增加，但正確反應的比率減少；凱文星期二的表現沒有星期一好。

錯誤比率的計算，是錯誤次數除以反應所花的時間。例如：

$$第一節：\frac{12 \ 題拼錯}{20 \ 分鐘} = 每分鐘 0.6 \ 題錯誤$$

$$第二節：\frac{10 \ 題拼錯}{30 \ 分鐘} = 每分鐘 0.33 \ 題錯誤$$

這些比率的計算提供教師每分鐘（或每秒或每小時）正確或不正確反應的次數。

　　圖 5.7 用於記錄史帝芬在當地紅十字會職業訓練的表現。史帝芬學習裝配抽血用的物件組。因為這是一項職業訓練，所以他的老師對他完成組裝的數量以及要花多少時間都感興趣。老師感興趣的是史帝芬組裝的比率。資料表下方是呈現史帝芬每分鐘組裝比率的圖示。

114 **圖 5.7　轉換比率資料成圖示**

學生	史帝芬		
行為	包裝組合		
觀察時段	紅十字會職業訓練		

日期		完成數量	時間量	每分鐘比率
4/16	星期一	45	30'	1.5
4/18	星期三	40	25'	1.6
4/20	星期五	45	25'	1.8
4/24	星期二	40	20'	2.0
4/26	星期四	50	25'	2.0
4/30	星期一	48	20'	2.4
5/2	星期三	54	20'	2.7

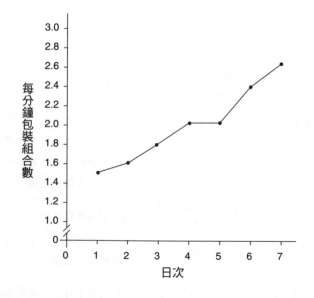

◆**轉換時距記錄及時間取樣資料為圖**

113

時距與時間取樣資料記錄行為發生期間所有觀察時距的數量或百分比，通常以百分比表示。

圖示時距記錄及時間取樣資料。

圖 5.8 呈現在上課時間的前 6 分鐘歐馬隨意離座的資料表。老師114記錄時距資料。他將 6 分鐘分成數個 20 秒時距，若歐馬在時距中的

圖 5.8　轉換時距資料成圖示　115

學生	歐馬
行為	隨意離座（×＝有隨意離座）
觀察時段	6 分鐘（上課時間的前 6 分鐘）

	20"	40"	60"	20"	40"	60"	20"	40"	60"	20"	40"	60"	20"	40"	60"	20"	40"	60"
星期一	—	X	X	X	—	—	X	—	—	—	—	—	X	X	X	—	X	X
星期二	X	X	X	X	—	X	—	—	—	X	—	—	—	—	—	X	—	
星期三	—	—	—	X	X	—	—	—	—	—	—	—	X	X	—	—	—	
星期四	X	—	X	X	—	X	—	—	X	X	—	X	—	—	—	—	X	
星期五	—	X	—	—	X	—	X	—	X	—	X	—	X	X	X	—	X	

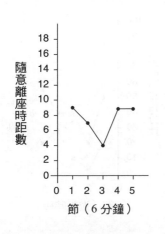

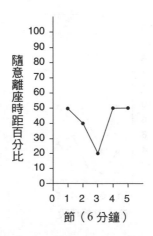

114　任何時間隨意離座，則在該時距空格中記一個×。資料表下方，一圖示顯示資料轉換為所觀察到隨意離座的時距數，另一圖示對應顯示歐馬隨意離座時距數的百分比。

115　　圖 5.9 呈現在 20 分鐘遊戲時間內，老師記錄林恩自我對話或同儕引導對話的資料表。老師選擇使用時間取樣法。他記錄林恩在每一

116　**圖 5.9** 轉換時間取樣資料成圖示

學生	林恩
行為	遊戲中自我對話（S）vs. 他人引導對話（O）
觀察時段	20 分鐘遊戲時段（每天不一樣）

	1	2	3	4	5	6	7	8	9	10	11	12	13	14	15	16	17	18	19	20
星期一	—	S	S	S	—	O	O	—	—	S	S	S	S	—	O	O	—	S	S	
星期二	—	—	—	—	—	S	S	S	S	—	—	—	—	—	—	—	—	—	—	—
星期三	—	—	O	—	—	—	S	S	S	—	S	S	S	—	S	S	—	—	—	O
星期四	O	S	—	—	—	S	S	S	S	—	O	O	O	S	—	—	O	O	S	S
星期五	—	S	S	—	—	S	S	S	O	S	S	S	O	—	—	—	S	S	O	O

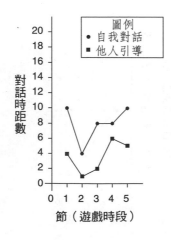

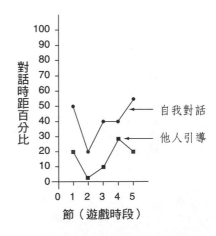

時距結束時從事的對話方式。在資料表下方，一圖示資料轉換為時距數，另一圖示為時距的百分比。注意每一圖示使用不同辨認系統以顯示與該行為有關的資料路徑。

　　圖 5.10 顯示一不同安排的時間取樣資料表。在這資料表上，老師顯示在分配為自行寫作時間中，寇許不專注行為的特徵。在資料蒐

圖 5.10　轉換時間取樣資料成圖示

117

學生	寇許			
行為	不專注（T：隨意說話，D：做白日夢）			
觀察時段	自行寫作時間（10:15～10:55）			

	T　5´	T　10´	——　15´	——　20´
星期一	——　25´	D　30´	T　35´	T　40´
星期二	T　5´	T　10´	D　15´	T　20´
	T　25´	——　30´	T　35´	T　40´
星期三	T　5´	T　10´	——　15´	——　20´
	D　25´	D　30´	T　35´	T　40´
星期四	——　5´	——　10´	T　15´	T　20´
	——　25´	——　30´	——　35´	——　40´
星期五	T　5´	D　10´	T　15´	T　20´
	——　25´	——　30´	——　35´	T　40´

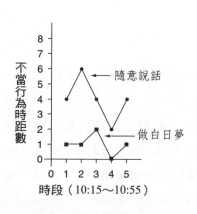

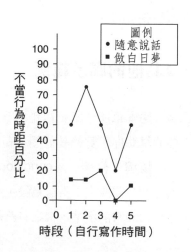

116 集之前，兩種不專注行為已適當加以操作型定義。資料表下方是兩種圖示這些資料的方式及兩種資料路徑的圖例。

✱.............................. *117* ◈ **轉換持續時間資料為圖**

圖示持續時間資料。

117 ◈ **轉換持續時間資料為圖**

　　持續時間資料可能蒐集與記述學生完成一項行為所花的分鐘或秒鐘數，或是在一特定時段中，學生花在從事一特定行為的時間。例如，老師可能會記錄一位學生完成指定作業所花費的時間總量；另一位老師可能會記錄在20分鐘的實驗中，學生從事實驗所花費的時間。第二個例子可以透過所進行的實驗的分鐘數或花在做實驗上的時間百分比來加以記述。

　　圖 5.11 呈現凱西花多久時間上廁所的資料表。資料表下所畫的圖示表示每次凱西去上廁所所花費的分鐘數。

✱.............................. *118* ◈ **轉換潛伏時間資料為圖**

圖示潛伏時間資料。

118 ◈ **轉換潛伏時間資料為圖**

　　潛伏時間資料描述在要求一學生表現一行為之後，到該生啟動該行為，或到自然引發其行為表現（如回應響起的電話）之間隔的分鐘數或秒鐘數。

　　圖 5.12 顯示記錄杜松開始每天晨間寫作練習的潛伏時間量。在課堂給予指導語開始之後，老師記錄，到杜松開始啟動練習之間間隔了幾分鐘，並備註他在開始練習之前所做的事情。資料表下方為代表這些資料的圖示。

119 ▦ **其他的圖示範例**

　　比本章所介紹更複雜的圖示將在第 6 章中說明。圖 5.13 描述一些能幫助你了解的其他圖示範例。

　　情境（條件）（conditions）是使用不同方法或技術的介入時期。老師要減少不當行為發生，可能首先會記錄幾個時段或幾天之中這行為的當前水準，稱之為**基準線資料（baseline data）**。然後，運

圖 5.11　轉換持續時間資料成圖示

學生	凱西		
行為	花在如廁的時間		
星期一	1 2 3	12 分鐘 8 分鐘 7 分鐘	➡　平均＝9 分鐘
星期二	1 2 3	11 分鐘 16 分鐘 9 分鐘	➡　平均＝12 分鐘
星期三	1 2 3	15 分鐘 10 分鐘 8 分鐘	➡　平均＝11 分鐘
星期四	1 2 3	14 分鐘 10 分鐘 12 分鐘	➡　平均＝12 分鐘
星期五	1 2 3	9 分鐘 11 分鐘 10 分鐘	➡　平均＝10 分鐘

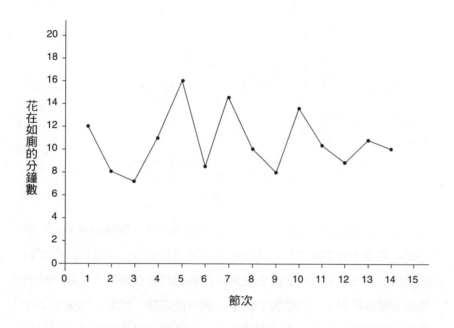

119 圖 5.12 轉換潛伏時間資料成圖示

學生	杜松
行為	晨間段落寫作延遲開始
觀察時段	每天早上至上午 8:45

日期	分鐘數	備註
星期一	6	削鉛筆
星期二	5	閒晃
星期三	6	削鉛筆
星期四	2	閒聊
星期五	4	閒聊
星期一	5	削鉛筆
星期二	7	削鉛筆
星期三	5	玩筆套
星期四	4	閒晃
星期五	5	削鉛筆

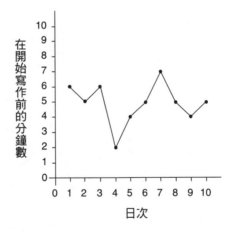

用某些策略協助該生減少該行為表現,稱此為**介入**(intervention)。你需要在圖示上清楚指出每一時段中哪一情境是有效的,這可經由從圖的上到下畫一條垂直的虛線來提供。這條線是畫在圖示上一個情境的最後一個時段與下一個情境中的第一個時段之間。例如,如果基準線

120 發生了五個節次而介入在第六節開始,則情境線就會畫在第 5 節與第 6 節之間(如 x 軸所示)。情境間的資料點並不連接。為指認出用什麼方法,簡短敘述的情境名稱標示在各情境的資料路徑上,在垂直虛

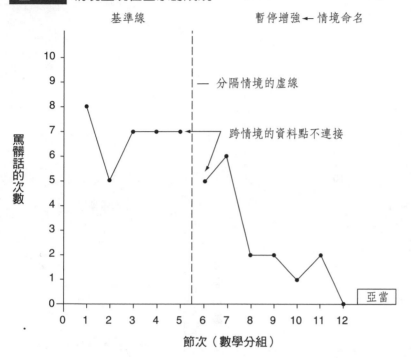

圖 5.13　情境呈現在圖示的成規

線間的中央。例如，如果一位老師運用暫停增強法減少學生罵髒話，他會將「暫停增強」（time-out）放在圖示上這些資料部分上的中央。

∷ 累積圖

在簡單折線圖上，資料點畫在適當的交會點上，而不考慮前一時段中的表現。在**累積圖**（cumulative graph）上一個時段中所觀察到的發生次數，是畫在加上前一時段所發生次數後的點上。每一時段所記錄的發生次數都包括前面所有時段的發生次數。累積圖呈現跨時段行為遞增的觀點，提供反應發生總數的計算。在圖 5.14 中假設圖顯示相同的原始資料畫在直線圖與累積圖上。若任何行為加以記錄，累

121 圖 5.14 折線圖與累積圖在標繪資料點的比較

原始資料

節次	發生次數
1	1
2	1
3	1
4	2
5	0
6	0
7	1
8	3
9	3
10	1

折線圖

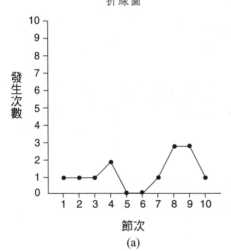

(a)

累積圖

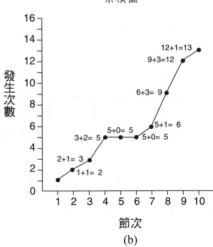

(b)

120 積圖總是顯示向上的曲線。這資料提供一具斜率的持續線顯示反應比率。斜度較大的斜線表示快速反應,較平緩的斜線表示慢速反應;而一條直線或高原形狀表示沒有反應。

121 ⠿ 長條圖

長條圖(bar graph)是另一種展示資料的方法。像折線圖一樣,長條圖有兩個軸,x 軸(節次)與 y 軸(表現)。正如其名所指的涵

義，長條圖運用垂直條狀，而非資料點與連結線顯示表現水準。每一個長條代表一個觀察時段，長條的高度對應於縱軸（y軸）的表現水準。折線圖上的點在難以詮釋清楚行為組型的情況下，長條圖可能是比較好的選擇。當幾條路徑畫在一個折線圖上時，可能會產生混淆；如同老師選擇幾個學生或幾項行為納入資料一樣。在這樣的例子裡，所畫線條可能重疊，或相當靠近，因為資料點畫在相同的交會處。圖5.15 提供相同資料畫成折線圖與長條圖的例子。長條圖顯然清楚多了，課堂上的老師可以使用長條圖展示小組每一成員每天的正確反應數。

　　長條圖的另一項用途就是總結學生表現資料，這可以用於單一工作，像多位學生所完成的自然作業平均數（圖 5.16）；或總結同一位學生的多項作業（圖 5.17）。 *122*

圖 5.15　比較折線圖與長條圖

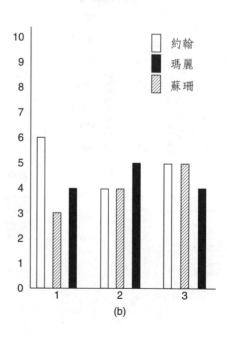

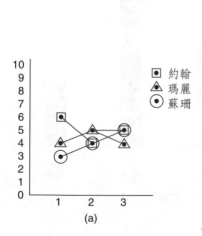

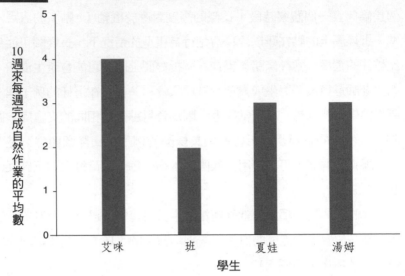

圖 5.16 總結多位學生作業表現的長條圖

10週來每週完成自然作業的平均數

學生

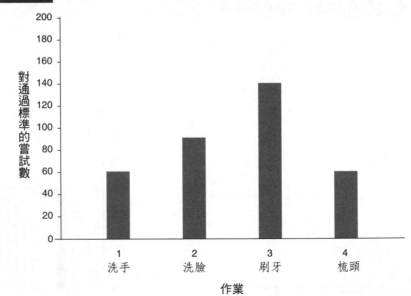

123 **圖 5.17** 總結一位學生跨作業表現的長條圖

對通過標準的嘗試數

作業

結語

　　在本章我們討論了圖示資料的幾個基本理由，包括檢視學生表現、形成性與總結性評量，作為教育工作者、學生與家長之間的溝通工具。我們描述了三種基本資料圖示法：折線圖、累積圖與長條圖。我們概述了畫折線圖的基本成規，提供轉換各種類型觀察資料從資料表到圖示的例子。在附錄有微軟 Excel 製作圖表的使用指引。

問題討論

　　對下列每一情境，什麼是最適當的圖示格式？為什麼？

1. 溫蒂在常用視覺詞彙努力了幾個月。她的母親關心她無法很快學會，但你意識到在這段時間，從零開始，溫蒂已學得一些詞彙。你希望能讓媽媽清楚知道溫蒂已經有了很大的進展。

2. 你預計總結你的每一名學生的資料，資料夾包括數學計算表現的準確性、拼寫準確性和朗讀流暢。

3. 你一年級的學生想要看公布欄上他們在朗讀準確性和流暢性的進步情形。

第 **6** 章　單一受試設計

你知道嗎……

- 並非所有六年級生都應該使用相同的數學課本。
- 並非每一項行為改變在功能上都重要。
- 只有當你能一再複製時，成功才是真的。
- 單一受試設計是一項教學工具。
- 巨大的改變可能發生在細小的步驟中。

本章大綱

125 資料蒐集提供教師陳述有關行為改變的方向與強度。然而，資料蒐集並未提供足夠訊息，以顯示探討中的介入與該行為間的因果關係。為對因果關係做假定，就必須以某些格式或設計來進行資料蒐集。設計（design）是蒐集資料的系統模式，能使資料蒐集者對介入與行為間的關係做有把握的陳述。

在本章，我們描述許多在應用行為分析使用的實驗設計，讓教師與研究者確定介入與行為改變間的關係。每種設計有其特定的圖示格式。不同格式提供不同的資料分析和目視分析。圖示可以用紙、尺和鉛筆製作；然而，在多數情況，其結果看起來像是中學作業的一部分。這樣的圖示呈現不出教師在與家長和其他專家會議時，希望能用來評鑑學生學習進步的圖像。專業圖示可以電腦軟體製作，例如微軟Excel。在本書附錄提供逐步的操作教學，製作課堂用的幾種設計的圖示。更複雜的圖示，請參見 Carr 和 Burkholder（1998）、Dixon 等人（2009），以及 Hillman 和 Miller（2004）等論文。

教師能閱讀並了解專業期刊的實驗研究報告，便能得知與時俱進的創新技術與方法；學會這些設計也可鼓勵他們成為「教師即研究者」，系統評鑑他們自己的教學並與他人分享他們的結果。有能力開展課堂本位研究將增加教師的信心、效率和可信度。

在本章所引研究應用係取自專業期刊，伴隨每項設計的描述。每項設計也都應用在課堂的問題上，展現應用行為分析設計在教室中的用途。

▟ 變項和功能關係

在討論特定設計之前，一些實驗設計的基本術語須先加以定義。**變項**（variables）一詞用以指稱在研究中所涉及的許多因素，這些可能包括所研究個體的特性（年齡、測驗分數），與研究進行情況有關的條件（學生數、噪音程度），或是介入的本質包括可能是教學策略

（字母拼讀直接教學法、合作學習）、教學材料（花片、電腦），或行為管理技術（代幣、自我記錄）。在研究中，目標在於控制那些可能會影響結果的變項之出現或不出現。未能預見的或無法控制的變項（例如，生病）稱為**干擾變項**（confounding variable）。如果老師運用一種新計畫教學生長除法，該生的爸爸也恰好在此時開始每天晚上花一個小時與該生複習長除法，就不可能確定是否是老師的變項（新數學計畫）或非控制變項（家庭教學）影響了學生長除法的學習。研究員能以實驗設計控制許多干擾變項。

　　實驗設計區別兩種不同的變項：自變項與依變項。**依變項**（dependent variable）一詞指標的要改變的行為，**自變項**（independent variable）一詞指用來改變行為的介入。下列句子，自變項以楷體字表示，而依變項以（括號）標出。

　　在學生的（口頭朗讀）之後，老師提供校正回饋。　　　　*126*

　　當學生在（購買日常用品）時，提供圖片提示。

　　當學生在圖書館（將書上架）時，提供共同工作模式。

　　當學生（練習作業 15 分鐘）時，隨因增強地提供口頭稱讚。

　　在學生（發脾氣）時，則將其暫停增強。

　　該生每次（正確完成一題數學）時，獲得一枚代幣。

　　單一受試實驗設計提供研究者評量自變項和依變項間的因果關係。每次實施同一自變項，依變項的改變即是複製（replicated），可說**功能關係**（functional relation）存在。單一受試實驗設計提供框架考驗這些效果的複製。當介入和其結果被複製了，老師及研究者會對行為改變是介入的作用有信心，因為只有當自變項改變或被操弄始有複製。重複的操弄提供教師－研究者排除干擾變項為該行為改變的推動者。另外，展示功能關係是實驗控制的證據（Kennedy, 2005）。實驗控制增加對額外或干擾變項不是效果成因的信心。

❖ 設計的基本類別

研究設計是建構問答方式、資料蒐集與分析的一種形式。有兩類研究設計：**團體設計**（group designs）與**單一受試設計**（single-subject designs），每種都提供展示介入一項行為效果的計畫和方法。如其名所稱，團體設計重點在與許多個體組成團體有關的問題與資料，而單一受試設計重點在與特定一個體有關的問題與資料。

※ ....
團體設計 vs. 單一受試設計。
....

團體設計用來評鑑介入對整個群體（例如，對一學區或一學校所有二年級生）或由其所抽出母群體代表樣本一項行為的效果。為確定介入的效果，母群（或隨機選擇的樣本）也隨機分成兩組：實驗組與控制組（因為是隨機選擇與分組，讓樣本結果類化至整體母群）。實驗組成員接受介入，這提供介入效果的多次複製。控制組成員則沒有接受介入。行為的測量（表現的平均值）在介入之前及之後實施於每一組。兩組行為改變的平均值在介入後加以比較。這種比較藉由統計方法的運用，其目的有三：(1)驗證兩組間平均分數改變的差異；(2)驗證改變是顯著的，因此可能值得實施；(3)驗證組間的差異比較有可能是介入的結果而非機遇或一些未知的來源。

例如，富爾頓郡公立學校課程委員會考慮更換六年級數學課本。目前所使用的課本是 Jones 和 Jones 所著。委員會隨機從學區內抽取 200 位六年級生，這些學生之後被隨機分派至實驗組（100 位學生）與控制組（100 位學生）。這學年的第一週，所有 200 位學生接受六年級數學學習目標測驗，在這學年中，實驗組使用 Smith 和 Smith 版數學課本上課，而控制組繼續使用 Jones 和 Jones 版數學課本。這學年終了時，每一組再針對六年級數學學習目標進行測驗，比較兩組團體表現（達成目標的數量）的平均值。這樣做是為了確定：(1)是否兩組所得分數無差異；(2)若有差異，這差異是否顯著；(3)這樣的假設是否合理：實驗組所得分較多或較少，是由於使用 Smith 和 Smith 版課本。

應用行為分析家偏好提供行為的多種測量，以提供在介入前與介入中行為的詳細樣貌。他們也喜歡記錄特定個體的訊息，而非團體平均的資料。檢驗平均表現可能會模糊重要的訊息，如下列軼事方塊所示。

◆　　◆　　◆　　◆　　◆　　◆　　◆　　◆

威瑟斯龐女士訂購閱讀本

三年級的威瑟斯龐女士被校長催促要在本學年開始時訂購新的閱讀本。由於不了解自己班級的學生程度，威瑟斯龐女士決定使用閱讀測驗以確定要訂哪些書。她施測並將分數平均以確定最適當的讀本。她得到一個精確的平均值（三年級第一個月），她訂購了該程度的讀本30本。

當書送來的時候，她發現讀本對有些學生來說太難了，而對其他學生來說又太簡單。雖然班級平均值為三年級程度，但使用平均數掩蓋了一個事實：一些學生的閱讀只有一年級程度，而其他有六年級程度。

▓ 單一受試設計

應用行為分析研究者較偏愛用單一受試設計。單一受試設計提供架構評鑑個體的，而非團體的表現。團體設計在確定變項對大量學生平均表現的影響，而單一受試設計在確定變項對特定學生的特定行為的影響。這些設計檢視在操弄自變項期間的個體表現。本章稍後所介紹的一些技術，用來驗證實驗操弄造成依變項改變，而非由於偶發、巧合或干擾變項所致。

單一受試設計需要對依變項**重複測量**（repeated measures）。個體被觀察的行為表現會每週、每日或甚至每隔一段時間加以記錄，個體的表現就可以在不同的實驗情境，或在操弄自變項之下加以比較。雖然在相同實驗設計下，介入可以對幾個不同的受試複製，但每

單一受試設計常比較不同情境（條件）在同一個體的結果。

個受試只和自己比較。單一受試研究強調個體的臨床顯著性,而非群體間的統計顯著性。若一介入導致在功能上可觀察、可測量的改善,常被指為**強化功能**(enhanced functioning),則認為實驗結果有臨床顯著性。

某些成分在所有單一受試設計是共有的。這些包括基準線表現的測量及至少在一種介入情境(條件)下表現的測量。單一受試研究設計需要在該設計使用介入至少複製一次。這樣的複製顧及了功能關係的假定。

應用行為分析者並不基於一次的成功介入就呈現研究結果的類化。對個體而言,當自變項(介入)與依變項(行為)間的功能關係建立時,相同介入則以不同的個體與不同的依變項來重複研究。一項介入越常被證明為有效,則對該介入結果的類化就越有信心。老師系統化的稱讚增加某位學生做數學題的比率,使用稱讚也許不是一個令人信服的論點。顯示這樣的稱讚使多位學生增加的成果不僅是數學題,也有其他學業及社交行為表現的文獻,則更具說服力。利用系統化的複製,應用行為分析者逐漸指出對許多學生有效的方法和技術,其他人就可以有相當的信心採用這些方法和技術。

Sidman(1960)認為,把單一受試研究視為僅是團體研究的縮影是錯誤的。當應用及移除自變項時,重複測量的依變項展現出因果的持續及一資料點到另一點的關係,這在比較跨單獨團體自變項的效果時便無法看到。他主張個體與團體曲線並未提供相同訊息,「在真實意義下,兩種資料呈現兩種不同論題」(p. 54)。

基準線測量

單一受試設計第一階段就是要蒐集並記錄**基準線資料**(baseline data)。基準線資料是在介入前,當依變項自然發生時對行為程度的測量。Kazdin(1998, 2011)陳述基準線有兩種功能:第一,基準線資料有描述功能(descriptive function),這些資料描述學生表現的現

有水準。當圖示資料時，它便提供該生行為的圖示，如其解乘法題的現有能力，或上課隨意說話的目前比率。這目標記錄可協助老師驗證行為不足（缺乏演算乘法題能力）或行為過度（上課隨意說話）的存在與程度。

第二，基準線資料有預測功能（predictive function）。「若尚未提供介入，基準線資料是預測立即未來表現水準的基礎。」（Kazdin, 2011, p. 105）為了評鑑介入（自變項）成功與否，老師必須知道在介入前學生表現的程度。基準線資料提供類似前測的目的，「對未來基準線表現持續以預測或外推達成預估」（p. 123）。介入效果並非以預測來判斷。

基準線階段在介入期開始之前持續幾個時段。在多數例子裡，至少要蒐集並標繪五個基準線資料點，基準線資料的延伸受到這些資料點某些特徵所影響。

因為習慣用基準線資料來判斷教師介入的有效性，因此基準線是否穩定（stable）是重要的，其提供該行為自然發生的代表性樣本。基準線資料的穩定度（stability）由兩個特徵來評量：資料點的變異與趨勢。資料變異度（variability of data）指的是該生表現的變化。「就如一般規則，資料的變異越大，就越難對介入效果下結論」（Kazdin, 2011, p. 126），及對未來表現做推論。當基準線不穩定時，第一件要檢驗的就是標的行為的定義。基準線缺乏穩定度可能暗[129]示標的行為的操作型定義敘述不充分，以致不能精確而持續地記錄資料，或資料蒐集者在資料蒐集方法上不一致。在實驗室情境，變異的其他來源常可以被指認出並加以控制。在教室，如果可指認變異的來源，則嘗試控制變異，例如，波動是由於服藥時間不一致造成的。若是在由於打架或家庭問題等不尋常事件引起的暫時波動的例子裡，老師只有等待波動過去。然而，在教室不像在實驗室一般，「變異是生活中不可避免的事實」，在這樣的情境下，少有「需要去減少變異的設施或時間」（Sidman, 1960, p. 193）。

＊基準線應穩定。參見第 3 章敘寫操作型定義的建議。

在變異可以嚴謹控制的情境下，研究導向的變異存在標準是 5%
變異範圍內的資料點（Sidman, 1960）。建議治療性的標準為 20%
（Repp, 1983）。然而，在教室情境中對純粹研究的關注不及行為改
變來得重要，我們建議更具彈性的 50% 變異參數。若變異超過 50%，
必須使用比較表現的統計方法（Barlow & Hersen, 1984）。若沒有基
準線的資料點變異超過基準線平均的 50%，則認為基準線是穩定的。
圖 6.1 說明根據這個標準計算基準線穩定度的方法。

　　資料中的**趨勢**（trend）指的是在行為表現上方向清楚的指示。
趨勢被定義為相同方向上的三個連續資料點（Barlow & Hersen,
1984）。基準線可能顯示無趨勢、漸增的趨勢，或漸減的趨勢。圖
6.2 與 6.3 說明了漸增與漸減的兩類型趨勢。

　　上升的基準線（ascending baseline）表示漸增的趨勢。若目標在
減少行為，教師應該在上升的基準線開始介入。因為該行為已漸增，
設計用來增加行為的介入效果會混淆基準線趨勢。

　　下降的基準線（descending baseline）包括至少三個資料點，顯示
行為清楚漸減的方向或趨勢。只要目標在增加該行為，教師應該在下
降的基準線開始介入。

✱……………………
介入前應考慮基準
線的趨勢。
……………………

圖 6.1　計算基準線穩定度

節次	資料點
1	14
2	10
3	20
4	16
5	11

基準線平均數（算術平均數）＝ 14.2≒14
平均數的 50% 變異範圍＝ 7
資料點的可接受範圍＝ 7 － 21（14 ± 7）
這基準線是穩定的，因為沒有資料點的變異超過平均數的 50% 變異範圍。

圖 6.2　漸增的趨勢（上升的基準線）　　　　*130*

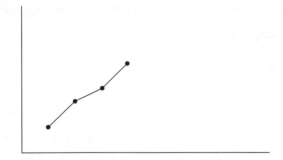

圖 6.3　漸減的趨勢（下降的基準線）

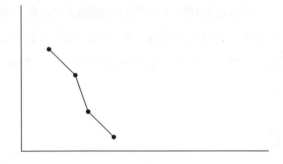

介入階段測量　　*129*

　　單一受試設計第二個成分，是在處理或介入情境下對受試表現一系列的重複測量。引入自變項（處理或介入），對其在依變項（該生 *130* 的表現）的效果加以測量和記錄。處理資料的趨勢顯示處理的效果，並提供教師或研究者決定介入方法是否有改變的需要。

實驗控制

　　實驗控制（experimental control）指研究者努力確保依變項的改變，實際上與自變項的操弄有關，也就是功能關係存在。研究者盡最大可能減少其他變項（干擾變項）影響該行為的改變。干擾變項是那些不為研究者控制，但可能影響行為的環境事件或情境。例如，老師

✲ ⋯⋯⋯⋯⋯⋯
愛挑剔教授再拜訪哈普老師時，他遇到干擾變項。將在本章稍後討論。
⋯⋯⋯⋯⋯⋯⋯

將班上三個最搗蛋的學生移開後實施一減少破壞行為的系統，那麼她便無法確知班上破壞行為的降低是否是實施新系統所造成的。將三位學生移開是干擾變項。

本章討論的設計提供不同程度的實驗控制。有些稱為教學設計（teaching designs），不能確信有功能關係的推測；然而，足以提供充分的行為改變的徵兆供日常教室使用，特別是如果老師對可能的干擾變項保持警覺的話。另外有些設計稱為研究設計（research designs），提供較嚴謹的實驗控制，能供教師或研究者推測是否有功能關係。研究者通常以重複實施介入幾次並觀察每次實施時其在依變項上的效果，來展示實驗控制。當教師特別關注可能的干擾變項，並要確保介入對行為有期望的作用時，可以在教室使用研究設計。對發表作品或與其他專家分享介入結果有興趣的教師，如果可以的話也會使用研究設計。

131

❖ AB 設計

❖..........................
AB 設計是教學設計。
....

AB 設計（AB design）是基本的單一受試設計。每一種較複雜的設計實際上都是這簡單形式的擴展。AB 名稱指的是設計的兩階段：A（基準線）階段與 B（介入）階段。在階段 A 期間，蒐集並記錄基準線資料。一旦建立了穩定的基準線，一引入介入，階段 B 便開始。在這階段，蒐集並記錄介入資料。教師可以評估介入期間標的行為在數量、比率、百分比或持續時間上的增加或減少，並與基準線比較。運用這資料推論介入效果，教師可以決定是否繼續、改變或停止介入。

實施

表 6.1 顯示運用 AB 設計蒐集的資料。這例中的老師關心學生在閱讀作業回答的正確答案。老師持續 5 天蒐集基準線資料，她在

表 6.1	AB 設計的樣本資料

基準線資料	
日 期	正確反應數量
星期一	2
星期二	1
星期三	0
星期四	2
星期五	1
介入資料	
日 期	正確反應數量
星期一	6
星期二	6
星期三	4
星期四	8
星期五	6

每次答對時給予2分鐘的自由時間，然後繼續記錄正確反應的數量。如表 6.1 所示，在介入階段數量明顯增加，老師可以做其介入有效的合理假定。

圖示

　　將AB設計蒐集的資料圖示成兩階段：A（基準線）階段與B（介入）階段。以垂直的虛線在圖上區隔這兩階段，且兩階段的資料點並不連接。圖 6.4 比表格更能清楚顯示介入的有效性。

應用

132

　　基本的AB設計並不常在研究文獻中發現，因為它不能評量功能關係。這設計不提供在實驗內的複製以建立功能關係。Schoen 和 Nolen（2004）使用 AB 設計說明介入的結果，介入的設計在減少一位學習障礙的六年級男孩其不專注行為。他使用自我管理檢核表評量了

圖 6.4 表 6.1 AB 設計資料的圖示

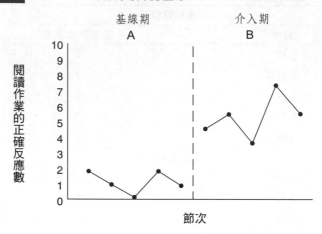

圖 6.5 使用 AB 設計

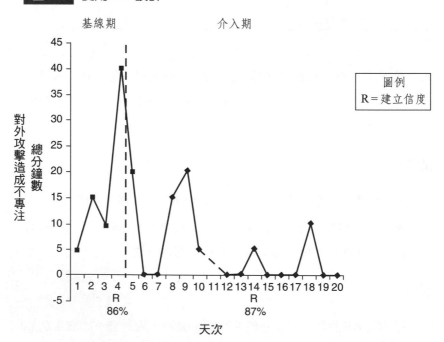

資料來源：取自"Decreasing Acting-Out Behavior and Increasing Learning," by S. Schoen & J. Nolen, 2004. *Teaching Exceptional Children, 37*, 26-29. Copyright 2004, by The Council for Exceptional Children. Reprinted with permission.

自己的行為。圖 6.5 顯示從基準線到介入階段，不專注行為的分鐘總量下降。然而，我們不能假定依變項（不專注行為）與自變項（自我管理檢核表）間的功能關係，因為 AB 設計未能提供自變項的重複操弄（使用及移除）。在本章末行動研究段落，會討論採用有些單一受 *133* 試方法學的研究和適用性。

下列軼事方塊展示 AB 設計在教室情境中的另一用途。

❖　❖　❖　❖　❖　❖　❖　❖

傑克學做法文作業

富古先生對處理傑克（一位第四節法文班學生）的情況，感到相當棘手。當在複習前一天的回家作業時，傑克不專心。進一步檢討顯示：傑克忽視複習是因為他沒有做回家作業。為增加回家作業完成數量，富古先生決定運用正增強。為評估介入的效果，他選用 AB 設計，以正確完成回家作業題數為依變項。

在 5 天的基準線階段，傑克每天在 10 題作業中 0 題做對（0/10）。因為傑克常在法文視聽教室要求聽錄音帶，富古先生決定答應傑克在每答對一題作業就可以聽 2 分鐘的錄音帶。在介入階段蒐集的資料顯示，傑克正確回答作業題數增加了。資料分析指出介入技術是有效的。

優點及缺點

AB 設計的主要優點就是簡單，提供教師一個迅速而不複雜的方法，比較介入或教學前後的學生行為，使教學更加有系統。

AB 設計的缺點是無法確定功能關係的假定。雖然資料可顯示在介入期間行為的增加或減少，因而顯示介入的有效性，但這設計無法提供方法的複製。因此，AB 設計對干擾變項或偶然一致的事件上是有弱點的。在下列軼事方塊中說明此點。

❋ 許多教師使用 AB 設計評鑑學生進步情形。

哈普小姐進行研究

　　作為教學實習作業的一部分，哈普小姐需要以 AB 設計做一項簡單研究。她決定以雷夫待在座位上作為依變項（還記得第 1 章裡的雷夫嗎？）。哈普小姐蒐集了幾天基準線資料並決定在 1 小時的閱讀課中，雷夫待在座位上的時間從 20 分鐘變為 25 分鐘；她準備要介入，挑選了以積點兌換雷夫喜歡的不同活動為自變項。當愛挑剔教授在介入開始之後不久訪視時，哈普小姐在門口遇見他時顯得非常興奮。

　　「教授，它有效！」哈普小姐得意洋洋地說：「看看我的圖示，雷夫這星期頭兩天都缺席，但自從他回來，我給他積點，他每天 100% 都待在座位上呢！你認為我的計畫可以得到 A 嗎？」

134

「教授，它有效！他一直待在座位上！」

　　愛挑剔教授檢視哈普小姐的圖示並同意她的方法似乎奏效，然後坐在教室的後面觀察。在幾分鐘之後，雷夫確實仍待在他的座位上，愛挑剔教授吸引哈普小姐的注意並叫她到教室的後面。

　　「哈普小姐，」他輕聲地問道：「你有沒有注意到雷夫腳上的厚重石膏，對他待在座位上的時間量有些影響嗎？」

⠿ 倒返設計

　　倒返設計（reversal design）用來分析單一自變項的效果，通常稱為 ABAB 設計（ABAB design）；這設計包括介入的連續應用與撤除，以驗證介入對行為的影響。重複比較基準線資料與應用介入策略後蒐集的資料，研究者可決定是否自變項與依變項間存在功能關係。

＊
ABAB 是 研 究 設計，可展現功能關係。

實施

　　倒返設計有四個階段：A、B、A 與 B：

- A（基準線 1）：最初的基準線，蒐集在這期間引進介入前存在的情境（條件）下標的行為的資料。
- B（介入 1）：一開始引進介入用以改變標的行為。介入持續直到達成標的行為的標準，或行為改變穩定朝向期望方向的趨勢。
- A（基準線 2）：撤離或中止該介入，回到原始的基準線階段。
- B（介入 2）：再度引進介入程序。

　　使用倒返設計蒐集資料可檢驗依變項與自變項間的功能關係。圖 6.6 的資料展現依變項與自變項間的功能關係，如果第二套基準線資料返回到接近原始 A 階段的水準，或第二套 A 階段的趨勢與第一套 B 階段方向相反，則有功能關係存在。圖 6.7 圖示資料並未展現功能關係存在。 *135*

　　Cooper（1981, p. 117）說明，研究者聲稱展現功能關係之前需要三項證據：(1)預測（prediction）：特定自變項會改變依變項的教學陳述。例如，應用代幣的隨因增強以增加麥克完成數學習題的數量；(2)預測的驗證（verification of prediction）：在第一次介入期間，增加（或減少）依變項行為，及在第二個 A 階段接近回到基準線表現水準；(3)效果的複製（replication of effect）：在第二個 B 階段再次

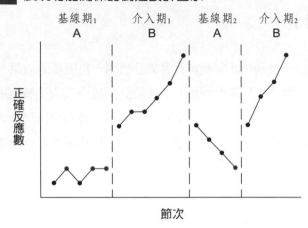

圖 6.6 展現功能關係的倒返設計圖示

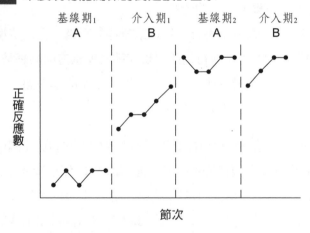

圖 6.7 未展現功能關係的倒返設計圖示

引進自變項，而再度導致相同期望改變的行為。

倒返設計是能讓教師呈現自變項與依變項間功能關係的研究設計。第二個基準線與介入階段，在與第一階段情境（條件）一致的情況，提供對標的行為介入效果複製的機會。它不像與自變項的重複應用與撤除同時存在的干擾變項。然而，倒返設計並不總是最適當的選擇。下列情況不應使用倒返設計：

136

1. 當標的行為是危險的，諸如對其他學生的直接攻擊行為或自我傷害行為。因為倒返設計要求在標的行為比率改變後實施第二次基準線情境，基於道德考量會禁止將任一成功介入方法撤除。

2. 當標的行為是不可逆的。例如許多學業行為是不可逆的，因為該行為改變與學習過程有關。在這樣的情況，倒返到基準線表現是不可行的。例如已習得 $4 \times 3 = 12$ 的知識，不可能倒返為「未習得」。至少，我們認為不可能。

※⋯⋯⋯⋯⋯⋯⋯⋯
為了研究目的，撤除停止重度障礙學生用頭撞擊地板的介入是不道德的。
⋯⋯⋯⋯⋯⋯⋯⋯

圖示

倒返設計需要四個明顯的資料蒐集階段，圖 6.8 圖解基本的倒返設計（注意：ABAB 源自於每個基準線階段標示為 A，而每個介入階段標示為 B）。

設計的變化

倒返設計的變化可在文獻裡發現。第一種這樣的變化不涉及設計結構的改變，僅縮短最初的基準線階段（A）的長度。當冗長的基準線階段是不道德的、當該行為是有危險時，或者沒需要的時候，這種設計的形式是適用的，如在一位完全無法表現標的行為學生的例子。

圖 6.8 倒返設計基本格式

A	B	A	B
基線期₁	介入期₁	基線期₂	介入期₂

A	B	A	B
基線期$_1$	介入期$_1$	基線期$_2$	介入期$_2$

倒返設計的第二種變化完全省略最初的基準線。若標的行為明顯不在該生的行為內容中，則可以考慮BAB的變型。當運用此設計時，自變項與依變項間的功能關係只能展示在第二個介入（B）階段。

應用

研究者常採用 ABAB 設計。Levendoski 和 Cartledge（2000）用這設計，確定自我檢視法對情緒障礙學童專注時間量及學業成績的效果。在每節數學課初期給予四個男童自我檢視卡。告訴他們，每次聽見鈴聲（每 10 分鐘響一次），他們應該「自問……我是否專注工作？」然後他們在自己的檢視卡記錄是或否。

圖 6.9 顯示對其中一位男孩專注時間介入的結果。在基準線階段，當未使用自我檢視卡，他的專注百分比平均為 45%。一旦進入介入階段，他的專注時間平均增加到 93%。在倒返基準線階段，他的專

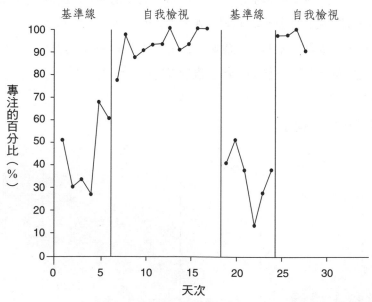

圖 6.9 倒返設計的研究應用

資料來源：取自"Self-Monitoring for Elementary School Children with Serious Emotional Disturbances: Classroom Applications for Increased Academic Responding," by L. Levendoski & G. Cartledge, 2000, *Behavioral Disorders*. Copyright 2000 by Council for Children with Behavioral Disorders. Reprinted by permission.

注時間回到平均為 34%，再介入自我檢視卡後再增加到平均為 96%。
圖示明顯顯示：當該生使用自我檢視卡，他的專注時間量增加。注
意：階段 3 和 4 複製階段 1 和 2，提供功能關係的確定。

　　Umbreit、Lane 和 Dejud（2004）使用 ABAB 設計評鑑增加一位
普通班四年級學生專注時間的介入效果。在獨立完成作業時，傑生的
不專注行為包括：與其他學生說話，踢他的位子或在他前面的人，以
及在教室內遊蕩。老師確定傑生這行為發生於當他完成了他的作業。
他說他很快就完成了，因為他的作業「幾乎都太容易」。在基準線階
段，傑生接受了和班上其他同學一樣的數學和閱讀作業。在介入階
段，他接受的作業更具挑戰（作業約提早兩週的課程進度）。他的專
注行為資料使用 30 秒時距記錄。如圖 6.10 所示，在第一個基準線階

圖 6.10　倒返設計的研究應用

138

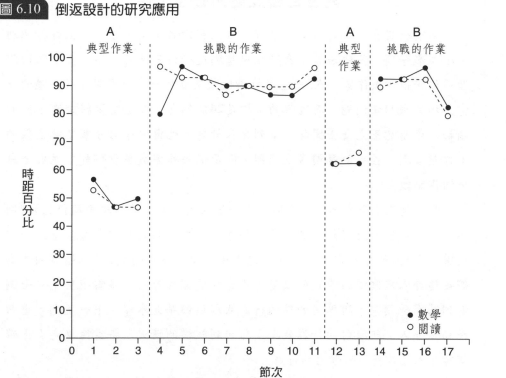

資料來源：取自"Improving Classroom Behavior by Modifying Task Difficulty: Effects of Increasing the Difficulty of Too-Easy Tasks," by J. Umbreit, K. Lane, & C. Dejud, 2004. *Journal of Positive Behavior Interventions, 6*, 13-20. Copyright 2004 by PRO-ED, Inc. Reprinted by permission.

137 段（典型的作業），在數學和閱讀大約50%時距數有專注行為。在第一個介入階段，專注行為平均增加到在數學為89%和在閱讀為92%。在第二期間基準線階段，專注行為減少到在數學為63%和在閱讀為65%。在最後階段，專注行為平均在數學和在閱讀都增加到91%。當指定較挑戰的作業，相較於第一個基準線階段和第一個介入階段專注

138 行為增加了。在第二個基準線階段和第二個介入階段間複製了這效果。這複製認可較挑戰的作業（自變項）與獨立學習工作專注行為（依變項）間功能關係的假定。

下列軼事方塊說明 ABAB 設計在教室中的應用。

阿摩司獨立使用電腦工作

弗雷德里克女士是二年級老師，班上有27名學生。當她班上進行個別和小組教學時，其他班學生在獨立用電腦進行造詞練習。她一直很關切阿摩司似乎很少做作業。在5天基準線階段蒐集資料中，阿摩司在30分鐘的課堂平均完成11個例題，而該班的平均是24個例題。當這些資料證實了她的關切，弗雷德里克女士開發了下列介入計畫。她與阿摩司分享了他已做的工作量資料，並要他每週畫長條圖，圖示他每節完成多少例題，並與全班平均作比較。

弗雷德里克女士和阿摩司同意：若他的完成率少於該班平均值的3個例題以內，他會每天得到一個代幣；每再多完成一個例題就會再多得到一個代幣。在5天的介入期間，阿摩司完成少於該班平均值的2個例題以內。為確定這介入與阿摩司表現的改變是否有功能關係存在，弗雷德里克女士倒返到基準線情況，阿摩司的標的行為立刻返回早先水準。下一星期，重新發動該介入，阿摩司的行為表現立刻回到該標的情況。弗雷德里克女士確信該介入已改變了阿摩司的行為。

優點及缺點

139

如上述的應用所顯示，倒返設計的優點在於簡單與實驗控制，也提供了單一自變項對單一依變項效果的精確分析。

這設計的主要缺點是為了確定是否有功能關係存在，必須撤除有效介入。即使標的行為既不危險也非不可逆，教師停止實施顯然有效的方法，似乎顯得荒謬。

⊞ 逐變標準設計

逐變標準設計（changing criterion design）以展現行為可逐步增加或逐步減少以朝向終點表現目的來評鑑自變項的效果。這設計包括兩個主要階段：第一階段（如在所有單一受試設計中）是基準線階段；第二階段是介入階段。介入階段分成數個子階段，每個子階段有邁向終點目標的中期標準，每個子階段須比前一子階段更接近終點行為。該生的表現會逐步從基準線階段邁向終點目標。

當行為改變的終點目標距離該生的基準線水準相當遙遠時，逐變標準設計便特別適用。例如，若目標是該生要讀出 60 個常見字，而她的表現基準線水準是 5 個字；對老師的教及她的學來說，一次教會或學會全部 55 個字可能是不合理的。比較好的教學與增強實務是老師一次教較少量的字數。同樣，若目標是該生要待在座位上持續 40 分鐘，就可以適應融合班；而其表現的基準線程度為 5 分鐘，期望他一次在整個 40 分鐘內達到目標，似乎不合理。在他可及的範圍內，如果他逐漸增加邁向待在座位持續 40 分鐘的終點目標，將能獲得更多增強的機會。

逐變標準設計非常適合測量塑造法（逐步形成）的效果（參見第 10 章）。當教師要以次數、持續時間量、潛伏時間量或力度來測量逐漸增加或逐漸減少的行為時，這設計也是有用的。

實施

　　實施逐變標準設計的第一步就是蒐集基準線資料，這與在其他單一受試設計所使用的方法相同。當基準線穩定後，老師必須要在介入期間，確定每個子階段表現改變的水準。選擇第一個中期表現水準可以由幾個技術之一來確定：

1. 表現的中期標準可以設定在基準線穩定部分的平均值，然後再逐漸增加。這技術適用於當行為改變計畫目標在增加表現水準，及當該生現有水準相當低的時候。例如，老師想要增加學生回答問題的題數而該生正確反應的基準線平均水準為二，則老師可以設定兩個正確回答為第一個中期標準。每一個隨後的子階段須再增加另外兩個正確回答。

2. 表現的中期標準可以設定在基準線平均值的一半。若該生覺得介入階段第一個子階段以基準線的平均值為標準太難了，則以其一半為標準也許就適當得多。若該生在介入階段的第一個子階段表現較基準線階段平均值來得高，則中期標準可以基準線階段平均值的兩倍為標準。

3. 中期標準可以選擇基準線表現的最高水準（或最低，由終點目標來決定）為基礎。這可能最適合用在社會行為，像隨意離座或正向的同儕互動，而非學業行為。這假定是如果該生能夠表現一次高的（或低的）水準，該行為就可以增強（或削弱）並維持在新的水準。

4. 中期標準可以基於對該生能力的專業估計。這方法特別適用在當該生現階段表現水準是零的時候。

　　不管老師使用建立最初標準的技術如何，蒐集的資料應該用於評鑑每一子階段標準的量是否適於特定一學生。

　　實施逐變標準設計的下一個步驟就是開始介入階段。在每一階段

中，如果該生表現至少在中期標準的水準，老師應該提供增強。對老師而言，在開始的介入階段重要的是去分析所選表現中期標準的適切性。若該生經適當次數的嘗試後仍未達到標準，則老師應該考慮降低給予增強所需表現的中期水準。反之，若學生太容易達到目標，則老師應該考慮調整給予增強表現的中期水準。

連續幾節（通常子階段中連續兩節，或在三節中連續兩節）該生達成預定的表現水準之後，給予增強所需的表現水準，應該就整個行為改變計畫所期望的表現水準的方向來調整。每一連續的中期表現水準應該由第一個中期表現預定的同樣數學差距來決定。也就是說，行為改變計畫應該反映在標準水準上一致地逐步增加或減少。這過程繼續一直到：

1. 該行為增加到 100% 或減少到 0% 的表現水準；或
2. 老師所建立該行為目標的終點目標達成。

如果該生的表現水準，與老師指定的表現和增強所需的持續改變的標準一致，則展現自變項與依變項間的功能關係（Kazdin, 1998; Richards, Taylor, Ramasamy, & Richards, 1999）。評鑑功能關係的方法是基於，在複製例子裡呈現與逐變標準重複相配。每一個子階段的中期標準都是下一子階段逐漸增加（或減少）標準的基準線（Cooper, Heron, & Heward, 2007; Hartmann & Hall, 1976）。通常，在假定功能關係有效之前，學生必須至少在三個連續階段達到預定的標準。

＊
教師和研究者能以逐變標準設計建立功能關係。

圖示

基本的逐變標準設計格式類似於 AB 設計。基準線之後接著是介入階段，以一垂直虛線分隔兩情境（條件）及每一子階段。如圖 6.11 *141* 所示，根據增強選擇的表現水準確認介入階段的資料。圖示的方法需要連接每一子階段內的資料點，在不同中期或子階段中蒐集的資料點則不相連接。學生獲得後果（給予增強）所需行為的強度大小在每一

圖 6.11 逐變標準設計的基本格式

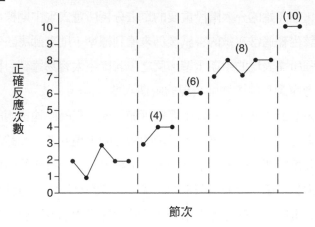

節次

介入階段水準應加以清楚確認（參見圖 6.11）。

應用

Hall 和 Fox（1977）運用逐變標準設計以增加行為異常學童解數學題的答對題數。在基準線階段，該生展現答對一題的平均表現水準。

第一個中期表現水準預定在比基準線平均數更大的下一整數數量（2），若學生達成這表現水準，便允許其打籃球。若該生不能達成標準，他就必須待在數學課中，直到答對所需題數。如圖 6.12 所示，這過程一直持續直到 10 題數學正確解出。

Ellis、Cress 和 Spellman（1992）運用逐變標準設計增加中重度智能障礙學生自我管理獨立練習。教導三位學生使用跑步機，呈現在圖 6.13 的學生是一位 16 歲大的女孩。在每週兩次共 2 週實施未加督導的基準線階段之後，便決定介入期子階段的期間；一開始的長度接近或比基準線表現稍長。一旦有一或多節課達到前一個目的，則中期標準每一次增加 2 分鐘（中期標準在每一子階段只增加 1 分鐘時間，以展現自變項進一步控制該行為）。教學生運用廚房數位計時器，以貼紙作為達到中期標準的代幣增強物。學生以 5：1 的比例用代幣兌

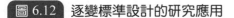

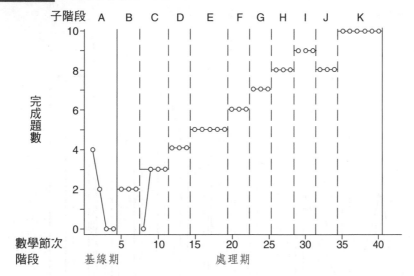

圖 6.12　逐變標準設計的研究應用　　　*142*

資料來源：取自"Changing Criterion Designs An Applied Behavior Analysis Procedure," by R. V. Hall & R. G. Fox, 1977, in B. C. Etzel, J. M. LeBlanc, & D. M. Baer (Eds.), *New Developments in Behavioral Research: Theory Method and Application.* Copyright 1977 by Lawrence Erlbaun Associates, Inc., Publishers. Reprinted with permission of the authors and the publishers.

換與運動有關的項目（例如汗衫、防汗帶、短褲）。學生從一子階段 *141* 及中期標準到下一個（子階段及中期標準），展現系統增加自我管理練習的分鐘數。作者將那些數節圖示未達中期標準的學生，歸咎於學生計時器啟動的錯誤，或計時器啟動與開始練習間的時差。

　　提高實驗控制的某些程序元素，可增加逐變標準設計的研究可信 *143* 度：

1. 子階段持續實施直到預定的穩定率

　　針對教室應用，在進入下一子階段之前，維持行為兩節（或三節中的兩節）的中期標準，顯示充分的控制。針對研究目的，因為將每一子階段視為下一子階段的基準線，那麼在下一子階段開始之前，這子階段要持續直到預定的穩定率（Richards et al., 1999）。

142 **圖 6.13** 逐變標準設計的應用

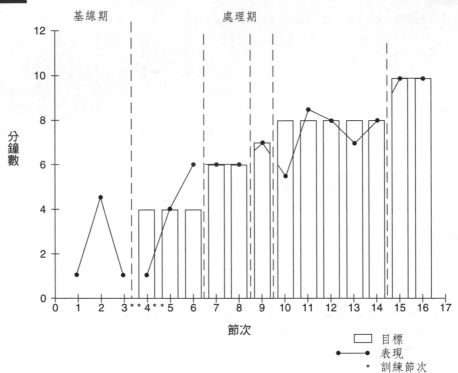

資料來源：取自"Using Timers and Lap Counters to Promote Self-Management of Independent Exercise in Adolescents with Mental Retardation," by D. Ellis, P. Cress, & C. Spellman, 1992, *Education and Traning in Mental Retardation*. Copyright 1992 by the Council for Exceptional Children. Reprinted by permission.

143 **2. 改變一些子階段的節數**

在圖 6.12 中，在每一中期標準一般維持三節；然而在一些子階段中，這種節數會改變。在子階段時間長度（節數）可隨該行為停留在標準水準多久（標準有效多久）而異（Cooper et al., 2007; Richards et al., 1999）。「達到了改變後，它是穩定的。在進入下一標準之前，產生令人信服的控制是重要的」（Hartmann & Hall, 1976, p. 531）。

3. 在子階段中變化增加（或減少）所需的表現

在圖 6.13 中，第三子階段的標準設定增加 1 分鐘，而非增加 2

分鐘。變化標準變動的大小，提供了更加令人信服的實驗控制（Co-oper et al., 2007）。

4. 在一個或更多的子階段需要與終點目標方向相反的改變

　　在圖 6.12 子階段 J 中，增強標準的改變與終點目標相反方向。倒回到該生之前精熟的表現水準，顯示類似於 ABAB 設計中返回基準線的可逆效果。

　　這裡有一軼事方塊說明逐變標準設計在課堂的使用。

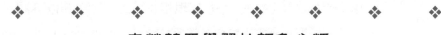

克勞蒂亞學習按顏色分類

　　克勞蒂亞是開羅先生中年級班的中度智能障礙學生。開羅先生嘗試要教克勞蒂亞迅速地按照顏色分類物品。克勞蒂亞可以完成該工作，但做得太慢。開羅先生決定使用逐變標準設計評鑑正增強方法的效果。他建立克勞蒂亞分類的基準線平均率是每分鐘4件物品。他設定每分鐘6件作為第一個中期標準，而每分鐘30件作為終點目標。克勞蒂亞達到標準時就獲得可交換一分鐘自由時間的撲克牌（代幣）。當克勞蒂亞連續兩次嘗試或有機會達到標準時，開羅先生就以增加兩張撲克牌來提高獲得增強的標準，他持續這樣做一直到克勞蒂亞每分鐘分類30件以獲得撲克牌。開羅先生肯定自變項與依變項間的功能關係，因為克勞蒂亞的行為在每次標準改變的時候很快地改變，但都直到標準改變時行為才會改變。

優點及缺點

　　逐變標準設計的優點就是在行為朝正向持續改變時，可建立功能關係，不需要撤除成功的介入。然而，使用逐變標準設計需要非常緩慢逐漸的行為改變，因此不適合需要或期待快速改變的行為。

¹⁴⁴ 多基線設計

如其名稱所示，**多基線設計**（multiple baseline design）能允許同時分析超過一個的依變項。教師可以在下列狀況實驗性地測試介入（自變項）的效果：

1. 在單一情境中與一位學生有關的兩項或多項行為，像是約翰在社會課的隨意離座與隨意說話行為〔**跨行為多基線設計**（multiple baseline across behaviors）〕。

2. 兩位或多位學生在單一情境展現相同行為，就像莎拉與珍妮在英文課的拼字正確率〔**跨個體多基線設計**（multiple baseline across individuals）〕。

3. 一位學生在兩個或多個情境展現相同的行為，像是寇特在下課與在學校餐廳罵髒話〔**跨情境多基線設計**（multiple baseline across settings）〕。

當教師對介入方法應用在超過一個個體、情境或行為感興趣時，多基線設計就是其選擇。多基線設計不包括一倒返期，因此，當倒返設計不適合時，如當標的行為包括攻擊行動或當涉及學業行為時，就可以使用多基線設計。

基準線、方向性、穩定度、控制——這是教學還是網球？

實施

教師運用多基線設計同時蒐集取得每個依變項的資料。教師在基準線情境針對每一學生、每一行為或每一情境進行資料蒐集。在建立資料蒐集系統時，教師應該選擇適合計畫中每個變項的縱座標量尺。為使資料分析可行，每個依變項應該用相同的測量尺度（例如，正確完成數學題數或專注行為的百分比）。

在第一個變項的基準線達到穩定後，便可開始介入該變項；在介入階段，其他變項持續進行蒐集基準線資料。當第一個變項達到行為目標預定的標準時，或當第一個變項資料點以三個連續資料點顯示出 *145* 所欲方向的趨勢時，就可以開始介入第二個變項。應該持續介入第一個變項，且仍應該對任何額外變項蒐集基準線資料。這順序應持續直到介入方法已應用到行為改變計畫所指認的所有變項。

就多基線設計所蒐集的資料，可檢驗自變項與每個依變項間的功能關係。引進介入第二個與隨後的依變項構成複製的效果。例如，蒐集邁特在特殊教育資源班與環境科學課，專注行為的基準線資料後，老師開始在資源班實施介入。給予邁特的隨因增強：若他在老師看著他 85%的時間中能專注，就可以減少 20%的家庭作業。這隨因增強在星期二產生效果，且持續 4 天直到其行為達到標準。在這相同的 4 天期間，老師持續在自然課中蒐集基準線資料。一旦邁特達到資源教室的標準，這隨因增強就在自然課中實施，並持續在資源教室中實施。若邁特在資源教室中的專注行為增加，而後自然課中的專注行為也增加，則老師可以說，邁特的專注行為與減少家庭作業間有功能關係。當（只有當）自變項引進時，如果每個依變項連續顯示有變動，就可假定具功能關係。

應檢驗相鄰的圖示，以確保每個連續介入在適當的依變項上有自變項的處理效果。只有第一個自變項應受第一個介入影響。只有當介入也如此應用於自變項時，會看到第二個及隨後的依變項的改變。圖 6.14 顯示功能關係的一個實例，然而圖 6.15 則不然。在圖 6.15 中， *146*

¹⁴⁵ **圖 6.14** 多基線設計資料顯示功能關係

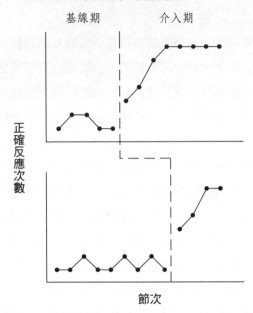

¹⁴⁶ **圖 6.15** 多基線設計資料未顯示功能關係

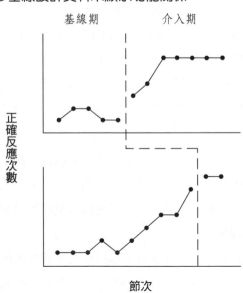

當引進介入第一個變項時，第二個依變項開始向上的趨勢，顯示變項
間的關係不是分離的，或者獨立的。

圖示

運用多基線設計時，教師應該以分開的軸繪製介入應用的每一依
變項（個體、行為或情境）。圖 6.16 顯示多基線設計組合圖。

應用

◈跨行為

Higgins、Williams 和 McLaughlin（2001）使用跨行為的多基線
設計決定代幣增強法是否可減少小學學習障礙生三項不當行為的高發

圖 6.16　多基線設計基本格式　　*147*

146 生率。這三項行為分別是隨意離座、隨意說話與不良坐姿。該生在獨立練習時段若未表現這三項行為則可獲得代幣。這隨因增強首先作用於該生隨意說話,然後隨意離座,最後是不良坐姿。圖 6.17 顯示增強計畫接續減少每一行為的效果。每一依變項(行為)與自變項(代幣)間的功能關係可以說是存在的,因為代幣的使用成功地在跨這三項行為中被加以複製。

◈ **跨個體**

Buggey(2005b)使用跨個體多基線設計,評鑑影像自我示範(videotaped self-modeling)在教導中間學校經診斷為亞斯伯格症男 *147* 生正向行為(社會互動)及減少勃然大怒的效果。社會啟動(social initiations)定義為未經請求主動對同儕或教職員說話。撰寫角色扮演劇本並要求該校同儕創作電影。場景顯示羅伊或湯米走近同學並問社會問題,接下來簡要討論喜愛的活動。創作 3 分鐘的影片,在開始上課之前放映給班上學生看。在午餐時間、下課時間和自由時間蒐集資料,每項時間 30 分鐘。如圖 6.18 所示,結果顯示這兩位男孩在社會啟動次數上立即獲益,且維持這些獲益。羅伊,從在基準線期間沒有社會啟動,到每天上升到 4.0 次啟動並維持每天平均 4.4 次。湯米在 12 天的基準線期間有兩次社會啟動,每天平均 0.17 次,增加到 3.8 次和維持在每天 4.25 次社會啟動。由於湯米複製了羅伊成功的影像自我示範,可以說依變項與自變項間有功能關係。

研究員使用多基線設計同時看一名以上學生的該項行為。他們將成對學生、小組學生,甚至整班視為一單元。這些個案的表現也許記述為整組平均的標的行為或小組裡個別成員的表現(Hawken, Mac-Leod, & Rawlings, 2007; Kohler, Strain, Hoyson, & Jamieson, 1997; Loncola & Craig-Unkefer, 2005)。

◈ **跨情境**

Dalton、Martella 和 Marchand-Martella(1999)使用跨情境多基

圖 6.17　跨行為多基線設計圖示　*148*

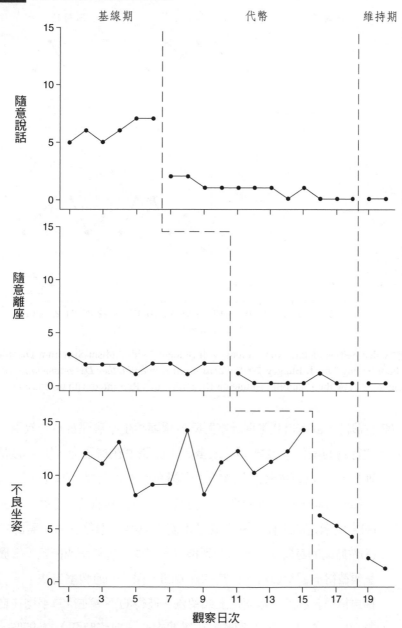

資料來源：取自 "The Effects of a Token Economy Employing Instructional Consequences for a Third-Grade Student with Learning Disabilities," by J. Higgins, R. Williams, & T. McLaughlin, 2001. *Education and Treatment of Children*. Copyright 2001, by Family Services of Western PA. Reprinted by permission.

149 **圖 6.18** 跨個體多基線設計圖示

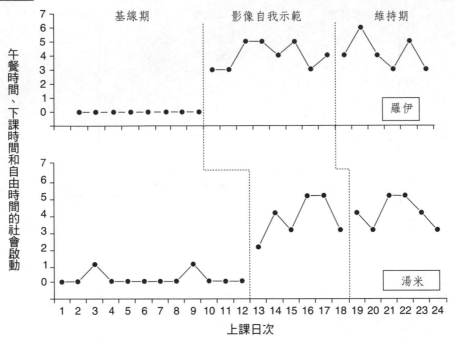

資料來源：取自"Video Self-Modeling Applications with Students with Autism Spectrum Disorder in a Small Private School Setting," by T. Buggey, 2005, *Focus on Autism and Other Development Disabilities, 20*, 52-63. Copyright 2005, by the Hammill Institute on Disability, Inc. Reprinted with permission.

147 線設計，評鑑自我管理計畫對兩位學障男生不專注行為的效果。不專注行為的操作定義為：(1)未坐好（屁股不在椅子上，腳未必要放在地板上）；(2)隨意與人講話（未經允許與人說話、耳語、不出聲地

148 用口形說話）；(3)妨礙他人（傳紙條、觸碰其他同學身體或物品）；(4)未做指定的工作（亂寫或亂畫而不寫字，看雜誌而不看課本）；(5)做無關的身體運動或妨礙到指定的工作（玩鉛筆或撕紙）。圖 6.19 呈現彼得的圖示資料。在基準線期間，採「一般教室方法」。這些包括再指導、訓誡、離開班上或留置。彼得的不專注行為平均在自然課

149 為 79%，在語文課為 87%，在學習中心（自修時間）為 97%。首先在自然課實施自我管理計畫，不專注行為時間減少到平均 17%；然後

圖 6.19　跨情境多基線設計圖示　*150*

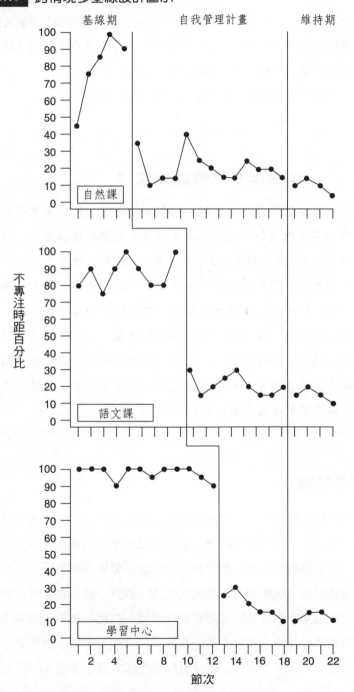

[149] 在語文課實施，減少到平均21%；最後在學生自修時間實施，他的不專注行為時間減少到平均16%。我們注意到，自我管理計畫首先在自然課實施，然後在語文課複製，在學習中心第二次複製。這些成功的複製得到結論：依變項和自變項間有功能關係。

下列軼事方塊說明多基線設計在教室中的應用。

學生學會準時進教室

拉菲爾女士是一位中間學校英文老師，她早上三個班的學生常常遲到。她開始記錄這三班的基準線資料。她記錄鈴聲響時學生坐在座位上的數量。她發現平均第一班有5位、第二班有4位、第三班有7位坐在座位上。當鐘聲響時，拉菲爾女士開始在成績表上給第一班當鐘聲響起時坐在座位上的學生額外加分。在一週內，25位學生都準時並就位。對其他班的基準線資料，顯示在第一次介入期沒有改變。當她開始在第二班給予額外加分時，學生準時出席的人數立即且急遽地增加。一週後，她在第三班應用這方法而得到類似的結果。拉菲爾女士完成兩件事：她成功地使學生準時進教室，並建立了介入方法（自變項）與其學生行為（依變項）間的功能關係。

---

[150] 優點及缺點

❖ ....
多基線設計的困難，及建議的解決之道。
....

多基線設計可建立功能關係，不像倒返設計需撤除介入方法，也不像逐變標準設計需漸次改變，這些優點使其特別適用於課堂情境。然而，多基線設計也有一些限制。這設計需要研究者將介入方法，應[151] 用到幾位學生、幾項行為，或幾個情境，也許不總是實際可行的。多基線設計蒐集基準線資料也需要額外時間，特別是為第二及隨後的依變項的基準線資料。當該生無法在所有的或額外的情境表現該行為，就會顯得不可行、不實用；每日可能要花比實際上多很多的時間蒐集

基準線資料，或是不可能如此做到。**多探測設計**（multiple probe technique）就是為了合理解決這種情況所提出的方法（Horner & Baer, 1978）。在這多基線設計的變型中，介入沒有繼續實施時並不持續蒐集行為（或學生，或情境）資料。而是在探測嘗試（基準線情境單一次嘗試）或探測時段（基準線情境超過一次嘗試）間歇地實施隨後這些行為，以驗證該生仍然不會表現行為，或記錄在介入前其能力的任何改變。當對行為 1（或學生 1，或情境 1）實施介入方法時，老師間歇探測行為 2 或行為 3。當行為 1 達到標準時，一次或多次探測時段便對三項行為都實施，然後開始介入行為 2。對行為 1 實施後檢查探測（postcheck probes），以確定改變後的行為仍維持著，持續對行為 3 探測基準線。當行為 2 達到標準時，便對三項行為實施一或多項探測時段。接著對行為 1 與行為 2 實施後檢查探測，便對行為 3 開始實施介入方法。

⠿ 交替處理設計

相對於多基線設計（使用單一自變項與多個依變項），**交替處理設計**（alternating treatments design）（Gast, 2010; Kazdin, 2011）可以讓超過一個處理或介入策略對單一依變項效果進行比較。例如，使用這設計，教師可比較兩種閱讀教學對學生閱讀理解能力的效果，或兩種減少行為方法對學生隨意講話的效果。教師也可以檢驗三個不同類型的符號在學生使用溝通板的效率。許多不同的名稱用於稱呼這設計：多時制設計（multiple schedule design）（Hersen & Barlow, 1976）、交替條件設計（alternating conditions design）（Ulman & Sulzer-Azaroff, 1975），及多元素基準線設計（multi-element baseline design）（Sidman, 1960）。

實施

建立交替處理設計的第一步，是選擇標的行為與兩個或多個的可能處理方式。若標的行為是社會的（例如問適當的問題或維持專注），應該是操作型定義。若標的行為是學業的，則應該選出兩個或多個典型的行為樣本（例如兩題或多個同樣難度的除法題），每一行為樣本接受一項介入或處理策略。

如同這設計的名稱所示，處理是交替或循環實施的。處理的呈現可以是隨機的順序，像 ABBABAAB（Barlow & Hersen, 1984）。當使用兩項處理時，該生應該接受每項相同的時間數量。如果有三個處理方式，就運用區塊循環。每一區塊由每項處理代表組成；例如，ABC、BCA、CAB、ACB、BAC、CBA。如果資料蒐集夠長，每種可能呈現的順序至少要運用一次。

交替處理設計可以在單一階段（B 在 A 之後），或從一階段到下一階段（A在早上而B在同一天的下午），或在連續的日子（A在星期一、B 在星期二）中順序運用。順序的安排應該採對抗平衡（counterbalance）的方式，也就是說，在一階段首先實施的處理，在*152*下階段放在第二位；在第一天早上實施的，在第二天就在下午實施；在第一週的星期一實施的，在第二週則星期二實施（研究情境中，類似的對抗平衡用在減少其他潛在干擾變項的影響，像執行處理者與實施地點）。這樣的對抗平衡應對可能的殘留或順序效應加以控制（Barlow & Hayes, 1979）。換言之，隨機呈現處理的順序，每一處理對其他處理的可能影響將會減少。

在每一個處理之前立即出現的可區別的刺激、信號或線索，將使處理的情境（條件）效果對該生更顯著。例如，教師可以說：「這是處理A」與「這是處理B」，或「現在我們將使用一條數線」及「現在我們將使用計數花片」。教師也可以色彩編碼作業單顯示一特定情境（條件）的效果。

圖示

　　交替處理設計的基本圖示如圖 6.20 所示。如所有設計一樣，首先要畫基準線資料，並以垂直虛線與介入資料隔開。交替處理設計的圖示不同於其他顯示每一圖示的幾個曲線，每一介入處理的點只與同一介入其他處理點連接，所以每一種資料的展示是分開的線條或曲線。

　　如果處理的資料曲線垂直地與其他曲線分開，稱為分量（frac-tionated）。這種分量顯示處理是有區別效果的。

　　圖 6.20 最上方的圖示展現有效處理的資料。處理 A 是兩個處理中較有效的，資料曲線是分開的，除了在介入剛開始時以外，沒有任何交會點，這兩個曲線是分量的。圖 6.20 也顯示彼此間無顯著差異的資料，中間的圖示兩個處理都未展現對依變項的控制，兩者也都無效。最下圖顯示兩個處理對依變項都展現控制，兩者都是有效的。

　　以圖示的目視分析，我們可以推論在一或多個自變項與依變項間的實驗控制。

　　　　因為干擾因素如實施時間已由對抗平衡方法加以抵銷（據推測），也因為受試經由教導或其他辨別刺激可以對兩實驗處理清楚辨別，每一處理的個人行為改變的圖示上的差異，應該歸因於處理本身，提供了兩個（或更多的）處理間的直接比較。（Barlow & Hayes, 1979, p. 200）

　　如同到目前的描述一樣，交替處理設計不包括複製階段；因此，功能關係存在的例子相對較弱。為了要取得更有力的例證，就必須實施第三階段。在這階段，較有效的處理應用到在介入階段無效處理的行為（或行為樣本）上。然後，如果第二項行為改善，那麼處理的複製已完成，且展現了功能關係。圖 6.21 顯示這樣的設計三階段的變化。

153 圖 6.20 使用交替處理設計蒐集資料的圖示：最上方的顯示處理
A 是較有效的，中間及最下圖顯示兩種處理無差異

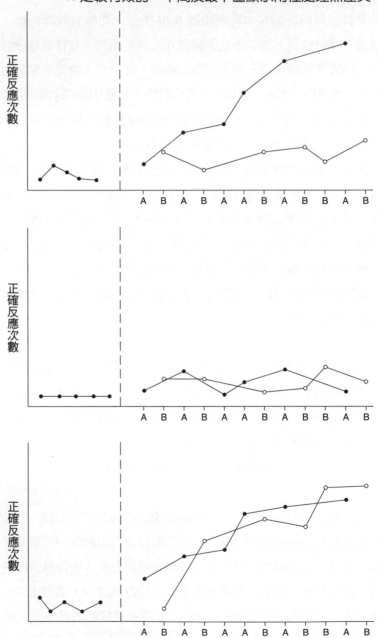

圖 6.21　三階段的交替處理設計展現功能關係

154

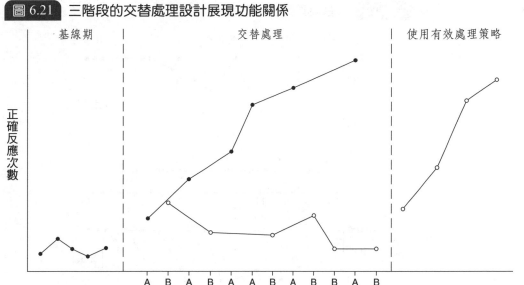

應用

152

　　Cihak 和 Foust（2008）使用交替處理設計比較由三名自閉症小學生使用數線或接觸點解決一位數加法題的效率。在小組教學方式中，學生完成了算術習作題，並蒐集永久產品資料。教師使用改良的示範 *154* －帶領－測試法教學生如何使用數線及接觸點。圖 6.22 顯示每一小組成員正確解題的百分比資料。如這設計的第二個階段所見，資料明示學生使用接觸點時表現較佳。然而，可見的是，每名學生習得曲線的分離及趨勢是有差異的。第三個階段呈現成功使用接觸點的複製，並且顯示依變項（加法表現）和自變項（接觸點）的函數關係。（注意這不是多基線設計，而是每名學生同時開始基準線然後介入。）

　　交替處理設計可以提供教師關於各種教學技巧的效率比較，既迅速又準確的回饋，如 221 頁軼事方塊的舉例說明。

❋⋯⋯⋯⋯⋯⋯⋯
使用交替處理設計
可幫助教師教學個
別化。
⋯⋯⋯⋯⋯⋯⋯⋯

155 **圖 6.22** 交替處理設計的應用

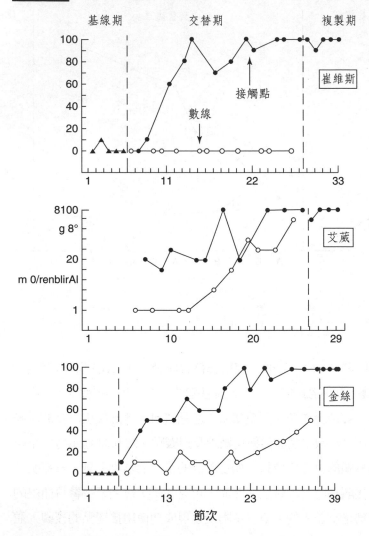

資料來源：取自 "Comparing number lines and touch points to teach addition facts to students with autism," by D. Cihak & J. Foust, 2008, *Focus on Autism and Other Developmental Disability, 23,* 131-137. Copyright 2008, by the Hammill Institute on Disability. Reprinted with permission.

154

瑪西婭學會常見字

海根先生是小學資源班老師，他要學生瑪西婭學習一年級程度的基本常見字彙。他選擇了15個字彙，並建立瑪西婭閱讀這些字彙的基準線是零。然後海根老師把字彙分成三組（每組五個），第一組他寫在字卡上，並伴隨瑪西婭可以聽見發音的錄音帶。第二組他指派一位小老師教瑪西婭，而第三組由老師教導。海根老師每天記錄並圖示瑪西婭每組正確拼字的數量。在一週之內，瑪西婭與小老師學習字彙那組正確率高於其他兩組。海根老師做出結論：對瑪西婭而言，在學習常見字彙方面，同儕教導是最有效的方法。

優點及缺點

155

交替處理設計對回答教師教學上最重要問題之一（哪種方法對這學生最可能成功？）是有效的。一旦清晰的分別出現，教師可以運用少至三到五個資料點就可以選擇最有效的方法。一項缺點就是必須實施複製的階段以確定清楚的功能關係。然而，這對教師而言，可能較無實務上的重要性。

⁞⁞ 逐變條件設計

逐變條件設計（changing conditions design）是用以探討兩個或多個處理（自變項）對學生行為的效果（依變項）。不像交替處理設計，逐變條件設計中的處理是按順序持續引進的。逐變條件設計也被稱為多重處理設計，或 ABC 設計（ABC design），因為每一新的處理階段被標以方便指認的字母（Cooper, 1981; Kazdin, 2011; Richards

❋ ⋯⋯⋯⋯⋯⋯⋯⋯
逐變條件設計反映一事實：教師持續 *156* 嘗試不同的技術，直到找到有效的為止。
⋯⋯⋯⋯⋯⋯⋯⋯

et al., 1999）。

針對一位特定學生發展一種成功方法之前，需要嘗試許多介入方法的教師來說，這設計是有用的。教師逐步改變期待該生行為表現的情境（條件），例如：環境條件、教學情境、增強條件。

實施

實施逐變條件設計的第一步，就是蒐集基準線情境的資料以評估該生目前的表現水準。一旦確定基準線穩定之後，教師可以引進所選的介入，並經由資料蒐集測量其效果。若第一個介入的資料無法展現學生表現的改變，或若表現改變的強度不足，或不是所要改變的方向，教師可以設計第二個介入。第二個介入可能是策略的完全改變或是先前介入的修改。這個重新設計介入情境（條件）的過程一直重複，直到該生的行為達到期望的效果為止。老師應期待在五個介入階段就看到一些該生行為改變的證據。

逐變條件設計有三種基本變化：(1)ABC；(2)ABAC；以及(3)ABACAB（參見圖 6.23）。

1. ABC 設計：當老師試圖判斷兩種處理間的有效性時，像是嘗試將促進學生表現的教學組合，或嘗試系統撤除協助方式以引導學生更進一步獨立表現，ABC 設計是有用的。

(1) 建立一個教學組合：從學生的當前表現開始，老師實施介入。如果學生的表現未予以回應或未充分回應介入，則新的策略是要繼續或累積增加直到該生的表現符合標準。這個格式與當前介入反應模式（RTI）相容。當新策略加入到教學組合，就變成一個新的階段。這個設計單純是 AB 設計的擴展。在 AB 設計，沒有複製介入的作用，且沒有功能關係的假定。Smith（1979）設法改進一名學障學生的口頭閱讀。在基準線之後，使用了三個累積階段。首先老師使用了教師示範（teach-

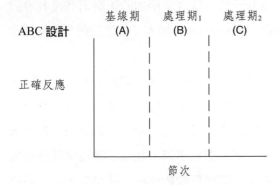

圖 6.23 逐變條件設計的變型

157

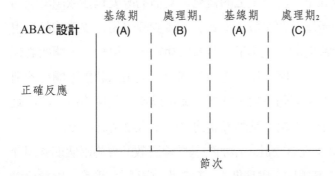

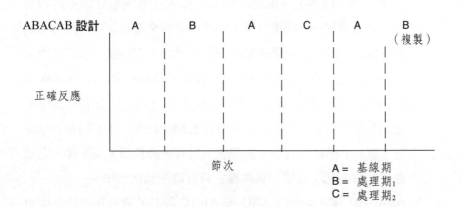

156　er modeling）。當該生表現的改變不足，則用矯正法（correction procedure）加上示範。當這個相加的策略仍然沒有導致足夠的改變，預覽（previewing）加入了。這三個策略的組合是成功的。

(2) **褪除協助**：教師系統化減少提供給學生的協助量，是為確認持續成功表現水準所需的最少量。每一次減少的改變都視為一個新階段。減少的改變可能包括減少事前刺激的強度，像在第一階段提供學生學習描寫字母，在第二階段則是分布較鬆散的連接點，及下一階段更鬆散分布的連接點，以致最終僅以線條呈現於紙張上的書寫。其他的改變包括減少增強的量或給予增強的次數（方式）。減少教學組合成分的數量也是褪除協助的一個例子。若為成功寫出一篇短文，開始需要給學生一個主題、描繪主題的圖片、經由口語描述圖片的引導及一個主題句等項，則老師就可以系統化褪除每一項，直到只給予一主題，該生就能夠寫出一篇短文為止。

157　2. **ABAC 設計**：在這設計，添加的基準線將教師實施兩個或多個介入分割成：基線期、處理期₁、基線期、處理期₂等等。處理可以完全不同，或為另一處理的變型。插入基準線來分隔不同的處理，避免當另一處理進行時，之前的處理影響到該生的行為，因此提供每一處理的效果清楚的圖示。然而，因為缺少複製階段，它沒有肯定明確的功能關係。Coleman-Martin、Heller、Cihak 和 Irvine（2005）的一項研究，以三種不同介入（只有老師教學、老師教學和電腦輔助教學、只有電腦輔助教學）比較詞彙的增加量。實驗的階段序列是：基準線、只有老師教學、基準線、老師教學和電腦輔助教學、基準線、只有電腦輔助教學。

158　3. **ABACAB 設計**：來自 ABC 或 ABAC 設計的資料無法確定依變項與任何自變項間的功能關係。如 AB 設計的例子，資料僅指出一特定介入的有效性；然而，為展現功能關係，可以改善這設

計。為評量功能關係的有無，應該複製介入的效果；因此，對隨
後的每一可能的處理，其資料顯示最成功的處理是在另一基準線
之後的複製。若該處理再度成功，這就是其效果的複製，便因此
展現功能關係。這設計也可視為 ABAB 設計的變型。

圖示

　　逐變條件設計的格式類似之前設計的形式。基準線階段之後接下
來是介入階段，以一垂直的虛線分隔有關每一特定介入的資料。圖
6.23 顯示三種基本形式：ABC、ABAC、ABACAB。

應用

　　Crozier 和 Tincani（2005）使用重複基準線的逐變條件設計
（ABAC），比較減少一位八歲自閉症男孩隨意說話行為的兩項介
入。在他的教室實施介入，一節 30 分鐘結構的獨立活動。圖 6.24 呈

圖 6.24　逐變條件設計的應用

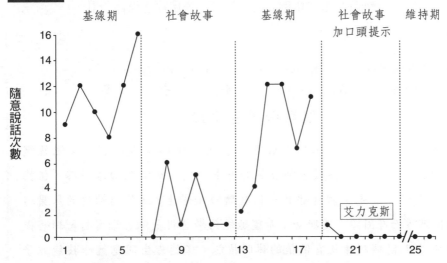

資料來源：取自 "Using a modified Social Story to Decrease Disruptive Behavior of a Child with Autism," by S. Crozier & M. Tincani, 2005, *Focus on Autism and Other Developmental Disabilities, 20*, 150-157. Copyright 2005, by PRO-ED, Inc. Reprinted with permission.

現艾力克斯在每一階段隨意說話的資料。

(1) 在第一個基準線階段，艾力克斯平均每節隨意說話 11.2 次。

(2) 在第一個介入階段，每節活動前實施一則社會故事策略。老師和艾力克斯並肩而坐，老師交給艾力克斯一本書並說：「這是關於在學校說話的一個故事。」艾力克斯大聲讀故事，然後回答問題，確定他了解他所讀的。在這個介入階段，隨意說話下降到每節平均 2.3 次。

159

(3) 在第二個基準線階段，當介入暫停，艾力克斯隨意說話增加到每節平均 8 次。

(4) 第二個介入階段，老師和先前一樣實施社會故事朗讀，但增加了老師的口頭提示：「當你要跟老師說話前記得要舉手。」每節中每 6 分鐘提一次這個口頭提示。艾力克斯的隨意說話下降到每節平均 0.2 次。

在介入最後一節的兩個星期後實施兩次探測，顯示艾力克斯的行為改變維持著。

下列軼事方塊舉例如何在教學中應用逐變條件設計。

蘿貝塔學習投籃

※⋯⋯⋯⋯⋯⋯
基線期。
⋯⋯⋯⋯⋯⋯

伍德先生最近受雇在一所小學教體育。當他就職時，特教老師瓊斯女士走向他。她很關心蘿貝塔（伍德先生體育課的一位肢體障礙學生），使用輪椅的蘿貝塔在手眼協調方面有困難。瓊斯女士希望她能夠學習投籃球。學習打籃球將提供蘿貝塔手眼協調訓練及有價值的休閒技能。伍德先生同意籃球技能似乎很適合。

伍德先生決定使用系統化方法來教學，他要蘿貝塔投籃 20 次以了解她投進較低籃框裡的頻率。這方法用了五節沒有任何另外教學的課，直到確定了基準線表現率。之後，伍德先生決定使用示範法，他秀給蘿貝塔看如何投球，並要求蘿貝塔模仿他。在五節課中所記錄的進步很少。

✱ ....
第一情境。

伍德先生與特教老師會面以確定能做些什麼。

瓊斯女士仔細檢討所有資料並建議改變情境。她解釋介入方法的改變似乎是必要的，並且示範可以結合使用圖表記錄分數的方法。

✱ ....
第二情境。

伍德先生同意試試看。在兩週之內，蘿貝塔表現有進步，但投不中仍比投中的多。最後的情境就實施示範、記錄分數和矯正法。伍德先生馬上秀給蘿貝塔看如何投籃、記錄她的分數，並秀給她看她投不中籃是因為哪裡錯了。結合這些方法使得蘿貝塔在 20 次投籃中能夠投進 15 球。他們建議蘿貝塔的父母在家裡裝設一個籃框，這樣一來她就可以在放學後享受新學技巧的樂趣了。

✱ ....
第三情境。

優點及缺點

單一基準線的逐變條件設計提供教師比較數個介入對一學生行為的效果。雖然無法確定功能關係，這形式的記錄資料提供老師檢視不同方法在學生行為的效果。然而，老師應該了解，其所見到的是這許多介入累積的效果，而非任一介入單獨的效果。介入效果的個別分析可使用重複基準線格式的逐變條件設計。老師在逐變條件設計系統記錄資料，會有該生進步的記錄，及哪些方法對該生有效的良好指示。我們所描述的六種單一受試設計為 AB 設計、ABAB（倒返）設計、逐變標準設計、多基線設計、交替處理設計及逐變條件設計。表 6.2 呈現總結這些設計的使用、格式及回答的問題類型。

✱ ....
逐變條件是一種教學設計。

160 **表 6.2** 單一受試設計總結

設計	使用	格式	樣本問題
AB	在基準線及介入階段蒐集行為改變資料。缺乏複製自變項（介入）在依變項（行為）的作用，無法決定功能關係。	**兩個階段** 1. 基準線階段 2. 介入階段	1. 當我使用時間延宕法教學，山姆對常見字的精熟度增加？ 2. 當我用代幣增強舉手發言，山姆隨意講話減少了？
ABAB 倒返	以複製基準線及介入階段，確定自變項與依變項間是否有功能關係。	**四個階段** 1. 基準線階段 2. 介入階段 3. 返回基準線階段 4. 返回介入階段	1. 由於積分制的使用，山姆書寫短文的字數增加？ 2. 由於自我記錄法的使用，山姆的不專注行為減少了？
逐變標準	以增加或減少行為，系統地漸次邁向終端標準。如果表現水準與不斷改變的中期標準相配，確定存在功能關係。	基準線階段加介入階段，每個中期標準邁向終端標準。例如：10 個中期階段各分別提高 5 個字，直到達成 50 個字的標準為止。	1. 我能否使用時間延宕法，系統地增加山姆的常見字彙，直到達成 100 個字的標準為止？ 2. 我能否使用代幣，系統地減少山姆下課時在走廊奔跑，直到達成不發生的標準為止？
多基線	透過跨：(1)行為；(2)個體；或(3)情境的複製／類化，確定自變項與依變項間是否有功能關係。	每一複製／類化的基準線和交錯的介入階段，例如跨行為：對莎拉大聲喊叫的基準線和介入階段，以及之後的隨意離座行為；跨學生：鮑伯罵人的基準線和介入階段，然後是泰德的；跨情境：在資源班的基準線和介入階段，然後是消費者數學課。	1.(1) 增強琳達舉手發言會減少她大聲喊叫及隨意離座的發生次數？ (2) 使用學習策略如內容精熟會增進琳達完成美國歷史作業和生物作業？ 2.(1) 使用積點贏得當小組長的機會，可減少鮑伯、泰德和琳達罵人？

表 6.2　單一受試設計總結（續）

設計	使用	格式	樣本問題
			(2) 使用計算機會增加鮑伯和泰德購買雜貨的正確度？ 3. (1) 使用自我記錄會減少琳達在資源班、消費者數學課和音樂課隨意離座行為的發生？ (2) 使用代幣會增加琳達在資源班和消費者數學課做完數學題的題數？
交替處理	確定兩個或多個自變項中哪個較有效增加或減少依變項的發生。在另外階段複製使用較有效的自變項，以確定功能關係的存在。	三個階段 1. 基準線階段 2. 介入階段在幾天裡交替每天實施（不同的）自變項，或在同一天幾節中交替每節實施（不同的）自變項。 3. 同一教學內容由較無效介入改以較有效的介入複製，或同一時段由較無效介入改以較有效的介入複製，以確定功能關係存在與否。	1. 使用數線或計數花片會增加珍妮的加法正確度？ 2. 使用賺或賠積點會證明在減少珍妮的不專注行為較有效？ *161*
逐變條件 多重處理 ABC	確定兩個或多個自變項中哪個對漸增或漸減依變項的發生較有效。可以隨額外的基準線之後複製較有效的自變項確定功能關係的存在與否。	多個階段，例如：基準線、第一個自變項、基準線、第二個自變項、基準線、較有效自變項的可能複製。	1. 口頭和書面練習會增加珍妮在考試的拼寫準確度，或者只有口頭練習是有效的，或者只有書面練習是有效的？ 2. 為減少珍妮上課遲到，扣積點或扣積點及口頭斥責，何者較有效？

❖ 評鑑單一受試設計

結果分析

在課堂中使用應用行為分析技術的目的，是要達成並檢驗學生行為有意義的改變。介入的有效與否以實驗標準與臨床標準兩者來判斷。實驗標準（experimental criterion）檢驗自變項（介入）是依變項（行為）改變的原因，單一受試設計展現受試者內效果的複製以滿足這標準（Baer, Wolf, & Risley, 1968; Barlow & Hersen, 1984; Cooper, Heron, & Heward, 2007; Gast, 2010; Kazdin, 2011; Kennedy, 2005）。

臨床標準（clinical criterion）在判斷老師的介入結果是否「大到足以有實用價值，或對那些接受這介入者及與他們接觸者的日常生活有影響」（Kazdin, 2001, p. 153）。例如，老師應該自問：將學生的成績由 D− 提升到 D（Baer et al., 1968），或者減少學生自傷行為從每小時 100 次降低至 50 次（Kazdin, 2001），抑或是學生的不專注行為在特教班減少而在普通教室仍然很高，是否具有真實的意義。老師應該問：該生的行為是否有效減少不再干擾其他學生的學習，或在家人的協助下能在家或在社區中進行活動。

第三種評鑑介入結果的標準是其社會效度（social validity），那些涉及該生教育計畫的應要加以關心、評估介入計畫及其結果的社會接受度（Kazdin, 1977b, 2001; Wolf, 1978）。

162

❖
社會效度已在第 2 章充分討論。

目視分析

應用行為分析的介入效果，通常由不同階段（條件）資料點圖示的目視分析（visual analysis）來評鑑。檢驗階段內或階段間資料路徑的某些特徵，為的是判斷該介入的有效性。這些特徵包括：階段內資料點的平均數（mean）、從一階段到下一階段的表現水準（levels）、階段間表現的趨勢（trend）、相鄰階段資料的重疊百分比（percentage），及階段內行為改變的*速度*（rapidity）（Cooper et al., 2007; Kazdin, 1998, 2001; Kennedy, 2005; Richards et al., 1999）。

1. 評鑑平均數的改變，重點在跨設計的階段間學生表現平均速率的改變。每一階段內，確定資料點的平均（數）後，可以在縱軸上畫一相對應值的水平線來顯示於圖上。這些平均數關係的目視分析將有助於確定是否介入導致該行為在所期望改變方向上一致且有意義地改變。在圖 6.25 中，Foxx 和 Shapiro（1978）提供了這樣的平均數指標。檢視者可輕易看出在不同階段中，該生破壞行為的相對位置。

2. 表現水準的評鑑是指從一階段的結束到下一階段的開始，學生表現改變的強度和方向。「當新條件引進之後，行為表現水準立即大幅改變，這水準的改變被視為突然的，這就是有力或有效介入的指標」（Tawney & Gast, 1984, p. 162）。Tawney 和 Gast 建議下列步驟確定並評鑑相鄰兩階段間水準的改變：(1)指認第一階段的最後一個資料點與第二階段的第一個資料點的縱軸值；(2)以最大值減去最小值；(3)注意水準的改變是以變好或變壞的方向進行（p. 162）。圖 6.25 中，加上箭頭以顯示水準的改變。

3. 表現趨勢的評鑑焦點在表現系統化的與持續的增加或減少。資料趨勢最常以*四分相交法*（quarter-intersect method）來評鑑（White & Liberty, 1976）。趨勢的評鑑根據進步線，由每一階段中資料點的中位數值擴展而成。趨勢線的使用增加看圖者間目視分析的信度（Ottenbacher, 1993; Ottenbacher & Cusick, 1991）。當老師、學生、家長以及其他關心者等探討學生資料以評量進步，對未來教學或介入做決定時特別重要。計算進步線的步驟說明於圖 6.26 中。趨勢線可以提供：(1)過去行為改變方向的指標；(2)未來行為改變方向的預測。這訊息可以協助老師確定是否改變介 *163* 入。

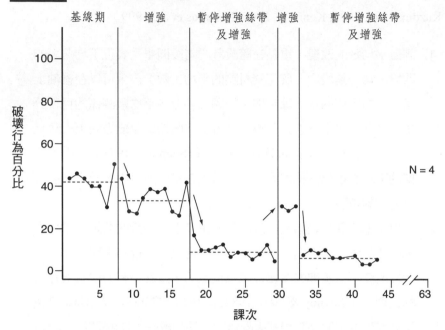

圖 6.25　資料的目視分析圖示

資料來源：取自"The Timeout Ribbon: A Nonexclusional Timeout Procedure," by R. Foxx & S. Shapiro, 1978, *Journal of Applied Behavior Analysis*. Copyright 1978 by The Society for the Experimental Analysis of Behavior. Reprinted by permission.

進一步檢視這過程將產生進步折中線（White & Haring, 1980）。這條進步線畫出使得落在這線上與上方，以及落在線上與下方的資料點數量相同。如圖 6.27 所示，如果資料點不是自然地落在像這樣的組型上，就要重畫，比原來那條線較高或較低（平行移動），直到上方與下方資料點相等的平衡狀態。

4. 評鑑資料重疊百分比，為表現（縱軸值）相鄰階段提供介入對行為影響的指標。這指效果量（effect size）和作為介入效率的測量（Kromrey & Foster-Johnson, 1996）。重疊百分比的計算是以「(1)確定第一階段資料點值的範圍；(2)計算第二階段資料點的總數量；(3)計算第二階段資料點落在第一階段值範圍內的數量；

圖 6.26　計算進步線的步驟

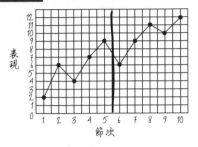

1. **在圖示上畫一條垂直線平分資料點各半。**

在本例，有 10 個資料點；因此，線畫在第 5 和第 6 節之間。如果資料點數是奇數，則垂直線通過中位數點。

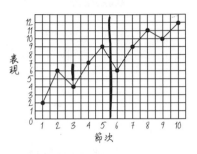

2. **在圖示的左半，找出橫軸中位數點並畫一條垂直線。**

在本例中，有 5 個資料點；因此，垂直線畫在第 3 節。如果節數是偶數，這條線畫在兩節的點之間。

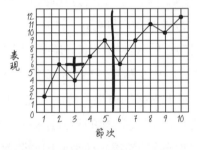

3. **在圖示的左半，找出縱軸中位數並畫一條水平線。**

在本例，縱軸在中位數點是 6，因為有兩個資料點在其下和兩個資料點在其上。如果是偶數資料點，這條線各有兩點介於這線之間。

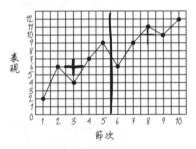

4. **在圖示的右半，重複步驟 2 和步驟 3。**

在本例中，橫軸第 8 節是中位數點，縱軸表現值 10 是中位數點。

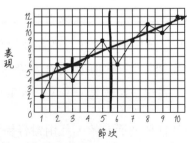

5. **畫一條線連接兩半圖示的交叉點，這就是該資料的趨勢線。**

165  進步折中線

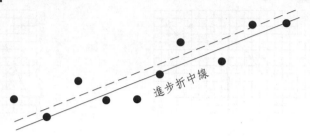

資料來源：取自 *Exceptional Teaching* (p. 118), by O. White & N. Haring, 1980, Columbus, OH: Merrill, Reprinted by permission.

163 (4)將第二階段資料點落在第一階段值的範圍內的數量除以其總數量，然後再將此數乘以 100。一般而言，重疊百分比越低，介入對行為的影響就越大」（Tawney & Gast, 1984, p. 164）。

例如在圖 6.25，基準線（階段 1）資料值之間的範圍是 32 至 50。在只有增強的情境（階段 2），10 個資料點中有 6 個落在該基準線同一資料值的範圍中，產生 60%的重疊。然而，在階段 2 與階段 3 之間重疊的百分比是 0%。這些改變的百分比顯示：暫停增強絲帶（詳見第 396 頁）與增強的使用，比只使用增強對干擾行為有更大的影響。

165 5. 評鑑行為改變的速度（有時稱為行為改變的潛伏時間量），這指的是在一階段開始或結束與行為表現改變間時間量的長度。在實驗條件改變之後（也就是說，在介入的實施或撤除之後），改變發生得越快，則介入效果就越明顯（Kazdin, 1998）。應注意的是：「改變的速度是一種難以詳細指明的記法，因為它結合水準與斜率（趨勢）改變的函數；在水準與斜率（趨勢）上顯著改變，通常反映出快速改變。」（Kazdin, 2011, p. 316）

目視分析往往快速而有效，且相對容易學習（Poling, Methot, & LeSage, 1994），這對教師試圖要在課堂教學與行為管理的決策上很

有用。目視分析的使用鼓勵蒐集資料持續評鑑階段改變，而非依賴介入前後的資料，這促進了資料本位決策（data-based decision making）的教育計畫。

　　使用目視分析的問題在缺乏具體決定原則，無法確定是否可以顯示特定的可信賴效果（Kazdin, 1998）。目視分析的內涵並未基於研究文獻一致的操作型定義標準，每位教師或研究者在使用目視分析時對內涵設定自己的標準。因此，探討跨組或跨個體的學生資料，目視分析是個人主觀且開放不一致的應用。對目視分析所下結論的信心，可由增加不同內涵的可靠運用來增強。信度可由三方面來增加：(1)師資訓練並重複有使用機會；(2)以一致的應用標準來詮釋學生表現的資料；(3)兩位或更多受過訓練的個體獨立評論資料，並做可資比較的結論（Richards et al., 1999）。在特殊教育裡，至少由教師與IEP小組成員每年詮釋與探討學生資料。這提供機會探討資料詮釋與諮詢合作設定資料本位決策的標準。

　　值得注意的是，來自目視分析的評鑑只顯示出介入對行為強烈或可信的效果，可能漏失由一些介入引起的一致但細緻或微弱的行為改變。然而，目視分析仍有利於課堂使用，它較有可能指認出產生強烈或社會顯著結果的自變項。通常介入的目的是要獲得立即且有效的處理效果。若得到這樣的效果，則這樣的效果是「在目視分析中顯而易見的」（Kazdin, 2001, p. 150）。當單一受試設計用於課堂的決策，治療效度與社會效度就成為重要標準。臨床標準在判斷是否老師介入的結果，大到足以具實際價值且影響該生的學習或行為。社會效度可能基於該生的表現及社會接受度的功能改變。 *166*

　　儘管目視分析很有用、方便，且基本上在課堂決策上指認並驗證有力介入效果是可靠的，教育與行為研究者也可選擇探討單一受試資料的統計評鑑，與目視分析結果並列或比較（Richards et al., 1999）。這在關心跨母群的類化時，或尋找細微介入效果而非治療上顯著性，但更進一步研究可能更加顯著或更一致時，就有必要。Kazdin

（1976）提出使用統計技術的三個理由：(1)區分偶發事件與細微效果；(2)當無法建立穩定的基準線時，用以分析處理方法的效果；(3)在缺乏控制的環境，評量處理效果。更多有關目視分析進階使用及在單一受試設計的統計評鑑資料，可以在 Cooper 等人（2007）、Gast（2010）、Kazdin（2011）及 Kennedy（2005）的研究中找到。

◆◆ 行動研究與單一受試設計工具

　　行動研究（action research）是教師和其他教育專家用來系統性探究教學／學習環境，蒐集資訊和反映如何經營他們的學校、他們怎麼教，或者他們的學生學習得多好。依目標蒐集的資訊包括：影響教室和學校環境的正向變化，和學生改進的成果（Mills, 2003, p. 5）。行動研究鼓勵教師當研究參與者，蒐集資訊與教育團隊分享。這資訊提供對教學和行為管理問題的直接分析和用於發展計畫的下一步驟。教師從研究設計工具所得敘述他們所看見的，分析和發展解答以改進他們的實務。

　　行動研究是研究的一種自然主義方法。方法鑑於自然主義，當它們發生在自然情境（例如：教室），較少中斷事件的正常連貫。大部分而言，它們是非實驗的。自然主義的研究者感興趣的不是操弄或控制情境，他們也不是對研究介入以發現功能關係感興趣。當研究的目的在了解是什麼而不是研究那些受操弄和受控制的部分，採自然主義的研究方法是適當的（Arhar, Holly, & Kasten, 2001, p. 36）。基本上，行動研究是描述的和非實驗的，而單一受試研究是實驗的並尋求操弄變項以確認功能關係。

行動研究的成分

　　有關行動研究的基本步驟一般認為是：(1)辨認焦點或關心的範圍；(2)蒐集資料文獻；(3)分析並解釋資料；(4)與他人分享資訊和發

展行動計畫（Arhar et al., 2001; Mills, 2003; Schoen & Nolen, 2004; Stringer, 2004）。

　　有一兼容並蓄的資料蒐集法可用。如 Mills（2003）所述，行動研究使用定量的元素（例如：比較標準分數）及質性研究方法。然而，文獻強調質性研究的資料蒐集工具，這些包括：觀察、訪談、問卷、檢核表、評定量表、焦點團體、記錄、物理產品、散布圖、田野筆記、軼事記錄、錄影帶、錄音帶和照片（Arhar et al., 2001; Mills, 2003; Stringer, 2004）。行動研究者常用計算次數或百分比描述行為的程度。Arhar 等人建議頻率（次數）的重要性在獲得的行為範圍反 *167* 映在問題如：「『這』多常發生？『這個』與『那個』何者比較常發生？是否經常和平均發生？週期性或一波波地發生？」（p. 201）為了評量行為的一致性和模式，使用折線圖和長條圖來組織和目視呈現這些資料。

單一受試設計的並行與貢獻

　　計畫行動研究時，為擴大教師可用工具的數量和範圍，應考慮單一受試研究的貢獻。它們能提供蒐集資料的技術和描述性圖示工具，以利在課堂中快速且易於實施，這些可以供身為參與者的教師使用並能提供客觀資料。有些與現有單一受試研究工具並行建議的過程，另有些是必須增加的。

(1) 並行的過程：單一受試資料蒐集的三個領域利用類似於在行動研究文獻所使用的方法學。第一，永久產品記錄利用文字記錄、錄影帶、錄音帶、照片及行為的物理結果。這些資料轉換成頻率或百分比資料。第二，為敘述及分析行為的連鎖，我們使用軼事記錄。如圖 5.2 所示，我們利用策略構造這些觀察以協助分析。第三，在第 5 章討論過的蒐集事件資料的方法和資料表，將協助教師建構頻率和百分比資料的蒐集。另外，第 7 章討論了包括與功能評量有關的問卷、量表

及 ABA 從事者使用的另類散布圖。

(2) 增加的過程：有幾個單一受試設計適於行動研究目的的敘述。行動研究計畫一經實施，AB 設計便顯示並檢視行為。ABC 設計檢視增加元素到教學組合策略對行為的效果。交替處理設計，僅使用前兩個階段，提供展示和檢視兩項介入的效果。這些設計都可讓我們檢驗是否該行為隨著介入的實施而改變。然而，這些設計沒有操弄介入策略，因此沒有評量功能關係。

行動研究舉例

Schoen 和 Nolen（2004）進行的研究是使用一些單一受試研究工具作為行動研究一部分的例子。教師和團隊提出了一位六年級學習障礙學生的行為，他被安置在普通班及特殊班中。他的對外攻擊行為造成他不專注、課業參與欠佳和缺乏學業成就，因此經認定這是關心的焦點。有幾種資料蒐集提供做決定和行動計畫：(1)進行了為期 5 天的事前情境─行為─事後結果分析（ABC 分析）的聚焦觀察。這分析辨認特定行為組型，包括：摔東西、對老師／同儕大吼大叫、低聲念念有詞、衝出屋子、破壞他的作業和充耳不聞（頭低在桌上）；(2)與學生、特殊教育老師和社會工作人員訪談；(3)文獻探討各種理論和策略。這些資料與教育團隊分享，並發展了行動計畫。同儕楷模、自我管理檢核表和正向增強等組合策略，在閱讀課、數學課和下課等時間適當實施。自我管理檢核表讓該生就以下問題評量他的行為：我是否大吼大叫？我上課是否專注？我的行動是否尊重其他同學和老師？我使用適當管道安定鎮靜下來？團隊選擇分析不專注的總分鐘數，基準線資料及實施行動計畫期間資料的圖示，如圖 6.5 所示 AB 設計。這種圖示提供團隊成員和該生檢視由於他對外攻擊行為造成不專注的分鐘數。

結語

　　本結語作為答覆這個問題：「這對我有什麼用途？」的答案和立論說明。

　　基於最佳實務和法令規定，學習的資料本位展示是有效教學和品質教育的證據要求。應用行為分析提供工具滿足這些績效責任的要求。第 4 章介紹蒐集資料的方法，提供探討效率的原始材料。本章介紹單一受試設計，提供組織資料蒐集和展現的方式。AB 設計例行地用於課堂，因為它直接反映教室共同的實務，而不需要更改教學時段。AB 設計的圖示提供不複雜的視覺格式，可以由教師、學生、父母和監督者用來檢視、解釋及評量學習。其他單一受試設計有其特定功能，因此較少使用。以各種方式，每種設計提供因特定學生而異的快速做決定的資料庫。表 6.2 總結每種設計的使用和它們試圖回答的問題。

　　在 AB 設計之後，逐變標準設計是最直接反映教師怎樣處理教學的。教師通常將要求大量學習的目標劃分成易處理的單位；在逐變標準設計中組織教學和資料蒐集，圖示較易處理單位的內容，依序一次一單位。經常需要做的另一個決定是：兩個或多個策略中，哪個會導致最有效果和效率的學習？通常在一星期結束時交替處理設計的格式交替使用策略，提供了資料本位的答案。給予多一點時間，這個問題也可使用 ABC 設計來回答；本設計的變型設計通常用於評鑑教學組合裡幾個策略的組合。多基線設計如同在學校裡實施的融合政策，受到了普遍的喜愛。特別有趣的是：跨情境多基線設計提供追蹤一介入跨普通教育、特殊教育、社區和家庭等情境的效果。倒返設計提供快速和不唐突的評鑑處理教室問題的介入，這個教室問題是你不希望從妨害行為擴散到班級管理問題。倒返設計適合處理的問題，例如：隨意離座、不專注和不做家庭作業。在本書後段，本設計用於發展起因

於功能行為評估的行為管理計畫。

單一受試（單一個案）研究設計在多重時段實施期間，重複測量學生的表現。每一設計要求並顯示由於自變項的實施，依變項的改變（或缺乏）。根據學生表現累積增加的改變，而有即時的資料，可以做關於改變介入或教學的決定。為後續的做決定運用重複的方法，使單一受試方法論和設計是一個**迭代反覆**（iterative）或重複的過程。這迭代反覆的功能提供對學習的持續分析和必要修改，以及個別化且針對個別學生調整介入或教學的靈活彈性。因此單一受試方法論和設計是有效的發展工具。另外，如 Kratochwill 等人（2010）指明，單一受試設計可提供建立因果推論的有力依據，並且廣泛使用於應用學科（例如教育及心理學）。

教學與行為管理各方面不斷地受到研究與評鑑。特別是 ABA，具有資料本位決策的文化。研究使課堂延伸當前策略和評鑑提議的策略。教師一定要能回答這樣的問題：我現在所做的仍然是最佳實務嗎？同事、督導者和家長的建議有資料本位研究的依據嗎？如果教育工作者是終身學習者，他們一定要能在專業研究期刊獲得資訊。為了閱讀這些期刊，一定要有該類研究出版物的素養。就 ABA 而言，一定要能閱讀單一受試設計的研究。在研究期刊上經常會看到倒返和多基線設計。倒返設計（ABAB）經常被使用，是因為控制運用和撤除一策略，能強力展示行為和介入間的功能關係（Kazdin, 1982）。常常會看到多基線設計，是因為它們建立直接複製且介入的深度經驗，提供更寬廣和更確信的陳述以適用於其他學生、行為或情境。

問題討論

1. 克雷格的自我傷害行為基準線資料顯示，每 40 分鐘的觀察時段平均發生 17 次。其行為中什麼樣的改變才會是臨床顯著呢〔例如以已強化功能（enhanced functioning）顯示〕？

2. 教師可以哪種單一受試設計，系統地介紹並教導 30 個社區常見字彙？

3. 三週乘法的教學探測愛莉森的表現，顯示她仍然不會乘法。她的老師確定交替用兩個方法教導乘法，看哪個對愛莉森最有效。選出兩種教學方法、選擇適當的單一受試設計，並概述做這決定應該遵循的步驟。

4. 概述一種在中學裡跨情境介入類化過程的單一受試設計。

5. 在下列兩組資料的圖示上畫出進步線。

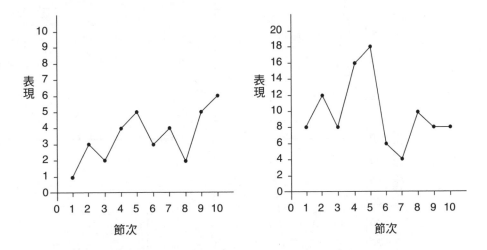

6. 許多出現在專業期刊的研究採用「插入式」設計。也就是說，在單一受試設計中插入另一單一受試設計。請就下列圖示加以說明：(1)在圖示中指出多基準線的部分；(2)在圖示中指出倒返設計的部分；(3)指出展現功能關係的元素。

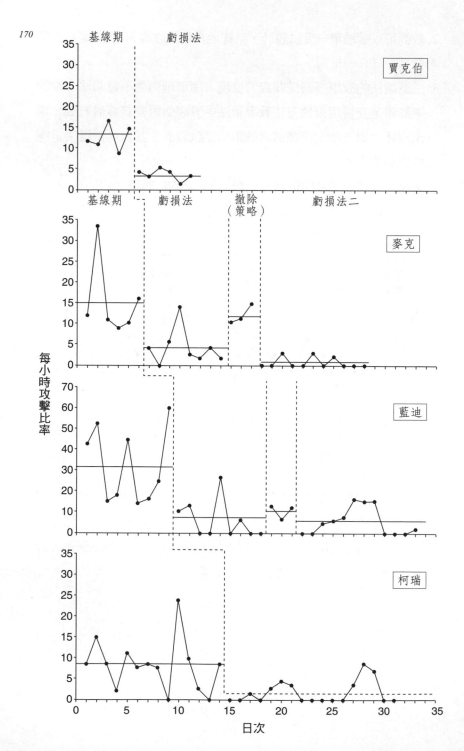

第 **7** 章　確定行為的功能

你知道嗎……

- 挑戰行為（challenging behavior）可能都有合理的目的。
- 多項行為可能有相同的目的。
- 事前情境可能與事後結果一樣會影響行為。
- 有些學生擅長逃避。

本章大綱

行為與其功能	簡式功能分析
行為支持計畫	正向行為支持
行為支持計畫的發展	結語
進行功能分析的情境	

172　在惠特中間學校打架的肯定下場是校內停學兩天。在校內停學期間，學生必須在校長室隔鄰的個人閱覽桌上整天做書寫的作業，不可以講話或與人互動。如今打架已是不常見的行為了。然而，在本學年的前幾週，多明娜校長一天就處理了幾件打架事件。一再的和幾位涉事學生晤談之後得到了一些訊息：「他上前來就打我——我幾乎不認識這紈褲子弟。」「那蠢蛋把我的書從手上打落下來。我就教訓他一頓。」許多六年級生參與打架，但多明娜校長發現毛瑞斯是唯一所有打架都參與的學生，而且是唯一接受校內停學超過一次的學生。毛瑞斯是新轉來這學區的學生，他被認為是疑似障礙（at risk）學生且英語能力有限。然而，即使有翻譯人員，他也拒絕說明攻擊的理由，他只是聳聳肩望向他處。在失望之餘，多明娜校長將校內停學時間增加到 3 天。打架事件不斷，過去對大多數學生有效的介入（校內停學），對毛瑞斯來說似乎不管用。

安琪拉是葛瑞先生發展遲緩幼童班的新學生。安琪拉尖叫著，對葛瑞先生而言，她的確似乎整天尖叫。他不斷地到安琪拉身邊，試著找出一些東西來安撫她。「安琪拉，」他問：「要不要上廁所？要不要果汁？要不要和艾爾摩一起玩？有沒有受傷？這裡嗎？還是這裡？我們要不要到外面去？」當他發覺他自己問著：「這比一個麵包盒還要大？」時，他決定不能再花那麼多的時間和安琪拉玩「20 個問題」（Twenty Questions）的遊戲，而要用暫停增強（隔離）來減少安琪拉的尖叫。每當安琪拉尖叫時，葛瑞先生或助理便將她抱起來，放在教室屏風後面的墊子上，直到她停止尖叫後 1 分鐘。足以確信的是，安琪拉停止尖叫了；然而，她卻突然開始打大人和其他學童，看來是隨意的，這些是她之前不曾做過的事。越挫越勇的葛瑞先生，開始將打人的安琪拉暫停增強；不久他發現在暫停增強的時候，安琪拉又開始用手去打自己的頭。因為無法容許她傷害自己，葛瑞先生深感挫敗。他放棄暫停增強法，安琪拉又恢復尖叫，而葛瑞先生繼續「20 個問題」的遊戲。

　　在這兩則軼事中，教育工作者面對一再發生且顯然是任意的不當行為，以及不願或無法提供這行為發生脈絡有關訊息的學生。試圖以過去曾經有效的技術來減少該行為發生，但都未能成功。該行為有類似的形式或形態，就像是我們以前曾經看過的行為一樣。那麼，為什麼這介入策略無效呢？問題可能在我們對行為形式的成見，而無法確定其功能。換句話說，非正式分析無法提供該生從事這行為理由的準確決定。在這樣的例子，我們可能需要較深入的方法，如功能評量（functional assessment）與功能分析（functional analysis）（Skinner, 1953）。

✖✖ 行為與其功能

　　當老師們問：「她為什麼做這件事？」時，我們真的想知道這行為對該生有著什麼樣的功能，也就是她現在所做的事有何目的。行為的功能就是在環境中達到所要的改變，若從事一行為而達到所要的改變，該生就更加可能再度從事該行為。所想要的改變可能是得到一些他所想要的東西，或逃避他所不想要的東西。行為目的（所欲結果或事後結果）與行為維持間的關係就是增強的本質。

173

　　教育工作者常將焦點放在行為的物理特徵（形式或形態），因為那些是可觀察到的。我們發展敘述我們觀察到行為的操作型定義。當我們要改變該行為時，尋找形態的量化測量（該行為發生的頻率、持續時間量，或時距百分比）。我們選擇一介入減少布萊特在閱讀課隨意離座的次數，或當他起立時減少其隨意離座的時間長度，或減少其隨意離座時距的百分比。然而，將焦點放在行為形態，對於提供控制該行為有關因素的訊息或許很有限。兩位學生所表現出的同一行為可能有不同的理由：一位學生的攻擊行為可能在尋求老師或同儕的注意；另一位學生也許是想要逃避老師的注意，因為他沒有做功課或想逃避同儕的霸凌。不太可能以單一介入使不同理由所表現的行為達到

✱ 不當行為也可用來溝通。

相同的效果，若忽視行為的功能，我們就無法說形態上不相關的行為（例如：比出手語「果汁」、指向一杯果汁或敲打桌上的空杯），可以有相同功能導出相同的結果——要一些果汁喝（Remington, 1991）。

老師經常發現介入可暫時減少不當行為但不久該行為又故態復萌，有時由新的、相等的，甚至更不當的行為取代。若每當席塔敲桌上的杯子，老師便將她的杯子拿走，而不教她手語「果汁」或指向果汁，席塔可能停止敲杯子；但過幾天之後又開始敲了，甚至更糟糕，當她坐在餐桌前便哭叫或敲頭；當介入僅是壓抑行為，這就有可能發生。除非學生有新的或較適當的方式導出所欲環境上的改變，否則她就會持續產生先前達成目的的行為。我們經常稱這些行為為「挑戰」，因為它們提出主要挑戰去維持有成效的學習環境，且因為它們挑戰那些嘗試改變它們的專家。若偶然的機會，所選擇用以減少行為的介入剛好導致一個與功能相吻合的新行為，行為管理便成功了。否則，我們可能放棄這經驗，將其視為應用行為方法產生持續改變另一困惑的失敗例子。例如，若老師將席塔桌上的杯子拿走後，席塔碰巧指向果汁壺而得到果汁，則席塔可能再也不敲杯子了；最後可能她被教導即使拿著杯子，也要指著杯子。另一方面，若席塔坐著而未得到果汁，她有可能再度敲杯子直到得到果汁，或得不到果汁便哭叫。在我們了解注意行為的形式與功能之前，這種「隨意的」（hit-or-miss）成功率是行為管理的特徵（Iwata, Dorsey, Slifer, Bauman, & Richman, 1994; Pelios, Morren, Tesch, & Axelrod, 1999; Repp, Felce, & Barton, 1988）。不考慮行為功能，可能是壓抑不當行為不可避免地導出「替代症狀」假定的基礎，或新的不當行為出現是基於一些潛在的干擾。功能本位的介入並不假定學生行為的內在動機，而在以引發與維持行為的環境事件定義行為的目的。

不當行為通常有達到該生所處環境中所欲改變的功能。表 7.1 列出六種常在文獻中出現的行為功能，及其與增強事後結果（維持該行為）的關係。這些包括：從事行為以獲得注意、獲得具體物、獲得感官刺激、逃避工作及互動，及逃避內在痛苦或不舒服。

表 7.1　行為：其功能及維持事後結果		*174*
行為功能		維持的事後結果
獲得注意： 來自成人（老師、父母、 教師助理、顧客等等） 來自同儕	—	積極增強 接受注意，增加未來發生率或該生參與 這行為的機率。
獲得具體物： 協助獲得：物品 　　　　　活動 　　　　　事件	—	積極增強 接受具體物，增加未來發生率或該生再 參與這行為的機率。
獲得感官刺激： 視覺、味覺、聽覺、運動 覺、嗅覺、本體覺	—	積極自主增強 參與該行為本身提供感官輸入，增加未 來發生率或該生再參與這行為的機率。
逃避注意： 來自同儕或成人的注意 與同儕社會互動	—	消極增強 從該生剔除厭煩互動，以增加未來發生 率或該生再參與這行為的機率。
逃避： 要求的或厭煩的工作 情境、活動、事件	—	消極增強 剔除該生認為厭煩的刺激，以增加未來 發生率或該生再參與這行為的機率。
逃避感官刺激： 痛苦或不舒服的內在刺激	—	消極自主增強 參與該行為本身以減少痛苦或不舒服的 內在刺激，增加未來發生率或該生再參 與這行為的機率。

1. **為獲得注意的行為。** 為參與社會互動而獲得成人或同儕的注意是
   行為的作用。獲得某人注意最常見的方式就是使用口語或一些非
   口語溝通行為。一位學生可以舉手或走向老師並和老師談話。當
   學生缺乏溝通或社交技巧來獲得注意時，他們可能就使用不當的
   行為。該生可能會叫喊、丟東西到地上或罵髒話以獲取老師的注
   意。若這些挑戰行為成功獲得成人的注意（令人愉悅或不悅

的），則該生學會從事這些行為達到所想要的結果。若該生只以舉手而成功獲得老師注意，則他便學會社交上的適當行為。達到這些所想要的結果，增加該生再度從事這行為的機率，這就是一個積極增強的實例。

175　學生所想要的社交上的注意可能來自同儕而非成人。本章一開始所描述的中間學校校長多明娜博士，開始推理毛瑞斯打架是因為缺乏與同儕互動的語言及社交技巧。她從曾做過家訪的學校社工處得知，毛瑞斯與雙親住在主要多為年長者以及許多年輕夫婦居住的老房子附近，父母都兼雙職，為了省錢將毛瑞斯的弟弟與妹妹帶到這鄉下。他們所租的房子不允許有小孩，所以要求毛瑞斯得一直待在家裡。他大部分時間是獨自一人的，也沒有機會與鄰居交朋友。多明娜校長安排毛瑞斯參加課後由多元族群組成的休閒計畫，重點在培養適當的社會互動。雖然毛瑞斯在前幾週與同儕有較多正向互動，可惜他還是幾乎每天都打架。多明娜校長感到不解，但仍持續追根究底。

2. **為獲得具體物的行為。**獲得成人或同儕注意以協助得到某些具體物、活動或事件，是行為的一項功能。在早晨點心時間，學生可能指向或要求一些果汁（物質），或者敲打桌上的杯子或將其丟到地上。一位學生可能舉手並等候反應，或喊著：「巴恩斯老師，第四題我需要協助。」（活動）一位學生可能使用擴大輔助溝通器以要求變換他在輪椅上的姿勢，或取得上洗手間的允許（事件），或他可能會哭泣、尖叫或在椅子上扭來扭去。

✻ ⋯⋯⋯⋯⋯⋯⋯⋯⋯⋯
懲罰功能行為既不公平又不道德。
⋯⋯⋯⋯⋯⋯⋯⋯⋯⋯

若學生一再以從事不當行為而獲得具體物品、活動或事件，她就學會該行為以達到所欲的結果。這增加了她會再表現這挑戰行為的未來再發生率或機率。這也是積極增強的例子。老師或父母所描述的不當或挑戰行為，也許是為了嘗試溝通。不會一般溝通形式的學生可能會尖叫或敲打自己，因為她無法要求：「請改變我在輪椅上的坐姿，

我覺得不舒服。」一位學生可能以敲打桌上的杯子來溝通:「請遞給我果汁。」因為她缺乏比出手語「果汁」的能力,或者還未習得以手指出。學生未被教導以可接受的方式表達需要上洗手間,可能表現出不當的不安與焦躁。本章所描述的評量方法使得安琪拉的老師(在本章一開始的軼事中)確定出她以尖叫表達不同的需求。當尖叫變為無效時,她改成打人。一旦溝通的內容確定後,就應教導學生具有相同溝通目的較適當的行為形式(Carr & Durand, 1985; Durand, 1999; Durand & Carr, 1987)。提供安琪拉擴大輔助溝通器並訓練她加以使用,逐漸減少了她的尖叫。

不當溝通行為也常來自老師不知該生要告訴他什麼,而用問 20 個問題遊戲的積極增強(持續或間歇施予)所維持著。有時老師正確猜到而該生得到其所想要的,學生就不需要持續每次在其行為內涵中保留此行為(參見第 8 章)。

✽⋯⋯⋯⋯⋯⋯
即使成人在遭遇挫折時,有時也會猛烈抨擊。

3. **為獲取感官刺激的行為。**獲得感官刺激也是行為的一項功能。我們大多數人都有一連串動作或溝通技巧提供我們自己的感官刺激。我們打開 CD 音響、玩電腦遊戲,或自己吃塊巧克力;或如果需要,我們可以要求協助。若學生無法提供自身適當的感官刺激或要求他人提供,則他們可能從事自我傷害或刻板行為。像發出哼聲、吹口水泡泡、拍打耳朵、戳自己、舔指頭、將東西放進嘴裡,或搖晃身體等,可能提供學生唯一方便感官刺激的行為。由參與這行為而接受的感覺輸入,增加該生未來再度從事這行為的機率,這就是自主積極增強──從事行為本身的行動提供所欲環境的改變。

4. **為逃避注意及互動的行為。**行為有具逃離覺得不愉悅或嫌煩的情境之功能。當沒有做家庭作業要逃避老師的注意時,可以相當世故的社會技巧(例如問自己已知的問題)讓老師分心,或逃離教室來達成。老師的過度稱讚也會造成中間學校學生逃避以避免同

儕的嘲笑。逃避操場上霸凌（不受歡迎的社會互動），可以從朋友那裡尋求協助或由無故缺席達成。在職訓情境，為逃避從架上拿放沙拉醬瓶的反覆活動，可透過要求休息或打破物品達成。

❖　　❖　　❖　　❖　　❖　　❖　　❖　　❖

中間學校校長多明娜博士仍對毛瑞斯打架感到困惑。他似乎隨意打人，對引發其打架的事件也無固定模式。唯一的一致性就是事後結果——校內停學。毛瑞斯在學校的大部分時間都在該環境，當被釋放出來的時候，又開始另一次打架。多明娜校長與毛瑞斯的老師們晤談，大多數老師都報告毛瑞斯很少說話且表現良好（打架的時候除外）。他們指出他的英文進步快速且他有興趣去完成。只有社會科老師，哈瑞斯先生相信毛瑞斯不具好學生的潛力。

最後，當多明娜校長訪談一位被毛瑞斯傷害的同學時，她問對了問題。她問是否毛瑞斯在任何一堂課都會惹麻煩。該生猶豫了，但最後說：哈瑞斯先生似乎不知道毛瑞斯很少說英語，不斷地叫他並糾正他的錯誤；然後對他吼叫，要他多用心理解，或者在他無法表現得更好時便叫他閉嘴。該生報告說毛瑞斯常常幾乎快哭了。「也許，」該位學生指出：「他的怒氣必須發洩在某人身上，他從未真正想傷害任何人。若是我們遇到這樣的情形也只會反擊。」多明娜校長謝謝這位同學，請他離開，便關上她的辦公室門。不，她想，毛瑞斯並非如此生氣以至於要發洩在其他同學身上；他是如此生氣所以想出一個方法避免被傷害與受屈辱。至少在他校內停學期間，沒有人會使他感到困窘或對他吼叫。她寫了一張便條將毛瑞斯轉到別的社會科班級，並在哈瑞斯老師的信箱裡留一張便條要他放學後立刻來見她。

5. 為逃避工作的行為。離開所要做的工作是行為的功能。工作可以是因為太難而嫌惡，或者太容易因此不耐煩。逃避高要求的工作（例如長除法、刷牙或躲避球），可以藉由傳達需要幫助、中斷

或不喜歡這工作來達成。如果沒有要求休息的溝通技巧或社會技 [177]
巧，可能會以發脾氣來達成。當該生發脾氣，老師或父母就沮喪
地停止工作並離開，該生便學會發脾氣是逃避嫌惡工作的好方
式。在一些個案裡，工作的環境脈絡也許令人厭惡。在學校，年
齡不適當、性別不適當等社交上的困窘，或文化上不適當的工
作、教材或情境，會引起學生的逃避行為。

若學生沒有要求逃離的溝通技巧或將自己從不悅的互動中撤離的
社會技巧，則可能會從事不當行為。若行為導出逃避，這環境就會依
她所要的方式改變。達到這結果，便增加了該生未來再次使用該形式
來逃避的機率，這便是消極增強的例子。當該生將困難的工作丟到地
上，老師就撤除其工作，正好教導該生，這是當他想逃避困難工作就
可以做的行為。

6. 為逃避痛苦及不舒服等內在刺激的行為。逃避內在痛苦或不舒服
   也是行為的一項功能。我們大多數人會找較舒適的椅子、取用暖
   暖包、服用阿斯匹靈或胃腸藥，或將我們的症狀告訴醫生。那些
   沒有溝通技巧或認知能力去表達不舒服或痛苦的人，可能會從事
   一些被認為不當的行為，以試圖減輕不舒服與痛苦。若從事這些
   行為而將不舒服或痛苦移除，將增加這人未來再度從事該行為的
   機率，這就是自主消極增強。從事該行為的行動本身就提供了所
   欲環境的改變──逃離不舒服。

下列軼事方塊描述試圖壓抑行為只考慮到形式而不注意其功能。

 愛挑剔教授學了一課

　　愛挑剔教授剛從外地舉辦的幾天專業研討會返家。當他將車子駛入自家車道
時，聽到屋子裡隱約傳出長而尖銳的聲音。當他打開後門，他確定聲音是來自洗

衣間。

「米娜娃，」他叫喚愛挑剔太太說：「我到家了！是不是洗衣機發生問題了？有件東西發出可怕的響聲。」愛挑剔太太並未回答。他最後發現她在臥室的電腦前做事，但必須碰拍拍她的肩膀以吸引她注意。她跳了起來並從耳朵拿出耳塞。

「米娜娃，」他又問：「是不是洗衣機發生問題了？有可怕的響聲從洗衣間傳出來。」

「那恐怖的聲音，」她說：「來自你那隻恐怖的狗，在你離開後那天牠就開始鬼叫。我查閱所有你有關訓練狗的書，並嘗試上面建議的每一樣方法。我用水澆牠，又向牠丟裝滿銅板的鋁罐，還在牠嘴巴裡注射漱口水、辣醬和醋等等。」

「也許，」愛挑剔教授說：「牠想念我吧！」

「噢，胡說八道，奧立佛，自從我們養牠，你就曾離開過好幾天，也沒有發生這種麻煩。」愛挑剔太太回答：「我最後到寵物店去，他們給了我一個項圈……。」

「不會是……」愛挑剔教授大聲叫喊：「電擊項圈吧！」

「不，不是，」愛挑剔太太緩和地說：「當牠叫的時候項圈就會噴出一種香茅油。牠不再叫了，但是現在只要我讓牠跑出去，牠就會在籬笆那兒自己猛撲過去。牠很顯然學到可以在項圈不拿掉的情況下發出可怕的叫聲。我正在工作（愛挑剔太太寫了一本暢銷的推理小說），而我必須把牠關在洗衣間並塞上耳塞，這樣我才能專心。」

愛挑剔教授離開繼續工作的太太，下樓去看布哈斯。牠看到教授很高興地叫著。教授很想直接觀察牠的行為，便帶牠到院子去。布哈斯聲嘶力竭地叫著，火速衝向愛挑剔教授和隔壁鄰居（歐緹絲小姐）家院子間的籬笆。

「原來如此！」愛挑剔教授驚呼，然後將布哈斯拖回屋子裡。他還記得歐緹絲小姐是「愛狗人」。她養了三隻小白狗，其中兩隻看起來相當正常，有一隻則髮型非常特殊。他從愛挑剔太太那裡得知，歐緹絲小姐會帶她的小貴賓犬

上節目、教導訓練小狗課程，她可能是可以訓練布哈斯行為的人。

　　歐緹絲小姐很快地回應門口的敲門聲。她手中抱著有特殊髮型的小狗並似乎穿著……那會是尿布嗎？愛挑剔教授很快地轉移目光並解釋他的來意。

　　「嗯，」歐緹絲小姐回答：「克蘿依，來這裡！」她指著這狗「正值發情期。但牠不可能騷擾到一隻已經結紮的狗吧。」注意到愛挑剔教授疑惑的表情，她解釋說：「牠正在發情，教授，這就是為什麼牠要穿衛生衣。這是牠第一次發情也可能是最後一次。牠快要得到冠軍了，之後就會像我其他的小狗一樣進行結紮。」

　　「嗯，」愛挑剔教授結巴地說：「我並不是真的想要……」

　　「你是在告訴我你的狗還沒有結紮嗎？」歐緹絲小姐以生氣的口吻問。「牠是救援狗，不是嗎？救援狗，」她語氣堅定地說：「不是都做過結紮嗎？難道你的獸醫……」

　　「嗯，」愛挑剔教授被她的直率搞得有些迷惑地回答：「獸醫的確建議過，嗯，但似乎……呃……」

　　「先生！」歐緹絲小姐說：「這是非常簡單的手術；他不會有所缺憾的；而且有很多健康與行為上的益處。馬上預約吧！可憐的小男生想要追克蘿依，而誰能怪他呢？爾後幾個禮拜我會帶克蘿依在屋子的另一邊散步；而你就帶你的小男生盡可能遠離籬笆散步。我們來調整環境吧！但你明天要趕快預約。如果獸醫在接下來的幾天內可以動手術的話，當布哈斯在獸醫那裡，你和太太就至少有一天能免於苦難。」

　　藉著注意到行為功能與形式，我們可以設計介入讓學生以適當方式滿足他們的需求。用來達到這結果的正式文件就是行為支持計畫。

❖ 行為支持計畫

　　一套一致公認詳述改變不當行為過程的計畫就是「行為支持計

畫」（behavior support plan, BSP）。美國《身心障礙者教育法案》（IDEA）稱之為行為介入計畫（behavior intervention plan, BIP）。引導 BSP 設計的基本理由，是以相同功能的適當行為取代不當行為。設計 BSP 的第一步就是形成假設，提供該行為的可能功能。為了形成假設，我們試著指認行為、其事前情境、導出環境的改變，及環境改變所提供的增強。我們假設這增強維持此不當行為，且預測同樣的增強將維持更適當的替代行為。

　　根據應用行為分析的行為管理，在尋求了解學生的行為功能，以 S-R-S 表示基本隨因增強三個名詞的成分與關係（見圖 7.1 上方），行為與影響該行為的環境事件間的關係。我們尋求了解該行為發生前的變項模式（引發表現該行為的刺激——先前事件），及在表現該行為後的變項模式（那些實現該行為的目的也因此維持該行為——具增強作用的事後結果）。以其先前事件與事後結果觀點分析問題行為的功能，對於選擇最有效的處理來說是必要的（Crawford, Brockel, Schauss, & Miltenberger, 1992）。以此分析與對功能的了解，我們可以選擇並教導適當行為，以取代不當行為。新行為必須具有原來行為的相同功能，能繼續提供該生增強。就教育的觀點，替代的行為必須適合該生的年齡，且在其表現該行為的環境脈絡中也是恰當的。

　　據以形成假設的資料來自於實施功能評量或功能分析。**功能評量**（functional assessment）是一組資料蒐集策略與工具。基於何者在這行為之前與何者在其後，確認模式以形成假設。另一方面，**功能分析**（functional analysis）是操弄該生的環境，並觀察對其行為之效果的策略。學生行為的改變導出一個假設。這些步驟中的每一項都試圖回答下列問題：

❋⋯⋯⋯⋯⋯⋯
使用功能評量／分析可回答的問題。
⋯⋯⋯⋯⋯⋯

1. 是否在該行為發生之前持續有事件或行為的模式？

2. 是否在該行為發生之後持續有事件或行為的模式？（誰從事這些行為？）

| 圖 7.1 | 隨因增強的三階段表示法 |

基本式

S^D	—	R	—	S
事前刺激	—	操作反應	—	事後刺激

—辨別刺激　　　　　　　　　　　　　　　　—增強物

—如果你選擇，立即先前刺激　　　　　　　—懲罰物

　引起表現一反應的機會，例

　如：

—老師問一問題	學生舉手
—紅綠燈變綠色	學生過街
—泰端打了帕特	帕特打了泰端
—老師發作業單	學生做數學例題
—老師發作業單	學生撕掉作業單

基本式加情境事件

$$S^e \; - \; \{ S^D \; - \; R \; - \; S^r \}$$

情境事件　　　　　　　　當行為適合其功能即接受增強，例如：

—遠距先前事件提供隨因增強存　　　　—學生獲得社會注意

　在的脈絡。　　　　　　　　　　　　—學生獲得具體物

—環境的、社會的、生理的事件　　　　—學生獲得感官刺激

　　　　　　　　　　　　　　　　　　—學生逃避工作或情境

　　　　　　　　　　　　　　　　　　—學生逃避內在刺激

3. 是否能教導學生替代的適當行為，以滿足與不當行為同樣的功 *180*
　能？

　　除了上述這些問題外，第四個問題應該問：在這行為、事前情
境，與事後後果發生的脈絡是什麼？這個問題要問的是：什麼是**情境
事件**（setting events）？情境事件指的是情境、氣氛，或該行為與
隨因增強發生的脈絡（如圖 7.1 下方）。情境事件可能發生在問題行
為當前（近的先前事件）、或前幾小時或幾天（遠距先前事件），也
可能包括持續因素（例如學生的文化、家庭環境或健康狀況）。情境

事件可包括環境因素（噪音或氣溫狀況、未經計畫的行程改變、錯過校車）；社會因素（家人死亡或生病、遭到霸凌、前一節課考差）；或生理因素（藥物副作用、疾病、疼痛）（Kazdin, 2001）。持續的課堂特徵也可能建立影響增強物或懲罰物價值的脈絡或氣氛。這樣的情境事件包括：刺激不足與學生厭煩為特徵的課堂（無意義的重複練習、教學步調緩慢、缺乏系統化教學）；刺激過度（學生人數過多、學生分組不當）；挫折（缺乏溝通系統或功能字彙、時常干擾表現與目標達成、缺乏展現進步）；或焦慮（不一致的管理技術、害怕失敗、未診斷出學習問題）。

透過創造行為與隨因增強發生的脈絡，情境事件影響該行為的發生及隨因增強的價值（Kazdin, 2001）。可瞬間改變環境中增強物與懲罰物的價值，而因此改變學生對環境中事件與情境反應的方式。例如，若一位在前一節課的論文得到 D 的學生來上你的課，她的專注力及完成作業以獲得你讚美的動機可能會減低。一位因服藥時間改變而造成到學校極度過動的學生，也許無法好好控制自己與同儕適當互動。如果一直重複給學生數週前就已熟練的工作，則完成工作也許就不如過去具增強性。

⊞ 行為支持計畫的發展

發展 BSP 的步驟序列呈現在圖 7.2。步驟始於老師辨識並蒐集持續挑戰的行為，進展到功能評量或功能分析，結果是一組介入的實施與檢視。

181 步驟 1：教師指出問題行為

(1) 發展操作型定義。

(2) 蒐集起始確認資料。

(3) 通知 IEP 委員會成員。

圖 7.2 行為支持計畫的發展

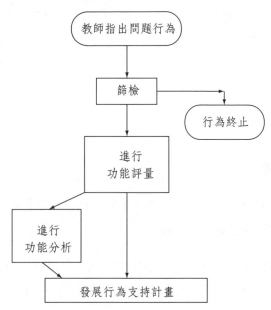

IDEA 要求在兩種情況需發展 BSP：(1)當學生行為可能導出長達 10 天的停學或改變教育安置；(2)當行為模式阻礙該生或其他學生的學習時（Turnbull, Wilcox, Stowe, & Turnbull, 2001）。當教育工作者與家長對有關 BSP 發展的過程、協調合作及好處更加熟悉時，就更能例行性地在學校施行。BSP 也針對其他行為而發展，包括：(1)潛在傷害自身的行為；(2)潛在傷害其他人的行為；(3)干擾學校、社區或職場中他人表現的行為；(4)可能導出財物損失的行為；(5)定期需要第三者介入輔導的行為；(6)引起學生荒誕或過度負面注意力的行為；(7)限制或阻礙進入目前或新的教育、社區或工作情境的行為；(8)引起家庭破裂與可能導出在家中孤立的行為。

針對減少不當行為，老師預備操作型定義。操作型定義清楚陳述該行為的形式，其具體性提供資料蒐集系統的設計。老師以一種資料蒐集法蒐集最初的資料，然後圖示該資料。這些資料將在開始討論該行為的範圍與嚴重程度時使用，以證明現存的挑戰行為需要進一步管

理。老師通知 IEP 委員她關注的事項與初步處理。召集 IEP 委員會成員（或選定的次團體如行為處理小組），探討老師蒐集的資料，並確認該行為具有需要準備 BSP 的特徵與頻率。與小組成員討論該行為及其發生，可以提供老師所忽略的想法，讓老師快速簡明地管理該行為。小組也能探討該生的記錄資訊，以確定所有適當的篩檢測量都已實施並更新結果。

步驟 2：篩檢

(1) 如所需要求：健康、醫療、生理、感官和學習障礙等篩檢。

(2) 根據篩檢結果執行改變。

老師與 IEP 委員可能會要求實施篩檢測驗，以提供對該行為問題原因的了解和直接的解決方式。為這目的，委員會要求下列新的或更新的資料：(1)身體健康篩檢；(2)所服藥物的交互作用與副作用的檢討；(3)生理障礙的篩檢，或由學校人員或家庭成員來探討對其目前的處置；(4)篩檢感官障礙或探討對其目前的處置；(5)實施篩檢工具以評量現存的學習障礙，該生目前未知的學習障礙可能會導出該生不當的補償行為。根據篩檢的資料，委員們便能對可終止這行為做出建議。例如，視力檢查可能導出更換新眼鏡的處方；學習障礙測驗可能導出一週四小時上資源班。等待篩檢結果並不會延遲下一個步驟（資料蒐集）的進行。

步驟 3：進行行為功能評量

(1) 實施間接的資料蒐集策略。

(2) 實施直接的資料蒐集策略。

功能評量是針對不當行為的功能形成假設的一套資料蒐集策略。這策略分為兩類（參見表 7.2）；間接策略從經常與該生接觸的人蒐

表 7.2	功能評量策略

功能評量策略：資料蒐集

1. 資訊蒐集間接策略（報導者評量）

　(1) 行為晤談

　(2) 行為量表與問卷

2. 資訊蒐集直接策略（描述性評量）

　(1) 軼事報告

　(2) 散布圖分析

　(3) A-B-C 描述分析

集資料。這是報導者評量（informant assessment），利用多種可用的訪談表格、量表與問卷。直接觀察策略以該生正在從事這行為時取得資料的方式蒐集資料。這是描述性評量，這些策略包括軼事報告、散布圖分析，及 A-B-C 描述分析。

◈ 間接策略：報導者評量

　　間接（報導者）評量法涉及詢問一位熟悉該生的人（老師、父母、專業人士、相關服務專家）有關行為及行為發生的周遭環境。由[183]於此詢問必須在行為發生後才進行，因此受限於情報提供者的記憶、在行為期間是否在現場、受其他事件而分心、潛在的偏見，及以言語表述所見情形的能力所限制（Kazdin, 2001; Mace, Lalli, & Lalli, 1991）。

◈ 行為晤談

　　行為或功能晤談的目的是在盡可能獲取該問題行為、環境狀況，及周遭事件的全貌。老師可以與父母晤談有關在家發生的行為；特教老師可與普通班老師晤談有關在數學課的行為。感到為難的老師可請求與同事或督導晤談。晤談可提供初步訊息協助形成有關引發與維持這行為的假設，及用來建構直接觀察和進一步分析的資料蒐集。例如晤談者想要知道的有：

■ 該行為的形態、頻率、持續時間量。

■ 該行為在一天中的何時發生。

■ 該行為通常或總是在什麼活動中發生。

■ 該行為通常或總是在什麼情境發生。

■ 該行為發生時該生學習的教材是什麼。

■ 哪些人在場。

■ 該行為發生前正發生的事情（事前情境）。

■ 該行為發生後該生正在做什麼。

■ 該行為發生後他人所做的事情（事後結果）。

■ 該生溝通的主要方式是什麼。

■ 為減少該行為發生所做的努力是什麼。

※……………………
可以由晤談得知的
事。
……………………

　　四個結構式行為晤談的例子包括：「功能評量晤談表」（Functional Assessment Interview, FAI）（O'Neill et al., 1997）、「引導學生功能評量晤談表」（Student Guided Functional Assessment Interview）（O'Neill et al., 1997; Reed, Thomas, Sprague, & Horner, 1997）、「輔助學生功能評量晤談表」（Student-Assisted Functional Assessment Interview）（Kern, Dunlap, Clarke, & Childs, 1994），以及「功能評量檢核表：教職員版」（Functional Assessment Checklist: Teachers and Staff, FACTS）（March et al., 2000; McIntosh et al., 2008）。我們發現，學生參與的晤談與教師晤談的結果接近一致；然而，有些反應是不一致或不明確的。

◇行為評量表

　　行為評量表是設計自報導者處獲取更多量化訊息的工具。要求報導者以評定等級（如：從未、很少、經常、總是）對描述的行為項目做回答，這些題目與行為可能的幾個功能有關。幾個個別題可能產生有關相同功能的訊息，其項目受到最高累積評等的功能被假設為維持不當行為的變項。這樣的四個量表如下所述：

　　「問題行為問卷」（Problem Behavior Questionnaire, PBQ）
（Lewis, Scott, & Sugai, 1994）由 15 題組成，這些題目與五個功能有
關。要求報導者指出一事件可能被觀察到的頻率。項目評定的量尺範
圍為：從未、10%的時間、25%、50%、75%、90%的時間、總是。
功能及相關題目的例子如下：

1. 獲得同儕注意：「當該問題行為發生時，同儕是否以口語反應或
   嘲笑該生？」
2. 獲得老師注意：「當你與其他學生工作時，該問題行為發生是否
   為獲取你的注意？」
3. 逃離或逃避同儕注意：「當該生表現此問題行為時，同儕是否停 [184]
   止與此學生互動？」
4. 逃離或逃避老師注意：「如果你停止要求或終止學業活動，該生
   會停止此問題行為嗎？」
5. 情境事件：「在非例行性事件或破壞教室作息後，是否該問題行
   為更有可能發生？」

　　「動機評量表」（Motivation Assessment Scale, MAS）（Durand
& Crimmins, 1988, 1992）由 16 個題目組成，這些題目與四個功能有
關。要求報導者指出個體可能會會表現操作型定義的目標行為的頻率。
功能及相關題目的例子如下：

1. 感覺增強：「如果這人獨處一段長時間，該行為會持續一再地發
   生嗎？」
2. 逃離：「當你對這人停止工作或對他要求之後（1 至 5 分鐘），
   該行為會很快的停下來嗎？」
3. 注意：「該行為是否針對你和房裡他人談話的反應而發生？」
4. 具體物：「在你給這人所要求的玩具、食物或活動後，該行為會
   立即停止發生嗎？」

「功能分析篩選工具」（Functional Analysis Screening Tool, FAST）（Iwata & DeLeon, 1996）由 18 個題目所組成，這些題目與四個可能的維持功能有關（每一功能五題，兩題部分重疊）。建議 FAST 對常與標的個體接觸的幾個人實測。要求報導者針對題目陳述精確描述這人標的行為問題，指出「是」或「否」。維持功能與相關題目的例子如下：

1. 社會增強（注意或喜好項目）：「當該行為發生時，你是否常安撫這人或以其喜愛的活動（休閒項目、點心等）分散其注意？」

2. 社會增強（逃離）：「當該行為發生時，你是否常讓這人打斷持續的工作？」

3. 自動增強（感覺刺激）：「不論這人周遭發生什麼事，該行為是否發生頻率高？」

4. 自動增強（痛苦減輕）：「當這人生病時，該行為是否更常發生？」

「行為功能問卷」（Questions About Behavioral Function, QABF）（Matson & Vollmer, 1995; Paclawskyj, Matson, Rush, Smalls, & Vollmer, 2000）由 25 個題目組成，這些題目與五個功能有關。要求報導者評定每一特定行為發生的頻率。功能與相關題目的例子如下：

1. 注意：「從事該行為試圖得到你的反應。」
2. 逃離：「當要求做某事（如穿衣、刷牙、工作等）時便表現這行為。」
3. 非社交行為：「即使他（她）認為沒人在房間裡也表現這行為。」
4. 生理的：「當他（她）生病時更常表現這行為。」
5. 物質的：「當你有一些他（她）想要的東西時便表現這行為。」

特殊教育和普通教育學生能對行為功能假設的發展提供有價值的

資訊，這包括關於偏好、學業困難、情境分心，與同儕和成人衝突等
資訊。應該謹慎使用透過晤談所蒐集的資訊，有些反應是不一致、隱 [185]
晦或者不切實際的。障礙的類型、嚴重度、年齡，會影響學生貢獻的
品質和可靠性。當資訊所考量的情境與引發問題行為的教室高度類
似，對學生和大人報導者似乎有更高的準確性和一致性（Kern et al.,
1994; Kinch, Lewis-Palmer, Hagan-Burke, & Sugai, 2001; Sturmey, 1994;
Yarbrough & Carr, 2000）。使用其他行為評量表表達類似的謹慎。由
老師和父母評定項目的結果，使得跨題目、尺度跨實施、跨評定量表
和跨評定者等的可靠性百分比低（Barton-Atwood, Wehby, Gunter, &
Lane, 2003; Conroy, Fox, Bucklin, & Good, 1996; Sturmey, 1994;
Zarcone, Rodgers, Iwata, Rourke, & Dorsey, 1991）。

◆ 直接觀察策略：描述性評量

　　直接觀察策略是直接觀察所描述行為的方式。這方法比資料報導
者評量來得可靠。直接觀察該問題行為做記錄的人，會比根據記憶的
人對情境脈絡、事前情境及事後結果提供更精確的描述。直接觀察的
三種方法是軼事報告、散布圖分析及 A-B-C 描述分析（參見表 7.2）
（A-B-C 是 S-R-S：事前刺激─行為／反應─事後刺激的另一種表示
法）。

◆ 軼事報告

　　軼事報告是以書面盡可能提供學生行為與其周遭事件的完整描
述。準備軼事報告的觀察者嘗試以一般文字敘述記錄每一次標的行為
的發生，及其發生的脈絡、活動與其中的互動。這是在所定義的觀察
時段中實施，最好是實施幾天（軼事報告的準備詳述於第 4 章）。報
告的分析工具就是將這些文字敘述轉化為清楚明確指認標的行為、直
接事前情境及事後結果，這資料的 A-B-C 格式在圖 4.2 中已說明。這
格式指認三要素間暫時的關係模式，這模式指認與標的行為有關的特
定事前情境及事後結果，產生了該行為功能的假設。

◎散布圖分析

　　散布圖法是課堂教師所發現容易且有用的評量工具，有助於指認環境條件與行為間，長期頻繁看似隨意卻穩固的關係。對這樣的行為來說，非正式觀察通常不建議與特定刺激是相一致的。找出突發或孤立事件行為的特定事前情境較容易（Desrochers, Hile, & Williams-Mosely, 1997; Symons, McDonald, & Wehby, 1998; Touchette, MacDonald, & Langer, 1985）。

　　為了散布圖評量，教師要準備一張表格，圖 7.3 顯示四張（A、B、C、D）樣本表格。表格A中，連續幾天或觀察節數沿橫軸標記，時間沿縱軸標記。依據可觀察的時間與觀察次數，時間可以分成一小時、半小時、十五分鐘等單位。如表格 C 與 D 所示的另一選擇，時間可以標示為課堂課程或教學形式。

187　　在記錄行為填入表格時，每一格包含顯示行為發生的頻率高、低或零的代號（參見表格B）。如果在該時段內行為未發生，則格子保留空白；在時段間行為發生頻率低（如＜4），可用斜線劃記在格子內而不必塗滿；或在時段之間行為發生頻率高（如＝或＞4），則將格子塗滿。在格子內呈現行為發生的次數，能夠更精確的加以表示（Axelrod, 1987）。一旦表格完成後，便可分析相關模式。「若有模式存在，只要標記幾天便即出現了。」（Touchette et al., 1985, p. 345）Kahng 等人（1998）提醒模式沒有統計分析，不能作為證據，即使採用多至一個月的資料。Touchette 等人（1985）指出，問題行為可能與下列有關：特定時間、特定人物的出現與否、社交情境、某類活動、增強後效、物理環境，或諸變項的組合等。他們提到散布圖提供「對無法從每天或每週頻率的圖示隨即可得之反應模式的洞察」（p. 351）。當數天中三個或更多的連續時段包含低或高頻率的該行為時，便考慮具有模式（Symons et al., 1998）。這類模式可在表格 B 跨 5 天的 8:00 至 8:20、跨 4 天的 8:40 至 9:00、整週的 11:20 至 11:40 和 11:40 至 12:00 等時段見到。這些模式的輔助詮釋，可來自活動與

圖 7.3　散布圖格式樣本

186

散布圖（範例）

學生：南西

行為：大聲嘶喊

計分：空白＝0　發生次數　　斜線＝<4　　塗滿＝4 或>4

時間	星期一 3-16	星期二 3-17	星期三 3-18	星期四 3-19	星期五 3-20	活動／位置場所	附註
8:00-8:20						衛生	手扶著手引導
8:20-8:40						點心時間	手球著手／去食物
8:40-9:00							
9:00-9:20							
9:20-9:40							
9:40-10:00						玩具技能	
10:00-10:20							
10:20-10:40							
10:40-11:00							
11:00-11:20							
11:20-11:40						衛生	肢體抗拒
11:40-12:00						午餐	手球著手引導

散布圖（空白表格）

學生：＿＿＿＿＿＿

行為：＿＿＿＿＿＿

計分：空白＝0　發生次數　　斜線＝<4　　塗滿＝4 或>4

時間	星期／日期	活動／位置場所	附註
8:00-8:20			
8:20-8:40			
8:40-9:00			
9:00-9:20			
9:20-9:40			
9:40-10:00			
10:00-10:20			
10:20-10:40			
10:40-11:00			
11:00-11:20			
11:20-11:40			
11:40-12:00			

散布圖

學生：＿＿＿＿＿＿

行為：＿＿＿＿＿＿

計分：空白＝0　發生次數　　斜線＝<3　　塗滿＝3 或>3

方式／內容領域	星期／日期	活動／位置場所	附註
大團體教學			
小團體教學			
一對一教學			
獨立活動			
活動轉銜			
情境轉銜			
衛生			
如廁			
飲食：午餐／點心			

散布圖

學生：＿＿＿＿＿＿

行為：＿＿＿＿＿＿

計分：空白＝0　發生次數　　斜線＝<3　　塗滿＝3 或>3

時間	星期／日期	活動／位置場所	附註
1. 閱讀：特殊指導			
2. 電腦			
3. 地球科學			
4. 午餐			
5. 語文：特殊指導			
6. 消費者數學			

187 地點的註記，及附註的說明。在表格 B 的例子，這案例我們可以看出，標的行為與衛生及飲食教學的手扶著手引導的方法有關。

目前沒有實徵資料顯示如何設定發生頻率低或高的值，特別是跨不同族群的學生。所選的值會影響指認為模式一部分的細格，及因此所導出的任何假設。依據所選的值不同，會呈現不同的圖示。建議這些值可由教師在特定情境中指認的破壞行為的頻率來選擇（Symons et al., 1998）。對普通班學生，教師可決定多少的行為是可以容忍的，其可能少於在特殊班所能容忍的，或多於在社區情境能接受的行為。

Axelrod（1987）提到，散布圖只會偵測在時間循環基礎上與行為有關的環境狀況。有些事件以非循環的方式影響行為，例如，只要有同學被允許有特殊權利，或她感到被不公平對待或「被欺騙」時，該生的破壞行為便出現。Axelrod 指出在記錄表上記下這樣的事件及評論會有所幫助。在行為與特定環境事件間因果或相關關係，雖然散布圖可能無法像其他描述分析一樣的精確或有效（Kahng et al., 1998），但它可以縮小分析的範圍，使評量可以更有效地實施（Lennox & Miltenberger, 1989）。它是課堂老師可以在很少或沒有協助情況下的實施方法，以蒐集該行為初步的描述性資料。當小組委員決定如何進行時，這些資料可再增添補充更精確的資料蒐集。

◆A-B-C 描述分析

A-B-C描述分析提供結構，以用來記錄行為與其周遭環境事件（當觀察行為時或稍後觀看錄影時）。不像兩階段軼事報告的記錄過程（以文字敘述所觀察的然後重新組織筆記），這方法運用在預先準備好的資料表所做的編碼符號。蒐集資料時，資料表格式在觀察時利用 A-B-C（S-R-S）架構。不同的資料蒐集方法有不同的資料蒐集表，圖 7.4 呈現 Smith 和 Heflin（2001）修訂的資料蒐集表〔替代的格式可參見 O' Neill 等人（1997）及 Umbreit、Ferro、Liaupson 和 Lane（2007）〕。

189 *A-B-C描述資料表與程序*　如圖 7.4 所見，表格有四部分。從上到下

188

圖 7.4　蒐集 A-B-C 描述分析資料表

學生：__李娜__　　星期/日期：__星期一～9/16__　　地點：__教室__　　觀察期間：__上午 8：00 至上午 10：00__　　觀察者：__MC__　　頁碼：__1__

時間/持續量	情境/活動	事前情境	標的行為	事後結果	學生反應	觀察到的功能	備註
8:20	1,5	B,D	1,4	E,A	2,3		洗手和洗臉
↓	1,5	A,D	1,2,4	E,A,B	2,1,3		打臉
8:26	1,5	A,D	1,2,3	E,C	2		
	1,5	A,D	1,3	B,C,F	1		
	1. 盥洗	A. 手/手	1. 尖叫	A. 再指導/引導	1. 停止	A. 獲得注意	
	2. 如廁	B. 手/臂	2. 踢腳	B. 「不」	2. 繼續	B. 逃避	
	3. 團體桌	C. 教材	3. 拍打	C. 限制	3. 升高	C. 感官刺激	
	4. 點心桌	D. 口語線索	4. 抗拒	D. 忽略	4. 新行為	D. 獲得物質	
	5. 教師	E. 「不」	5.	E. 安撫話語	5. 移動—跑開	E. 未知	
	6. 助理	F.	6.	F. 結束活動	6.	F.	
記錄代碼	7.	G.	7.	G.	7.	G.	
	8.	H.	8.	H.	8.	H.	
	9.	I.	9.	I.	9.	I.	
	10.	J.	10.	J.	10.	J.	

操作型定義

行為 1：__尖叫—以超過談話程度的高調尖叫__

行為 2：__踢腳—腳以超過走路的力量踩地__

行為 3：__拍打—手或手臂攻擊臉或頭__

行為 4：__抗拒—肢體藉由與肢體提示的相反方向__

(Adaptation of Smith & Heflin, 2001)

資料來源：取自"Supporting Positive Behavior in Public Schools: An Intervention Program in Georgia," by M. Smith & L. J. Heflin, 2001, *Journal of Positive Behavior Interventions, 3*, pp. 39–47. Copyright (2001) by PRO-ED, Inc. Reprinted with permission.

[189] 分別是：(1)身分資料；(2)資料蒐集的欄與列；(3)記錄代碼的條列；(4)標的行為的操作型定義。

1. **身分資料**：表單最上面提供基本的身分資料。包括：(1)該生的姓名；(2)觀察日期；(3)觀察的地點；(4)觀察時段開始與結束時間；(5)觀察者的姓名；(6)頁碼。

   圖 7.4 是為觀察夢娜 9 月 16 日星期一，早上 8:00 到 10:00 在教室的行為資料表。這是由 MC 所蒐集資料的第一頁。

2. **資料蒐集的欄與列**：欄提供下列每一次行為發生時的資料。

   (1) **時間／持續時間量**：開始與結束時間，及每一次行為發生的長度。

   (2) **情境／活動**：情境事件——活動、人物、材料等等。

   (3) **事前情境**：就在該標的行為發生之前的刺激事件。

   (4) **標的行為**：設計觀察用以描述該行為。運作的操作型定義出現在此頁的下方。

   (5) **事後結果**：該生從事該標的行為隨後發生的事件。這可以包括環境事件，或情境中老師、同儕，或其他人等的反應。

   (6) **學生反應**：發生該標的行為與其後果之後，該生立即所做的事。

   (7) **覺察到的功能**：在資料蒐集時，觀察者可以對該行為功能的初步判斷做記錄。

   (8) **備註**：這互動中新奇或意外的一面、代碼所未提供的細節、使用的特定材料，或一些意外的發生（例如，學生癲癇發作、一位不速之客進入情境）。

3. **記錄代碼的條列**：為協助觀察者資料蒐集的流暢，這部分為特定學生的需求而條列不同的「共用」代碼。代碼的條列源自於稍早所蒐集的資料，及觀察者至少一次以資料表練習非正式觀察的機會。

   在圖 7.4 裡，情境／活動代碼是那些在觀察時段所設定的：晨間

衛生與如廁、不同內容的分組教學，及點心時間。代碼也包括經常與
該生互動的教職員。在事前情境所記的是肢體協助、教材和口語線索
等代碼。標的行為欄列出那些之前所同意的，若額外行為一再重複觀
察到，則這表列可以再增加。在本例中，夢娜的標的行為是尖叫、踩
腳、拍打及抗拒。在觀察時段所列出的事後結果是老師經常運用在該
生身上的。夢娜的老師經常使用：再指導（redirection）、口語的
「不」（verbal "No"）、限制（restraint）、忽略（ignoring），及安
撫話語（calm talk）。當老師結束一項任務或活動時，也有一個代碼
要記錄。下一欄列出學生對互動的反應與結果，像本表所列的基本會
是跨觀察共有的：行為的停止、繼續、升高、新行為發生，或該生自 *190*
互動中移動或跑開。下一欄列出行為四個可能的功能：注意、逃避、
刺激與具體物，及一代碼表示當時不明的功能。當資料蒐集進行時，
觀察者可能增加功能的項目，像是成人或同儕的注意，或是逃避社會
互動或學業工作。

4. 操作型定義：為了蒐集者便於和重複取得資料，在資料表的下方
　提出每一標的行為的操作型定義。

◆資料蒐集

　　手中準備好資料蒐集表，資料蒐集者在標有「標的行為」一欄記
錄該行為的每一次發生。在記錄該行為後，觀察者在這頁將筆水平移
動記下所提供的事後結果與該生的反應。然後記下事前情境、發生時
間及情境。若該行為發生的功能是當下顯而易見，則將所覺察的功能
填入表格中；若不清楚，則在表格中填寫「未知」。

◆資料分析

　　每天、每週都可以做資料分析。在每天或觀察時段結束時，資料
蒐集者（若有可能，與他人）探討該天的資料：(1)確認該標的行為
的發生；(2)操作型定義的效度；(3)新的不當行為、事前情境或事後
結果的發生；(4)出現在特定行為與事後結果間，或特定行為與事前

情境間的一致性關係；(5)該生何時停止該行為；(6)所顯現的功能。此外，不同的事前情境與事後結果的百分比要持續劃記。

　　資料的深度分析至少需五天的蒐集資料。在晤談時詢問報導者的問題，現在要以這些資料再詢問相同的問題，目的是要闡明事前情境、行為與事後結果間的任何模式。這些模式部分是由橫向跨欄指認一致性的 A-B-C 關係。若這些關係與要素在每次行為重複發生，則加以記錄：例如，是否相同的事前情境引發相同的該行為而導出相同事後結果，引起該生相同的反應？分析的問題可包括：

■ 該行為是否發生在相同活動、教材、教學者或同儕團體等情境中？這行為是否對布朗老師與格林老師兩者都發生？

■ 該行為是否一致地跟在特定事前情境之後發生？每一事前情境出現在這資料中的百分比是多少？

■ 追蹤每次該行為發生，是否有老師、同儕或其他成人使用一致的事後結果？每一事後結果出現在這資料中的百分比是多少？

■ 該生是否在一特定事後結果之後停止該行為？這事後結果使該生停止該行為的百分比是多少？

■ 是否相同的S-R-S一再發生，導出跨所有或幾乎所有該行為功能發生一致的假設（你對於不適用於該模式的行為發生有何意見）？在資料中該模式的百分比是多少？

　　圖 7.4 呈現取自觀察夢娜（自閉症學生）行為的資料例子。其反映從早上 8:20 到 8:26 所發生的一連串行為，在晨間衛教中教夢娜洗手、洗臉時的記錄資料。基於這些資料可做的敘述如下列：

■ 確認該標的行為在晨間教導衛生技能及工作中發生。

■ 在教導洗手洗臉時，完全都在水槽邊發生互動。

■ 對每次該行為發生來說，事前情境是口語線索與手扶著手肢體提示的使用（有次是拉手臂肢體提示情況）。

■ 老師所用的事後結果是以溫和的語氣對學生講話，並再指導該工作。當行為加劇時，老師使用口頭斥責然後限制行動。這是手扶手（標的行為）、溫和語氣說話與再指導的 A-B-C 模式。每次的標的行為都發生在水槽旁，以及發生在口語線索與肢體提示（手扶手）之前，然後接著溫和語氣說話與再指導。在該行為發生第三次時，便加入限制行動。

■ 不顧這些事後結果，該標的行為持續發生並加劇。

■ 該生的反應是持續且以打臉的方式加劇。

■ 該行為直到第四次發生才停止，這時老師停止該活動。

■ 這暗示了逃離的功能，一旦達到目的便停止該行為。若這是具逃離動機的行為，夢娜會使用於其他不喜歡的活動為要終止活動嗎？

　　Repp、Nieminen、Olinger 和 Brusca（1988）說明基於 A-B-C 描述分析的假設提出介入，比不是者更有效。雖然如此，重要的是 A-B-C描述分析結果是相關的關係而非因果的，因為這是沒有任何操弄變項的敘述過程（Lennox & Miltenberger, 1989）。一旦這關係引導至有關引發或維持該行為的假設時，結構的資料蒐集與變項的操弄便有可能。

步驟 4：進行行為功能分析

　　功能評量可導出清楚顯示不適當行為的功能。然而，如果功能評量後功能依然不明確，老師和IEP委員會可要求做功能分析。功能分析包括一套系統操弄環境變項、事前情境及事後結果，和記錄它們對標的行為發生的作用，以確定行為功能的程序。目標是要檢核每一變項存在、撤除、升高或減弱的作用。雖然研究指出教師可進行功能分析，但考慮到程序複雜，最好是由教師和至少一位行為專家一同參與。進行功能分析基於下列原因之一：

1. 驗證來自功能評量的假設。例如，若功能評量的結果假設：不當

行為的維持由於來自教師注意的正增強所致，就要安置該生於適當行為發生時老師提供注意、不當行為發生時老師撤除注意的情境。

2. 修正來自功能評量的假設。例如，若假設該行為的維持是由來自注意的正增強所致，則另外分析尋找這注意的來源。

3. 澄清功能評量的不確定結果。來自間接或直接策略的資料不清楚，無法提供一特定功能。

4. 作為功能假設發展的第一步。

192   安排操弄環境變項的基本模式是將該生安置在兩個或多個情境，或為特殊目的建構的互動中。若評估一變項，或比較兩變項，都會用到兩個情境（Karsh, Repp, Dahlquist, & Munk, 1995; O'Neill et al., 1997）。例如，若功能分析的目的是要修正對注意來源的了解，則該生應安置於一個情境由成人提供注意及另一個情境由同儕提供注意。若目的要澄清功能的正確假設是注意或自我刺激，則也要運用兩種情境。可安置該生於當表現標的行為便予以注意，及另一不予注意的情境中。當行為的功能一開始是由功能分析指認，會使用四種情境。最早在Iwata、Wong、Riordan、Dorsey和Lau（1982）研究中，討論行為基本功能（或其他狀況）的情境。這些情境和功能為：

1. **注意情境**（attention condition）：呈現在這情境中，不當行為的功能是要獲得來自成人或同儕的社會注意形式之正增強。在這情境該生接觸不同的活動，而評估者從事閱讀或一些與該生無關的其他活動，除非標的行為出現，否則該生不被注意（增強）。如果該行為的功能是為獲得社會注意方式的正增強，不當行為的頻率將會增加。

2. **具體物情境**（tangible condition）：在這個情境表現的不適當行為的功能，是以喜好的物件、活動或事件的方式獲取正增強。在這個情境期間該生與成人互動，但無法獲得喜好的物件、活動或

事件，直到他表現不適當行為允許在有限時間內獲得。如果該行為的功能是獲得正增強，不當行為的頻率將會增加。

3. **要求情境**（demand condition）：在這個情境中所表現不適當行為的功能，是要逃離一些要求，這代表負增強。當不當行為發生時，加諸於該生的嫌惡要求便移除。這種要求可以採取像是學生不想要做的工作、困難的工作、該生不會做的工作，及社會互動的方式。在這情境，評估者經由交付工作提示該生。每當學生從事不當行為時，要求就暫時移除，該生就暫停工作並可從事較喜愛的活動。如果不當行為的功能是要逃離要求且由負增強所維持的話，不當行為的頻率將會增加。

4. **單獨情境**（alone condition）：在這個情境表現的不適當行為的功能，是要提供自我刺激或自動增強。這情境包含沒有活動、物質、增強物或其他來源的刺激，沒有外在提供該行為後果。如果行為功能是要提供自我刺激而由自動增強所維持的話，那麼不當行為的發生就會增加。

5. **遊戲情境**（play condition）：這個情境表現一種控制情境。將該生置於充滿物質與來自評估者注意的環境。在這情境，不當行為的事例應該是最少或不存在的。如果該行為真的發生，應該沒有明顯的事後結果。

變項的操弄　功能分析變項操弄的架構之一是多元素設計（交替處理設計的變異）。Van Camp、Lerman、Kelley、Contrucci 和 Vorndran（2000）對一位 21 歲公立學校中重度智能障礙學生瑞秋實施功能分[193]析。她的攻擊定義有打人、捏擰、踢或推；自我傷害定義為一隻或兩隻手與她的頭的強力接觸。功能分析在學校一間沒在使用的房間裡實施，每週 2 至 5 天一天實施 3 到 5 節（每節 10 分鐘）。利用頻率記錄法蒐集資料，且資料以每分鐘的反應次數來呈現。瑞秋了經歷下列五種情境：

1. **單獨**：沒有提供注意、休閒器材或要求，且忽略自我傷害。這情境的目的在評估缺乏社交事後結果下是否會持續發生自我傷害。

2. **注意**：每當發生攻擊或自我傷害則施以 20 秒的關注，且瑞秋持續獲得休閒器材。這情境是設計用來指認行為是否由獲得注意這形式的正增強所維持。

3. **具體物**：每當發生攻擊或自我傷害則可使用休閒器材 20 秒，且瑞秋持續獲得注意。這情境是設計用來指認行為是否由獲得具體的休閒器材這形式的正增強所維持。

4. **要求**：每當發生攻擊或自我傷害，則讓其逃離20秒的工作任務。這情境是設計用來指認行為是否由逃離工作這形式的負增強所維持。

5. **遊戲**：瑞秋已持續獲得注意與喜愛的事物、沒有施以要求且忽略所有問題行為。這情境用來控制與其他情境的比較。

　　圖 7.5 顯示瑞秋在其中每一情境發生的攻擊和自我傷害。該行為的發生在具體物情境期間一致最高，因此建議該問題行為由獲得休閒器材這形式的具體物增強而維持。

圖 7.5　使用多元素設計功能分析

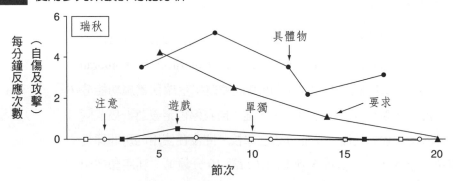

資料來源：取自"Variable-Time Reinforcement Schedules in the Treatment of Socially Maintained Problem Behavior," by C. Van Camp, D. Lerman, M. Kelley, S. Contrucci, & C. Vorndran, 2000, *Journal of Applied Behavior Analysis*. Copyright 2000 by The Society for the Experimental Analysis of Behavior. Reprinted by permission.

進行功能分析的情境

　　功能分析可以在特殊教育和普通教育教室、社區情境和社區─職業情境實施。在這些自然情境行為和自然周遭的事件、人物及隨因增強都有效（Broussard & Northrup, 1995; Conroy, Asmus, Sellers, & Lad-wig, 2005; Hughes, Alberto, & Fredrick, 2006; Kamps, Wendland, & Cul-pepper, 2006; Lane et al., 2009; Wallace & Knight, 2003）。然而，有些研究報告是在類比情境（analog setting）進行的。類比情境是指在教室外，可以管理相當控制的情境。類比情境是精確的，有時可供選擇的選項。在控制的類比情境中，該行為可不暴露在自然環境裡同樣的變項，因此能辨認在類比和在自然情境不同的功能。在學校，教師和行為專家常使用一間空教室當類比情境。Sasso 等人（1992）比較一位研究者在類比情境實施的功能分析、一位老師在教室情境實施的功能分析，和一位老師實施 A-B-C 描述分析。這些分析實施於兩名自閉症學生的肢體攻擊，一位在小學和一位在中學。三種方法產生了可比較的研究結果，這些比較說明了功能分析不一定在類比情境由行為專家實施。可以訓練老師在他們的教室進行有效的分析（Kamps et al., 2006; Sasso et al., 1992; Wallace, Doney, Mintz-Resudek, & Tarbox, 2004）。

簡式功能分析

　　調整的功能行為分析（FBA）過程，用於特殊需求學生、高危險群學生和普通教育學生會更實用和有效。最初，FBA 過程多至 50 到 60 個節次（每節至多 30 分鐘）來辨認和驗證行為的功能。這個延伸的 FBA 格式可能需要許多天。發展簡式 FBA 的格式將單節減少為 5 到 10 分鐘，讓分析能在 90 分鐘或更少時間內完成。這些較短時間的節產生同樣解釋，導出確認相同功能。實施的總節數也減少了，且不含括所有四種情境。使用功能評量方法蒐集的資訊，縮減了可能的控

194

制變項。值得注意的是，如果在較短、較少的節數要獲得充足的資訊，該行為必須高頻率發生（Broussard & Northup, 1995, 1997; Derby et al., 1992; Iwata et al., 1994; Sasso et al., 1992; Steege & Northrup, 1998; Wallace & Knight, 2003）。

　　簡式 FBA 額外附加的格式已成功地被使用。在雜貨店使用社區本位職業訓練，Cihak、Alberto 和 Fredrick（2007）使用簡式 FBA 實驗確定老師訪談的結果。簡式 FBA 包括逃離工作要求、注意和控制等情況。學生參與每個情況各一節（10 分鐘），情況與情況間有 10 分鐘休息。如圖 7.6 所示，資料是 1 分鐘時距的累積圖示（Vollmer, Iwata, Zarcone, Smith, & Mazaleski, 1993），並指出逃離是該行為的功能。這在該生完成功能分析後立即參加另外三節而獲得確定。最高程度的標的行為情況在簡式 FBA（例如，逃離）重複兩次，交替處理該情況產生第二高程度的標的行為（例如，注意）。在普通班教室，

195　圖 7.6　簡式功能行為分析

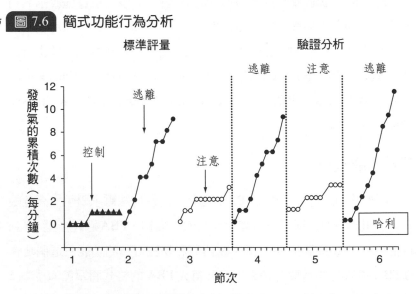

資料來源：取自"Use of Brief Functional Analysis and Intervention Evaluation in Public Settings," by D. Cihak, P. Alberto, & L. Fredrick, 2007, *Journal of Positive Behavior Interventions*, 9(2), 80-93. Copyright (2007) by the Hammill Institute on Disability. Reprinted with permission.

Casey 和 Merical（2006）進行一系列五分鐘的情境實施簡式 FBA，[194]
例如注意、逃離和控制。重複與標的行為（自我傷害）最高百分比關
聯的情況。如圖 7.7，圖示每 5 分鐘一節、10 秒鐘時距的自我傷害百
分比。簡式 FBA 的結果指出：最高百分比時距的自我傷害發生在逃
離情境期間，提供證據顯示卡爾使用自我傷害來逃離或避免要求。

步驟 5：發展行為支持計畫　[195]

(1) 檢視假設並選擇行為支持計畫的要素。

(2) 蒐集和利用資料來評估計畫，並做必要的修正。

(3) 維持及類化成功的結果，並適當褪除介入。

　行為支持計畫（BSP）總結產生的資訊，提出功能的假設和細述
一致的行為改變與支持的程序。多數州教育主管機構和學區有敘寫
BSP 的特定格式，有些州融入為 IEP 的一部分。這些和其他出版格式
有各種不同的組成內容。圖 7.8 是 BSP 的樣本，與這些格式有許多共
同的部分。

圖 7.7　簡式功能行為分析

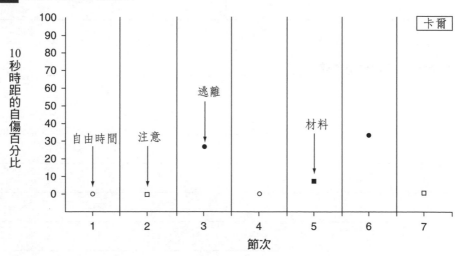

資料來源：取自 "The Use of Functional Communication Training Without Additional Treatment Procedures in an Inclusive School Setting," by S. Casey & C. Merical, 2006, *Behavioral Disorders*, 32, 46-54. Copyright 2006, by Council for Children with Behavioral Disorders. Reprinted with permission.

196 圖 7.8 行為支持計畫樣本

行為支持計畫

姓名：＿＿＿＿＿＿＿＿　　出生年月日：＿＿＿＿＿＿＿　　班級：＿＿＿＿＿＿

會議日期：

1. 團隊成員：

姓名	職稱／任務

2. 標的行為的操作型定義：＿＿＿＿＿＿＿＿＿＿＿＿＿＿＿＿＿＿＿＿＿

＿＿＿＿＿＿＿＿＿＿＿＿＿＿＿＿＿＿＿＿＿＿＿＿＿＿＿＿＿＿＿＿＿＿＿

＿＿＿＿＿＿＿＿＿＿＿＿＿＿＿＿＿＿＿＿＿＿＿＿＿＿＿＿＿＿＿＿＿＿＿

＿＿＿＿＿＿＿＿＿＿＿＿＿＿＿＿＿＿＿＿＿＿＿＿＿＿＿＿＿＿＿＿＿＿＿

＿＿＿＿＿＿＿＿＿＿＿＿＿＿＿＿＿＿＿＿＿＿＿＿＿＿＿＿＿＿＿＿＿＿＿

＿＿＿＿＿＿＿＿＿＿＿＿＿＿＿＿＿＿＿＿＿＿＿＿＿＿＿＿＿＿＿＿＿＿＿

＿＿＿＿＿＿＿＿＿＿＿＿＿＿＿＿＿＿＿＿＿＿＿＿＿＿＿＿＿＿＿＿＿＿＿

圖 7.8　行為支持計畫樣本（續）

3. 先前使用策略的摘要：

實施期間（首末日）：

參與實施介入策略者：

介入策略的成分：

有效資料（適當的附件）：

實施期間（首末日）：

參與實施介入策略者：

介入策略的成分：

有效資料（適當的附件）：

198 | 圖 7.8 | 行為支持計畫樣本（續）

4. 篩檢的結果：

健康：

醫藥：

肢體障礙：

感官障礙：

學習障礙：

其他：

篩檢結果是否已指出某些行動，且是否已施行？

圖 7.8　行為支持計畫樣本（續）

5. 若實施功能評量，請填寫本頁。

(1) 是否使用間接方法？　　　是 _____　否 _____

若是，使用哪項工具？ _____

（附完整工具於後）

例如：功能評量晤談

引導學生功能評量晤談

動機評量表

行為問題問卷

功能分析篩選工具（FAST）

行為功能問卷（QABF）

(2) 是否使用直接方法？　　　是 _____　否 _____

若是，使用哪項工具？ _____

（附分析資料表於後）

例如：軼事報告

散布圖分析

A-B-C 描述分析

(3) 導致的假設

1. 尋求社會注意　　成人　　_____
　　　　　　　　　　同儕　　_____
2. 尋求具體物　　　項目／物品　_____
　　　　　　　　　　活動／事件　_____
3. 自我刺激　　　　哪種感官　_____
4. 逃離／躲避　　　成人　　_____
　　　　　　　　　　同儕　　_____
　　　　　　　　　　項目／物品　_____
　　　　　　　　　　工作／活動　_____
5. 逃離／減弱　　　內在痛苦　_____

(4) 假設的摘要敘述：

圖 7.8 行為支持計畫樣本（續）

6. 若實施過功能分析，請填寫本頁。

(1) 目的在於：驗證功能評量的假設？

修正功能評量的假設？

釐清功能評量的不確定結果？

初步發展假設？

目的：＿＿＿＿＿＿＿＿＿＿＿＿＿＿＿＿＿＿＿＿

＿＿＿＿＿＿＿＿＿＿＿＿＿＿＿＿＿＿＿＿

(2) 在類比情境或自然情境執行？＿＿＿＿＿＿＿＿＿＿＿

＿＿＿＿＿＿＿＿＿＿＿＿＿＿＿＿＿＿＿＿＿＿＿＿＿

＿＿＿＿＿＿＿＿＿＿＿＿＿＿＿＿＿＿＿＿＿＿＿＿＿

(3) 分析使用的情境有哪些？（附圖片）＿＿＿＿＿＿＿＿＿

＿＿＿＿＿＿＿＿＿＿＿＿＿＿＿＿＿＿＿＿＿＿＿＿＿

＿＿＿＿＿＿＿＿＿＿＿＿＿＿＿＿＿＿＿＿＿＿＿＿＿

(4) 導致的假設：

① 尋求社會注意　　成人　　　　＿＿＿＿＿＿＿＿＿

同僚　　　　＿＿＿＿＿＿＿＿＿

② 尋求具體物　　　項目／物品　＿＿＿＿＿＿＿＿＿

活動／事件　＿＿＿＿＿＿＿＿＿

③ 自我刺激　　　　哪種感官　　＿＿＿＿＿＿＿＿＿

④ 逃離／躲避　　　成人　　　　＿＿＿＿＿＿＿＿＿

同僚　　　　＿＿＿＿＿＿＿＿＿

項目／物品　＿＿＿＿＿＿＿＿＿

工作／活動　＿＿＿＿＿＿＿＿＿

⑤ 逃離／減弱　　　內在痛苦　　＿＿＿＿＿＿＿＿＿

(5) 假設的摘要敘述：

圖 7.8 行為支持計畫樣本（續）

7. 介入

（7a）目前的標的行為：

（7b）擬教導的替代行為（例如：社會技能教學、自我管理訓練）：

圖 7.8　行為支持計畫樣本（續）

（7c）事前／情境事件策略（例如：環境、例行活動、工作、人事、教學策略、分組、計時等）：

（7d）事後結果策略（例如：DRA、DRO、NCR、再指導、削弱、暫停增強）；功能等值訓練、功能溝通訓練：

| 圖 7.8 | 行為支持計畫樣本（續） | *203* |

（7e）實施檢視計畫：

（7f）維持與類化：

（7g）危機處理：(1)什麼會構成行為危機，是在本計畫原本所需的介入方法之外的？(2)危機介入有哪些？

（7h）所需的人員訓練、支持和資源：

204 　　第 1 部分列出該行為管理的團隊成員，那些主要對 BSP 負責的人士。這些成員可以是整個 IEP 小組或其下的委員會。除了他們的姓名與專業角色之外（例如：教師、語言病理師），文件也描述出他們在這計畫中的特定角色。計畫會指明這些策略的主要與次要執行者，及檢視策略正確執行的人士姓名。資料蒐集者、危機小組成員、類化該行為情境的教師也名列其中。

　　第 2 部分列出該標的行為的操作型定義。這些先前由 IEP 小組所定義且在功能評量或功能分析中加以使用。第 3 部分包含先前用在嘗試改變該生行為未成功策略的文件資料，這可提供小組在設計新策略時能有一些想法。

　　第 4、5、6 部分呈現發展功能假設的活動。第 4 部分列出所實施篩檢的類型、結果，及任何導致的介入。第 5 部分提供有關功能評量的訊息，記錄有關所運用蒐集資料的直接與間接方法，和所產生的假設。第 6 部分提供有關功能分析的訊息，包括目的、情境、分析狀況，及所產生的假設。有關功能評量與功能分析的適當文件附於行為支持計畫之後。

　　第 7 部分詳細描述所導致介入方法的要素，有兩組要素，一組為描述教學與支援更適當行為以替代該標的行為的策略（要素 7b、7c 及 7d），另一組為實施上的支援（要素 7e 至 7h）。

　　第 7 部分列出被選用為取代不當行為的替代行為之操作型定義，也描述了教導新行為的派典（例如：社交技巧訓練、自我管理），亦包括那些在該行為發生環境中脈絡情境事件的改變，及引發不當行為的事前刺激的替代。描述的是安排事後結果以增強替代行為的策略，及運用的派典（例如：功能溝通訓練）。沒有單一的介入方法在一特定功能上適合所有學生和所有情境。表 7.3 提供在研究文獻中一些成功的策略，值得注意的是這些策略絕大多數是正向、增強本位取向。如 Pelios 等人（1999）所提到：相對於懲罰本位處遇，對自我傷害與攻擊行為使用功能分析，似乎增加選擇增強本位處遇的可能性。這些

表 7.3　基於功能的介入舉例　　　　　　　　　　　　　　　*205*

功能：注意

　DRA　：Durand 和 Carr（1991）（FCT）；Harding 等人（2001）；Lo 和 Cartledge（2006）；Meyer（1999）；Thompson、Fisher、Piazza　和　Kuhn（1998）（FCT）；Zanolli、Daggett、Ortiz 和 Mullins（1999）

　DRO　：Kahng、Abt 和 Schonbachler（2001）；Vollmer、Iwata、Zarcone、Smith 和 Mazaleski（1993）

　NCR　：Fisher、O'Connor、Kurtz、DeLeon 和 Gotjen（2000）；Jones、Drew 和 Weber（2000）（同儕提供的）；Kodak、Grow 和 Northrup（2004）；O'Reilly、Lancioni、King、Lally 和 Dhomhnaill（2000）

　FCT　：Fyffe、Kahng、Fittro 和 Russell（2004）

削　　弱：Hanley、Piazza、Fisher 和 Eidolons（1997）

暫停增強：Mace、Page、Ivancic 和 O'Brien（1986）

自我管理：Smith、Sugai 和 Brown（2000）

功能：具體物／活動

　DRA　：Durand（1999）（FCT）、Hagopian、Wilson 和 Wilder（2001）；Vollmer、Roane、Ringdahl 和 Marcus（1999）；Wilder、Harris、Reagan 和 Rasey（2007）

　DRO　：Wilder、Chen、Atwell、Pritchard 和 Weinstein（2006）

　NCR　：Baker、Hanley 和 Matthews（2006）；Britton、Carr、Kellum、Dozier 和 Weil（2000）；Mueller、Wilcsynski、Moore、Fusiler 和 Trahant（2001）

功能：逃離

　DRA　：Durand 和 Carr（1991）（FCT）；Flood 和 Wilder（2002）（FCT）；Golonka 等人（2000）；Lalli、Casey 和 Kates（1997）（FCT）；Piazza、Moes 和 Fisher（1996）

　DRO　：Call、Wacker、Ringdahl 和 Boelter（2005）；Coleman 和 Holmes（1998）

　NCR　：非隨因逃離（noncontingent escape）：Vollmer、Marcus 和 Ringdahl（1995）

消　　弱：Mace、Page、Ivancic 和 O'Brien（1986）

功能：感官刺激

　DRA　：Piazza、Adelinis、Hanley、Goh 和 Delia（2000）配對刺激（matched stimuli）；Roberts-Gwinn、Luiten、Derby、Johnson 和 Weber（2001）；Shore、Iwata、DeLeon、Kahng 和 Smith（1997）；Tang、Patterson 和 Kennedy（2003）

　DRO　：Conroy、Asmus、Sellers 和 Ladwig（2005）；Patel、Carr、Kim、Robles 和 Eastridge（2000）；Repp、Deitz 和 Deitz（1976）

　NCR　：Ahearn、Clark、DeBar 和 Florentino（2005）（配對刺激）；J.Carr 等人（2002）；Long、Hagopian、DeLeon、Markefka 和 Resau（2005）；Sprague、Holland 和 Thomas（1997）

削　　弱：Kennedy 和 Souza（1995）

醫　　學：Carter 和 Wheeler（2007）

DRA－增強替代行為的差別增強
FCT－功能溝通訓練
DRO－增強其他行為的差別增強
NCR－非隨因增強

204 策略將在之後有關增多行為方法與減少行為方法等章說明。

第二組要素提供發展更進一步的計畫以支持實施，小組的關切應該在所選擇的策略正確且持續地實行。計畫應針對定期觀察、協助、實施而發展。一旦該介入成功，就需要計畫維持與持續支持這個新行為，並類化至學校、家庭與社區等其他情境。BSP 承認行為管理與危機管理間的不同。行為管理是 BSP 的整體目的，是長久持續行為改變的計畫，系統化提供該生在環境中與那些替代行為互動。危機管理是當該生失控時需要立即阻止其不當行為，這是有關安全而非長期學

206 習的議題。最後，計畫要成功必須考慮人員訓練、新的人事，和其他的支援（例如短期專業助理、防護設施、替代的教學器材）。

正向行為支持

正向行為支持（positive behavior support, PBS）是應用行為分析基本元素的應用和擴大。PBS 使用這些元素增加學生在各種技能上表現出適當的行為，運用系統改變法再設計環境，讓該生能確保類化和維持、提高該生生活品質（Carr et al., 1999; Carr, Dozier, Patel, Adams, & Martin, 2002）。PBS 開始的焦點在個別學生層次，使用應用行為分析（ABA）策略（例如功能評量和事前情境操弄）。就社會意義，PBS 的目標在運用應用行為分析於教室、學校、家庭和工作等脈絡，從而影響學生的生活方式（Horner & Sugai, 2005; Sugai et al., 2000）。

E. G. Carr 等人（2002）指明：「如果不是應用行為分析過去 35 年的研究，不可能有 PBS 的存在。」（p. 5）ABA 提供三階段隨因增強（S-R-S）的概念架構，以及情境事件、刺激控制、類化和維持等概念。PBS 結合了評量及介入策略，例如塑造、褪除、連鎖和提示，和一系列減少問題行為的方法，包括差別增強後效。另外，PBS 採取了 ABA 研究者開發的直接觀察法和時間系列設計（E. G. Carr et al., 2002; Dunlap, 2006; Kerr & Nelson, 2002; Koegel, Koegel, & Dunlap, 1996）。PBS 的核心價值源自 ABA 社群所表達的：預防不當和非功

能的行為，應用研究本位／證據本位的實務建立行為情節，開創個人
中心及支持的脈絡和過程。

　　PBS 採用三級預防模式（Sugai & Horner, 1999; Sugai, Horner,
Dunlap et al., 1999）。第一級（廣泛）焦點在該環境內（即，整個學
校）的所有學生。三到五項正向敘述的規則運用於所有學生在課堂外
區域（例如：走廊、自助餐廳、洗手間）。目的在教導和增強適當行
為，以提供所有學生行為支持的基礎。第二級（標的）聚焦於第一級
未能充分適當處理其行為需要的學生。根據資料，這些學生被認為需
要另外的行為支持，例如正式的管教轉介和校內停學。這些學生可接
受社會技巧教學，和參加與其他學生同樣行為問題（即，同一行為問
題、同一地點、同一時刻）的同儕小老師方案。這級的目的在防止該
生的行為變成製造學習環境的混亂。第三級（密集）焦點在前述兩級
（廣泛及標的）未成功的學生，和資料反映屬慢性行為問題的學生。
在這級中，進行功能行為評量以確定該生的問題行為，及實施功能本
位行為介入計畫，也提供「用愛包圍與你同在服務」（wrap-around
services）。這級的目的在減少該生問題的強度和慢性問題。

◇個別學生的 PBS

　　在 ABA 中，PBS 的基礎強調運用行為的原則改進個別嚴重行為
問題學生的生活（Carr et al., 1999）。PBS 使用 ABA 策略的個別分
析，即使用功能分析以確定社會意義行為的目的，從而促進介入計畫
（E. G. Carr et al., 2002）。例如，Zuna 和 McDougall（2004）使用正 [207]
向行為支持以強調改變事前情境處理躲避課業。在這項研究中，事前
情境改變包括適應學生的興趣，或在做課業期間容許短暫的社交小
憩。在課堂裡一位六歲的注意力不足過動症（ADHD）小孩的持續例
行活動，經功能評量和分析顯示她有逃離動機的行為，包括拒絕開始
課業活動，在做課業期間問無關的問題和講無關的話，煩躁不安
（如，改變坐姿、過度擦除）；和尋求關注的行為，包括談論同儕隱

私、問個人問題和要求接近成人。介入計畫則包括口頭增強專注行為和故意不理會不當行為；及事前情境本位預防策略，包括調整工作及修改教材、隨因增強短暫的社交小憩（包括與成人談話 2 到 3 分鐘）、選擇工作和休息活動。

◇ 更大脈絡的 PBS

在應用行為分析領域開創之初，Baer、Wolf 和 Risley 向研究人員和教育工作者挑戰說：「如果行為技術的應用不能產生夠大的實用價值，這應用是失敗的。」（1968, p. 96）PBS 將此作為下一級擴大行為原則的觀點並應用於社會改變。PBS 致力於影響更大脈絡的層面，當中必須曾發揮作用讓學生表現適當行為，以保證該生及其周遭情境的人分享實用和持久的價值。

PBS 擴大焦點到學生必須在脈絡或環境裡發生作用，需要在個別學生或學生團體改變與重建系統的工具，以預防不當行為的發生和再發生。PBS 公認提供該生較適當的或功能的行為，但若返回到他或她功能不良的脈絡，就沒有長期價值。如果最佳的技術應用在不合作或雜亂無章的脈絡中，最佳的技術仍會面臨失敗。這項原則在系統改變的努力上，是 PBS 的明確特徵之一。只有當系統為促使改變發生及維持而再重新調整，有意義的改變才有可能（E. G. Carr et al., 2002）。肇因於功能評量，設計和建構支持以維持該生必須回來這脈絡的新行為是需要的。為了設計這些支持，PBS 運用 ABA 和系統分析的原則。應用在 PBS 系統改變的主要重點是預防（PBS 主動地建立技巧方面，在尋找防止問題行為再出現，強化溝通能力、自我管理技巧；PBS 在策略主動的環境規劃方面，強化做選擇的機會，修改情境事件強化增強物的期望值和調整課程結構；E. G. Carr et al., 2002）。

班級 安排一個支持性的教室脈絡，起因於功能評量的介入操作是預防策略的使用。持續課堂系統分析的調整包括：增強物的選擇和給

予、在工作之間和在位置之間的轉銜、座位的安排、工作作息表、教
學分組、課程選擇和行為的班規。在 Scott、Payne 和 Jolivette
（2003）的一項研究提醒教師，問題易發生在可預測的地方（例如：
在洗手臺、在衣物櫃），在可預測的時刻（例如：轉銜時間、打掃時
間），以及在可預測的情況下（例如：集會和派對時間、考試時間）；
並要知道哪些學生是最可能有問題，及可能有哪些問題。這些作者指
出，有效的預防策略是簡單的、划算的、可行的，並且所有利害關係
人都認同。預防策略配合著問題與地點——例如：在衣物櫃，去除可 *208*
移動的障礙物，修改活動慣例讓同時在一個區域的學生人數較少；轉
銜時間在出入口：調整整隊規則讓學生分成更小的組別排隊進入；並
且在這些和所有情況中，教導對適當行為的期望。研究者和教育工作
者同意系統的正向行為支持不應該是靜態的，應該持續接受評鑑。

全校　使用全校的 PBS 是大規模實施和擴展分析單位從個別學生到
全校的例子（Horner & Sugai, 2007; Horner, Sugai, & Anderson, 2010）。
全校的 PBS 以系統方法使用證據本位實務建立所需的社會文化和個
別化行為支持，使學校在防止行為問題時能達到社交上和學業上的成
功。這種方法已在小學和中學實施（Bradshaw, Mitchell, & Leaf, 2010;
Flannery, Sugai, & Anderson, 2009）。全校正向行為支持（schoolwide
positive behavior support, SE-PBS）是從全校開始努力預防的方法，然
後增加個別化支持給那些更重大需求的學生。全校正向行為支持的研
究者同意一套核心策略（Horner & Sugai, 2007; Horner, Sugai, & Vin-
cent, 2006）：

1. 聚焦於防止問題行為的發展和發生。
2. 教導適當的社會行為和技能。
3. 確認適當行為。（學生應該因為表現適當行為定期接受表揚，超
   過因破壞規則及問題行為而被注意的比率。教職員應安排一致的
   後果本位介入問題行為。）

4. 持續蒐集學生行為的資料且用來引導行為支持決定。

5. 採用連續密集、個別的介入。

投入這系統（例如：團隊、政策、經費、行政支持，資料結構），支持成人實施有效的實務。

Scott（2001）描述了在一所有 500 名學生的都市小學（此校在該州 285 校的學業排名第 275），如何創建全校團隊、確立行動及發展共識。所有成人教職員召開會議致力於 PBS 過程、辨認可預測的問題和脈絡，並且腦力激盪出預防策略。可能的解決方案必須合理評估指明要防止的問題，要務實便於一致實施，並能獲得民意（70% 同意）。在後果本位和事前情境本位問題的預防介入例子，包括了在自助餐廳裡大排長龍的推擠和髒亂的桌面，造成了屢屢發生的負面後果。主動的預防解決之道，包括重新安排轉銜作息時間以減少排隊的人數，同時設立隨因贈強小組，如果整桌是乾淨的，將提供該桌每人增強。在轉銜時間，走廊和臺階發生擁塞，造成推、擠、撞，走廊的吵鬧也干擾到班級。由學校的利害關係人設計和同意的主動解決方案，包括教導學生靠走廊和臺階右邊行走，扶著臺階扶手走一縱列。可測量的結果為其依變項，由教職成員決定學生留校的人數和時間長度。Scott 說明 PBS 與需要隔離處分問題行為而減少學生人數有關。

結語

當學生表現出挑戰行為干擾自己的學習和他人的學習，且表現改變其教育安置的可能時，IDEA 要求教育工作者實施功能行為評量。這些提供系統化的方法確定該行為對該生的功能。功能評量提供直接與間接蒐集資訊而導出假設的功能。功能分析提供操弄環境變項而導出功能假設。基於該行為的功能，就有可能設計介入與支持計畫。BSP 詳述環境的改變、取代不當行為的替代行為，及教導這替代行為的策略。有人曾提出，功能行為評量不單只是作為危機狀況問題行為

的一項反應而已。當問題行為表現之初，功能行為評量是最有效的（Scott & Nelson, 1999）。

　　為數眾多的研究與應用證實這些方法的效度、信度以及正向效果，但仍需要進一步探究以擴充我們在學校情境實務中有效度、有效果方法的知識（Gable, 1999; Nelson, Roberts, Mathur, & Rutherford, 1999）。更進一步的知識需求對普通和輕度障礙學生尤其適用。對中重度障礙學生而言，功能評量與功能分析不論直接、間接法都有一致的實證，功能的指認可導致成功的介入與支持計畫（Cunningham & O'Neill, 2000; Ellingson, Miltenberger, Stricker, Galensky, & Garling-house, 2000）。雖然對重度障礙者功能評量過程所知甚多，但由於對情緒與行為障礙學生所知有限，仍要謹慎（Sasso, Conroy, Stichter, & Fox, 2001）。

問題討論

1. 阿爾瓦雷茨小姐（珍娜的老師）和行為專家被要求提出假設：為什麼珍娜在學校自己吃午餐沒問題，在家裡進餐時間卻變得完全難以招架。對珍娜在沒人的自助餐廳介入許多變項，例如：雜音、移動和不同的食物，珍娜沒有出現挑戰行為。甚至在去珍娜的家之前，阿爾瓦雷茨小姐和行為專家腦力激盪預測他們可能會發現的差異。你和你的同事盡可能快速列出多項可辨認出的差異。

2. 許多一般和輕度障礙學生的老師嘗試透過訪談這些學生，確定他們行為的功能。他們一再問學生：「為什麼」做出某些行為。為什麼這不太可能是有效的？

3. 一項功能分析確定了假設：德馬庫斯喊叫和攻擊成人是為了離開不喜歡的工作（逃避要求）。老師對他的處遇計畫可能包括哪些成分？他做哪些事可從同儕或成人那裡獲得社會關注？這兩個計畫有哪些相似或不同？

4. 軼事報告是功能評量直接蒐集資料的方法。下列是一篇社區本位
職業訓練教學的軼事報告。陶德、他的同學露西和他們的老師在
一家寵物店（Pets-Are-Us）裡。這堂課的任務是要將4磅（約1.8
公斤）重的鳥飼料袋從儲藏室移到店前的架子上。轉換這個報告
成分析的軼事報告結構（如第4章所示）。

5月3日早上9:20：老師、陶德與露西在儲藏室。老師說明此項
工作。她告訴兩位學生拿起一個袋子並跟隨她。他們跟著做，並
將袋子放到適當的架子上。她引導他們回到儲藏室。老師告訴陶
德拿起一袋種子，陶德走掉。她告訴他第二次。老師拿起一個袋
子並牽著陶德的手，然後向架子走去。她遞給他袋子並指向袋子
應該放的位置，陶德把袋子放在架子上。老師告訴他回到儲藏室
再拿另一袋。在儲藏室裡，她告訴他從一堆袋子裡拿起一袋。第
三次他被告知，他拿起一袋並走到前面將袋子上架。在將下一袋
拿出去的途中，陶德停在一只鳥籠前，放下袋子並和鳥說話。幾
分鐘之後，老師過來。他沒有注意老師。老師把他的手放在袋子
上並引導他到架子那兒，然後帶他去儲藏室，他拒絕提起袋子。
老師遞給他一袋，他把袋子丟到地板上，這過程重複兩次。老師
拿起一個袋子並引導他回到外面的架子。她告訴他回到儲藏室。
她去查看露西。8分鐘之後，老師發現陶德坐在地板上吃從他腰
包拿出來的糖果。她拿走糖果，告訴他稍後再吃。她又一次叫陶
德到儲藏室。當她再次尋找他的時候，他在兔籠前。老師引導他
回到儲藏室，告訴他拿起袋子。在第三次教導之後，老師在他前
面握住袋子；他沒有移動手臂。她將他的手臂圍繞著袋子，他讓
袋子從手上掉下來，袋子裂開來了。她責罵他。她去拿掃把。她
回來而他正坐在地上吃鳥食。老師告訴陶德：「無法接受你的行
為。所以，你今天不准再工作了。坐在那裡將你自己隔離直到我
們要離開為止。我對你今天的工作表現非常失望。」

210

第 **8** 章　安排後果以增多行為

你知道嗎……

- ● 應用行為分析者未發明積極增強。
- ● 糖果可能不是正增強物。
- ● 有時不每次增強適當行為反而比較好。
- ● 消極增強並非懲罰。
- ● 你不需要律師來寫契約。

本章大綱

積極增強

　　選擇有效增強物

　　使隨因增強

　　使立即增強

　　增強物的類型

行為契約

增強物實施的變化

　　團體隨因增強及同儕媒介

　　增強方式

消極增強

　　不慎地使用

　　逃離的適當方式

　　在教學時使用消極增強

自然增強

結語

212 增強（reinforcement）這個名詞已成為一般大眾用語的一部分，用以描述令人愉悅的事件或獎勵，給予遵守行為改變管理者所要求行事的人。因此它變成與行為改變之刻板化、操弄觀點有關聯，一種人為工具的概念化，使人按照他人所選擇的行為而表現。雖然應用行為分析者使用增強原則改變行為，但增強原則並非由他們發明。增強是一種自然發生的現象，應用行為分析者只是以縝密且系統化的方式應用增強的效果。

增強描述兩個環境事件，行為（反應）與在反應之後的事件或後果之間的關係。這關係稱為增強，只有在事後結果的反應比例增加或維持才成立。在第 1 章，我們描述了兩種類型的增強：積極增強——隨因呈現（contingent presentation）事後結果而增多行為，與消極增強——隨因撤除（contingent removal）一些令人不悅的刺激而增多行為。積極增強與消極增強兩者都能增加事件後未來的發生率。

每個人做事都是為著做這些事的事後結果，每一件我們從事的行動都導致一些事後結果。當我們的行為導致自然發生的、期待的事後結果時，這經驗便激發我們繼續那樣表現。細想這些例子：

■ 一位辦公室員工每天去上班，期待週末時領薪水。如果這個人滿意週五領的薪水，便增加這個人週一回到工作崗位的可能性。

■ 一位職棒小聯盟球員擊出二壘安打，受到球迷及隊友的鼓勵。這便激發他下週六再次的表現。

■ 小嬰孩對媽媽靠近發出咕咕叫，所以媽媽撫抱他並花更多的時間和他一起玩。媽媽的反應增加小嬰兒發出咕咕叫的頻率，增加和媽媽玩耍的時間等等。

■ 一位學生一個星期每晚花 45 分鐘讀書準備歷史考試，如果該生考試得了 A，則這事後結果便激發他努力地準備下次考試。

雖然許多適當行為是由自然發生增強物所維持，這自然過程也許不足以維持所有期待行為。教師經常發現學生不能藉由自然發生增強

物維持適當行為。一些學生很少從學習平面幾何或應用行為分析中看到立即的好處。提供比老師所提供更有競爭力的增強物可激發一些學生，這些學生可能發現其他學生的笑聲比老師的稱讚更具增強作用。有些學生也許不重視老師提供的增強物，例如，成績對他們來說意義不大。在這樣的情形下，老師必須發展系統性、中期的計畫，安排學生有機會贏得他們重視的增強物。當自然發生增強物不具吸引力時，聰明的老師就尋找更有力的增強物。

　　我們會描述改變課堂行為有效使用增強的方法。本章大部分在檢視積極增強的使用，而最後一部分描述消極增強在課堂的應用。建議的類別與可能增強物的舉例總結於表 8.1。這個表並非按照人為安排到自然增強物類別的連續性，依序選擇的綱要而設計。例如，有人可 *213* 能會認定課堂中可食用的增強物是人為設計或非自然的。然而，這樣的指認要依據標的行為、情境與該生的年齡。

表 8.1	課堂用增強物的類別與舉例	
類別	項目	舉例
原級增強物	1. 可食用增強物	食物和飲料，例如餅乾、一小口果汁、布丁
	2. 感覺增強物	接觸控制的視覺、聽覺、觸覺，或動覺經驗；絨布偶輕觸臉頰，以耳機聽音樂
次級增強物	3. 具體（物質）增強物	證書、徽章、貼紙、明星海報、汽球
	4. (1)特權增強物	糾察、小隊長、免除家庭作業、班級自我指導時間
	(2)活動增強物	遊戲活動、特別計畫、准許玩媒體或電腦
	5. 類化增強物	代幣、點數、稱讚
	6. 社會增強物	表情、接近、接觸、話語、回饋、座位安排

任一類別或特定的刺激都能描述是人為或自然增強物。當教導小孩自己吃飯時食物就是一種增強物，或在體育課後使用飲水機為排好隊的增強物，這些都可視為標的行為的自然後果。區分環境中哪些是既有的、一般可利用的（即是自然的），與哪些是暫時加諸環境以增加後果強度的（即是人為的）項目或事件，或許會有所幫助。

:: 積極增強

積極增強（positive reinforcement, S^{R+}，或正增強）指在反應之後即隨因呈現刺激，以增加該反應未來發生的機率或可能性。在這定義中有三個操作型用語：我們正在處理一些增強方式，使增加（increase）這個字意義更清楚，因為該刺激有增加該反應再發生機率的效果。第二個操作型用語是呈現（presentation），當我們使用積極增強時，在反應產生之後我們有意地呈現刺激給該生。第三個操作型用語是隨因增強（contingent），除非所要求的該反應產生，否則老師不會呈現該事後結果給該生。如果老師陳述隨因增強：「馬可仕，當你完成所有數學習題時，你就可以玩模型飛機。」如果模型飛機對馬可仕具有增強作用，這老師便在運用積極增強。具增強作用的刺激（玩模型飛機），要隨因於該生表現該要求的行為（完成數學習題）才呈現給該生。表 8.2 舉例說明積極增強的原則。

214 **表 8.2** 正增強物舉例

	刺激	反應	S^{R+}（正增強物）	效果
例一	隨因增強及適當材料的可用性之敘述	馬可仕完成數學習題	允許他玩模型飛機	增加馬可仕下次作業準時完成的機率
例二	—	約翰在座位上坐直	老師對他微笑並稱讚他	增加約翰繼續坐好的可能性
例三	—	本週莎拉每天帶作業回家	指定她當下週的黑板糾察	增加莎拉每天帶作業回家的機率

　　鑑於正增強指的是行為與後果間的關係；**正增強物**（positive reinforcer）一詞在描述行為後果事件本身。正增強物是事後結果的刺激（consequential stimulus, S^R），它：

1. 增加或維持行為未來發生的機率或可能性。
2. 隨因於期待或要求的行為產生而實施。
3. 在期待或要求的行為產生後隨即實施。

選擇有效增強物

　　只有當刺激對行為有效時，才定義為正增強物；沒有項目或事件可以被稱為正增強物，除非這關係已建立。因此，在此關係的證據確認之前，老師無法對任何一位學生聲稱什麼是或不是具增強作用的後果。作為一特定學生的增強物取決於幾個因素，包括：該生的增強歷史（過去什麼曾激勵過他）、該生的剝奪狀況（他想要的東西，但並不容易或不常得到）、他知覺該增強物的價值（是否值得表現行為以獲得它），及年齡的適合性（即使該生可能喜愛該增強物，但是否較適合年紀更小的小孩，對他來說是否會感到不好意思）。

＊
項目或事件的增強潛力取決於增強歷史和剝奪狀況。

　　對每位學生來說，能作為增強物的事物可能不同。先入為主斷定有無增強作用常常是介入計畫失敗的原因。當所期待行為的改變未發生時，老師第一個反應就假定增強步驟沒有發揮效果；事實是，違反了增強的基本觀念之一：**增強物個別化**（individualization of reinforcers）。將增強物個別化的方式是使用**增強物取樣**（reinforcer sampling）。在運用隨因增強指認哪些項目有增強物的功能時，發現系統化取樣比老師或教保員的預測或猜想來得可靠（Cote, Thompson, Hanley, & McKerchar, 2007; Daly, Jacob, King, & Cheramie, 1984; Green, Reid, White, Halford, Brittain, & Gardner, 1988）。證據也顯示，增強物由接受的個體選擇，比由他人選擇更有效（Fisher, Thompson, Piazza, Crosland, & Gotjen, 1997; Lerman et al., 1997; Thompson, Fisher, & *215*

Contrucci, 1998）。

增強物取樣方式隨學生能力程度的不同而有所改變，通常可直接問學生他們想要什麼作為他們努力或成就的結果。也可藉由事先準備好的問卷來了解，像「學校增強調查表」（School Reinforcement Survey Schedule）（Holmes, Cautela, Simpson, Motes, & Gold, 1998）即為了四到十二年級學生而設計。就像有關任何潛在增強物訊息來源一樣，詢問學生的結果必須採取保留的態度，直到對行為產生效果為止（Cohen-Almeida, Graff, & Ahearn, 2000; Northup, 2000）。

另一個增強物取樣的策略是利用事先準備好的，如圖 8.1 所示的增強物調查單，項目可以命名或圖片呈現的方式。要學生按照喜好程度的順序列出潛在增強物，增強物清單應該是老師可提供的各種項目。多樣的選擇是必要的，因為對有些學生具增強作用的，對另一些學生可能沒有增強作用。限制選項的呈現可以避免學生提出不切實際的選擇（例如 iPod、電視遊樂器、出國旅遊）；然而，在一些有限選擇之後，老師仍然需要提供開放式反應的機會。另外一個建議是，不用一長串的項目待排序，而是提供在兩個項目或兩類別的項目（不論口語或圖片）做選擇。例如，老師可以問：「做這麼多困難作業，你想要得到像薯片、餅乾或爆米花等吃的東西，還是像做美勞作業、打電腦遊戲或上圖書館的活動？」（Northup, George, Jones, Broussard, & Vollmer, 1996, p. 207）

要確定反應能力限制較多學生的增強物偏好，也許需要以實際的物品或事件來做增強物取樣。雖然可以用像是照片的刺激，但是具體物的刺激在事後增強效果是較可靠的預測物（Higbee, Carr, & Harrison, 1999）。基於過去增強物的效果及和父母、以前老師晤談，在取樣過程中，通常最好要帶最多六項老師認為的潛在增強物。這些項目應包括不同種類，像食物項目、感官項目、玩具，或影響環境的項目（例如：風扇）。

＊
重度障礙學生的增強物取樣必須具體。

圖 8.1　增強物調查單

215

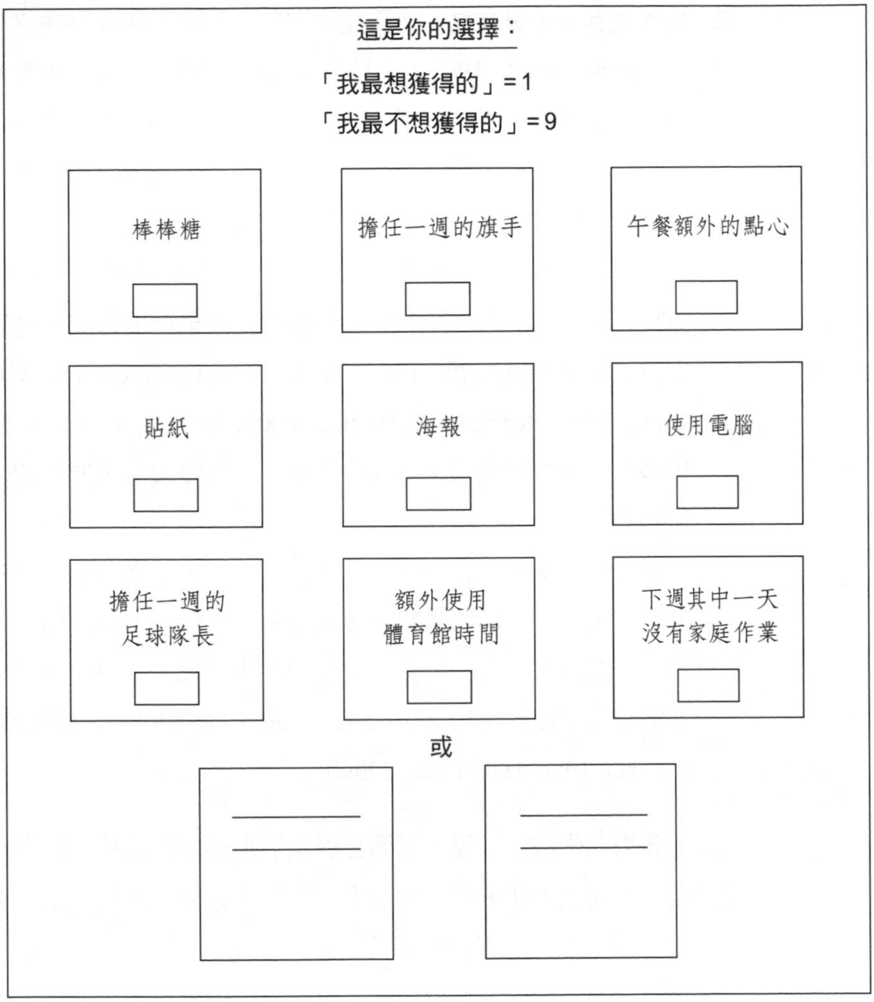

這是你的選擇：

「我最想獲得的」＝ 1
「我最不想獲得的」＝ 9

棒棒糖	擔任一週的旗手	午餐額外的點心
貼紙	海報	使用電腦
擔任一週的足球隊長	額外使用體育館時間	下週其中一天沒有家庭作業

或

216

　　三種可供選擇的增強物取樣法如下：

1. **單一項目呈現**：不論教學或活動之前或之中，一次呈現給該生一個項目（Green, Middleton, & Reid, 2000; Pace, Ivancic, Edwards, Iwata, & Page, 1985）。逐一提出項目，直到選擇預定的次數顯示出偏好。這方法對於一個項目喜好或不喜好，但缺乏排列喜好

順序的能力提供了指標。

2. **選擇或強迫選擇呈現**：該生從成對呈現的項目中選擇較喜愛的項目（Fisher et al., 1992）。項目可包括具體物、圖片或聲音。每一項目至少與每一其他項目一起呈現一次，如此可確定對其他項目的相對偏好。並列的項目排左邊或右邊每次應隨機呈現。當在選擇的項目間要決定潛在的比較增強效果，常見的標準是高偏好的項目為75%或以上會選擇的，而低偏好項目是那些選擇機率為25%或以下的。低偏好項目通常與增強效果微弱有關，高反應比率與高偏好項目有關（Fisher et al., 1992; Graff, Gibson, & Galiatsatos, 2006; Horrocks & Higbee, 2008; Roscoe, Iwata, & Kahng, 1999）。有資料建議，這方法比單一項目呈現法更能預測隨後的增強效果。

3. **多重刺激呈現**：所有項目（具體物、圖片、活動選項）是同時呈現的。項目一旦選擇並體驗後，便將其移除。這會持續直到所有項目均選擇過，或一段沒有反應的時段經過。這過程通常重複好幾次直到確認該生偏好（Carr, Nicolson, & Higbee, 2000; DeLeon & Iwata, 1996; Daly et al., 2009）。

這些方法中的任一種，老師在提供活動機會的選項之能力會有實際的限制。而且，在這些學生群中，難以確定他們選擇球是否由於球的觸覺特徵、顏色或與其相關的活動。

老師必須決定學生哪項反應要記錄為項目選擇。依據該生的能力水準，學生可以挑選一項目，用手指向或用眼注視它、使用一較少開口的方式指出該項目（Pace et al., 1985），或利用微動開關來選擇（Leatherby, Gast, Wolery, & Collins, 1992; Wacker, Berg, Wiggins, Muldoon, & Cavanaugh, 1985）。

對潛在增強物的偏好也能以參與的持續時間量來決定（Ahearn, Clark, DeBar, & Florentino, 2005; DeLeon, Iwata, Conners, & Wallace,

1999; Harding et al., 1999; Kennedy & Haring, 1993; Parsons, Reid, & [217]
Green, 2001; Worsdell, Iwata, & Wallace, 2002）。辨別的依據是該生參
與工作或材料的比較時間量。在一段特定時間呈現工作或材料給該
生，例如 5 分鐘。可依序個別呈現選擇和蒐集持續時間量，或呈現給
該生一列兩個或多個選擇並蒐集每個選擇的持續時間量。這個做法也
可安排項目間比較（找出的潛在增強物與對該生價值中立的項目）。
在任何情況下，該生在做選擇前應該有機會體驗每個項目。提供該生
機會去品嘗、感覺或操弄每個項目以增加評量的正確度（Tessing,
Napolitano, McAdam, DiCesare, & Axelrod, 2006）。如 Ayllon 和 Azrin
（1968）提到，該項目的經歷或取樣：「事實上，無法保證該事件會
對這個體有增強作用；而是如果該事件有任何潛在增強性質，取樣便
能使其展現出任何增強的性質。在取樣了這項目後，若個體沒有探索
它，是因為對這項目不熟悉，則它也不具增強力。」（p. 92）

　　Hall 和 Hall（1980, pp. 15-17）建議選擇潛在增強物九步驟的順
序如下：

第一步：「考量要加強行為對象的年齡、興趣和喜好。」老師應
　　　　　該選擇能夠符合該生生理年齡與社會背景的潛在後果，
　　　　　麥片早餐食品（Fruit Loops）或玩拼圖的機會對青少年
　　　　　少有引起動機的價值。

第二步：「經由增強考量你所希望加強的行為。」老師應該選擇
　　　　　相當於產生該反應所需的價值或努力的潛在後果。「如
　　　　　果雇主為整個週末從事特殊職務的雇員只提供一杯咖
　　　　　啡，任何雇員可能都不會接受這樣的提供。」同樣地，
　　　　　為學生完成整天的書寫作業而提供額外 5 分鐘的自由時
　　　　　間，學生可能會放棄這個機會。

第三步：「就你對這個人的了解，他的年齡、興趣、好惡，以及
　　　　　你所定義的特定行為，來列出增強物。」這步驟讓老師

依她認為順序客觀的方式組織潛在增強物。Hall 和 Hall（1980）建議，應根據類別來組織潛在增強物，像是具體增強物、活動增強物、社會增強物。

第四步：「普墨克原則」（Premack principle）。選擇潛在增強物時，老師應該考量平時觀察並注意該生喜愛從事的活動。David Premack（1959）系統化地組織運用喜愛的活動作為增強物，普墨克原則的討論，將在本章稍後介紹。

第五步：「考慮問當事人。」老師應該記得該生好惡的決定者是其本人。最常用來確定學生潛在增強物的機制是前面所提的增強物調查單。增強物調查單的另一種格式請參見 Raschke（1981）。

第六步：「考慮新奇的增強物。」在這步驟，Hall 和 Hall（1980）提醒老師：「變化增強物比一再使用同樣的增強物有效。」重複使用相同的增強物可能會導致厭倦和饜足，減少後果的激發效力。

218 **第七步**：「考慮自然增強物。」Hall 和 Hall（1980）指出使用自然增強物的三項好處：第一，自然增強物（像是讚賞或特殊權力）比大多數食用或物質的後果更容易，且花費較少。第二，自然增強物在該行為建立後，較可能提供給學生。「在自然情境，即使你沒有持續系統地增強你要強化的行為，你提供的自然正向後果更有可能未來至少在有些場合自然發生。」第三，以隨因增強為根據，自然增強物自動地發生。稱讚家庭作業做得很好並不是自然發生，除非表現了該行為。

第八步：「選擇你將使用的增強物。」一旦老師考量一至七步驟，Hall 和 Hall（1980）建議應該選擇對該標的行為最

可能期待有效的增強物。

第九步：「對該行為做記錄。」提醒老師，要確認後果為增強物的唯一方法就是觀察它對該行為的效果。為檢驗這效果，老師應該在有任何該行為產生時，系統化地記錄這改變。本書第 4 章介紹了記錄這資料的各種方法。

對任一增強物定期重新評量（periodic reassessment）是必要的（Mason, McGee, Farmer-Dougan, & Risley, 1989; Stafford, Alberto, Fredrick, Heflin, & Heller, 2002）。尤其是只評量使用一項或少數幾項的時候。用配對項目法評量辨認增強物比用單一項目偏好法更穩定。當項目偏好出現轉移，顯示行為所期望的改變在減慢或不正確反應在增加，可歸因於學生長大且經驗增廣使偏好改變。在短期內，可能只是因為該生對增強物感到饜足（Carr, Nicolson, & Higbee, 2000; Hanley, Iwata, & Roscoe, 2006）。在後一種情況，已知的高偏好項目在一段時間後可能再恢復使用。

使隨因增強

如果增強要有效，必須只有在該生表現標的行為後方能接受增強物。「如果……那麼」的敘述要適當，這樣的敘述建立了表現該行為與獲得該增強物間清楚明確的關係。如果柯蕾菈發現，不論她是否有表現該標的行為，在一天結束的時候當老師累了且還有一些棒棒糖時，她都可以得到棒棒糖，柯蕾菈會以為老師並不是說真的，那麼隨因增強就沒有發揮真正的力量。在這樣的隨因增強與明確的增強物給予，意味著老師或其他特定指派的人是該增強物的來源。如果學生在上學時間能從班級助理或其他大人那裡，在沒有表現該期待行為下而獲得與允諾相同的增強物，該生會很快確定不需要遵守隨因增強。

✻ ⋯⋯⋯⋯⋯⋯⋯
也必須確定家長或
其他照顧者沒有非
隨因增強地給予潛
在增強物。
⋯⋯⋯⋯⋯⋯⋯⋯

使立即增強

為求有效，最初應在表現標的行為後立即給予增強物。這時能使該生對隨因增強的真實性信服，並強調特定行為與其後果間的連接。施予的立即性也必須避免偶然增強介入行為的危險。所期待行為與接受增強物間的時間延宕越長，該生在非隨因增強或非期待下表現行為的可能性越大。最後，老師會想要引進該行為與增強物間的延宕。這種系統化安排的延宕稱為增強方式（schedule of reinforcement）。在本章稍後將討論。

219

屈門女士增強混亂

屈門女士是嚴重社會適應不良學生的老師，她在一自足式特殊班服務。這是她在此頭一年的第一週，而她下定決心要成功。她修過應用行為分析，並確定要為她的學生訂下如下的隨因增強：

如果在本週之內至少完成 20 項作業，就可以參加星期五下午 2:15 的班級派對。

學生們忙著練習，當屈門女士想知道為何人們認為這些學生難以教導時，她洋溢著滿足感。星期五早上 11 點的時候，第一位學生完成他第 20 項作業。到中午，所有七位學生均依約定完成作業。在下午 2:15 之前所剩下的幾小時是屈門女士度過最漫長的時刻了。即使學生們大喊、打架、咒罵、到處跑，如往常一般大肆破壞，派對仍照計畫舉行（至少屈門女士能理解，如果她不依約定執行到最後的話，學生們將不再相信她了）。星期一早上這個班級仍然大喊、打架、咒罵、到處跑，屈門女士已經增強了混亂，而這是她所得到的結果。

增強物的類型

便於老師使用的增強物主要有兩種：原級增強物（primary rein-forcers）與次級增強物（secondary reinforcers）。

◈ 原級增強物

原級增強物（primary reinforcers）是對個體有生物上重要性的刺激。我們可以假定它們是內在引發動機的，因為它們是存續生命所需。因此，原級增強物被稱為是自然的、非習得的或非制約的增強物。在其生物重要性之下，我們可期待它們會高度激發個別學生。原級增強物的主要類型包括：食物、飲料、睡眠、庇護與性（最後一項增強物最常使用在進入社交活動的形式）。顯而易見，課堂中兩種最普遍且適當的原級增強物是食物和飲料。食物性增強物（edible reinforcer）主要用於教導年紀較小與重度障礙學生新行為的時候，因為它們高度引起動機的價值，所以能很快影響行為。

即使行為改變與M&M's牛奶巧克力之間有幾近神祕的關聯性，老師們卻很少發現對年紀較大或輕度障礙學生有必要使用食物性增強物。在許多情境，食物性增強物不可以使用，因為與傳染、蟲或過敏有關。富想像力的老師可以從很多其他的潛在增強物來選擇。以糖果或其他零食來增強學生的行為是對行為過度損害的例子。除了不需要外，原級增強物可能被學生認為是種侮辱。一位九年級學生很少認真看待老師說：「凱西，你代數作業做得很好，這是給你的餅乾。」這並不是說年紀較大學生的老師永遠不該使用食物做增強物。在適當行為表現的時候，偶爾的食物獎勵會非常有效。例如為符合隨因增強的學生舉辦一次爆米花派對也許是非常合適的。你會很驚訝地觀察到，當爆米花的氣味在教室瀰漫開來的時候，二或三年級學生是如此快速地完成作業。

為了要使原級增強物有效，要增強該生的行為必須是在剝奪有關

※
原級增強物可以是改變行為有力的工具。

220

增強物的狀況。對一位剛吃完午餐回來的學生使用食物性增強物，可能較沒有效果，因為該生並不餓。這並非建議學生應該要肚子餓，這樣食物才會成為有效增強物，但需要剝奪的狀態是原級增強物使用上的不利條件。然而，對於像洋芋片、葡萄乾、冰淇淋或糖果等分量有限的特殊食物，學生不需要肚子餓才能成為有效增強物。剝奪的相反是**饜足**（satiation）。當教學剛開始的**剝奪狀態**（deprivation state）不再存在的時候，饜足就產生了，而該生的合作與注意便逐漸失去作用。重度障礙學生的老師實施持續 30 分鐘訓練課程，當原級增強物失去效果的時候，教導可能就停在某一點上。當該生正確反應率下降的時候，或較有自信的學生顯得唾棄，增強不再有效的時候，老師都會注意到。

教師至少有七種可以計畫避免或延宕饜足的方式：

1. 有證據指出，由學生選擇的增強物比老師為他選的更能引起動機。資料也顯示當在教學時對項目做選擇比在教學之前更能引發反應（Graff & Libby, 1999）。老師應準備三至四項食物性增強物供該生在正確反應後做選擇。

2. 對每一工作或行為指派一特定增強物。不需要整天用單一的增強物、用在所有內容領域，或跨所有行為。這樣做是要避免饜足的潛在危險。

3. 饜足開始時（當該生變得較不合作或錯誤增加時），就要試著改變為替代的增強物。作為實施增強物取樣的結果，幾個潛在增強物應列表隨時備用，以使該日可以使用不只一個增強物。

4. 縮短使用食物性增強物的教學時間。較短的時段嘗試較少增強物（事先控制的呈現），可以降低饜足的機會。可在一天之中實施幾個短的教學階段。

5. 對正確反應減少給予食物性增強物的分量。分量更少也會更快吃完，因此當該生持續品嘗增強物時，在兩次嘗試間不會產生人為的長時段。

6. 不要對每一次正確反應都提供增強物，增強物的取得應該要求該生有更多的正確反應，意即改變增強施予的方式（增強方式在本章稍後討論）。結合這策略，使用不只一種的增強物比一直使用相同增強物產生更穩定的反應。

7. 使用多樣增強物，最好是那些自然發生的。例如，Carr、Binkoff、Kologinsky 和 Eddy（1978）延宕有自閉行為的學生饜足的開始，並將增強物的使用直接與所要教的概念連結起來。在教導這些學生牛奶、蘋果、餅乾、糖果與香蕉等字的手語時，老師給予一些所指的食物來增強正確比出手語。饜足的問題在下列故事中說明。

221

艾伯特先生吃冰淇淋

　　傑夫是一位重度智障生，其行為內容似乎主要由丟東西和摔椅子構成。有時候他改以突然攻擊老師和同學。為了努力控制這行為，艾伯特先生嘗試超過 12 種潛在原級增強物（從洋芋片到糖果），無論什麼都不成功。適當行為出現比例低，而不當行為出現比例很高。

　　在失望之餘，艾伯特先生問傑夫的母親有沒有什麼是傑夫喜愛的。她說：「當然有，傑夫很愛奶油胡桃冰淇淋。」

　　在他很快地跑到雜貨店之後，艾伯特先生開始使傑夫進步了。在一週結束之前，傑夫的行為已在合理的控制之下，艾伯特先生認為他的麻煩結束了。然而，不久前，傑夫的不當行為又大量地出現。再一次，艾伯特先生問傑夫的母親，她可否解釋為什麼奶油胡桃冰淇淋不再有效了呢？

　　「嗯，也許是因為他在家吃太多了。我很久之前學到這是讓他表現良好的唯一方法。有時候我給他一整桶呢！」

　　艾伯特先生以剩下的奶油胡桃冰淇淋安慰自己，他準備再次去找出對傑夫有效的增強物了。

食物性增強物提供老師各種潛在的增強物，例如，使用過的項目包括一片餅乾、香蕉、蘋果和梨；布丁、優酪乳、椒鹽脆餅、馬鈴薯片、爆米花、穀類食品、起司條、小餅乾（Chex Mix）、小金魚薄脆餅、乳酪或花生消化餅、小熊軟糖、彩色蟲軟糖、口香糖、小糖果和西式沙其馬；及各種飲料，例如各種果汁、加味水和巧克力牛奶。

基本常識也建議一些在選擇食物性增強物的注意事項。首先且最重要的，不應該給學生食物性增強物，除非老師已檢視該生的病歷，並和家長討論關於過敏和其他食品不耐。在有些計畫，會要求家長從家裡提供一些適當的食物。一般也會告知老師在做語言訓練時不要使用奶油花生糖作為增強物，因為當舌頭頂住口腔上方時，很難去模仿聲音。液體的增強物也許會增加上廁所的次數而不當延宕教學時間。

老師也應該注意某些增強物強烈引起動機的特性，特別是食物性增強物，有可能激發與標的行為不相容的反應。Balsam 和 Bondy（1983）以對小孩使用冰淇淋做增強物的例子來說明這要點，他們建議冰淇淋本身可能刺激很多趨近行為（也就是注視、拿取），但也干擾了該童注意隨因增強相關的事前刺激及所需反應。同樣的，如果老師告訴這些學生，若是表現良好，他們將在午餐時獲得特別的點心，他們可能因預期這增強而變得逐漸煩燥不安及不專心。有關增強理論與運作上的負面副作用的完整討論，參見Balsam和Bondy（1983）。

感覺增強物常包含在原級增強物裡，包括：

聽覺：音調、聲音、音樂、環境的（由耳機傳送的音樂）。

視覺：黑白或彩色的光線（有或無閃光）；圖畫、書、雜誌、幻燈片、錄影帶；動作（電池運作的玩具、肥皂泡泡、彈簧玩具）；鏡子、萬花筒。

嗅覺：香的、刺激的氣味（肉桂、柑橘、丁香、便宜的香水）。

味覺：固體的、液體的（甜、酸、鹹、辣、苦）。

222　　觸覺：粗細、軟硬、冷暖、乾濕、動作（震動、搧風、不同質料

如軟毛）。

　　本體覺：跳躍、搖擺、搖盪（跳躍床、盪鞦韆、搖椅、木馬）。

　　感覺項目可個別或合併使用。選擇適合年齡的項目是重要的。感覺增強物曾經成功地用於發展障礙的幼童身上（Cicero & Pfadt, 2002; Summers, Rincover, & Feldman, 1993），也常常使用於重度和極重度障礙學生身上，包括自閉症（Lancioni, O'Reilly, & Emerson, 1996; Mechling, Gast, & Cronin, 2006; Preis, 2006; Smith, Iwata, & Shore, 1995）。有跡象顯示，自然發生的感覺可以做增強刻板化或自我傷害行為的刺激（Durand, 1990; Iwata et al., 1994; Sprague, Holland, & Thomas, 1997）。

◈次級增強物

　　沒有老師想要使學生依賴原級增強物來適當地工作或表現行為。原級增強物，即使對年幼的或重度障礙的學生來說，是能快速習得適當行為的暫時措施。老師送一個學生回到普通班級，不能期待他每次認出「狗」這個字便獲得一條巧克力棒；或是去工作，便期待在工作的週末獲得一塊巧克力蛋糕或牛肉。**次級增強物**（secondary reinforcers，或作**衍生增強物**）終究取代原級增強物。次級增強物包括社會刺激，像是稱讚的話、有機會從事喜歡的活動；及符號表徵，像可以交換其他增強物的代幣。不像原級增強物一樣，次級增強物不具對個人生物上的重要性，反而其價值是習得或制約而成的。因此，常稱次級增強物為**制約增強物**（conditioned reinforcers）。有些學生沒有學過重視次級增強物的價值，而必須在使次級增強物發揮效果之前教導他們。

配對　對那些不知次級增強物價值的學生，需要原級增強物以習得適當行為。然而，為避免依賴原級增強物，應該與一些次級增強物一起使用原級增強物。合併使用原級增強物與次級增強物稱為**配對**（pairing）。例如，當傑克表現良好的時候，他的老師會給他一口食物並

※……………………
配對教學生重視次級增強物。

同時告訴他所做的工作很棒。經由配對，我們制約或教導該生只由次級增強物引起動機。一旦這連結建立起來，次級增強物就像原級增強物一樣有效，然後老師可逐漸撤除原級增強物。當然，有些學生有配對連結的增強歷史，允許其使用次級增強物而不需原級增強物。

◆ **具體增強物**

具體增強物（tangible reinforcers）是具體且有時是立即給予的項目。它有賴於學生與項目之間的歷史（特別是遊戲或休閒項目）或透過老師設計的配對，幾乎所有項目都能有增強物的效果。適合年齡的潛在具體增強物，可包括：適合幼童的小玩具、著色書、貼紙、星星、塑膠珠寶、黏土、玩具汽車和卡車；或適合青少年的棒球卡、掌上型遊戲機、搖滾歌星海報、書籍、雜誌、漫畫書、DVD、手機使用時間、遊戲軟體。有些研究顯示類似於食物項目，具體項目會受饜足控制（McAdam et al., 2005）。老師要考慮輪換可利用的項目或從一系列項目提供選擇，有時不能確知什麼增強物是有吸引力的。Dahl-quist 和 Gil（1986）曾順利地使用過摸彩袋。具體增強物也可包括獎勵，如：證書、徽章和戰利品，或自己專屬的駕駛教育手冊。

◆ **活動增強物**

活動也許是老師最常使用的次級增強物。Premack（1959）曾描述系統化地使用活動增強物（activity reinforcers），稱為**普墨克原則**（**Premack principle**）。普墨克原則指的是個體從事一項低頻率行為，所以這些行為的發生率低；其他從事高頻率的行為也因此有高的發生率。當低頻率行為隨在高頻率行為之後，作用是增加低頻率行為的發生率。換句話說，任何學生常常自願從事的活動可用來當任何其很少自願從事活動的增強物。當老師告訴學生，完成數學作業後可以在教室後面玩飛機模型；或當母親告訴孩子吃完球芽甘藍就可以到外面玩，他們都在運用普墨克原則。學生自己可設定喜愛與較不喜愛的活動順序，因此擇取了他或同學將會從事特定活動的順序（Kern,

Mantegna, Vorndran, Bailin, & Hilt, 2001）。該生可排定兩、三項活動，或一整天的活動。普墨克原則的變形在增加該適當行為的有利條件，或讓它變得「好玩」。汽車公司最近贊助了一項活動，將容器（如箱、盒、罐等）當電子遊戲玩，因而在這期間增加了容器回收率；和把階梯設計成鋼琴，增加了人們走樓梯取代坐電扶梯。次級增強物的使用建議見表 8.3。

　　次級活動增強物其他來源的點子見下面軼事方塊中說明。

❖　　　❖　　　❖　　　❖　　　❖　　　❖　　　❖

看他們像是……

　　霍克先生是10至13歲嚴重行為問題短期復健班的老師。他的任務就是使學生的學習技巧與行為狀況變得良好，並快速再回到普通班。他對普通班老師提供行為諮詢，並持續學業所需協助。其中有些學生仍整天和他在一起數月之久，另有些在一週內已開始返回普通班一些課堂就讀。霍克先生使用代幣增強系統（見316頁開始討論代幣增強物），且很自豪他發現了不平常卻有效的活動增強物，僅僅藉由傾聽學生發言並問他們想做些什麼，或在課餘時間注意他們選擇做什麼。

　　例如，其中有些學生把他們獲得的積點花在坐霍克先生安全停在教職員停車場的摩托車上10分鐘，鑰匙在霍克先生的口袋。有些學生協助大樓管理員清理垃圾，另有些在教室玩玩具或遊戲。一位有自閉症特徵的男孩喜歡整理及重新組織各種操作物和教材。霍克老師對即將失去理查感到遺憾。

　　一天，霍克先生班上來了一位新學生。為努力使他獲得一些立即的學業成就並提供增強機會，霍克先生指派艾丹利用電腦做數學作業。這作業格式是彩色的，高度互動且具娛樂效果，霍克先生選擇一個對艾丹來說相當容易的程度。在幾分鐘之後，艾丹叫說：「哇！真是酷！」在他電腦旁邊的年輕人靠向他並小聲地說：「嗨，小心點，你讓他發現你喜歡一些東西，你知道你會獲取積點的下件事是你要做一些你不喜歡的事情。」

224 **表 8.3** 課堂中適於作為次級增強物的特殊權利及活動舉例

- 選擇和計畫下次校外教學或班級同樂會。
- 帶領一項班級活動（單元活動、星期五快樂時光、早晨團體討論、做爆米花）。
- 選擇一工作夥伴。
- 演出滑稽短劇或指揮下次班級戲劇。
- 布置一海報欄。
- 設計學習中心。
- 編輯班級網頁。
- 安排一天的日程表和活動。
- 參加小老師計畫。
- 進行你自選主題的班級課程。
- 研讀駕駛教育手冊。
- 免除晚上的家庭作業。
- 免除一次測驗。
- 免除他所選擇的活動。
- 為下次班級考試申論題命題。
- 將點數加入成績。
- 刪除最低的小考成績。
- 打電腦的額外時間。
- 製作錄影帶。
- 帶領解決問題小組。
- 獲得允許上健身房或圖書館。
- 觀賞音樂錄影帶。
- 午餐排隊排第一個。
- 獲得高中橄欖球賽的入場券。
- 當班級圖書管理員或比賽經理。
- 成為安全巡邏隊的成員。
- 擔任某項糾察（像是黑板、重要訊息、寵物、植物、操場設備等）。
- 擔任班級幹部。
- 擔任「本週學生」的特權。
- 擔任運動隊長或閱讀小組長。
- 使用媒體設備。
- 玩遊戲或玩具。
- 使用美術和工藝材料。

　　Kazdin（2001）對使用活動增強物的一些限制提出建議。首先，一些高度偏好活動無法總是緊接著低度偏好的行為，因而降低高度偏好活動作為增強物的效果。例如，課程安排的問題可能阻礙學生在做完數學後使用體育館。第二，一項活動可能常是全有或全無的事，不是獲得就是沒獲得。這可能會限制了該增強物執行的彈性，例如，一位學生不是獲得參加校外教學的權利，不然就是沒獲得。這樣的活動無法依據可接受的表現程度予以部分獎勵。然而，這個限制對活動增強物不是真的不能改變。有些活動可以以累積的時間量來獲得，例如，如果所獲得的分鐘數先存起來等到適當時間再執行，那麼每拼對一字可以在體育館投籃 1 分鐘的後果是容易執行的。

　　以活動當增強物的第三個限制是許多活動沒有表現行為參照，學生可自由從事，例子包括午餐時間、體育課、美術課和音樂課。最後，活動增強物的使用可能會中斷標的行為的持續表現。例如，老師不想讓學生在每拼對一個字就讓學生到體育館投籃。然而，有些學生 [225] 可能無法持續表現該標的行為，除非在每次正確反應後立即獲得增強物。在這些例子裡，活動增強物的效果似乎被這些因素所減低，這時可考慮使用類化制約增強物。

◆ 類化制約增強物

　　當一增強物與多種其他原級或次級增強物連結，就叫做**類化制約增強物**（generalized conditioned reinforcer）或簡稱為類化增強物（generalized reinforcer）。社會增強物如注意或稱讚即是類化增強物的一種。這些類化增強物與其他增強物連結而獲得其價值，例如：在一項困難作業後獲得老師稱讚，配對有機會使用電腦；配偶稱讚一頓可口的晚餐配對情愛和肢體接觸；及父母稱讚收拾骯髒衣服配對牛奶和餅乾。

　　第二種類化制約增強物包括那些可交換一些價值的東西，金錢是最明顯的例子。金錢（很少或沒有內在價值），可以多種方式獲得，

也能換取多種類型的增強物：食物、庇護、超級盃入場券，或賓士轎車等。類化制約增強物的效果不是靠單一類的剝奪（Ferster & Culbertson, 1982），也較其他類增強物不易受饜足的影響。

類化制約增強物使用上有許多的優點，Kazdin 和 Bootzin（1972）提出下列優點：

1. 與某些特定食物或活動增強物相反，類化增強物允許任何時間增強反應，並允許增強反應的順序不被干擾。
2. 類化增強物可維持表現相當長時間，比較不易受饜足效果的影響，因為它們的增強性質相對地獨立於剝奪狀態。
3. 類化增強物提供不同偏好個體相同的增強。

◎代幣增強物

因為在學校情境，金錢的使用是不實際的，一種稱為代幣增強物（token reinforcer）的類化增強物便廣為使用。代幣增強物是符號表徵，可交換學生重視的一些項目或活動。代幣的使用類似於一般社會金錢的使用（圖 8.2）。代幣增強物可兌換各種原級和次級增強物，正如金錢。它們的使用作為原級增強物和自然的一群次級增強物的轉銜。代幣系統可調整供單一學生和單一行為、一名學生和幾項行為、

226 　圖 8.2　代幣和錢幣都是類化增強物

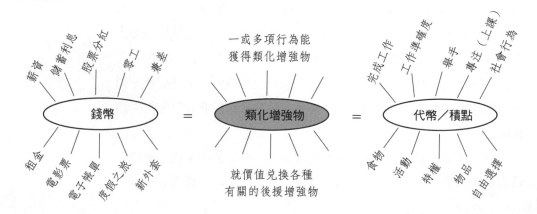

一組學生和單一行為，以及小組學生和幾項同樣或不同的行為等使 [225]
用。

代幣系統在大多數特殊教育自足式班級、資源班及許多普通班使
用。代幣使用於教導學業與社會技能、教導學生管理自己行為、一般
教室管理，以及協助障礙學生融入一般教室。甚而也教導同儕評鑑行
為和分配代幣。如果你贏得考試、作業和計畫的點數，將交換你行為
管理過程的最後成績，就是在參與代幣增強系統（Arntzen, Halstadtro,
& Halstadtro, 2003; Carpenter, 2001; Cavalier, Ferretti, & Hodges, 1997;
Connell & Witt, 2004; Davis, Boon, Cihak, & Fore, 2010; Higgins et al.,
2001; Kamps et al., 2006; Lannie & Martens, 2004; Lyon & Lagarde, 1997;
McGinnis, Friman, & Carlyon, 1999; Spriggs, Gast, & Ayres, 2007; Stern,
Fowlers, & Kohler, 1988; Vaughn, Bos, & Schumm, 2000; Wilder, Harris,
Reagan, & Rasey, 2007）。

代幣增強系統需要兩個重要成分：代幣本身與**後援增強物** [226]
（backup reinforcers）。代幣本身應該沒有與生俱來的價值，後援
項目對該生應該有其價值。老師解釋或示範需要代幣去獲得後援增強
物，目標是賺得足夠的代幣來得到後援增強物。代幣是達到目的的一
種手段。代幣是在該生反應後隨即施予，後援增強物則可以在稍後的
時間得到。這代幣可以是物品，像是籌碼、貼紙或優待券；也可以是
符號，像是檢查章、卡片上打洞，或很常見的笑臉。一般來說，代幣
應該要可攜帶、耐久，及容易處理。

老師和該生應該對所獲得代幣數量做精確記錄。當代幣是物品
時，像是籌碼、代幣箱或其他的容器，可設計在指定位置或學生桌上
用以儲存代幣。對年幼學生，可將代幣串成項鍊或築成塔，將有助於
控制代幣的遺失。可以用連連看來表徵畫出後援增強物，在這系統，
當每個反應發生時，就連接兩個點。當所有的點都連接起來的時候，
這幅圖畫就完成了，而該生也獲得後援增強物（Trant, 1977）。學生
可以累積拼圖片，當獲得所有的拼圖片便可描繪出後援增強物。也可

*⋯⋯⋯⋯⋯⋯

代幣不會有用，除
非它們能兌換事
物。

⋯⋯⋯⋯⋯⋯

以用空白圓圈的代幣卡，每獲得一點就填上一個笑臉（Odom & Strain, 1986），或在卡片上打洞（Maher, 1989）。當代幣是獲得積點、蓋章或檢查記號時，在教室前面的大表或類似圖 8.3 與 8.4 的記錄卡可供使用。普通教育與特殊教育老師之間共同使用一積點卡，已在各種課堂維持學生適當行為上發揮了成效。學生要求老師在課堂結束時記錄符號，以顯示卡片上所列每項標的行為的表現來管理這過程（Carpenter, 2001）。

　　使用代幣系統須提防作假或偷竊。任何學生只要有幾十元就可以買 100 個迴紋針，因而降低了迴紋針代幣的價值與這系統的有效性。我們曾諮詢一個療養中心關於利用在卡片上打洞作為代幣。在該中心

227　**圖 8.3**　供小學生代幣增強系統用的積點卡

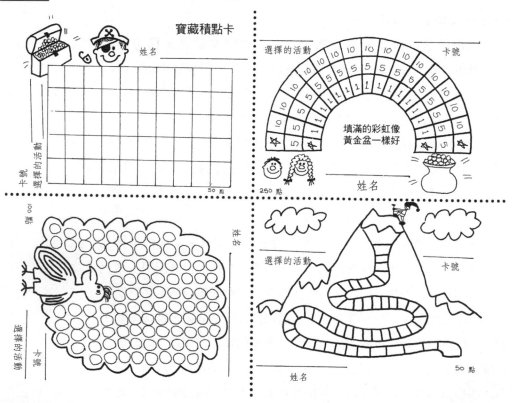

圖 8.4　供中學代幣增強系統用的積點卡

228

積點卡

學生：　　　　　　　　　　　　　　　　　　　日期：

贏得的積點：

1	2	3	4	5	6	7	8	9	10
11	12	13	14	15	16	17	18	19	20
21	22	23	24	25	26	27	28	29	30
31	32	33	34	35	36	37	38	39	40
41	42	43	44	45	46	47	48	49	50

贏得積點總數：

每日積點總數 _____　　　姓名 _____
　　　　　　　　　　　　　　　　　　日期 _____

午餐

	第一節	第二節	第三節	第四節	第五節	第六節	第七節
大多數時間專注							
態度							
完成工作							
與老師／同學關係良好							
達到自己的目標							

家庭作業：　　　　　　　　　　　附註：

第一節 _____

第二節 _____

第三節 _____

第四節 ___ 午餐 _____

第五節 _____

第六節 _____

第七節 _____

家長簽名 _____

資料來源：Bottom card from "Tokens for Success: Using the Graduated Reinforcement System," by C. Lyon & R. Lagarde, 1997, *Teaching Exceptional Children 29*(6). Copyright 1997 by The Council for Exceptional Children. Reprinted by permission.

²²⁶ 學生週末回家時，許多學生便告訴家長他們的老師要他們把打洞機歸還中心。簡單的預防方法就是以能夠辨識來源有效性與確認特定學生²²⁷ 擁有權的密碼來標記代幣、物品或標誌。如果使用檢查章卡片，老師可以在不同日子裡隨機選擇不同顏色的記號。學生那天在學校剛好有老師選擇的深褐色記號的機會是很小的（療養中心的老師找到不同形狀的打洞機）。

　　代幣本身並不具增強的力量，而是以可交換的增強項目來獲得增強的價值。因此，該生必須清楚了解他們努力贏得代幣是為交換後援增強物（代幣系統的第二個重要成分）。

　　後援增強物的選擇可能是代幣系統最困難的一部分，特別是用於學生小組或整班的時候，老師必須選擇夠廣泛的各種後援增強物以提供能激發班級每一成員動機的項目。因此，老師應該試著含括一分類項目，像是食物（玉米片、餅乾、果汁）、活動（上圖書館、聽音樂）、物品（遊戲、筆記本或蠟筆），或特別權利（排第一排、收午餐費）。

＊
學生對代幣系統應知事項。

　　當老師對全班或個人宣布實施代幣系統，學生立即要知道至少四件事情：第一，他們要知道什麼行為是需要的。一如往常，隨因增強（如果……那麼……）應該要由老師來說明清楚並讓學生了解。每一²²⁸ 待表現行為的敘述及可接受的參數應該清楚地陳述或列於海報。第二，學生們會想要知道他們的代幣要買什麼後援增強物。如果不是後援增強物本身，也要讓後援增強物的表徵在教室中讓大家看到。

　　第三個問題可能牽涉到每一後援增強物值多少代幣。根據評鑑後²²⁹ 援增強物的價值與喜好程度，學生將決定該增強物是否值得改變該要求的行為。為了要使這過程一開始就能運作，老師可定出增強物的價格，讓每個人很快地獲得一些。學生應該在這第一次交換中學會：如果他們贏得特定數量的代幣，就可以兌換特定的後援增強物。Stainback、Payne、Stainback 和 Payne（1973）建議，像食物、海報、玩具兵等項目的價格，應該要和實際的金錢價值成比例。活動與特別權

利的價格較難判斷，學生不該太容易獲得後援增強物，也不能被要求太難的工作。因此，老師根據其所覺知班級成員的喜好，來判斷後援增強物的價值需要花一些時間。

　　最後，學生們想要知道他們何時可交換後援增強物。最普遍的交換時間是在一天或一週的結尾。在代幣系統的初期，特別是對年幼及障礙學生，在第一次交換前的期間必須非常短。從星期一開始代幣系統而安排星期五為第一次交換時間，這是不明智的。學生需要很快看到這交換過程如何運作及老師確實說到做到。因此，我們建議第一次交換時間可以在午餐時間、放學前，或早上下課時間（例如：使用交換餅乾時間）。Stainback 等人（1973）建議，在初期要常常支付代幣，在頭一個三至四天兌換時間最好一天一到兩次，然後逐漸降低頻率直到第三週的一週一次。

　　以代幣交換後援增強物可採各種方式實施，最常見的是課堂商店。在這種方式中，標示價格的後援增強物放在教室角落架子上，在兌換期間學生可以進入商店兌換他們買得起的後援增強物。另一種有趣的交易方式是課堂大拍賣（Polloway & Polloway, 1979）。這個方式，准許學生出價競標每種後援增強物。學生可出高價選擇，上限為他們贏得的代幣數。拍賣方式允許學生兌換代幣或點數為抽獎券，例如，每張抽獎券需五個代幣（Schilling & Cuvo, 1983）。老師可以將所有抽獎券放在袋子抽一次，或抽三次（就點數價值三個組距中各抽一次），因此點數價值也是獎的幣值。老師可做抽獎轉盤，轉盤轉動隨機取得後援增強物。Lien-Thorne 和 Kamps（2005）使用抽獎轉盤抽額外休息時間、在教室 5 分鐘自由時間、糖果、紙牌遊戲時間，和電腦時間。

　　一項對有效代幣系統的潛在阻礙，通常都起因於兌換程序所引發的結果。以下面的例子加以說明。

守財奴查理的個案

查理是湯姆士先生學習障礙兒童班的學生,他是一位有重度閱讀問題和許多不當行為的聰明男孩。像湯姆士先生其他的學生一樣,他對代幣系統反應良好。學生獲得卡片上的檢查章以換取多種後援增強物,包括玩具和特別權利。最貴的項目值三張卡片,許多則要一張或兩張卡片。

在幾個月後,湯姆士先生注意到查理的行為與學業都急遽地變差了,而且這變壞似乎是在一夜之間就發生了。湯姆士先生看不出任何理由,所以他決定做一件非常明智的事。他問查理發生了什麼事,查理微笑著並打開他的工作夾說:「看這裡!我存了11張卡片。我可以好幾個禮拜不做任何事,而我仍然能從商店中換到我想要的東西呢!」

230　　　如同湯姆士所學到的,仔細考量你的代幣系統以避免像查理所表現出的代幣累積情況。有幾種策略可避免這問題,例如:

1. 相較於使用指定的代幣兌換日,讓學生在擁有足夠兌換一特定項目的代幣時即可兌換代幣。這種持續的兌換將鼓勵學生為特定項目計畫而兌換代幣,而非儲存代幣而已。

2. 即時與延宕的兌換應合併。當學生為特定增強物擁有足夠代幣時允許即時兌換。他們也可以儲存所有代幣或兌換後所剩的代幣,以對未來的主要項目或事件進行兌換。對提早提用儲存代幣應予實質的懲罰。

3. 代幣的顏色或其他特徵可以逐月或逐季改變。所有的學生都了解,當代幣更換的時候,舊的代幣就無法使用了。

4. 組織良好的管理者能夠限制學生可儲存代幣的數量並強力實施這限制,這需要小心精確地記錄。任何花費老師太多時間與精力來實施與維持的代幣系統最終都宣告放棄。

　　將代幣系統運用至全班或只選擇幾位學生都是可行的。如果只有一些學生擁有代幣，其他的學生可能會質疑。在第 2 章愛挑剔教授的建議可幫助老師處理這個問題。

　　鼓勵消費代幣的後援增強物可以是「時間」。學生可使用他們積累的代幣贏得額外的分鐘數參與偏好的活動。為了能取得在電腦工作 10 分鐘的機會，學生可兌換所需數量的代幣。允許該生為額外 5 分鐘花費另外 5 個代幣，或 10 個代幣 10 分鐘。這樣的兌換可以在一定數量的代幣（點數）與購買可以參與活動的時間量之間，建立直接、易懂的比例關係。這也讓學生決定連結特定增強活動的價值或額外價值。

　　對全班實施代幣系統的時候，最容易開始著手的就是以一些針對全班改變的標的行為。例如，一開始老師對完成作業或在班級討論時舉手發言給予積點；一旦學生熟悉兌換方式時，這計畫便可加以個別化。當代幣要分配至一開始的標的行為時，老師可以將許多學業與社會行為整合至這系統。例如，馬蒂可能因為整潔而獲得代幣；黛比因為速度加快而獲得代幣；而莎拉因為說話夠大聲讓其他人聽見而獲得代幣；或是除了個人外，老師可以將初期的課堂行為管理系統納入適合班級所有成員的其他行為。下面的例子是一位老師對課堂積點所訂標準的例子（Schumaker, Hovell, & Sherman, 1977, p. 453）。

當舉行討論的時候：

4 點：傾聽並提出三次討論意見。

3 點：傾聽並提出兩次討論意見。

2 點：傾聽並提出一次討論意見。

1 點：注意並傾聽討論。

0 點：沒有注意傾聽討論。

當做課堂作業的時候：

4 點：學生在所有課堂時間都做作業。

3 點：學生在 3/4 課堂時間都做作業。

※ 見本書第 55 頁愛挑剔教授的建議。

231

2 點：學生在 1/2 課堂時間都做作業。

1 點：學生開始做作業。

0 點：學生沒有做作業。

在沒有參與機會的課堂（獨立閱讀、電影或演講）時：

4 點：學生非常注意主題。

2 點：學生大致上注意主題。

0 點：學生沒有注意主題。

代幣系統可以用來教導複雜的學業任務。例如，如果老師要試著教班級學生寫適當短文，取代寫出一篇〈我如何度過暑假〉的報告獲得 20 點，老師可以使用代幣制度獎勵下列行為：

帶筆和紙到學校的獲 1 點。

準時開始寫作業的獲 1 點。

準時完成寫作業的獲 1 點。

每句開頭大寫的獲 1 點。

結尾有句點的句子獲 1 點。

一旦學生開始掌握這些項目，老師就可以用更複雜的書寫任務來取代積點系統。例如，在第四或第五次作文課，不再獎勵帶紙筆的行為，改為獎勵正確使用複數字尾。提供許多不同方式贏得積點，這在代幣系統中是相當重要的。有些學生發現，比起他們試圖做覺得較不易完成的大作業贏得許多積點，做幾個相對而言較容易的目標會較少挫折。這方法也建立了將一些確定成功的措施融入該作業中。代幣兌換時間可以用於直接或隨機教學，或複習和練習（Fabry, Mayhew, & Hanson, 1984; Kincaid & Weisberg, 1978）。老師可以把單字、數學問題或科學問題放在每個後援增強物上面。學生在獲得增強物之前，會對該刺激反應或解決問題。要確信學生了解這隨因增強，還有或者在兌換發生前要知道問題是什麼。想像一下，如果你的雇主突然拒絕發

放薪水（除非你向最高法院控訴），你的反應是什麼？

　　代幣增強物在班級經營上可是非常有用。Ayllon 和 Azrin（1968,
p. 77）指出，使用具體物增強物（代幣）比類化的**社會增強物**（so-
cial reinforcers）（微笑與稱讚）更有效：

1. 代幣數量可具有與增強量對應的簡單量化關係。

2. 代幣可攜帶且成為該生的擁有物，即使是在遠離教室的情境。

3. 受試可擁有不受限制的代幣數量，其價值不隨著剝奪或饜足而波
   動。

4. 代幣可在賺得與兌換間的期間持續呈現。

5. 代幣的物理特徵容易標準化。

6. 代幣可做得經久耐用，在兌換前不會損毀。

7. 代幣可以獨一無二且無法複製，因而實驗者可確信它們僅在授權
   狀況下給予的。

8. 代幣的使用提供該生持續回饋的具體方式。藉由保管的代幣物品
   或積點卡，根據隨因增強設定的標準，該生可追蹤個人進步狀
   況，以了解是否行為已獲得控制或達成學業目標。

9. 代幣的使用讓老師較精確控制增強物的施予。如同 Kazdin
   （1977a）表示：老師說「做得好」的聲調每次都不同，雖然老
   師意在傳遞相同的稱讚陳述，就像「好」、「很好」、「非常
   好」等明確語彙的情形也一樣。代幣增強不會受此主觀的影響。

10. 老師可攜帶代幣且不引人注目地施予，因此，代幣的施予可以立
    即且不干擾學生標的反應的表現或其他學生的工作。

11. 代幣增強系統允許表現的區別價值，不需要全有或全無地施予增
    強物。初期每一次拼對字的時候給予該生一代幣，之後要在 20
    個項目中答對 20 次才贏得增強。當表現進步時，表現的標準便
    可加以改變。

12. 代幣增強系統讓該生習慣需要的延宕滿足。

232

13. 代幣系統的使用會比其他增強系統的變通性更大。這變通在於可選擇的後援增強物種類廣泛，及多種行為都可在隨因增強下獲得代幣。

14. 代幣系統提供最重要的好處是容易類化。不像原級增強物或某些活動增強物，代幣可以跨情境（在其他教室、餐廳、校外教學）使用，且可針對同時發生的不同行為（依位次坐好、正確拼寫）。也容易由不只一位老師或由父母實施。

15. 代幣比其他次級增強物（像稱讚、贊同與回饋）能維持較高水準的行為（Kazdin & Polster, 1973; O'Leary, Becker, Evans, & Saudargas, 1969）。

許多公立學校與行為異常及學習障礙者教養方案使用一種修改的代幣系統，通常稱為層次系統（levels system）（Cavalier et al., 1997; Smith & Farrell, 1993）。層次系統是一種逐步形成學生適當行為的嚴密架構。學生按照其行為表現分組，且當其行為改善時就可移至較高層次。每個層次需要漸次接近更適當的行為與更多的學生自我管理（自我記錄、評鑑與增強物的選擇）。當學生一層一層進步時，他們會面對更嚴格的標準、有更廣泛的後援增強物可選擇，且必須對自己的行為更加負責。雖然每個層次有各種方式設定對行為的期待及決定從一個層次進展到另一個層次，每個層次教師設定一般的行為期待（例如：使用適當語言，不是你的東西不要拿，未經允許不可離開教室），根據個別的學業、社交、行為不足等評量，每個學生有一組個別的行為要求。在最低層次的學生有非常基本的權利且少量的選擇或活動自由，而且只能獲得有限範圍的增強物。在行為達到各種標準後，學生移向較高層次，他們必須滿足漸增的期待，且可以贏得更多各種有價值的增強物。通常最後一個層次是轉銜階段，進入對該生較融合的教育安置。在第一層次，常常施予稱讚、回饋或積點等形式的增強物。當學生隨層次進步時，增強物就減少施予，需要更適當的行為始獲得增強物。在每一層次，某些行為像打其他學生或教職員，便

自動降一層次。有些計畫包括了心理教育模式像工作日誌、寫日記與個人目標設定等，作為增強的必要條件（Barbetta, 1990; Bauer, Shea, & Keppler, 1986; Cruz & Cullinan, 2001; Mastropieri, Jenne, & Scruggs, 1988）。

◎**社會增強物**

　　老師及其他相關人士經常幾乎是不自覺地使用的（且通常是非系統化的）一類次級增強物，包括讚許和注意的表現。通常，老師的注意是教室裡最方便且有效的增強物。如果老師在分配其注意力上不小心，他們發現會增強學生以不適當行為來引起注意。下列軼事方塊提供在另一個情境增強不適當行為的例子。

 布哈斯教導愛挑剔教授

　　愛挑剔教授坐在沙發上看報紙。布哈斯腳步笨重地走進房間，搖晃著走向愛挑剔教授，將牠巨大的頭放在教授和報紙之間的手臂下。教授說：「看！米娜娃，」搔著布哈斯的頭說：「牠喜歡我。乖男孩！乖男孩！你是不是好男孩呢？」他繼續搔牠的頭。布哈斯繼續靠近教授，偶爾把頭放在愛挑剔教授手臂中，讓他撫摸與稱讚。那天稍後，教授從雜貨店回來，布哈斯搖晃地走向教授，把頭放在教授和雜貨袋之間，於是袋子掉落在地板上。「牠不是有意的，」教授說：「牠只是很高興看到我。不是嗎，小朋友？」布哈斯低吟並踩在愛挑剔教授正在清理的破蛋上。愛挑剔教授問牠：「要不要追你的球？」晚餐後，愛挑剔教授從完成一件重要手稿的研究中休息，布哈斯陪著教授並坐在靠近他腳邊的地方。一切都還順利，直到布哈斯站起來，把頭放在教授和電腦螢幕中間，口水流進鍵盤，並弄髒螢幕。愛挑剔教授跳起來並大叫：「米娜娃，叫這隻狗停止！牠快把我逼瘋了！牠必須學會當我工作的時候不要煩我。」

　　「奧立佛，」愛挑剔太太犀利地說：「你注意牠，已增強牠整天接近你。現在才來抱怨。你期望牠知道你正在工作嗎？今天早上我和歐緹絲小姐談過，她下星期開始教導馴服狗狗的課。我想你們兩個都需要去上課。」

有各種廣泛的互動與工作表現良好有關。如同下列，潛在社會增強物範圍包括：多種的非口語表情、老師靠近該生、老師和學生肢體接觸、學生特殊權利、話語表達對該生表現的愉悅及贊同（Barry & Burlew, 2004; Collins & Griffen, 1996; Conroy, Asmus, Ladwig, Sellers, & Valcante, 2004; Jahr, 2001; Knight, Ross, Taylor, & Ramasamy, 2003; McDonnell, Johnson, Polychronis, & Risen, 2002; Werts, Zigmond, & Leeper, 2001）。經證實社會增強物不僅對老師改變與維持學生行為有效，也對學生在改變與維持老師行為上有效（Gilberts, Agran, Hughes, & Wehmeyer, 2001; Polirstok & Greer, 1977）。

表情

微笑、眨眼、大笑、點頭、拍手、興致勃勃地看著

接近

午餐時坐在學生旁邊、坐車旅遊時坐在學生旁邊、在說故事時間將學生的座椅放在老師座椅旁邊、遊戲時和老師一組

接觸

搖手、握手、拍背

特殊權利

展示優良作品、當活動領導者、當課堂糾察、當小組長

話語

「我喜歡你坐的方式！」「那是非常優秀的作品！」「你應該對所做的感到驕傲！」「那正是我要你做的事。」「你應該把這個秀給爸爸媽媽看。」

比較這些社會增強物，話語最常為老師所運用。肯定的話語是老師稱讚的方式。老師的讚美是學生適當行為的動力，就研究本位支持長久的歷史來看，一直是班級和行為管理策略。在普通教育和特殊教

育跨年齡中，老師有效使用隨因增強，增加了各種學生行為和學業技能（Partin, Robertson, Maggin, Oliver, & Wehby, 2010）。O'Leary 和 O'Leary（1977）提到，老師稱讚必須具有有效發揮增強物功能的特質：

1. **稱讚必須隨因增強於要增強的行為表現**：非隨因增強的稱讚破壞了增強的操作型定義中重要本質之一。非隨因增強的稱讚撤除了學生表現與老師肯定關注間的互依關係，因此不會增加該行為未來的機率。
2. **老師稱讚應該明確說明該行為或要增強該行為的細節**：該生為什麼受到老師肯定的關注，在學生這部分不應混淆。
3. **稱讚應聽起來真誠**：老師應該避免使用僵化固定的語詞。稱讚的話語應該隨情境及該生被稱讚的偏好而變化內容及語調。就像學生會對經常給予的原級增強物感到饜足一樣，學生可能也會對經常說的某些話語感到饜足。這樣的僵化用語很快會失去增強的性質，惡化成老師喋喋不休，且很快被該生忽略，甚至厭惡。

　　對學生表現的稱讚可以是非特定行為稱讚或特定行為稱讚。非特定行為稱讚指稱讚該生不特定的期望行為，例如，「做得好」或「你的工作做得不錯」（Mechling & Ortega-Hurndon, 2007）。特定行為稱讚是老師指明該生要增強的行為。特定行為稱讚能用於學業或社會 *235* 行為，如「你說確了！現在是 1:15，因為短針在 1，且長針在 3」，或「今天當羅恩對全班朗讀時，大家都安靜地坐著很不錯」（Horn, Schuster, & Collins, 2006; Sutherland, Wehby, & Yoder, 2002）。口頭稱讚／回饋也用於增強嘗試或接近，例如，「試得好，你三題裡就做對兩題。現在以同一方式做這一題」。在普通教育和特殊教育情境，特定行為稱讚對學生專注和學習行為有直接效果（Ferguson & Houghton, 1992; Hall, Lund, & Jackson, 1968; Sutherland, Wehby, & Copeland, 2000）。例如，Sutherland 等人（2000）證實五年級情緒行為障礙學

生（EBD），當老師的特定行為稱讚比率增加，學生行為就增加；當老師的特定行為稱讚比率減少，學生行為就減少。

表 8.4 提供積極的口語回饋實例。有些方式的回饋提供學生更精確的具體方法，如同 Cronin 和 Cuvo（1979）使用不同顏色的星星（紅色星星表示比上次進步，金色星星表示 100%正確）一樣。圖表就能提供立即回饋與增強的方法。看到他們個別的長條圖成長或他們的折線圖增加趨勢，可增強許多不同的學生及許多學業和社會行為，包括提高中小學生在閱讀、寫作和數學的表現（Farrell & McDougall, 2008; Gunter, Reffel, Worth, Hummel, & Gerber, 2008; Hurst & Jolivette, 2006; Reid & Lienemann, 2006）。圖表證實即使對試教實習也有效（Keller, Brady, & Taylor, 2005）。

表 8.4　積極的口語回饋

肯定語句	回饋
「很棒！	（正確反應的敘述） 你準時完成工作。」
「嘗試得好！	（接近的增強） 你幾乎準時完成。」
「好多了！	（修正的建議） 如果繼續試著不要有不小心的錯誤，下次就全部完成了。」

❖ 行為契約

老師要對很多學生運用一套增強方法，以及在管理行為與教學上有多種目標是相當困難的。在繁忙的一天中，老師可能未仔細思考就隨便對學生說出一隨因增強條件。之後老師可能不會記得他所說過的話，因此並未發揮隨因增強的功能。為使這不確定複雜化，學生會重

新改寫現實以適合他們自己：「你說過如果我完成數學作業就可以到外面玩，你並沒有說我必須要全對。」系統化使用增強的簡單方法就是建立契約。**建立契約**（contracting）就是將隨因增強變成書面文件。對契約本身來說，若有問題發生，老師創造的永久產品便可供查詢。

如同任何的契約，教室契約應該是涉及雙方（主要是老師與學生）間理性協調的結果。在許多情況下，這些協調涉及學生與其所有任課老師的諮詢合作（Lassman, Jolivette, & Wehby, 1999）。儘管書面契約的確切措辭是依據該學生的程度來設計，每一項目都應該包含基本的「如果……，那麼……」敘述的形式，就像圖 8.5 所示。書面契約總是應包含隨因增強最少必要的要件：行為、情境、標準、增強物。

為避免往後契約所指意義的看法不一致，契約應該包含該要求行為精確描述的書面敘述。這敘述應該包括要表現該行為的特徵與符合契約條款的標準層次。在討論標準後，學生應該要知道用來評鑑行為表現的方法或工具。契約也應該包含增強施予的類型、數量與方法。

除了這些基本的項目之外，期中與期末檢討的日期應出現在契約中。期中日期在提醒老師需要檢視進步情形，如果所要求的行為不切實際，或如有需要增加教學成分則要重新協調。列出期末檢討日期，為設定該生完成契約條款的時間限制。一旦契約的條款討論並寫下後，老師應該回答學生所有可能的問題。為確保學生了解該契約條款，學生應該唸一遍給老師聽，並用其他用語再敘述條款。如果這過程造成非常不一樣的敘述，契約應該用更簡單的用語來重寫。契約一旦定案後，老師和學生都要在上面簽名，並應各自保留一份影本。

Homme、Csanyi、Gonzales 和 Rechs（1970, pp. 18-20）建議契約中增強物使用的基本規則（1 至 5）及適當契約的特徵（6 至 10）：

1. 「契約酬賞應該要即時。」這規則就如同我們之前所述有效增強

237 **圖 8.5** 行為契約格式

正式契約

這是（學生姓名）和（老師姓名）之間的約定，
本契約的細節自_____開始，於_____結束。

卡特中學獎章

本契約的條文如下：

1.（學生姓名）將會：_____
　　_____

2.（老師姓名）將會：_____
　　_____

　若該生履行本契約中所述，則該生將接受下列約定的增強物：
　_____

　然而，若該生無法履行本契約中所述，本契約條文未能達成，則不
　給予增強物。

　簽　署　日：_____
　學生簽名：_____
　教師簽名：_____

_____ 的
好公民契約

我想我能夠在_____之前做到_____

我們表現如何？

如果我做到，那麼我就可以_____

老師會幫我_____

學生_____　教師_____　日期_____

資料來源：取自 *It's Positively Fun: Techniques for Managing Learning Environments*, by P. Kaplan, J. Khofeldt, & K. Sturla, 1974, Denver: Love Publishing. Copyright 1974 by Love Publishing. Reprinted by permission.

物重要元素之一：它必須在該標的行為表現時立即執行。　*236*

2. 「最初的契約應該是要求並酬賞小小的進步。」這種持續漸進的
方式，也就是，逐步邁向該標的行為。對學生之前從未表現過的
行為、標準設得太高，或包含太廣泛的行為類別（像「清理你的
房間」）等特別有用。

3. 「以少量但多次獎勵。」Homme 等人提到：經驗顯示，「給予
多次但量小的增強比量大但次數少的來得有效許多。」常常施予
增強讓老師與該生更密切檢視該行為的進步。

✷ ⋯⋯⋯⋯⋯⋯
更多增強小小的進
步，見第 10 章。
⋯⋯⋯⋯⋯⋯

4. 「契約應該要求並酬賞成就，而非順從。」Homme 等人表示，
將焦點放在「完成」的契約可引導獨立性。因此，適當的用語應
該是：「如果你達到什麼樣的狀況，我就獎勵你什麼東西。」而
不是：「如果你照著我的話去做，我就會獎勵你什麼東西。」

5. 「在行為發生之後獎勵該表現。」這規則重述了增強物的一個重
要基本要素：必須要隨因增強施予。沒有經驗的老師有時候會這
樣敘述隨因增強：「如果你今天要去郊遊的話，下星期必須做完
所有功課。」他們通常會對這樣敘述的效果感到失望。

6. 「契約必須公平。」增強物的「分量」應該要與所要求行為的量
成比例，契約中比例應該對老師與該生都公平。要求該生在 20
題中做完 2 題而酬賞 30 分鐘的自由時間是公平的，就如要求在
20 題中答對 20 題而酬賞 2 分鐘的自由時間是不公平的。

7. 「契約的條款必須清楚。」語意不清易引起爭議。如果老師與學　*238*
生都不同意契約上的意義，老師可以決定有無建立契約的價值，
而該生可決定老師或該系統是否可信。

8. 「契約必須誠實。」根據 Homme 等人所述，一個誠實的契約應
該是(1)「可以立即實施的」；且(2)依據契約上條款所述實施，
這可以確保老師與學生在契約的協調中是否都自由行事。老師應
避免將契約強加諸學生身上。

9. 「契約必須是正向積極的。」適當的用語如：「如果你做到

……，我就會……」不適當的用語如：「如果你做了……，我就不會……」、「如果你不做……，我就……」、「如果你不……，我就不會……」。

10. 建立契約是必須系統化使用的方法。如同其他增強策略方式一樣，如果契約不能系統且持續地執行的話，它就變成豁拳：「她這次是不是來真的呢？」

書面契約帶給增強系統額外的好處如下：

1. 書面契約是記錄老師與該生諮詢原始隨因增強變項的永久產品。
2. 協調過程產生了契約，這讓學生了解：當他們每個人都參與設定自己的期望或限制時，他們自己在學習上是主動參與。
3. 契約的書寫強調教學個別化。
4. 訂契約提供兩次 IEP 會議之間敘述現在目標的過渡時期文件。這樣的訊息可與家長分享。

❖ 增強物實施的變化

基本的增強系統有下列的設計：

■ 老師呈現事前辨別刺激。
■ 該生表現所要求的反應。
■ 老師授予適當增強物給該生。

這基本架構焦點在為特定學生設計選擇個別增強物的實施。然而，增強是可適用於許多班級經營情境的彈性策略。基於隨因增強的類別與執行後果的方式，Kazdin（2001）設計了一個方陣來表示這些變化（參見圖 8.6），雖然這方陣原來為代幣系統使用上的變化而提出的，但它也適用於任何的增強系統。

如圖 8.6 所示，在執行後果上有兩個選擇。第一，增強可以個別

圖 8.6　後果實施的變化

隨因增強的標準：

	個別學生	全班學生	特定小組學生
個別的	1	2	3
團體的	4	5	6

（增強實施方式）

資料來源：取自 *The Token Economy: A Review and Evaluation*, by A. E. Kazdin, 1977, New York: Plenum Press.

地施行：表現所要求反應的特定學生可給予穀類麥片、自由時間，或 *238* 適當數量的代幣。第二，增強可針對學生小組實施：若全班達到可接受的表現，則所有的 30 位學生在星期三下午可獲得額外的工藝時間。

　　老師在建立接受增強的隨因增強類型時有三種選擇。這些在圖 8.6 方陣的頂端表示出。第一個是個別化隨因增強（individualized contingencies），該要求的行為與需要的表現標準是針對特定學生行為或 *239* 教學需求而定的。第二個選擇是標準化隨因增強（standardized contingencies），老師所設定的要求是等同應用在班級中所有成員或幾個班級成員。第三個選擇是小組隨因增強（group contingencies），有些行為是要求整個小組的學生，因此增強是基於整個小組的表現。

　　在執行兩種實施方式與三種類型的隨因增強間的交互作用，產生了如圖 8.6 的六格方陣。

　　格子 1 顯示隨因增強與給予方式都是個別化的。行為與標準都針對特定學生，而增強只給那個學生。

1. 藍迪，如果你做的 20 題數學題中有 17 題正確，你就可以有 10 分鐘額外時間使用電腦。

2. 藍迪，你每答對一題數學題可以獲得代幣一個。

　　格子2顯示對全班所有成員提供相同的增強（標準），但給予每個學生的增強物是個別化的。

1. 同學們，20題中答對17題的人可以有10分鐘額外時間使用電腦。
2. 同學們，你們每次在問問題前舉手的可以獲得一個代幣。

　　格子3顯示對特定小組的學生設定相同的隨因增強，但對小組每一成員增強物施予方式個別化。

1. 數學B小組，如果你們可以出10題乘法原始題，就有10分鐘額外時間使用電腦，你們每個人可以選擇時間與想要的軟體。
2. 班上每位男生，只要在吃完午餐後把盤子放在推車上，就可以獲得一個代幣。

　　格子4顯示要求團體的每位成員表現一特定行為以使整個團體為一單位接受增強。

1. 數學B小組，你們要對班上同學介紹15分鐘有關乘法的使用。藍迪，你負責說明基本的運算程序；卡羅，你解釋乘法與加法的關係；尼可拉斯，你來示範數學習作中的問題演算；珊蒂，你出三個原始題給同學練習。在介紹完後，你們四個可以一起玩一種電腦遊戲。
2. 下列同學如果完成一篇有關籃球的作文就可以到體育館打籃球：蓋瑞，你的作文至少要有四個句子；傑米，你的作文至少要有六個句子；柯瑞，你至少要有10個句子。

　　格子5顯示為全班成員設定相同的隨因增強，並讓達到這標準的每位成員一起接受增強。

1. 同學們，你們每人要出一題乘法題當做家庭作業。明天早上 10 點到 10 點半所有帶來適當命題作業的同學可以到數學實驗室。

2. 今天所有地理考 100 分的同學，今晚不用寫地理作業。

格子 6 顯示設定對班級小組成員實施相同隨因增強及相同方式施予增強物。

1. 數學 B 組，這裡有 20 題。如果你們 20 題全部答對，你們就可以去數學實驗室 30 分鐘。

2. 紅鳥隊，如果你們所有的成員在閱讀課時，發言前都能舉手，這個週末你們可以選擇自己想讀的書帶回家。

在探討了有關隨因增強一次不只應用到一個人的一些研究之後，Litow 和 Pumroy（1975）曾描述三種實施系統，分類成依賴式、獨立式及互依式團體導向隨因增強系統。在依賴式團體導向隨因增強系統（dependent group-oriented contingency systems）中，「相同反應的隨因增強對團體所有成員同時有效，但只應用在一位或更多經選擇的團體成員表現上。經選擇團體成員的表現，導致了整個團體的後果」（p. 342）。當老師依照一位或更多特別學生的表現來對全班施予增強，班級其餘成員則依賴標的學生的行為表現決定是否獲得增強。

1. 班上獲得額外體育課的機會，要看羅伯特和卡洛琳是否通過週五的拼字測驗。

2. 班上獲得額外體育課的機會，要看威廉和伯尼斯數學課時未舉手發言是否不超過七次。

在獨立式團體導向隨因增強系統（independent group-oriented contingency systems）中，「相同反應的隨因增強對團體所有成員同時有效，但應用在個別表現的基礎上。在這種隨因增強系統中，每位成員的表現結果不影響（獨立於）團體其他成員」（Litow & Pumroy,

1975, p. 342）。老師實施增強是依照班級成員的表現是否能夠達到隨因增強標準層次，不能達到表現標準就無法獲得增強物。

1. 有機會獲得額外的體育課，要看每位同學是不是通過週五的拼字測驗。
2. 有機會獲得額外的體育課，要看每位同學是不是隨意講話不超過三次。

241   在互依式團體導向隨因增強系統（interdependent group-oriented contingency systems）中，「相同反應的隨因增強對團體所有成員同時有效，但應用在一個團體表現水準。結果就是，這類型的隨因增強系統，每位成員的結果依賴（互依）於團體表現水準」（Litow & Pumroy, 1975, p. 343）。使用互依式團體導向隨因增強系統通常稱之為好行為比賽（Good Behavior Game），Tingstrom、Sterling-Turner和 Wilczynski（2006）提供這一系統的研究探討。

Litow 和 Pumroy（1975）舉出三種團體表現水準的類型：

1. 隨因增強的陳述是每一位團體成員必須達到一個設定標準的水準，不能達到此標準水準則沒有一位班級成員接受增強物。例如，獲得額外體育課的機會，要看是否 90%的成員通過週五拼字測驗。
2. 隨因增強的陳述是每一位團體成員的表現符合整個團體的標準平均。例如，全班平均 90%完成書面作業，有機會獲得額外的體育課。
3. 隨因增強的陳述是視全班級如同一個團體，必須要達到單一最高或最低的表現水準。例如，全班隨意講話不超過 12 次，就有機會獲得額外的體育課。

＊
總是使用最簡單有效的系統。

在運用這些增強施予系統的變化措施之前，老師可以針對特定班級增減增強系統。每個課堂都不同，有些團體（即使是普通班級）需

要正式代幣系統；其他的團體可能有成員需要訂契約或個別系統，許多的普通班則可以運用相對非正式的社會和活動增強物的安排。一般來說，老師應該使用最簡單、最自然的有效方法。

團體隨因增強及同儕媒介

團體隨因增強可以成為管理一些學生行為的極有效方法，特別是青少年可能發現團體更能取得增強。有些證據顯示，普通與障礙學生對與同儕一同做學業作業有高度的評價（Lloyd, Eberhardt, & Drake, 1996; Martens, Muir, & Meller, 1988）。Lloyd 等人（1996）也發現，當比較個別增強的個別研讀與團體研讀，團體增強的團體研讀提高了考試的平均分數、降低了分數的範圍、對低分組的分數有實質正面的影響。團體隨因增強可以產生互依關係，且導致學生間的合作行為（McCarty, Griffin, Apolloni, & Shores, 1977）。Kohler 等人（1995）發現團體隨因增強在障礙與非障礙同儕間可以增加支持性提示，像是分享與協助。

團體隨因增強可經由同儕媒介與老師管理介入來達成。Pigott、Fantuzzo 和 Clement（1986）成功地安排了五年級低成就學生學業表現的同儕指導與團體隨因增強。將學生分成算術練習小組，小組的每個成員分派一個角色。教練提醒小組他們的團體目標是正確答題數、他們所選擇的策略（例如：「快速地工作」、「小心地工作」、「不要隨意講話」），以及從增強物調查單中選擇後援增強物。計分者計算團體成員考卷的正確答案數量，裁判做信賴度的檢查者，小組管理 242 員比較全體小組分數與目標，決定目標是否達成。在所有三個班級中，學生的數學表現改善且維持了 12 週的追蹤期。在追蹤期學生可以視需要組成小組，但沒有實施隨因增強。Cashwell、Skinner 和 Smith（2001）教導二年級學生記錄並向同儕報告在當天發生的正向社交行為。對正向社交行為定義並舉例說明後，學生在索引卡上記錄所有同學幫助他們或幫助其他同學的事情。為了要使他們參與一致同

意的活動增強物（例如：額外的遊戲時間），對全班設定 100 次報告的累積目標的隨因增強。每天早上告訴學生前一天的劃記結果，並將其繪入階梯式的長條圖中。當全班達到的累積目標時，全班便獲得事先決定好的團體增強物。這互依式團體增強法與公開呈現的進步回饋，引導學生正向社交行為的增加。第三個例子，Carpenter 和 McKee-Higgins（1996）在一年級課堂結合了團體隨因增強及個別隨因增強。在幾個月內，不專注行為從一搗亂的學生擴散到全班大多數學生。實施一計畫結合老師聲明認可的適當行為，並以增強隨因增強再指導不當行為。學生選擇以班級黑板遊戲的活動增強物為全班的團體隨因增強。他們選擇了糖果為個別隨因增強。老師配對食物性增強物與正向口頭聲明，逐步形成和維持期望的學生行為，且逐漸消除學生的昔日行為並開始改善。在每次活動時刻前，要求學生確定該團體可接受不專注行為的程度。如果學生達到了他們活動目標的三分之二，就以黑板遊戲增強他們。每一活動結束時，如果學生認為個人在活動期間表現專注行為，就在海報欄的袋子裡放張卡片。老師和學生簡短討論專注行為並對每一學生的表現達成一致意見。當個別學生贏得 10 張卡片時，就可得到糖果。

　　同儕壓力是團體隨因增強的一項有力工具。確實，它是如此有力，所以團體隨因增強應該小心使用，避免對團體中一些成員造成過度壓力的負面副作用（Balsam & Bondy, 1983）。思考下列的例子。

蒙哥馬立小姐教拼字

　　蒙哥馬立小姐是五年級的老師，關心學生拼字週考。有些學生表現良好，但其他學生只拼對一些字。蒙哥馬立小姐想到一個她認為非常棒的計畫。她把學生分組配對：拼字能力強的與拼字能力弱的。然後她宣布：「週五我登記進成績簿的成績，將會是你和你的搭檔測驗成績的平均。」

她坐在教室後面看到學生忙著互相練習，心想著她的麻煩解決了。

　　當她觀察下課時李安在操場追著巴尼，李安用她的拼字本打巴尼的臉說：「坐下，笨蛋，你必須要學會這些字。」的時候，她第一次開始注意到她計畫的缺點。當她那天晚上接到李安母親打來的電話，抗議因為那笨蛋巴尼字學不會害她女兒拼字將會不及格。另一通則是巴尼的母親打電話詢問蒙哥馬立小姐是否知道巴尼整個下午在房間裡哭泣的原因。

　　蒙哥馬立小姐違反了有關設定團體隨因增強的一項最重要原則：要非常清楚地知道團體的每一成員都能夠表現該標的行為。如果破壞這原則，老師就冒了使學生易遭受同儕口語或肢體虐待的風險。特別重要的是，勿將身心障礙學生及英語非母語學生安置在普通班。

　　另一項要注意的是，要確知有些成員沒有發覺這增強了破壞團體努力的成果。Barrish、Saunders 和 Wolf（1969）對 24 位四年級學生實施團體隨因增強，改變具破壞的隨意離座與隨意說話行為。這個班級在閱讀與數學課時分成兩組，每次組員隨意離座或隨意說話行為會導致整組被記一個缺點，有最多缺點的組將失去一些特殊權利。雖然這方法是成功的，但在執行上有一個重要的改變。有一組的兩位成員一直讓整組被記缺點。在一次上課時，其中有一個成員「鄭重宣布」他不再玩這遊戲了。老師和學生覺得一位學生的持續行為不應該進一步懲罰整個組。破壞者被迫離開該組（及團體隨因增強），而自己一人成為一組，因此應用個別後果方法直到其行為能夠在控制之下，才可以回到班級小組。作者表示，似乎是同儕壓力的期待效果，而非團體控制個別行為，可能扮演了該生破壞行為的社會增強物。

　　最後，這系統必須使一些成員為其他成員表現標的行為的可能性減至最小。如果這些因素都能納入考慮，團體隨因增強就可以成為一種非常有效的管理工具了。

增強方式

增強方式（schedules of reinforcement）指增強物施予的時間模式。目前為止，我們描述過每次標的行為發生時增強物的施予。在連續基礎的增強物施予稱為連續增強方式（continuous schedule of rein-forcement, CRF）。也就是，每次學生表現標的行為，就立即獲得一個增強物。這個方式可以視為有一比一的比例，或是反應：增強（R: S^R）。

我們稱一比一的 CRF 方式是能導致增強對反應的密集（dense）比例；相對於表現，有很多的增強導致高比例的反應。這反應的高比例，導致嘗試次數或學生增加表現這反應的機會（增加練習），及接受來自老師回饋與增強。因此，CRF 方式在學生學習（習得）新行為時最有用。學習新行為的學生應該在每一次正確反應或比前一次更接近正確反應時給予增強物。這種對連續接近標的行為的增強過程稱為行為塑造，將在第 10 章討論。CRF 方式在對初期標的行為頻率非常低的狀況下，也是有用的。CRF 方式在任何增強系統的初期是最有效的，但是運用 CRF 方式也有某些潛在問題：

1. 在 CRF 方式中的學生行為也許會對增強物感到饜足，特別是使用原級增強物的狀況。一旦正確反應常出現，持續獲得食物性增強物將會減少剝奪狀態，因此降低正確反應的動機。

2. 持續施予增強物可能會導致老師遭受批評，因為在每次告知學生時，便引導他們期待某些類型的增強。

3. CRF 方式在維持初期習得或控制的行為方面，並不是最有效的方法。第一，一旦以 CRF 方式增強習得的行為，或行為頻率增加時，老師可以終止這介入計畫。從連續增強到沒有增強的轉變，導致該行為的快速消失。當增強撤除時行為的快速消失叫做**削弱**（extinction），我們將在第 9 章討論。第二，CRF 方式可能會干

擾課堂的進度。當 4、6、8 或 30 位學生在說話之前舉手，或正確地寫出字母「a」時，老師能夠（或將會）連續增強多久呢？

用較不連續的各種方式，可以解決在效益問題之外利用 CRF 方式所引起的問題。

◈ 間歇增強方式

在**間歇增強方式**（intermittent schedules）中，增強跟隨在某些、非全部的正確或適當反應之後（Skinner, 1953）。因為不再增強該行為的每次發生，所以間歇增強方式延宕饜足效果。以間歇增強方式維持的行為較能抗拒削弱。間歇增強方式需要更大量的正確反應才能取得增強，該生學會延宕滿足與較長時間保持適當行為。

最常用來增加反應頻率的兩類簡單間歇增強方式是**比率制**（ratio schedules）與**時距制**（interval schedules）（Ferster & Skinner, 1957; Skinner, 1953）。為增加反應的持續時間量，老師可使用**反應持續時間量制**（response-duration schedules）（Dixon et al., 1998; Gresham, Van, & Cook, 2006; Stevenson & Clayton, 1970）。

比率制　在比率制方式中，標的行為發生的次數，確定了增強施予的時間。在**固定比率增強方式**（fixed-ratio schedule, FR）下，是在該生一特定正確反應數量達成時予以增強之。FR3 方式的一項行為，是指在每第三次正確反應發生後隨即增強，增強物施予的比例是三次正確反應對一次增強物（R, R, R：S^R）。一位必須做對八題數學題才能獲得玩拼圖的權利，及在八次嘗試下正確指出藍色物品而獲得一口脆餅的學生，就是 FR8 的增強方式。

固定比率增強方式的行為有特定特徵。學生通常比在 CRF 方式 *245* 的行為有較高的反應比率，因為反應比率的增加導致增強頻率的增加。因為當施予增強物時，該生花在表現一特定數量正確反應的時間並未考慮到，所以 FR 方式可能導致一既有行為不當的流暢。例如，

為了要獲得一個增強物，學生可能會很快速地做數學題，以致錯誤較多且字跡潦草。除了不當行為的流暢外，FR 方式可能引起其他類的問題。當方式的比例增加時（例如：從 FR2 到 FR10），在增強物施予之後學生可能會停止反應一段時間，就是所謂的「增強後暫停」（postreinforcement pause）。

為減少流暢性與增強後暫停的問題，可以轉變成不固定比率增強方式（variable-ratio schedule, VR）。在 VR 方式，標的反應在正確反應平均特定數獲得增強。VR5 方式的行為在平均每第五個正確反應數獲得增強。因此，在教學或觀察階段，可以在第三、第八、第五及第四個正確反應增強該生共四次。

以 FR 方式在一標準層次（如行為目標所述）建立的行為發生後，VR 方式將會保留適度且持續的正確反應比例。VR 方式增強物施予的不可預測，引起該生對反應比例變得趨向平均，且少有甚或沒有增強後暫停。「在任何時間增強的可能性保持一致，且『學生』保持固定比例的方式調整。」（Skinner, 1953, p. 104）

時距制　在時距制增強方式中，至少一次正確或適當反應發生加上特定時間量的經過是增強物施予的決定因素。在**固定時距制增強方式**（fixed-Interval schedule, FI）中，在該生第一次表現目標反應經過

244

「不，柯爾太太，VR10 的方式不是指雷夫每次正確反應時就得到 10 片餅乾。」

幾分鐘或幾秒鐘後施予增強。在 FI 5 分鐘方式的行為，會在上次增 [245]
強的反應後 5 分鐘再施予增強。第一次正確反應發生後經過 5 分鐘才
施予增強。在這增強物施予之後，下一個 5 分鐘的循環開始。因為增
強單次的行為在時距的結尾，在時距結尾前發生的行為並未獲得增
強。這現象定義了固定時距增強方式為間歇增強。

　　FI 方式的行為也有幾項特徵。因為在 FI 方式中增強唯一的要求
是：在每一特定時距內至少發生一次反應，行為比在比率增強方式的
行為發生頻率相對較低。如果當該生知道時距長度，因此知道增強可
能在何時，這點尤其是屬實。這種反應頻率會受到時距長度所影響
（Skinner, 1953）。如果每分鐘可施予增強，反應會比每 10 分鐘可施
予增強來得更快。FI 方式的行為也有像 FR 方式「增強後暫停」相似
的特徵。學生最終了解，在時距結束前額外的正確反應不會得到增
強。同樣也很明顯的是，增強後的隨即反應是從不增強的。每次增強
反應後的短時間內（下一時距的初期部分），反應比率終究較低（或
停止）。這正確反應的降低稱為固定時距扇形（fixed-interval scallop），
因資料點在累積圖上的形狀而命名。

　　Lee 和 Belfiore（1997, p. 213）提醒老師：如果目標是要增加學
生上課專注的時間量，FI 方式也許不是最好的選擇。例如，中學英
文課指定學生寫一篇報告，老師習慣以免除家庭作業來增強那些下課
鈴響還在寫的人，這位老師應該預期到一個典型的 FI 模式的反應： [246]
也就是長時期的不活動，只在鈴聲響（該時距結尾）前稍微提高書寫
比例。如果老師的目標在增加學生書寫的時間量，她的目標並沒有達
成。她的安排只增加在鈴響前短暫的專注。當指派學生紅十字會分裝
職工時，如果老師安排學生 FI 5 分鐘方式，類似的模式就會出現。
這工作就會以只有在每一時距結尾才稍微增加的低比例進行，導致低
生產力。

　　導因於 FI 方式反應比例的效果可由轉變至**不固定時距制增強方
式**（variable-interval schedule, VI）來消除。在 VI 方式，時距長度

不同，但其平均長度是一致的。在 VI 5 分鐘方式的行為，是對正確反應在平均每 5 分鐘施予一增強物。如同使用 VR 方式，不可預測性拉平了學生的表現。在 VI 方式的行為，表現跨時距中等的、較穩定的比例，沒有固定時距扇形出現，因為該生無法預測在增強物施予後的時距長度，因此無法預測哪個反應會被增強。

　　在時距增強方式下，增加反應比例的一種技術就是**限時持有**（limited hold, LH）隨因增強的使用。限時持有就是限制在時段後增強物施予的時間量。也就是當時距流逝而下一正確反應將被增強時，只在有限的時間量內持有該增強物。在這狀況下，學生們必須很快地反應以獲得增強物。但是在簡單的時距方式，學生可能會延宕反應且仍被增強。FI 5 分鐘／ LH 5 秒方式中，在每 5 分鐘時距後，增強物施予 5 秒鐘。例如，當教導學生搭公車時，他學到公車每 15 分鐘會有一班，而且當門打開的時候（自然發生增強），他必須很快地踏上車，因為公車門只打開 30 秒（FI 15 分鐘／ LH 30 秒）。

持續反應增強方式　　在持續反應增強方式中，標的行為的持續時間量，是增強物施予的決定因素。在固定持續反應制增強方式（fixed-response-duration schedule, FRD），該生在完成適當行為特定分鐘數（秒數）後才被增強。FRD 10 分鐘方式的行為，每持續適當行為 10 分鐘的結尾立即被增強。老師想要學生在閱讀課維持坐在椅子上，每 10 分鐘就誇讚他坐在座位上的行為，就是 FRD 10 分鐘方式。如果此行為在這期間任何一點停止發生，就重新開始計時。

　　就像在 FR 與 FI 方式一樣，「增強後暫停」在 FRD 方式中也可看見。在這例中，暫停似乎與適當行為所需的時間長度有關。所要求的時間長度越長，暫停就越久。由此預期，如果要求時段太長或增加得太快的話，行為就會減少或全然停止。可使用**不固定持續反應制增強方式**（variable-response-duration schedule, VRD）變化增強所需時段的長度，來減少這些問題。在 VRD 方式下，持續的適當行為在

特定時段的平均被增強。在 VRD 10 分鐘的行為，每 10 分鐘平均增強一次。

◆淡化增強方式

正式的課堂增強系統應該被視為產生快速行為改變的暫時結構，大多數老師終究會計畫在更多自然增強物控制下引發學生行為。安排淡化幫助減少對人工增強物的依賴並協助學生延宕滿足。在**淡化**（thinning）過程裡，逐漸轉變為較不常施予增強物；換句話說，改為隨因於更大量適當行為出現後才給予增強物。*247*

※ ....
在真實世界常需要延宕滿足。
....

在淡化增強方式（thinning reinforcement schedules）中，老師從密集方式（持續的）到稀少方式（不固定的）。在正確反應與增強間的比例是系統性地增加。下面的例子說明這概念：

1. 一位學生可能使用 CRF 方式（1：1），在閃示卡提示下正確認出字彙。當該生到達 90%正確時，老師可能對該生改以 FR3 方式（R, R, R：S^R），而後以 FR6、VR8 到 VR10。在每次方式改變，老師要求該生表現更多正確反應以獲得增強物。
2. 一位學生可能使用FRD5 方式坐在座位上寫練習簿。一旦該生達到標準，老師對該生改施以FRD10、FRD20 及 FRD30 方式。在每一方式改變時，老師要求該生維持更長期間的適當行為以獲得增強。

圖 8.7 呈現淡化方式的模式。當方式由持續轉變到固定，再到不固定，最後到達不再需要事先確定增強物施予的時間。這時，行為在自然發生增強物控制之下。

增強的淡化方式會導致：

1. 較高較穩定的反應水準成為轉移至不固定方式的結果。
2. 降低對增強的期待。
3. 當該生習慣於延宕滿足時，行為就能維持較長期間。 *248*

247 ▌圖 8.7 ▌ 增強物給予方式

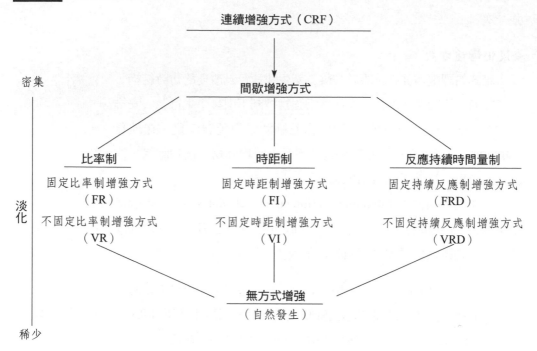

248 4. 撤除作為行為監控者的老師。

5. 從增強物到較傳統方法的控制轉移，像是老師的稱讚與注意（O'Leary & Becker, 1967）；特別是若淡化方式與配對社會增強物及代幣或原級增強物配合進行。

6. 對工作目標（增強物）反應持續性增加，需要較大量正確反應（工作）。

7. 教育情境中以相對較寬鬆方式給予增強物的能力，以致學生表現的適當層次可以實際方式維持（Freeland & Noell, 1999）。

　　淡化時要小心，行為會受到**比率緊繃**（ratio strain）效果的限制。比率緊繃發生於淡化太快，以致正確反應與增強的比率太大。在這種情況下，該生不會維持足夠反應以獲得增強物，因此反應比率顯著降

低。該生也許會全然停止反應。如果老師看到這效果發生，應該退回上次（可接受的反應比率）最近的增強方式，然後再淡化，但要以較小方式轉變。

　　通常最好告知該生有效的增強給予方式。若學生不知規則為何，他們可能會編造自己的規則。他們會對自己推測並說出：「為了要得到另一個代幣，我必須正確地讀三個字。」或「為了要得到另一個代幣，我必須工作 15 分鐘。」若這是自己衍生的而非老師所述或確認的規則，就可能不正確（Lattal & Neef, 1996）。若學生在不正確的規則下表現行為，則其未達成的期望可能會阻礙其學習及對老師的隨因增強之信賴。

愛挑剔教授去拉斯維加斯

　　早上愛挑剔教授準備離開家裡的時候，愛挑剔太太遞給他一疊信。

　　「親愛的奧立佛，」她問：「你介意幫我寄這些信嗎？」

　　「又是賽局？」愛挑剔教授輕蔑地笑說：「你參加了每一次賽局、抽獎，買了所有你能買的彩券和摸彩。你贏了多少次呢？」

　　「嗯，」愛挑剔太太回答：「有六年前的醬菜碟、盤，五年前的牛排刀、還有去年的……」

　　「米娜娃，」教授指責說：「我聽過抗拒削弱，但你的行為正以 VI 3 年方式維持著。我認為這是沒有效益的，即使對你來說。」

　　那天早上之後教授接到一通電話時，想像他驚詫的表情。「奧立佛，」愛挑剔太太大笑著說：「我贏得兩人同行去拉斯維加斯旅遊的獎，這樣的增強物如何？」就在下個週末，愛挑剔夫婦飛往該處領獎。當他們走進飯店的大廳，經過了許多賓果遊戲機。

　　「等一下，親愛的，」愛挑剔教授說：「讓我在這裡的遊戲機試試兩三個銅板吧。畢竟，身在拉斯維加斯……」

249

「哼！正如我想的——滿滿的原級及次級的增強物！」

一小時後，愛挑剔太太登記進入飯店房間。三小時後，她單獨地吃了一頓晚餐。她在午夜回到大廳時，教授仍在玩吃角子老虎。

「奧立佛，」她堅持地說：「你必須停止了。」

「再幾分鐘就好了，米娜娃，」教授請求著說：「再多幾分鐘就好了，我知道再幾個銅板就會贏。」

愛挑剔太太注視著愛挑剔教授拉遊戲機幾分鐘。偶然地，機器掉下一些銅板。

「奧立佛，」當愛挑剔太太轉身要大步走時，她惱怒地說：「我曾聽過抗拒削弱，但你的行為持續以 VR27 增強方式維持著。真是太荒謬了！」

❖ 消極增強

當老師的目標是增加標的行為的比率或頻率，雖然通常使用積極增強，但有另一做法是可行的。消極增強（negative reinforcement, S^{R-}，或作負增強）是在一反應後隨因增強撤除嫌惡刺激，可增加該反應的未來發生率或機率。

在這定義中第一個操作型字詞就是*增加*（increases），意指增強形式正在發生。第二個操作型字詞就是*撤除*（removal）。積極增強是將刺激給予該生，另一方面消極增強是將一些事物從該生環境中移除。第三個操作型字詞就是*隨因增強*（contingent）。老師將不會移除這嫌惡的狀況（消極增強物），除非且直到學生表現其所要求的反應。如果老師敘述這隨因增強：「馬可仕，你必須要待在教室裡做完所有的數學題，才可以到體育館加入班上同學。」老師正使用消極增強。當其他同學都去體育館而被留在教室屬嫌惡情況，若要移除隨因增強，在於馬可仕是否完成之前就應該做好的數學習題。今天他完成數學習題的比率將會增加，所以他可以去體育館；而且明天也許更會增加，他就完全不必留在教室了。

消極增強之所以有效，是因為該生表現這行為以「逃離」（es- [250] cape），從而終止嫌惡刺激。然而，為使消極增強有效而呈現嫌惡刺激，這是不必要的。當學生表現一些行為以「避免」（avoid）嫌惡刺激時，消極增強也有效。如果馬可仕那天在其他同學去體育館而他必須留在教室之後，真的很快地完成數學，他就避免了消極增強物。消極增強通常是在建立與維持老師「不要」（not）學生表現的行為。例如：許多學生在上課表現不當行為，這樣做對他們來說是希望從所在的嫌惡事件中逃離。

不慎地使用

老師常不慎地使用消極增強。當一位學生從事破壞行為，像不專注或抱怨指定作業，而老師就撤除這指派作業（希望停止這行為）。該生學會這破壞行為會導致指定作業（嫌惡刺激）的取消，學生下次就學會當指派作業時就吵鬧，以再度逃避作業。這破壞行為重複地出現，顯示已負面地增強了該不適當行為。下面是一個消極增強的循環：

1. 學生面對嫌惡刺激；
2. 學生從事不當行為；
3. 老師移除嫌惡刺激；
4. 學生負向地增強該不當行為；
5. 下次該生面對嫌惡刺激時，又重複此循環。

在這樣的情形下，消極增強對老師與學生都有用處。將該生的作業拿開，可能會負面增強了老師，因為破壞課堂的行為因此而終止。這循環有助於引人注目的不當行為發展的程度，顯現在下列的真實軼事方塊中（只有改了名字）。

哭號者

卡普博士是一所大型大學特殊教育的助理教授。為增加她的收入，且「參與實務工作」，她指導一些在學校有問題的學生。她的許多案主是同事的小孩，那些小孩就讀的小學實際上沒有直接教學，且期待學生從教科書和其他教材學習，並靠他們的課程自己獲得進步。通常這些小孩只有輕微的問題，而且在一些直接補救教學和學習技巧的指導下，使他們在短時間內進步許多。這樣的指導，對有成功經驗的學生來說是積極增強。對家長來說，他們看到許多進步。對卡普博士來說，她獲得許多的恭維與轉介的個案。因此她很期盼接她同事三年級女兒的個案，這位小女生在數學方面「有些麻煩」。

莎拉在隔週某天下午由媽媽準時載到卡普博士的家。卡普博士在門口迎接這對母女，並建議媽媽一個鐘頭後回來接女兒。她安排莎拉在一間小房間的學生書桌前坐下，並清楚解釋她和莎拉要一起做一些簡單的問題，好讓卡普博士了解是什麼數學讓她「有些麻煩」。當學習單放到桌面時，莎拉突然像狼一般爆出尖叫。同時眼淚、鼻涕、口水直流，把她的臉、學習單與書桌弄得全都是，但沒有滴到卡普博士，她很快地從哭鬧的小孩面

前移開，過去她已常被負增強了。上課期間被隔離在廚房的狗，也配合這哭叫，一聲接一聲，而在樓上卡普博士的小孩，則出現在走道上看究竟發生什麼危險事。卡普博士低聲說：「什麼對數學有些麻煩！根本是胡說！」卡普博士安撫著狗，飭令小孩回去，從廚房裡拿出字紙簍、紙巾和消毒噴劑，等待莎拉不再哭嚎。然後她很禮貌地解釋她沒辦法批改弄濕的學習單，當她用消毒噴劑清理桌面，且丟掉濕的紙張並把一切弄乾淨的時候，莎拉可以重新寫。莎拉有一點驚訝卻順從，但新的學習單一放到桌面的時候，她又重複先前的表現了。這樣循環重複了七次。

在一個小時快要結束之前，莎拉母親的車子出現在窗前，莎拉跳向前並聲稱要離開，卡普博士回答：「不，在你走之前要做完這前三題，我去請你媽媽等一下。」

「她不會讓我留下的。」莎拉尖叫，倒在地板上並哭叫：「你好壞，她不會讓我留下的。她愛我。」

在哭喊聲中，卡普博士走向車子並解釋，莎拉還沒有完成習題，如果媽媽不能等，在莎拉做完後，她樂意送莎拉回去。莎拉的媽媽哭了出來，她的哭聲使得後座的小嬰兒跟著一起哭。

「她實在是討厭數學，」媽媽哭著說：「她的老師只讓她做些謎題。聽聽她的哭聲，」（卡普博士無從選擇）「我不想讓她難過，我只想帶她回家，讓她平靜下來，我們下星期再試吧。」

「哭嚎太太，」卡普博士輕聲地說：「她是你的女兒，你可以選擇，但如果你現在帶她回家的話，我就要求你不要再帶她回來。」

離開在車上哭泣的母親和小嬰兒，卡普博士回到書桌前並高興地說：「你媽媽會等你。讓我們看看第一題，你告訴我一開始你會怎麼做。」

在一聲大聲打嗝後，莎拉完成了前三個問題，並回到在車裡的媽媽和小嬰兒那兒。在接下來的幾個月裡，隨著要求提高而出現了幾次不常見的哭鬧，但莎拉在數學方面已達到她年級的水準而且在學校表現良好。卡普博士並未從莎拉父親那兒聽說任何消息（她始終很納悶他是否知道真正的「數學有些麻煩」是什麼）。直到幾年之後，他在停車場叫住她並說他們

一家要到莎拉選擇的大學那兒去週末旅遊，在那兒，她即將要正式加入學術榮譽學會，並在幾週之後獲頒優等成績畢業工程學學位。說真的，這就是使老師一直教下去的一種積極增強呢！

學生可能會將不同的工作視為厭惡，莎拉很顯然對數學抱持這個觀點。如同增強物一樣，對學生來說，什麼是厭惡的也因人而異。一般來說，如果學生覺得太難、太無聊且重複，或太令人困窘的工作或活動，都有可能視為厭惡。如果給學生一份超過他目前能力水準的學習單，或是沒有做家庭作業，或是未能從有效教學中獲益，將發現工作太難而從事不專注行為以逃避指定作業。給一位學生另一個與其年齡不符的木栓板（pegboard）來打發時間，會覺得工作太無聊，並發覺可以用木栓板來從事更有趣的活動。要求一位閱讀能力差的學生在班上大聲朗誦，或是一位數學能力差的學生到黑板上演算題目，或是在體育課時要一位協調能力差的學生攀爬繩索，都會導致學生逃避工作以避免接踵而至的困窘。其他多種事件可能對學生來說會是厭惡的，像是：閱讀障礙的學生對閱讀工作、自閉症兒童被觸碰、肢體障礙學生對輪椅上的不良姿勢、視覺障礙學生對於無法介紹當下環境的項目、一位中學學生在全班面前受到老師過度誇獎，或是生物課在一位神經質學生面前解剖青蛙。像這些因素在特殊教育及普通教育情境都看得到（Cooper et al., 1992; McComas, Hoch, Paone, & El-Roy, 2000; Moore & Edwards, 2003; Romaniuk et al., 2002; Smith, Iwata, Goh, & Shore, 1995）。影響行為的另一項因素則是由於老師注意的消極增強維持而導致企圖逃避（Moore & Edwards, 2003; Moore, Edwards, Wilczynski, & Olmi, 2001）。這就是消極增強（因為允許該生停止做嫌惡工作）及積極增強（因為老師的行為經常相當有趣）。

逃離的適當方式

　　取代從事不當行為，可教導學生適當的方法來逃離工作而取得消極增強。代替導致逃離的不當行為，可教導學生以更標準且合適的方法來溝通需協助或休息的需求，這就是所謂的功能溝通訓練（functional communication training）（Carr & Durand, 1985; Durand, 1999; Durand & Carr, 1992）。例如，Durand 和 Carr（1991）與逃離學業要求的學生一同處理其挑戰行為（如發脾氣、打人、打耳光、用針戳自己或別人）。若負面增強這些學生，不當行為會因此被強化。教導學生使用尋求協助的語句（例如：「幫幫我，我不懂」）以提供逃離功能因而獲得消極增強，來取代不當行為。當應用新行為並獲得增強時，學生就不再需要利用不當行為來逃離及消極增強了。

　　學生也會知覺老師的行為是嫌惡的。像是嘮叨、不悅的語調、威脅性的臉部表情、諷刺、公然敵意的教師行為可能引起學生逃離或逃避。儘管如此，有些老師利用這些行為建立一般教室管理的氣氛。每位老師都決定要使學生表現良好，以避免來自老師的不悅；或是因為老師提供許多積極增強的機會，而使學生表現適當的方式來經營班級。Harrison、Gunter、Reed 和 Lee（1996）指出，老師提供學生的教導方式也許是嫌惡的。他們提到：在沒有提供足夠的訊息下，要求行為障礙的學生完成任務，會伴隨著較高比例的破壞行為。如果該生不了解教導內容，他們可能選擇破壞，因此逃離進一步的教導，以免因為反應不正確而遭受困窘。

　　Cipani（1995, p. 37）建議老師可以回答下列問題，以確定是否負面地增強破壞行為：

1. 該行為是否導致特定的教師要求、教導需求，或教導工作、活動或教材的結束或延誤（即使暫時地）？
2. 該生對上題 1 的有關特定指導語、工作、老師的要求或教材等能

力不足？

3. 該問題行為較常發生在上題 1 和 2 指認的特定內容範圍、工作、教材，或老師要求上（相對於其他內容範圍或工作，這是該生在課業上較有能力之處）？

253 　　這些情境，就像先前描述的饜足與剝奪，可能成為阻礙所計畫增強策略效果的情境事件。

　　使用消極增強有一些缺點。大發脾氣、試圖逃跑、破壞教材都是逃離或逃避的例子，如果個體不擅於技巧性巧妙地或以社會所接受的形式逃離，這些也許就特別容易發生（Harrison et al., 1996; Iwata, 1987）。顯然，當困難的要求或工作加諸於有限行為內容的學生身上時，這些行為特別容易發生。攻擊或自我傷害行為，也許是從要求中逃離的手段，因為它們的強度與形態可以引起老師的擔心。

在教學時使用消極增強

　　消極增強可以作為教學策略。Alberto、Troutman 和 Briggs（1983）運用消極增強對一位極重度障礙學生引發起始反應。在大量的增強物取樣後，該生唯一的反應就是把手從冰塊上移開。在教導過程中，教導該生朝向吹風（風扇）的方向，同時協助移動他的頭並且將冰塊從手掌中移開。消極增強他移開冰塊表現該期待行為。Steege 等人（1990）確定，逃離盥洗活動（消極增強）維持兩幼童咬自己的自傷行為。當兒童咬自己，就放棄為他們梳頭及終止其他盥洗活動。介入方式以更適當的方法替代表示想要停止的活動。短暫逃離盥洗活動，隨因增強於與自咬不相容的行為——按微動開關促動預錄的「停止」訊息。Iwata（1987）提出觀點：區分消極增強與積極增強往往很困難。要加以區分清楚，老師必須考量事件的順序，及所在環境狀況。在一些案例裡，真正的功能關係可能非常難以確定。

　　消極增強常與基於功能評量結果的行為計畫一併使用。如第 7 章

所述，學生可能企圖逃離和逃避要求的工作、與成人或同儕社會互動、不想要的關注，或者各種課堂活動和事件。老師可以使用可控制和隨因增強的機會逃離或終止事件，以減少干擾性逃離的企圖。允許逃離是由老師設定的隨因增強，不是對該生不當行為的反應。這樣消極增強是用於建立新的、更適當的行為。這樣介入的另一成分是達到逃離另類手段的同時積極增強。老師可提供該生機會在適當的、更典型的要求休息後逃離（例如：使用功能溝通訓練），逐漸增加在准許休息前要求的工作量，最後只在工作完成後准許休息。

　　在課堂，應盡可能減少使用嫌惡刺激。我們在第 9 章將詳細討論，這樣的刺激會導致攻擊反應。將該童限制在其房間直到他「把每一個掉在地板的娃娃與恐龍撿起來」，就像踢倒楣的貓以確定碰撞聲音的來源。逃離與逃避行為也許不會限於對嫌惡刺激，但可能導致學生逃離（跑出教室）或逃避整個學校情境（扮演逃學者）。有關消極增強的理論與應用的討論請參見 Iwata（1987）。

✳ ……………………
嫌惡刺激也許會導致攻擊反應。
……………………

▓▓ 自然增強

254

　　增強是自然發生的過程，課堂中結構化的增強系統至少有四個目的。第一就是要管理行為。第二，對有些學生來說，「人為」高強度增強刺激的介入，提供行為與其後果間高度可見的關聯，讓他們學會因果關係。第三，課堂增強系統提供了微觀的學習實驗室（增強在日常生活中如何運作）。第四個目的是教導學生重視更一般與自然的增強物。應教導學生以在情境中自然發生的增強物來促動那些源自於他們學校、家庭、社區情境中的行為。

　　增強物是否自然，是依據情境、背景與個體的年齡來決定的，幾乎任何增強物都可以是自然的。普通班大多數學生以適當的學業與社會行為來贏得特殊權利（從在幼兒園擔任午餐糾察到中學的免除期末考）。成人也是這樣贏得特殊權利（從本月看管人享有特殊停車位到

使用行政部門的盥洗室）。活動也常常是自然贏得的，從認真努力的幼兒園班級獲得額外的 5 分鐘休息，到本年度最佳銷售員獲得百慕達之旅。每個人都為代幣而工作——幼兒園小朋友的金色星星，及對一些成功專業人士而言的大筆鈔票（幸好大部分老師喜歡金星星）。最後，當每個人記得自身的方式時，自然環境充滿著社會增強物。對特定行為自然產生的增強物比無關的增強物更有效（Litt & Schreibman, 1981; Williams, Koegel, & Egel, 1981）。此外，自然增強的行為其維持與類化的可能性也會增加（Haring, Roger, Lee, Breen, & Gaylord-Ross, 1986; Stokes & Baer, 1977）。當學生學會期待並接受自然增強物時，他們就在自然發生的增強方式中。他們學會在有些情境下的行為導致即時且頻繁的增強；而其他的則導致延宕且不常出現的增強。

 愛挑剔教授教增強

　　愛挑剔教授的碩士班已經繳交觀察報告，喃喃低語及抱怨聲不斷。蒐集作業後，愛挑剔教授開始他有關增強的講課。其中一位學生在講課結束時走向講臺。她眉飛色舞地說：「教授，是時候了。我修這門課是為了學習如何去管理班級。幾週以來，我們都一直討論的是歷史、理論與所有的技術性垃圾。今天晚上的講課就非常值得聽。我本來打算不修這門課，但現在我不會錯過任何一週的課了。」

　　「為什麼？」愛挑剔教授問，點燃他的菸斗掩飾他臉上的微笑：「你認為我等著談論有關增強，直到在我們試過所有的技術性垃圾之後嗎？」

結語 — *255*

　　本章描述增加或維持適當學業或社會行為的方法。為人喜愛的積極增強，是刺激隨因增強於適當行為的呈現。正增強物可以是原級的或衍生的，最好的增強物是自然的。消極增強是隨因增強於標的行為的表現而撤除嫌惡刺激。我們建議可以使用這些程序改變學生行為的特定方式。希望我們也積極增強了你的閱讀行為，而你現在正準備繼續閱讀下去。

問題討論

　　下列情節描述增強策略的實施出了問題。討論為什麼你認為老師的計畫無效，你要如何修正這情境。

1. 問題、問題、問題……。

　傑克和賴安「隨時一直」大聲喊叫——當他們回答問題時，當他們有問題時，當他們有訊息要與安德魯斯女士及同學分享時。安德魯斯女士曾被造知他們有「衝動控制不良」。她決定增強他們的舉手發言。每次他們兩人當中有人舉手，她立刻叫他並口頭稱讚。在兩天內這兩位男孩喊叫的量比原來一人一天的還少。兩天後，安德魯斯女士滿意這兩位男孩學會舉起他們的手，因此她回到平常她通常隨機叫舉手的人。這樣兩天後，這兩位男孩又退回到原來比率的大聲喊叫。

2. 從小煩惱起始，困擾會增長。

　阿諾德女士很關心陶德的行為。雖然是小煩惱，但令人困擾且似乎愈來愈常發生。為了不要讓大困擾產生，她決定將這行為削弱（故意不理會）。她知道她必須不能讓忽略該行為變得像在做秀，因此她僅在黑板做一記號且每次該生做了她就搖頭。然而這行為繼續逐步升高，成了她進一步的惱煩。

3. 來自校長的幫助。

泰玻女士對特雷西及他的口頭攻擊行為已無計可施。她嘗試責罵、更換他的座位，和給他額外作業。但這些做法沒有減少他行為的頻率。她決定她需要協助。每次該生做了這行為，她就將他送到校長辦公室討論他的行為。如果有人找校長，特雷西就坐在辦公室外面，每個路過的人都跟特雷西談他的不當行為。在課堂，特雷西仍持續他的口頭攻擊。

4. 無盡的笑。

休斯女士對奧蘭及他的笑鬧已毫無辦法。她嘗試責罵、更換他的座位、扣減點數和給他額外作業，他的行為頻率並未減退。她決定故意不理會這行為並使其削弱，她知道也期待這行為在它增加之前會減退。奧蘭持續這行為，繼續製造混亂和嘲笑與回嘴。她刻意地故意不理會這行為每次發生，繼續上課和團體工作。但是在兩週後，該行為沒有任何減退，她再次放棄。

5. 好傢伙，他是位苦幹者。

特洛伊是位苦幹者，並從第一天就喜歡進行積分制。他看了可得到的後援增強物並立刻指定他要的兩項。他需要115點換這兩項，而他已贏得了145點。星期五他兌換一項，並為下週五的兩項「儲蓄」他的代幣。在第二週特洛伊似乎只活在他自己的世界更勝於關心數學和科學。

6. 這是怎麼運作。

加奈先生要開始實施代幣制。他對全班提供基本資訊：「我們開始實施代幣制，贏得點數的方式是：兩項期待全班每個人會做的一般行為，一項你們每個人會做的行為。第一天每次你舉手就能贏得 2 點，若你未舉手就隨意講話每次扣 1 點。第二項行為是完成作業。你每完成一項作業就能贏得 5 點。在期限內你未完成一項作業將扣 1 點，到星期五每多一天點數會多扣 1 點。透過你們和我所做的約定，每項個人行為將得以養成。」給全班學生每人

一份書面規則。第一天舉手發言及完成作業增加了，然而該週剩 [256]
下天數則顯示兩項行為有越來越少的趨向。

7. 好公民。

斯塔福德女士確定她的學生阿里、本恩、曼尼和拉托亞很喜歡乾
酪魚薄脆餅乾。她決定採 CRF 方式，用它們來增強八項「好公
民」的基本行為（張貼在教室）。她從星期三開始實施到下星期
一，這些學生都表現出好公民的行為。然而到了星期四，混亂率
卻上升。

8. 拐彎抹角獲得增強物。

在早先，岡薩雷斯女士與斯塔福德女士討論她的乾酪魚計畫。她
以舉手方式確定她的學生也很喜歡薄脆餅乾。她決定使用它們去
增強學生每天整班課和小組閱讀期間的舉手行為。她的資料顯示
她的管理計畫整體成功；然而，凱爾和魯迪的資料顯示他們隨意
講話和以前一樣多。

9. 分享最佳實務。

在教師發展研習會中，一位老師分享了使用貼紙作為代幣。布理
格斯女士決定在她三年級班上使用季節性貼紙代幣。在小組教學
課堂和中心時間，她開始使用貼紙增強坐好行為。學生熱情地在
教室內到處遊蕩有大幅減少了。然而，在週末後，學生仍在兌換
貼紙，但到處遊蕩的行為又出現了。

10. 分數的技巧。

赫勒女士介紹了分數加法給艾端克和阿努。她了解在教新行為
時，學生每次正確表現該行為時她需要提供增強物。在九節課內
這兩位學生準確地做同分母的分數加法。然後，為了讓內在增強
物和自尊替代外在增強物，赫勒女士停止了連續增強。當她做了
下一次的每週進度維持檢查，這兩位學生不再正確地做加法。

11. 興致缺缺，謝謝！

伊馮正在瀏覽先鋒中學代幣制的後援增強物目錄。他翻了幾頁包

含男孩樂團的海報、各種糾察的職務、速食餐廳優惠券、藝術材
料等等選項的圖片後,他把他的 Game Boy 電玩丟回他的口袋,
繼續趴在桌上睡覺。

第 **9** 章　安排後果以減少行為

你知道嗎……

- 你可以運用積極增強使學生停止做不當的事。
- 給予「故意不理會它，它就會消失」的建議要比執行這建議來得容易。
- 叫學生到走廊罰站，常遂其所願。
- 告訴你「嚼口香糖直到你感到厭煩」的老師是在用應用行為分析的方式。

本章大綱

258 當老師抱怨學生的不當行為，其他老師通常會表現出同情心並提供對策。他們提出的建議常常強調懲罰，也就是在不當行為後應用厭煩刺激（或作嫌惡刺激）。例如：敲敲後腦勺、宣讀違反規約的條例，或與校長冗長的會談，讓該生了解「這所學校是如何經營的」。懲罰的使用可以變成反射動作般，因為通常能簡單即時的停止該行為，它是有效的！使用懲罰因此負面地增強老師。遺憾的是，這增強讓老師忽視了使用懲罰所伴隨的副作用或反作用。本章描述範圍廣泛的行為變通措施，與懲罰同樣有減少不當行為發生的效果。這些變通措施按層次順序來呈現，這順序從最正面的減少行為取向（使用增強策略）到最厭煩取向。當然，厭煩後果的運用在層次中也有概念上的地位。然而，基於倫理與專業的考量，及覺察到厭煩刺激所產生的不良影響，在學校情境下，就算有，這些方法是很少用到的。確實，在我們提到的層次中，在厭煩後果呈現之前，提出三個選擇層次。這些變通措施（有其個別的限制），都是可行的替代厭煩方法，因為它們也有減少不當行為和挑戰行為發生的期望效果。

　　減少不當行為方法的選擇應有某些原則指引。第一個是最少侵入的變通原則。這原則建議當決定選擇介入方法時，重要的考慮是介入的侵入程度。當考慮到減少行為時，最少侵入介入是層次中最少或厭煩程度最低的。老師應基於層次中由最少侵入到最強侵入（由最正面到最厭煩）來取決，有效的方法是在可行選擇的正面範圍中。例如，在圖 9.1 中所示層次一的方法可以完成該行為改變，就不需要或不道德地使用層次四的方法。另外，Gast 和 Wolery（1987）曾建議：「如果在同樣有效的處遇方法之間做選擇，那麼應該選擇最少厭煩（侵入）的方法。如果是在較少侵入但較無效的方法與較多侵入但有效的方法之間做選擇，那麼應該選擇有效的方法。」（p. 194）過去十年廣泛的研究和報導成功運用層次一增強本位方法，學校使用厭煩方法甚少獲得支持。第二個原則是，只要有可能，應該根據所指認該挑戰行為的功能來選擇介入方法。在第 7 章所描述能指認功能的方法發展

之前，介入方法的選擇常像「碰運氣」。一介入方法可能對許多學生
有效，卻不是對所有學生都有效；或可能減少某些行為，但並非所有
行為。該行為終究又回到原來的樣子，或是被一樣差勁或更糟的行為
所取代。這種不穩定成功的發生，是因為有時候介入方法的選擇僅就
其形式及形態，而沒有考量該行為的功能，也可能意外地符合該行為
的功能（Carr, 1977; Iwata, Dorsey, Slifer, Bauman, & Richman,
1994）。此外，這原則重要的要素是功能等值替代行為的同時教導必
須發生。該生必須學會適當的替代行為，其所獲得的增強如同要減少
的不當行為所導致的。隨著最近介紹的處遇前功能評量或分析，教育
或研究人員比較可能對嚴重行為問題使用增強本位處遇，而非懲罰本
位處遇或具懲罰成分的增強本位處遇（Pelios, Morren, Tesch, &
Axelrod, 1999）。

　　實施減少行為方法的時候，有幾個要求必須要滿足。第一個要求 [259]
是，在層次中的移動必須是以資料做基礎的。也就是說，在決定現在
所使用的方法無效而應該使用另一個變通方法（可能比較侵入）時，
在介入期間蒐集的資料必須證實這方法無效。第二個要求是，強調必

圖 9.1	減少行為的變通方式
層次一：	**增強本位的策略**
	1. 降低行為發生率的差別增強（DRL）
	2. 增強其他行為的差別增強（DRO）
	3. 不能共存行為的差別增強（DRI）
	4. 增強替代行為的差別增強（DRA）
	5. 非隨因增強
層次二：	**削弱（終止增強）**
層次三：	**拿掉所欲刺激**
	1. 虧損法
	2. 暫停增強法
層次四：	**呈現厭煩刺激**
	1. 非制約厭煩刺激
	2. 制約厭煩刺激
	3. 過度矯正法

（左側縱排標示：選擇的方法）

須建立諮詢與同意。在某些階段，老師必須與其督導者、該生家長，或行為管理委員會諮詢檢討現行介入方法的進展，及同意進一步的行動計畫。這樣的計畫可包括實施功能評量或功能分析，並發展如第 7 章描述的行為支持計畫。

▓ 減少行為的變通方式

圖 9.1 概述的減少不當行為層次有四個層次的選項。層次一是第一個要考慮的選擇；而層次四在大多數例子裡，是最後一招的選擇。

層次一提供了五個使用差別增強的策略：降低行為發生率的差別增強、增強其他行為的差別增強、不能共存行為的差別增強、增強替代行為的差別增強，及非隨因增強。這些是最先考量的選項；因為選擇它們，老師就可以採用積極（增強）的取向來減少行為。

層次二是指削弱法。使用削弱是指撤除或不再施予維持行為的增強物。

層次三包含了第一組將會定義為懲罰後果的選項。然而這些選項（諸如虧損法或暫停增強法），仍然不需應用到厭煩刺激。這些選項的實施可以視為消極增強的翻版。在使用消極增強，厭煩刺激隨因地撤除以增多行為。而層次三的選項需要撤除或拒絕所欲的刺激以減少行為。

260 　　層次四中的選項是前面三個層次的選項試驗不成做了記錄之後，或有些行為持續對學生或其他人造成立即性的危險時，才加以選擇。這層級的選項包括非制約或制約厭煩刺激的應用，或使用過度矯正方法。這些選項之一並非個人的特權。這些選項的實施可以視為增強法的翻版。

積極增強：刺激隨因地呈現以增多行為。

厭煩刺激的呈現：呈現厭煩刺激以減少行為。

✜ 層次一：增強本位的策略

在第 8 章，將增強定義為刺激的呈現或撤除隨因行為（反應）的表現，增加或維持該行為的未來發生率或機率。具增強的刺激也可加以操縱以減少行為。增強本位減少行為的方法乃是在差別基礎上隨因增強行為，或以非隨因增強的方式使用增強。層次一包括五種以增強為本位的方法。

降低行為發生率的差別增強

降低行為發生率的差別增強（differential reinforcement of lower rates of behavior, DRL）是特定增強法的應用，用以減少行為的比率，儘管低比率是可容忍或甚至是期望的，但太常或太快發生的時候是不當的。例如，對班級討論有貢獻是令人期待的行為，而支配班級討論就不是；做數學習題是適當的，做得太快以致粗心出錯就不是；偶爾的打飽嗝雖然不太高雅，尚可忍受，但一小時內打了 25 次就無法忍受了。

在 DRL 初期的實驗版，增強物是隨因增強反應而施予，提供了自先前增強的反應後所經過的最小時段。為了減少在全部時段中發生的總次數，必須只增加在另一個將被增強的反應之前必須經過的最小時段。這種形式稱為反應間時距 DRL（interresponse-time DRL）或間隔反應 DRL（spaced-responding DRL）。Singh、Dawson 和 Manning（1981）使用這種方法，減少三個極重度智能障礙青少女的刻板行為（搖晃、將東西放嘴裡、複雜的動作）。前後行為發生間所需時距從 12 秒增加到 180 秒。這三位女孩行為發生的時距平均百分比從 92.5% 降到 13%。

更普遍在課堂中使用的 DRL 方式，提供了「當在一特定時段，反應的數量少於或等於事先規劃限制的時候」施予增強（Deitz &

✳ ⋯⋯⋯⋯⋯⋯
DRL 法可用於行為塑造（逐步形成）（參見第 10 章）。
⋯⋯⋯⋯⋯⋯

Repp, 1973, p. 457）。這種 DRL 有兩種變化：整節 DRL（full-session DRL）與時距 DRL（interval DRL）。

✳ ....
回顧第 6 章的逐變
標準設計。
....

整節 DRL 以事先設定的標準比較整個時段中反應的總次數。若發生次數低於或等於事先設定標準，便施予增強物。例如，基準線資料顯示珍妮在 30 分鐘的課堂中，平均九次干擾上課。儘管不完全削弱這行為，老師要將它降低至每節課干擾不超過兩次。告知珍妮允許她干擾上課兩次，如果她保持在這樣的水準，在當天就會因好行為而獲得一個額外的代幣。如果她保持兩次或低於兩次的干擾，就會獲得增強物。時距 DRL 意指把一時段分成較小的時距（例如將 30 分鐘時段分成六個 5 分鐘的時距），在其間若反應在特定限制水準或水準之下，就在每個小時距結尾施予增強。若老師相信逐步的趨近將更成功，就可採用這樣的方式。如果每次干擾上課能夠容忍的最大次數在兩次之內，這是初期允許在每 5 分鐘時距的次數。一旦該行為穩定，小時段的長度就可增加；例如，該生若要獲得增強物，則在每 10 分鐘時距內只能干擾兩次，之後隨因增強可改成該生要在每兩個 15 分鐘的時距內不超過兩次的干擾才可獲得增強物。最後，只允許該生在整節 30 分鐘內干擾兩次。這種 DRL 方式已被用來降低多種行為，包括：上課隨意說話（Deitz & Repp, 1974; Hall et al., 1971）、隨意離座行為（Harris & Herman, 1973）、自我刺激行為（Rotholz & Luce, 1983）及進食率（Lennox, Miltenberger, & Donnelly, 1987; Wright & Vollmer, 2002）。

最後，DRL 可以類似使用逐變標準設計來安排。如果標的行為的基準線高，老師可以持續地降低 DRL 限制以將這比例引導至可接受的範圍。例如，如果一學生隨意離座行為的基準線比例平均 12 次，可告知他：若他在課堂上隨意離座行為不超過 9 次，就可以選擇該天自由時間的活動。一旦在 9 次標準的行為穩定之後，隨因增強就可以改成不超過 6 次，然後不超過 3 次。使用此方式時，老師必須要記住：當老師告知一學生可以做 9 次時候，學生就會做 9 次（這時老師

必須要恭喜學生做到了！）。Deitz 和 Repp（1973）在使用 DRL 初
期的研究中，用了兩種標準設定的策略。在第一個研究，是對 11 歲
中度智能障礙男孩，他的基準線是在一節 50 分鐘內平均 5.7 次隨意
講話，各節範圍從 4 次到 10 次。告知他：如果在一節 50 分鐘內隨意
講話 3 次或 3 次以下，他在放學前的 5 分鐘可以自由玩耍。在介入期
間，他隨意講話的平均次數為 0.93，範圍從 0 到 2 次。

　　在第二個實驗，10 位中度智能障礙學生隨意講話平均次數為
32.7，範圍從 10 到 45 次。告知學生們：如果在每節課，全班隨意講
話 5 次或 5 次以下，每人可以獲得兩顆糖果。這個介入產生了每節平
均隨意講話次數為 3.13，範圍從 1 到 6 次。在第三個實驗，15 位在
中學普通班女生的基準線水準是在一節 50 分鐘課堂中，不當的社交
討論平均 6.6 次。這介入計畫以四個階段進行：6 次或 6 次以下、3
次或 3 次以下、2 次或 2 次以下、0 次不當的社交討論，以獲得週五
的自由時間。

　　下列是 Repp 和 Deitz（1979, pp. 223-224）建議使用 DRL 的準
則：

1. 一定要記錄基準線資料，以確定整節或節內時距反應的平均次
   數。這個平均發生次數用來作為初期 DRL 的限制標準。
2. 當使用持續性降低 DRL 限制標準時，應該要考量合理的間隔標
   準，避免太頻繁的增強及比率緊繃（ratio strain），如此一來計
   畫才可逐漸褪除。
3. 必須決定是否要提供給該生該節中有關反應累積次數的回饋。

　　DRL 方式的主要優點在其經由增強施予而減少該行為發生的特
有能力。因此，它具有一般增強的相同優點。此外，這種方式是漸進
的，因為它讓學生做調整，以合理漸增的方式持續降低頻率，而非激
烈的行為改變。選擇的限制應該在該生的能力範圍內，且為老師所接
受。DRL 並非快速改變行為的方法，因此不適合用在暴力或危險行為。

※...............................
262　參見第 8 章討論增
　　強策略的優點。
....

吉爾女士教史黛西要有自信

　　史黛西是吉爾女士二年級班的學生。史黛西有優異的學習技巧，但常常舉手發問：「這樣對嗎？」或說「我不會做這個。」假如吉爾女士不是一位行為論者，她可能會說史黛西缺乏自信。

　　有天早上，吉爾女士把史黛西叫到她的桌前。她記得史黛西總是自願在午餐後清理黑板，她告訴史黛西要學習自己做功課。

　　「如果你需要幫忙，」她向史黛西保證：「我會幫你。但我認為一個早上舉手發問三次就夠了。如果你今天早上舉手三次或三次以下，當我們吃完午餐回來後，你就可以清理黑板。」

　　史黛西同意試試看。在幾天內，她在早上只有舉手一至兩次。吉爾女士熱烈地誇獎史黛西如此獨立。老師也注意史黛西常常這樣說：「吉爾女士，我自己做這個，我一次都不需要幫忙。」如果吉爾女士不是行為論者的話，她會說史黛西正在發展出自信。

增強其他行為的差別增強

　　當使用**增強其他行為的差別增強**（differential reinforcement of other behaviors, DRO）時，增強的施予是隨因增強一特定時段未發生該標的行為（Reynolds, 1961）。DRL 增強漸次減少的行為，然而 DRO 只增強零發生率的行為。事實上，DRO 有時稱為使行為發生率為零的差別增強（differential reinforcement of zero rates of behavior），或是使行為消失的差別增強（differential reinforcement of the omission of behavior）。在第 8 章，將增強定義為增強刺激隨因增強該期待行為的發生。DRO 意指增強刺激的呈現，隨因增強該行為的未發生。

　　DRO 至少可有三種不同的實施方式，類似那些使用 DRL 方法的
方式：

1. 增強隨因增強經過一特定時段該行為的未發生。例如，如果只在
   整節 40 分鐘（DRO 40 分鐘）沒有隨意講話，就施予增強。告知
   該生：「如果你在這節閱讀課（40 分鐘長）沒有隨意講話，下
   午體育課你就可以擔任隊長。」如果該生達到這隨因增強的要
   求，就獲得該增強物。安排增強整節都沒有發生該行為叫做整節
   DRO（full-session DRO）。

2. 隨因增強整個時段分成數個較小時距該行為的未發生。在不當行
   為逐漸減少的情況漸增，使用這種方法是比較實際的。在有些不
   當行為出現比例較高的例子中，實施整節 DRO 意味該生可能永
   遠無法得到增強物。整節 40 分鐘可分成數個 5 分鐘時距，在該
   生沒有隨意講話的 5 分鐘時距結尾施予增強。這種將時段分割，
   提供該生更多獲得增強的機會次數、增加回饋量、增加成功機會 _263_
   次數。這時距可以是相等或不等的長度（也就是說，如同在不固
   定時距增強方式，平均每 5 分鐘）。一旦該生可以在較小時距控
   制自己行為時，老師就增加時距的長度。例如，八個 5 分鐘時距
   的方式，可以變成四個 10 分鐘的時距。這過程持續到能夠達到
   整節 40 分鐘都符合要求，也就是整節 DRO。如果老師初期設定
   時距有困難，Deitz 和 Repp（1983）建議使用標的行為的平均長
   度（反應間時距）。例如，如果在 100 分鐘的基準線（5 節每節
   20 分鐘時距）之內，路克隨意離座 25 次，老師就以 4 分鐘或更
   少的時距（100 除以 25）開始。如同一種替代方式，初期的時距
   可以設定在基線期兩行為間的平均時間量（Repp, Felce, & Barton,
   1991）。

3. DRO 可以與永久產品資料一同使用。例如：老師可以在沒有亂
   塗的作業紙上畫一個快樂的笑臉。

　　老師執行 DRO 前應該要考慮三個重要因素。第一，一個「純粹的」DRO 要求若該生沒有表現該標的行為則施予增強，不論他做其他什麼事。實際上，該生可能表現很多不當行為而被積極增強，只要他沒有表現該標的行為。有些學生可能會鑽這個漏洞，他們可能不在課堂閒晃，而代以丟紙團（他們之前所沒有做過的事）。技術上來說，他們仍然有資格獲得增強物。對實際班級經營來說，這是不允許發生的。職此之故，DRO 有時候應用在與干擾行為有關的行為減少方法上。有時候，該標的行為發生後可以呈現一些行為後果，而非傳統方法故意不理會（Vollmer & Iwata, 1992）。

　　第二，DRO 增強該行為的未出現。如果在一特定時段中該標的行為未發生，則該生獲得增強物。對那些沒有大量適當行為習性的學生，老師可能會造成學生的行為真空狀態。若沒有指認出替代標的行為的行為，學生很快就會以他所知道的唯一行為（老師所要減少的）來填補這個真空狀態。以適當行為來取代不當行為，並積極增強適當行為的出現才是實際且符合倫理。

　　第三，DRO 的有效在於所選擇的增強物（Repp et al., 1991）。用來增強該生不從事該不當行為的刺激，至少要與維持該行為所引發的動機強度相當（Cowdery, Iwata, & Pace, 1990）。在數學課說笑話的學生，可能從同學欣賞的笑聲中獲得增強。用玩電腦遊戲 5 分鐘要他忍住在 50 分鐘裡不要嘴皮子，這增強物可能不夠有力。

　　DRO 用在多樣的行為上，像社會技能、不專注行為、隨意離座行為、各類攻擊行為、自我傷害、咬指甲等（例如：Gresham, Van, & Cook, 2006; Hegel & Ferguson, 2000; Patel, Carr, Kim, Robles, & Eastridge, 2000, Repp, Barton, & Brulle, 1983; Waters, Lerman, & Hovanetz, 2009; Wilder, Harris, Reagan, & Rasey, 2007）。

　　Repp 和 Dietz（1979）對三位重度智障者使用 DRO 法。他們分別是：12 歲女孩，其標的行為是用手指拍打嘴唇；22 歲女子，其標的行為是搖晃身體；23 歲男子，其標的行為是一隻手在眼前搖晃。

用廚房計時器設定了事先安排的分鐘數（DRO 時距），如果該生在時距內沒有該標的刻板反應，當鈴聲響時老師就稱讚並擁抱他。如果該標的刻板反應發生，老師會說「不」，並重新設定計時器。初期用非常短暫的時距（40 秒）。當標的行為的比率減少，時距便加長。*264*
所有參與者都大幅減少了刻板行為的比率。Higgins、Williams 和 McLaughlin（2001）使用 DRO 減少一位 10 歲的三年級學習障礙學生的課堂干擾行為。該生的標的行為包括：高頻率的隨意離座、未經允許隨意講話，與不良坐姿（如：腿張開成外八字、窩著身體、趴在桌面上）。如果在一節 20 分鐘的每分鐘結束時，該生以適當行為取代特定標的行為，就可獲得一個檢查章。在個案研究結束前，每時段沒有出現三個標的行為便可獲得三個檢查章。該生桌角上貼了一張記錄檢查章的紙，使他因其行為接受回饋。在該節結束時，計算檢查章數量並除以二，以決定可獲得像數學學習單、電腦時間、休閒閱讀及玩教學遊戲等後援增強物的分鐘數（p. 102）。

　　使用 DRO 方法的指引，Repp 和 Deitz（1979, pp. 222-223）及 Deitz 和 Repp（1983）建議如下：

1. 基準線期間記錄不僅測量該不當行為，也要適當安排 DRO 方法。因為初期的 DRO 時距的大小是重要的，應該是依據資料而非任意設定。自基準線期間，應該要確定平均反應間的時間（兩反應間的時間），而在初期的 DRO 時距應該設計較小的時距。

2. 應該建立增加該 DRO 時距長度的標準。基本的觀念是：
   (1) 剛開始以該生未反應而能夠贏得較多增強物的夠小時距開始，而非能反應而贏得。
   (2) 隨時間而延長時距的長度，延長時距長度的決定應該基於該生在每一時距長度的成功。

3. 可能會發生不受歡迎的行為，因此需要以下兩個額外決定：
   (1) 是否在一反應發生後重新設定 DRO 時距，或只是等待下一個安排的時距。

(2) 是否以其他任何方式使反應發生，或乾脆故意不理會它。

4. 即使 DRO 時距到了而標的行為沒有發生的狀況下，不應該在非常不適當的行為後立即提供增強。

克萊倫思學習不去打人

克萊倫思是畢爾德先生資源班的學生，他經常在班上打人，通常是因為有人動過他的東西。據觀察克萊倫思在90分鐘的資源班課堂中，在7.5分鐘的平均反應時間內平均有12次打人，畢爾德先生選擇7分鐘為一時距。他告訴克萊倫思要是每7分鐘內沒有打人，可以獲得一張允許畫畫5分鐘的卡片。當克萊倫思打人，畢爾德先生便重新設定計時器。他這樣做而非單只在時距終了不施予增強物，因為他擔心萬一克萊倫思「搞砸了」，他更會無節制地打人直到時距終了。

在幾天內，克萊倫思打人的比率降低許多。所以畢爾德先生延長時距到8分鐘，然後10分鐘，然後15分鐘。很快地他在這期間後能夠因不打人而獲得增強，且維持零比例。

---

265 增強替代行為及不能共存行為的差別增強

防止產生行為真空的絕佳方式是使用**增強替代行為的差別增強**（differential reinforcement of alternative behavior, DRA）。DRA 是頻繁使用和成功減少不當行為的行為分析法（Petscher, Rey, & Bailey, 2009）。

在這方法中，不當或挑戰行為被更適當、正向或標準的行為（由學生、父母、老師所認定）替代。DRA 意指增強替代行為，這替代行為的表現降低不當行為產生的可能。替代行為的選擇通常基於身體上不能共存的或功能等值的。

　　不能共存行為的差別增強（differential reinforcement of incom-
patible behavior, DRI）是 DRA 法的一種，增強與要減少的標的行為
在形態上不能共存的行為。例如，如果隨意離座行為是要減少的標的
行為，坐在座位上的行為就是要增強的行為，因為這兩種行為不能同
時發生（類似情況像：跑步與走路、正常聲音與喊叫、專注與不專
注）。選擇這樣互斥的行為是因為，從事適當行為使得學生在生理上
無法做不當行為，這便增加該適當行為的強度或比率，且減少該不當
行為的機率。增強小孩玩特定玩具與一般玩遊戲的技巧，以減少其從
事手部刻板動作的機會與機率（Favell, 1973）。當她的手在忙適當行
為時，就無法從事該不當行為。

　　不能共存行為的差別增強曾用以改變的行為包括：異食癖、不專
注行為、隨意離座行為（例如：Donnelly & Olczak, 1990; Friman,
1990; Lewis & Sugai, 1996; Symons, McDonald, & Wehby, 1998）。

　　Ayllon 和 Roberts（1974）使用 DRI 以增強五位五年級男生學業
表現，有效控制干擾行為（如隨意離座、隨意講話、打人）。每天與
每週的積分兌換隨因增強於視每天 15 分鐘（一節）閱讀習作的正確回
答百分比。如果男孩子們沒有浪費時間於干擾行為，時間長度剛好能
讓他們正確完成習作（因而獲得較高期待的後援增強物）。在基準線
階段，干擾行為與學業表現的平均百分比都在 40%至 50%範圍。在介
入後，干擾行為降低至平均 5%，而學業表現正確度平均增加至 85%。

　　使用 DRI 的指引，Repp 和 Deitz（1979, p. 224）建議如下：

1. 必須選擇與不期待行為不能共存的行為。若沒有相對於不當行為
   的適當行為，應該選擇且應該增強有利於該生的行為。
2. 基準線行為應加以記錄，以確定：(1)不當行為多常發生；(2)所
   選擇不能共存的行為多常發生。
3. 必須要確定增強方式。此外，仔細淡化這方法的計畫應該以書面
   表達，使計畫可分段撤消，而該生的行為可受這環境的自然隨因
   增強控制。

通常互斥的行為並不一定能輕易地指認出來。這個事實加上根據
功能評估與功能分析的介入研究，使我們更強調並使用 DRA（選擇
該替代行為根據該行為的功能等值），而非DRI（與該行為形式的肢
體不能共存者）。在這更廣義的 DRA 方法下，替代行為與不當行為
在形態上不相似，但並不一定生理上不能共存的。

DRA 方法中，每次該生想從事不當行為時，實施以下兩個方法
之一：(1)對不當行為的表現故意不理會（採取削弱方式）並增強替
代行為；(2)中止不當行為，並再指導（如需要，以肢體引導）表現
替代行為，再予以增強（Piazza, Moes, & Fisher, 1996; Vollmer & Iwata,
1992）。初期替代行為以 CRF 方式增強，如同原來行為引發替代行
為那樣快速地實施增強。例如，每次安妮開始隨意說話以引起老師注
意，再指導她要舉手；她舉手就受到稱讚，老師點名她（自然增強）
發言。在有些例子，DRA 結合對持續表現不當行為施予輕微懲罰物
（例如：輕微斥責或扣代幣）合併使用（Luiselli, 1980）。

對年紀較大、高功能或非障礙的學生，DRA 通常意指教導與增
強更適當的社會技巧、工作或學校例行行為，像服從、遵守指示、參
與工作或自我管理技巧（例如：Beare, Severson, & Brandt, 2004;
Flood, Wilder, Flood, & Masuda, 2002; Gumpel & Shlomit, 2000; Um-
breit, 1995; Vollmer, Roane, Ringdahl, & Marcus, 1999）。

常見的是，對那些有顯著溝通障礙，或有重度障礙的年幼學生來
說，經證實挑戰行為是有效但不當的溝通方式。因此，使用DRA意指
教導並增強更標準的溝通方式。這就是所謂的功能溝通訓練（FCT）
（Carr & Durand, 1985; Durand, 1990; Durand & Carr, 1991）。例如，
對三位男孩以自我傷害與攻擊行為獲得工作協助或社會注意，改教導
其使用口語：「我不懂」、「幫我」及「我做得好不好呢？」的語句
替代，以引起注意（Durand & Carr, 1991）。四位 5 至 13 歲學生，以
自我傷害和攻擊行為獲得注意或達到逃避，改教其以「還要」、「來
玩」、「我想要玩」、「完成」的手勢；或指向或觸摸標有「請讓我

休息」、「做完了」的卡片（Brown et al., 2000）。Durand（1999）成功實施FCT方式使用替代性溝通輔具。五位 3 至 15 歲學生，從事自我傷害與攻擊行為（如摑耳光、敲頭、尖叫、丟東西、打人），被改教以 AAC 輔具溝通。由 Prentke Romich 所提出的 Introtalker（增強型 AAC），是針對每位學生被指認出的挑戰行為功能所設計的程式。針對行為功能為逃避困難工作的兩位學生，Introtalker 便設計成要說：「我需要幫忙。」對行為功能在得到具體物的兩位學生，便設計要說：「請給我更多。」對挑戰行為在獲取他人注意的該生，則設計成：「你可以幫我做這個嗎？」

　　根據功能而選擇另一種替代行為的 DRA 方法，稱為**功能等值訓練（functional equivalency training）**（Horner & Day, 1991）。這樣的訓練採取長期的、教育的行為改變觀點，而非短期的危機處理觀點即時減少行為（Carr, Robinson, & Palumbo, 1990）。在選擇替代行為時，應該考量某些標準（Brown et al., 2000; Carr et al., 1990; DeLeon, Fisher, Herman, & Crosland, 2000; Durand, Berotti, & Weiner, 1993; Friman & Poling, 1995; Horner & Day, 1991; Horner, Sprague, O'Brien, & *267* Heathfield, 1990; Lim, Browder, & Sigafoos, 1998; O'Neill et al., 1997; Richman, Wacker, & Winborn, 2000; Shore, Iwata, DeLeon, Kahng, & Smith, 1997）。這些標準包括：

1. 該替代行為與其被替代行為有著相同功能。
2. 學生、家長與一般大眾認為該替代行為更適當。通常部分是由於認為該新行為達到與其所替代行為具相同功能較合乎標準的行為。
3. 該替代行為需要一樣或較少的體力與複雜度。
4. 該替代行為導致相同形態、數量、強度的增強物。若學生學會新行為無法得到等值的增強，他會恢復到先前得到增強的該不當行為。

5. 按相同方式（頻率與一致性）增強該替代行為。若學生舉手的替代行為沒有像舊行為相同一致地得到老師的注意，會恢復到尖叫的舊行為以獲得注意。

6. 替代行為與其增強間的延宕時間不應該比原有的行為來得長。若選擇的行為已在學生行為內涵中，則替代的效率增加。若學生已能表現該行為，則學習替代舊行為時就不需要學習新行為。若學生現有適當行為內涵有限，要在其內涵中找一項行為是困難的。需要將已存在的基本動作或社會行為逐步塑造成較複雜的行為。

7. 該替代行為最後應由自然增強物維持。

圖 9.2 概述比較各種差別增強的選擇。

圖 9.2　各種差別增強法概述

	目的	形式	處理	提供替代 行為的增強	目標
DRL[1]	減少行為至可接受的程度	整節 時距 逐變標準 間隔反應	焦點在減少發生次數	無	湯姆在 40 分鐘內隨意講話不超過 3 次
DRO[2]	減少行為至零發生	整節 時距 永久產品	焦點在增加未發生的時間量	無	湯姆在 40 分鐘一節課中未出現隨意講話
DRI[3] DRA[4]	增強功能性替代行為	同時減少與強化計畫	焦點在發展功能性替代行為	有	湯姆會按鈴表示他要大人的注意，以取代喊叫和摑耳光的行為

註：[1] 降低行為發生率的差別增強
　　[2] 增強其他行為的差別增強
　　[3] 不能共存行為的差別增強
　　[4] 增強替代行為的差別增強

非隨因增強

²⁶⁷

　　另一種使用增強物減少行為的方法是**非隨因增強**（noncontin-gent reinforcement, NCR）。NCR 提供學生維持不當行為的增強物，而不論其行為表現如何（Carr, Coriaty et al., 2000; Tucker, Siga-foos, & Bushnell, 1998）。在事先選擇的時距，只要學生未表現不當行為即獲得增強物。這使增強物與該行為分離無關聯，而導致該行為的減少。當實施 NCR 時，不當行為基本上便削弱。不管該不當行為的表現而系統給予增強物，不當行為就被忽視（不給予增強）。例如，若老師的注意維持了大聲喊叫，則老師故意不理會大聲喊叫，在整節課事先選好的時距提供許多的注意，不論該生在做什麼事。若大發脾氣由逃離工作所維持，則老師故意不理會此大發脾氣，在整節課某些時距中讓學生逃離該工作（休息一下）。

　　NCR 的結果是，沒有行為會被系統化地增強，因為不管學生做什麼，在某些時距便會給予增強物。也因此，有些人認為 NCR 這個詞並不恰當，因為從技術上來說，增強應該導致行為的強化（Poling & Normand, 1999; Vollmer, 1999）。然而，這方法是有效的且名副其實。因為使用NCR沒有發展出替代行為，所以這方法常可與DRA合併使用（Tucker et al., 1998）。

　　實施 NCR 期間，增強物的給予是排定時間的。獲得積極增強 ²⁶⁸（例如老師的注意）或消極增強（例如從練習中休息）可能在一固定的（例如每 5 分鐘的固定時制，FT）或不固定的（平均每 5 分鐘的不固定時制，VT）時制下實施。一般而言，NCR 初期是密集的，常是持續地實施。一旦該不當行為降至可接受程度時，便淡化這方法。這與第 8 章所述的淡化並行不悖。

　　NCR 潛在非預期的效果，是介入目標要減少的不當行為偶然或附帶的增強（Vollmer, Ringdahl, Roane, & Marcus, 1997）。有可能增強物的給予就剛好在不當行為發生後，就如同過去「有人推測發生頻

率高的異常行為比發生頻率低的更容易偶然地被增強。運用相同的邏輯，較密集實施的NCR比較鬆散的更有可能產生偶然的增強」（Carr, Coriaty et al., 2000, p. 386）。

NCR 已成為最常在研究報告中提到對挑戰行為實施功能本位的介入方法之一（Carr, Coriaty et al., 2000; Carr, Severtson, & Lepper, 2009）。NCR 已成功運用在減少不當言語和發聲、不聽從、反芻、異食癖、攻擊與破壞及自我傷害等行為（例如：Britton, Carr, Kellum, Dozier, & Weil, 2000; Carr et al., 2009; Carr & Britton, 1999; Wilder, Normand, & Atwell, 2005）。

Vollmer、Marcus和Ringdahl（1995）運用NCR策略減少一位18歲極重度智障學生自我傷害行為（打頭和用拳猛擊）。來自功能分析的假設是自我傷害行為（SIB）是由消極增強（逃離）所維持。在介入期間，允許該生在10分鐘的散步練習中休息30秒，「基於該生的行為不影響逃離頻率的固定時制（FT）。自我傷害行為（SIB）不再直接產生逃離，但是當自我傷害行為發生，休息不加以延宕或撤除」（p. 19）。整個介入過程，逃離的NCR從持續逃離褪除到固定時制10分鐘（FT 10分鐘）。褪除是以跨時段的方式實施，在任一節自我傷害行為的比率在每分鐘 0.3 次反應或更低時，練習時間便增加 10秒。從 1 分鐘休息一次的固定時制（FT），時制改變的進步從 1 分鐘增加到 1.5 分鐘、到 2 分鐘、到 2.5 分鐘、到 3 分鐘、到 4 分鐘、到 5 分鐘，最後到 10 分鐘。基本上該生從一段全部休息的散步，進步到散步 10 分鐘後休息一次。

Jones、Drew 和 Weber（2000）使用 NCR 策略減少普通班一名八歲 ADHD 學生的課堂干擾行為。功能分析確定山姆的隨意講話和隨意離座行為由每一事件後同儕的注意維持著。老師安排了山姆和一同儕在數學獨立工作時間共用一張書桌。這兩位學生的互動是不間斷的，提供山姆持續的關注。山姆在獨立工作時間的干擾行為從平均 86%減少到平均 37%。

社區中的伊里亞特女士

　　湯尼與傑克的母親要求到商店的校外教學應納入他們的社區本位教學。當他們帶孩子到商店時，孩子們會從架上拿東西丟到地上，或他們自己摔倒在地上尖叫。伊里亞特女士第一趟帶這兩位學生校外教學期間，便發現該狀況的確發生。她了解父母親的挫折與困窘。作為替代行為，伊里亞特女士決定增強湯尼在下走道時抓好推車，增強傑克坐輪椅時握著放在大腿上的籃子。當她走到不同商品處，她給這些學生機會指認出她手上拿的兩樣東西中的一樣，要求他們選擇「紅色」盒子、「瓶子」或「小的那一個」，然後引導他們把東西放進推車或籃子裡。一旦這些學生的行為持續適當，便邀請湯尼的母親來參加購物校外教學看這方法如何實施。傑克的媽媽在上學時間不方便出席，伊里亞特女士用電子郵件寄給她他們在一次購物校外教學所拍攝的影片。

✤層次二：削弱（故意不理會）

　　與層次一（焦點在提供增強）相反，層次二削弱（extinction）是撤除或終止維持不當標的行為的積極增強物。這種突然的撤離導致行為終止或削弱。當維持的該行為是適當的，避免削弱就是目標。然而許多不當行為是由積極增強所維持。當小孩哭的時候給他糖果或餅乾的父母，可能積極增強了哭鬧行為；如果將餅乾撤離，哭鬧就會減少。

　　老師最常在課堂中使用削弱，以減少被老師注意所維持的行為。[270]老師經常把注意集中在表現不當行為的學生上，許多學生發現這樣的注意是正向的增強。這也許是事實，即使注意是以批評、糾正或威脅

的方式表現。有些學生的行為甚至是被吼叫或打屁股等極端方式積極增強。

對老師而言，常常難以確定他們的注意何時會積極增強不當行為。因此，老師發現請他人觀察師生間的互動會很有幫助。一旦以這方法驗證老師的注意與學生行為間的關係，課堂中的削弱最常採取故意不理會不當行為的方式。老師撤除先前給予的積極增強物（注意），該不當行為就削弱或逐漸消失了。

削弱曾用於多種的問題行為上，包括干擾行為（Arndorfer, Miltenberger, Woster, Rortvedt, & Gaffaney, 1994; Richman, Wacker, Asmus, Casey, & Andelman, 1999; Zimmerman & Zimmerman, 1962）、髒話（Salend & Meddaugh, 1985）、大發脾氣（Carr & Newsom, 1985）、拒絕食物（Reed et al., 2004）、睡眠障礙（France & Hudson, 1990）、不讀書行為（Hall, Lund, & Jackson, 1968）、攻擊、自我傷害及不聽從行為（Cote, Thompson, & McKerchar, 2005; Iwata, Pace, Kalsher, Cowdery, & Cataldo, 1990; O'Reilly, Lancioni, & Taylor, 1999; Zarcone, Iwata, Mazaleski, & Smith, 1994）。削弱也用以增加課堂行為中的多種類型反應，像是增加重度智障學生溝通手勢動作的多樣性（Duker & van Lent, 1991），及年幼兒童在玩玩具行為中的多樣反應（Lalli, Zanolli, & Wohn, 1994）。削弱也可用於減少連鎖發生的兩項行為。例如，「如果兒童忙於攻擊的行為連鎖，包括抓人胳膊和扯人頭髮，如果削弱了扯人頭髮，可能抓人胳膊會減少」（Kuhn, Lerman, Vorndran, & Addison, 2006, p. 276）。

削弱最常用於有關增強其他更多的適當行為，結合這樣的方法似乎加速削弱。當單獨使用削弱時，「少有建設性學習的證據，所學到的是某一行為不再提供期待的報酬，最終的影響就是行為內涵的減少」（Gilbert, 1975, p. 28）。如果對適當行為加以注意，這對該生的象徵是，老師的注意（S^{R+}）仍然有效，但它是選擇性的有效。不是學生被忽略，只是不當行為不被理會。

　　「只要故意不理會它，它就會消失。他做這件事只是為了要獲得注意。」這個陳述是最常給老師的建議之一。實際上，削弱是說的比做的來得容易。是的，它是會消失，但不一定會快速平順地消失。不論「這件事」是什麼，決定要採取削弱法的老師應該仔細考慮下列的論點。

延宕反應

　　削弱的效果並不常是立即的。削弱法也許要花相當時間才減少行為。一旦增強撤除，行為會持續一段不確定的時間（Ducharme & Van Houten, 1994; O'Reilly et al., 1999; Skinner, 1953）。這特徵稱為抗拒削弱（resistance to extinction），當行為被間歇增強方式維持的時候特別明顯。學生會持續尋找過去增強經驗中有效的增強物。Pinkston、Reese、LeBlanc 和 Baer（1973）曾對學前兒童在減少對同儕攻擊行為的初期削弱階段發現，花了八天時間減少攻擊行為的比率，從占全部同儕互動的 28% 降至 6%。在自我傷害行為效果的研究，Lovaas 和 Simmons（1969）報告：「約翰在他戒除之前，幾乎打了他自己 9,000 次。」（p. 146）然而，不是所有的自我傷害行為都是抗拒削弱（Lerman & Iwata, 1996）。Iwata 等人（1990）在執行功能分析後發現，在第五節（每節 15 分鐘），削弱法減少了自我傷害的逃離行為。

271

✱⋯⋯⋯⋯⋯⋯⋯⋯
削弱的難題。
⋯⋯⋯⋯⋯⋯⋯⋯

反應率反增

　　老師應該預期，在該行為顯著減少發生之前，其比率、持續時間量或強度會增加（Watson, 1967）。換句話說，事情在變得更好之前會先變得較差。這時常指為該行為的爆發（Lerman, Iwata, & Wallace, 1999; Zarcone et al., 1993）。對一位受試者的評論，Lovaas 和 Simmons（1969）敘述到：「在這樣的安排（例如：削弱），瑞克終究會停止打他自己，但自毀行為的減少並不是立即的，甚至在削弱剛開

始的時候會變得更糟。」（p. 146）有關另外兩位受試者（約翰與桂格），他們表示：「顯示自毀行為隨時間慢慢地減少，在削弱初期特別惡化。」（p. 147）圖 9.3 來自 Lovaas 和 Simmons（1969）及 Pin-

272 **圖 9.3** 以削弱策略減少行為的研究資料

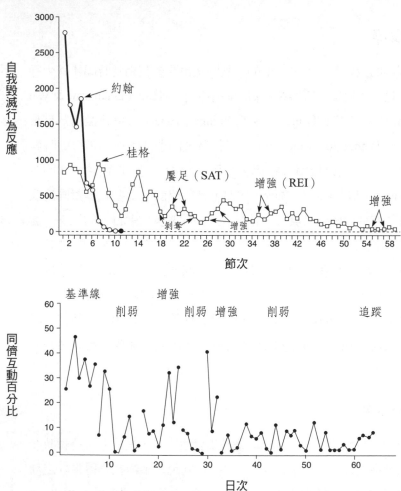

資料來源：上圖取自"Manipulation of Self-Destruction in Three Retarded Children," by O. I. Lovaas & J. Q. Simmons, 1969, *Journal of Applied Behavior Analysis*. Copyright 1969 by the Society for the Experimental Analysis of Behavior, Inc. Reprinted by permission.
下圖取自 "Independent Control of a Preschool Child's Aggression and Peer Interaction by Contingent Teacher Attention," by E. M. Pinkston, N. M. Reese, J. M. LeBlanc, & D. M. Baer, 1973, *Journal of Applied Behavior Analysis*. Copyright 1973 by the Society for the Experimental Analysis of Behavior, Inc. Reprinted by permission.

kston 等人（1973）的圖示資料，顯示了這一現象。 *271*

常見的模式是老師決定故意不理會一些不當行為，像是隨意大叫。當學生發現之前獲得增強的反應不再有效時，該生開始叫得更大聲、更快速。若是過一段時間後，老師說：「喔，好吧，華德，你想要做什麼呢？」老師便在這新的強度水準增強該行為，且可能發現該行為停留在這水準。一旦運用削弱法，不論該行為如何逐步擴大，老師必須全然持續故意不理會。

控制注意

對學生說：「你難道看不出來我在故意不理你嗎？」是很荒唐的。當然，該生可以看出的是老師並未故意不理會他。即使是非語言的顯示老師覺察到該不當行為，可能就足以妨礙削弱。老師咬牙切齒、緊握拳頭所傳遞的就是持續注意該生的行為。要花很多的練習才能運用得當，我們已經發現做一些事情會有幫助：

1. 變得與另一學生密切相關（也許稱讚沒有表現該標的行為），「我喜歡你舉手，這就是引起我注意的正確方式。」
2. 忙於讀或寫一些東西。
3. 默聲背誦詩句。
4. 帶著一個忘憂石或念珠。
5. 站在教室門外踢牆一分鐘。

削弱引起的攻擊

在前一段最後提到的建議是另一個可能發生的現象：在削弱法初期該生會因削弱而引起攻擊（Azrin, Hutchinson, & Hake, 1966; Lerman & Iwata, 1996; Lerman, Iwata et al., 1999）。在尋找先前可用的增強物時，學生說：「你只想到你可以故意不理我，看這個詭計！」一位口 *272* 渴顧客與故障自動販賣機間典型的互動，可以說明發生在削弱早期增

強與攻擊的模式。顧客投了兩枚銅板到販賣機中（先前增強的反應），並按下適當按鈕。當不見增強物出現，這顧客就一再地按按鈕，越按越快，越按越用力。在反應消失之前，她可能會用力地搖未能增強的販賣機並踹它一腳，或甚至將汽水搖出來。確實，有報告指出濫用汽水販賣機導致不少的受傷案例，販賣機會因搖晃或傾斜而向前倒向口渴的攻擊者（Byrne, 1989; Spitz & Spitz, 1990）。

自發恢復

老師也可以預期已削弱的行為可能短暫再現，這現象稱為自發恢復（spontaneous recovery）（Lerman & Iwata, 1996; Lerman, Kelley, Van Camp, & Roane, 1999; Skinner, 1953），可能發生在該行為已經削弱一些時間後。學生試圖再次看是否削弱的規定仍然有效，或是對所有老師及他所接觸的人是否有效。故意不理會這行為的再現，可以快速終止之。然而，若故意不理會它失敗了，可能快速導致該生再學會。

他人的模仿或增強

老師故意不理會的行為可能蔓延到班上其他同學。如果其他學生看到一特定學生有不當行為而沒有被處罰，他們可能會模仿這行為（Bandura, 1965）。這可能增強這行為，結果可能不只一位學生而是許多學生表現這不當行為，使得這行為更難故意不理會。削弱法的運用有賴老師終止這不當行為增強的能力。這是在執行削弱法中最困難的部分之一。在課堂情境，最好的辦法是該行為是被來自老師（喊叫）或同學（訕笑）的注意而增強。要確定該增強刺激，老師也許必須針對幾個可能，系統地測試，嘗試一次減少一個可能的刺激。

同儕給予的增強後果常常難以控制。有些成功的方法用來處理這問題：Patterson（1965）在該標的學生隨意離座、講話或打人時，他以增強同儕來撤除注意；Solomon 和 Wahler（1973）選擇五位程度好

的同儕，使用削弱與增強適當行為來訓練他們；Pinkston 等人（1973）則故意不理會攻擊者而注意被其攻擊的同儕。

類化度有限

雖然削弱是有效的，但似乎在類化上有限制。也就是說，該行為可能常常發生在削弱法無效的情境中。Liberman、Teigen、Patterson 和 Baker（1973）在報告中指出：監獄人員的例行交換並沒有處遇的類化現象。Lovaas 和 Simmons（1969）報告說：當削弱只使用在一情境中，在其他情境中的行為則不受其影響。在所有必要的環境情境，有計畫的削弱是需要的（Ducharme & Van Houten, 1994）。

Benoit 和 Mayer（1974）建議在決定使用削弱法前的六項考量，這裡以問題陳述來引導老師做決定：

1. 基於其形態（例如其具有攻擊性嗎？），可以暫時容忍該行為與其發生的現有比率嗎？
2. 可以容忍這行為的增加嗎？
3. 有可能模仿這行為嗎？
4. 這增強物已知道了嗎？
5. 增強可以撤除嗎？
6. 替代行為的增強已指認出來了嗎？

274

✳ ⋯⋯⋯⋯⋯⋯⋯
使用削弱法前自問
的問題。
⋯⋯⋯⋯⋯⋯⋯

感覺削弱

社會後果（像老師的注意）並非總是維持的行為後果。「有些人做事情並非為了注意或稱讚，僅是為了感覺好或找樂趣。」（Rincover, 1981, p. 1）在這種情況下，感官的後果比老師後果更能維持行為。這似乎在某些刻板行為或自我傷害行為上特別真確。學生刻板的拍手行為也許是由來自該行為的視覺輸入所維持；學生抓自己的自我傷害行為可能由來自這行為的觸覺輸入所維持。當指認出行為的增強

物是感官的後果，就可以採用一種叫做感覺削弱（sensory extinction）的削弱方式（Rincover, 1981）。

感覺削弱嘗試除去該行為自然發生的感官後果。拍手與敲頭可由在該生手臂上增加重量而減少，使這行為更加費力來減少其頻率，並褪除這增強物（Hanley, Piazza, Keeney, Blackeley-Smith, & Worsdell, 1998; Rincover, 1981; Van Houten, 1993）。自抓行為也許可用濃稠的凡士林塗抹在抓的部位，因此減少該行為的觸覺後果。抓臉行為可由在個體手上戴薄橡皮手套而減少之（Rincover & Devany, 1982）。學生把手放進嘴巴裡，可以要求他戴拳擊手套或軟的手臂束帶來減少此行為（Irvin, Thompson, Turner, & Williams, 1998; Mazaleski, Iwata, Rodgers, Vollmer, & Zarcone, 1994; Zhou, Goff, & Iwata, 2000）。對兩位兒童吸吮手指則在手指上纏黏性繃帶而使其減少（Ellingson, Miltenberger, Stricker, Garlinghouse et al., 2000）。用有頭墊的鋼套來減少摑耳光（Kuhn, DeLeon, Fisher, & Wilke, 1999）及敲頭（Rincover & Devany, 1982）。護目鏡被用來阻擋戳眼的感官刺激（Lalli, Livezey, & Kates, 1996），就如有利用某人的手擋住要靠近其眼睛的手（Smith, Russo, & Le, 1999）。如果具增強的感官後果無法指認，及在減少「許多常發生的刻板反應（像是搖晃身體或拍手），是所有與生俱來的感官後果」有困難，則精準運用感覺削弱的困難度會增加（Aiken & Salzberg, 1984, p. 298）。

梅拉克先生澆熄爭吵

　　茱蒂是梅拉克先生四年級班的學生。每次只要梅拉克先生要茱蒂做事，她就和他爭吵。梅拉克先生發覺他自己的對話像這樣：

　　「茱蒂，快寫功課！」

　　「我正在寫，梅拉克先生。」

「不，你沒有，你在浪費時間。」

「我正準備要做呢！」

「我不要你準備，我要你現在就去做。」

「如果我還沒有準備好，你怎能期待我做呢？」

有一天他終於了解，他與九歲小孩有著幼稚的爭辯，他的行為增強了茉蒂的爭辯。他決定要削弱這行為。第二天他說：「茉蒂，快寫功課！」當茉蒂正要辯說她正要做時，他走開了。

茉蒂自言自語一會兒，然後大聲地說：「我不要做這笨功課，你也不能讓我做。」梅拉克先生忍住且持續故意不理會她說的話。

愛蜜莉舉手。「梅拉克先生！」她傻笑著說：「茉蒂說她不要做功課。」

「愛蜜莉，」梅拉克先生語氣平和地說：「管好你自己就好了！」

愛蜜莉回應說：「但是梅拉克先生，她說你不能要她做功課。」

梅拉克先生了解他唯一的希望就是也故意不理會愛蜜莉的行為。他起身開始在教室走動，稱讚那些正在寫功課的學生，提醒他們寫完後可以玩數學遊戲。很快地愛蜜莉回到她的功課上了，然而茉蒂開始在書桌上誇張地敲打她的鉛筆。梅拉克先生繼續和其他學生互動，最後茉蒂聳聳肩就開始做功課了。當她做了幾分鐘，梅拉克先生若無其事地走向她並說：「做得很好，茉蒂，你已經做對前兩題了。繼續加油！」

梅拉克先生想到，茉蒂延遲開始寫功課可能是他的嘮叨所增強。如果他也故意不理會她的延遲，茉蒂可能就會更快開始做功課吧！

一群研究者檢驗了經由操弄所謂增強方式的削弱運用。第 8 章我們提過：一旦新行為確立，增強方式由連續而間歇，行為就變得較能抗拒削弱（Ferster & Skinner, 1957）。研究者好奇，如果不當行為由偶爾（間歇）增強維持著，是否比暫時連續給予增強然後撤除者變得較易撤除。

Neisworth、Hunt、Gallop 和 Nadle（1985）研究這方法對兩位 19 歲重度智障學生的功效，其中一位忙於刻板拍手行為，另一位老是舔手指。「在 CRF 階段的處遇，每次參與者產生該標的行為時，訓練者便給予增強物。當然，在削弱階段，就不再給予參與者增強物。」（p. 105）這兩位學生的刻板行為減少到接近零的水準。其中一位學生兩星期的追蹤期仍維持如此，然而另一位學生的行為則退回基準線階段。如研究者所提，雖然行為上的效果「接近教科書上的說明與實驗所顯示」（p. 111），但這是初步的研究。此外，增加行為比率的必要性使得適當標的行為的選擇成為倫理問題（這研究經 Wylie 和 Grossman 於 1988 年以實驗室動物複製）。

有時候間歇增強有效維持不當行為。老師或家長在偶爾的脆弱時刻增強這行為，便可能會永遠維持它了。

❖   ❖   ❖   ❖   ❖   ❖   ❖   ❖

屈門女士的脆弱時刻

屈門女士，身兼老師與父母，在學校工作完成後到安親班接小孩。她兩歲的兒子總是在到家時向她要花生奶油與果醬三明治吃。她解釋太接近晚餐時間，所以不能吃花生奶油與果醬三明治，他就倒在地上尖叫，她採故意不理會他。這種反應每天上演，常常一天好幾次。一天下午，她七歲的女兒蓋過尖叫聲向她解釋，當屈門女士在學校特別累的時候，她偶爾就過去給弟弟一個三明治，以避免大吵大鬧。這就是他不斷要求與尖叫的原因了。雖然不是很感激，但屈門女士不得不承認這小小行為論者的分析是正確的。

⽕⽕ 懲罰

　　剩下的兩個層次（層次三和四）包括的減少行為的選項可以稱為懲罰（punishment）。就像增強物（reinforcer）這名稱的情形一樣，我們使用**懲罰物**（**punisher**）這名稱的功能性定義。懲罰物是一種行為後果的刺激（S^P）：

1. 降低行為發生的未來比率或機率。
2. 是隨因增強非期待的或不當行為結果而實施。
3. 在非期待的或不當行為結果後立即實施的。

　　必須清楚了解在本書使用的懲罰（punishment）與懲罰物（punisher）是就功能上的定義。任何刺激若隨因增強於應用導致該標的行為減少，可稱為懲罰物。懲罰物就像增強物一樣，只能由其在行為的效果來指認，而非由在後果刺激的性質。例如，如果一位父親對亂丟玩具的兒子打屁股，而他的兒子就不丟玩具，那麼打屁股就是一種懲罰物。如果這兒子繼續丟玩具，那麼打屁股就不是懲罰物了。如果每次學生隨意講話，老師就減少學生一分鐘遊戲時間或扣除代幣，這導致減少或終止隨意講話，那麼這後果就是懲罰物。如果該行為繼續，那麼這後果就不是懲罰物。再次強調，懲罰物這名稱的定義是來自功能觀點。

　　就像增強物一樣，懲罰物也可以是自然發生的現象。懲罰物不僅是由壞心腸的行為論者將他們的意志加諸學生的技術。考量下列實例指出懲罰物：

　　　　小珍妮在爸爸做晚餐的時候，蹣跚學步搖搖擺擺地走進廚房。當她爸爸轉身的時候，小珍妮伸手去摸爐子上的醬料鍋，她很快地把手縮回並哭泣，以後避免再接觸爐子。

泰瑞莎很快做完數學作業，得意洋洋地舉起手來向老師報告這一事實。老師又另外指派 10 題要她做。第二天泰瑞莎做得比較慢，而且在數學課結束前無法做完作業。

蓋瑞（特殊需求學生）在普通班上閱讀課。在他上強森老師四年級閱讀課的第一天，他在口語朗誦過程結結巴巴，其他的同學笑他，隨後他就拒絕離開特殊班回到四年級就讀。

布萊司女士第一年當老師，她決定對她國中的社會科班上同學使用稱讚。她以極盡溢美之詞及笑臉貼紙來迎接每位準時的學生。第二天沒有學生準時到達。

▓ 層次三：拿掉所欲刺激

虧損法

虧損法（response-cost）出現於當移除增強物以減少行為。這方法本身可定義為撤離特定數量增強物隨因於不當行為。這定義意指：「某種程度的積極增強必須便於給予，以提供撤離增強的機會。」（Azrin & Holz, 1966, p. 392）如果虧損法的使用，經驗上導致該期待的行為減少，那麼撤離該增強功能就是懲罰物。

虧損法可以看作我們常見的罰鍰系統。市政府對預先確定的不當行為罰鍰有一完整系統，作為行為控制與籌募基金的手段。我們市民擁有一大堆的增強物——也就是我們所賺的錢。市政府撤離特定量增強刺激隨因於不當行為，像：丟垃圾、違規停車、超速。類似地，McSweeny（1978）報告說：在辛辛那提，當電話號碼查詢付費措施實施的時候，協助查詢的數量顯著降低。Marholin 和 Gary（1976）發現，當帳目現金短缺要從員工薪水中扣除的時候，帳目現金短缺的數量就顯著降低了。

代幣系統可以融入虧損法。如果老師告訴學生，他們每做對 10 題數學題就可以獲得代幣一枚，這位老師就是正在實施代幣系統。另一方面，如果老師發給每位學生 10 個代幣，並告訴他們，他們每做錯一題就要「收回」代幣一個，那這位老師就是在實施虧損法。實際上，虧損法與代幣增強系統結合使用是最常見及有效的（Bierman, Miller, & Stabb, 1987; Kazdin, 1994）。在這樣的結合方式，學生同時贏得許多增強物，並因不當行為而失去增強物作為罰鍰。學生將持續設法贏得增強物。

在課堂中，虧損法顯示有效減低多種行為，卻沒有通常與處罰有關不受歡迎的副作用。它們已用來改變行為，像是破壞規則、不專注行為、喊叫及說髒話、丟擲物品、攻擊與破壞行為（例如：Conyers et al., 2004; DuPaul, Guevremont, & Barkley, 1992; Falcomata, Roane, Hovanetz, Kettering, & Keeney, 2004; Higgins et al., 2001; Kelley & McCain, 1995; Proctor & Morgan, 1991）。

它們也用在改進學業表現，如完成數學習題（Iwata & Bailey, 1974），及在社區情境職業訓練活動（Rusch, Connis, & Sowers, 1978）。虧損法隨因增強已由成人與同儕實施（Dougherty et al., 1985），並用以協調學校與家庭（Kelley & McCain, 1995）。此法亦用來管理學生團體及個人（Mowrer & Conley, 1987; Salend & Kovalich, 1981）。Salend 和 Lamb（1986）在閱讀課將學習障礙班學生分為兩組。在每一階段初期，每節每組事先分發設定數量的代幣。每次小組成員有不當言詞，該組就要扣一枚代幣。在倒返設計，不當言詞的數量從基準線階段的平均值 50，到第一次介入階段的平均 4.2，再從 34.8 的平均值到第二次介入階段的平均 2.9。

使用虧損法，有許多實務上的注意事項。第一，老師必須有能力撤離曾經給的增強物。以食物性增強物來實施虧損法可能是不智的。若該生桌上有一杯作為隨因增強而撤除的糖果，很容易在第一次不當行為出現時已被立刻吃光了。中學課堂年輕瘦小的老師走向足球隊前

※⋯⋯⋯⋯⋯⋯⋯⋯
虧損法的難題。
⋯⋯⋯⋯⋯⋯⋯⋯

鋒的學生告訴他必須扣還五個代幣，發現該生的回答是：「根本不可能」（或其他類似的話）。在這樣的例子裡最好使用積點，它是最方便撤離且沒有實物扣還的動作。懲罰的強度也必須仔細考量，也就是扣還的代幣或積點數量。研究產生了繁雜的建議，例如，Burchard 和 Barrera（1972）運用嚴重罰鍰，而 Siegel、Lenske 和 Broen（1969）使用輕微罰鍰，都得到好的結果。要記得的重點是，嚴厲的罰鍰會使代幣變得無價值，如果學生得知整天贏得的獎勵在一次罰鍰就耗盡了，他們可能就不會全力以赴。

當撤離所有增強物後，另一個問題可能會發生。例如，試想代課老師在這天被指派要上九年級補救教學課。除了她暫時工作的教育福利外，在她心裡最重要的一件事，就是在午餐前平安無事。當學生進入教室後，她宣布如果他們在早上時間合作並認真的話，將允許他們有 30 分鐘的自由時間。只要有人表現不當行為，就處罰他們少 5 分鐘。在上午 10 點前，學生可能剩下很少的自由時間了。一旦增強系統降低水準到這樣的程度，學生努力求好的精力就會遠甚於增強物的剩餘數量。

當使用虧損法時，就像所有的管理系統一樣，學生必須清楚了解行為的規則及違反的處罰。當老師必須描述破壞規定與處罰的執行時，清楚了解可以避免在不當行為時的冗長說明。

在選用虧損法前，老師應該回答下列問題：

1. 是否已考慮過更正向的方法，像是差別增強策略？
2. 學生現在已有或可以獲得許多增強物嗎？
3. 有沒有已清楚解釋與了解適當行為的規則與破壞的結果（罰鍰）？
4. 是否已仔細考量過對每項不當行為，罰鍰的輕重比例？
5. 該增強物可被撤除嗎？
6. 適當行為的增強結合了虧損法的使用嗎？

✳ 建立虧損法時的指引。

虧損法優待券

為了要使虧損法系統對她六、七歲大的班級學生更加具體，可萊巴希女士決定使用圖畫式優待券作為代幣。在離開教室進入社區前，發給四位小朋友每位五張優待券，放在他們的腰包裡。優待券中的四張有他們在旅行中可以獲得的項目圖畫（一張是飲料、一張是優格、一張巴士座位圖「顯示他們可以選擇坐哪裡」、一張商店圖畫「標示他們可以在哪裡買東西」）。第五張優待券有活動的圖畫，當他們回到班上時可做選擇（迷津拼圖、可攜式媒體播放器 iPod）。如果他們在這行程中有不當行為，老師就扣回優待券一張。

暫停增強法

暫停增強法就是在一段固定時間內，不讓學生獲得增強物的機會。**暫停增強**（time-out）是將積極增強暫停（time-out from positive reinforcement）一詞的簡稱。暫停增強法可根據不給增強物的方法來分類（圖9.4）。當使用非隔離的暫停增強，學生繼續在該教學領域。當使用課堂內隔離的暫停增強，學生離開該教學領域。

圖 9.4　暫停增強法的分類　　　　　　　　　　*279*

暫停增強法	
非隔離的暫停增強法	課堂內隔離的暫停增強法
該生**仍留在**該教學／活動區	該生**離開**該教學／活動區
● 環境操弄 ● 暫停增強絲帶 ● 後效觀察 ● 視覺遮蔽	● 離開直接活動帶到該教室另一處 ● 隔離在另一教室

278 ◈ 非隔離暫停增強法

在**非隔離暫停增強法**（nonexclusion time-out），學生不離開該教學環境，取而代之的是，老師藉暫時操弄環境不給予該生增強物。老師使用這方法，最常在面對一般的、較輕微的騷亂時。他們可能告
279 訴學生把頭趴在桌面上，或者關上教室的燈（Baron, Kaufman, & Rakavskas, 1967; Higgins et al., 2001），以減少學生彼此談笑的相互增強。如果在教學時，學生開始不當表現，老師可以移開教材（例如進食用具、數數板、青蛙與解剖刀）、老師本人，及老師短暫的注意。類似的情形是，暫停增強法也可以當滑稽行為失控時，便在下課時間關掉音樂；或當學生在校車上離開座位時，便關掉收音機來達成（Ritschl, Mongrella, & Presbie, 1972）。若在該生要上校車時問題發生，老師可採非隔離暫停增強法，停止所有口語提示、社會注意及將任何增強物（用於增強適當走上車的）自眼前移除（Huguenin, 1993）。

常見非隔離暫停增強法方式是**暫停增強絲帶**（time-out ribbon）模式的使用。這種方法被用在個別學生（Alberto, Heflin, & Andrews, 2002; Fee, Matson, & Manikam, 1990; Huguenin & Mulick, 1981; McKeegan, Estill, & Campbell, 1984; Salend & Maragulia, 1983）與團體學生（Foxx & Shapiro, 1978; Salend & Gordon, 1987）。在團體的課堂，Foxx 和 Shapiro 要學生在表現適當社交禮貌時戴上絲帶結。當有任一不當行為，就取下學生的絲帶結。絲帶結的取下象徵著老師關注的終止，與停止該生參與活動及獲得增強物 3 分鐘。在社區本位教學時，Alberto 等人讓學生佩戴運動腕套，若有不當行為就移除腕套。當該生未佩戴腕套，就要求他留在老師旁邊且不給他任務執行，不跟他講話也不給他社會關注；如果定時分發代幣，則該生也得不到。

已有多種暫停增強「絲帶」被使用過，包括真的絲帶、徽章、皮帶環上的鞋帶、有笑臉貼紙的腕套。在 Adams、Martin 和 Popelka（1971）的研究，不當行為促使老師打開事先錄好的音調。這些音調

聽得見時，不給該生獲得增強物。在代幣系統有效實施的課堂，依特定的分鐘量將學生的積點卡拿走，就是暫停增強一段時間。

　　另一種非隔離暫停增強法的方式是**後效觀察**（contingent observation），意指將學生移至活動的邊緣處，他們仍然能觀察其他同學的適當行為及其增強。Barton、Brulle 和 Repp（1987）對兩位重度智障小學生使用後效觀察。當學生行為不當時，就將他們從團體中稍移至旁邊，讓他們觀察課堂活動。並非該行為每次都會導致後效觀察，事先設定的發生次數在既定的時距是容許的。暫停增強只有在不當行為次數超出最大量時才實施，這樣的方式就像在 DRL 法中所使用的一樣。White 和 Bailey（1990）在由四年級普通班學生與重度行為問題學生混合的體育課班級實施「坐著看」方式。在「坐著看」方式裡，老師讓該生從活動中退出並向學生解釋其被退出的理由。該生拿著計時沙漏器，走到遠離其他同學的區域，坐在地上將計時沙漏器倒過來。他一直坐著看了大約有 3 分鐘，直到所有的沙子流向沙漏器的另一端，才准許他回到班上。在老師的要求下，對一些學生來說，後援增強物法是可用失去特殊權利的方式來實施。Twyman、Johnson、Buie 和 Nelson（1994）描述了對國小情緒或行為障礙學童限制較多的後效觀察，應用在對教職員或同儕口語或肢體不尊重、不順從、不專注、隨意離開（應在的範圍），或隨意講話等。學生仍留在情境中的書桌前、座位上、地板上、靠牆壁，或僅僅站著。在每個例子中，要求學生保持「適當的手腳姿勢」，頭夾在手臂之間。「雖然要求的姿勢減少了視覺觀察的可能性，但該生能夠聽到團體活動，及其他人在活動中得到增強。」（p. 247）（註：應用此法的研究發現，在後效觀察期間警告學生因不當行為而造成潛在積點的損失，導致教職員與學生間負面互動的增加。）

◈課堂內隔離的暫停增強法

　　課堂內隔離的暫停增強（exclusion time-out）是將該生自一活動中隔離出，使其無法獲得積極增強。該生可能被帶到另一個空間，但

不一定是要該生完全離開該教室。隔離，可以是將該生從該直接活動區帶到該教室的另一處。增強行為的觀察與事後示範（如同後效觀察）不是這種方法的主要內涵。學生被移到看不到團體活動的椅子上、面對著牆角，或是在教室裡遮起來的區域。這方法用在處理表現攻擊與干擾、發怒、不聽從等行為的學生（LeBlanc & Matson, 1995; Luiselli, 1996; Reitman & Drabman, 1999; Roberts, 1988）。Baer、Rowbury 和 Baer（1973）曾運用過這種隔離的變型。當學生在實施代幣法活動中表現不當行為時，就安置在教室中間無法接觸該活動，而因此無法獲得代幣。另一個變型是當學生表現攻擊行為時，就將他帶到遊戲區外的椅子上，老師站在旁邊直到他安靜坐下來 5 秒鐘。在隔離區時，該生在回到遊戲區之前必須做非喜好的工作，增加這工作是要減少在隔離期間老師注意的潛在增強值（Richman et al., 1997）。

較少用於今日公立學校的隔離法是與暫停增強有關的隔離室的使用。這種方法就是隨因於該生不當行為出現時，將其從課堂中帶到被認為完全社交阻絕的空間。在這樣的空間裡，所有可能來自老師、同學或課堂環境及材料的潛在增強物都無法取得。這樣的方法有時被稱為隔離的暫停增強（seclusionary time-out）。其經常用在像身體上的攻擊、語言攻擊或物品的破壞上（Costenbader & Reading-Brown, 1995; Vegas, Jenson, & Kircher, 2007）。

令人惋惜的是，隔離室常被嚴重誤用或不當處置。因此，隔離室的使用已成為負面宣傳，甚至訴訟的主題（*Cole v. Greenfield-*
281 *Central Community Schools, 1986; Dickens v. Johnson County Board of Education, 1987; Hayes v. Unified School District No. 377, 1989; Honig v. Doe, 1988*）。使用隔離室策略的決定不是老師能單獨做出的決定。IEP 或行為管理委員會應預先討論嘗試行為管理和對隔離室法的使用細節，並需獲得適當人員（包括父母）的知後同意。在討論使用隔離室策略的可能用途，個人應該諮詢該學區的政策、做法和可參考的專業文獻，例如：Gast 和 Nelson（1977a, 1977b），討論使用隔離室策

略的相關道德和程序問題。

　　我們都還記得，當年老師們不時在走廊讓學生罰站嘗試改變他們的行為。莎登女士在下列軼事方塊中便嘗試這種方法。

莎登女士嘗試暫停增強法

　　莎登女士是一位二年級老師，讀過有關暫停增強方法。她決定要用它來教導伊恩不要打別的同學，而教室外走廊是隔離的好地方。

　　下次伊恩打人時，莎登女士告訴他：「伊恩，你打人，必須要暫停增強。」她讓伊恩坐在走廊上的椅子然後回去教閱讀。在這節結束前，大概是一小時之後，她去帶伊恩回來。伊恩回到課堂後甚至還沒有回到座位上就打了伊蓮。於是，他又再次回到走廊上。那天整個早上一直重複著這個模式。

　　伊恩花了大部分的時間在走廊上，其他時間則在打人。莎登女士認為暫停增強是無效的方法。那天稍後，她聽到伊恩對伊蓮說：「嘿！我想到一個辦法。如果我打你，我就不用做功課，我還可以和在走廊上所有的人聊天。甚至連校長也走過來問我做了什麼。老天！我真的告訴他了。」

「教授，我不懂。暫停增強不再有效了！」

※..................
使暫停增強無效的
因素。
....

如果在教室沒有積極增強，如果學生在暫停增強時逃脫任務，或如果在暫停增強期間可獲得增強後果，則暫停增強便無效。

282 ✖ 層次四：呈現厭煩刺激

※..................
為什麼呈現厭煩後
果對家長及教師有
吸引力？
....

當呈現厭煩刺激作為不當行為的後果時，一般的用語稱之為懲罰（punishment）。老師幾乎是以反射的方式採用這種懲罰方式。也許因為許多人曾在家或在學校被怒叱或責打，他們學到以怒叱或責打來處理其他人的不當行為，特別是當他們的對手身材較小時。從更為功能性的觀點來看，這種形式的懲罰常被使用，因為它有三個很有力的好處。第一且最重要的是，使用厭煩刺激快速停止該行為發生，且有些長遠的效果（Azrin, 1960）。大發脾氣的小孩背部突然被打，可能會立即停止哭鬧；兩個在教室後面聊八卦的學生被老師責罵時就停止了。第二，厭煩刺激的使用以提供可接受與不可接受行為，或安全與危險行為間清楚的辨別來輔助教學（Marshall, 1965）。吐口水被打耳光的學生、因自我傷害行為使得手臂被輕微電擊而屈服，或跑步過馬路被車撞，馬上清楚了解到該行為的不當。第三，跟隨在學生不當行為的厭煩後果，清楚地對其他學生說明了此行為的結果，因此減少其他人從事該行為的機率（Bandura, 1965）。

雖說列出這些好處，我們不推薦使用厭煩後果（特別是包括肢體接觸）作為課堂、家庭或機構的例行管理方法。我們只承認其使用導致的行為效果。肢體的或其他強烈的厭煩後果只有在最極端的不當行為例子中才是情有可原的。它們只有在危及安全或是長期嚴重行為問題才是適當的。厭煩後果應該只有在考慮適當安全與程序指引後才使用，指引至少要包括：

1. 顯示並記錄用以改變該標的行為替代的非厭煩方法無效。
2. 經由正當程序並確保家長在任何時間撤回同意的權利，取得該生

家長或法定監護人的書面知後同意（Rimm & Masters, 1979）。

3. 由指派的合格專家決定實施厭煩方法。

4. 及早預定時間表探討該法的程序及中止。

5. 定期觀察確保工作人員持續且可靠執行實施這方法。

6. 這方法的有效性之書面資料及增加學生接受教學的證據說明。

7. 只能由指派的工作人員實施這方法（工作人員在實施這方法上接受過訓練，曾探討這此方法使用的研究文獻，並熟悉此方法的特定指引與可能的負面效果）。

8. 若可能，不能共存行為的積極增強要成為使用厭煩刺激計畫的一部分。

Krasner（1976）指出成效與接受度間的重要區分。並非厭煩法的成效受到懷疑，而是家長、公眾與許多專家對它的接受度。包括厭煩後果的技術引起許多人關注是可以理解的。有些專家認為厭煩法總是不當的；另有些認為如果有適當的安全防護措施，例如用在自我傷害行為的例子中是可以接受的。然而，令人懷疑的是，這樣激烈的手段是否能（甚或應該）接受作為例行的班級經營之道。 *283*

 教授似曾相識的體驗

愛挑剔太太為了訓練愛挑剔教授的狗服從，做了許多打探。她發現歐緹絲小姐有狗協會執照，並簽了布哈斯與愛挑剔教授為期八週的系列訓練課程。因此，某個星期一傍晚，教授和小狗站在像是以前超商的建築物裡，裡頭設備被綠色橡膠墊所取代。沿著一面牆的老舊草坪躺椅，看起來用像是幼兒圍欄將訓練地板隔開。

歐緹絲小姐先自我介紹，再告知組員訓練學校的一些基本規定，像是狗要帶到哪裡大小便以及補課的程序。她強調每位主人要控制自己的狗，並與別人的狗保持至少 6 呎的距離。在教授旁邊一隻大型、好動、棕色的狗，不斷打探

布哈斯並拉扯牠的主人。訓練師要求主人控制她的狗並繼續她的課。

　　「我們會使用許多的稱讚與處理來幫助我們的狗學習。在操作制約中（教授開始非常注意聽講），我們稱這叫積極增強。操作制約是最新、最時髦的狗訓練方式，它並不困難且有我在這裡幫助你們。當狗不乖的時候，我們也會用到矯正法。你們將會學到為什麼這兩種技巧是必要的，及如何有效使用。我們也會運用線索、信號、提示及塑造。不用擔心所有這些新術語，你們會跟得上的。」（教授豎起耳朵聽。）那隻大隻棕色的狗打探完布哈斯，然後跳到教授身上。歐緹絲小姐鎮靜地說：「這是一個極好示範矯正的機會。」她輕快地走向帶著大隻棕色狗的女士，從她那兒拿走狗鍊。當狗又跳上教授的身上時，她拉扯狗鍊並以響亮的聲音說：「下來！」那隻狗將四隻腳放在地板上，疑惑地注視著訓練師。「乖狗兒！」她甜蜜地說

　　「你們看！」歐緹絲小姐說：「這隻狗表現不當行為，我拉扯牠的鍊子，環套施加壓力在牠脖子上，牠就停止跳起的動作。很快我們就要教牠坐下，所以牠會知道如何表現，取代到處嗅與跳上周圍的人和其他的狗。」

　　這隻狗的主人墊起腳到最高。

　　「我嚇到了！」她噓聲說：「我曾經看過一些最有名的訓練師的錄影帶，而且他們說你絕對不可以矯正狗的行為，那是不人道的，且會破壞你和牠的關係。你所需要做的訓練就是稱讚與食物的獎賞。你虐待我的狗，我現在就要離開，我要退錢。」

　　教授的心裡突然想到，最近在一個專業會議中親眼目睹的對抗。「真是驚奇！」他自言自語：「同樣的論題與同樣的憤怒耶！」

厭煩刺激的類型

　　厭煩刺激（aversive stimuli）可以分為兩類：非制約厭煩刺激與制約厭煩刺激。非制約厭煩刺激（unconditioned aversive stimuli）導致肢體痛苦或不舒服。這類刺激包括任何引起疼痛的事物：自然發

生的後果，像是碰到熱爐子；或是人為的後果，像是用戒尺打（孩子）。因為這些刺激立即產生行為改變，不需任何先前的經驗，所以 *284* 也稱為普遍的（universal）、自然的（natural）、非習得的（unlearned）懲罰物。非制約厭煩刺激也包括導致煩擾、不舒服或疼痛的後果。這些厭煩後果包括大聲或嚴厲的口頭矯正、實施物質及使用肢體控制，這些後果不適於課堂使用。在我們了解介入的功效是基於行為的功能而不是它們的形態之前，有時認為這些介入對非常挑戰的行為是必要的。使用物質有時包括將薄霧狀水噴向以多種嚴重方式自傷的個體，和將檸檬汁滴在反芻倒流或異食癖個體的舌頭上（例如：Apolito & Sulzer-Azaroff, 1981; Bailey, Pokrzywinski, & Bryant, 1983; Becker, Turner, & Sajwaj, 1978; Dorsey, Iwata, Ong, & McSween, 1980; Mayhew & Harris, 1979）。肢體控制是直接肢體介入以壓制標的行為的方法。兩種這類的方法包括隨因運動及使無法行動的肢體限制。隨因運動是要求該生做無關的肢體活動，像仰臥起坐、大角度膝蓋彎曲，或跑個幾圈來作為標的行為的後果。這樣的方法用在自我傷害及攻擊行為，及惹惱訓練士官的新兵行為上（例如：DeCatanzaro & Baldwin, 1978; Kern, Koegel, & Dunlap, 1984）。肢體限制主要應用在有自我傷害行為的人身上（例如：Matson & Keyes, 1988; Pace, Iwata, Edwards, & McCosh, 1986）。Harris（1996）提出三類限制：個人限制、器具限制，與自我限制。個人限制是一個人應用力量或壓力來限制另一個人的動作壓制。這可包含握住一位學生的手到他的身體旁、在該生的肩膀施壓，或擁抱或如籃子般將其圍住使他無法動作。若肢體限制是有必要的，大多數教育工作者對在椅子上的個人限制比在地板上的個人限制較能接受（McDonnell & Sturmey, 2000）。器具限制包含使用像手臂夾板或調整過的衣物。自我限制包含個體限制自己的動作，例如將手臂放入口袋或褲子腰帶、將手臂包在衣服裡，及自己使用器具限制（例如：Hyman, Oliver, & Hall, 2002; Oliver, Murphy, Hall, Arron, & Leggett, 2003; Pace et al., 1986; Silverman, Watanabe,

Marshall, & Baer, 1984）。為討論自我限制、自我傷害與增強間的關係，請參閱 Fisher 和 Iwata（1996）及 Isley、Kartsonis、McCurley、Weisz 和 Roberts（1991）的著作。

Schloss 和 Smith（1987）建議了使用肢體限制的某些限制：

1. 限制不涉及替代行為的增強。
2. 不當行為可能經由手動限制而增強，因此增加未來發生的機率。
3. 一旦該生認知到他若表現該反應就會有肢體限制，可能會增加他表現該行為的努力嘗試。
4. 實施上可能導致該生或老師受到傷害。

一般使用肢體限制（特別在學校）是非常有爭議的。的確，持續到這時美國國會舉行在立法聽證會提出 2009 年《學校限制與隔離傷害防制法》（Preventing Harmful Restraint and Seclusion in Schools Act）（H.R. 4247；在參議院也提出類似的法案）。如果通過，這個法案可用在公立學校建立使用限制和隔離的最低標準、方針和限制。

制約的厭煩刺激（conditioned aversive stimuli）刺激經配對非制約厭煩刺激，導致個人學會經歷這刺激是厭煩的。這類包括的後果²⁸⁵如話語和警告、聲調或姿勢。例如，孩子可能體驗被吼叫配對著被打。吼叫可能因而成為了制約厭煩刺激，因為經驗證明了該生的被吼叫與痛苦連結一起。與制約厭煩刺激連結的痛苦也可能是心理或社交上的痛苦或不舒服，通常是以困窘或來自同儕嘲笑的形式呈現。

口頭叱責（喊叫或責罵）是制約厭煩刺激使用於課堂最常見的方式（Thomas, Presland, Grant, & Glynn, 1978; White, 1975）。這可能真的歸於兩個立即結果。首先，喊叫或責罵經常是立即（即使是臨時的）針對該生製造的干擾行為。其次，它提供給部分老師終結了一干擾事件的消極增強，且認為他是位好的行為管理員（Cooper, Heron, & Heward, 2007; Alber & Heward, 2000）。對口頭叱責的研究指出影響叱責效力的因素，例如要正眼接觸和清楚掌握、一次就傳達而不是

一再責罵，以及走近該生交代而不是隔空叱責。的確，平靜的叱責僅讓該生聽見，與大聲叱責讓全班都聽見一樣有效（O'Leary, Kaufman, Kass, & Drabman, 1970; Van Houten, Nau, Mackenzie-Keating, Sameoto, & Colavecchia,1982）。口頭叱責學生可立即中止該行為，但是也可能導致行為惡化。探討這種可能性，Mace、Pratt、Prager 和 Pritchard（2011）利用學生要用電腦玩遊戲的情況，描述三種方式對學生說「不」。他們提供的三個例子為：(1)直接說「不」否決要求的活動，然後解釋拒絕的理由：「你現在不能使用這電腦，此刻有人正在使用」；(2)否決要求的活動，但是提供機會參與喜歡的替代活動，例如：「你現在不能使用這電腦，此刻有人正在使用。但是你可以從小櫥櫃選擇一個遊戲」；(3)否決立刻獲得要求的活動，但是允許隨因於完成較不喜歡的要求而延宕獲得活動，例如：「你現在不能使用這電腦，此刻有人正在使用。但當你完成了數學作業，你就可以使用。」(2)或(3)說「不」之後附加替代的選擇，限制了因告知該生「不」而惡化的不當行為。

如果制約厭煩刺激與非制約厭煩刺激用在行為減少計畫的後果，應該盡可能地有效使用。如同在功能性定義所提，老師必須持續且立即應用該後果（Azrin, Holz, & Hake, 1963）。行為規則必須與隨因增強明確連結，如先前所提「如果……那麼」陳述因果關係。該生必須了解，不是任意應用厭煩後果。應用的立即性說服該生隨因增強的真實，強調了特定行為與其後果間的關聯。

除了確保一致性與立即性，老師應避免因懲罰衍生情節。後果應該快速且直接針對重點。有時候老師過於著重分析行為與安排後果，卻忘記有時候對某些兒童而言，所需要的只是「請不要做那件事了」的客氣請求。如果口語對學生是種懲罰物的話，幾個字像「不要在走廊上跑！」可能比 15 分鐘的訓誡來得有效多了，因為該生對其中的話語大部分都置之不理。

當厭煩刺激的強度逐漸增加，而非一開始就引進完整強度時，懲

罰是較無效的（Azrin & Holz, 1966）。隨著強度逐漸增加，該生對先前施予的懲罰強度習慣或失去敏感度。這樣的逐漸習慣最後導致老師在需要終止學生不當行為時，要採取比原先更強烈的手段。

逃避厭煩刺激的欲求或實際嘗試是一種自然反應。如果懲罰在改變學生不當行為要有效的話，老師就必須安排預防學生逃避懲罰的環境（Azrin, Hake, Holz, & Hutchinson, 1965; Bandura, 1969）。

任何包含對不當行為懲罰的計畫，最重要的元素就是要確保懲罰總是用在與適當行為的增強有關聯。懲罰能讓學生學到的並不多。事實上，所有學生學到的是什麼樣的行為不該去做。增強適當行為教導該生適當且合乎期望的行為，並提供成功或被增強經驗的機會。

厭煩刺激的缺點

厭煩刺激的缺點遠大於其立即見效的優點。下列這種方法的限制應該使老師在選擇使用厭煩刺激前停下來並仔細考慮：

1. 在面對攻擊性的懲罰物，該生有三種行為的選擇：
   (1) 該生可能會反擊（例如：對老師吼叫或轉為肢體攻擊），可能引發的反應導致該情境惡化。
   (2) 該生可能會退縮，不理睬懲罰，且置之不理該天其他的學習活動而學不到任何東西。
   (3) 該生可能會表現逃離或逃避的行為。一旦學生逃離課堂，課堂中的懲罰物就不再有即時效果了。
2. 我們知道最基本且有效的教導與學習方式就是經由示範或模仿而產生。因為老師是受尊重與權威的人物，學生會密切觀察老師的行為。老師的反應成為不同情境下成人行為的楷模。事實上，老師吼叫或打人就是在對學生說，這就是大人在該環境中如何對不當行為的反應與處理。經由這種楷模，學生可能學到不當的、攻擊性的行為方式。如同 Sobsey（1990）指出，這種由懲罰引起的

攻擊，導致更不當的行為，且造成該個體與其攻擊目標兩者的傷
害。

3. 除非教學生了解什麼樣的行為是會被處罰的，不然他們可能會害
怕或逃避老師或整個懲罰實施的情境。考量下列的例子：

(1) 一位四年級的老師穿梭在學生座位的走道上時，她的學生感
到畏懼，因為這老師是一位責難者。

(2) 一位在養護機構的小女孩突然晚上不願睡在她的房間，她一
直哭叫直到有人把她帶離這房間。後來發現，日間保育人員
曾因她不乖而帶進這房間並責打她。

4. 在許多互動中，老師認為懲罰物有替代積極增強的功能。一位小
孩可能會發現，讓大人失控並看起來滑稽是非常有增強性的。

　　懲罰的缺點由下列軼事方塊來說明。

愛挑剔教授給丹尼斯一個小教訓

287

　　愛挑剔教授五歲的姪子丹尼斯，在教授家住了一個星期。丹尼斯較令人討
厭的習慣之一是在床上跳。愛挑剔太太要他不要跳，但這完全無效。

　　愛挑剔教授坐在搖椅上，抽著菸斗，閱讀專業期刊。他聽見樓上客房彈簧
床直接在他頭頂上發出清楚的「嘎扎！嘎扎！嘎扎！」響聲，「米娜娃，」他
說：「迅雷掃蕩的時間到了。蒼蠅拍在哪兒？」

　　「奧立佛，你該不會打小孩吧！」米娜娃問。

　　「當然不會嘍！親愛的，」教授回答：「我只是要隨因增強地應用最大強
度的非制約厭煩刺激罷了。」

　　教授手上拿著蒼蠅拍，穿著襪子踮著腳尖走在覆蓋地毯的階梯。他輕聲地
走向客房，看到丹尼斯在床上快樂地跳著。丹尼斯沒看到教授，他的背對著
門。愛挑剔教授應用了立即的、隨因的、強烈的厭煩刺激，他語氣堅定地說：
「不要在床上跳！」丹尼斯便嚎啕大哭。

「奧立佛，如果他不在床上跳，我們先試試給他獎賞。」

「我想，」教授對愛挑剔太太說：「這可以給丹尼斯一點教訓。」事實上，丹尼斯整個週末都沒有在床上跳。愛挑剔教授整天都待在家裡，且知道他可以聽見有沒有彈簧的響聲。

星期一，愛挑剔教授從大學回家的時候，米娜娃在門口遇見他。她對他說：「奧立佛，我不知道你給了丹尼斯一些什麼教訓。他唯一學到的就是當你在家的時候他就不跳床。而他今天整天都在跳呢！」

288　就像丹尼斯一樣，學生最常從使用厭煩刺激的懲罰中學到的是，當施予懲罰的人在的時候，就不要表現該行為。他們學到不要被抓到，然而卻沒有學到如何表現適當行為。

有關厭煩介入方法的不當與過度使用，導致來自不同的支持者與專業組織的立場聲明。

∷ 過度矯正

過度矯正（overcorrection）是一種減少行為的方法，包括適當行為訓練。這是藉由誇大的經驗來教導適當或正確的行為。過度矯正

的誇大經驗特徵，與學生改正錯誤行為的簡單矯正形成對比，但後者不一定要誇張或長期持久練習該適當行為。

過度矯正有兩種基本類型。復原式過度矯正（restitutional over-correction）是用在學生不當行為擾亂情境時，學生必須過度矯正其所擾亂的情境。正向練習過度矯正（positive-practice overcorrection）是用在行為方式不當的時候，在這法，學生練習適當行為的誇張矯正方式（Foxx & Azrin, 1973a）。

復原式過度矯正

復原式過度矯正法不僅要求該生將其擾亂的環境恢復或矯正到原來情況，而且要超過原來情況。例如，當老師抓到學生丟紙團，她這樣說：「邁可，把它撿起來丟到垃圾桶。」只是簡單矯正；當她說：「邁可，把它撿起來丟到垃圾桶，還要撿起地上所有的紙屑。」就是復原式過度矯正。

Azrin 和 Foxx（1971）曾使用這種將環境復原的方式，為如廁訓練計畫的一部分。當小孩上廁所弄髒身體時，他必須脫下衣服、清洗衣服、將衣服晾起來、洗澡、拿到乾淨衣服、穿衣服，然後清理廁所弄髒的部分。另外 Azrin 和 Wesolowski（1974）的研究是要減少偷竊行為，他們要求這小偷不但要歸還偷來的東西，還要給受害者另一件同樣的東西。

Rusch 和 Close（1976）的文獻分析顯示，復原式過度矯正技術用在減少不同類型的干擾行為：

1. 在物品被破壞或重新安排的例子中，應該整理破壞發生現場的所有物品，不僅是原來破壞的東西而已。
2. 在騷擾或嚇唬他人的例子中，應該向所有在場的人道歉，不僅是向被騷擾或嚇唬的人道歉。
3. 在自我引起的口腔感染例子中，在像是咬人或嚼不能吃的東西等

不衛生的口腔接觸後，要以口腔殺菌劑徹底清潔口腔。

4. 在激動的例子中，在哀號與尖叫等騷亂之後，要有一段全然安靜的時間。

正向練習過度矯正

使用正向練習過度矯正，要求做了不當行為的學生誇大或過度矯正練習該適當行為。例如，如果要班上學生整隊而後下課，老師要求每位先坐回位子再整隊，是在使用簡單矯正；老師要每位學生坐回原位再整隊，練習好幾次並要學生朗誦這規則，則是在使用正向練習過度矯正。

為確保這方法所預期的教育性質，練習應是在形態上與該不當行為類似的替代的適當行為。Azrin 和 Foxx（1971）的如廁訓練計畫使用正向練習過度矯正，經由提供大量學生喜愛的飲料而人為增加上廁所的頻率，這技巧增加了練習與增強的機會。Azrin 和 Wesolowski（1975）以持久的時間教導學生練習坐在幾張椅子上（當然是一次一張），減少學生在地板爬行。

除了這些以及其他像磨牙（Steuart, 1993）、刻板行為（Denny, 1980; Doke & Epstein, 1975）、攻擊行為（Adams & Kelley, 1992; Luiselli & Rice, 1983）等不當行為之外，正向練習過度矯正已成功地用在多種學業行為上（Lenz, Singh, & Hewett, 1991）。為改善口頭朗誦表現，教導唸錯的學生注意聽老師正確讀這字，並同時指著書中的這個字。學生之後正確地讀該字五遍，並重讀這句子（Singh, 1987; Singh & Singh, 1986, 1988; Singh, Singh, & Winton, 1984）。為了改進拼寫錯誤，教導學生注意聽字詞的發音，正確地發這個字詞的音，大聲說出每個字母，正確地寫下每個字詞（Matson, Esveldt-Dawson, & Kazdin, 1982; Ollendick, Matson, Esveldt-Dawson, & Shapiro, 1980; Stewart & Singh, 1986）。正向練習過度矯正也被應用在教導書寫體（Mabee, 1988; Trap, Milner-Davis, Joseph, & Cooper, 1978）與手語溝通（Hin-

※ ⋯⋯⋯⋯⋯⋯⋯
自閉症類似（autisticlike）行為的正向練習過度矯正，有時稱為自閉症逆轉（autism reversal）。
⋯⋯⋯⋯⋯⋯⋯⋯

289

erman, Jenson, Walker, & Peterson, 1982; Linton & Singh, 1984）。在課業補救與過度矯正的文獻探討，Lenz 等人（1991）建議，用於學業補救的過度矯正法叫做「指導式複誦」（directed rehearsal），由於這方法不完全符合 Foxx 和 Bechtel（1982）設定的標準（例如用手的指引或提示的實施），它們主要的部分是複誦並將學生的注意導向學習課業。

過度矯正法應該不能使其本身成為積極增強。確實，厭煩刺激的品質與它們被使用的情況有關。復原式與正向練習過度矯正通常包括下列要項（Epstein, Doke, Sajwaj, Sorrell, & Rimmer, 1974; Rusch & Close, 1976）：

❋⋯⋯⋯⋯⋯⋯
使用過度矯正法的準則。
⋯⋯⋯⋯⋯⋯⋯

1. 告知學生其行為不當。
2. 停止學生持續這活動。
3. 對學生做的活動提供過度矯正的系統化口語指導。
4. 強迫練習矯正行為（手部引導該預期的動作、盡可能使用必要的肢體壓力；但當表現該動作時只有口語指導，立即減少這壓力）。
5. 讓學生回到原來所持續的活動。

在使用過度矯正法前，老師應該考量下列處理重點：

1. 實施過度矯正需要老師全神貫注。她必須身體上接近學生，確保該生遵守過度矯正的教導；如果需要的話，準備以肢體引導介入。
2. 過度矯正法很耗時，有時候持續 5 至 15 分鐘，可能更久（Foxx [290] & Azrin, 1973a; Ollendick & Matson, 1976; Sumner, Meuser, Hsu, & Morales, 1974）。然而研究建議，在促進行為改變，短時段實施可能至少與較長時段實施一樣有效。尤其在教導適當行為時，強調這方法的教育性，而非潛在懲罰（Carey & Bucher, 1983; Cole,

Montgomery, Wilson, & Milan, 2000; Conley & Wolery, 1980）。

3. 使用過度矯正，包含與該生肢體接觸，老師應該覺察被學生攻擊的可能性（Carey & Bucher, 1983; Rollings, Baumeister, & Baumeister, 1977），或逃離及逃避這厭煩情境的企圖。

4. 在長期的過度矯正期間，該生可能變得具破壞性，使得老師無法以過度矯正法來引導他（Matson & Stephens, 1977）。

5. 因為過度矯正常包含長期的肢體引導，對執行此方法的成人而言，這方法可能非常令人嫌惡（Repp, 1983）。

6. 在比較正向練習過度矯正中有無增強正確反應的研究中，Carey和Bucher（1986）發現：沒有使用增強的「顯示未勝過使用不同增強的，且導致不受歡迎的副作用（像攻擊與情緒化）的情形更容易發生」（p. 85）。

7. 過度矯正可提供課堂中嫌惡後果的另類選擇。重要的是要記得：雖然這些方法有些嫌惡特徵，它們不是用以報復而是教育工具。老師語調和態度的差異，會使學生接受這方法。老師在過度矯正使用憤怒或喋喋不休的聲調引導學生，會增加抗拒的機率。堅定且不帶攻擊是在此的目標。

有時候，有兩種導致行為減少的方法可能被誤認為是過度矯正法，或與那些方法產生混淆。這兩種方法是負向練習（negative practice）與刺激饜足（stimulus satiation）。這混淆之所以發生是因為，如同過度矯正，這些方法包含提供誇大的經驗。

負向練習（negative practice）（Dunlap, 1928, 1930, 1932）可能會與正向練習混淆。負向練習要求該生重複表現不當（inappropriate）行為，沒有理由說這方法是有助教育的。這種方法是基於重複表現會導致反應疲勞或饜足的假定。例如，如果一位學生的不當行為是上課時離座在教室裡亂跑，正向練習可能包含要其長時間內坐在不同椅子上，而負向練習可能包含要求該生在課堂一直跑、一跑再跑。

　　負向練習被用在減少小的動作行為（Dunlap, 1928, 1930），使用這方法的研究報告數量有限。有關這方法的報告多用在抽搐痙攣（Walton, 1961; Yates, 1958）、吸菸（De Lahunt & Curran, 1976）、腦性麻痺兒童說話時臉部扭曲與異常的身體動作（Rutherford, 1940）、自我傷害行為（Mogel & Schiff, 1967），以及磨牙（Vasta & Wortman, 1988）。

　　負向練習決定於反應疲勞或饜足。在另一方面，**刺激饜足**（stimulus satiation）決定於學生對該行為事前情境的饜足。Ayllon（1963）將刺激饜足應用於一位精神病院中囤積大量毛巾在她空間的病患上。為了要減少這囤積行為，當病患在房間的時候，護士就將毛 *291* 巾拿給那病患，沒說什麼就給她。第一週平均每天給她 7 條毛巾；到第三週，這數量增加到 60 條。當在她空間毛巾數量達到 625 條的時候，她開始拿一些出來。自此以後，就不再給她毛巾了。在接下來的 12 個月中，每週在她空間所發現的毛巾平均數量在 1 到 5 條間，相對於基準線範圍的 13 至 29 條。

結語

　　本章探討了許多減少或消除不當或挑戰行為的方法：差別增強、不能共存行為的增強、削弱、懲罰及過度矯正。方法分層級視為最有用與最具建設性，從那些強調增強的，到那些具有厭煩特性的。

　　在整章中我們強調，減少行為的方法只有在該行為有問題或明顯干擾學生的學習能力時，或對該生或他人有危險的時候才選擇使用。適當行為的積極增強應該總是與那些減少或消除行為的方法合併使用。

問題討論

　　對下列每一情節，決定哪裡做錯了，並建議改進介入方式。

1. 他能坐好並工作嗎？

   莫爾斯是夏普頓先生的特殊教育班學生，每天第二節有機會參加七年級的電腦課。電腦老師同意了並且說：在他能到她的班上課前，莫爾斯幾乎只能坐好 15 分鐘，他必須能坐在位子連續 40 分鐘。夏普頓先生與莫爾斯討論這個機會，並且莫爾斯表明了他要上電腦課。因此夏普頓先生告訴他，如果他整週能在夏普頓先生的課坐好且工作 40 分鐘，下週他就可以成為該電腦班的一員。唉！莫爾斯始終未能成為該電腦課的一員。

2. 什麼、什麼、什麼！

   婕蒂是問題發問者，她隨時都在問問題。她舉手問問題，大聲地喊問題，並詢問鄰座同學問題。問問題是重要的，她的老師契亞科先生，不會懲罰問問題或完全避開問問題，他要從目前每節課婕蒂問 23 個問題減少它的發生。從每天契亞科先生的環境科學課開始，他決定增強婕蒂的逐漸減少問問題。他的計畫是增強婕蒂問問題不超過 20 個問題，然後不超過 17 個問題，接著不超過 14 個問題……。在第三天後在每一個過渡的標準，他減少 3 個允許問問題的數量。契亞科先生和婕蒂檢討了第一個標準並附上隨因增強措施。科學課進行著，婕蒂進展順利。次日她也表現得不錯。第四天在下課前她連續問 9 個問題。被激怒的契亞科先生，因此責罵她。第五天每次婕蒂問問題，他開始皺眉頭沉下臉來，但是他仍然回答問題。每天如此進行著，老師允許她問問題，他繼續皺眉頭，而問問題的次數並未改變。

3. 兩者幾無區別：半斤八兩、不相上下。

   德昂是一名七歲重度智能障礙和自閉症學生。他沒有標準的溝通方式。據信他的自傷行為例如摑臉，是獲得成人注意的溝通方式。每次他摑自己的臉，他的老師會握住他的手並告訴他停止。他的老師和行為管理小組選擇了獲得老師注意的替代行為：拿起一枚大紅色籌碼在空中示意。好幾天行為專家或助理人員在德昂

的身邊阻止他摑臉並再指導他的手拿起籌碼示意。他們使用手扶
著手的提示協助他拿起籌碼示意。當德昂如此做，如果老師注意
到籌碼，她會走近他並放入一些他喜愛的冰凍黏土在他手中。小
組對於老師吸引他感興趣超過75%的時間覺得很好，但是關於他
摑臉的資料似乎停滯在無進步的學習高原。

4. 繞又繞……快又快。

大衛經常在屋子附近跑，而且他跑得非常使勁，有時會撞到牆壁
和椅子。懷亞特女士緊接著關心大衛可能撞到使用輪椅的三名學 [292]
生之一。她提供大衛適當步行行為的許多示範。她增強其他學生
的步行行為，並忽略大衛的跑。他的行為持續並惡化。這天上
午，大衛撞翻了一部空的輪椅。懷亞特女士叫著：「看你做了什
麼！若是霍安在她的輪椅上，她會跌到地板受傷。」大衛嚇一
跳，但他很快又繼續跑，甚至更加狂熱。

5. 扮小丑。

巴特，自稱是班上的小丑，在同學輪流朗讀時，持續評論每名同
學的朗讀。同學發出咯咯笑、噓聲和反駁變得越來越混亂。老師
看到了，責罵巴特不應造成引人注目的結果。她決定削弱這行
為。但這行為不會隨著這個策略而減少。

6. 我不想再那樣做，絕不會……

從功能評量而得的假設：凱文的自傷行為是為了逃離重大動作要
求的任務。每次只要凱文舉手超過肩膀示意，派克女士決定再指
導凱文的手接觸工作材料。每次他一接觸材料他就被增強。這樣
介入六天後，凱文的自傷行為（SIB）並未越來越減少。

7. 有所極限。

克林頓女士在她四年級班採代幣制。學生能贏得積分和被扣積分
（虧損法）。兩個星期後，她需要調整學生可能保有和使用的轉
移積分點數。她設定個別學生在一週能贏得積分點數的上限不超
過增強單上最「貴」的項目5%。在下週，學生仍可贏得點數，同

時因不當行為持續被扣的一般積分點數在這新的點數限制內。到了星期四午餐前，學生似乎不再做他們的工作。

8. 繼續、繼續、再繼續。

科恩女士說以下兩項行為會扣代幣：未經允許隨意離座和叫人綽號。那天下午史蒂夫未經允許隨意離座，科恩女士走過去並要扣三個代幣。科恩女士說：「史蒂夫，你隨意離座，要扣你三個代幣。」史蒂夫說：「我不是真的隨意離座，我有好理由──羅恩的錢掉了，我必須幫他撿。」「史蒂夫，我們沒有說隨意離座有好理由和壞理由之分。」史蒂夫補充說：「而且，代幣扣太多了，因為我不是故意隨意離座，而且才離開一秒鐘。」「史蒂夫，我確定曾說過要扣你三個代幣。現在給我三個代幣。」「我了解你說的。但是你需要了解，我有非常好的理由，我真的不是隨意離座。」這場交易繼續、繼續、再繼續。

9. 兩棲競爭。

莫瑞斯先生建立青蛙組和蟾蜍組間的數學競爭。這兩組以正確解決數學題數賺得積分點數。他們若揉捏紙張和喊叫，就扣積分點數。第一次青蛙組喊叫，莫瑞斯先生就扣他們一個點數。第二次他再扣他們一個點數。當蟾蜍組喊叫，莫瑞斯先生對他們比青蛙組多扣兩個點數，因為他們的喊叫聲較大。當再喊叫，蟾蜍組扣三個點數、青蛙組扣一個點數。然後蟾蜍組再扣一個點數，因為「抱怨」這扣點制。最後蟾蜍組大幅落後，主要由於完成解題和準確而贏得的點數非常少。

10. 在社區。

歐哈拉女士設計了暫停增強絲帶在社區本位教學時使用。在社區每一節上課前，她和三名學生探討好行為和壞行為的條件，當你做了壞行為會發生什麼：「我將取下你手腕上的防汗帶，且下個 5 分鐘你不能獲得餐後甜點的代幣。」當在社區外面時，每次有人做了違規行為，她便取下三名學生的防汗帶，且 5 分鐘內不得

取回。

11. 正義的尺度。

在午餐桌上，布朗先生班上的學生正在討論他們班的代幣制。每個月第一個星期一早晨，布朗先生宣布該月會贏得或扣回積分點的項目。然後當天下午班上討論並總結這個月的規則。在 10 月這個月，他們帶來他們的家庭作業，將得到一個點數；每天早晨寫的短文主詞—動詞一致，將得到一個點數；他們每閱讀完一本圖書館的書，將得到一個點數。一天裡他們削鉛筆超過兩次，將扣回兩個點數；每掉了一張紙，將扣回兩個點數；與鄰座耳語，將扣回三個點數。學生說這似乎不公平，但是他們無法正確地指出為什麼。

12. 並肩同行。

約翰是六歲的自閉症小孩。他似乎總是如此憂傷，老是嘀咕和捶打自己的胳膊。因此，當老師要教師助理帶他去隔離室時，她與約翰並肩同行，以撫慰的方式和他談話，並遞給他他喜愛的鑰匙。三週的資料顯示，約翰的不適當行為並未減少。

第 10 章 差別增強：事前控制及逐步形成

你知道嗎……

- 並非所有的歧視都是平等就業機會委員會所關心的。
- 在劇場中並非所有的提示物都能發揮作用。
- 應用行為分析家塑造學生行為，而非叫學生滾蛋。
- 你可以教導任何人任何事。

本章大綱

294　在第 8、9 章，我們介紹了一些增加適當行為與減少不當行為的方法，解決了許多行為不足與過度有關的問題。然而，並非所有問題都可以透過增加或減少行為的頻率簡單地解決。定義許多行為適當與否並不是基於發生的頻率，而是基於所發生的情況。例如跑步，在田徑教練與走廊值班老師的看法有著極大差異。跑步適當與否不在於多常跑或跑多快，而是在什麼情況下跑步。練習的時候在跑道上跑步是很適當的，但在學校走廊跑步就很不適當。當球隊達陣得分時，吼叫完全可接受，甚至令人羨慕；但發生在餐廳裡，就被視為問題行為了。學生學會需要許多學業技巧，例如，對所看到的印刷字母說出所認識的字（我們稱之為閱讀）；或是知道如何在學習單上寫出所知的數字，像「2 ＋ 1 ＝」（我們稱之為數學）。在適當線索或信號的控制下引發學習者已知的反應，叫做刺激控制（stimulus control）。當實施行為改變方法，必須也考慮許多對行為的其他事前影響。

當人們學習有關增強方法，他們常會抗議他們所尋求的行為無法增強，因為它從未發生過。如何增加不存在的事物呢？對從不講話的學生，老師如何增強他講話呢？如何讓不坐下的學生坐下呢？或讓似乎從來不做事的學生做事？教學生去做新事物的一種方法稱為**塑造**（shaping，或作**逐步形成**）。老師將存在的反應（無論多小）塑造或逐步形成所期待的行為。

刺激控制與塑造通常一併用來教導學生學業與社交行為。也因如此，且因為兩者都使用差別增強法，所以在本章將介紹這兩者。本章第一部分詳細描述刺激控制現象，及在課堂使用刺激控制的方法。

▐▌ 事前控制行為

在第 8、9 章，當我們討論有關安排後果以增加或減少行為，我們關切的是，在表現行為後發生什麼——行為對環境的影響。在本

章，我們關心的將是在表現該行為前發生了什麼──環境對行為的影響。我們將描述一些影響，可能與我們所觀察的行為相距較遠的時間和空間，且有密切關聯。

對功能評量和功能分析的日益強調和正向行為支持的需要（參見第 7 章），使教師和行政人員對事前情境的注意更感興趣。學校所有人員有義務安排學校環境，對所有學生提供安全、支持的情境，不僅僅那些被認為挑戰的行為。辨認所有學生觸發挑戰行為的事前情境是同樣的重要，但對融合在普通教育計畫的身心障礙學生更是特別重要。這大部分可透過處理事前情境而完成。全校結構及個別班級條件，也是極為重要的。本章描述的許多方法能用來提供這樣的結構。

傳統上應用行為分析者集中於特定行為前發生且可以直接觀察的事前情境及事件。近年來，重點在檢驗（所觀察環境外存在或發生的時間或情境的）條件和事件的影響（Luiselli & Cameron, 1998）。如 [295] 我們在第 7 章討論的，功能分析評估挑戰行為的影響，除了直接可觀察因素外，必須考慮這些情境事件。**情境事件**（setting events）可能是環境的（包括該環境的教學和物質方面和環境改變）、生理的或社交的（Bailey, Wolery, & Sugai, 1988; Kazdin, 2000）。也可操弄情境事件達到期望的行為改變。這可以透過去除或防止情境事件的發生來達成，若不能完全排除情境事件也可減低其作用，或當該生在情境事件呈剝奪狀況使其饜足增強物（Kennedy & Meyer, 1998）。例如，如果因睡眠剝奪（生理情境事件）而到學校暴躁不安，且在那些天拒絕工作和亂發脾氣，與家長或其他照料者協商提早或較一致的上床時間可能會有極好的結果。當該生不是睡眠剝奪及暴躁不安，可用適當行為的增強物將更有力。Carr、Smith、Giacin、Whelen 和 Pancari（2003）對三名智障婦女提供了緩解疼痛的療程和其他緩和劑，她們的挑戰行為與月經不適有關。雖無法防止或完全取消不適，但是減低不適導致了行為的正向改變。在第 8 章使用許多非隨因增強例子，在這些介入，提供學生免費大量的維持挑戰行為的增強物。例如，對逃

避工作且只想在電腦前玩電玩的學生，允許在要求他們做功課前延長玩電玩的時間。

其他事前操弄可包含改變環境（當已知情境事件是有效的）。例如，Dadson 和 Horner（1993），對一位重度障礙年輕女子改變其對課堂的期待，每當她睡眠少於八小時或當她的公車晚到，就會表現出挑戰行為。在那些天老師和專業助理提供額外關注，允許該生以偏愛的活動替代她煩惡的，讓她有更多機會選擇她要做的工作順序。她的行為顯著改善了。似乎不言而喻，覺察情境事件在他們控制之外的老師，應該操弄在他們控制內的事物。如果老師知道學生正經受家庭創傷，他可以小心減少要求並增加可用的有力增強物。這樣的調整同樣可用在已調整藥物治療的學生、因移居的親戚到來使家庭人數增加、安置情形將有所改變，或因心儀已久的女孩出現而失去勇氣的孩子等等。

▓ 以差別增強刺激控制

操作行為與反應行為的對照見本書第 24 頁至第 28 頁。

描述影響操作行為的事件時，記得在第 1 章提到的操作行為與反應行為的區分很重要。反應制約包含產生反射行為的刺激，例如一股氣（非制約刺激）導致自動眨眼（反應）。這種自動性在操作制約是沒有的，在事前事件與行為間的關係是習得而非反射的。事前事件引起行為而不是產生行為。雖然事前事件不能引發操作行為，但卻在這樣的行為上有相當的影響力。

²⁹⁶ ▓ 辨別原則

差別增強的結果是學生學會辨別。

辨別（discrimination）是說明環境事件間或刺激間差異的能力，辨別的發展是差別增強的結果。呈現一特定刺激或刺激群，一特定反應導致積極增強（S^{R+}），稱為對該反應的辨別刺激，又稱熱刺激

（S^Ds）。同樣反應在第二個刺激或刺激群呈現未被增強，稱為引出的反應未被增強的刺激，又稱**冷刺激**（S-delta, $S^\Delta s$）。經一段時間後，呈現辨別刺激（S^D）就確實發生反應，而呈現冷刺激（S^Δ）就極少發生反應。這辨別刺激就被認為引發該反應（Holland & Skinner, 1961）。這種在辨別刺激與反應間的關係，不同於反應制約中非制約刺激與反應之間的關係。這種辨別刺激不產生反應；它只是為反應設定情境，或以術語表示，它**引起**（occasion）反應。辨別刺激呈現則該反應發生，若未呈現則無反應，稱為在刺激控制之下。行為在刺激控制下將會在呈現辨別刺激時持續發生，甚至在不常施予增強的時候也發生。Michael（1982）建議，要小心避免說事件是增強的辨別刺激，它是引起該行為，但不是該行為的增強。辨別的發展在人類許多學習上是一項重要因素。嬰兒學會說「媽媽」是被戴眼鏡、捲頭髮成人的出現所增強，但若有鬍子的成人出現則通常不會說。眼鏡與捲頭髮是反應說「媽媽」的辨別刺激，鬍子是 S^Δ。在印有這個字「去」（w-e-n-t）（辨別刺激，S^D）的閃示卡呈現時，一年級學童學會說「去」（went）而獲得稱讚；但對印有「來」（c-a-m-e）（S^Δ）這個字的閃示卡呈現時說「去」（went）這個字則未獲得稱讚。一群學說髒話及干擾行為的國中生獲得數學科老師的注意（S^D），但社會科老師不注意他們（S^Δ）只注意舉手與完成作業的。叫「媽媽」對捲髮戴眼鏡的成人是正確反應，但對有鬍子的成人則是錯誤反應。說「去」（went）對印有「去」（w-e-n-t）這個字的閃示卡是正確反應，而對其他字的閃示卡則是錯誤反應。髒話與干擾行為是獲得數學科老師注意的正確方法，但對社會科老師則不是。許多老師不經意地注意不當行為，而使自己成為不當行為的辨別刺激。O'Donnell（2001）建議，懲罰的辨別刺激（S^{Dp}）也是了解行為的一個因素。若曾帶小孩（或寵物，就此而言）接受預防接種，就能辨認注射器是這樣的刺激。

　　成人每天的行為有大部分是辨別學習的結果。當電話鈴響時我們

會去接電話，而在不響時不會去接。當綠燈亮時我們會駕車通過十字路口，當紅燈亮時則不會。基於相對非正式與不正確的增強模式，辨別發展會較慢且常有缺陷。例如，有一陣子也許小嬰兒會對所有有鬍子的男人叫「爸爸」；美國一年級學童可能看到印有「w-a-n-t」或「w-e-t」字的閃示卡時說成「went」；國中生偶爾在數學課會舉手或在社會課小聲說髒話；有時在門鈴響時，成人誤以為電話鈴響拿起電話。交通號誌運用不完整的刺激控制提供雇用許多警察、拖吊車駕駛，及救護車看護員等工作，但在許多方面是更有力的，包括增加額外資訊到基本刺激之中。我們將在本章稍後描述這樣的**提示**（pro-mpts）。

辨別訓練

教導學生對特定刺激作適當反應是老師的基本任務。身為教師，我們要學生遵守規矩、聽從教導，在適當時機、適當地點表現特定學業或功能技巧，並對特定指示或其他線索反應。教學工作的主要部分就是建立特定的時間、地點、指示，及對其他事前事件針對不同學生行為的辨別刺激。

◆ 簡單辨別

建立簡單辨別時，我們要學生去區別一些事情，例如他的名字與其他不是他的名字的事物。老師呈現給學生一張有其名字在上面的閃示卡，及一張有無關字眼在上面的閃示卡。老師說：「指出你的名字。」如果該生以指向正確閃示卡（S^D）來反應，就獲得增強物；如果學生指向另一張卡（S^Δ），便得不到增強物。閱讀能力意指區分構成一字詞的字母組合與其他字詞組合不同的能力。一位學生可能在日常會話裡使用「went」這個字；但當展示印有「w-e-n-t」字的閃示卡，並問：「這個字是什麼？」時不會說這個字。這位老師想要在「went」字的刺激控制之下，引導說出「w-e-n-t」字。

※ ....
老師在要求學生做辨別前，要告訴他這個字是什麼。
....

297

在這例，老師經由差別增強過程對說出「went」字反應而將「w-e-n-t」字建立為辨別刺激。這反應是在「w-e-n-t」字（S^D）呈現時被增強，而不是在「g-o」字或其他字（S^Δ）呈現時被增強。在充分重複下，該生應該確實地正確反應，就可以說已形成辨別了。注意在這例，作為 S^Δ 的作用「g-o」這個字，將成為說出「go」字的辨別刺激。一如往常，這定義隨其功能而定。要有任何信心聲稱「went」這個字的反應是在刺激控制下，老師必須確定沒有其他的字母組合會引發這反應，包括像是「w-a-n-t」與「w-e-t」等字詞，其形狀及拼寫（形態）與這辨別刺激十分相似。當「went」寫在非原來閃示卡的地方，老師也要確定印有「w-e-n-t」字的閃示卡是「went」這個字的可靠辨別刺激。可僅由重複呈現辨別刺激 S^D（熱刺激）與 S^Δ（冷刺激），並增強正確反應的方式來教導學生辨別，但這是非常沒有效率的教法。在本章稍後描述提示與無錯誤學習策略時，我們會討論增加教學效率的方法。

確認學生對該刺激的明顯特徵反應是重要的。一位一年級老師認為她終於教會其中一位學生讀「come」這個字，實際只學會的 S^D 是閃示卡上的一個汙漬。許多閱讀初學者只以第一個字母來認字，只要「went」這個字是閱讀者所認識唯一 w 開頭的字，這個策略就有效。然而，當教了「what」這個字之後，學生就再也無法可靠地辨別了。學生可能會對一些全然無關的刺激（像閃示卡上的汙點），或只對刺激的某一項特徵（如字詞的開頭字母）加以反應。這種**刺激過度選擇**（stimulus overselectivity）（Lovaas, Schreibman, Koegel, & Rhen, 1971）的傾向是有些障礙學生的一項特徵。

老師要學生學的許多事情包含多種簡單辨別。學生必須辨別每個字詞裡該字母與其他字詞裡的不同，及與未出現該字母的字詞刺激的不同。也要辨別每個數字與所有其他數字的不同，及與所有的其他刺激的不同。化學課學生必須辨別週期表中的每個元素與其他元素的不同，及與不代表元素的刺激的不同。

◈ 概念形成

概念（concept）是具共同特徵的一組刺激（Becker, Engelmann, & Thomas, 1975a），這組所有成員應該引發相同的反應。有許多刺激適當識別出人物、哺乳動物、質數、誠實等。這些字詞中的每一個，及成千上萬的其他字詞，代表具一組共同特徵或概念的刺激。為了要學習一個概念，學生必須基於大量刺激共同的特定特徵加以辨別，因此形成一抽象概念（Ferster, Culbertson, & Boren, 1975）。

這樣的學習可能經由提供許多概念或抽象概念的正、反實例，並增強正確反應來達成。Herrnstein 和 Loveland（1964）應用這方法，能教鴿子對有人的圖片與沒人的圖片做不同反應，研究者只增強啄有人的圖片。那些不能以其他字詞（非同義字）充分描述（Engelmann & Carnine, 1982）的基本概念，幾乎須以同樣方式來教給人們。

試想出一種方法，以描述「紅色」的概念教導三歲的兒童，很顯然，這是不可能的。大多數父母所做的是提供許多紅色物品的實例，標記名稱，提供強烈的增強（孩童適當地指著並說「紅色」的時候，或孩子對指導語「給我紅色積木」正確反應的時候）。在進入學校之前，大多數兒童以這非正式方式學習數以千計的基本概念。兒童不一定要系統化地教導。對這些兒童，我們不等待偶然的機會在日常會話中介紹「紅色」，我們會找一些紅色與非紅色的物品，進而標記、教導、要求其反應，直到他們表現對此概念的精熟。

通常可利用額外的事前刺激較有效地教導概念。如果一組刺激的共同元素可以列出（如果概念可以口語定義的話），就可以更有效提供一套規則辨認實例，然後增強正確反應。可以口語定義的概念不需只利用差別增強來教導。不像鴿子，大多數學生有些口語技巧，能夠讓老師在教導他們概念或抽象事物時，運用規則作為捷徑。

相關概念迄今主要在實驗的〔使用樣本配對法（match-to-sample procedures）〕和理論的多於應用的文獻（Devany, Hayes, & Nelson, 1986），並引起值得注意的爭論（Clayton & Hayes, 1999; Rehfeldt &

Hayes, 1998）是為**刺激等同**（stimulus equivalence）。在建立等值前必須滿足三個條件。當呈現一排選擇，這人必須將一片麵包與另一片麵包配對。當顯示字詞「麵包」，他必須選擇該片麵包，反之亦然。如果他曾被教導當聽見「麵包」，就要選擇麵包，當看見麵包，就要選擇印有「麵包」的字詞卡；那麼當他聽見「麵包」這字詞，就應該要選擇印有「麵包」的字詞卡（Devany et al., 1986, p. 244）。這個概念似乎與教導身心障礙兒童語言技能有關。

▦ 提示

提示（prompt）是額外刺激，可增加辨別刺激（S^D）引發期望反應的機率。在 S^D 呈現後且其無法引發反應時，提供提示。大多數人熟悉劇場所使用的提示。對提供其線索（例如：前面的臺詞）無法反應的演員，就由側面加以提示。在應用行為分析，「提示」一詞的使用有相似的意義。對於無法對 S^D 反應的學生就加以提示。提示可以協助反應的方式（反應提示）或對該刺激（刺激提示）做臨時改變。Wolery 和 Gast（1984）提供詳盡探討兩種提示及褪除的建議。提示可以口頭、視覺或肢體等方式呈現，該預期反應可以展示或示範。閱讀老師握著印有「去」（w-e-n-t）字的閃示卡並說「不是『來』（came），但……」，是在提供口語提示。幼兒園老師將學生照片[299]及姓名貼在個人衣物櫃，便是提供視覺提示。母親對嬰兒說：「和祖母揮手說再見」並用力搖其小手，就是在給予肢體提示。每個都希望控制將終究與「去」（w-e-n-t）字、該生姓名及「揮手說再見」等 S^D 相連結。提示好比枴杖漸次撤除（褪除），只要不再需要時就丟掉。提示增加教學效率；與其等待學生發出預期行為，老師利用額外線索以增加正確反應的數量。正確反應越多，受到增強也越多，行為就越快學會。使用提示時，如果學生不需提示就能正確反應，那麼通常應給予增強物。首先我們將分別描述各種提示的使用，然後接著說明使用提示的幾種系統類型。

規則的口語提示

　　英文老師要學生正確指認名詞與動詞，在學生閱讀有畫底線的辨別刺激（S^D）句子時，可能不只給學生許多機會反應是名詞或動詞。因為大多數人有使用語言規則或定義的能力以形成概念，英文老師可能會對名詞下定義，然後呈現句子並問學生：「畫底線的部分是不是名詞？」（辨別刺激 S^D）「這是不是人、地或物的名稱呢？如果是的話，就是名詞了。」（提示）「約翰，對，它是名詞。」（S^{R+}）提示使用規則或定義不限於學業，在定義誠實、禮貌、仁慈，或其他有關社會行為的概念，老師可以提示學生直到他們能指認每一行為的實例。當然，這不能保證學生會做到這些行為，只是他們能夠命名這些行為。

指導語的口語提示

＊
給指導語是不容易的。

　　指導語常是提示行為的一種方法。如果當老師說「準備閱讀」而孩子不動時，老師可能會說：「把你的東西收拾好，然後到閱讀區。」如果辨別刺激（S^D）不能引發正確反應時，老師可能會提供逐步的指導語。老師使用指導語做提示，是做了兩個基本假定。第一是提供的指導語是精確的。對複雜工作不易提供清楚口語的指導語。如果要從一地開車到另一地的人們向你問路，通常會失望地找不到方向；因此如果學生無法跟上你的指導語，也不要驚訝。第二個假定是，學生的行為是在一般辨別刺激「聽從指示！」的刺激控制之下。許多學生不遵守指導語，如同任何有經驗的老師都能加以證明。在依賴提示的指導語之前，聰明的老師會確定學生確實會跟隨他們的指示。首先需要將這反應導入刺激控制下。Becker 等人（1975a）建議老師對遵守指導語的最具體特定細節給予增強。這種技巧的練習，可以任意地由特定細節所提供，例如，告訴學生在地板的裂痕上墊起腳尖排隊；或是以特定順序表演活動，或者是不需要依照特定的順序。

這種練習可以變成遊戲，傳統的「請你跟我這樣說（做）」的遊戲便提供遵守指導語的練習。

另一項教導學生更可靠地遵守指導語的技巧是，先發出一連串學生有可能會遵守的指導語〔高機率（high-p）指導語〕，很快地接上學生比較不可能會遵守的指導語〔低機率（low-p）指導語〕。這方法已顯示會增加對低機率指導語的遵守，例如，可以對一組學生說：「摸你的頭、摸你的鼻子、拍你的手、拿出你的數學課本。」由遵守 [300] 高機率指導語所產生的行為動量（behavioral momentum），帶動學生表現對低機率指導語的遵守（Ardoin, Martens, & Wolfe, 1999）。

暗示的口語提示

許多口語提示比起規則或指導語來得較不詳盡且較非正式。閱讀老師提示對辨別刺激「狗」（dog）的正確反應，可能會說：「這是一種說『汪汪』的動物。」當老師告訴全班學生要排隊時，並補充說「安靜點」，這也是一種提示。這樣的提醒或暗示增加即將產生正確行為的機率，因此增加了增強的機會。

自力操作的口語提示

幾個研究顯示，錄音的口語提示可使障礙學生習得職業技能（Alberto, Sharpton, Briggs, & Stright, 1986; Briggs et al., 1990; Mitchell, Schuster, Collins, & Gassaway, 2000; Steed & Lutzker, 1997; Taber, Alberto, & Fredrick, 1998）。將一項複雜工作分解成數個成分步驟，老師將每一步驟的指導語錄成音檔。學生使用有耳機的隨身聽，教其操作隨身聽並遵守指導語。教導學生聆聽每一步驟，然後關掉隨身聽表現一遍。當學生再打開隨身聽時，提示下一步驟。要求學生定期評估自己的進步情形，若需要可要求協助。自力操作的錄音提示也曾用在增加工作表現的流暢（Davis, Brady, Williams, & Burta, 1992）。讓學生選擇要聽的音樂，老師在音樂的段落加上口語提示，像「繼續工

作」。這種方法的主要好處是，在許多工作場所，讓員工在工作中帶隨身聽與耳機並不少見。因此，即使需要長時間的提示，甚或一直都要這樣提示時，這配備對於有障礙的員工不會吸引過度的注意（Davis et al., 1992）。

視覺提示

許多教學策略包含一些視覺提示的形式。為大多數初學閱讀者使用的圖解說明，設計用來協助學生指認出印刷文字。老師可以提供正確完成的數學題例子來提示學生。在學習複雜計算過程時，允許學生利用九九乘法表。當學習加或減的時候，學生可以利用數線（Fueyo & Bushell, 1998）。Rivera、Koorland 和 Fueyo（2002）使用圖片提示教導學習障礙學生常用字。該生以自己的表述畫了他的字詞，並逐漸使圖片縮小、也較少生動的上色。圖片提示已用於教導障礙學生多種行為，特別是複雜的日常生活和職業工作。Martin、Rusch、James、Decker 和 Trtol（1974）以序列的圖片提示教導中重度障礙成人獨立準備複雜的膳食。Wilson、Schepis 和 Mason-Main（1987）在一家餐廳教導中度智障成人獨立執行食物服務工作，最後老闆只需提供督導。Frank、Wacker、Berg 和 McMahon（1985）教導輕度智障學生挑選過的個人電腦技能。Schmit、Alper、Raschke 和 Ryndak（2000）使用照片協助一名自閉症學生處理轉銜。Kimball、Kinney、Taylor 和 Stromer（2003）使用微軟的簡報軟體 PowerPoint® 設計自閉症學生個別互動式活動時間表。Wacker 和 Berg（1983）教導中重度智障中學生複雜的職業技能。他們提供學生附有圖片的書圖解說明按順序步驟執行複雜的裝配工作，並訓練他們使用這本書，也就是在每一步驟之後翻頁，配合正確的物品圖解說明。作者發現這樣的書大幅改善學生的表現，學生比學習初期工作時更快使用圖片提示來學習新工作。在訓練完成後，學生可以不看書就執行工作。使用圖片線索結合其他提示的方法，讓自閉症學生較獨立地選擇並從事休閒與放學後的活動

（MacDuff, Krantz, & McClannahan, 1993）。Copeland 和 Hughes （2000）使用圖片提示教重度障礙中學生完成職業工作。他們增加自 我檢視的步驟，要學生在開始前接觸每張圖片，並在完成時將圖片翻 過去，這增加學生獨立完成工作。許多雇主使用圖片提示訓練障礙與 非障礙的員工。圖 10.1 呈現訓練速食店員工準備基本的漢堡與起司

圖 10.1　準備漢堡的圖片提示　　*302*

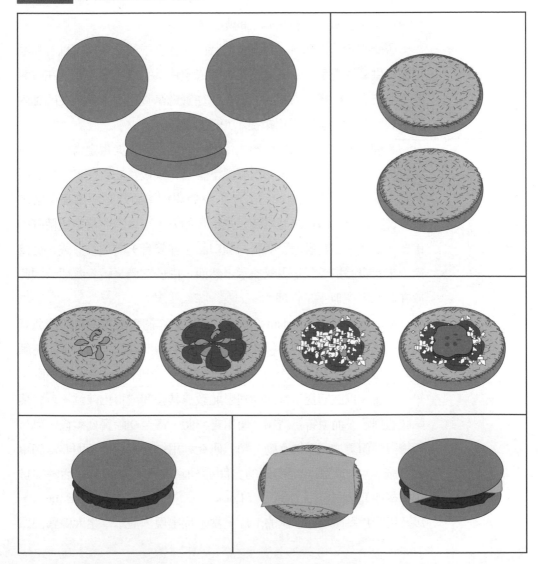

301 堡的提示圖片。現在有些餐館直接在三明治的包裝紙列印這些提示。圖片提示的好處是，一旦教學生使用，他們可以獨自一人去做，正如成人使用地圖或圖片提示自己。實際上，許多教育工作者認為，把這樣的提示視為行為自我管理的例子而不僅僅是教學工具（Hughes et al., 2000; Lancioni & O'Reilly, 2001; Rodi & Hughes, 2000）。Berg 和 Wacker（1989）說明為障礙學生工作者需要無盡的創意，以為盲生提供類似的提示。他們使用有沙紙數字（觸覺提示）的書取代圖片，並教導學生將這些數字與教具箱上的數字配對。

視覺提示可以節省老師很多的時間。教室中的公布欄可以容易地用來提供圖片提示。正確程序的線圖或照片供完成某項工作、在離開教室前要看桌椅樣子的圖片，或在通往餐廳筆直路線中陳列在門廊內側的教室照片，都可以用來提示正確反應。

其他的視覺提示以書面形式提供。教室作息表與規定常公布作為線索提示。許多學生在書面指導語下容易完成複雜的新任務。想想所有你靠書面指導語所完成的工作，及想想指導語清楚明確是多麼重要。曾在假日前深夜試著組裝兒童玩具的人，可以證明清楚與精確的重要。當然，因為書面說明是一種口語（非聲音）溝通的形式，從技術上來看書面指導語是視覺提示。然而，由於它們是視覺處理，因此放在此處考慮似乎是合理的。

Krantz 和 McClannahan（1993）利用書寫體書面提示自閉症兒童與同儕互動。給凱特與學校活動有關的說明與問題的書面單。（老師用肢體提示）教她拿起鉛筆、指向一題目、沿著教科書下沿移動鉛筆。然後，以肢體提示她面向同學並教導其發問或提出陳述。首先褪除肢體提示，而凱特繼續獨立使用書寫體。甚至褪除書寫體後，凱特繼續與同儕更加頻繁地互動。類似研究利用結合圖片提示與非常簡單的字詞，增加閱讀技能有限的自閉症幼童與成人互動。在活動安排中，學生學習讀出「注意」（Look）、「看著我」（Watch me），以及用圖片點綴這些字詞的卡片。當卡片出現，提示學生大聲讀出這

些字詞，因此引起成人的注意。就如家長所知，這是幼童極典型的行 *302*
為。學生與成人的口語互動增加，對注意自發的需要也發生了
（Krantz & McClannahan, 1998）。Davis、Boon、Cihak 和 Fore（2010）
為改進亞斯伯格症中學生會話技能，讓學生選擇「充電卡」（power
cards）的英雄插圖描述推測的會話策略。

　　使用錄影剪輯而不是靜態圖片，在教導泛自閉症、中度智障及重
度智障學生功能技巧上顯得有效（Bellini & Akullian, 2007; Cihak, Al-
berto, Taber-Doughty, & Gama, 2006; Cihak, Fahrenkrog, Ayers, & Smith, *303*
2010; Kleeberger & Mirenda, 2010; Mechling, Gast, & Langone, 2002;
Morgan & Salzberg, 1992; Tiong, Blampied, & Le Grice, 1992; Van Laa-
rhoven & Van Laarhoven-Myers, 2006; Van Laarhoven, Zurita, Johnson
Grider, & Grider, 2009）。

　　老師常為自己及學生提供這樣的提示。一張街道圖有助於一位接
到辨別刺激（S^D）「去奧克哈文學校」的巡迴諮詢老師。有些老師會
張貼備忘錄，協助自己記得要增強某些學生行為。有些成人也使用提
示：像掌上型電腦、日曆、通訊錄、卡片索引檔案、便利貼備忘錄，
來提醒我們工作或所知的訊息，而沒有提示就忘記了。

　　有時我們忘記做法，像提示可用在校外及其他傳統教學環境。研
究者調查廣泛地應用提示法增加對辨別刺激（S^Ds）或指導語的遵守，
包括：在繁忙十字路口傳統的交通號誌外，增加 LED 燈號誌，顯示
看左看右的眼睛及「注意左右兩側」圖例或其他資訊；在標誌上添加
資訊，以增加老年人和大學生使用乘車安全帶；減少駕駛時使用手
機；在大學宿舍鼓勵省電；以及增加大學酒吧顧客離開時利用代理駕
駛（Austin, Hackett, Gravina, & Lebbon, 2006; Bekker et al., 2010;
Clayton & Helms, 2009; Clayton, Helms, & Simpson, 2006; Cox, Cox, &
Cox, 2005; Kazbour & Bailey, 2010; Van Houten & Retting, 2001）。

✛ 示範

老師說：「看著我，我做給你看。」這位老師正在使用另外一種提示。口語指導語或視覺線索不足時，許多老師展示或示範該預期的行為。在許多例子，展示可能是一開始選擇的方法。家政老師想告訴全班學生如何將線穿過縫紉機，提供令人信服的優越示範。

大多數學生，包括那些輕度障礙的，容易模仿示範者該行為。這現象有許多學者（完整的討論請參見 Bandura, 1969）提出解釋，但最簡單的是大部分學生的增強歷史，包括為數眾多的模仿行為的增強，導致類化的模仿反應。換言之，「像這樣子做」就成為在任何情境下模仿的 S^D。

✿……………………
類化模仿反應的起源。
……………………

大多數個體因模仿各種的反應而獲增強的，終究也將模仿未受增強的反應（Malott, Whaley, & Malott, 1997）。任何觀察過家長與嬰兒互動的人都看過模仿的積極增強實例。這樣的增強發生在學前階段，所以大多數兒童已習慣對 S^D（「像這樣子做」，或「像瑪麗這樣子做」）反應。當然，兒童可能像模仿適當行為一樣的模仿不當行為。在某些時刻，許多父母會對孩子模仿他們的不良習慣感到驚訝。學生也模仿同學的行為。幼兒園學童自然而然會玩「模仿領袖」的遊戲。非學業性的行為，像語言模式，也常被模仿。令人驚訝的是，一位帶明顯地方腔調的新學生，很快地口音聽起來就像他的同學一樣。模仿同儕的傾向也許在中學時期達到顛峰。青少年傾向打扮相像、說話相仿，及從事相同的活動。

提供障礙學生適當的楷模，是當前趨勢的主要目標，盡可能將這些學生安置在更多一般學生的情境。假設障礙學生會模仿及學習非障礙同儕。這可以非正式方式發生，但也可以程序化引導。例如，Werts、Caldwell 和 Wolery（1996）曾教導非障礙同儕為普通班裡障礙學童示範並口語描述複雜行為。非障礙同儕能有效示範該行為，而障礙學生學著表現。下列軼事方塊說明同儕示範的例子：

304

羅伯特學習當個青少年

　　聽說在許多年前（在回歸主流前，較少融合），羅伯特是魏恩貝格女士任教的自足式初中（現今的中間學校）重度行為問題班的學生。他被標記為自閉症學生，但在今天無疑稱為亞斯伯格症學生。他在隔離的自閉症學生中心的老師考量：羅伯特只有中心那些學生當楷模，且他的行為每天變得更像他們。因此決定：有品行異常的學生，其行為應由高度結構的環境控制，會是羅伯特更好的榜樣。

　　安置結果得宜，羅伯特甚至可馬上到普通班上數學（魏恩貝格女士不知道這是融合）。一天早晨，羅伯特走向他的老師比出中指並問：「魏恩貝格女士，這是什麼意思？」當魏恩貝格女士忍著要回答，其他兩名學生趕緊將羅伯特架開，其中一位說：「你不能問老師那樣的問題。」

　　顯然地，羅伯特對一般十三歲男孩該知道的事物完全無知，讓其他學生感到訝異；並且在這節課後的幾週裡，他們教了他。魏恩貝格女士根本沒有注意到。

　　在使用展示技術以提示行為，教師可以個別地選擇示範該行為，讓另一位學生當示範者，或從團體外引進某人。示範者的選擇是重要的，如某些特徵增加示範者的有效性。學生最喜歡模仿的楷模是：

■ 與他們本身相似的。
■ 有能力的。
■ 有聲望的。（Sulzer-Azaroff & Mayer, 1986）

　　影像科技使有些非常有潛力的示範技術已成為可能。影像自我示範（video self-modeling）（Buggey, 1999, 2005; Dowrick, 1999）使用編輯的影像錄影給學生顯示自己表現正確的行為。Dowrick 列出七步

驟的策略：

1. 增加目前的適應行為混雜著未期望的行為。
2. 將特定情境行為轉換到其他環境。
3. 為可能會焦慮的障礙者使用隱藏的支持（例如拍攝怕水的小孩沒有大人抓住）。
4. 為情緒障礙者提供改良的影像（顯示捕捉住沮喪者的微笑的照片）。
5. 重組元素技能（拍攝其他技能的片斷行動並組合它們，來顯示一個從未表現過的技能）。
6. 將角色扮演轉換到現實世界。
7. 從事或再從事一項不再使用或使用頻率低的技能。

³⁰⁵ 甚至有可能（如第 5 項建議）顯示給學生們表現自己從未確實表現過的行為。不只是觀看與自己類似的示範者，也包括有能力的人（至少在錄影帶上）及必定是有聲望的人（她上電視了！）顯示有希望用於改變種種的社交與學業行為。

示範可用以提示簡單或較複雜的行為，老師可利用示範提示重度障礙學生的口語。數學老師在其他學生做自己的題目之前，可要求有能力的學生到黑板上示範解題；體育老師可以示範複雜的體操動作。Hunter（1984）描述結合口語和肢體示範的方法。她建議首先老師同時描述有關動作及表現該技巧；然後由學生提供口語提示，同時老師展示技巧；再來由老師提供口語指引，同時學生表現技巧；最後要求學生自己表現技巧。有一些證據顯示，所展示技能的口語描述使得示範更有效（Hay, Murray, Cecire, & Nash, 1985; Hunter, 1984）。我們大多數可以直覺確定，記得中學或大學的數學老師，在黑板展示高難度的證明題或演算法而不說一句話，然後回頭問學生：「大家都懂了嗎？」下列的軼事方塊說明結合示範與口語教學的方法。

❖　　❖　　❖　　❖　　❖　　❖　　❖　　❖

學生學習波卡舞

　　有些大肌肉動作技能差的孩子參加為改進動作協調而設計的課後方案。因為學生們對跳躍動作已精熟，所以他們的老師決定，他們將會喜歡學波卡舞。「我們來跳波卡舞吧！」老師說：「注意我的動作。一步接著一步，跳。現在你們練習。一步接著一步，跳。」不久，當老師說：「我們來跳波卡舞吧！」學生們就做出跳舞的動作。意外地，他們之中許多在跳舞的時候繼續小聲地說：「一步接著一步，跳。」

　　示範可以是有效的提示方法，但它確實有限制。有些行為是難以模仿。特別是一些重度障礙的學生，沒有學會類化模仿反應且對口語線索沒反應。雖然可以增強模仿來教導學生對示範的提示反應，其他形式的提示也許需要。許多教學方法包含結合不同的提示。

❋ ....
自我教導會在第 12 章討論。
....

❏❏ 肢體引導

　　當學生對較不嚴密的提示方式無法反應時，他們可以肢體來提示。這樣的方法通常稱為順利完成（putting-through），這在教導許多動作行為與有些口語行為時有用，可以用手引導（Karen, 1974）。肢體提示可以是發展類化模仿反應的第一步。Streifel 和 Wetherby（1973）以使用肢體引導法教導重度智障生聽從指示，像「舉起你的手」。老師首先給予口語指導語，然後引導學生聽從指示，最後該生的行為便在指導語的控制下。重度智障學生在模仿與指示的刺激控制下產生行為的意涵很大。會模仿示範者與聽從指示的學生，可教以很多事物。肢體引導法絕不只限於用在障礙學生。例如，在開始教導手寫技能時，大多數老師都會例行地使用此法。音樂老師會引導學生的

❋ ....
老師將她的手放在學生的手上並將它舉起。
....

306

指法。許多體育技能是最易使用肢體引導來教導的。很難想像以其他方式教一個人在四段手排的車內換檔。使用肢體指引時，老師需要確信學生是合作的。如果應用在抗拒的學生身上，這樣的方法是令人不悅的（可能對雙方都是）。肢體提示時，即使合作的學生也可能有緊繃的傾向。

其他觸覺提示

隨著科技進步，可使用傳呼裝置（paging devices）提示學生，通常用於非常繁忙和重要人士，考量在公眾場合能將此裝置轉為「振動」。研究者使用可以遙控啟動的攜帶型傳呼器（Shabani et al., 2002），或可以預先設定在特定時段，提示自閉症學生主動與同儕互動（Taylor & Levin, 1998）。Taylor、Hughes、Richard、Hoch 和 Co-ello（2004）使用當學生丟失時能提示學生請求成人協助的攜帶型傳呼器。當看不見老師和父母，等了一小段時間，就啟動攜帶型傳呼器，或是學生拿溝通卡給社區成員看。這技術顯然對其他學生和行為有指望。

◆使用科技結合提示

科技進步使教育工作者傳送口頭的和聽覺的提示，採更有效率和更少阻礙的方式。Rehfeldt、Dahman、Young、Cherry 和 Davis（2003）使用了錄影示範（個體觀看有人完成整個工作的錄影），教導輕中度智障成人做三明治。Cannella-Malone 等人（2006）使用電腦化錄影比較兩種方法的效果，教導發展障礙成人擺餐具（準備開飯）並將雜貨歸位。第一個情況是錄影示範。在第二個情況（錄影提示），他們觀看了每一個別步驟然後操作。作者發現錄影提示對所有成人較有效，並且手持設備可提供視覺和聽覺的提示，協助智障者更獨立、有效地操作工作（Cihak et al., 2010; Cihak, Kessler, & Alberto, 2007; Davies, Stock, & Wehmeyer, 2004）。

:: 褪除

提示的反應不是在刺激控制之下。提示必須撤除，而反應必須由 S^D 單獨引發。然而，太突然的撤除提示可能會導致該期望行為的終止。**褪除**（fading）就是逐步撤除提示。任何提示都可逐步褪除，以致當單獨呈現 S^D 時該反應發生並加以增強。考量的技巧包含確定褪除的最理想速率：太快，該行為則不常發生不足以使增強有效；太慢，學生可能變得永久依賴該提示。提示可以許多不同方式褪除。Billingsley 和 Romer（1983）探討褪除提示系統，建議四個主要類別：漸減協助、漸次引導、時間延宕，及漸增協助。

漸減協助

307

當使用漸減協助〔有時稱為由最多至最少的提示（most-to-least prompts）〕以褪除提示，老師一開始的提示程度確保實際上學生會產生該適當行為。當學生能力增加，協助的量便系統地減少。這方法可用以褪除廣泛多樣的提示。英文老師使用規則幫學生指認名詞，可能開始以「這是名詞嗎？」的 S^D，及提示「如果它是人名、地點，或事物的名稱，它就是名詞。」當其學生可靠地反應後，老師可以這樣說：

這是名詞嗎？（S^D）
它是人名、地點或事物的名稱嗎？（提示）
那麼
這是名詞嗎？（S^D）
記得人、地點或事物。（提示）
那麼
這是名詞嗎？（S^D）

記得你的規則。（提示）

最後

這是名詞嗎？（S^D，不再提示了）

　　數學老師使用漸減協助方法以褪除視覺提示，可以讓學生參考完整的九九乘法表以協助他們解題，當學生較為精熟時，再系統地移除比較簡單的乘法組合。老師褪除示範提示時，可漸漸減少展示該行為，可能從反應的全部展示褪除到部分展示（Wilcox & Bellamy, 1982），而最後只提供手勢。下列軼事方塊描述了這樣的褪除方法。

兒童學搖呼拉圈

　　湯森教練是小學體育老師。他決定教一年級學生搖呼拉圈，好讓他們在開放參觀日表演。他開始展示。「看著我！」他說著，並繼續為學生示範如何搖呼拉圈。當笑聲停下來時，他遞給每位一年級學生一個呼拉圈。「預備，」他說：「開始搖！」26個呼拉圈乒乒乓乓掉落地板。小孩們看起來很挫敗。教練從一位學生那兒拿起一個呼拉圈，「沒關係！」他說：「像這樣開始。」他轉動臀部。當笑聲停下來時，他說：「再一次，就像這樣。」湯森教練把呼拉圈還給該生，並展示這動作。他最後把手部動作褪除成手腕的忽然搖動，臀部的動作只是一扭。不用多久，高喊「預備，開始搖！」就夠了。

　　期待已久的日子終於來了。26個帶著呼拉圈的一年級生站在體育館裡，他們的父母親坐在看臺上。湯森教練啟動音樂並說：「預備，開始搖！」他站在團隊的一邊。學生們確實給他增光，但他從觀眾席間聽見壓抑的笑聲。最後教練意識到，基於他的熱忱，他必須回到示範這必要的扭臀動作了。

漸減提示系統也可用在結合提示使用。如果老師一開始以展示、例題與逐步指導語提供學生學習新數學技能，這三種不同的提示可以逐項撤除，直到學生僅對不完整的例題有反應。

漸減提示最精煉的方式導致接近**無錯誤學習**（errorless learning）。308 許多稱為**無錯誤學習**的方法使用刺激（S^Ds 或 S^Δs）內的改變以提示正確反應。這些提示通常叫做**刺激提示**（stimulus prompts），而方法本身有時叫做刺激逐步形成（stimulus shaping，或作刺激塑造）。為了使學生能容易辨別，將一些 S^D 或 S^Δ，或兩者的特徵加以改變。Malott 等人（1997）描述一位發展遲緩學生吉米，學會在卡片辨別自己的名字；在黑色卡印有白色蘇珊（Susan）字母，在白色背景卡印有白色吉米（Jimmy）字母。增強選擇「吉米」，建立正確卡片為 S^D。將「吉米」的卡片背景顏色逐漸加深，直到兩個名字都是在黑色背景中以白色印出。讓該生的選擇不會出錯，且最後辨別基於相關刺激特徵。Haupt、Van Kirk 和 Terraciano（1975）使用兩種漸減提示褪除方法，教導數學事實。第一種方法，要該生對閃示卡上的減法題提供答案。最初，答案是可以看見的，但答案漸漸以彩色玻璃紙蓋住。最後，有 32 片玻璃紙蓋住這答案。該生學會並記住這數學事實。第二種方法是要求寫下乘法題的答案。持續增加厚度的複寫紙蓋住一開始可以看見的答案，這種方法也很成功。最近有一項研究（Mayfield, Glenn, & Vollmer, 2008）是個非常好的例子，就是科技如何影響並豐富了我們的教學法。作者設計一個電腦程式教導拼寫，提供提示（已拼寫部分的字詞），當學生精熟了每個未知的字詞就逐漸褪除。

另一個例子是由 Ayllon（1977）所提出。老師試著要教導一組年幼孩童辨別左右手。訓練的第一天，以簽字筆在每位兒童的右手都標上 × 做標記。要求學生舉右手時，讓學生能辨別右手（S^D）與左手（S^Δ）。在第二天，計畫又再度標記右手，因為記號還在的關係（或該童個人衛生），每位小孩仍有一個看得見的記號。當訓練經過一週，每位小孩的記號逐漸褪除；而在該週結束前，當要求舉手時，每

刺激逐步形成，不應與本章後面討論的逐步形成法混淆。

位小孩仍然一致地舉右手。Mosk 和 Bucher（1984）使用刺激改變，教導中度與重度智障學生將牙刷與毛巾掛在正確的木釘上。教導開始時，板子上只有一個木釘。干擾其注意的木釘一次只增加一個。一開始，每個干擾其注意的木釘都太短而無法掛東西，逐漸引入較長的木釘。

證據顯示（Schreibman & Charlop, 1981; Stella & Etzel, 1978），只改變 S^D 的特徵而 S^Δ 維持不變時，無錯誤學習最有效。雖然有可能以其他提示系統提供無錯誤的學習，但當該辨別刺激系統改變是提示的主要形式時，*無錯誤學習*這專業術語就最常用到。

在沒有練習不正確的反應，也沒有引發在學生犯錯時所展現的不當行為下，無錯誤學習的褪除提供了刺激控制的發展（Dunlap & Kern, 1996; Munk & Repp, 1994）。然而，提供完全免於錯誤學習的環境可能不總是人們想要的。Spooner 和 Spooner（1984）建議，最理想的學習發生在一開始高錯誤率很快降低，而正確反應快速增加的時候。Terrace（1966）指出，挫折容忍度的缺乏可能來自無錯誤訓練。在真實世界中有些錯誤是無法避免的，學生必須學習處理錯誤。Krumboltz 和 Krumboltz（1972）建議，逐步規劃學生在錯誤後堅持下去。Rodewald（1979）建議，在訓練中的間歇增強，可以緩和無錯誤學習的負面效果。這樣的間歇增強可以協助發展對反應無增強的容忍度。

309 漸次引導

漸次引導用在褪除肢體提示。老師一開始視需要盡量使用許多肢體協助，再逐步減少施力。引導的重心可以來自所關心肢體部分的移動（空間的褪除），或以影子法（shadowing procedure），其中老師的手不接觸該生，而在該行為表現過程中跟隨其動作（Foxx & Azrin, 1973a）。

在下列軼事方塊，胡安以漸次引導法學習。

胡安學用湯匙吃東西

　　胡安是位重度智障生。他的老師貝可女士認為如果他能夠學會用湯匙代替手來吃飯的話，就可以和一般同儕一起吃午餐。她準備了一杯香草布丁與一支湯匙，以胡安喜愛的布丁作為他用湯匙的積極增強物；且香草比巧克力較看不出在胡安、她自己、餐桌與地板的髒亂。（老師必須想到每件事情！）貝可女士坐在胡安旁邊，將手放在胡安的右手上，引導他用手抓湯匙。她幫助胡安舀了些布丁並引導他的手朝向嘴。當湯匙到他的嘴巴時，他渴望地吃下布丁。之後，貝可女士將胡安的左手從布丁盤移開，用她事先想好準備的濕抹布將他的手擦乾淨。她反覆進行這程序多次，當湯匙送到他口中時，讚美並輕拍他。當她感覺胡安較能自己動作時，她就逐步減少手的施力，直到她的手只是放在胡安的手上。然後，她將她的手從胡安的手上、手腕、手肘，最後從肩膀上等移開。最終，她的手完全移開。胡安會自己使用湯匙了。

時間延宕

　　時間延宕不同於其他褪除方式，這提示本身的形式未改變，只有時間的改變。並非立即呈現該提示，老師在等待，因此讓學生在提示之前反應。延宕經常只有幾秒鐘的時間，時間延宕可以是固定的（延宕維持相同的時間長度），或是持續的（在學生獲得能力時，提示之前的時距變得更長）（Kleinert & Gast, 1982）。時間延宕法也可與多種提示形式一起使用，許多老師本能地使用它們。讓我們回到先前的英文老師，她問：「這是名詞嗎？」並等了幾秒鐘。發現沒有進一步反應，她提示：「如果它是人、地、物的名稱，就是名詞了。」有關教學的教科書常包含候答時間的討論（Kauchak & Eggen, 1998），鼓勵老師在提供協助或叫另一學生回答之前，給學生 3 秒鐘候答。Luciano（1986）使用這種非正式方法的系統變型，教導智障學童產生適當口語反應。

　　時間延宕也可用於褪除視覺提示。老師教常見字彙，可以遮住閃示卡上的圖案，等幾秒鐘，讓學生在沒有看到該圖案時指認出該字。如果他們在老師安排的潛伏時間內無法反應，該圖案才揭露。Stevens和 Schuster（1987）使用類似方法教導一位學習障礙者拼寫 15 個字。

　　Touchette 和 Howard（1984）使用持續的時間延宕以褪除一示範的提示。要求學生指出印在四張卡片之一的特定字母或字詞。首先，310 老師在呈現口語 S^D 時，立即指出正確的卡片。老師的指示漸次延宕，以提供該生在沒有提示之下反應的機會。Touchette 和 Howard 的研究結果顯示：當提示前所做的反應比在提示後的反應，更強烈被增強時，對單獨 S^D 的反應就多少更有效地習得。使用肢體提示時，時間延宕是容易實施的。老師教導學生穿著技能，可以說：「拉起你的褲子。」在提供協助之前，先等待該生在沒有協助的情況下表現該行為。

　　Morse 和 Schuster（2000）使用時間延宕與其他方法教導中重度障礙國小學童在雜貨店購物。當學生表現完成購物任務所需步驟時，一開始便立即接受提示。隨之而來，在給予提示之前引入 4 秒鐘的延宕。時間延宕也已用於教導發展障礙中學學生閱讀技能（Bradford, Shippen, Alberto, Houchins, & Flores, 2006）。

◇同時提示法

　　若學生未對 S^D 發生反應，則給予提示，這樣的說法有個例外，便是當老師使用**同時提示法**（simultaneous prompting）。使用這種反應提示方式時，提出 S^D，老師立刻提供一個控制提示（保證該反應正確，通常是正確反應本身），而學生立刻提供正確反應（Morse & Schuster, 2004）。這好像使用完全沒有延宕的時間延宕提示。明顯的問題是：「老師怎麼知道學生在學習任何東西？」要回答這問題：為確定學生是否精熟先前教的標的技能，在每節上課前老師進行小考

測試或**探測**（probes）。這個做法已在自閉症兒童及輕中度智障兒童身上成功使用。當這做法與其他提示法比較，結果沒有顯著差異；但同時提示法似乎比其他方式的提示提供更大的維持和類化效果。同時提示法已使用於小組，獲得該類兒童其他成員學會、保留和類化技能外額外的受益（Akmanoglu & Batu, 2004; Birkan, 2005; Gursel, Tekin-Iftar, & Bozkurt, 2006; Johnson, Schuster, & Bell, 1996; Singleton, Schuster, & Ault, 1995; Singleton, Schuster, Morse, & Collins, 1999）。經廣泛探討文獻，Morse 和 Schuster（2004）及 Waugh、Alberto 和 Fredrick（2010）都指出：除其他好處外，老師更喜歡這做法勝於其他提示法，在於它可在融合情境由同儕小老師或身心障礙者的專業助理人員容易地實施。

漸增協助

Billingsley 和 Romer（1983）將漸增協助描述為「類似漸減協助取向的反面應用」（p. 6）。漸增協助也稱為「*最少提示的系統*」（system of least prompts）或「*由最少到最多的提示*」（least-to-most prompts）。使用這方法時，老師以 S^D 開始，在其教學內容中移至最少干涉的提示，然後給學生機會反應。許多老師使用口語的最少提示法而不知這專業術語。英文老師說：「它是名詞嗎？」然後沒反應。她提示：「記得你的規則。」然後沒反應。她說：「記得，人、地、物。」還是沒反應。她又提示：「它是一個人物、地點或事物的名稱嗎？」又沒反應。她抱怨地說：「如果它是一個人物、地點或事物的名稱，它就是名詞。」有時候實施漸增協助很難不會聽起來不尖銳刺耳或嘮叨不停的。

漸增提示法可用於褪除視覺提示。基礎閱讀老師使用一套閃示 [311] 卡，可能一開始出示只有「*男孩*」（boy）一詞的卡片，然後是一張簡筆人物畫的卡片，最後才呈現畫有男孩圖案的卡片。為了與示範一起運用，可先提供一手勢，再逐步邁向完整展示。為了一起使用漸增

提示與肢體引導，可先以一手勢開始，再邁向完整的順利完成法。

漸增提示法也可以結合提示形態實施。Test、Spooner、Keul 和 Grossi（1990）教導兩位青少年打公用電話回家。使用四個層次的提示：「(1)獨立層次：參與者在沒有任何提示下，在時限內執行所要求的工作；(2)口語層次：如果參與者在獨立情境下無法表現該正確反應，訓練者口語教導個案如何執行所要求的工作；(3)口語加手勢層次：如果參與者無法對口語指導語表現正確反應，訓練者提供口語指導語並示範所要求的工作；(4)口語加引導層次：如果其他層次的提示都不成功，訓練者在提供口語指導語時，同時肢體引導個案表現所要求的工作。」（p. 162）Le Grice 和 Blampied（1997）以類似方法教導四位智障及肢體障礙青少年使用錄放影機與個人電腦。

褪除提示的效果

大部分有關褪除提示的文獻已檢驗其使用在中度或重度障礙學生上的效能，將這些結果類化至其他族群上則須謹慎。有些研究者建議：比起漸增或漸減協助法，時間延宕法可能更有效且更經濟（Bradley-Johnson, Johnson, & Sunderman, 1983; Touchette & Howard, 1984）；另一些研究者則不同意（Etzel & LeBlanc, 1979）。研究者探討過許多研究建議：「至少在重度障礙受試者的習得階段來說，漸減協助訓練比漸增協助訓練較有效。持續的時間延宕法也有效，可能在有些例子裡比漸增協助法有效。」（Billingsley & Romer, 1983, p. 7）有些建議：漸增協助提示法較類似於依賴提示的結果（Fisher, Kodak, & Moore, 2007）。其他研究者（Le Grice & Blampied, 1997）主張，漸增協助會是有效的、較少干預，且老師也較不費力。班級老師毋須過度關切這些不同的主張。「在有些情況，每種方式都曾產生無錯誤學習；在其他方法無效時，每種方法都可加以考慮替代。」（Touchette & Howard, 1984, p. 187）根據我們觀察的試驗性結論：有趣的是，幾乎一般與輕度障礙學生的老師例行最常使用的是漸增協助法，也許因

為其較不費老師的力氣吧！看用在這些族群上的漸增協助與其他提示法的系統研究結果是有趣的。

褪除提示摘要表

漸增協助：（最少協助，由最少到最多的提示）。以最少干涉的提示開始，如果有必要，提供更多干涉的提示。

漸次引導：減少全部的身體引導到「影子法」（跟隨其行動但不接觸學生）。距離表現該行為的身體部分輕輕碰觸。

時間延宕：可能是固定的或持續的。在提示讓學生反應前等幾秒 *312* 鐘。

漸減協助：（由最多到最少的提示）。以可供利用的最有力的提示開始。當標的行為可靠地發生時，則邁向下一個較少干涉的提示。

建立與維持刺激控制的方法是有力的工具。一旦所有提示經撤除而行為在刺激控制下，行為將持續發生，有時持續數年之久，在沒有任何增強，除了環境中自然可用的增強外，甚至知道沒有即將到來的增強也是如此。你曾經在凌晨三點荒涼的十字路口停在紅燈前等待綠燈亮嗎？如果有，你對刺激控制的力量應該有些概念吧！

刺激控制法似乎不但對行為習得，而且在行為的類化與維持上有很大的可能。刺激控制最近在安排類化計畫上為最有力的潛在工具，用以確保學生在習得該技能的情境外，其他情境也能表現該技能，且在原計畫者離開多時後仍能持續表現這些技能（Halle, 1989; Halle & Holt, 1991; Schussler & Spradlin, 1991）。類化與維持，及它們與刺激控制間的關係，在第 11 章會詳細討論。

有效的提示

為了達到最有效使用提示的運用，老師需要注意下列的指導原則：

1. 提示應該將焦點放在學生對 S^D 的注意，而非分散注意。提示與

※⋯⋯⋯⋯⋯⋯⋯

使用提示的指導原則。

⋯⋯⋯⋯⋯⋯⋯

該刺激在空間上或其他遠隔可能是無效的（Schreibman, 1975）。
Cheney 和 Stein（1974）指出，使用與該刺激無關的提示，可能
比沒有提示或嘗試錯誤學習來得更沒有效果。善意的老師鼓勵初
級閱讀者利用學前兒童讀物上的插圖作為該頁生字的線索，可能
發現：過度強調這樣的提示會導致一些學童過於依賴插圖而忽略
了書面字詞。對有些學生，這樣的依賴發展得很快，以致需要使
用沒有插圖的閱讀材料，以集中注意在相關的 S^D 上。

2. 提示應盡可能的微弱。當微弱提示可以達到目標時，強烈提示的
   使用是沒有效率的，且可能延宕刺激控制的發展。最佳提示是能
   夠引發該期望行為的最微弱提示。強烈提示往往是干擾的，它們
   侵入環境的事前情境（S^D），並劇烈改變該反應表現的環境或情
   況。應盡可能努力使用最少侵入的提示。整體而言，視覺與口語
   的提示比示範較少干擾，而這三者又比肢體引導來得更少干擾，
   但並不總是如此。用手輕推以協助小朋友將難拼的拼圖片放入，
   可能比起高喊「換一個方向放」較少干擾。提供比所需更強的提
   示所造成不想要的影響之一是沒有效率，許多學生對強烈或不必
   要的提示產生負向的反應（Krumboltz & Krumboltz, 1972）。當
   學生說：「不要給我暗示，我自己可以解決。」聰明的老師就會
   聽進去。

313 3. 提示應該盡可能快速褪除。超出所需時間的持續提示會導致 S^D 無
   法獲得控制。有效率的老師只在需要的時候運用提示，並很快地
   褪除提示；因此，避免了學生變得依賴提示而非 S^D。過長時間讓
   學生使用九九乘法表來做算術，學生永遠學不會乘法。

4. 未經計畫的提示應該要避免。任何曾經觀察過許多老師的人都曾
   看過，學生仔細地注意老師以獲得正確答案的線索。老師可能完
   全不知道：學生是因面部表情或聲音的抑揚頓挫而受提示。刻意
   地使用不當提示也應避免。老師搖著頭發問說：「在故事中，小
   約翰真的想要去公園嗎？」的語調，所有學生都會回答「不」；

如果她認為學生必定已了解他們所讀的，她是在欺騙自己。

❖ 教導複雜的行為

到目前為止，我們已經討論過在刺激控制下會產生行為，似乎所有行為由簡單具體行動所構成的，由辨別刺激所引發，若必要時利用提示而後增強。我們要學生學習的行為大都包含這樣具體的行為，在呈現 S^D 時按照順序表現。大部分功能的、學業的、社交的技能都有這樣複雜的特性。在考慮教導行為的順序前，必須要加以分析複雜工作的確切特性。

工作分析

老師要學生學習複雜行為的連鎖，所面對最吃力的工作就是確定包含哪些步驟、連結或成分及其順序。將複雜行為分解成諸部分叫做工作分析。**工作分析**（task analysis）形成很多教學策略的基礎，用以教導障礙學生表現複雜行為以及行為順序。老師在選擇指導語、線索、提示或其他教學工具之前，必須確切決定要教什麼，並把該工作細分成容易掌握的成分。工作的許多步驟或成分可視教學目的分成幾個階段。例如，Smith、Collins、Schuster 和 Kleinert（1999）將清理餐桌的工作分成個階段：準備材料、清理桌子、將材料清除。每一階段都分別教導。

工作分析需要相當多的練習，但可以運用到從用湯匙吃飯、購買日常用品（Morse & Schuster, 2000），到寫一篇學期報告等行為。一般而言，也許分析動作工作比分析那些與學業或社交行為有關的工作來得容易；但對教導複雜行為來說，分析是同等重要的。許多學業技能包含的步驟不是可直接觀察的。解決一個二位數到三位數長除法問題的第一步驟可能如下：

❋
工作分析在於明確指出該終點行為，依序列出需要的先備技能與成分技能。

1. 寫出可以從被除數的前兩位數或所有三位數足夠減去幾倍的除
數。

314　　　很清楚地，在學生可以操作它前，有些問題她必須回答：能從前
兩位數字減去除數？如果能，要減去多少倍？如果不能，我該做什
麼？能從所有三位數減去多少倍？明顯地，注意列出該行為的第一步
驟，評鑑該生的表現，但是必須考慮首先必須發生什麼。Carter 和
Kemp（1996）建議最初這工作使用一個兩步驟的工作分析，例如：
最初包含觀察不出的成分和設計方式使它們可觀察，例如：要求學生
做著長除法問題，要放聲說出其他隱藏的步驟。

老師和研究者最初使用工作分析，將基本技能分解成小步驟，為
了一次一步驟教重度及極重度學生。這證明了這樣一個有用的工具，
不僅用於此族群，而且幫助所有學生的老師分析各種的工作。

為獲致工作分析包含了哪些的大致想法，舉一項簡單的任務，例
如穿上夾克，列出其成分的正確序列。然後對一位有耐性的朋友，按
順序讀出你的步驟，看他是否正確地做出你所寫的。不要擔心，下次
你會做得更好。本書作者之一指定這項任務為期中考的一部分，只有
那些最後把腳穿過袖口的工作分析才會成績不及格。

工作分析，是計畫教導重度與極重度障礙者複雜的功能性與職業
性技能的基礎。理論上這是可能的：分解成夠小的成分，用以教導任
何人、任何事。時間的限制使得要教導一些事給有些學生變得不切實
際。然而，這技術是存在的。老師甚至可以教學生表現老師不會的行
為，只要老師找到並增強終點行為及其成分（Karen, 1974）。回想起
一位中年體重過重的體操教練，為其青少年選手表演驚人的敏捷技藝
（他曾經教過他們的）而得到喝采，但將教練的表現拍下來，卻是逗
趣的。

Moyer和Dardig（1978）提出分析工作的基本架構。第一步為了
要學習即將的工作，總是要確定學習者已經具備哪些技能與概念。這

就是所謂的學習該技能的先備能力（prerequisites）。任何人嘗試要教導不知如何握筆的小孩寫字，或不知基本乘法的小孩找出最小公倍數，這些努力是白費的。在分析任何新工作時，重要的是問：「為了要學這個，學生需要先知道什麼？」如果更多的老師在開始一節課前先自問這個簡單問題，就會有較少兒童在學校長期失敗。雖然在開始一工作分析前，試著列出先備技能是明智的；但許多老師發現分析本身最有價值的，是在這過程中指認出額外的先備能力。

分析工作前，老師也列出表現該工作所需要的材料。此外，可能在分析過程中顯現需要其他材料。最後，分析者必須按該工作表現的順序列出此工作的所有成分。雖然可能單只從經驗就做到，許多人發現觀察一些有能力者（精熟該技能者）表現該工作是有幫助的（Moyer & Dardig, 1978）。要求這「精熟者」邊表現工作邊口語列出這些步驟是有價值的。

Test 等人（1990）為了要導出呈現在表 10.1 的工作分析，要求

表 10.1　使用公用電話每項工作的工作分析及時間限制　*315*

步驟	時間限制
1. 找到該環境的公用電話	2 分鐘
2. 找出電話號碼	1 分鐘
3. 選擇正確的零錢	30 秒
4. 用左手拿起話筒	10 秒
5. 將話筒放到左耳朵並聽撥號聲	10 秒
6. 投入第一枚硬幣	20 秒
7. 投入第二枚硬幣	20 秒
8-14. 撥號七位數字號碼	每一位數字 10 秒
15. 等電話響至少五聲	25 秒
16. 如果有人回答，就開始交談	5 秒
17. 如果電話忙線中，掛上電話並	15 秒
拿回硬幣	

資料來源：取自"Teaching Adolescents with Severe Disabilities to Use the Public Telephone," by D. W. Test, F. Spooner, P. K. Keul, & T. Grossi, 1990, *Behavior Modification, 14*, Copyright 1990. Reprinted by permission.

一位成人表現使用按鍵式公用電話的步驟。然後，他們利用工作分析為基礎，設計教學計畫以教導障礙青少年表現此工作。表 10.1 呈現使用公用電話的工作分析，表 10.2 呈現準備食物的工作分析。

表 10.2	做花生醬和果醬三明治的工作分析
	1. 從麵包盒拿出麵包
	2. 從櫥櫃拿出花生醬
	3. 從櫥櫃拿出盤子
	4. 從冰箱拿出果醬
	5. 從抽屜拿出餐刀
	6. 從紙巾架抽出 1 張紙巾
	7. 取下夾子並打開麵包袋
	8. 拿 2 片麵包放在盤子上
	9. 打開花生醬
	10. 用餐刀舀出花生醬
	11. 在 1 片麵包抹上花生醬
	12. 用紙巾抹餐刀
	13. 將紙巾投入廢紙簍
	14. 打開果醬
	15. 用餐刀舀出果醬
	16. 在另一片麵包塗上果醬
	17. 將餐刀放在水槽
	18. 將 2 片麵包片塗抹好的那一面對在一起和對齊邊
	19. 用夾子夾住麵包袋並放回到麵包盒
	20. 蓋好花生醬並放回櫥櫃
	21. 蓋好果醬並放回冰箱
	22. 享用！

下列軼事方塊描述以「看師傅示範」並請他一一列出步驟。

卡多萊得女士分析一項工作

　　從電腦公司來的諮詢員站在卡多萊得女士的辦公室等待她的注意。「抱歉，女士，」他客氣地說：「我來這裡安裝你的新電腦。」

　　「是，的確！」卡多萊得女士高興地回答：「我快要等不及了。」這位諮詢員看起來猶豫不決；他過去的經驗是，大多數的辦事員已習慣目前的系統並高度排斥新科技。他之前沒遇過像卡多萊得女士這樣的。

　　正當這年輕人拔掉插座又裝上插座的時候，他持續低聲說有關微處理器、記憶體、位元、晶片、病毒、散熱板、介面、緩衝器及其他難理解的學問。卡多萊得女士並未理他，繼續她的工作。很快地，他高興地宣布她的系統「搞定」，並準備要離開。

　　「等一下，年輕人。」卡多萊得女士堅定地說，從她圓髮髻上拿下鉛筆並從口袋掏出筆記本說：「雖然你有把握地假定，我有操作這系統的必要先備技術。我需要你對我展示啟動並操作這文書處理系統的確切步驟。請你好好地正確描述每一步驟所做的事。你可以開始了。」

　　「但是，女士，」那位諮詢員說：「這是最先進的系統，你可以上網瀏覽、進入所建構的軟體、下載更新、燒錄光碟、與你的朋友視訊、看電視、查看你的臉書、密切注意部落格……」卡多萊得女士臉上的表情使諮詢員默不作聲。

　　「步驟一？」她提示著。當諮詢員列出步驟並按步驟操作時（卡多萊得女士之前就已注意到，如果再三要求，大多數的電腦程式設計員在這方面都會表現不錯），卡多萊得女士仔細地將這些步驟記下來。她知道這工作分析不但對她自己有用，也可教系上教授們如何操作他們的新電腦。當她向那受到要求的年輕人道謝時，她輕聲地嘆口氣。

　　「正如我所想的，」她想：「這並不會太難。只要一點指導，我想大部分的教授便會很快上手的。畢竟，他們大部分已使用效率較低的文書處理系統多年。但，我的天哪，要是愛挑剔教授發現沒人看手稿打字時，最後他就真的必須學文書處理了！」

我們建議你從將簡單動作分解成先備條件與成分，開始學習工作分析的技能。下節討論教導行為的連鎖時，會提供許多例子。對那些做菜的人來說，很多食譜提供工作分析示範。對先備概念與技能重要性的了解，能讓我們這些較不熟練的人所理解。當面對一道食譜，開始是「首先，將一隻嫩雞去骨」，我們可能會對先備概念與技能產生疑問：「去骨，它看起來已相當瘦了。嫩？它的出生日期未標示在包裝上。如果今天是在『保鮮日期』之前的那一天，那它夠不夠嫩？母雞？我又怎麼會知道呢？」當看到要「去骨」的清楚表達方式是去除骨頭，一個有關成分技能的重要問題就來了。將雞去骨的工作本身就需要工作分析。然而，分析是不夠的。只是閱讀步驟或甚至觀察已故女廚神 Julia Child（無疑是這技能的師傅）實作是不夠的。至少，我們要接受教導。有人必須要協助我們學習每一個成分並按照順序來執行所有步驟。惟有如此，我們才能將此步驟融入更複雜的工作做出美味大餐。我們也可以代之以披薩，它是一項我們能完全掌握成分的工作。

317 連鎖

一項工作分析的成分形成應用行為分析學者所謂的*行為連鎖*（behavioral chain）。理想的工作分析將一項工作分解成諸成分，學習者能以簡單的口語指導語或示範來執行。教導一般學生與那些輕度障礙學生時，這通常有可能。甚至更常見的，連鎖可能主要由行為構成，學習者依指導語而表現（行為在刺激控制下），而合併一或兩樣必須教導的行為。當教導連鎖的成分已是學生行為內涵的一部分，主要焦點是在只有一個 S^D 呈現，他們的學習按順序表現該行為。例如，考量一位班級老師給予指導語：「準備做數學練習。」結果是學生間含糊地推諉與四處張望。有些學生找出數學習作，另一些則模仿他們。「來吧！」老師提示：「現在趕快。」一或兩位學生找出鉛筆，有些學生似乎仍然不知所措。準備做數學練習的過程確實是按順序表現一

系列的行為。

1. 清理桌上其他的物品。
2. 拿出數學習作。
3. 拿出鉛筆。
4. 安靜地等待指導語。

✳ ⋯⋯⋯⋯⋯⋯⋯
一行為連鎖。
⋯⋯⋯⋯⋯⋯⋯

　　這班級的學生有可能表現這些行為的每一鏈，但這些行為並不在呈現的 S^D（「準備做……練習」）的控制下。當給予指導語，老師必須建立將會發生一系列或連鎖的行為。老師可以分別給予指導語，並增強聽從，且總是以「準備做數學練習」開始。然後可以合併兩步驟，且只在這兩步驟連鎖完成後給予增強。最後，老師只需要提供 S^D，學生就會習得行為連鎖。

　　行為連鎖是一系列先後順序的行為，其中所有的行為必須表現以贏得增強物。許多複雜的人類行為由這樣的連鎖組成，常常由數十甚至數以百計的成分步驟所組成。通常，增強只發生在表現了最後的成分時。增強序列發生的個別反應以形成複雜行為的教學法叫做行為**連鎖（chaining）**。

　　為了解行為連鎖發展的過程，首先讓我們回顧：任何刺激必須以其功能的觀點來定義，及同一刺激有不同的功能。相似地，包含在連鎖的行為可能同時有多重功能。想想在準備做數學練習連鎖裡的行為。當連鎖完全地建立起來，增強只發生在最後一個連結之後。最後一個連結與增強物配對，因此成為制約增強物，增加了前面的連結發生的可能。每一連結都隨後與前面的連結配對，每一連結作為前面的直接連結的制約增強物。

　　我們從另外一個觀點來看行為連鎖，每一個連結也都作為跟隨其後直接連結的 S^D。再度回顧準備做數學練習的連鎖：

1. 清理桌上其他物品（作為 2 的 S^D）。

2. 拿出數學習作（作為 1 的 S^{R+}；作為 3 的 S^D）。

3. 拿出鉛筆（作為 2 的 S^{R+}；作為 4 的 S^D）。

4. 安靜地等待指導語（作為 3 的 S^{R+}）。

318　　　每一連結增加了隨即在後之連結的機率，並確定或暗示了在其之前的連結（Ferster et al., 1975; Staats & Staats, 1963）。Test 和 Spooner（1996）以日常生活為例來說明這點。他們描述到達受邀晚餐的主人家的一組指導語。這些指導語：「(1)從你家向北走到第一個停止標誌；(2)向右轉（你右轉後，立即會看到左邊有一間明亮的黃色房子）；(3)過兩個紅綠燈（非停止標誌）；(4)在第二個紅綠燈向左轉；(5)在「獨立大道」向右轉……」（p. 12）。圖 10.2 說明在連鎖裡的一個連結如何做一個增強物及一個 S^D〔作者使用「線索」（cue）作為 S^D 的同義詞〕。

　　　在另一層次，行為連鎖的每一個成分的連結，例如像我們的課堂，可以輪流地將其描述為行為連鎖，也就是清理某人的書桌，包括拾起書本和紙張、打開書桌、將書本放進書桌。拾起書本也是一個行為連鎖，舉起手臂、伸展手臂、打開手掌、抓起書本及舉起手臂。抓起書本，事實上也是另外一個連鎖，包括將拇指就位……等等。我們可以兩個方向來進行──朝向行為具體度與朝向增加複雜度。學年的

圖 10.2　圖示連鎖的實例

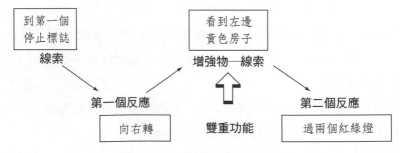

資料來源：取自 *Community-Based Instructional Support*, by D. W. Test and F. Spooner, 1996, Washington: American Association on Mental Retardation. Copyright 1996 by the American Association on Mental Retardation. Reprinted by permission.

後半段，在我們例子裡的老師可能會說：「同學們，為了做數學練習，我要你們做第 142 頁的前 10 題。」因此提示學生：

1. 準備數學練習。
2. 翻開書本。
3. 拿起鉛筆。
4. 完成作業。

　　現在原始連鎖變成只是一較複雜連鎖的一個連結。連結簡單行為成為較長、較複雜順序的過程，導致了人類最精緻複雜行為形式的產生。對有些學生來說，行為連鎖可以口語提示及示範連鎖中的每一步驟來習得。然後，提示可以褪除，連結可以合併（Becker, Engelmann, & Thomas, 1975b）。對其他學生來說，有些或所有該連鎖的個別步驟必須加以教導；在連鎖發展時，必須運用較精緻的提示法來教導。幫助重度肢體或認知障礙學生時，老師可確認必須由別人暫時或永久表現連鎖的連結。這樣部分參與使這些學生盡量為自己而做。當然，同一件事可以是適用於任何人。我回想起一位年紀很大但十分獨立的鄰居堅持自己割草坪，但是接受由除草機開始協助她。許多方法可用 319 來教導那些不一定知道如何表現任何或多於一些連結的學生。那些最常用的方法是反向連鎖、順向連鎖及整體工作呈現。

◈ **反向連鎖**

　　當使用反向連鎖（backward chaining，或稱由後向前的連鎖）時，連鎖的成分是按照相反順序來習得的。最後一成分最先教導，而其他成分則一次增加一個。Delbert 和 Harmon（1972）描述以反向連鎖法教導兒童自己脫衣服。給該童的指導語：「提米，把你的上衣脫下。」將上衣拉到他的頭上直到其手臂可自由運動，衣領拉到眼睛的上方。如果該童沒有自動將上衣脫掉，老師就會由肢體引導其脫下上衣，給予原級增強物及社會增強物。這步驟的訓練一直持續到動作精

熟為止。在下一訓練步驟，衣領留在脖子旁邊；在隨後的課堂裡，一隻手、兩隻手留在袖子裡。S^D——「提米，把你的上衣脫下。」總是呈現且當工作完成時才給予增強物。每件上衣的脫下都是以這種方法教導；然後成分步驟加以結合，直到「把你的上衣脫下」的指導語已成為刺激控制。Jerome、Frantino 和 Sturmey（2007）使用反向連鎖教導發展障礙成人使用網路。反向連鎖直覺地就是吸引人的，因為增強物總是在最自然的時刻給予，也就是在工作完成時。除非該工作的所有必要步驟完成了，否則必須小心避免給予增強物。例如，如果一位助理照料者增強學前兒童的穿衣，若無查清她是否穿內衣，這連鎖會受干擾或無法連結（Kuhn, Lerman, Vorndran, & Addison, 2006）且該期望的行為不再發生。

◇**順向連鎖**

　　當使用順向連鎖（forward chaining，或稱由前向後的連鎖）時，老師以該連鎖的第一個連結開始，教導至熟練為止，然後才進到下一連結。可以要求學生每次表現先前精熟的所有步驟，或每一個步驟分開教導至合乎標準，然後加以連結（Patterson, Panyon, Wyatt, & Morales, 1974）。以順向連鎖教導脫衣技能，老師會以該生全部衣服都還穿得好好的開始，給予指導語：「提米，把你的上衣脫下。」然後提供任何可以幫助提米雙臂交叉、抓緊上衣底部的提示。當提米確實地表現這行為時，老師會增加下一個步驟直到提米把衣服脫下來。記得許多順向連鎖應用在學業上：一年級老師要學生按順序寫字母，可以從 A 開始，一天增加一個字母，直到小朋友能夠按照字母順序寫出 26 個字母。化學老師要學生按順序認識週期表上的元素，開始可以認出一些，每一天增加幾個。老師要學生背誦詩，可以要學生從第一行詩開始，到會背誦時一次再增加一行，直到學生能把整首詩記下來為止。認真的老師要學生寫報告（極複雜的連鎖），教導學生找參考文獻，然後做筆記，然後擬大綱，然後準備草稿，然後再變成最後的報告。

◇整體工作呈現

當使用整體工作呈現（total task presentation）時，老師要求學生按照順序表現所有步驟，直到整個連鎖精熟為止。當學生已經熟練一些或全部工作成分，但未照順序表現時，整體工作呈現可能特別適合。然而，也有可能，以此方式教導全新的連鎖（Spooner, 1981; Spooner & Spooner, 1983; Walls, Zane, & Ellis, 1981）。一般認為整體工作呈現是教導障礙學生功能性技巧最適當與有效的方法（Gaylord-Ross & Holvoet, 1985; Kayser, Billingsley, & Neel, 1986; Spooner & Spooner, 1984）。

使用整體工作呈現鍛造許多學業的連鎖。數學老師教長除法，要求學生解決整個問題，以所需要的任何方式訓練，直到他們熟練整個過程。學生在地理課練習找出某一位置的經度和緯度的整個過程，直到熟練為止。就像生物課學生學習操作顯微鏡一樣。

雖然整體工作呈現似乎在教導中度到重度障礙學生功能性技巧上，比反向連鎖或順向連鎖來得有效（Test et al., 1990），但反向或順向連鎖，在某些情形下確實有用。提醒老師在專業判斷下，嘗試可能最好的方法；如果沒有效，再試試其他的。在此再次提醒，老師必須定期閱讀專業文獻，有效管理與教學技巧的新成果持續出版中。

*320

結合口語指導語、示範和連鎖。

如何管理教學連鎖

教導連鎖行為時，不論老師選擇任何方法，需要加以組織以有效處理這過程，並保持正確與準確的資料顯示邁向精熟該連鎖。老師需要一系列教導的步驟，並標記正確或不正確反應的方法。大多數老師發現若包含列出諸步驟及資料表則更方便。可製作或複製一具體的連鎖單或製作一般的資料表，在上面可以寫上任何工作的各項步驟。

圖 10.3 記錄教學連鎖工作的二分法資料。工作的資料表上限 25 個步驟，在最左端顯示數字，對每步驟要求的反應寫在數字旁邊。右邊的 20 個欄位代表該工作表現的 20 個練習或機會。每欄有代表 25

圖 10.3 使用連鎖工作的資料表

321

學生：荷莎　　工作：洗手　　標準：1週達成100%的步驟

步驟／反應

25.
24.
23.
22.
21.
20.
19.
18.
17.
16.
15.
14.
13. 將紙巾投入垃圾桶
12. 擦手
11. 撕下一張紙巾
10. 走到紙巾架
9. 關上冷水
8. 關上熱水
7. 搓手3次
6. 將手放在水下
5. 按下肥皂機
4. 手放在肥皂機下
3. 打開熱水（紅色）
2. 打開冷水（藍色）
1. 接近水槽

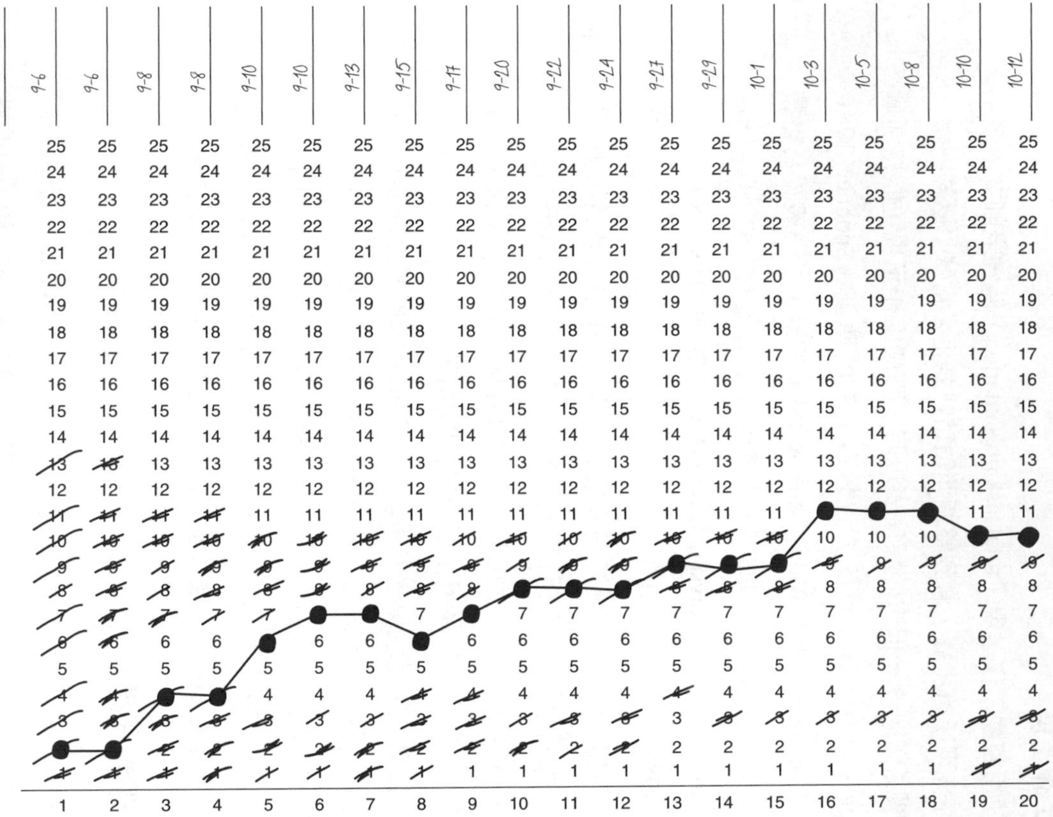

資料來源：取自 *Vocational Habilitation of Severely Retarded Adults: A Direct Technology*, by G. T. Bellamy, R. Horner, & D. Inman, 1979, Baltimore: University Park Press. Copyright 1979 by University Park Press, Baltimore. Reprinted with permission.

個可能步驟的 25 個數字。每次練習包括該生有機會表現組成連鎖工 *320* 作的所有步驟。針對每次練習，老師記錄該生每一步驟表現的正確與否，使用簡單圓圈和斜線的做法（參見圖 4.7）；或者如這圖中所見，在該步驟的數字上劃斜線標記為錯誤，和留下未劃斜線的數字為正確反應。這個格式直接在該表上圖示。在每個練習欄上正確表現步驟數量對應的數字處畫一實心的圓圈。然後將相鄰練習實心的圓圈連接為圖示線。荷莎的表現描述在資料表，顯示在老師使用的練習洗手工作分析，她第一次練習了 13 個步驟中正確做對 2 個步驟。她也在練習 7 正確做對 7 個步驟，以及在練習 17 正確做對 11 個步驟。

　　圖 10.4 記錄教學連鎖工作的編碼資料。工作資料表的上限 25 個步驟，在最左端顯示數字。對每步驟要求的反應寫在數字旁邊。右邊的欄位代表該工作表現的 16 個練習或機會。對每步驟老師記錄該生為表現所需提示的種類。這張表的資料為 9 月 6 日第一次練習，顯示荷莎在第 5 步驟和第 12 步驟獨立完成，在第 1 步驟要求口頭線索，在第 4 步驟、第 6 步驟、第 7 步驟、第 9 步驟、第 10 步驟、第 11 步驟和第 13 步驟要求手勢提示，在第 2 步驟和第 3 步驟要求肢體協助。也可直接在該資料表上圖示。使用左邊數字（步驟數）為該圖的縱軸。針對每次練習，計數該生獨立完成的步驟數並在代表那個數的線 *323* 上畫資料點。在提出的圖示，資料路徑從獨立完成的 2 個步驟上升到獨立完成的 11 個步驟。如果目標定義協助程度，供記錄正確反應，該圖是由允許協助的程度及所有較少協助程度所產生計數正確反應。例如，如果該目標允許計數口頭提示的表現、獨立完成的步驟數或口頭提示的步驟數等而產生圖示。

　　在資料表上提供空間去記錄所有提示的層次是有助益的。Snell 和 Loyd（1991）發現：當老師有這些資訊時，評估學生的表現較一致，老師能做較正確的教學決定。

322　**圖 10.4　使用連鎖工作的資料表（顯示提示層次）**

學生：　荷莎　　　　　教師：　埃比尼澤女士　　　　地點：　1樓浴室

目標：　一週內獨立完成 100%洗手步驟

提示編碼：	I	V	g	P

（例如：I＝獨立完成，V＝口頭線索，G＝手勢提示，P＝肢體協助）

步驟：

步驟																
25.																
24.																
23.																
22.																
21.																
20.																
19.																
18.																
17.																
16.																
15.																
14.																
13. 將紙巾投入垃圾桶	g	g	I	I	I	I	I	I	I	I	I	I	I	I	I	I
12. 擦手	I	I	I	I	I	I	I	I	I	I	I	I	I	I	I	I
11. 撕下一張紙巾	g	g	V	V	I	I	I	I	I	I	I	I	I	I	I	I
10. 走到紙巾架	g	g	g	g	g	V	V	V	g	V	g	V	I
9. 關上冷水	g	P	P	P	P	P	P	g	P	P	P	P	g	g	g	g
8. 關上熱水	P	P	P	P	P	P	P	P	g	g	g	g	g	g	g	I
7. 搓手 3 次	g	g	V	V	I	I	I	I	I	I	I	I	I	I	I	I
6. 將手放在水下	g	g	I	I	I	I	I	I	I	I	I	I	I	I	I	I
5. 按下肥皂機	I	I	I	I	I	I	I	I	I	I	I	I	I	I	I	I
4. 手放在肥皂機下	g	g	g	V	I	I	V	V	I	I	I	I	I	I	I	I
3. 打開熱水（紅色）	P	P	P	P	P	P	P	g	V	V	V	I	g	g	g
2. 打開冷水（藍色）	P	P	P	P	V	V	V	V	V	V	I	I	I	I
1. 接近水槽	V	V	V	V	V	V	V	I	I	I	I	I	I	I	I
日期	9/6	9/6	9/8	9/8	9/10	9/10	9/13	9/15	9/17	9/20	9/22	9/24	9/27	9/29	10/1	10/3

評語：

❖ 以差別增強逐步形成

　　本章所描述的行為方法，是假定在某種程度提示該標的行為成分下，學生有能力表現該行為。重點是在具體指定刺激的控制下，差別增強產生該期望行為。老師要學生表現的許多行為並非這些學生原來行為內涵的一部分。對這樣的行為，就需要一種叫做逐步形成（shaping，或稱塑造）的不同取向。將逐步形成定義為漸次接近一具體指定的標的行為的差別增強。Becker 等人（1975b）列出逐步形成的兩個重要元素：差別增強與增強的逐變標準。在這情形，需要達到特定的標準才給予增強，沒有達到標準的則不給予增強。增強標準是隨著接近標的行為而變化。

　　雖然*差別增強*（differential reinforcement）一詞用於刺激控制與逐步形成，其使用方式卻有點不同。在發展刺激控制時，對在 S^D 呈現的反應給予增強；在 S^D 呈現同樣的反應，不給予增強。增強的差別在於該事前刺激。在逐步形成過程中，差別增強應用在漸次接近（變得越來越接近）該標的行為的反應。很容易將逐步形成與褪除混淆，因為兩者都包含差別增強與逐漸改變。下列指導原則可以釐清這些差異：

1. 褪除用在不同刺激控制下，產生已經習得的行為；而逐步形成是用在教導新行為。
2. 使用褪除時，該行為本身不會改變，只有事前刺激改變；在逐步形成時，該行為本身會改變。
3. 進行褪除時，老師操弄事前刺激；進行逐步形成時，老師操縱事後結果。

　　逐步形成並非一種刺激控制的方法，它包含在本章裡，是因為它統整許多教學策略，結合刺激控制、提示、褪除與連鎖等元素。

為了設計成功的逐步形成計畫，老師必須先要清楚地確認**終點行為**（terminal behavior），也就是該介入的期望目標。這會是非目前該生的行為內涵中的行為。然後老師要指認**起點行為**（initial behavior），類似終點行為的行為，是該生行為內涵的一些重要向度。老師也要指認代表漸次接近終點行為的**中間行為**（intermediate behaviors）（Malott et al., 1997）。在序列中增強每一中間步驟直到建立為止，然後增強的標準會因轉到下一步驟而改變。在第1章我們描述了一個做法，學生藉以逐步形成了教授的行為，因此他站在教室的一個角落教學。你假定導致如下所示結果的起點行為是什麼？

324

「我想知道當他發現我們班的行為塑造計畫，他會怎樣反應。」

Panyan（1980）曾經就要逐步形成的行為描述許多行為向度（dimensions）。這些向度類似我們在第4章所描述的。最基本的，要考慮行為的形式（form）或形態（topography），其他的向度包括像持續時間量（duration），是學生花在反應的時間長度；潛伏時間量（latency），也就是在 S^D 與反應間的時間長度；比率（rate），就是該行為反應的速度或流暢性；及力度（force），就是反應的強度。

　　就形態或形式的向度，教導重度障礙學生聲音模仿就是逐步形成的例子。老師先呈現 S^D，例如「啊」（ah），而增強漸次接近的正確模仿。老師可以先增強任何可能的發音行為（起點行為），然後只增強像母音的發音（中間行為），之後，增強接近的發音，最後只增強正確模仿「啊」（ah）的發音（終點行為）。在教導自閉症兒童語言訓練課堂最熱烈的時候，常常難以確定發音是否比前一次更接近該標的行為。只有在逐步形成老師行為的指導者監督下，額外練習能導致這技能的發展。教練在棒球或高爾夫運動增強漸次接近正確揮棒（桿）的動作，在體操和劍擊增強正確姿勢，或在跳舞或溜冰運動增強正確方式，都同樣重視形態的逐步形成。

　　許多老師關心行為的持續時間量。所以許多學生被描述為過動或注意力不足，教導他們在座位坐好或專注一段時間，是協助他們發揮功能的主要工作。試想哈若的老師要他完整的 20 分鐘坐好在座位上，老師觀察他從未坐在座位上超過 5 分鐘，而平均時間是 2 分鐘。要哈若留在座位上 20 分鐘的計畫是注定失敗的——因為他永遠得不到增強。取而代之，老師定義他的標的行為是留在座位上整整 20 分鐘，[325]但設計漸次序列的標準：

1. 哈若坐在座位上 3 分鐘。
2. 哈若坐在座位上 5 分鐘。
3. 哈若坐在座位上 10 分鐘。
4. 哈若坐在座位上 15 分鐘。
5. 哈若坐在座位上 20 分鐘。

　　這例子說明逐步形成的另一面，老師需要良好的技巧：確定邁向目標步驟的大小。如果步驟太小，這方法就不必要地耗時且無效率；如果步伐太大，學生的反應無法獲得增強，該行為容易消失。最後，老師必須考慮在每個穩定水準要維持多久時間，要能夠穩固地建立行為又不會長到學生在此層次受困。

在開始實施計畫前，總是不可能做好所有的決定。例如，哈若的老師發現即使他可以一整週坐在座位上 5 分鐘，他仍無法達到坐在座位上 10 分鐘的標準。這時老師就要回到 5 分鐘（甚至 4 分鐘），逐步提高標準到 10（使用較小的遞增量）。能評估並調整進行中的計畫，是逐步形成法成功的關鍵。

多數重視潛伏時間量（在 S^D 與學生反應間的時間長度）的人，大概會減少潛伏時間的量。例如，當老師說「準備做數學練習」時，他通常要學生很快照著做。在訓練進行時，老師要學生對閃示卡上的常用字或數學事實的反應越來越快。然而，有時老師會想要對有些反應逐步形成較長的潛伏時間量。這對衝動型學童特別是如此，他們在回答前需要停下來想一想。反正，進行逐步形成潛伏時間量如同其他向度的逐步形成一樣：開始潛伏時間量時，學生表現，並且縮短或延長獲得增強的反應時間量，直到期望的潛伏時間量達到為止。

逐步形成反應的流暢性、比率或速度通常是很重要的。許多障礙學生無法在普通教室適當表現，不是因為他們無法表現某些行為，而是他們的表現速度無法趕上這些課堂中的標準。例如，當給學生計時測驗的考試時，期待一次比一次穩定增加答對題數，就是在逐步形成流暢性。例如在日常生活逐步形成表現流暢的比率，高到驚人程度。想想經驗老道的收銀員或銀行出納算錢的樣子、一位大廚切洋蔥的樣子，或是任何工作中的大師。本書作者之一最近遇到一位將飲料放進販賣機工作的師父，在令人瞠目結舌的欽佩中，他笑著說道：「是啊！三百罐只要 1 分鐘。他們要我秀（show）給受訓者看是如何做到的。」欽佩與尊敬很明顯地繼續增強由逐步形成所發展的高速率行為。

力度或強度可能指學生音量的大小、在紙上寫字時所用的力道、學生在裝配線上學習組合零件的鬆緊度。任何這些行為與其他數不盡的行為，兩個方向的力度可能都需要逐步形成。

逐步形成是一種很有用的教學工具，它能夠對任何程度的學生提

供發展新行為的方法。然而單獨使用，可能不及結合其他方法來得有
效。

　　一如我們稍早所述，逐步形成與褪除常結合使用，下列的軼事方
塊說明了一種合併的方法。

華樂司女士班上的學生學寫字母 A

　　華樂司女士試著教她的學生學寫字母 A。一開始她只告訴他們：「寫一
個大寫字母 A。」他們對這個 S^D 並無反應。「看著圖上的這個字母，」她
說：「照這個字母寫出來。」有些學生對這視覺提示做出反應，寫出令人
意想不到的 A。

　　華樂司女士問：「哈若，這個看起來像是圖上的字母嗎？」然後她試
著給一些口語指導語：「寫出兩個看起來像是圓錐形帳篷的斜線，然後中
間再加上一條橫線。」

　　這口語提示使得有些學生成功寫好。但華樂司女士輕聲說：「雷夫，
你的帳篷有點扁平。」無奈之餘，華樂司女士巡視整個教室引導學生的手
正確寫出字母。肢體提示導致更多學生成功。可是華樂司老師悲嘆地說：
「馬麗莎，看在老天的分上，放鬆你的手。我只是試著要幫助你啊！」

　　那天下午老師辦公室裡，華樂司女士啜泣：「我沒辦法這樣子做25遍
以上。」一位不太和善的同事指出，她還忘記小寫字母，還有51次呢！在

她完全歇斯底里之前，一位有經驗的一年級老師給她看一本像下面的習作：

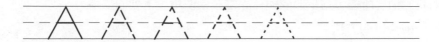

「你看！」魏德比女士說：「你只增強漸次接近終點行為（獨立寫字母 A），而以越來越少的線索描寫，直到所有提示褪除為止。」

結語

你已習得多種技巧，能協助你教導學生表現簡單與複雜的行為。我們討論了在刺激控制下，引導學生行為的差別增強過程；以及在事件前刺激控制下，產生簡單與複雜行為的過程。我們討論了口語、視覺、示範及肢體等提示，及褪除這些提示的系統化方法。並且描述了工作分析、反向連鎖、順向連鎖及整體工作呈現。最後，對學生一開始無法表現的行為提出逐步形成法的建議。

327 問題討論

1. 麥爾斯是葛里遜先生幼兒園班的一名新生，他曾在為廣泛性發展障礙兒童設立的私立特殊學前班就讀。葛里遜先生對教導麥爾斯成功的可能性感到不知所措，即使是簡單的常規。作為學校的融合老師，你需要幫助葛里遜先生工作分析某些常規。哪些你認為會是最重要的？你如何發現這些的，並且需要哪些成分？為麥爾斯和葛里遜先生選擇兩項常規並工作分析之。

2. 以小組的方式，為日常工作設計一工作分析。將你的分析給另一個小組，並看他們是否能執行。確定他們是否有任何的困難，而需要去改進工作分析或本章所提的任一種教學法。

第**11**章 提供行為改變的類化

你知道嗎……

- 決定改變學生哪些行為要花費大量時間與心力。
- 擬定行為改變計畫需要很多研究與相當的創新。
- 執行計畫是耗時且吃力的。
- 若計畫才完成且撤除隨因增強，該生就立即回到計畫開始前的行為表現，老師會感到挫敗。
- 這種失望的可能性，強調了計畫行為類化的重要。

本章大綱

*..........................329
有人認為改變行為
必然會侵犯個人自
由。

前幾章描述了有關加強適當行為、降低或減少不當行為，以及教導新行為的原則與方法。在前幾章所呈現的行為改變技術已詳細探討，且展示了無庸置疑的效能。然而，應用行為分析者在使用技術所改變的行為持久地改變，或改變的行為在訓練計畫實施情境之外表現，仍然沒有完全展現出來。這在近年來改變了，實際上每篇已發表的採應用行為分析法改變行為的論文，已包括至少類化的檢驗以及致力達成的具體努力。研究者已體會：除非這改變可以延續，及除非行為會在訓練情境以外且原來訓練者不在場的情形下發生，否則改變行為是沒有意義的。

*..........................
行為改變可類化的
方式。

　　為了要計畫有意義的行為改變，教師必須使用行為的類化原則。Baer、Wolf 和 Risley（1968）在其經典論文中定義應用行為分析：「若行為改變證實隨時間而持續，或在多種不同的可能環境中呈現，或其延伸到多種不同的有關行為，則可稱有類化。」（p. 96）Baer 和其同事描述行為可能顯示類化的三種方式：隨時間持續、跨越不同情境，及在不同的行為表現。這些**類化**（generalization）類型將在本章後面詳細討論，以下的軼事方塊說明沒有類化的行為改變。

　　在法克斯伍德青年留宿中心的學生，在上學時間與在宿舍裡都接受到高度結構化課程。他們大都因為濫用毒品問題或嚴重行為問題觸犯司法而被轉介。但在中心的積點與層次系統下，他們極少出現問題行為。然而，當他們離開時，很多又回復到使他們被轉介的同樣行為。這些被釋放的學生，有顯著比例在數月內又回到該中心或其他矯正機構。

　　奇勤司女士是一位學習障礙兒童的諮詢教師。她一天花大約半小時直接處理她的這群學生及其在普通班的同儕。奇勤司女士注意到雖然她在場時學生表現很好，但是他們不做功課；當只有普通班老師在的時候，學生才做功課。

豐塞卡先生的一年級學生利用閃示卡與常用字方式，已經學會辨識很多字。然而，當面對不熟悉的字時，學生只能猜測。他們尚未學會依據符號與聲音間的關係解讀生字。

上面的例子描述了有些學業與社交行為的情境已成功改變。然而，這些改變只有在實施隨因增強時，或只在最初訓練者在場時，或只在受過訓練的特定行為上才達成。無疑的是，應用行為分析方法時常使特定情境行為改變。確實，在第 6 章所描述的幾個研究設計就有這種現象。典型的 ABAB（倒返）設計以成功應用與撤除行為後果，展現依變項（該行為）隨條件而改變，顯現行為與後果間的功能關係。在這些設計中，若該行為無法返回其基準線比率，實驗者便無法展現功能關係。

實驗者使用多基線設計成功展現功能關係，應用隨因增強於：幾 _330_個不同行為、不同情境的行為，或由不同學生所表現的同一行為。只有在實施隨因增強時行為才改變的情況下，功能關係才顯現出來。Baer 等人（1968）提到：「類化應該加以計畫安排，而非只是期待或惋惜。」（p. 97）的確，實驗者嘗試建立方法與行為間的功能關係，也許會對類化的發生惋惜。課堂老師更有可能期待其發生且對其未發生而惋惜。只有少數例外，期待類化的專家往往會大失所望。若當行為改變時而類化並未自動發生，是否意指應用行為分析方法無效？如果你到目前為止都跟隨我們的主張，你應該知道我們並不這麼認為。對多數行為分析者來說，缺乏自動類化只表示需要發展與改變和行為技術一樣有效的類化技術。這樣的技術需求不會對展現功能關係的必要造成干擾；在這些功能關係建立後，便可加以應用。

如 Baer 等人（1968）建議，類化必須加以計畫安排。本章描述計畫基礎的類化原則並建議特定方式，讓老師可以增加機會維持學生學會的行為，即使所有圖表、增強物都已丟棄時。

❖ 類化

❖ ....

如何敘寫類化和維
持的目標。

....

在第 3 章我們描述了供設計目標之用的反應階層，包含習得、流暢、維持及類化等反應層級。重要的是，提供給每位障礙學生的個別化教育計畫要包含維持與類化層次的目標（Billingsley, 1987）。Haring 和 Liberty（1990）建議維持與類化目標在兩方面與習得目標不同：表現該行為的情境（條件）及所定義的表現標準。指定的條件應該是那些存在於該情境，或最終表現該行為的情境。例如，如果對一學生我們的類化目標是他（她）將會在速食店點餐，我們可能就要在模擬情境的課堂中開始教導，可能要提供大量的提示與增強物。然而，在實際的餐廳裡，學生必須只對一線索如：「我能為你效勞嗎？」或「想要什麼嗎？」或想像「想要試試看我們今天的低脂火雞辣椒卷嗎？」加以反應。服務生與其他顧客都不可能說：「表現得很好！」「耐心等候很棒！」「把你的卡拿出來很棒！」（Cihak, Alberto, Kessler, & Taber, 2004），或提供擁抱、代幣或積點作為後果（獎勵）。這些提示與增強物在學得階段也許非常合適，但是在類化目標指定的條件應該反映真實生活環境中的條件。

類化目標設定的標準應該反映「夠好」的表現，也是在生活自理熱門文獻中常常出現的慣用語。如我們在第 3 章所述，某些行為的表現，只有在完善情況下才是夠好的，像在過馬路前注意看左右雙向來往車輛，且必須每一次都要注意看雙向。例如，對其他行為我們可能會要求，若學生會在自助洗衣店熟練地清洗、烘乾、摺疊毛巾，則這些毛巾便可存放在團體家屋的壁櫥裡。在習得階段，教導者可能堅持毛巾要角對角地摺疊方正且對齊疊起來。然而，若同一位教導者允許我們一窺其壁櫥，我們可能會發現，他也對毛巾摺疊設定了「夠好的」標準。Trask-Tyler、Grossi 和 Heward（1994）定義，若菜煮出來可以吃，則煮菜就達到「夠好」的標準。與摺疊毛巾比較，我們懷疑

煮菜的教導者計畫煮給他自己吃是否達到「夠好」的標準。

　　評鑑類化目標也是關鍵（Billingsley, 1987）。我們必須考量評鑑該行為的地點與誰來執行評鑑。如果我們想要喬治能從他所遇到的任何販賣機取得飲料的話，我們可以從他每週去游泳兩次的社區中心裡的販賣機開始教導。要明瞭重要的一點：儘管我們會拍拍自己的背慶幸著我們有在社區教，但這技巧和我們將販賣機帶到教室裡教這技巧不見得更可能類化（Haring, 1988）。在我們教導喬治在不同地點使用不同的販賣機後，我們就可以評量類化了。很明顯地我們不可能帶喬治到社區的每一部販賣機，所以我們實施探測（probes）。在沒有提示與除了汽水沒有增強物的情況，我們選擇不同地點的幾部販賣機，檢核喬治是否能取得飲料。若我們真想確定喬治是否有類化技能，重要的是他的老師或他認識的其他大人不應該帶著記錄板站在附近。類化的探測最好由不熟悉該生的人或至少正常會在這環境中出現的人來評鑑類化。

　　在提出促進類化的指引前，我們需要對幾種類型加以區分。幾年來，不同的研究者對相同類型的類化使用不同名稱。我們探討這些名稱，當你在文獻遇見它們時可釐清其意義，然後指定出在本書使用的每一類型的單一用語。

　　第一種類化的發生，是當在特定情境由特定教導者訓練出來的反應，發生於不同情境或由不同教導者指導的情況。這種現象稱為類化（generalization）（Koegel & Rincover, 1977）、訓練遷移（transfer of training）（Kazdin, 2001），或刺激類化（stimulus generalization）（Barton & Ascione, 1979），應該與反應維持（response maintenance）（Kazdin, 2001）加以區分。反應維持指的是一項已習得的行為在所計畫的隨因增強撤離後發生的傾向。反應維持也被稱為維持（maintenance）（Koegel & Rincover, 1977）、抗拒削弱（resistance to extinction）、持續力（durability），或行為堅持度（behavioral persistence）（Atthowe, 1973）。最後，反應類化（response generalization）

※⋯⋯⋯⋯⋯⋯
有幾種不同的類化。
⋯⋯⋯⋯⋯⋯⋯

一詞是指在改變了標的行為時，未計畫的類似行為改變（Twardosz &
Sajwaj, 1972）。這種現象也稱為伴隨的（concomitant）或同時的行
為改變（concurrent behavior change）（Kazdin, 1973）。可以容易看
出為什麼有些混淆導因於不同的術語，或來自於研究者無法清楚區分
類化的多樣性。在本章，類化一詞指的是三種形態中的任一種，且當
其需要加以區分時，我們使用刺激類化（stimulus generalization）、
維持（maintenance），與反應類化（response generalization）的術
語。表 11.1 說明了用來描述行為改變類化的術語間的關係。

刺激類化

當呈現特定刺激（辨別刺激）增強的反應，發生在不同但類似的
刺激呈現時，刺激類化（stimulus generalization）便發生。有時候
這是一件好事。例如，父母或老師花很多時間教導幼兒像顏色與形狀
的概念。我們無法期待必須教導每一個「紅色」或「三角形」的實
例，小孩終究會指認我們所沒有教的各種不同的紅色，或看起來不像
課堂上所教的三角形。會引發相同反應的一組刺激可視為一刺激類組
332（stimulus class）的部分。刺激越相似，則刺激類化越可能發生。
本章一開始所描述諮詢老師在時表現不同的學生，尚未習得所有老師
應該引發的學業表現。當速食店服務生問「要什麼？」而非「我能為
你效勞嗎？」時，站著感到迷惑的學生尚未習得點餐應該反應的一系
列問題。

表 11.1　用來敘述各類類化的術語

	類化		
	刺激類化	維持	反應類化
同義語	類化	反應維持	伴隨的行為改變
	訓練遷移	抗拒削弱	同時的行為改變
		持續力	
		行為堅持度	

刺激過度類化（第 10 章描述過）可能是一個問題。在學習顏色的孩童時常將粉紅色或橘色物品視為紅色，或把超過三個邊的形狀視為三角形。還記得那個叫所有戴眼鏡留鬍子的大人為「爸爸」的嬰兒。有些刺激本身就是屬於同一類的。

＊並非所有類化都是好的。

維持

老師要學生表現的大多數行為應該發生，即使系統化應用行為分析方法已先撤離。這種經過一段時間仍持續表現稱為**維持**（maintenance）。老師要求學生在課堂中正確閱讀，離開學校後也繼續正確閱讀。在學校數學問題只是達到目的的手段——我們終究是要學生結算支票簿、填寫所得稅單，或計算食譜中的分量。當特定計畫的系統增強不存在，儘管在課堂中是適應的，也仍然需要社會行為。第 8 章詳述當對先前持續增強的行為突然撤離積極增強所產生的結果：該行為減緩速度並終究消失。當老師撤離對不當行為的注意，削弱可能成為一種非常有用的現象。另一方面，也許是令人挫折的：當老師系統化發展出一些適當行為，一年後觀察該生適當行為卻發現消失了。

確保行為會維持是教學重要的一部分。對老師來說要，永遠追蹤學生、給他們麥片或微笑及稱讚作為增強是不可能的。當撤離發展行為的人為隨因增強，行為就迅速削弱，這幾乎難以認為是有意義的習得。早期實驗證據顯示，除非採取特定措施預防，否則便會發生削弱（Kazdin, 2001; Rincover & Koegel, 1975; Stokes, Baer, & Jackson, 1974）。

反應類化

有時改變一項行為會導致其他類似行為的改變。這樣的類似行為通常被指為一種**反應類組**（response class），而此反應類組中未經訓練的行為改變稱為**反應類化**（response generalization）。例如，若學生因完成乘法問題而獲得增強物，隨後增加完成乘法與除法問題的 *333*

速率,反應類化就發生於反應類組中未受訓練的部分:數學問題的完成。可惜的是,這種類化不常發生。通常只有受增強的特定行為會改變。「行為不像花,不會自然地綻放。」(Baer & Wolf, 1970, p. 320)

∷ 訓練類化

對障礙學生的老師來說,確保行為改變的類化特別重要。因為法律要求所有這樣的學生應該在最少限制環境受教育,大多數障礙學生是完全在普通班級,或是只有短時間或部分就學時間在特殊班級。特殊教育工作者不能指望能夠在外加時段或甚至整天使用系統化的應用行為分析法。甚至廣泛障礙學生的老師也必須覺察,這些學生將會在最少限制環境中生活、學習及就業,也就是說盡可能像他們一般同儕的環境。特殊教育工作者必須為其學生準備在系統隨因增強管理計畫不便實施的情境下表現行為。

普通教育工作者也必須意識到促進類化的技術。普通班老師會為大量障礙學生服務,透過應用行為分析方法,這些學生已被教導適當的學業與社會行為。為幫助這些學生在課堂有最好的表現,普通班老師不僅必須知道這技術以教導這些學生,還要了解這技術可鼓勵類化至較低結構的情境。當前強調在普通課程增加統整障礙學生,使覺察這技巧對所有老師更加重要。

接下來的部分將描述促進類化的方法,包括一些不符合較嚴格或技術的行為改變類化定義。傳統上,只有在實際上沒有隨因增強的情境,行為自然發生時,類化才會被注意。就實用目的,我們也考量可以在預期類化的情境中相對少量改變所促成的行為改變。如果這樣的改變可以不費吹灰之力做到,或如果在訓練情境中所習得的可以維持,就所有實用目的而言,該行為已經類化。Haring 和 Liberty(1990)針對許多問題提出建議,有助老師在計畫類化做決定。在評

鑑與計畫類化時，老師可能會問的問題以簡約的形式呈現，包括：

1. 該技能是否已習得？除非學生在教學情境流暢、精確且可靠地表現該技能，否則期待學生在任何其他情境表現該技能是沒有用的。

2. 學生能在沒有表現該技能而獲得（自然的或其他的）增強物嗎？如果當喬治無助地站在當地迷你高爾夫球場的飲料販賣機前時，一般同儕善心（或不耐煩）地拿起他的零錢並為他取得飲料，那麼他就不太可能有動機自己取得飲料了。

3. 學生是否表現部分該技能？當學生在類化情境表現部分該技能時，老師的工作就是回到工作分析，評估缺漏的或未表現成分的事前或事後刺激、在再訓練階段提供更有效的技能，以及在類化環境指認可能有效的刺激。

Zirpoli 和 Melloy（1993, p. 192）提供下列有助類化的指導原則：　*334*

■ 教導期望的行為，在他們應該發生的自然情境，不論是社會的或學業的。

■ 雇用各種照料者執行訓練（例如，幾位老師、父母、同儕）。這可減少該行為變成特定情境的可能性。

■ 在各種情境訓練。

■ 盡快將人為線索和增強物轉為較自然的。

■ 從連續增強轉為間歇增強。

■ 漸次延緩給予增強。

■ 增強類化事例。

Stokes 和 Baer（1977, p. 350）更加詳細分析，探討應用行為分析類化評鑑與訓練的文獻，歸類評鑑或計畫類化的技術如下：

訓練與希望。

序列地修改。

引入自然維持的後效。

足夠的範例訓練。

放鬆地訓練。

使用無法辨認的後效。

安排共同的刺激。

媒介類化。

訓練類化。

雖然由 Stokes 和 Baer（1977）完成的探討已有三十餘年，他們指出的類別與今日的類別仍仍息息相關。下列各小節依 Stokes 和 Baer 提及的每一方法，探討經典和較當代的研究，並提供可用於課堂的例子。

訓練與希望

非預期的類化有時的確會發生。可能發生在對學生特別有用的技能訓練，或技能本身變成有增強作用。在計畫撤除後，適當行為也可持續。許多行為教給了一般孩子，並類化到那些輕度障礙的孩子身上。在學校學會閱讀的學生，能以讀街上的標誌招牌讓父母開心（有時會使他們分心）。然而，這種自發的類化，在較重度障礙學生身上是不太可能發生（Horner, McDonnell, & Bellamy, undated）。

雖然有些行為自動類化的報導證據，重要的是要記得大多數行為並非如此。當行為自動類化時，我們通常不知道原因為何（Kazdin, 2001）。曾有人建議類化情境的某些層面可能有習得制約增強的特徵，或老師與父母的行為因實施應用行為分析法而永久地改變，以及雖然不再正式實施計畫，增強後果可能仍然比在介入前更常發生（Kazdin, 2001）。

雖然經由正式隨因增強管理計畫而習得或強化的行為可能有類化

＊記住：改變學生的行為也能改變成人的行為。

的希望，但並不必然。希望並不會使類化產生。期待類化的老師應該願意密切地檢視學生行為，並對較早出現希望破滅情形的學習立即採取更有效的方法。下面的軼事方塊說明行為在無法分辨出理由的情況下而類化。

安德魯女士創造奇蹟

你認為安德魯女士應讀第 9 章消極增強中的哪一節？

安德魯女士在家兼任私人家教以貼補收入，她被要求指導布蘭登。布蘭登剛完成七年級第一學期學業，成績兩個 C、兩個 D，及一個 F。因為布蘭登之前是位優秀的學生，所以父母親感到惶恐。安德魯女士測驗布蘭登，發現沒有學習問題，確定布蘭登只是七年級學業成績滑落的一個特殊壞例。他不做回家功課或課堂練習，也不準備考試。他似乎擁有有效的讀書技巧，只是不加以使用罷了。安德魯女士指出，一週一次的家教是不夠的，力勸父母實施一些隨因增強管理。她解釋學習行為要類化到她客廳以外的可能性低。他們堅持只要家教，不實施其他計畫。

持續兩個星期，安德魯女士與布蘭登一起練習符合其年級水準的教材而非他在學校使用的課本，因為他老是會忘了帶回家。她對布蘭登的朗讀、學習及完成數學題提供非常高頻率的口頭稱讚，只要布蘭登完成其他練習，就可以做一種遊戲式的字彙發展練習。

在第三週期間，布蘭登的母親打電話來。他的三位老師寫通知表示布蘭登的課堂練習進步神速，所有課堂的測驗與報告成績都是 A 或 B。「安德魯女士，」布蘭登的母親說：「你創造了奇蹟！」掛上電話之前，安德魯女士謙虛地表示同意，有幾分鐘她望著天空猜想：「他只是恰好決定要發憤圖強，或者真的是我做的一些事產生效果了？」

序列地修改

❋⋯⋯⋯⋯⋯⋯⋯
複習第 6 章廣泛討
論多基線設計。
⋯⋯⋯⋯⋯⋯⋯⋯

　　跨情境刺激類化或訓練遷移的方法就是**序列地修改**（sequential modification）。在這方法，類化（在實質的意義上）是將一情境成功改變行為的相同技術，應用到預期標的行為的所有情境而促成。使用跨情境多基線設計以展現自變項與依變項間的功能關係時，相同的過程便確切地發生。例如，對一位學生在資源教室學習表現適當行為並完成學業練習，但在任何普通班卻沒有表現，相關的老師應該在普通班建立一套類似在資源班使用的增強系統。該生從特殊訓練計畫結束後，有必要訓練負責教育與照顧學生的那些人類似促進維持的方法。老師、父母或其他照顧者應受訓，執行在訓練情境實施相同的應用行為分析法。有些例子裡，在類化情境計畫完全相同的隨因增強方法可能是不實際的。例如，普通班老師也許無法像特殊班老師密切檢視破壞行為，或時常給予增強物。同樣地，父母可能無法或不願嚴密建構像在教養機構情境執行的計畫。在這樣的例子，調整版的計畫仍可能提供足夠的環境控制以維持標的行為，以便接近那些在訓練期間所建立的比率。

　　序列地修改用於教導障礙個體類化到未受訓練的方法，要求最初教導的類似技能（簡單類化）；並類化到較困難未受訓練的方法，要求組合已學會的技能（複雜類化）。也用於語言訓練和不適當的動詞化修正（Browning, 1983; Dragsow, Halle, & Ostrosky, 1998; Trask-Tyler et al., 1994）。

❋⋯⋯⋯⋯⋯⋯⋯
在家比在學校或其
他機構難以組織安
排。
⋯⋯⋯⋯⋯⋯⋯⋯

　　Anderson-Inman、Walker 和 Purcell（1984）使用一方法稱為**轉移環境計畫**（transenvironmental programming），以增進由資源教室到普通班教室的類化。轉移環境計畫包括評鑑該標的環境、提供資源教室學生經確認在普通班教室也同樣重要的技能、使用技術促進已習得技能的遷移，以及評鑑學生在普通班教室的表現。促進遷移的特定技術包括增強在普通班教室新習得的技能。

如同前面我們所討論，序列地修改所造成的行為遷移或維持，可能在技術上不符合類化的條件。然而，在替代的情境提供同樣或類似的應用行為分析法是務實的且常常獲致成功。即使延長時間的改變是必要的，其效果使執行上即使遭遇這樣的麻煩也會是值得的。下列軼事方塊說明序列地修改的使用。

❖　　　❖　　　❖　　　❖　　　❖　　　❖　　　❖　　　❖

康妮學做功課

康妮是在葛瑞女士學習障礙資源班的二年級生。康妮在資源班表現非常好，在班上她完成功課就可以得到能交換自由時間的積點；但在普通班她什麼也不做，而在學校時她大部分時間在普通班。相反地，她在普通班教室閒晃打擾其他學生。與普通班老師討論後，葛瑞女士提供普通班老師印有康妮名字、填寫日期欄、數項檢核有關康妮功課與課堂行為的便條（參見圖11.1）。

❋ ……………………
在此誰的行為被類化了？
……………………

圖 11.1　康妮的檢核表

康妮	日期：＿＿＿＿＿＿＿
作業完成：	行為：
是 ＿＿＿＿＿	良好 ＿＿＿＿＿
否 ＿＿＿＿＿	普通 ＿＿＿＿＿
部分 ＿＿＿＿	欠佳 ＿＿＿＿＿
	簽名 ＿＿＿＿＿＿＿＿

之後葛瑞女士針對她在普通班的課業練習給予獎勵積點。雖然康妮持續在普通班不像在資源班認真完成功課，但是她的行為是可以接受的，且所做功課的分量與班上大部分學生相當。普通班老師對這方法感到印象深刻，便針對她的幾個問題學生做幾個評分便條，並在學生完成功課且表現良好時給予特別待遇來獎勵他們。

引入自然維持的後效

理想的應用行為分析計畫尋求學生在自然環境接受增強而改變行為。Baer（1999）指出：「好的規則不會對不符合增強的自然群體做出刻意的行為改變。」（p. 16）他補充說，這原則應該被打破，只要有需要就有提供追蹤的責任。理想上，作為計畫的結果，學生會表現良好，與那些因不當行為從未被轉介的學生受到激勵的理由相同。學生會在學業上努力以贏得好成績、在課堂表現良好而受到老師稱讚，或為錢而做工作。加速使自然增強物更有力的過程是可能的（Horcones, 1992）。如果老師指出學生在數學考卷上如何努力終於獲得大紅的 A+成績，或一位資源班學生的普通班老師對其良好表現多麼感到得意，或能夠花費努力工作所賺來的錢是多麼棒，這些自然增強物就會更引人注意了。例如，教導重度障礙學生自己進食的方法是必要的，雖然相當複雜，包括塑造、連鎖及漸次引導；但是自己進食可以類化到其他情境，且在訓練撤除後能持久，因為這技能有種內在的正增強物：自己能有效進食的兒童可以控制他們自己攝取的食物。智能障礙者（Azrin, Sneed, & Foxx, 1973）與一般幼兒（Azrin & Foxx, 2007）的如廁訓練在隨因增強撤除後仍可以維持，因為可以避免不舒適。同樣地，教導學生諸如閱讀或數學等技能，在沒有計畫類化下能夠維持這些技能，因為這些技能是有用的。一些社會行為也可以類化。

重度障礙者教育逐漸強調訓練功能技能，也就是說，對個人在學校或工作場所與社區有用的技能。不是教導這些學生無意義的學校技能如按顏色分類積木，而是教導他們增加最大獨立所需要的技能，像是搭乘公車、使用自助式洗衣、做飯，甚至使用銀行自動提款機（Shafer, Inge, & Hill, 1986）。O'Reilly、Lancioni 和 Kierans（2000）教導四位智障成人在酒吧購買自己的飲料並與其他顧客互動。本質上，這些技能較易於由自然環境所維持。老師要知道他們學生的生活方式、風俗和文化的其中一個最重要原因是，他們會知道那些學生的

環境會維持哪些行為。選擇易為自然環境所維持的改變行為，就是在應用「行為規則關聯性」（Relevance of Behavior Rule）。這些原則最先由 Ayllon 和 Azrin（1968）所提出，Baer 和 Wolf（1970）將此重要行為原則概念化為一種誘導（trapping）的形式。他們主張，若應用行為分析者能產生由自然環境所增強的行為，所創造的情境類似在捕鼠器裡抓一隻老鼠。誘導的機制是這樣運作的：

> 例如，想想耳熟能詳的模式——捕鼠器。捕鼠器是設計用來完成老鼠大量行為改變的環境。注意這種改變有完全的普遍性：由捕鼠器所實現的行為改變會跨越所有環境成為一致性，它會延伸到所有老鼠的行為，而且它必定會在爾後延續下去。更進一步，捕鼠器允許以相對少量的行為控制來實現大量的行為改變。當然，沒有捕鼠器的屋主仍殺死老鼠：他可以在老鼠窩外耐心等待，以比老鼠逃脫更快的速度抓住老鼠，然後對這隻不幸的老鼠使用各種形式的力量，以實現所期望的行為改變。但這表現需要大量的能力：超常的耐心、敏銳的協調、極精細的手指靈巧度，及極度壓抑的審慎。相反地，用捕鼠器的屋主需要極少的技能：如果可以只用乳酪做餌，然後將上餌的捕鼠器放在老鼠可能聞得到的地方，實際上他已保證老鼠的未來行為有一般的改變了。就行為術語，捕鼠器的本質只是相對簡單的反應，就是必須進入此捕鼠器，然而一旦進入，此捕鼠器便無可抗拒產生一般的行為改變。對老鼠而言，這個進入反應只不過是去嗅乳酪而已，從那之後的每一件事幾乎都自動反應。屋主不需要比使老鼠去聞乳酪對其更多的控制，然而卻達到了徹底的行為改變。（Baer & Wolf, 1970, p. 321）

338

有些行為確實使他們自己落入陷阱。如果行為導致增加同儕增

強，格外有可能在自然環境中維持。社會與溝通技能、盥洗技能，甚或表達肯定，可能只需要產生就能維持（Bourbeau, Sowers, & Close, 1986）。這種行為有用的增強網絡形成像捕鼠器一樣，一旦進入無可抗拒的環境陷阱，就逃不掉。遺憾的是，要精確指出由自然環境增強的行為常常是困難的（Kazdin, 2001）。多數的自然環境似乎忽略適當行為而專注於不當行為。很少會有駕駛因問候致意而遭警察攔下，工人很少因為準時上班與很少請假而受到稱讚。甚至在課堂，老師傾向很少或未注意表現良好的學生，反而常糾正那些破壞或分心行為的學生。應用行為分析者假定任何行為都會由學生的自然環境所維持是不智的。然而，我們可以說，在自然環境隨因增強行為的維持或遷移，可能由下列方式來促進：

1. 觀察學生的環境。父母、老師或其他成人描述為對學生期望的行為，可以是或不是他們所增強的行為。

2. 依觀察而確定選擇易於誘導的行為。例如，如果一所學校的老師極力強調書寫字跡工整，諮詢老師可能教導學生書寫字跡工整，甚至它本來不是優先考量的事。

3. 教導學生從該環境中補充增強物。可教導學生以適當行為引起大人的注意，因而獲得稱讚或其他增強物。Craft、Alber 和 Heward（1998）教導特教班四年級生在上課期間問：「我做得如何？」或說：「看！我全部做完了。」的適當次數。學生便能在普通班級表現這技能。不但老師的讚美增加了，學業表現也進步了。

4. 給予增強時，教導學生加以認識。依作者的經驗，許多在普通班有困難的學生可能無法辨識出較細緻的社會增強方式。這可能就是 Bryan 和 Bryan（1978）所稱一種社會知覺缺乏的作用。有些學生無法學得非口語溝通的細微區別，其唯一可能是給予增強物。教導學生辨識這樣的細微區別，可以增加自然環境中的潛在增強。

✽⋯⋯⋯⋯⋯⋯⋯⋯⋯
增加類化的途徑。
⋯⋯⋯⋯⋯⋯⋯⋯⋯

　　教師想要實施增強的自然環境,應該知道這絕不是自動化過程。
評量時應仔細檢視該自然環境並確定該行為改變會維持的程度。第一
個軼事方塊說明了行為因得到自然發生的增強物而維持,第二個軼事
方塊說明環境提供充足增強物而失敗的例子。

艾爾文學習閱讀

　　艾爾文是法院裁定的少年罪犯,為拘留中心丹尼爾先生班上的學生。
當文爾文到班上時實際上他無閱讀能力,但在對正確反應使用代幣增強的
系統直接教學(Adams & Engelmann, 1996)閱讀法下,丹尼爾先生教導艾爾
文規則的單音節與雙音節字彙的發音。丹尼爾先生懷疑艾爾文從中心釋放
後是不是都不曾閱讀,因為這男孩確實對自由閱讀時間放在教室中方便取
得的有趣而生字少的書,顯得沒有什麼興趣。艾爾文似乎只在代幣法實施
的時候閱讀。然而,在艾爾文釋放後約一年,丹尼爾先生偶然遇見他出現
在一家成人書店。他的肩膀下有幾本平裝書,有一本在他的手上,而且表
情極度專注。

339

馬文六年級時成績不及格

　　柯恆先生是一位諮詢老師,他教導馬文已兩年了(當他讀四、五年級
普通班的時候)。柯恆先生在馬文班上時以小組方式教學,有時候還安排
時間抽離馬文與其他學生,在普通班外另做較密集的練習。馬文在四、五
年級時表現良好,因為老師常用高比率的稱讚及自由時間隨因增強他完成
功課。馬文在五年級結束時,停止接受特殊教育。柯恆先生甚至沒有想過
馬文在六年級可能會遇上困難,但直言不諱地說,他六年級的老師羅克女
士是冷靜、頑強、講求實際的。除了成績以外,她不相信稱讚學生的好行

為或針對學業表現提供任何行為後果。如同她所說：「這就是學生來學校的原因。我不相信溺愛嬌養的效果。」馬文又退回到最初被轉介的行為：他破壞教室、不完成功課，最後六年級成績不及格。柯恆老師從馬文情況的代價中學到兩件事：千萬不要認為在所有課堂裡會存在同樣的狀況，以及總要追蹤學生似乎已永久改變的行為。

足夠的範例訓練

我們所要教給學生的大多數學業與社會行為是不同反應類別的成分。也就是說，少有單一行為會在同一個地點以相同的方式精確地表現出來。例如，當我們教學生閱讀時，我們期待她終會應用閱讀技能去解碼並理解從未讀過的文章。我們肯定不會期待她在學過一、兩個同一個音開始的字或如何使用上下文的例子，就可推測出不認識字的意義。我們會提供很多的實例與課程，我們會提供充足的範例。類似的狀況，我們不會期待重度障礙學生在只學過使用該社區中心一部自動販賣機後，就會使用城裡任何一部販賣機；或學過在早上和老師打招呼的學生，會與任何成人打招呼。再一次強調，我們要訓練足夠的範例。

◈ 通例課程設計

通例課程設計（general case programming）已發展多年，用足夠的範例訓練來促進類化，用以教導疑似障礙幼童語言、學業與社會技能（Becker & Engelmann, 1978）。通例課程設計強調利用足夠的刺激類組成分，以確保學生將會表現出有關該刺激類組任何組成分子的工作。如果我們要兒童指認出紅色的物品，我們不會將世界上每一件紅色物品呈現給他看，以確保他能執行這一任務。我們只需將足夠多樣的紅色物品呈現給他，然後他能一致地指認紅色物品為紅色。對許多學生來說，非常有系統地指出紅色物品並非必要的——我們只是將

我們看到的任何物品標示出來。然而，對障礙學生，我們必須謹慎選擇能有助於習得這技能的物品。

　　Engelmann 和 Carnine（1982）陳述用以訓練通例的實例必須教以共同性（sameness）──一刺激的特徵是同類組所有成分所共有的，及差異性（difference）──同類組成分間變異的範圍。換句話說，所有紅色物品有什麼是共同的，及物品能多麼不同而仍然是紅色的？訓練刺激的選擇在通例課程設計中是重要因素。若所有用在訓練階段的刺激是同樣形狀的紅色塑膠物品，要求學生從老師書桌上拿取紅色書本（此例取自 Engelmann 和 Carnine 所著 *Theory of Instruction*）極可能無法做到，因為那本書是橘紅色而非該訓練刺激時的桃紅色。通例課程設計已非常成功使用在教導障礙與非障礙學生的學業行為，也被用來教導適當社會行為（Engelmann & Colvin, 1983）。

　　通例課程設計也曾用以教導重度障礙學生前語言與語言技能，及功能技能。例如，如果要教學生使用在城裡部分角落的自動販賣機，老師要確定自動販賣機的形式種類（零錢投入的位置、機器如何啟動等等），並提供有關這些不同形式自動販賣機的訓練。這方法已成功應用在教導電話技能、記錄電話訊息、過馬路、餐桌上準備用餐及其他許多技能（Bicard, Horan, Plank, & Covington, 2009; Horner, Eberhard, & Sheehan, 1986; Horner, Jones, & Williams, 1985; Horner, Williams, & Stevely, 1984）。模擬方式的使用，包括利用錄影帶所提供的，使老師能夠不需實際帶學生到許多地點（若沒有用模擬方式就需要）來訓練更多的實例（Haring, Breen, Weiner, Kennedy, & Bednersh, 1995）。

◆ **用多樣的情境、教師及活動**

　　另一個使用足夠範例的取向是，在許多情境下或幾位不同的訓練者來訓練行為。這樣的練習常常導致該行為改變類化至沒有訓練發生的情境（Valdimarsdottir, Halldorsdottir, & Siguroardottir, 2010）。考量

顯現多種刺激訓練新奇反應，增加沒有先前訓練發生情境類化可能性存在的證據。這樣的訓練已成功用於各種社會行為，例如正向人際評論和問候老師及其他成人（Ducharme & Holborn, 1997; Emshoff, Redd, & Davidson, 1976）。這方法與序列地修改（以改變為標的，評量沒有介入發生的情境、個體或活動）不同。

※⋯⋯⋯⋯⋯⋯⋯⋯⋯
參見第 9 章討論懲
罰後的類化。
⋯⋯⋯⋯⋯⋯⋯⋯⋯

　　許多研究顯示，壓抑重度障礙者偏差行為的效果是特定情境或特定實驗者的，除非是跨幾個情境訓練（Corte, Wolf, & Locke, 1971; Garcia, 1974）。懲罰隨因增強的效果甚至比來自積極增強的行為改變明顯較不可能類化。這可能歸因於近年出版採用行為壓抑法的研究減少之故。

　　對關注增進類化的老師而言，足夠範例的訓練是個有成效的區域。不需要在每一情境或每一可能的老師或其他成人出現下教導學生 *341* 表現適當行為，老師只需要訓練足以確保類化反應已習得。也不需要教我們要學生表現的反應類組的每個實例；如果需要的話，想像一下教導學生朗讀的困難。我們期待學生將字母或音節的音類化，因而能夠解讀出以前從未讀過的單字。多數學業技能教學的基本假定：學生能夠使用這些技能去解決新的問題或表現多種工作。下列例子顯示老師如何使用許多實例，以設計反應類化與跨訓練者、跨情境的類化。

❖　　❖　　❖　　❖　　❖　　❖　　❖　　❖

卡羅學習使用複數名詞

　　卡羅是在錫姆斯女士學前融合班上的語言發展遲緩的五歲學生。卡羅已學會許多一般物品的名稱，但她不會區分單數和複數。錫姆斯女士常在上學期間標記物品歸類單數和複數的實例名稱：「看！卡羅，外套（coat）」（當卡羅把外套脫下時）；「卡羅，外套（coats）」（當她把手放在衣帽間裡所有學生的外套上時）；「說『外套』（coat）」（當卡羅掛上自己的外套時）；「說『外套』（coats）」（當她移動卡羅的手在所有的外套上時）。使用辨別訓練法，她帶領卡羅在許多單複數配對名詞正確形式的刺

激控制做口語反應：

牛	cow	cows
鞋	shoe	shoes
狗	dog	dogs
鳥	bird	birds
飛機	plane	planes

然後她測試類化。她給卡羅看另一組圖片：

椅子	chair	chairs

　　卡羅正確回應。她使用單複數名詞形式的反應已類化到一個未經訓練的實例。卡羅可以正確使用單複數名詞形式到多種未經訓練的實例。她的反應類化如此廣泛，以致當校長與督學訪視該班時，錫姆斯女士聽見卡羅跟另一位學生說：「有人來了（Mans come）！」錫姆斯女士克制自己的激動，想起這樣的過度類化在年幼兒童身上並不少見，她必須教以不規則名詞作為獨立的反應類組。

　　下列軼事方塊例子中，迪偉恩幫助愛挑剔教授，說明通例課程設計的有效性。

✷⋯⋯⋯⋯⋯⋯

這就像都市中長大的兩歲小孩第一次把看見的牛稱為「小狗」一樣的現象。

⋯⋯⋯⋯⋯⋯⋯

教授使用高科技

　　忽視有關整合科技進入課堂重要性的便條紙與宣傳後，愛挑剔教授不情願地同意錄影一些學生課堂報告。在實習教學前，要求學生要將他們蒐集學習的歷程檔案加以錄影。他參加一個研討會教如何操作數位攝影機，但當他到課堂時，他看到所用的攝影機三腳架齊全，不像受訓的那一種。他慢慢地轉動那設備並按了幾個按鈕卻沒有反應。正當教授要宣布報告終將不錄影的時候，迪偉恩從座位跳起來並走向攝影機。

「別擔心，教授，」他聲稱：「這是一種新的攝影機。我也沒有看過，但我在實驗室待過一陣子而且我會解決這問題的。這大學對設備加以招標並從開價最低的標商購買設備。似乎從未有同一位廠商，所以也沒有同樣式的兩件商品。」

「讓我們看看，」他喃喃地說：「通常在靠近前面上頭有開關鈕。哈，就在這兒。現在找找看『暫停鈕』；它通常是紅色或橘色，且對看取景窗的慣用右手者來說，在一個方便操作的位置。喔！差點忘記；總是要取下鏡頭罩。教授，就在這裡。」迪偉恩驕傲地宣稱：「你只需要做的事是按一下這紅色按鈕以開始或停止。從這個接目鏡看過去，當在錄影時，你會看到綠光或顯示著『錄影』。」

放鬆地訓練

有時太多結構會干擾類化。

依據行為原則教導技能，歷史上強調許多教學因素的嚴密控制（Becker, Engelmann, & Thomas, 1975a; Stephens, 1976; White & Haring, 1980）。教導障礙學生的方法常嚴格地標準化：謹守相同格式、以預定的順序呈現項目，及在開始另一項訓練前要精熟一項技能。雖然這可能是有效的教學方法，也是多數特教老師所學的教學方法，特別是那些教導較重度障礙群體的訓練；越來越多的證據顯示，它可能不總確保是類化這些技能的最好方法。在 1970 年代早期，開始探討交替間隔或循環輪流高度結構訓練課程中不同刺激與反應，導致在 1990 年代對障礙者教學的主要改變。Schroeder 和 Baer（1972）發現，上課期間變化訓練的刺激，而非開始教導另一項技能前要先精熟每項技能，這樣更能類化聲音模仿技能至未教導的反應類組成分。比起嚴格限制教導發音技能（序列訓練），研究者提供在一節課內教導許多不同的模仿（同時訓練）。

在一反應交替的例子裡，Panyan 和 Hall（1978）探討同時訓練

與序列訓練在兩個不同反應類組（追蹤與口語模仿）的習得、維持與類化上的效果。序列訓練法在開始教導第二個反應類組（口語模仿）之前需要一反應類組（追蹤）的精熟。在同時訓練法，兩個不同反應類組的訓練在兩項工作精熟之前的同一訓練課堂中交替訓練。所用的方法不影響訓練該反應習得或維持所需的時間，但在同時訓練法未經訓練反應的類化較大。這些研究對教師有明確的意涵，顯然地，在開始教導另一項技能之前訓練學生到精熟程度並不增加教學效率，除非第一項技能是第二項技能的先備能力。在交替教學課堂裡，不僅不會干擾學習，相反地，會引導更多的類化。因此，像是「當我得知哈若德在年級水準的閱讀成績，我擔心他的數學。」這樣的說法是不恰當的。「放鬆地訓練」（loose training）的探討顯示在多樣情境與多項行為上很有希望。各種不同的用語：隨機教學（incidental teaching）、自然的教學（naturalistic teaching）、非密集教學（nonintensive teaching），或最少介入（minimal intervention）等策略，將障礙 *343* 個體的教導融入較低結構活動，已成功增進行為習得，甚至在增進類化上更為成功。

Campbell 和 Stremel-Campbell（1982）教導兩位中度到重度男孩學業與自我協助技能時，使用各種陳述與問題。當他們自發地產生時或提示其使用，就增強了標的口語技能。兩位男孩除了學業及自我協助技能外，也習得口語技能，並產生類化。Inglesfield 和 Crisp（1985）使用他們稱之為非密集（nonintensive）的教學，比較一天教導 10 次持續 3 天（許多特教老師在技能習得初期可能會選擇的方式）與一天教導 2 次持續 15 天（在自然環境下可能發生的方式）教導著衣技能的效果。他們發現一天兩次的方式，在初期習得與類化都較有效。

其他幾個研究都指出較不密集、較自然的教學在習得效率上無損於增進類化。已有研究顯示，例如在教導接受性物品命名、表達性語言、手語，及閱讀上獲致成功（Carr & Kologinsky, 1983; Koegel,

O'Dell, & Koegel, 1987; McGee, Krantz, Mason, & McClannahan, 1983; McGee, Krantz, & McClannahan, 1986; Woods, 1984）。一般同意：直接教學與自然的教學一併使用有助於自閉症兒童語言技能的類化。

　　自然的或放鬆地訓練的使用，代表與傳統特殊教育教學分道揚鑣，其成功再次指出教師維持其技能與不斷接觸當前研究的重要。雖然多數特殊教育工作者在新技能的習得期間仍持續使用結構化教學，他們卻很快開始將這些技巧非正式地融入教學與評量中。

使用無法辨認的後效

　　如在第 8 章所述，行為削弱或維持的抗拒多由間歇增強方式所延長。可用間歇增強維持行為於高比率，也可以是朝向完全減少增強的步驟。淡化增強法到用很少增強物的程度是有可能的。若增強後一併撤離，該行為將持續。這抗拒削弱不是永久的，因為行為如果不予增強，終究會削弱的。然而，有可能最終的抗拒在如此遠的未來，以致沒有產生實際上的差別。只要需要，行為將會維持下來。

　　長期存在的證據顯示，間歇增強方式導致增加行為改變的維持（Kazdin & Polster, 1973; Phillips, Phillips, Fixsen, & Wolf, 1971）。教師在計畫並實施行為改變策略時應考量這證據。甚至若間歇增強方式須無限地延續，如果方法非常簡潔，這也許是很有效率且經濟的提供維持的方式。

　　間歇增強以外的其他方法，使得學生難以辨別哪些反應會被增強。一項可以導致跨情境的類化策略是延宕增強物的施予。40 年前，Schwarz 和 Hawkins（1970）在數學與拼寫課錄下一位學生的行為。放學後，播放錄影帶給該學生看，且在數學課表現適當行為給予增強。第二天，在拼寫課的行為改變明顯地與數學課一樣好。研究者假設：這跨情境的類化是由於延宕增強所致，這使得學生難以確定何時隨因增強會有效。視訊記錄的方便和精密，使這技術的使用更寬廣更具創意，許多技術將在第 12 章討論。

³⁴⁴

　　Fowler 和 Baer（1981）使用延宕增強法改變學前兒童多種行為。
這些兒童可以在他們獲得可交換玩具的代幣時段後立即兌換玩具或在
放學時（其他沒有代幣提供的時段後）兌換。這些兒童類化了該適當
行為，也就是說，當增強物只在放學時兌換，他們會整天表現較好。
類似地，Dunlap、Koegel、Johnson 和 O'Neill（1987）使用延宕增強
法維持了在社區情境自閉症學生的工作表現。

　　另一項導致減少隨因增強鑑別力的給予增強方式，是由 Koegel
和 Rincover（1977）所指出。研究者教導自閉症兒童表現簡單非口語
模仿或聽從簡單指導語。習得（使用持續增強）該行為後，方法便淡
化。一旦訓練終止，觀察這些兒童讓研究者對行為改變的維持加以評
估。這些行為最後都消除了（在訓練期間的方法越淡化，在削弱前越
多反應發生）。然而，在削弱後使用非隨因增強的增強物，會導致行
為的恢復。在隨機時段，這些兒童不論反應正確與否，都給予就像在
最初訓練情境所獲得的糖果。這非隨因增強的增強物相當程度延宕了
削弱。顯然，增強物獲得了可辨別刺激的性質。對學生來說這作為在
這情境下可獲得增強的一個線索。這些學生無法辨別哪些反應會被增
強，所以他們在行為削弱前產生較大量正確反應（之前所增強的）。
這方法也說明了本章稍後將討論提供共同的刺激層面。

　　淡化的間歇增強方式最常使用無法辨認的後效。然而，當發生效
力的隨因增強有可能導致行為改變較大持續性時，無論在原始訓練情
境或其他情境，證據顯示任何方法對學生來說都難以做決定。下列例
子說明了對學生來說難以做決定的方法。

❖　　❖　　❖　　❖　　❖　　❖　　❖　　❖

貝爾女士班上的學生學習完成功課

　　在貝爾女士中間程度資源班的早晨組，她的認知障礙學生一直無法完
成作業。貝爾女士與小組練習其他學業技能時，要求每位學生獨立完成閱

讀理解、數學及拼字練習。在早晨結束時每完成任一項作業的學生，貝爾女士開始給可用以兌換5分鐘自由時間的代幣。這使得作業幾乎百分之百完成。之後貝爾女士宣布，要到該節下課前才給予代幣，且做完兩項作業才可以獲得代幣。她將閱讀、拼字與數學等詞分別寫在紙條上，並讓一位學生抽出兩張紙條。學生直到下課前才知道是哪兩項作業才能獲得自由時間，但是他們繼續完成作業。貝爾女士想變換到淡化的增強方式，之後宣布每天會有兩種可能的抽籤方式：一種是寫著「是／否」的卡片，決定是否給予增強；第二種是如果抽出「是」的籤。第二種抽籤將決定哪一項作業可以獲得自由時間。起初，用一張「是」與一張「否」的卡片，然後慢慢增加「否」的卡片，直到給予自由時間的機率是20%。學生持續完成三項科目的作業，且似乎享受著無法知道自由時間何時給予或哪一項作業完成可獲得自由時間的樂趣。

³⁴⁵ 安排共同的刺激

Walker 和 Buckley（1972）主張：「跨不同情境受試者內行為的相似度很可能是函數，部分受存在在這樣的情境間刺激相似度的量而變化。」（p. 209）Kirby 和 Bickel（1988）指出，刺激相似度及如此這般的刺激控制是任何類化的主要因素。達成維持或刺激類化的可能方法，就是詳盡地對在訓練情境與所欲類化的情境中相似刺激加以設計。這可由增加訓練情境到自然環境的相似度，或引入訓練情境的要素到自然環境來達成。

幾個研究探討引入自然環境的要素至訓練情境以增加類化可能性的效果。例如，Ayllon 和 Kelly（1974）恢復了一位選擇性緘默症女孩的口語表達。當口語表達頻頻在訓練情境（諮商室）發生後，與那些在課堂呈現的相似要素便加以引入。在房間裡安置其他兒童、黑板與課桌椅，且訓練者更像傳統老師開始站在課堂前面，講課、問問題發揮功能。訓練也持續在教室進行，增加在課堂的口語表達，且一年

的追蹤研究後顯示：在幾個陌生環境的口語表達仍維持。雖然在訓練與自然情境相似度增加的特定效果難以評量，因為實施成套的處理，課堂中的類化確實發生並維持。

Koegel 和 Rincover（1974）訓練自閉症兒童在一對一情境對指導語做出反應。安排漸次引入更多兒童至訓練情境，類化至課堂情境，所以就像在課堂一樣。Livi 和 Ford（1985）發現，當適用的刺激類似每個學生家庭的刺激時，居家技能由訓練地點類化到每位學生家庭裡的效率更佳（每項努力要用來教導那些在學生家庭的技能）。一般而言，在訓練期間使用類似所欲類化情境中的辨別刺激，經證實為一項非常有用的技術（Stainback, Stainback, & Strathe, 1983）。Woods（1987）指出這樣的方法是之前討論過的自然教學法的調整，其中類化情境的刺激是自然的。

企圖將自然刺激引入至訓練情境的一種方式是經由模擬的使用。例如，van den Pol 等人（1981）成功使用速食項目的圖片教導中度智障者使用社區的速食設施。對較重度障礙學生的模擬教學一般較少成功（Foxx, McMorrow, & Mennemeier, 1984; Marchetti, McCartney, Drain, Hooper, & Dix, 1983）。Horner 等人（undated）指出，從環境以真實的而非象徵的項目進行的模擬可能會更成功。使用真實的刺激的模擬已用來教導許多類化技能，包括分類標籤的理解、使用電話、玩電視遊樂器，以及月經的處理（Horner et al., 1984; Hupp, 1986; Richman, Reiss, Bauman, & Bailey, 1984; Sedlack, Doyle, & Schloss, 1982）。有些研究嘗試增進類化，以增加該訓練情境的成分引入預期類化的情境。Rincover 和 Koegel（1975）教導自閉症兒童模仿治療師所示範的非口語行為。這些兒童在沒有提示下，連續 20 次嘗試正確反應時，就進行學習遷移測驗。若兒童在學習遷移測驗沒有正確反應，就實施刺激控制的評鑑。從訓練情境引入一般情境的刺激，一次一項。如果兒童在呈現第一項刺激沒有正確反應，便移除該刺激而引入另一項刺激。這過程持續到認出該刺激控制該行為，且該反應發生

＊⋯⋯⋯⋯⋯⋯
模擬可能比總是在自然環境教導每一項技能更實際。
⋯⋯⋯⋯⋯⋯⋯

346

在一般情境。結果發現每位兒童對在實驗室中一些偶發刺激選擇性地反應。在一般情境提供該刺激時，每一位兒童都正確反應。然而，在一般情境的反應數量持續地少於訓練情境的反應數量。

Baer（1999）以及 Ayllon、Kuhlman 和 Warzak（1983）建議使用人為的共同刺激。一具可攜式物品從訓練情境被引入至期望的類化情境，Ayllon 等人（1983）稱此物品為「幸運魅力」。採用的物品若與從訓練情境至一般教育情境的增強有關聯，會導致較佳的學業和行為表現。Trask-Tyler 等人（1994）建議，錄有針對完成工作的語音指導語的手提式錄放音機是人為的共同刺激，對改善重度障礙學生的類化很有希望。許多在第 10 章所描述的做法使用增強方式、圖片線索、呼叫器、掌上型電腦及其他相對不構成干擾的項目，同樣都有優良的類化結果——不論新情境或新工作。

幾項研究探討使用學生的同儕作為訓練與類化情境的共同刺激。Stokes 和 Baer（1976）經由小老師教導學障學生再認字彙。這兩位學生在其他情境中未展現該技能，除非有小老師和同學在一起。之後這兩位學生都顯示類化增加。

Johnston 和 Johnston（1972）使用類似方法維持與類化兩位學生的正確發音。訓練每位學生檢視並矯正對方的口語表達，以代幣增強檢視。當檢視者出現，即使不再檢視，學生都持續顯示較正確的口語表達。

安排共同刺激的合理延伸，可能完全改變對重度與極重度障礙者提供服務的取向。與期望的類化情境最多共同刺激的情境就是這情境本身。若我們想要行為在課堂裡發生，為什麼不在課堂裡教，反而在孤立的治療室或角落教呢（Horner & Budd, 1985）？若行為應在社區（Bourbeau et al., 1986）或在職場（Dehaven, Corley, Hofeling, & Garcia, 1982）發生，為什麼不在那裡教呢？Miltenberger 等人（1999）教導智障婦女性虐待的預防技能，這些技能沒有類化，直到在社區教導他們。現在障礙者的社區本位計畫是被接受的實務做法。

對刺激類化與維持的刺激控制的潛在效果，是所有教師應該考量的因素。相對地，簡單與經濟的措施可協助確保在許多情境中可靠的類化，並協助在訓練結束後維持長期成果。下列軼事方塊說明增加刺激相似度達成的類化。

史達樂女士的學生準備好支持性就業

史達樂女士是中重度智障中學生的老師。她的學生有些接受能獨立就業的教導，而其他學生在支持性環境準備就業。對這些學生，在當地育苗溫室有全職工作指導員在場的支持性就業是其目標。因為交通與其他後勤的問題，只能大約一週一次帶學生到育苗溫室接受指導。

雖然史達樂女士能在課堂教導相關技能，但是她關心課堂環境與溫室非常不相似，後者在視覺上與聽覺上較不讓人分心。為解決這些問題，她從溫室借來許多道具，包括像學生常坐著工作的長凳，並在教室一角布置成像溫室的微型環境。她也錄製了溫室環境的錄音帶。當她播放錄音帶時，她安排盡可能多的人來參觀教室一、兩分鐘，並走遍這微型環境檢驗植物及與學生溝通。

347

沙米在二年級學行為表現

沙米是瑞迪先生班上發展遲緩學生。他的學業成績優異但行為表現怪異，像是大聲亂叫及用手與手臂做出奇怪動作。這行為可在特殊班以 DRO 法積極增強加以控制，但瑞迪先生注意到，在特殊班之外，沙米繼續亂叫並做怪動作。由於特教計畫的目標就是要盡可能讓學生早日回普通班上課，因此瑞迪先生擔心沙米在特殊班外的行為。

瑞迪先生決定從沙米二年級班上借一位學生過來。在獲得學生父母的

同意後，他邀請一位叫布萊德的資優生一週三次半小時來他的課堂作客。他教布萊德基本學習原則，以協助布萊德正在做的充實課程報告。他也允許布萊德在觀察時段給沙米增強物。當沙米開始短時間在普通班時，布萊德來接他並帶他回來。沙米在二年級班上持續表現良好，雖然在那裡沒有施予增強物。布萊德的出現已成為沙米適當行為的辨別刺激（S^D）了。

媒介類化及訓練類化

　　我們可以將促進類化的最後兩個方法一起考量：媒介類化（mediating generalization）與訓練類化（training to generalize）。以增強類化為一反應類組來增加類化機率是可能的（Stokes & Baer, 1977）。換句話說，若學生在訓練情境外的情境表現行為而獲得特定的增強，則在陌生情境表現習得行為可能成為一類化的反應類組，學生因此被教導類化。若學生有足夠的接受口語能力，則適合對學生解釋這隨因增強。也就是說，學生會得知，若其在一新情境表現一特定行為，就會獲得增強（Mastropieri & Scruggs, 1984）。教導學生以增強變異提供各種行為也是可能的。一種方式是使用**增強的延隔方式**（lag schedule of reinforcement）。當使用延隔方式，老師只在有異於先前一項反應的反應提供增強〔延隔1（Lag 1）〕，或異於先前兩項反應〔延隔2（Lag 2）〕等等。Cammilleri 和 Hanley（2005）使用延隔12（Lag 12）鼓勵兩位一般發展中的小學女孩在各種學業選擇。活動有12個選擇。第一次選擇和以後每次新的選擇，學生每次收到一張獲得老師注意2分鐘的卡片。當延隔方式到位，兩位女孩增加了他們選擇的可變性。由於自閉症孩子經常用刻板的回應回答這樣的問題，像是「你喜歡做什麼？」，Lee、McComas 和 Jawor（2002）使用適當反應的差別增強和延隔1的組合鼓勵三位自閉症者變化他們的答案。這做法對三位中兩位是有效的。

在媒介類化，教導學生檢視與報告自己適當行為的類化。這樣的 [348]
計畫包含自我控制或自我管理，可能是所有確保行為改變類化與維持
的技術中最有希望的。如果你檢視在本章談論的許多研究的出版日
期，你會發現許多是 1970 年代和 1980 年代。雖然那些方法仍是可貴
的，但是當前多數研究者的焦點在自我管理訓練促進類化。教導這類
技能的方法會在第 12 章描述。對許多學生來說，應用行為分析者的
最終目標在自我檢視、自我隨因增強，甚至自我選擇目標與方法等的
控制下引導行為。

結語

我們已探討了許多促進行為的刺激類化、反應類化及維持。在本
書原文第一版，我們說類化的技術處於嬰兒階段；在第二版，則指出
其已達到學步階段。對類化理論與實務分析日益增加的重視，有理由
期待這方面的技術持續發展成熟。在每年文獻中較多強調在類化，然
而其狀況仍如 Buchard 和 Harig（1976）所描述：

　　　　有關類化形成的問題有點像可能會如此發展的遊戲：一
　　開始，有兩件令人擔憂的事。行為改變會在自然環境維持，
　　還是不會呢？如果不會的話，那麼有另外兩件事要擔憂。無
　　法類化是否反映第一個地方產生行為改變的增強法類型或水
　　準，或該行為無法類化是因為社區缺乏隨因增強的支援？若
　　問題屬於增強方式，則你較無須擔憂。你只要回到處遇情境
　　並增強該期望行為，最好經由積極增強方式。然而，若問題
　　在自然環境隨因增強的支援，那麼你有兩件事要擔憂了。你
　　是否應該經由間歇增強、褪除，或過度學習來再規劃自然情
　　境，以提供隨因增強支援？以及……（pp. 428-429）

　　顯然，這是一種這些問題可以無限延伸的遊戲。對於類化，遺憾的部分是總是可能有些要擔憂的事；這是動物本性！嘗試去確定行為是否已改變是很困難的，且若是如此，為什麼不必嘗試確定是否這改變也在完全不同的情境發生。兼具教師身分的應用行為分析者可能從未停止擔憂類化。然而，在本章及下章描述的技術，徒然擔憂的藉口似乎越來越少。若應用行為分析法成為每位教師行為內涵可接受的部分，則如 Baer 等人（1968）所建議：現在是「停止悔恨並開始計畫」的時候了！

問題討論

1. 愛希克羅芙特女士是認知障礙學生的老師。她的學生都是全時安置在普通班，愛希克羅芙特女士與三位普通班老師每天協同教學兩小時。當她不在他們的教室時，她的學生在學業或社交表現不佳，令她沮喪。愛希克羅芙特女士和她協同教學的老師能做些什麼來幫助這些學生？

2. 詹金斯老師深知：如果他的重度障礙青少年學生能在職場受訓，他們的工作技能會更好。然而，預算和後勤問題，阻礙他無法如他所願常把學生帶到職場受訓。請想出五個具體事項，讓詹金斯老師可以協助他的學生在社區準備好就業，而無需離開中學校園。

你知道嗎……

- 不論校內與校外，只有一個人會和該生自始至終一起經歷整個教育歷程。
- 會有一人總是與該生每日的行為和學習最同步。
- 不是父親也不是老師最知道該生想要什麼樣的增強物。
- 很清楚，有一人是承擔檢視、增強、維持每一學生行為的主要負責人。

本章大綱

共同經驗　　　　　　　　　　　　自我懲罰
訓練學生管理自己的行為　　　　　自我教導
　目標設定　　　　　　　　　　　重度障礙學生自我管理
　自我記錄的資料　　　　　　　　輕度障礙學生自我管理
　自我評鑑　　　　　　　　　　　疑似障礙學生自我管理
　自我增強　　　　　　　　　　　結語

350 管理學生行為的最佳人選就是學生本人。我們稱這種行為介入叫做自我管理（self-management），你們的老祖母叫它做自我控制或自我約束。任何要發揮獨立功能的人必須學習管理自己的行為。理論者間對於一般人的自我控制或自我約束（Lloyd & Hughes, 1993），及能夠使有些人比其他人更負責任與更具生產性的許多過程與機制相當感興趣。這樣的理論關注已超出本書的範圍，我們將討論的範圍鎖定在老師能夠幫助學生邁向獨立自主的一些較簡單方法。至於為什麼這些方法中有些（單獨或合併使用）是有效的，也有相當多的推測。雖然許多研究者提供理論，在此時我們實在不清楚它們為何有效（Hughes & Lloyd, 1993），但它們就是有效。身為老師，我們就是做一些我們常做的事，做一些嘗試，以資料為本位做決定並視其效果。如果有效就繼續使用；如果無效，就嘗試其他方法。

貫串全書，我們為老師們描述了一些用以改變學生行為的方法。第 11 章裡，我們討論許多增加行為改變的類化方法，因此減少了老師持續提供支援的需要。本章將進一步檢驗能夠使老師讓學生較少依賴老師的環境操弄的技術。本章討論的方法將行為改變的責任加在學生身上，所有取向的焦點在教導學生成為對自己行為有效的改變者。許多年前 John Dewey（1939）曾指出：「教育的理想目標就是創造自我控制。」（p. 75）自我控制的學生可以學習與表現適當行為，甚至在沒有成人督導的狀況下。

Lovitt（1973）提到：「自我管理的行為並非（學校中的）系統化規畫，這似乎是教育上的矛盾，教育系統明確表述的目標之一是創造自強與自立的個體。」（p. 139）如果身為老師的我們同意，我們的目標包括我們學生的獨立性，那麼我們就要教學生獨立。雖然完全獨立對所有學生是不可能的，但大部分的學生可以教導成為更加的獨立自主。Kazdin（2001, pp. 302-303）提供幾項額外的理由（自我管理比由外力改變者的控制較令人喜愛）：

■ 運用外力改變者犧牲了一致性，因為老師或其他人可能「錯過」
　某些的行為表現。

■ 不同情境下，外力改變者（如父母與老師）間有關溝通方面的問
　題，可能逐漸損害計畫的成功。

■ 外力改變者本身可能成為表現行為或是不表現行為的環境線索。

■ 個體對行為改變計畫發展的貢獻可能增加表現。

■ 外力改變者並不總是在該標的行為發生或應發生的環境出現。

＊⋯⋯⋯⋯⋯⋯
通常自我管理以
「組合」方式呈
現。
⋯⋯⋯⋯⋯⋯⋯

　　可教導一般學習者或障礙學習者檢視與改變他們自己的行為。越
來越多障礙學生花時間在普通教育和社區情境，這也變得越來越重
要。我們將描述自我管理的幾個層面，包括目標設定、自我記錄、自
我評量、自我增強及自我教導。學生們可以使用任何技術（老師用來
改變學生們行為的）來改變自己的行為。可教導學生設定他們自己的
長期和短期目標、記錄有關他們自己行為的資料、評鑑他們自己的行
為，並經由自我增強，甚至自我處罰提供他們自己的行為後果。學生 *351*
也可以自我教導學會操弄行為事後結果。雖然這些自我管理中每項技
術分別描述，實際上，它們常以「組合」（package）方式實施。換
句話說，這些方法是合併使用的；例如自我記錄與自我增強結合，或
自我教導與自我增強結合。雖然我們將分開討論目標設定、自我檢視
或評鑑、自我記錄、自我增強及自我教導，這些方法幾乎普遍地相互
結合或與像是直接教學與示範等其他方法合併使用。通常不可能指認
出這樣的「組合」中哪些成分實際影響了行為。已經有些研究致力於
檢驗不同方法的不同效果（Haisten, 1996），但目前多數老師知道將
許多做法組合運用。我們將詳細描述幾種自我管理組合的使用。

▦ 共同經驗

　　自我管理方法就是像本書所描述的行為方法一樣，都是自然環境
中的一部分。許多人使用目標設定、自我記錄、自我增強、自我懲罰

與自我教導管理他們每天的行為。

　　許多暢銷的自助類、自我成長的書籍市售可購得，用以幫助想改變財務、情緒、愛情或生產力領域成為更好的成人。實際上這些計畫都是鼓勵人們先從設定目標開始，把它們寫下，然後用它們來改變行為。當我們在寫這節時，新年即將來臨，數以萬計的人們在新的一年在所要解決的事上**目標設定**（goal setting）。我們建議的一些策略或許可以幫助他們更為成功地達成這些心願。

　　許多自營業者或自由工作者使用**自我記錄**（self-recording）作為維持生產力的方法。作家 Irving Wallace（1977）曾描述他與其他的作家包括梭羅（Anthony Trollope）與海明威（Ernest Hemingway）實行的自我記錄技術。維多利亞時代的小說家梭羅，十分生動地描述了這樣自我記錄的反應：「在我之前已有記錄。一週過去，不足的頁數就像是我眼中的水泡；如此羞恥的一個月是我心中的憂愁。」（p. 518）

　　大部分的人對使用**自我增強**（self-reinforcement）也很熟悉。想想看下述一位老師從學校回家途中的內在自我對話：

　　　　什麼樣的一天哪！早上 7:00 的校車輪值……

　　　　珍妮・林得跌倒，扭傷腳踝，像妖精一樣尖叫，她媽媽說要提出控告……

　　　　克立佛拒絕相信 6 乘以 4 等於 24，只因為昨天……

　　　　兩個人為了在美術課該輪到誰使用藍色顏料而打架。最後特蘭拿到藍色顏料，而馬克很沮喪……

　　　　圖畫的費用不夠……

　　　　為什麼維爾瑪・強生總是在午餐時坐在我旁邊，並向我喋喋不休？

　　　　雖然我整天都忍住脾氣，但巴司金・羅賓斯讓我忍無可忍！

　　如果同一位老師也執行**自我懲罰**（self-punishment），她可能會記得在明天午餐時間石頭路上的三個大坑洞，及限制自己只吃兩片萵苣和一杯低熱量飲料。

　　我們之中有許多也實施**自我教導**（self-instruction），提供我們 352 自己口語提示。當我們在做複雜或不熟悉的工作時，我們會對自己講話，有時候說出聲音來。許多小孩也自然地使用自我教導，例如 Kohlberg、Yaeger 和 Hjertholm（1968）記錄了一位兩歲兒童在獨自玩玩具坦克時所做的自我教導過程。

> 　　輪子走到這兒，輪子走到這兒。喔！我們需要重新開始了。我們必須要關掉它。看！它關掉了。我們再重頭開始。你知道我們為什麼要這樣做？因為我要它走不同的方向。這樣才聰明，不是嗎？但是我們必須把引擎蓋起來，就像真的車一樣。（p. 695）

　　行為主義的創始者史金納（B. F. Skinner）是自我管理技術大師（Epstein, 1997）。使用目標設定、環境管理、自我記錄、自我評量及增強，他展現了難以置信的多生產力，並維持到其 84 歲去世的前一天。他甚至寫了一本有關使用自我管理技術去克服因年老而不便的書（Skinner & Vaughan, 1983）。這書剛出版時，我們（本書作者）以消遣的好奇心去讀；現在各自擁有一本這本書的我們感謝史金納博士，讓我們正確了解這本書的意義何在。

　　教導學生管理自我行為是種系統化的機制，且使這些自然發生的現象更具力量。有些學生可以是未經訓練而有效的自我管理者，另有些可能未準備好管理自己的行為，甚至只有些微的程度。在智能障礙（Whitman, 1990）、學習障礙（Baker, 1982; Short & Weissberg-Ben-chell, 1989），與情緒困擾（Kern-Dunlap et al., 1992）等學生身上發現對自我調節的能力較弱。明智的老師對學生準備開始管理自己行為

的徵兆保持敏銳，並採取有利於這準備度。本章討論的策略有時稱為認知訓練策略（cognitive training strategies）（Hallahan, Kneedler, & Lloyd, 1983），或後設認知策略（metacognitive strategies）（Borkowski, 1992），還有其他和應用行為分析關係較少的策略，是幫助學生更有創意地思考與解決問題的方法。

⠿ 訓練學生管理自己的行為

教師使用系統化行為管理計畫，可以嘗試許多增進學生負責管理自己行為潛力的技術。

■ 老師可要求學生設定目標。「山米，你昨天在10分鐘內做對7題，你認為今天可以做對幾題呢？」

■ 老師可以要求學生評鑑他們自己的表現。「山米，用答案卷檢查你的問題，你做對了幾題？」

■ 給予增強物時，老師可以向該生解釋什麼樣的行為導致增強。「山米，你做對10題，你得10分。每答對1題得1分。」

■ 老師可以要求該生將行為表現與部分隨因增強連結。「山米，你得到10分。為什麼你得到10分呢？」或「山米，你做對10題，那麼你應該得幾分呢？」

■ 老師可要求該生陳述整個隨因增強措施。「山米，你得幾分？為什麼？」

■ 老師可讓學生參與選擇增強物並確定他們表現行為的價值。

353　　接觸這些技術的學生，將很快地自願陳述他們的行為與其事後結果。從問學生他得幾分及為什麼允許他在老師督導下記錄自己的分數，只是一小步而已。最後，讓山米檢核自己的答案、計算他答對幾題，並在卡片上記錄他自己的分數。

目標設定

　　在第 9 章裡提到，我們使用行為契約時，老師與學生協調溝通目標與隨因增強。人們通常相信老師為學生設定目標是教育過程的一部分，這在某些例子裡的確是真的，但可以教導學生設定他們自己的目標。有明顯證據顯示，自己設定目標的學生比由他人來設定目標的學生表現更好（Johnson & Graham, 1990; Olympia, Sheridan, Jenson, & Andrews, 1994）。這與研究證據是一致的，提供選擇給學生改進了學業表現（Begeny et al., 2010; Mizener & Williams, 2009; Wehmeyer, Agran, & Hughes, 2000）。Barry 和 Messer（2003）使用目標設定、自選增強和自我增強等的結合，增加 ADHD 學生的專注行為、學業表現和減少干擾行為。Lee 和 Tindal（1994）教導低成就的韓國學生設定自己的目標完成數學題。提供學生圖示反映其上一節上課的表現，要求他們寫下所要完成增加的加法題總數，與他們在這節課上做對題目增加的數量。目標設定在生產力與正確度的進步，與提供線索的自我記錄比較所產生的進步一樣多。學生比較偏愛目標設定的方法，因為它比提供線索的自我記錄更少侵入性。Grossi 和 Heward（1998）教導發展障礙成人參與社區本位餐廳訓練計畫設定目標，作為自我管理「組合」的一部分。鼓勵每位受訓者，根據像刷洗茶壺、碗盤上架、打掃拖地及清理與擺設餐桌等工作項目的速度與持續時間量來設定目標。鼓勵受訓者設定比基準線階段平均數稍高，但不超過基準線階段最高表現為目標。一旦目標達到，便鼓勵受訓者設定接近由觀察非障礙雇員表現的競爭標準來增加目標水準。這方法與自我評鑑一起使用，可以使受訓者顯著改進表現。

　　Gureasko-Moore、DuPaul 和 White（2006）使用目標設定作為「組合」的一部分，也使用自我記錄和自我評鑑。12 歲的男學生經診斷為 ADHD，像許多這樣的學生，他們的學業問題主要來自他們無法表現作者們所稱的「課堂準備行為」。他們進教室不準時，他們

未帶教材，他們不做家庭作業。四位學生合為一小組，要求記錄他們課堂準備的問題並記錄這些在日誌上。給他們六題的檢核表並問他們在第一週裡他們同意完成的有多少。他們獨立完成檢核表且每日與實驗者討論檢核結果，要求他們評鑑自己的表現並將評鑑結果寫在日誌裡。這做法對所有學生都是成功的。計畫每次隔天召開的討論會到最後則每週召開一次，藉由四個星期的每週討論會改善得以維持。

教導學生設定目標時，重要的是幫助他們設定具體的、有挑戰性，但可達成的目標。初期階段目標的達成要立即的而不是久遠的，這樣有助於提供成功或失敗達成目標的回饋（Johnson & Graham, 1990）。

354 自我記錄的資料

※ 第 4 章敘述資料蒐集的方法。

第 4 章提到，可要求學生記錄他們自己的行為，而非由觀察者記錄。讓學生記錄自己的資料有時候叫做自我檢視（self monitoring），但這語詞有時用在要求學生評鑑自己的行為，而非僅做記錄而已。我們比較喜歡用自我記錄（self-recording，學生做記錄）與自我評鑑（self-evaluation，要求學生將他們的表現與標準做比較）等語詞來區分這兩種方法。我們也區分有線索的自我記錄（當學生聽到事先錄下的信號聲，便指出是否表現該行為）與無線索的自我記錄（當學生每表現該標的行為時，要求他們做記錄）。圖 12.1 提供學生可使用的資料蒐集表樣本。

※ 自我記錄的反應效果可能僅是暫時的。

自我記錄資料提供學生與老師有關行為的具體回饋，可用這訊息來確定能提供什麼樣的增強物。在有些例子裡，蒐集行為的資料可能會有對該行為的反應效果（reactive effect）。自我記錄過程本身就提供了該行為預期改變方向的功能。在這潛能上，自我記錄就具行為改變的功能（Rosenbaum & Drabman, 1979）。有些例子中，它與外在線索或提示一樣有效（Hayes & Nelson, 1983）。如果你曾經為節省開支而將所花費的每筆支出記在小簿子上，你可能就經驗過這種反

圖 12.1 學生自我檢視表

355

姓名：_____
日期：_____

	是 ☺		否 ☹	
日期	第一次鈴響	第二次鈴響	第一次鈴響	第二次鈴響

＊在這一秒我是否正在工作？

資料來源：取自"Self-monitoring for Elementary School Children with Serious Emotional Disturbances: Classroon Applications for Increased Academic Responding," by L. Levendoski & G. Cartledge, 2000. *Behavioral Disorders 25*. p. 214. Copyright 2000 by Council for Children with Behavioral Disorders. Reprinted by permission.

354 應。在閱讀有關自我管理的一章時，若你開始在 3×5 的便利貼卡片上劃記每一次的白日夢，你可能會少做白日夢了（若沒有 3×5 的卡片，就用一枝鉛筆在四周空白處做記號）。然而，Freeman 和 Dexter-Mazza（2004）發現：成人的回饋增加破壞行為青少年自我記錄的效果。

作為一種自我管理與行為改變技術，自我記錄已成功地使用在多種情境、多種行為，以及有障礙與無障礙學習者（Crawley, Lynch, & Vannest, 2006; Dalton, Martella, & Marchand-Martella, 1999; Ganz, 2008; Gulchak, 2008; Hutchinson, Murdock, Williamson, & Cronin, 2000; Joseph & Eveleigh, 2011; Kasper-Ferguson & Moxley, 2002; Koegel, Harrower, & Koegel, 1999; Levendoski & Cartledge, 2000; Reinecke, Newman, & Meinberg, 1999; Shimabukuro, Prater, Jenkins, & Edelen-Smith, 1999; Webber, Scheuermann, McCall, & Coleman, 1993; Smith & Sugai, 2000; Wilkinson, 2008; Wolfe, Heron, & Goddard, 2000; Wood, Murdock, & Cronin, 2002; Wood, Murdock, Cronin, Dawson, & Kirby, 1998）。至少已成功改變情緒與行為障礙學生的行為（Hughes, Ruhl, & Misra, 1989），此發現可能與那些不想改變行為的人們其自我管理效能有問題有關（Hughes & Lloyd, 1993）。第一次使用自我記錄的時候可能改變行為，但隨著時間過去慢慢消失，除非以其他自我管理方法來支援，例如自我增強。雖然自我記錄已用在初期的行為改變計畫，但似乎是來自於傳統的、老師管理的策略所維持的行為改變最有成效。相對於評定他們在完成作業、正確度或生產力，最近的研究把焦點放在教導檢視學生他們在工作上注意力的區分效果（Harris, Graham, Reid, McElroy, & Hamby, 1994; Maag, Reid, & DiGangi, 1993; McCarl, Svobodny, & Beare, 1991）。問題在於對學生來說，記錄他們「專心」或「努力」，或者是追蹤他們完成或做對多少學業活動，哪一種比較有效。似乎兩種方式都有效果，但許多學生比較偏好記錄自己已經完成的工作。許多老師也是如此，我們有時候不鼓勵學生只為了看

起來很忙碌而稱讚自己。教導學生使用自我記錄也應該包括下列的主
要成分：

- 選擇標的行為。
- 操作性地定義該行為。
- 選擇適當的資料蒐集系統。（成功的資料蒐集系統包括修改的事 [355]
  件記錄、時間取樣、永久產品記錄；劃記的方法包括劃記表、手
  腕計次器、圖表等。圖 12.2 與圖 12.3 提供可以使用的表格範例。）
- 教導學生使用所選擇的資料蒐集系統。
- 檢視至少一次資料記錄階段的練習。
- 讓學生獨立使用自我記錄，並檢視其結果。

圖 12.2　語文活動自我記錄檢核表 [356]

姓名：_____	日期：_____
	自我檢核
我有用大寫寫出正確字母嗎？	_____
我在句尾加上句點了嗎？	_____
我有在字與字間保持適當間隔嗎？	_____
在交卷給老師前，我是否已寫上姓名？	_____
我已回答了所有問題？	_____
我已檢查我讀過段落的答案了嗎？	_____

圖 12.3　在家使用的自我記錄檢核表

我已經做好以下的事了嗎？	泰瑞	陶德
1. 洗臉和洗手	_____	_____
2. 刷牙	_____	_____
3. 梳頭	_____	_____
4. 收拾髒衣服	_____	_____
5. 整理床鋪	_____	_____
6. 把午餐費放進口袋	_____	_____
7. 帶好家庭作業和課本	_____	_____

下列軼事方塊顯示老師如何使用有線索的自我記錄幫助學生學習自我管理。

❖　　❖　　❖　　❖　　❖　　❖　　❖　　❖

黛德麗女士的學生學習獨立工作

　　黛德麗女士是小學學習困難學生的資源班老師。她安排課表使在資源班每小時每組學生能接受前20分鐘的直接教學。在黛德麗女士教另一組時，教完的前一組就獨立練習。她考量到她無法不中斷教學而給予獨立練習的一組學生代幣，她決定教學生自我記錄。她向朋友借一個「響板」（用來標記自閉症兒童的正確行為）。起初，她觀察學生獨立工作，只要學生全都在做功課，就按一下響板，他們聽到響板聲就給自己一分。一會兒後，在做直接教學時，她隨機地按響板，並告訴獨立工作小組的成員，如果他們聽到響板聲時正努力工作就給自己一分。她發現她的方法非常有效，幾乎和她同時在兩個組別中一樣的好。

※ ....
自我記錄法成功的
兩個理由。
....

對於為何自我記錄改變了行為，研究已提出幾個建議。研究顯示：自我記錄迫使學生檢視自己的行為，可引導學生私下增強或懲罰他們自己。Kirby、Fowler 和 Baer（1991）強調自我檢視提供環境線索，增進學生覺察可能的行為後果。這就是為什麼減重和戒菸計畫會要求記下每餐的食量和每抽的一根菸。前述實例顯示，如果行為朝期望方向改變，自我記錄本身就有些增強的性質。通常看起來，雖然我們確定自我記錄可改變行為，這關係的本質是因個體和情境而定（Kirby, Fowler, & Baer, 1991）。

※ ....
但是他們是否會欺
騙？
....

考量自我記錄法時，常提出的議題就是學生記錄的正確度。增加學生資料蒐集正確度所做的努力還不是非常成功（Marshall, Lloyd, & Hallahan, 1993），但大多數研究發現，當與老師或其他人所做記錄相較，學生的自我記錄算相當正確了。事實顯示，學生記錄的正確度

357

對行為改變少有效果，甚至不正確的記錄也可能導致正向行為改變（Marshall et al., 1993; Reinecke et al., 1999）。

自我評鑑

要求學生評鑑他們的表現，可採用許多形式。可要求學生比較他們在考卷上的答案與由老師準備或教師版教科書上的答案（大部分學生發現，僅教師版的答案就有增強的效果）。當然，在給予答案後才偶爾抽檢與時時警惕，比在給予答案前這樣做會降低學生記錄的意願。Shimabukuro 等人（1999）教導注意力不足症／注意力不足過動症（ADD/ADHD）學生自我矯正他們在閱讀理解、數學，與書面表達等工作。學生記錄正確度與生產量（比較完成的題數與指派的題數），他們記錄自己的分數並將分數做成圖示。拼寫（Morton, Heward, & Alber, 1998）與乘法算術（Bennett & Cavanaugh, 1998）的自我矯正能夠讓學生得到立即回饋（在每一字詞或算術題後），而非等待老師的回饋。立即回饋導致進步的表現。更複雜的方法可能需要學生根據標準對較不易評量的作品評分。例如，Sweeney、Salva、Cooper 和 Talbert-Johnson（1993）教導中學生根據形狀、空間配置、傾斜、大小、整體外觀評量他們書寫字體的易讀性。這種自我評鑑與處遇「組合」之其他元素的結果是：學生書寫字體的易讀性顯著改進。

教導學生評鑑自己的行為，需要教導學生辨別可接受行為與不當行為。Dalton 等人（1999）使用直接教學法教導兩位學障青少年指認專注與非專注行為。老師隨機提供每一個例子，並要求學生標示這些行為是專注或非專注行為。訓練也包含老師或同儕示範適當或不當行為（在某些案例裡），並教導學生辨別這兩者。錄影學生示範的適當或不適當行為，在協助學生形成辨別也許有幫助。Embregts（2000）使用錄影技術改善輕度智障學生社交行為。在午餐、晚餐及團體聚會時間錄影，學生與教導者一起觀看影帶（盡可能在一週後）。影帶每30 秒停下來，並要求學生記錄他們的行為適當與否。當學生的評鑑

全部時間的 80%與教導者一致時，改為只在下課前才進行比較。學生因正確指認而獲得代幣。Kern 等人（1995）發現，對自我管理法抗拒的群體（嚴重情緒困擾），使用錄影有助於自我評鑑的建立。

358 自我增強

在大多數的課堂裡，老師安排隨因增強。老師明確界定什麼樣的行為是期望的，及表現那些行為的事後結果。隨因增強是以「如果……，那麼……」的句型來敘述的。「如果你寫完作文，那麼你就可以有 5 分鐘額外的自由時間」、「閱讀理解題每答對一題，就可以獲得一個代幣」。學生可以許多方式參與隨因增強管理。可以讓他們選擇增強物，協助確定該增強物（與行為有關）的代價，或甚至選擇其要改變的行為。讓學生參與隨因增強管理的最終目標，在鼓勵他們使用已學的方法來管理他們自己的行為。如同自我記錄一樣，從老師管理轉變到學生管理計畫是逐步的，必須清楚地教導學生自我增強或自我懲罰。

一再有證據顯示，自我決定的隨因增強在產生行為改變上，與老師決定的隨因增強同樣有效。事實上，自我決定的標準和增強物，有時比外力決定來得有效（Hayes et al., 1985）。

讓學生選擇他們自己的隨因增強以完成工作時，應該給予具體指導語以遵守該程序。下列成套的指導語（Felixbrod & O'Leary, 1974, p. 846）可作為許多研究自我增強的示範：

1. 當人們做一份工作時，他們因所做的而得到報酬。我支付你點數，你可用來買這些獎品（指向獎品和點數兌換表）。你的工作是回答這些算術題。按順序回答。為了贏得點數，只有正確答案才列入計算（重複此句）。你將有 20 分鐘做這些題。如果你要停止，也可在 20 分鐘前停下來。

2. 我要讓你決定每一正確答案可得到多少點數。看一看下頁的數字

開始於教師控制的隨因增強。

學生自己設定的隨因增強比由老師設定的隨因增強有效。

（指向另頁選擇表現標準的標題）。我要你決定每一正確答案可得到多少點數。（在 10 個可能表現標準單上，實驗者指著每個可能的選擇：「每一正確答案我要得到 1 個點數、2 個點數、……10 個點數」。）在我離開教室後，你將每一正確答案要得到的點數圈起來。

隨因增強管理系統最常隨著老師控制增強物的選擇與管理而實施。老師控制的隨因增強管理應在老師教導學生自我增強之前實施（King-Sears, 1999）。在學生習慣該系統的機制後，學生他們自己就能有效管理隨因增強了。對學生解釋像上述情境的隨因增強，可用來鼓勵學生設定較嚴密的隨因增強，並逐漸轉變到增強物的自我管理。

下列軼事方塊說明結合自我記錄與自我增強的方法。

迪偉恩通過初級行為改變

迪偉恩感到十分驚恐。在期中時，他的行為改變一科平均是67分。如果他不及格，他的學年平均成績會太低得要重修。在聽過一場有關自我增強的演講後，他決定要親身來試驗看看。

迪偉恩取得3×5大小的卡片。他決定他需要短期與長期增強物。他開始在智慧型手機的計時器設定一小時，當他整個小時坐在書桌前或在圖書館看書而沒有起來或和他人講話，就在卡片上劃記一次。然後讓自己休息10分鐘和室友講話、泡咖啡或解決生理需要。當他劃記了四次時，他決定讓自己和朋友外出吃披薩喝飲料。他保存卡片且當累積到五張至少劃記了四次的卡片時，他打電話約女朋友去看電影。雖然他有點懷疑這計畫的效果，但他發現有效。當他平均一天讀四小時書，他的成績開始改善了。他以學年平均3.0的成績完成這學期的課業，且相信應用行為分析不只是要學生留在座位上的騙人花招而已。

「你有其他計畫是
什麼意思？直到剛
剛我才確定，若我
有足夠的卡片今晚
就可外出。」

自我懲罰

　　大部分自我管理法都強調自我增強。然而，有些研究分析：教導
學生懲罰行為比增強行為有效。哈利‧波特迷（Rowling, 1998）可能
記得家庭小精靈多比（Dobby），常常自我懲罰，用頭撞牆，用桌燈
打自己，扭自己的耳朵，甚至用耳朵敲打烤爐的門。在課堂，不令人
意外地，自我懲罰是相當不同的。最常研究調查的自我懲罰形式是與
代幣增強系統有關的虧損法，如同什麼時候增強，學生必須決定什麼
時候扣除或繳回代幣。與持續強調正向行為介入是一致的，近來研究
很少要學生自我懲罰。許多成人，如以下例所示，使用某種虧損法與
其他自我管理技術結合管理他們自己的行為。

360

愛挑剔教授完成一本書

愛挑剔教授感到十分惶恐，他剛接到來自負責其教科書草稿（你可能還記得，逾期相當久的那本教科書）出版編輯的電子郵件。因為看到「違約」與「到這個月底」的字眼，他知道最好要加快他的寫作速度。他決定每天得至少寫 10 頁，且需要一些這樣做的動機。他買了一部膝上型電腦來打字，但卻花了幾小時在上網與聊天室和他人溝通，而花非常少的時間打字。因此他提供自己一條切成 10 小塊的棒棒糖、兩個塑膠杯，以及向外甥丹尼斯借來的許多彈珠。在開始坐下之前，他將一個塑膠杯裝滿彈珠並把另一個塑膠杯放旁邊，又把 10 塊棒棒糖排列整齊。愛挑剔太太也樂意配合將咖啡杯時常盛滿（她也希望客廳的布置最後能有別於一堆書籍、影印文件、筆記卡片，與弄皺的彩色便利貼等東西）。

愛挑剔教授的寫作準備已花了將近一個小時的時間。在開始之前他想休息一下，但他克制自己。他開始輸入文字並在完成每一頁時吃一塊棒棒糖。當他發現自己分心時，就把一顆彈珠從滿杯移到空杯裡。他決定當空杯的彈珠累積超過 10 顆時，每多一顆彈珠就要多寫一頁。

愛挑剔教授對其自我管理系統的效果感到非常滿意。「真是神奇啊！」他自己想著：「我曾經使用應用行為分析方法在他人身上多年，甚至教導學生如此做。為什麼從未想到在自己身上試驗呢？」他花了許多時間自我慶幸，然後，帶有一些罪惡感再次開始，將一顆彈珠放進空杯，繼續他的工作。

自我教導

自我教導是提供自己口語提示的過程。正如我們在第 10 章所討論的，當辨別刺激不足以引發期望反應的情境時，就有必要提示了。提示常由他人提供，自我教導涉及給自己提供提示。許多成人在從事困難或不熟悉的工作時給自己提示，像發動新車或練習複雜舞步等活

動,我們會對自己說話。在面對拼寫困難時,我們使用像「i 在 e 的前面,除非它在 c 的後面」這樣的提示。我們之中有些在找電話簿時仍然會唱 ABC 的押韻詩。教導學生使用自我教導技巧也能夠提供他們自己口語提示,而不必一直依賴他人。

自我教導能夠讓學生經由解決問題所必經的過程來指認並引導自己。自我教導的訓練應在給學生問題解決、問題回答或工作完成之前。學過自我教導方法的學生可以將這些策略類化到其他情境,例如從一對一家教到課堂教學(Bornstein & Quevillon, 1976)。他們也可跨工作類化,從算術或寫字作業到沒有特別訓練但需要類似的完成過程管理的發音作業(Burgio, Whitman, & Johnson, 1980)。

361　教導學生自我教導策略在教導過動與衝動學童增加出席與專注行為、增進學生展示學習技能的能力、增加適當的社會行為、教導中重度及極重度障礙者多種技能已產生效果(Barkley, Copeland, & Sivage, 1980; Borkowski, 1992; Browder & Shapiro, 1985; Bryant & Budd, 1982; Burgio et al., 1980; Callicott & Park, 2003; Case, Harris, & Graham, 1992; Faloon & Rehfeldt, 2008; Lagomarcino, Hughes, & Rusch, 1989; Peters & Davies, 1981)。

大多數探討自我教導的研究都使用由 Meichenbaum 和 Goodman(1971)發展的訓練步驟而修訂。五步驟的自我教導訓練計畫成功地增加被標記為過動的二年級學童的自我控制,而增加專注於工作的能力並減少錯誤。使用下列步驟以個別指導學生(Meichenbaum & Goodman, 1971, p. 117):

1. 成人示範者在執行工作同時對自己大聲說話(認知示範)。
2. 學生在成人示範者指導語下執行相同的工作(外顯外在引導)。
3. 學生在執行工作同時大聲教導自己(外在自我引導)。
4. 學生在執行工作時小聲唸指導語教導自己(褪除外在自我引導)。

5. 學生在執行工作同時，經由私語引導其表現（內在自我教導）。

下例是由老師提供的認知示範，之後由該生外在與內在地演練，這項工作要求學生複製線條樣本：

> 好的，我必須做的是什麼？你要我以不同的線條複製這個圖。我必須慢慢小心地畫。好的，畫一條直線下來，很好；然後向右，就是這樣；現在再向下畫一些並向左。好！到目前為止我表現得不錯。記得，要慢慢地畫。現在再向上。不，我應該要向下才對。沒關係！只要小心地把線擦掉……好。就算我畫錯，也可以慢慢小心地繼續畫。我現在必須要向下了。完成了。我辦到了！（Meichenbaum & Goodman, 1971, p. 117）

為了學生學習模仿有效完整的策略，老師必須在初期的示範就將引導該工作過程的幾個有關表現技能納入。這些技能包括（Meichenbaum, 1977, p. 123）：

1. 定義問題。（「我必須做的是什麼？」）
2. 集中注意與反應引導。（「小心地……畫一條直線下來。」）
3. 自我增強。（「好！我表現得不錯。」）
4. 自我評鑑的處理技巧與錯誤修正的選擇。（「沒關係……就算我畫錯，也可以慢慢小心地繼續畫。」）

為了要協助衝動學生成為更具反省力且更能完成配合的工作，老師示範了下列策略：

> 現在讓我看看，我應該做什麼呢？我必須找出這些之中的哪一個（指著這六個替代物）適合這空間（指著四邊形空

白區域）。好！我現在必須記得慢慢地進行；在回答之前確
實小心地檢查這其中的每一個。是這個嗎（指著第一個替代
物）？它有相同的顏色但看起來不一樣，因為線條比較粗。
好，現在我知道不是這個了。現在我必須檢查下一個（指著
第二個替代物）。它看起來不一樣，因為上面沒有線條而這
個（指著標準的樣本）上面有線條。好，現在我知道不是這
個。接下來我必須檢查這個（指著第三個替代物）。在我看
來，它看起來一樣。顏色與線條看起來也一樣。我想應該就
是這個，但在選擇之前，我必須慢慢小心地檢查其他的……
（繼續一次一個檢查剩下三個替代物）。好，我全部將它們
檢查過了，而且我慢慢小心地檢查。我想就是這個了（指著
正確的選擇）。（Peters & Davies, 1981, p. 379）

362　　Reid 和 Lienemann（2006）教一組注意力不足過動症（ADHD）
學生使用自我調節策略發展（Self-Regulated Strategy Development），
改進他們書面作文技能（Graham & Harris, 2005）。該策略使用記憶
術教導學生計畫、組織和寫故事，以涵蓋故事所有必要的部分。用直
接指導和示範教導學生這個策略，之後學生能獨立地使用它。學生評
鑑他們自己的故事，所有學生增加了他們故事的字彙量、故事所包含
的部分，和他們寫作的品質。他們也以圖表顯示他們的進步。

　　自我教導是可以幫助學生變得更獨立的有用方法，並且維持和類
化行為改變的成果。影響自我教導效率的幾個因素如下：

✳…………………
影響自我教導效率
的因素。
…………………

1. 在工作表現期間實際執行的方法。Roberts、Nelson 和 Olson
   （1987）發現，使用過自我教導與那些只有教其自我教導策略的
   學生間的表現並無差異。他們指出，至少在有些例子，訓練自我
   教導以解決特定問題可能是好的學業指導，而非認知過程的改
   變。

2. 學生表現反應問題的能力。Higa、Tharpe 和 Calkins（1978）發現，除非幼兒園及一年級學童練習過動作反應，自我教導實際上干擾了表現。沒有任何自我教導會使學生表現出不在其行為內涵之內的工作。

3. 依附於自我教導的增強。

4. 讓教導的焦點明確具體。例如，Mishel 和 Patterson（1976）發現，幼兒學校兒童在做指定工作的時候，如果他們以具體特定方式教導自己不和玩偶講話，比起以一般教導方式提醒自己，較能抗拒與玩偶說話。

自我教導訓練的結果有些不一致。Bornstein（1985）指出，這方法差別的效果可能導因於年齡、性別、智力、種族、歷史，或歸因或認知方式，並指出：「很簡單，自我教導可以是有效的，但顯然它們並不總是有效。」（p. 70）正如我們之前所說：「沒有一件事總是有效的。」

致力於教導中重度障礙者使用自我教導，包括第 10 章所提利用圖片提示（Pierce & Schreibman, 1994; Steed & Lutzker, 1997）。提供學生按照順序描繪各種工作表現的圖畫書，在訓練如何使用這些書後，學生參考這些書而不需老師、工作教練或雇主提供持續督導；就像老師參考教學計畫、演講者參考演講筆記、醫師參考《醫學大全》（*Physician's Desk Reference*）一樣。

大多數自我教導方法與自我檢視、自我增強結合教導。因此，學生為自己提供行為的事前情境與正確表現的事後結果。以下數節則描述幾項研究，檢驗實施介入「組合」的效果，包括幾種自我管理類型。

✛ 重度障礙學生自我管理

自我管理法的描述可能會讓人覺得，這樣的技術只能用在高功能

個體。相反地，相對重度障礙的學生，像智障或自閉症，已經教導他們使用自我管理法（Agran, Fodor-Davis, & Moore, 1992; Dixon et al., 1998; Hughes & Agran, 1993; Mancina, Tankersley, Kamps, Kravits, & Parrett, 2000; Newman, Buffington, & Hemmes, 1996; Newman et al., 1995; Reinecke et al., 1999）。Stahmer 與 Schreibman（1992）使用傳統與自我管理技術兩者的「組合」，包括提示與差別增強（由實驗者施予）及自我評鑑、自我記錄，與自我增強，以增進自閉症兒童適當地遊戲。

教導三位少有適當玩玩具行為的自閉症兒童辨別是否適當地玩玩具遊戲，觀察實驗者展示適當（如將拼圖組合）與不當（將拼圖片旋轉或亂丟）遊戲行為實例，詢問這些兒童實驗者所做是否「適當」（right），並增強正確反應。給每位兒童有鬧鈴的手錶及附有鉛筆的一整盒記錄表，如果在鬧鈴響前的時距（初期非常短），他們玩得「適當」，就劃記一次。如果學生玩耍與記錄都適當，便給予可食用或物質增強物；如果學生指出他們玩得不適當，只給予稱讚報導正確。最後移除手錶與記錄表（因為它們可能成為線索並抑制類化）；當實驗者離開房間的時段之中，問學生他們玩得是否適當。所有學生都增加適當遊戲行為的比率，即使在訓練情境以外的情境，及他們不受督導的時候（經由單向鏡觀察）。

自我管理法在提供顯著障礙學生完全參與融合情境的技能方面，顯現極好的前景（King-Sears, 1999; Koegel et al., 1999）。Callahan 和 Rademacher（1999）使用自我管理法協助賽斯（學業技能良好的八歲自閉症兒童），以 100%的時間參與二年級普通班課堂。研究者定義專注行為，使用直接教學法教導賽斯辨別這些行為。他們在賽斯的桌上做了專注行為的海報，在受到來自鄰近錄音機的嗶聲提示時，賽斯便圈選快樂或悲傷的臉。賽斯的全時專業助理記錄下行為，使得賽斯的專注行為與正確記錄都受到增強。賽斯的專注行為增加且其課堂行為也改進了。

一項後設分析（Lee, Simpson, & Shogren, 2007）使用針對自閉症學生自我管理的十一篇文獻，顯示自我管理可能是對自閉症學生有效的處遇。雖然探討的研究都沒有包括安置在普通班課堂的學生，作者鼓勵做這樣的研究。

❖ 輕度障礙學生自我管理

Cassel 和 Reid（1996）使用直接教學與自我管理方法的組合，包括自我教導、自我評鑑與自我增強，教導兩位輕度智障與兩位學習障礙學生，使用結構化七步驟策略解決算術應用題。實驗者使用直接教學教導學生這策略，並使用列出七步驟的提示卡示範該策略。也要求學生說出在每一步驟使用自我教導的陳述，及他們可能用來作為口語自我增強物的陳述。要求學生在用來解題時，檢查策略的每一步驟。所有學生在解應用題的表現都改進了。

自我管理法也可用在改善普通教育情境輕度障礙學生的表現（Dalton et al., 1999; Todd, Horner, & Sugai, 1999）。Todd 等人教導凱爾（四年級學習障礙學生）在課堂中使用自我管理方法。凱爾用 Sony *364* 隨身聽錄音機來提示他，如果他專注及表現適當便記為 a+，若不是便記為 0。用角色扮演和模擬教導凱爾辨別適當及專注的行為。並且教導凱爾就教室活動學習舉手和接近老師，在給予自己三個 a+ 後，因而再次獲得稱讚。研究者報告提到，問題行為減少了、增加了專注行為、增加整體的教師知覺、增加工作完成，老師的稱讚也增加了。

❖ 疑似障礙學生自我管理

有些研究曾對未鑑定為障礙，但因學業表現不佳與具破壞行為而學業失敗的疑似障礙學生（students at risk），使用自我管理方法（McDougal & Brady, 1998; Mitchem, Young, West, & Benyo, 2001; Ninness, Ellis, & Ninness, 1999; Wood et al., 1998）。Mitchem 等人發展出一套班級同儕協助自我管理（CWPASM）計畫。結合自我記錄、同儕檢視及增強等使用，產生學業表現與行為的改善。

結語

　　本章描述了許多從老師移轉至學生的行為管理技術。這樣的移轉有幾個好處。學生變得更加獨立了，在沒有介入的情境，行為也能維持與類化。強調的重點已從設計改變單一標的行為的短期介入，到可能用於長期改變許多行為的習得策略。自我管理方法的討論也許看來與本書自始至終強調外在可觀察行為的重點相反。本章描述的一些方法，像內在自我教導，並非直接可觀察的。然而，強調的重點總是在這些行為的改變是可觀察的。例如，雖然我們不能觀察學生的內在自我教導，我們可以觀察到他們比在教導使用這方法之前，學業的表現更快、更正確。

問題討論

1. 為你自己設計一份自我管理計畫，包括自我記錄、自我檢視，與自我增強。
2. 實施這份計畫，看你是否能改變你自己的行為。描述這改變過程。

第 **13** 章 綜合運用

本章大綱

365 在前述很多章節我們討論了許多原則，援引許多研究文獻，和提供數十個如何在課堂裡實施的例子。在本章我們將嘗試指出教師如何綜合運用所有原則、研究文獻和做法，提供課堂和其他環境的學生有效率和具效果地學習。我們也要強調學校和學習要能提供老師和學生樂趣。如果多半是沒有樂趣的，將沒人想要繼續做。肯定沒有人教書只是為了金錢。首先我們將描述各種原則的實際實施，然後我們會詳細描述幾個環境。在本章，我們將在左右側重點提示指出使用的行為原則。

有效果和效率地管理課堂的最重要部分發生在學生到達前。仔細規劃可確保所有學生順利地獲取知識和學會技能，並且少有干擾或不當的行為發生。儘管預防計畫使老師盡快反應和盡可能解決問題，還是要為熟練知識和技能有困難的或行為表現不當的學生預做準備。然而，預期每一可能的問題，是不可能的。讓教學具挑戰和非常有意思的是，學生是完全無法預測的。就在這片刻，在這世界的某處，老師正在問助理：「你之前曾見過有人那樣嗎？」

⠿ 刺激控制

學業或社會行為不當或不適應的學生存在著特殊挑戰。這些學生也許會或不會被歸類為障礙或疑似障礙。許多這樣的學生對整個學校環境（辨別刺激 S^D）的反應為攻擊行為或完全退縮。設計課堂環境以改變這樣的行為，老師必須避免同時呈現舊的辨別刺激，並專心於建立課堂的某些元素作為適當行為的識別刺激。這個過程可以考慮提供適當的課堂結構。我們將描述數種結構，包括空間的物理安排、時間、教學、語言結構及教師人格特徵。

366 ### 物理安排

課堂的物理安排為學生提供辨別刺激。這些刺激引起的某些行為

也許是不受歡迎的。對有些學生來說，與其他學生（或一特定同學）接近，可能是分心的交談或身體虐待的 S^D；坐在椅子上可能是翹起椅子的 S^D。在可以教導較適當行為之前，老師也許需要安排課堂以阻擋這些行為發生。Bettenhausen（1998）、Cummings（2000）、MacAulay（1990）、Quinn 等人（2000）、Stewart 和 Evans（1997）及 Weinstein（1992）都曾描述課堂安排和學生行為間的關係。具體建議來自這些來源，包括：

1. 可供老師便於觀察所有學生。
2. 學生間足夠的物理分隔使不當行為減至最少。
3. 仔細釐清那些只有工作行為會被增強的區域，以及較非正式行為被容許的範圍。
4. 課堂避免凌亂和分心的物件，為那些容易分心的學生提供個人閱讀桌。實際上任何刺激是不專注行為的 S^D。

　　課堂的特定安排取決於：將實施什麼教學、課堂上的學生，當然，還有空間本身的限制。（如果你在鍋爐室，你將必須在熔爐附近工作。）如果大多的教學是一對一，那麼必須有幾個工作區供老師和學生能舒適地坐著並看必要的教材；或更好的是，每名學生必須有夠大的工作站能容納另一把椅子和一位成人。當教學是逐站移動時，我們不建議趴著或蹲著，這些年很少用背部讓路或膝蓋讓路。另外，許多學生對逼近他們或擠著他們的成人起不良的反應。我們認識一位有創意的老師在教室坐在有活動輪的辦公椅上，從一張書桌移行到另一書桌。如果有大量的團體教學，必須有一區域讓學生面對老師、白板或其他視覺輔具。或許這似乎是顯而易見，但是我們看見許多老師對團體講話時，學生們有一半背對老師；或在投影機螢幕顯示投影片時，許多學生必須轉過頭來看。這不僅做不好教學，不當行為也有機可乘。小組需要一張桌子和數把椅子，或一夠大空間的地板區供大家舒適地坐好。一張腎形桌是極好的，可供老師和所有學生同時接近。

＊
它不是室內裝潢，它是刺激控制。

許多老師使用膠帶在地板標記個別空間，要求學生留在他們自己的方格內，這樣可減少推擠和扭動到最少。黏在地板上的地毯樣品（或以魔鬼氈緊固在現有地毯上）可能發揮同樣作用。（便宜的地毯樣品是可利用的，或如果對地毯商動之以情，或許可以經常免費獲得。有些老師會帶著他們最可愛孩子的相片去說服。）

也很重要的是教室要有吸引力。顏色明亮的海報欄顯示：植物、水族館和學生設計，都營造了友善、歡迎的氣氛。展示的圖表、視覺提示和目標傳遞出的訊息是：教室是做嚴肅事務的地方。雖然「枯燥乏味的教室」（Haring & Phillips, 1962）——牆壁漆成灰色、窗戶被遮著和所有材料存放在學生看不見的地方，未證明這是必要的；要記得重要的一點，許多學生易分心，過於眼花撩亂的裝飾應該避免。學生應該有工作區域，確保他們會專注在視線內最引人注目的工作。

367 當我們開始討論教室整潔的重要，參觀過我們辦公室的學生一定咯咯地笑。我們支持像愛挑剔教授，年齡較大的大學老師比多數孩子和青少年容易適應凌亂的工作環境。雜亂的教室可能是危險的，特別是對有行動困難的學生。它勢必會造成無效率的教學。老師必須翻找她的書桌、書櫥和兩個櫥櫃，才找到藏在成堆紙底的教材而浪費了寶貴時間。她也提供學生壞的示範。書桌堆滿其他東西的學生會發現無法專注於手頭的工作。有時值得付出巨大的努力來保持事物整潔。

實體教室本身能夠且將變成學生適當行為的複雜 S^D。增強什麼行為和課堂安排的一致性是重要的。雨天讓行為困擾學生在工作區域遊戲，會導致那個區域的刺激控制減弱。突然改變教室安排也會製造這些學生的問題。一項古典研究在動物實驗室檢驗刺激控制的建立，Rodewald（1979）發現甚至清洗鴿子的籠子也會打亂了刺激控制。在教室稍微的變化會對學生起類似的作用。

時間結構

時間具許多人類行為辨別刺激的功能。在某些時刻，可增強某些

※⋯⋯⋯⋯⋯⋯
當我們說：「該是做⋯⋯的時候了」，我們正在使用刺激控制。
⋯⋯⋯⋯⋯⋯⋯

行為。該課堂可預測的日程表會將時間的控制最大化。貼出每日活動和個人工作的日程表，對改進自閉症和其他發展障礙學生的學習和行為方面，有極大的希望（Rao & Gagie, 2006; Savner & Myles, 2000）。其他時間方面也應該考慮。有證據顯示（Rathoven, 1999; Van Houten & Thompson, 1976），當學生的表現是計時的，他們會更迅速地工作。很顯然，計時是迅速工作的 S^D。

　　一個簡單、便宜的廚房計時器在安排課堂時間可有極大的幫助。計時器的滴答作響和單一清楚的響鈴能用在許多方面。下面你將看見，古老計時器有些好處超過新的數位模式，雖然兩者都有它們的用途。在個別工作期間，分給學生各一計時器和指示「限時完成」。計時器也可用於釐清上課中的時段。可以教導學生，當計時器滴答作響時，不允許說話或移動。滴答作響成為獨立、安靜工作的 S^D。響鈴成為停止工作和等待進一步指示開始另一活動的 S^D。沒有助理、在課堂與小組一同工作的老師，也許會教導學生：不在小組接受教學指導的人，不要跟老師講話，除非在可怕的緊急狀態下（火災失控，或有比一公升多的血灑在地上）。看起來這個辨別刺激「當計時器設定了，就不可以和老師談話」，是由滴答作響的聲音提示。可教導所有年齡和能力層次的人們依計時器行事。實際上，我的計時器滴答作響作為我寫作的 S^D，也是同事打擾中斷的 S^Δ，順道一提，他們比學前孩子更難訓練。這鈴聲是制約增強物——咖啡休息時間。

　　使用超過一個滴答作響的計時器可能會讓孩子和成人分心或甚至厭惡。這是數位計時器用到的地方，靜靜地直到時間到才響。即便滴答作響的計時器常使用於所有或大多數的班級，數位計時器可以使用在個別學生和小組。雖然現在我們的電話大都有計時器，隨手放置那些電話應該小心謹慎；當老師不注意時，難保學生可能會做什麼。[368]

　　在結束時間主題之前，我們必須論及浪費時間的問題。可惜的是，可以在教室觀察的許多活動似乎少有或沒有目的，除了讓學生一味的忙；有時，更加令人遺憾的，老師和助理在聊天、做文書工作，

或者做其他非教學活動。有時看上去學生不再參與任何活動，除了等待有事發生。特別是對疑似或障礙學生而言，沒有時間可浪費。每一次努力必須持續讓每名學生在上課時間盡可能主動地學習。我們認識一位一年級老師在早上休息時間傳統例行在走廊排隊時，要求她的學生答覆閃示卡加減法才准上廁所。我們認為這或許是有點極端，但是我們讚許這決心，用可利用的每一分鐘來教導。

教學結構

好的教育結構始於計畫，計畫始於目的和目標。第 3 章相當詳細描述了衍生和撰寫適當目的和目標的過程。一旦班級或一障礙學生 IEP 的長程和短程目標已建立，即可敘寫每日的目標。我們不同意障礙個體的個別化教學計畫（IEP）是課程計畫的說法，特別是將 IEP 鎖在學校辦公室檔案櫃存放。老師需要計畫每日目標，引導至已建立的目的和特定活動上，協助學生熟練那些目標。除目標外，最小教學計畫必須包括：陳述老師將做什麼、學生將做什麼、需要什麼材料，以及如何測量目標是否精熟。如果不只一位老師，計畫應該也陳述誰負責提供教學。如果，如同我們早先的建議，該課堂有每日及每週書面日程表，可以複製的教學計畫格式，以利迅速和有效地敘寫每日的活動。前述諸章節詳述研究本位方式設計口頭和視覺刺激，有效使用提示，和增強學生反應，這些方法應該是每日教學的依據。我們再提醒你，應用行為分析是教學方法，而不僅是控制學生的方式。除了確保教學是目的導向和有效率之外，每日書面計畫是對大多數老師「繼續做吧」的提示。這樣不會延長自由遊戲時間直到午餐，和忘記今天的數學課。

提供教學的方式也是重要的。如果老師是乏味和冷漠的，學生也將會是乏味和冷漠的。在教導「較大」的概念第一百次時似乎難以熱忱滿滿，但這絕對是必要的。輕快活潑的教學比昏沉遲鈍的教學更容易引起學生反應。所有教學必須包括為學生反應作準備。光說不是教

導，老師必須不斷地尋找學生的反應，這些反應顯示他們正在學習。順便一提，問學生是否明白某事，是絕對無用的。許多學生認為他們明白了，事實上他們不懂；許多學生會熱心地點頭只希望教學早點停止。光只解釋什麼是「較大」是不夠的，有效率的老師一再要求學生說出哪個是較大的、指出哪個較大、找出一個較大的、畫一個較大的、做一個較大的。老師也積極增強正確反應並訂正那些錯誤的。

使用教材也會引起學生反應。老師希望這些是以正確口頭和書面解答的方式反應。然而，對許多有學習和行為困難的學生，傳統材料例如課本、作業簿和活頁練習題可能是不當行為的 S^D。通常給這樣孩子使用的最佳材料，是看起來與他們以前看過的大不相同。有許多教材科技可用的今天，提供不同種類的教材變得更容易。即使是古老的方式像從作業簿撕下數頁（Gallagher, 1979），或僅提出一頁的部分而切開成幾個片斷（Hewett & Taylor, 1980），可以提供足夠的差異因此不當反應不會發生。而以較傳統的方式做學業作業是可以逐步形塑的，許多的創意要求提供有些學生作業以產生適當反應。發揮創意是很值得的——要小組學生盡可能最快完成長除法，必定比無所事事的小組出現更少的干擾行為。

369 ✱

刺激控制會與教師所希望的反其道而行。

語言結構

所有班級都有規則。不管對學生行為的期望是否明確，它們都存在。明智的老師與學生分享對課堂行為的期望：若學生不知道這規則是什麼，他們就難以遵守規則。許多學生會遵守規則；對他們來說，規則成為服從的辨別刺激（由於他們的增強歷史）。會打擾老師的學生行為，指的是學生不遵守規則、搞破壞，或不完成指定的工作。對這樣的學生，僅指明所期望他們做的行為少有作用；對他們而言，遵守規則不在刺激控制下。必須要教導這些學生遵守規則，依循下列規則有助於這過程：

1. 關於期望什麼要非常具體（具體性）。
2. 制訂的規則盡可能越少越好（經濟性）。
3. 規則和後果（事後結果）間的關係要明確。

具體性

　　有效的規則描述可觀察的行為。對是否已遵循一條有效的規則，可以做出明確的決定。有些老師努力設想每種情況，但訂的規則是隱晦無用的。決定一學生是否是好公民、是否尊重他人的權利，或要別人怎麼待他，他就該怎麼待人，是非常困難的。遵循這些規則也是困難的：什麼是一位好公民該做的？他人的權利是什麼？要他怎麼待我前，我是否已怎麼待他？老師必須決定在他們的課堂什麼行為是重要的，並描述這些行為的規則。如果好公民意指「完成作業」或「不打人」，這些應該成為規則。一般來說，具體指明期望哪些行為比禁止哪些行為來得好。然而，有些老師的努力是完全地正向積極，提出的規則卻是錯綜複雜而不清楚的。「不要動手動腳」是「不要打人」的欠佳替代品，如果這一規則是需要的。曾有一位老師為了用語詞表達規則來尋求協助。我們告訴她所有規則必須正向地陳述，且需要定下關於吐痰的規則。我們認為：「把口水留給你自己」比「不可隨地吐痰」來得缺乏衝擊和清晰明確。有時要正確地告訴學生什麼是不可做的。

³⁷⁰ 經濟性

※⋯⋯⋯⋯⋯⋯⋯⋯
（即使是老師也）
難以記住所有的規
則。
⋯⋯⋯⋯⋯⋯⋯⋯

　　制訂太多規則是無效率的。老師預期每個可能的情境訂下了 88 項規則，可能發現：學生要受到「發現第 89 項不當行為」的挑戰——「但卻沒有規則可以防備它」。這是讓學生訂立規則的主要缺點，他們總是似乎要訂立數打的規則（和將不順從的訴諸死刑）。

　　有時，不必要的規則甚至給學生一些想法。如果在開學第一天，老師對他的七年級學生宣布：「不可從自助餐廳帶回吸管。我不會讓

我班上的學生弄濕紙末段蓋住吸管，再向上吹而黏住天花板」，他可以期望他們如此做，也許學生們自己從未想到要如此做。有鑑於此，關於打人（特別是關於打老師）和其他猛烈方式的不當行為的規則，不應加以制訂，除非有無可辯駁的證據證明這是必要的。

　　此外，執行不必要的規則是浪費時間。有趣的是，在一般課堂蒐集資料處理這「問題」（嚼口香糖）所花的時間量。我們很多人都聽過（或參與過）像這樣的對話：

　　　　老師：「是你嚼口香糖？」
　　　　學生：（迅速地吞下）「誰？我？」

　　或

　　　　老師：「是你嚼口香糖？」
　　　　學生：「不是我，佛蘭克林女士。」
　　　　老師：「張開你的嘴。讓我看！你在嚼口香糖！立刻把它吐掉！我要看到它在垃圾箱！」

　　許多學生發現像這增強的對話。他們以嚼口香糖避免或逃離教學，要他們的老師因此而分神注意幾分鐘。因此，課堂規則應該集中在有效率教導必要的行為。讓規則成為有效的 S^D 常是相當困難的。為什麼這樣做，除非規則是必要的？

　　通常教學生規則是必要的，正如我們教導他們其他事物。如果其中一個規則是「先舉手，再發言」，老師可示範適當舉手，要學生示範和辨別正確和不正確的例子；確定學生了解通常未聲明（因為它使規則成累贅）但是必要的行為：等待老師在問或答問題或評論前看見舉手和加以反應，制止狂熱地搖手或重複地發咕噥噪音。數節練習伴有許多笑聲（學生喜愛示範不正確的例子）、稱讚和其他增強，將協助學生學會規則。

事後結果

　　對行為不受規則控制的學生，必須要付出系統化的努力以建立下列規則和積極增強（或懲罰）間的關係。提示也許是需要的，老師可以：

1. 以書面或圖畫方式將規則張貼在布告欄，因此提供視覺提示。
2. 在每節課開始時陳述規則或要學生朗讀規則，因此提供口頭提示。
3. 引起正在遵守規則的學生的注意，藉此提供楷模。
4. 在少數時候指出不守規則的學生。

　　當規則已學會並且實施，老師必須依循它們，繼續提供一致的增強。諸如此類的系統化努力讓遵守規則能成功處於刺激控制之下，即使學生在學校或在家裡等其他情境不守規則。這位老師和這個課堂將成為遵守規則的辨別刺激。

規則和步驟

　　Wong 和 Wong（2009）區分規則和步驟間的差異。規則告訴學生他們應如何表現行為，步驟告訴他們在課堂如何完成事物。步驟變得越自動，課堂運作越順利。步驟應該包括（但不限於）像進教室和離開教室、分發材料、按順序完成工作、削尖鉛筆等等。在學年初期值得花時間教導所需要的每一程序。筆者之一教了鄰近一位三年級的老師，在學年前三週只教程序不做其他的。他們排隊，坐下，他們排隊，坐下，他們哪兒也沒有去。他們一再反覆地交出紙張並傳遞，他們什麼也沒有寫。她甚至指派一名學生，當老師不在課堂裡（頻繁發生）負責回答對講機。確定有一名學生回答：「她剛離開教室一會兒，我可以幫她留言」，比眾人異口同聲喊叫：「我們早晨就沒看見她，你是否到休息室找找看？」令人印象深刻。或許這位老師練習程

序做得有點過分，但即使她不在教室，她的課堂確實順利地運作。

教師人格特徵

　　幾乎每個人（的確，幾乎想要成為教師的每個人）會記得一位特別的老師。當我們要學生告訴我們為什麼這位老師很特別，他們談到溫暖、關懷、個人興趣、幽默感、敏銳和許多其他相似的特徵。作為應用行為分析者，當然不滿意這樣隱晦的描述。當我們明確指出他們的行為，我們發現了那些老師所做的讓自己制約成正增強物。經由提供大量積極增強，通常是社會性增強，他們養成了增強特徵而活躍突出。許多無知的人認為：教師系統化地使用應用行為分析做法一定是冷酷、機械化和無人情味的。實際上，真實的情況是相反的。

　　所有課堂提供行為的事後結果。激發一些（實際上所有）學生努力工作學習和贏得好成績。在這樣的課堂，好的教學、偶爾的稱讚或柔和的勸告是必要的唯一班級經營技巧。在其他環境，學生可能少有如此成功經驗，以及有如此之多的不當行為的增強，讓教學無法進行，除非學生的行為能在控制之下。實際上所有這樣的學生將積極反應第 8 章描述的代幣系統之一，少數也許必要使用一些方法以減少行為。在其他課堂，學生對結合原級和社會增強的反應最好，再以部分的方法減少不當行為。熟悉應用行為分析工具的老師具備設計任何情境適當的管理系統。

▓ 瀏覽學習環境

372

　　現在我們將拜訪幾位老師（都是應用行為分析者），在幾個相當不同的情境裡教學。我們將看看從他們的課堂安排研究到他們的日常時間表裡的每件事，來了解他們如何實施他們已閱讀和觀察的原則。

記得哈普小姐嗎？

　　哈普小姐的第二個教學場所是在融合的學前情境。因為她正在副修學前特教，愛挑剔教授認為這很適合她，哈普小姐卻不那麼確定。她被告知她未來的學生中大約四分之一是「發展遲緩」，她知道這可能意味著所有可能的狀況。

　　哈普小姐在學校的第一天怯生生地走向教室。當她走過開啟的大門進入一間大而通風的房間時，對這間教室呈現的情景留下深刻印象。有幾張桌子配上小小的椅子，但教室的大部分被分成較大的區域，包括各種她所描述的玩具：積木、附有桶子與其他用具的沙與水桌、彩色的建築材料、洋娃娃與家具，以及小型廚具組與其他家具。她也看到畫架與顏料、兒童作品的展示、塑形黏土，與一大堆騎乘的玩具，顯示似乎有一大群的幼童。當她試著要指認那些「發展遲緩」兒童時，一位穿著緊身短褲、網球鞋、面帶微笑的年輕女子走向她，哈普小姐猜想那一定是助理老師。

　　「哈普小姐嗎？」她詢問道，「我叫艾眉，是這裡的主任。歡迎到我們的班上來。」她打量地看著哈普小姐的套裝、中跟無鞋帶皮鞋，及謹慎的表情，繼續說：「快來這裡見見其他老師，我們都很期待與你一起工作。」

　　「麥可，」她語氣堅定地向一位坐在小型電動輪椅危險地快速接近哈普小姐鞋子的小朋友說：「看著你要走的方向，小朋友。」

　　當他們從小朋友群走過的時候，哈普小姐看見兩位唐氏症兒童，和不只兩位腳裝支架的小朋友，他們似乎正忙著與其他小朋友玩。當他們走向其他老師的時候，艾眉女士問：「哈普小姐，你叫什麼名字？我們在這裡是不拘禮節的。」

　　「米雪兒，」她透不過氣地回答，這時哈普小姐被介紹給其他四位大人。不論職位，分別是白瑞、麗莎、邦妮與露西兒，他們顯然將與艾眉女士共同負責教室中25位（真的只有25位？）三到四歲的幼童。

　　麗莎負責帶領哈普小姐說：「我們今天早上已經排成圓圈，大多數小朋友正準備好要在各個學習站學習。」她同情地看著哈普小姐的服裝坦率地說：「也許你想要看一下吧。」她引導哈普小姐到工作桌前一張大人的椅子坐下，然後很快地從沙桌前的一位小朋友那裡把鏟子帶走。

　　「沙子，」她堅定地說：「是用來建造，不是用來丟擲的。」她坐在沙桌前地板上，並詢問小朋友們正在做什麼。她鼓勵小朋友一起做，稱讚一位小朋友用貨車裝沙子，較方便搬移沙子。同時邦妮女士集合三位小朋友並將他們安置在小桌子前。她從箱子裡面拿出物品並要小朋友加以指認，告訴他們是什麼顏色，並回答他們其他的問題。哈普小姐認出一位她的大學同學，正和一位自閉症兒童一起工作，如同在校部分時間接受密集的一對一教學。

　　當哈普小姐觀察教室的上課活動時，她突然想到一個模式。除了 373 直接教學活動外，她看到了在各種學習站許多小組正在玩（工作，她確認）。她決定要觀察一個學習站一會兒，集中注意看會有什麼事情。她選擇了積木學習站。四位小朋友正在建造一系列的建築並討論他們的活動。一位小朋友獨自坐著，而白瑞就坐在附近的地板上。

　　「白瑞先生，」其中一位小朋友強調說：「白瑞先生，查理獨占著大積木。」確實，查理只蒐集最大塊的積木並把積木放在他和其他小朋友的中間。

　　「也許你應該要求他來分享，迪強。」白瑞先生建議。

　　「不行！」迪強說：「他會打我。」哈普小姐開始懷疑查理也可能是「發展遲緩」。

　　「查理，」白瑞先生平靜地建議：「我想迪強不知道我們一起花了多少的工夫學習分享的功課。記得，你獲得了玩電腦的時間。去吧！」白瑞先生更大聲加了一句：「迪強，問吧！你知道怎麼做。」

　　「查理，」迪強說：「我們需要大塊積木，來幫忙我們吧。」看了白瑞先生一眼，查理從他所囤積的積木中推了幾塊給迪強，然後稍

積極社會增強。

白瑞提示迪強，然後提示查理。

微向小組移過去。白瑞先生很快遞給查理一枚代幣（他悄悄放入查理的口袋）並說：「你表現很好，查理；你也是，迪強。」

哈普小姐把她的注意力轉移到小朋友們在玩水（工作）的區域，麗莎小姐與露西兒小姐兩位和六位小朋友在那裡。小朋友中有一位叫馬莉亞，是唐氏症兒童。小朋友們將水由較小的容器倒入較大容器，當然，也從較大倒入較小的容器。哈普小姐欣賞這桌的巧妙設計及有兩位大人在場。兩位老師都與所有小朋友講話。她注意到當老師問馬莉亞問題的時候，她是以單音節的字回答而沒有主動互動。其他小朋友互相交談，卻忽略了馬莉亞。然而，哈普小姐開始注意到一種模式。露西兒小姐臨時提議：「馬連妮，請你要求馬莉亞遞給你那個黃色杯子。並讚許說『謝謝你，馬連妮』。」

幾分鐘後，邦妮女士說：「昆，如果馬莉亞願意當打掃助手，你會請她幫忙嗎？你可以當領導者。」哈普小姐印象深刻的是，老師們鼓勵一般學生與他們的障礙同儕互動。她了解到使用發展上適合的練習情境，可以調整那些練習應用到廣泛多元的發展水準，甚至那些被稱為「遲緩的」。

在這天結束前，觀察了室內工作、戶外工作、午餐餐廳工作及休息時間等後，哈普小姐相信這就是適合她工作的地方。她離開幼兒園前往購物中心，她需要一條八分褲與一雙網球鞋。哈普小姐還會做什麼其他打扮呢？

米契兒小姐的自足式班級

米契兒小姐教導八位六至九歲的孩子，這些孩子都有重度的發展障礙。三位學生坐輪椅，有一位用支架和枴杖。學生中有些沒有溝通技能，其他的可以清楚地講話。米契兒小姐和一位資源老師共用一間有兩個房間的套房。她有一位全職的助理普司特小姐，與一位語言治療師、一位物理治療師、一位職能治療師合作，他們都在好幾個學校工作。她房間的安排能讓使用輪椅與枴杖的學生輕易而安全地移動。

有一張桌子所有學生與幾個大人都可以坐在那裡，學生可以坐或躺在地板的區域，許多為特定兒童設計調整坐或站的設備。也有一個供學生更衣需要的屏幕區。

米契兒小姐每日與每週的時間安排相當複雜。她必須安排時間使 374 專業人員與專業助理的協助發揮最大用處，同時讓所有學生都有機會與非障礙和障礙程度較輕的同儕在一起。要展示米契兒小姐如何把它綜合應用於教室最好的方法，也許就是花整天的時間在她的班級中。

米契兒小姐所有的學生都搭乘巴士到學校。不論是她或助理普司特女士等候每一輛巴士協助司機幫學生下車，並協助學生抵達教室。幾位來自普通班的志工學生當他們的好朋友提供協助。老師們開始只提供所需的最少協助，當梅爾肯自行前往教室的時候稍加伴隨著他。因為巴士抵達的時間有相當間隔，在學生抵達教室的時候，有充裕時間與個別學生在一起。米契兒小姐的計畫之所以如此複雜，部分原因是在將外套與鞋子脫下並掛起來這件事，她必須始終記得，例如，梅爾肯在學習顏色，崔西在學習數數，而史帝芬在學習對他的名字有反應。當他們到教室時，必須提示每一位學生去自己的外套掛鉤那裡，學生的姓名與照片張貼在每個掛鉤前。「崔西，脫下你的外套。很好，梅爾肯，你脫下外套，現在把它掛起來，很好。脫掉你的外套，崔西。」米契兒小姐將手放在崔西的手上面，並幫助她解鈕釦。「有幾個鈕釦，崔西？讓我們來算一算。一、二、三，三個鈕釦。脫下外套。」當崔西照著做的時候，米契兒小姐說：「梅爾肯，你的襯衫是紅色的嗎？」梅爾肯點頭。「梅爾肯，說出來，說『是的』，很好。好女孩，崔西，你脫下了外套，今天早上有幾件外套呢？表現很好！有三件。史帝芬！」當史帝芬把頭轉過來的時候，他獲得老師的一個呵癢，並對他說：「好，史帝芬，我們到圈圈那裡去。」

米契兒小姐喜歡以像在普通班低年級課堂的「展示與討論」類似方式來作為一天的開始。星期一早晨語言治療師在這裡，所以今天她帶這節活動，要每一位小朋友以口語或溝通工具反應。

＊……………………
將反應置於刺激控制之下。
……………………

　　「告訴我你昨天做過的一些事情。梅爾肯，你昨天做了些什麼事？你看了電視沒？告訴我，『我看了電視。』很好。漢娜，你看了電視沒？很好（當漢娜指向溝通板上的電視時），漢娜。你看了什麼節目，崔西？《海綿寶寶》嗎？我也看了。」米契兒小姐在小朋友間移動著，提示反應並輕拍有反應學生的肩膀。史帝芬（他的語言技能最少）以笑來對電視節目反應。普司特小姐（站在史帝芬後面）給他另一個呵癢並說：「你喜歡電視節目嗎，史帝芬？」他又咯咯地笑。

　　圓圈活動之後，是梅爾肯要轉換到和二年級一起上體育課的時間了。普司特小姐教他穿衣技能，幫助他脫下紅色襯衫並穿上藍色短褲，同時米契兒小姐和語言治療師指導其他學生將東西重新安排，放在書架上面與下面，要求崔西數書本的數量，偶爾吸引史帝芬的注意。

　　一位二年級生來帶梅爾肯。米契兒小姐和普司特小姐與個人及小組在各種技能上進行密集練習，於此同時其他的學生暫時獨自練習。當梅爾肯在大約 45 分鐘後回來，在換回平時所穿的衣服時，他告訴米契兒小姐所有有關踢球（紅球）的事情。幾個小孩幫忙普司特小姐準備早上的點心，梅爾肯拿了杯子並遞上紅色的、黃色的，以及藍色的杯子給普司特小姐。崔西數兩塊餅乾給每位學生。在點心清理乾淨之後（當然，現在你可以猜到誰洗了紅色的杯子，及誰數杯子以確保它們都洗過），小朋友之中有六位和普司特小姐參加資源班的數學活動，而米契兒小姐、漢娜，及崔西穿上外套去散步。漢娜大部分的鄰居都是走路上學，而米契兒小姐的目標是要漢娜學會安全過馬路，這樣她就可以和他們一起上學了。崔西住太遠因此不能走路上學，但也準備要學習這項技能。在走路的時候，米契兒小姐和小朋友們談話，指認他們看到的東西，並要他們照著做。她要崔西在散步的時候數幾件東西。他們散步到漢娜的家又返回，甚至在綠燈的時候也注意兩邊來車。

　　幾位小朋友和普通班學生一起吃午餐，每一位小朋友都有一位午

餐夥伴，以確保午餐進行順利。普司特小姐帶著其他幾位仍需要較多協助和督導的小朋友成為一組到餐廳。米契兒小姐在教室裡協助史帝芬，如果他必須在餐廳用餐，就會變得非常激動且表現自我傷害的行為；米契兒小姐計畫在幾週內開始讓他自行去用餐。

午餐後，就像在大部分的小學教室一樣，有一段安靜說故事與聽音樂時間。普司特小姐與米契兒小姐每個人負責一半的時間，所以另一位可以在老師休息室安靜吃午餐。米契兒小姐的午餐分量加倍，所以她可以和一位朋友一起吃，同時讓人告訴她，她表現得很好。

＊ ·············
教師也需要積極增強。
·············

午休後，梅爾肯到資源教室做閱讀準備度活動。普司特小姐、米契兒小姐及物理治療師，協助其他小朋友更衣上體育課。這位物理治療師協助為每位學生設計大肌肉動作活動並幫忙實施。小朋友一結束體育課，就是開始準備上公車的時間了。

米契兒小姐曾對花在課堂例行活動上的時間量感到挫折，直到她了解她可以在這些例行活動上教學為止。

華盛頓小姐的資源教室

華盛頓小姐是一所郊區大型小學的資源教師。她和大約30位四、五年級有學習障礙、輕度智障，或行為問題已標示為「嚴重情緒困擾」等學生一起學習。作為一位行為主義者，她不太在意他們的情緒困擾，而關注其學業與社會行為。所有華盛頓小姐的學生在學校至少有一半時間在普通班課堂。有些每天和她在一起 3 小時，有些學生只有在普通班遇到問題時才來。華盛頓小姐和一多科專業小組針對她的每位學生設計了個別化教育計畫（IEP），並與普通班老師協調計畫的實施。她有一位在下午來的兼任助理。

通常華盛頓小姐要花好幾週協調每週與每日的活動安排。她必須在許多班級的美術、音樂、體育及午餐等時間忙進忙出；例如，她必須確定她的學生不會錯過他們所擅長的數學，而到她這裡上他們所不擅長的閱讀，這時間若坐在閱讀課裡他們就完全損失。如果這聽起來

讓人困惑，就不難想見華盛頓小姐的感受。她嘗試不以年級或障礙類型來安排課程，而安排同時間在一領域約相同程度學生的課。在任何時刻，在她上課的課堂常分成幾個小組，例如，五位學生學習閱讀而一位學生需數學的協助指導。她做所有老師所做的事，她提供有些學生獨立練習，同時她和其他學生一起練習。她把最大的組別和最困難的學生排在下午，讓助理老師方便檢視並協助獨立練習。今年有兩位男孩整個早上和她在一起，她負責他們閱讀、數學與社會的教導。她在早上的每個小時中另外安排五位學生，因此任何時間她的教室中會有七位學生。三位學生每天下午花 2 個小時，而華盛頓小姐在這 2 小時中的每個小時安排另外五位學生。她在 11:30 到中午的時間吃午
376 餐，另外中午到 1:00 的時間用來觀察與開會。她發現許多上班的父母較喜歡在午餐時間來面談。她要求學生在安排的時間就座，並為那些需要提示的學生提供有他們需要離開普通班級時間的小鐘面。

華盛頓小姐在課堂使用一種正式的代幣制。每位學生都有一張積點卡，準時上課、完成作業、遵守規矩就獲得積點。許多學生也帶來普通班老師發的較不精緻的積點卡，在普通班教室表現良好而獲得積點。她在星期五提供學生所稱呼的「商店」，學生可以用填滿的積點卡兌換食物、學用品與小玩具。華盛頓小姐像其他老師一樣，自己購買補充商店裡的獎品。她主張那比起如果沒有代幣制而需要精神醫療來得便宜。她也有一個暫停增強區，那裡可以將破壞秩序的學生從團體裡加以隔離。

華盛頓小姐課堂的所有教學都是個別化的。與有些老師相信的正好相反，這並不意味所有的教學都是一對一的；也不是說每一位學生都有自己的一盒學習單而不與老師互動。這意指設計每位學生每天的課程，以協助她精熟她所撰寫的個別化教育計畫中的長短期目標。有些學童可能有相同的目標，他們常可以小組方式來教導。華盛頓小姐將每位學生要做什麼的每日工作表張貼在公布欄，對她與助理老師就很方便。

　　華盛頓小姐布置教室使得兩個教學與工作區盡可能隔開。大部分的學生坐在桌子前，而不是一般（有抽屜）的書桌。她為少數學生安排隔開的書桌，避免他們打擾其他同學。她的兩位學生在她以書櫃布置的個人閱讀桌做練習。

　　我們來參觀華盛頓小姐在星期一早上開始的工作。準時 8:30，在普通班教室效忠誓詞與繳午餐費之後，愛爾文與泰龍（兩位整個早上要留下的學生），與馬連妮、邁可、唐娜、查理與哈若拿出他們的積點卡並坐在指定的座位上。在他們就座後，華盛頓小姐與他們打招呼。

　　「早安，愛爾文，在下雨的星期一看到你的笑容真好。你準時來上課，獲得 10 點，另外已經開始練習排序的工作，再獲得 2 點。」（Hewett & Taylor, 1980）每位學生座位上都有一張增強聽從指導語的簡單紙筆練習，對每位學生都打招呼並給予積點。

　　當學生們完成排序練習（通常不超過 5 分鐘）時，華盛頓小姐在每位學生桌上放一個大 A，給予更多積點，並說：「愛爾文，我們首先要開始閱讀練習。當我要其他同學開始時，你拿三本紅色的書並帶過來。」她要四位學生根據昨天讀過的故事開始做閱讀理解活動，提醒他們如果需要幫助，可以舉起紅色（硬紙板）旗子；然後坐在愛爾文、泰龍與哈若的桌子旁。

　　「愛爾文，謝謝你把我們的書帶過來。你表現得很好，途中沒有講話或閒晃。可以另外獲得 3 個積點。」在很快的 10 分鐘練習，學生們齊聲回答指認字彙與發音之後，華盛頓小姐說：「現在我要把我們今天將要讀的故事標題寫在白板上。我相信有人可以輕易地讀出來，因為這裡面有很多我們已經練習過的字詞。」她把「奇幻之旅」（The Fantastic Voyage）的標題寫在白板上，足以確信的是，三個學生都很想讀。

　　「馬文，你來試試。」馬文把標題讀成「奇幻之偷窺狂」（The Fantastic Voyeur）。壓抑住笑聲，華盛頓小姐提示：「a-g-e 三個字母

✱ ⋯⋯⋯⋯⋯⋯
代幣總是配對著稱讚。
⋯⋯⋯⋯⋯⋯

✱ ⋯⋯⋯⋯⋯⋯
稱讚總是要具體。
⋯⋯⋯⋯⋯⋯

在一起發什麼音呢？對！現在試試看。很棒！哈若，奇幻（fantastic）是什麼意思呢？這是一個我們可能會在科幻小說中用到的字。對！它指的是奇怪或難以相信的。非常好！」

377 　　華盛頓小姐接著呈現字彙卡，提示正確的反應並大大地增強著。她避免離題或慢下來，而讓小組學生不斷練習並保持快步調。她要小組默讀第一段並去檢查獨立練習的學生。沒有一位舉旗，但馬連妮尚未開始，她看著窗外。

　　「馬連妮，請把你的練習拿到個人閱讀桌去，這樣你就比較能夠專心。我希望這個練習在輪到你朗讀之前完成。」

❋ ······························
設計一代幣制，可獲得部分積點總不失為好點子。
······························

　　華盛頓小姐的閱讀課在大約 20 分鐘之內完成。她指派男生們作業並對注意聽講及參與者給予積點。之後她檢查其他學生的練習給予更多的積點，要查理為小組成員拿藍色課本。她確定馬連妮有在練習，並在查理發課本的時候花 2 分鐘去看她練習。她也給馬連妮比她原來可以獲得還要少的積點，「因為她今天開始練習的時候有點狀況」。閱讀課與第一組用相同的方式。當小組開始複習單字的時候，應該獨立練習的愛爾文靠過來，並對不想理他的泰龍講一些事。

　　「抱歉打斷我們的練習，小組成員們。愛爾文，你需要獨立練習，請不要找泰龍。」

　　當這組練習完之後，華盛頓小姐花整整 10 分鐘指導馬連妮練習，她在短母音方面有困難。華盛頓小姐對花在每一位學童身上的時間實在有限感到挫折，但她努力嘗試使獨立練習有意義並善用教學的每一分鐘。她在這節課的最後 5 分鐘幫助學生總計他們的積點並決定他們今天過得如何；她解散學生並提醒他們原班老師希望他們準時回到班上。

　　華盛頓小姐重複這過程四次。下午時間，在助理老師的協助下，她可以集中注意力在每個小組上。因此，她試著在下午安排大部分有嚴重學習困難及所有嚴重行為問題的學生來上課。

誰需要行為改變？

　　山普司女士在華盛頓小姐教輕度障礙學生的中學任教五年級，她是任教三十年的資深老師。她具有一點傳奇色彩——從來沒有將學生送到辦公室，只有不情願地將學生送交資源教室。在學年的開始，她帶著懷疑地聽著華盛頓小姐解釋她的代幣制。

　　「老天哪！」她聲稱：「你們是具有最新流行觀念的年輕老師。那些所有的積點與表格，以賄賂來愛撫學生。我三十年來像釘子一樣地強悍，那就是對我來說有效的方式。」

　　校長傑克遜先生對山普司女士有些敬畏。她強硬的談話令他擔憂，但小朋友似乎很開心且家長嚷著要求將小孩送到她班上。雖然她嘲諷每次陸續的課程與教法改革聲浪的事實，她的學生在標準化測驗表現良好且充分準備好就讀六年級。通常傑克遜校長讓山普司女士獨自一人，有罪惡感地將超過她所能負荷的具有學習與行為問題的學生指派給她。當他在山普司女士教室裡觀察的時候，他看到多樣化的活動。山普司女士呈現對整班或部分學生運用相當密集直接教學的頻繁穿插段落，在這些穿插段落之間，學生有很多機會個別或齊聲反應。雖然這種教學（傑克遜校長認為自己相當傳統）不符合地區課程發展委員會所建議的活動，他有時候想：若是其他班級也這樣做一點，是 [378] 否在標準化成就測驗上會表現比較好些。山普司女士有時候將學生分組以完成工作，而她的學生常常以操作來學習並做報告。泰龍、哈若與馬連妮都是她班上的學生，還有幾個其他參加資源班的學生。

　　在一個星期一早上，山普司女士在老師休息室和華盛頓小姐打招呼，「聽著，」她說：「這整個星期我真的需要留下所有的學生，我有重要的東西要教，且如果他們錯過這部分，他們會進度落後。」最近參加一場有關融合主題座談會的華盛頓小姐，同意這暫時的安排。她有些憂慮地要求，是否她能觀察在這樣的安排下，她的學生如何發揮功能。

「任何時間都可以來，」山普司女士說：「我沒有什麼好隱藏的。只是別期待看到你的個別化教育或不管它叫什麼……也別期待看到任何你的愚蠢的行為改變。」

華盛頓小姐重新安排她的時間表，好讓星期五下午空出完整的一小時。她走向山普司女士班級的門口（就像平時一樣牢牢地關著），並安靜地進入。她十分驚訝，學生並沒有安靜地坐在桌前注意看白板前的山普司女士。事實上，她沒有立即看到山普司女士；因為老師坐在地板上，被一組學生圍住，忙於將窗簾掛鉤固定在一條 6 呎長粗麻布上，麻布上黏著幾片顏色明亮的毛氈。其他組學生簇擁著加了框的列印文件，爭論關於在一長木條上掛鉤間的距離。將書桌和桌子推到旁邊，或排在一起，幾個學生從事明顯非學業活動。華盛頓小姐坐在一張空的書桌前，試著找出這看似混亂活動的意義。泰龍靠近她並問她在做什麼。當她說她想要看他及其他同學在「其他」教室的表現，他竊笑地說：「喔，我們整個禮拜沒有做任何作業，我們前六個星期都努力地做，將班級報告卡平均提升到好成績，所以我們就在做有關美國革命的織錦畫。」泰龍解釋他在研究邦克山戰役的小組，並決定什麼景色從毛氈切下並黏在牆壁掛圖上。

「那很有趣。」他說：「雅曼達協助處理困難的字，而我甚至必須測量毛氈。」

華盛頓小姐立即了解到山普司女士的教學方法正跟得上時代，不論她批評最新流行的言論是什麼。當泰龍回到他的小組時，她仔細檢查教室。公布欄上標示「班規」，學生們的作品展示在另一公布欄上。她詢問一位學生並被告知那並非實際作品，只是有關革命的最佳短篇報告影本，用以作為伴隨壁畫的外框。

「將你的作品放在布告欄上是很棒的事，」她說：「作品必須要盡善盡美。在它夠好之前我重寫了三次，且得到我拼字學伴的幫忙。」她自豪地指出她的文章。華盛頓小姐對馬連妮的文章感到有興趣，就在那篇文章的旁邊，雖然較短，卻寫得乾淨整齊，同樣得到一

*··········
積極增強在起作用。
··········

個紅的 A+。標題下的作者姓名是馬連妮，還有李安。

山普司女士從地板上起來。「謝謝你們。」她向兩位幫忙的男孩說：「知道你們將幫助他人的班規也用在我身上真好。」她開始在教室中走動。

「馬連妮，」她問：「你割好墊子了嗎？記得，你那小組要靠你[379]了。邁可，你仔細看哈若，他真是做框專家呢。」哈若得意地微笑。一位華盛頓小姐不認識的學生對一位竊笑的朋友小聲地說：「那智障是專家？」山普司小姐抓住兩位男孩的手臂，要他們走到教室空出來的位置，小聲但語氣堅定地提醒他們，另一條班規是尊重他人，然後要他們從布告欄上抄寫那條班規，並寫一篇有關當你叫他人綽號時，會使人有何感覺的短文。

突然間，在教室的另一邊有一陣騷動。泰龍推開一張椅子，對另一位學生舉起拳頭。山普司女士在他要打下去之前，以手肘壓住他的兩個臂膀。

「泰龍，這完全無法接受，打人是無法解決任何問題的。你必須要在外面坐 15 分鐘。」泰龍繃著臉但聽話地走到檔案櫃後面一張椅子並坐下。華盛頓小姐注意到當泰龍坐在一旁不參加時，山普司女士和另一位男孩說話，提醒他泰龍有時候易發作，那樣直接地嘲弄其他同學容易使他動手。

山普司女士按著放在她書桌上的鈴，大家立刻安靜下來，所有的眼睛都注視著她。

「我們只剩 30 分鐘，男孩和女孩們！」她不自覺地低吟說道：「我們必須在下週完成。現在我們來清理，這樣在星期一我們進教室時就會很高興。想想看當同學們、老師們以及家長們在餐廳裡看到我們做的掛毯時，我們是多麼地驕傲啊！我等不及了，相信你們也是。」

當學生們很有效率地把用品移開並重新歸位，華盛頓小姐想著，對一位不相信行為改變的強悍老師而言，山普司女士似乎清楚了解到

※ ⋯⋯⋯⋯⋯⋯⋯⋯
有 時 懲 罰 是 必 需
的。
⋯⋯⋯⋯⋯⋯⋯⋯

應用行為原則的好處。她也決定要與山普司女士討論有關將她的一些
輕度障礙學生，全天安置在她班上的事。

全校正向行為支持計畫

蘿拉・葛利森在一所大都市中學開始了她的職業生涯，作為學習
和行為困難學生的資源教師。過去幾年，教職員和學校管理與多數的
學生家庭熱心協議，欣然接受了全校正向行為支持計畫，為防止困擾
學校大多數的問題而設計，包括一般學業和社會問題。葛利森小姐現
在擔任全校正向行為團隊（負責對實施一級、二級和三級預防問題的
措施）的引導員（Walker & Shinn, 2002）。一級策略，對大多數學生
有效，包括規劃、教導和增強全校一致的規則，提供適當的課程和教
學激發學生學業成功，以對學生有意義的方式增強學業成功。葛利森
小姐和她的團隊與所有教職員協助他們實施這些策略。

二級策略是曾有學業困難和（或）行為問題學生所必需的。葛利
森小姐的團隊為大約15%學生的行為需要較密集介入，並實施幾項計
畫。根據功能評量，有些學生接受諮商輔導員帶的小團體社會技能或
憤怒管理訓練；其他參與當天簽到／簽退計畫（Filter, McKenna, Be-
nedict, & Horner, 2007），要求他們每天早晨向安排的教職員簽到，
領點數卡整天使用，在該教學日結束時簽退接受回饋。

葛利森小姐和學校行政管理人員花很長時間和開很多會議，得到
全體教職員的承諾，致力於預防而非懲罰干擾行為的新方法，但是多
數老師和其他教職員對結果留下深刻印象。然而，有些學生的行為仍
具挑戰。這些少數學生行為（少於全校5%的學生），需要較密集的
介入。這些學生之一是列斯，打架、霸凌、破壞性爆發、公然挑戰，
對一級和二級預防策略一般缺乏反應，甚至有些最支持新系統的老師
竊竊私語關於課後留校、開除、替代學校和監禁。葛利森小姐和她的
團隊準備對列斯實施三級介入。經詳盡的行為功能評量（FBA）後，
確定同儕注意增強了列斯的行為，他無法完成即使最低閱讀技能工作

*FBA 於第 7 章討論
過。

的要求，使他惡化傾向對外攻擊。如他母親的報告，當他睡眠不足，他的行為看來更壞；放學後，當他的父母在工作時，他花幾個小時與較大的同儕互動。團隊為列斯設計了用愛包圍（wraparound）的介入方案（Eber, Sugai, Smith, & Scott, 2002），他的家庭也參與，同意檢視且增強他在合理時間上床睡覺，參加當地男孩及女孩俱樂部，教職員在放學後提供接送和監督，學校本身提供他發展閱讀技能和補救困難學科等額外支持。雖然列斯比多數其他學生持續有較多問題，他和其他學生對接受三級介入積極地反應，多數能在他們的家庭、學校環境裡維持成果。

波以德先生的數學課

　　波以德先生在市區一所大型高中教數學。他有一間數學教室，三節九年級的算術班，兩節十年級的實用數學。他的學生大部分數學成就測驗低於年級水準，他每節任教班裡都有幾位具有特殊教育需求的學生，班級人數範圍 22 至 25 人。學年開始時，波以德先生使用學生教科書所附的評量測驗，將每班的學生分成四組。他仔細地分組，所以每一組都有能力較強與能力較弱的學生混合。有一年，他嘗試根據前一週的表現將學生分組，但發現是很難安排的事情。現在他在六週的評量階段中不重新分組，每一組有一負責整組事項的組長，及一位負責記錄的檢查員。這些工作每週輪替，每一組可以選出一個組名。

　　波以德先生盡可能按照相同的每週行事曆實施，因為他發現這樣做事情會更順利。當沒有按照行事曆實施的時候，他試著讓學生事先知道。在星期一與星期三，他運用大團體的直接教學法呈現新概念與教導新技能。星期二與星期四是小組日，這些學生在一起做功課，有需要時互相協助。波以德先生四處巡視，以確定小老師提供正確訊息，需要時與個人或小組進行練習。星期五是考試與獎勵的日子。學生們獲得個別練習的成績，所有的活動都有小組分數。當小組成員準時出席、有準備課堂用品、完成家庭作業或課堂練習、在考試時或其

＊……………………
刺激控制。
………………………

他活動中表現良好、守規矩等，小組就獲得加分。當小組成員違規或不聽從時，就會被扣分。在學年開始就說明期望，每位學生在要求準備的筆記本裡都有一份教室規則與程序。每週獲得足夠點數的小組，就能成為優勝者。每一小組的分數公布在布告欄上，且得到最高分的小組就叫做「本週之隊」（Team of the Week）。波以德先生怕中學生可能認為這種方式太幼稚，但這些學生似乎樂在其中。對準備所需用品、準時上課、表現適當行為及學習教材等有許多友善的競爭與鼓勵。讓我們來看看波以德先生一般星期一早上的第一節算術課。

當學生進教室時，波以德先生站在門口。他喊每個人的名字打招呼，對他們的到來給予正向閒談，或至少微笑與目光接觸。因為他的學生有許多是運動員，他出席許多比賽並追蹤所有表現，他常常給予學生恭賀或同情的話語。他也記得學生生日並記在教學計畫上，所以他可以悄悄地向他們祝賀，當然，因為他知道青少年容易感到困窘。這個例行的打招呼也讓他確定是否有學生明顯地喝醉或受藥物影響，預警到任何一位肢體語言明顯表現出生氣或不悅的學生。

當學生走進教室的時候，他們馬上就走到指定座位上，那些座位排列成排，所以全部學生都可以看到白板。白板上有幾個複習的問題，除了擔任檢查員的學生外，所有的學生立刻開始練習。那位免於複習練習的計分學生（為趕上所有的點數，他們做很多數學練習）走到小組的排上，帶著寫字夾板及記錄紙記錄同學是否有準備課堂用品。波以德先生故意忽略小組成員暗中相互借用課堂用品，這正是所謂的團隊合作啊！

當鈴聲響起，波以德先生按座位表點名。每位小組長也記錄缺席者，鼓勵小組長去了解為什麼他的小組成員不在學校。雖然小組不會因為有理由的缺席而受到懲罰，但是未出席的小組成員不能獲得額外點數。在5分鐘內，學生們已經完成複習的練習，小組成員互相檢查彼此的練習，試卷傳到前面並集中起來。

波以德先生戴著披薩送貨員的帽子並詢問有多少學生喜歡點披

※..................
公開的或過分熱情的稱讚，其作用對許多青少年學生來說如同懲罰。
....

381

薩，開始有關等分數的單元。所有的學生都迫切地舉著手，波以德先生遞出他已畫好並切成片的披薩。不時會有些關於這披薩不能吃，及同情波以德先生的畫畫等笑柄的耳語。

波以德先生以其所建立要求安靜的手勢舉起他的手，學生就停止說話。他問：「你有幾片，馬文？莎拉呢？嘿，那不公平！馬文有八片而莎拉只有四片！馬文，你必須給莎拉一些。」當馬文抗議莎拉的披薩片比他的大時，波以德先生便順利地引進課程，他運用較大的卡紙做成的披薩，說明 1/2、2/4、4/8 都代表相同的披薩分量。

他問：「那麼 500,000/1,000,000 呢？」同時將這分數寫在白板上。馬文玩笑地說：「你就必須用湯匙吃披薩了。」一陣哄堂大笑。波以德先生也笑了，但很快地他又舉起手來。所有的學生又安靜下來，除了兩位還在重述那笑話。波以德先生鄭重其事地說：「饒舌者剛才扣 2 點。」然後繼續上課。該組的其他成員瞪著那些害群之馬而教室又回復一片安靜。

波以德先生示範通分的步驟，帶領學生到白板前練習解題，並分發一短篇課文以確定學生了解這概念且會運算。學生獨立練習解題時，他不斷地在教室中巡視，提供常用的正面評語、指出錯誤、有需要時重教一遍。他記錄有困難的學生，以確定明天將指派小老師給他們。

在這節課結束前 10 分鐘，波以德先生再次要學生交換考卷並複習正確答案。他提醒他們要是有困難不要驚慌，因為他們明天會獲得協助。他宣布每組所得分數並恭賀他們。當鈴聲響起時，波以德先生解散下課並準備下節課再做一遍。

星期二的第一節課，重新安排教室將同組學生的書桌合併起來。在學年一開始，就教導他們又快又安靜地做這程序。波以德先生給每組小組長該組昨天的考卷，而小組長本人想出如何確保每位小組成員精熟這教材。有些小組長指派個別小老師，有些小組長指派給一位小 [382] 老師帶幾位學生；有位小組長看著他的小組考卷，告訴波以德先生他

們全都需要幫忙。他確信所有的小組都有效發揮功能，便坐下來處理「有麻煩的組」。他提醒自己下次評量時，要將這組成員做不同的分配。兩位實力最強的組員已被分派到別組，而替補者實力弱。今天的隨堂作業將使每位學生及每個小組獲得成績。

指導實力弱的組幾分鐘後，他告訴他們繼續做作業，檢視全班級確定小組成員都在一起練習，但不會替其他人做作業。他回答問題、給小老師建議，並提供所有成員都正確完成作業的小組可額外加分的充實活動。有幾次，課堂「忙亂的時候」接近吼叫的程度。波以德先生舉起他的手，因為所有的學生都沒有面向他，所以他彈打手指兩次。小組成員互相發出噓聲，而嘈雜聲從未成為嚴重問題。

在這節結束前 10 分鐘，波以德先生要班上學生轉過來看著他。他蒐集已完成學生的考卷，提醒那些還未完成的明天一定要交，並指定簡短的回家功課。他宣布表現適當行為的加點數，提示學生隨堂作業改好之後就會宣布點數，並讓學生開始做回家功課。教室的椅子一直維持那樣直到第六節，班上學生才重新恢復成排列。波以德先生有次想到，以排列的方式進行小組練習兩天可能會更加有效以避免移動所有的課桌椅；但很快就接到大樓管理員的通知：桌椅沒有排好的教室是不可能清掃的。

邁可司小姐的錦囊妙計

邁可司小姐教導中重度障礙學生組，學生年齡範圍從 17 歲到 20 歲。她與另一位領有執照的老師和兩位專業助理共同負責24位學生。幾年下來她的工作改變相當劇烈。她的職業生涯從州立教養機構開始，現在於郊區一所普通高中幫助類似學生族群。她的學生花許多時間在校外學習成人所需的技能。

今天她計畫帶三位學生進入社區幾個小時，這需要一大堆事前的計畫。她與同事決定：另一位老師和一位助理將與大部分學生留在學校，教導居家技能、模擬的購物技能及職前技能。教室裡有一套完整

的廚房設備與洗衣間，學生會為自己準備午餐、清洗並摺疊學校體育
館的毛巾，並且準備郵寄來自當地健康俱樂部的小冊。為了作為回
報，健康俱樂部同意班級成員使用他們的設備。教室也有一個區域能
夠模擬雜貨店、藥局或便利商店，學生可以使用購物單或圖片練習購
物。四位語言能力好的學生將跟隨助理老師到資源教室，老師在那裡
教導職場的適當社會技能。他們會與一些資源教室的學生一起吃午
餐，然後返回教室練習模擬購物。

　　要去社區的學生將在職場工作一小時，在自助餐廳吃午餐，並在
一家當地打折的百貨公司購買衣物。今天跟隨邁可司小姐的學生有
17 歲的山姆（具有良好口語技能與優良行為）、18 歲的金柏莉（她
使用溝通設備，除了感到挫折或困擾外，行為表現良好）、18 歲的
瑞卡多（有一些口語技能但容易大發脾氣）。

　　邁可司小姐首先檢查看三位學生都出席並感覺很好，然後花些時 383
間用圖片預告今天的行程。山姆與金柏莉是雜貨店的老手，他們在那
裡學習職場技能。他們也在自助餐廳吃午餐並在百貨公司購物好幾
次。瑞卡多在雜貨店工作的經驗較少，但曾和老師一起吃飯和購物。
在這些場所是他第一次的團體經驗。邁可司小姐對每位學生在每個場
所都有特定目標。在預習完後（作為語文課），邁可司小姐檢查看每
一位學生是否有身分證明、每位學生是否上過廁所；金柏莉的溝通設
備是否正確設定以適應不同的場所，及她自己所需要的一切東西（因
她在教養機構工作單調，她偶爾會沉溺於懷舊的嘆息）。每一個人都
對她帶到社區的大書包開玩笑，但她已經學會要有準備。當她離開教
室的時候，她提起她所謂的「袋子」。

　　公車站就在學校門口。在等公車的時候，每一位學生從零錢包數
出正確的零錢──他們自從小學開始就搭公車了。公車準時到達，學
生把零錢放在收零錢的容器中並問候司機。瑞卡多開始興奮地哼著，
但當金柏莉碰他的肩膀並搖頭時，他立即變得沉默。邁可司小姐決定
瑞卡多今天應該需要代幣制（他們嘗試要逐漸廢止）的支持。她從袋

子裡取出一些代幣並放進口袋裡，她將在這趟旅行中依良好行為表現給他們隨機時距制增強。瑞卡多對代幣、代幣的價值及所期待的行為熟悉，所以不需要解釋。瑞卡多可以把這些代幣放在口袋裡直到返回學校。邁可司小姐將試著使這過程盡可能地不引人注目。

❋⋯⋯⋯⋯⋯⋯⋯

工作分析在第 10 章
討論過。

⋯⋯⋯⋯⋯⋯⋯⋯

　　在一趟平靜無事的車程後（山姆負責注意看是否到站並按下車鈴），學生們和邁可司小姐在靠近超市的站牌下車。山姆與金柏莉立刻到計時鐘那兒，在邁可司小姐的提醒之後，瑞卡多跟隨在後。三個人都穿上有姓名牌的紅色圍裙。金柏莉獨自走到熟食部，帶著微笑與她的指導員費爾普斯女士打招呼，同時得到問候回應。今天她將各種不同的醬汁裝在容器裡，並噴灑在熟食上。費爾普斯女士從邁可司小姐袋子裡拿出海報並貼在工作區的牆壁上，海報上顯示工作每一步驟的圖片。她也要金柏莉與其他學生使用另外不同的海報，她相信這些海報將會幫助許多沒有障礙的雇員。費爾普斯女士教導金柏莉，觀看金柏莉（和任何一位雇員一起工作）從頭到尾做這新工作許多次，並告訴她如果容器用完，可以從儲藏室何處取得更多的容器。她同意記錄金柏莉取得新材料或要求協助（當她按下右邊的鈕時，她的溝通設備會說：「我需要幫忙，拜託！」）的次數，而不是遇挫折時哭叫的次數。

　　邁可司小姐陪伴山姆與瑞卡多到收銀區，他們在那裡將雜貨裝袋。山姆還會陪同顧客到他們的車子並裝卸貨物。下一次來的時候，他要開始學習將貨物上架及為產品櫃臺補貨。這家特定的超市連鎖店在雇用障礙人士上有優良的歷史，山姆今年將有一項暑期工作，當他完成學業時有獲得正式雇用的可能。他和朋友史丹（一位較年長的智能障礙者，在這家商店受雇全職工作）打招呼。他們一邊快速而有效率地包裝貨物，一邊閒聊。在某一刻，他們對一項將要來臨的運動比賽感到興奮，結帳員提醒他們：「夥伴們，小聲點！」他們立即降低聲量。

　　同時，邁可司小姐直接與瑞卡多及訓練包裝人員的協理一同工

作。他們在休息室旁的工作站（所有新雇員在此受訓），練習正確地裝袋並小心處理易碎物品。學生們都稍事休息，從休息室販賣機取得 ³⁸⁴ 飲料。他們與其他的員工（障礙的與非障礙的）互動，當休息結束時就像其他人一樣發出惋惜聲。山姆與金柏莉懂得看時鐘上經過的 15 分鐘。瑞卡多帶著一個小計時器，他正在學設定各種不同時段。邁可司小姐觀察並從袋子取出小記錄夾板，記下山姆與一位同事適當互動的次數，這部分是這趟行程他的主要目標。

　　大約在一小時後，學生們脫下圍裙並打卡，道聲再見後他們離開了這超市。自助餐廳就在可步行的距離內，邁可司小姐已計畫好這次的行程，提早到餐廳不會太擁擠。山姆要求他所要的東西，金柏莉用指的。邁可司小姐靠近瑞卡多，他顯得激動的樣子。認出一項潛在危機，邁可司小姐決定要放棄隨機教育，開始增強任何類似正常的（OK）行為。她從袋子裡拿出有關瑞卡多所列的清單（今天早上練習午餐他所想要的食物時所記下的）。「瑞卡多，」她鼓舞地說：「我喜歡你走路的樣子。」她將一個代幣放進他的口袋裡。

　　「魚！」當她為他點餐的時候，瑞卡多喃喃地說。

　　「很好！」輕聲地交談，瑞卡多。」她很快地說，並將另一個代幣放進他的口袋中。瑞卡多開始顯得較不激動了。

　　「你想點茶嗎？告訴那位小姐『請給我茶』。」瑞卡多便照著做。

　　「點得很好，瑞卡多。」她說著並希望瑞卡多的火爆脾氣已經平息。「你可以拿著餐盤嗎？」瑞卡多拿起餐盤並跟在山姆的後面。邁可司小姐拿起瑞卡多和她自己的帳單，在此刻她不想提醒他。她感到失望，因為她早已計畫要蒐集有關他獨立完成排隊的資料，她先前曾工作分析過這項任務。

　　學生們平安無事地清空桌子並倒掉剩菜。瑞卡多突然大聲宣布他必須要「出發」了。邁可司小姐提醒他下次小聲地說，並告訴他洗手間在哪裡（她覺得她知道城裡每一個公廁的位置）。她也提醒自己她

❋ ....
邁可司小姐已做了
非常快速的功能分
析，在第 7 章討論
過。
....

與同事們需要指導瑞卡多,在尿急以致變得激動不安前表達他的需求。

在午餐後花些時間討論接下來的購物行程,學生們準備好要自己付帳。每個人都讀出他的餐券下的數目並拿出一塊多的錢。他們把餐券和錢交給收銀員,並伸手接找的錢。邁可司小姐摘要記下山姆第一次對收銀員說:「謝謝!也祝你今天愉快!」(那位收銀員對他說:「祝你今天愉快!」)她對山姆的社會技能感到欣慰。

搭另一趟公車後,他們抵達了百貨公司。三位學生都需要買汗衫,下週開始到健康俱樂部所要用的。男女兩用的汗衫在大桶子裡,金柏莉找到「中號」(M)桶,山姆找到「大號」(L)桶,而邁可司小姐幫瑞卡多找「小號」(S)桶。瑞卡多想要紅色汗衫,但桶子裡只看到黑色的。他開始大叫並擺動手臂。邁可司小姐把袋子遞給金柏莉,告訴金柏莉和山姆:「請跟我來。」然後(幸好瑞卡多體型是「小號」的)將瑞卡多推到商店後面的花圃設施區,她從上次的行程中知道那裡的人潮比較少。她叫瑞卡多「靜下來」,同時扎實地抱著他靠著牆避免他的亂動亂踢。一位年長女士感到驚恐地看著說:「年輕小姐,你在虐待這可憐又受折磨的小孩。我要報警了。」邁可司小姐咬著牙說:「金柏莉,請給這位小姐一張藍色卡片。」金柏莉伸手到袋子的旁袋,然後遞給那位女士一張看起來很正式的卡片,上面說明邁可司小姐的資格與職稱,及她的學生出現在這社區的目的。這張卡片邀請關心這事的人士,打電話給邁可司小姐的主管並提供電話號碼。在這時,瑞卡多確實安定下來,顯然沒有其他人注意到這段情節。他們回到購物區,挑選汗衫(紅色汗衫在另一個「小號」(S)桶裡),檢查標籤上是否為他們所要的尺寸,付帳並離開。

邁可司小姐很慶幸她之前決定延後,直到稍後她的學生在當地團體家園先洗好汗衫的那週,那時他們曾做廚房的清潔工作。鬆了一口氣後,她和她所負責的學生到達公車站。當幾分鐘過去而公車未到時,她鬆口氣的感覺慢慢消失。連山姆坐在長凳上也變得焦躁不安並

詢問：「公車在哪裡呢？」邁可司小姐伸手到袋子裡，給每位學生雜誌或掌上型電玩。他們剩下的 20 分鐘候車時間便安靜地坐著。

結語

在本章我們描述了教師如何在實際教學環境裡實施應用行為分析原理和程序。我們討論了結構、計畫、一致性和後果的重要，並且描述了幾個假定學習環境的操作。雖然這些和你的情境完全不同，但我們相信參考它們有助於你綜合運用。

討論理念

對呈現的每一個教室情景軼事，我們在相關處的側欄提示重點，指出使用的行為原則。你和你的同事能照字面找到其他的數十項，看你在每則軼事能辨認出多少。

附 錄　　繪圖操作教學

附錄大綱

（譯者註：本繪圖指引在中文版 Office 2007 及以後版本均適用）

386   雅各是中間學校學生,在數學課經常不專心。他的老師操作定義不專心為:(1)在老師主導教學時,學生坐在椅子背對黑板;(2)在老師主導教學時,學生頭趴在書桌上;(3)在老師主導教學時,學生與同學隨意講話。他的老師要確認他不專心行為的頻率。以下是他的老師用來蒐集的資料表,關於雅各在 40 分鐘數學課的不專心行為的頻率資料。

資料蒐集表

學生:雅各 _____   日期: _____

標的行為:在 40 分鐘數學課的不專心行為

操作型定義:(1)在老師主導教學時,學生坐在椅子背對黑板;(2)在老師主導教學時,學生頭趴在書桌上;(3)在老師主導教學時,學生與同學隨意講話。

日期／節次	標的行為的次數

⊞ 標準繪圖指引 　　　　　　　　　　　　　　　　*387*

　　下列是繪圖要求的標準 14 個步驟。下列每一圖表建立在這些基本步驟上。

步驟　工作

1　　打開一個空白的 Word 文件。選擇**插入** Insert，選擇**圖表** Chart，選擇**折線圖** Line 中的第一個選項，再選**確定** OK。

2　　這有雙屏幕截圖：Word 文件在左邊和 Excel 文件在右邊。Word 文件和 Excel 文件將有樣本資料插入。（譯者註：圖及表為 Office 的內建資料。）

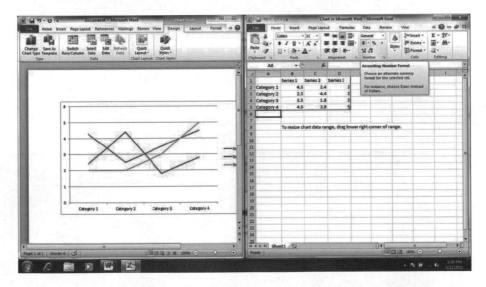

3　　在 Excel 文件，你要點擊右下角落藍色框邊線拖曳調整檔的大小，以適合你要圖示的資料。（根據你使用設計的圖表調整大小，例如：基本圖、AB 設計、ABAB 設計、逐變標準設計，參見本附錄下列諸段的解釋。）

4　　　一旦你調整了圖表的大小，你就按**刪除鍵** Delete ，刪除樣本 A、B、C 和 D 等欄的資料。

5　　　你現在準備輸入你蒐集的資料（譯者註：可以第 570 頁「基本繪圖指引」為例練習）。欄 A 代表橫座標。就這些圖表的目的，我們將使用節次。開始在列 2 輸入節次編號，節次編號從 0 開始。根據資料蒐集節次的總數連續在欄 A 編列號。（注意：若是 Excel 文件列號比節次數多兩列，多這兩列是由於列 1 無資料和列 2 的資料為 0。）

6　　　你輸入了你的節次數資料後，在縱座標輸入蒐集觀察行為頻率的資料（參見本附錄下列諸段對根據設計輸入資料的解釋）。輸入你的行為資料後，關閉 Excel 文件。

7　　　刪除右邊的圖例。首先，將你的游標移過該圖例，按該圖例使表突出醒目。在鍵盤上選**刪除鍵**。

388 8　你會注意到在 Word 文件的圖表有加框線。為刪除框線，將游標移至邊界並按右鍵。選**圖表區格式** Format Chart Area ，在左欄選**框線色彩** Border Color ，選**無線條** No Line ，再選**關閉** Close 。

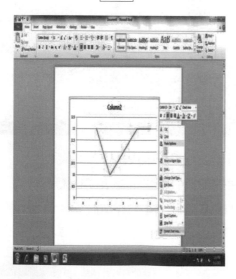
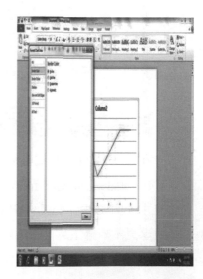

9　接著，刪除圖表上的格線。首先，將游標移至一邊的格線上並在直線圖格上按右鍵。（注意：應在每一格線上兩端加小圓圈，使格線突出醒目。）在鍵盤上選**刪除鍵**刪除格線。

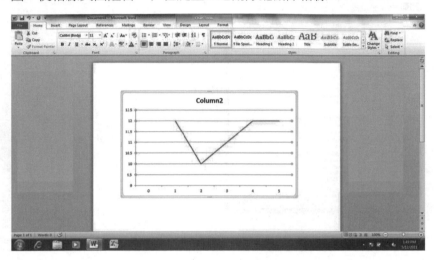

10　目前資料點在橫座標尺上刻度間。改為資料點隨對準刻度：　*389*

(1) 將游標移至橫座標上的節數，並按左鍵直到方格出現在橫座標。

(2) 一旦方格出現，在橫座標表格上按右鍵，並選**座標軸格式** Format Axis 。

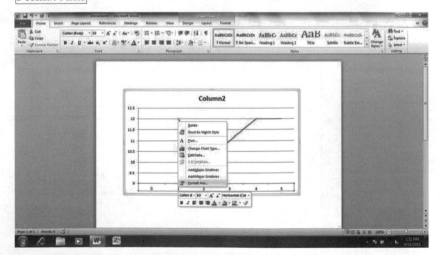

(3) 在座標軸選項 $\boxed{\text{Axis Options}}$ 下，選座標軸位置 $\boxed{\text{Position}}$ $\boxed{\text{Axis}}$，選刻度上 $\boxed{\text{On tick marks}}$，再選關閉 $\boxed{\text{Close}}$。

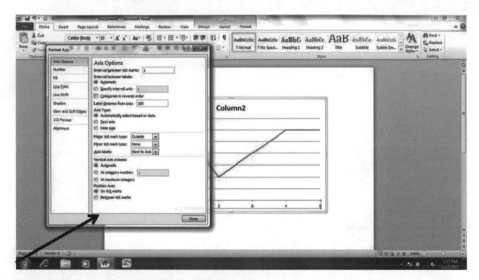

390 11　插入橫座標及縱座標的標題名稱：（譯者註：在下列各圖中縱
座標的 0 若不在原點，則縱座標的原點設為 −2。）

(1) 橫座標的標題名稱

①選插入 $\boxed{\text{Insert}}$，選文字方塊 $\boxed{\text{Text Box}}$，再選拉出文字方塊 $\boxed{\text{Draw Text Box}}$。

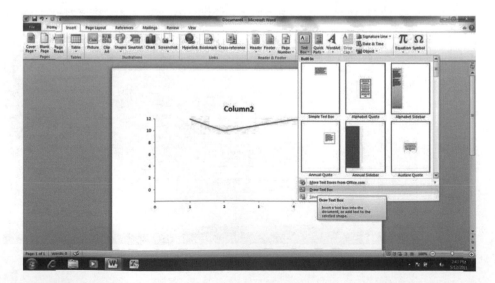

②將游標移至橫座標下，並按著拖曳游標建立一文字方塊
（text box）。進入代表橫座標的標題（例如：節次）的
文字方塊。拖曳文字方塊到希望的位置，讓方塊居中。
刪除橫座標標題四周的文字方塊，在橫座標的文字方塊上
按右鍵，選格式化圖案 Format Shape，在左欄選線條色
彩 Line Color，選無線條 No Line，再選關閉 Close。

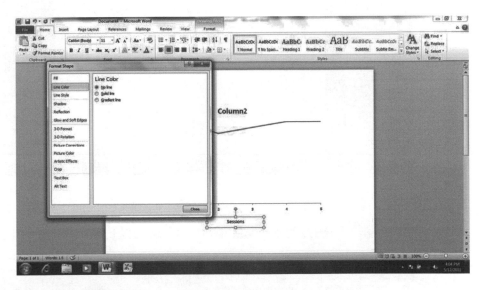

(2) 縱座標的標題名稱： *391*

①選插入 Insert，選文字方塊 Text Box，再選拉出文字方塊
Draw Text Box。

②按著並拖曳游標將文字方塊移至希望的位置。為改變文字
方向由水平而垂直以配合縱座標標題，在繪圖工具格式標
籤 Drawing Tools Format Tab 下選文字方向 Text Direction，
再選旋轉所有文本 270 Rotate all text 270。（譯者註：在
中文版可以選「繪製垂直文字方塊」，就不用旋轉。）
然後輸入縱座標標題（例如：不專注行為發生次數）。
刪除縱座標標題四周的文字方塊，在縱座標的文字方塊

上按右鍵，選格式化圖案 $\boxed{\text{Format Shape}}$，在左欄選線條
色彩 $\boxed{\text{Line Color}}$，選無線條 $\boxed{\text{No Line}}$，再選關閉 $\boxed{\text{Close}}$。

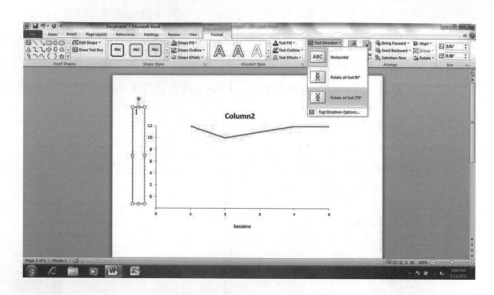

12　　點擊文字方塊來改變名稱，例如將 Column 2 改為該生姓名。
　　　再按著並拖曳該文字方塊至圖表右下角：橫座標上方。

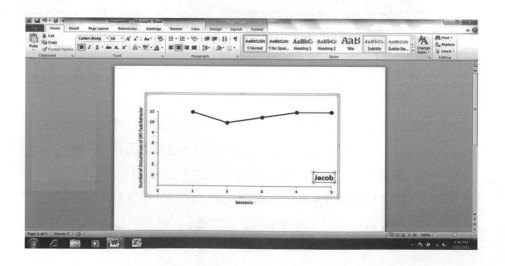

13 插入階段變化線（Phase Change Lines）：選插入 Insert ，選圖 [392]
案 Shapes ，再選「線條」 lines 下第一個選項（譯者註：以第
573 頁 ABAB 設計指引為例）。

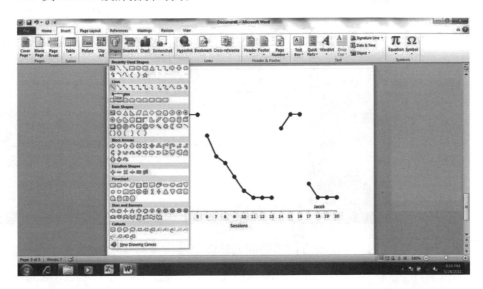

將游標置於前兩資料系列之間，再按著並拖曳滑鼠畫所欲長度
的直線。畫了直線後，在直線上點擊滑鼠右鍵，再選格式化圖
案 Format Shape 。選取線條樣式 Line Style ，在「下拉項屏」
（pull-down menu）選虛線類型，將直線由實線改為虛線。

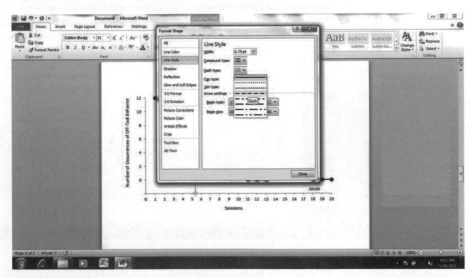

393 在同一選項方框,選**線條顏色**Line Color,將顏色由內定著色改為黑色,再選**關閉**Close。

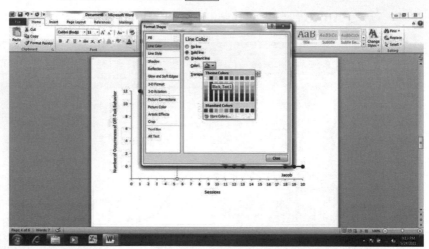

在兩資料系列間的轉換,重複步驟 15,或複製及貼上該階段變化線。該階段變化線可以鍵盤上的箭頭移至所欲的位置。

14 插入階段名稱(Phase Titles):選**插入** Insert,選**文字方塊** Text Box,再選**拉出文字方塊** Draw Text Box 。在該圖表的第一階段上,將文字方塊調成想要的大小。在文字方塊中輸入該階段(例如:基準線、介入期)的名稱。

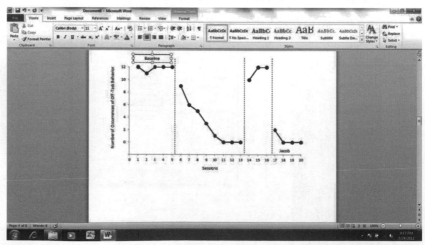

在該文字方塊上點擊右鍵，選格式化圖案Format Shape。在線 [394]
條顏色 Line Color 下，選無線條 No Line；這將移除該階段名
稱四周的方塊。

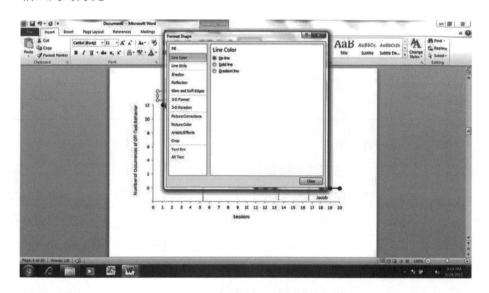

在填滿 Fill 下，選無填滿 No Fill 並且關閉 Close。

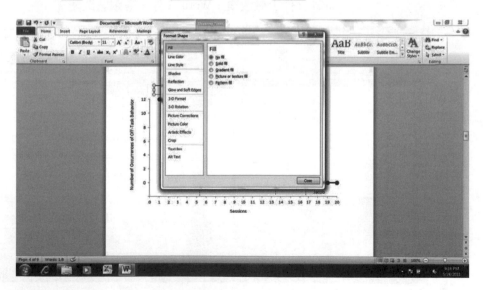

在該圖表的每一階段，重複步驟 14。

395 ⊞ 基本繪圖指引（等於基準線階段）

日期／節次	標的行為的次數
1	12
2	11
3	12
4	12
5	12

步驟　工作

3　依照標準繪圖指引步驟 1 及 2。

確定列數和欄數：為了這張圖表的目的，共有 5 個資料點。要改變這樣本圖表，點擊右下角藍色框邊線以調整該圖表區域大小。你將調整圖表區域大小由欄 D 列 5 調至欄 B 列 7。（注意：總要比你蒐集的資料點總數多加兩列——例如，你蒐集了 10 個資料點，你要調整圖表至 12 列。）你會注意到你若在 Excel 文件上做改變，Word 文件也會跟著改變。

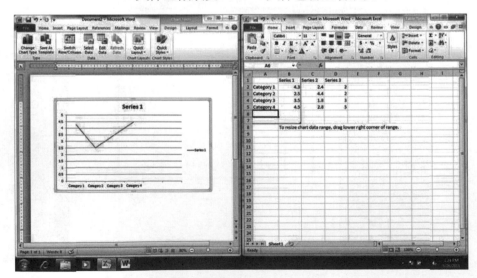

回到標準繪圖指引步驟 4 至 5。

6　就基本設計，對應欄 A 的節次在欄 B 輸入資料。　　　*396*

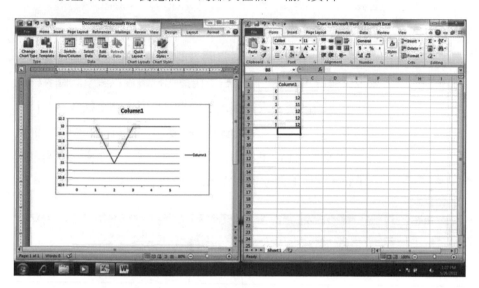

回到標準繪圖指引步驟 7 至 14。

⁘ AB 設計指引

期別	日期／節次	標的行為的次數
基線期	1	12
	2	11
	3	12
	4	12
	5	12
介入期	6	9
	7	6
	8	5
	9	3
	10	1
	11	0
	12	0
	13	0

³⁹⁷ **步驟　工作**

3　　　依照標準繪圖指引步驟 1 及 2。

　　　確定列數和欄數：為了這張圖表的目的，共有 13 個資料點。
要改變這樣本圖表，點擊右下角藍色框邊線以調整該圖表區域
大小。你將調整圖表區域大小由欄 D 列 5 調至欄 C 列 15。
（注意：總要比你蒐集的資料點總數多加兩列──例如，你蒐
集了 10 個資料點，你要調整圖表至 12 列。）你會注意到你若
在 Excel 文件上做改變，Word 文件也會跟著改變。

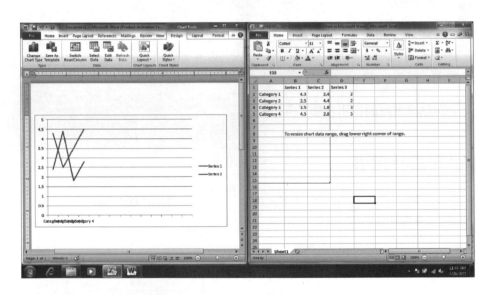

　　　回到標準繪圖指引步驟 4 至 5。

6　　　就 AB 設計，對應欄 A 的節次在欄 B 輸入基準線資料。對應
欄 A 的節次在欄 C 輸入介入期資料。

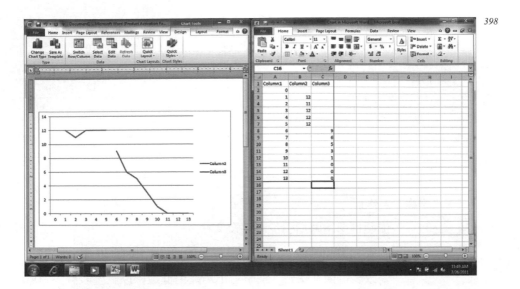

398

　　輸入該行為資料後，關閉 Excel 文件。

　　回到標準繪圖指引步驟 7 至 14。

◈ ABAB 設計指引

期別	日期／節次	標的行為的次數
基線期	1	12
	2	11
	3	12
	4	12
	5	12
介入期	6	9
	7	6
	8	5
	9	3
	10	1
	11	0
	12	0
	13	0

399

期別	日期／節次	標的行為的次數
基線期	14	10
	15	12
	16	12
介入期	17	2
	18	0
	19	0
	20	0

步驟　工作

3　依照標準繪圖指引步驟 1 及 2。

確定列數和欄數：為了這張圖表的目的，共有 20 個資料點。要改變這樣本圖表，點擊右下角藍色框邊線以調整該圖表區域大小。你將調整圖表區域大小由欄 D 列 5 調至欄 C 列 22。（注意：總要比你蒐集的資料點總數多加兩列——例如，你蒐集了 10 個資料點，你要調整圖表至 12 列。）你會注意到你若在 Excel 文件上做改變，Word 文件也會跟著改變。

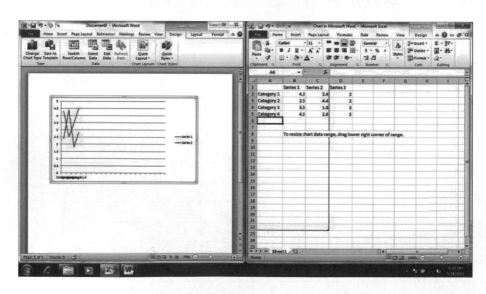

回到標準繪圖指引步驟 4 至 5。

6　　就 ABAB 設計，對應欄 A 的節次在欄 B 輸入基準線資料。對 *400*

應欄 A 的節次在欄 C 輸入介入期資料。

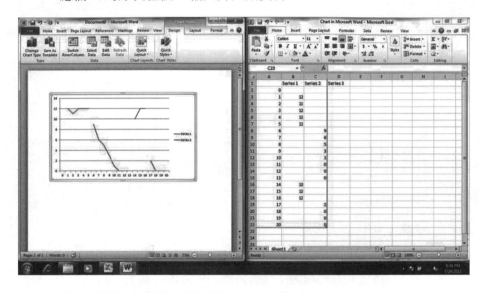

　　輸入該行為資料後，關閉該 Excel 文件。

　　回到標準繪圖指引步驟 7 至 14。

▦ 逐變標準設計指引

期別	節次	標的行為的次數
基線期	1	12
	2	11
	3	12
	4	12
	5	12
介入期 1：減少 25%	6	10
	7	10
	8	9
	9	9

期別	節次	標的行為的次數
401 介入期 2：減少 50%	10	8
	11	7
	12	6
	13	6
介入期 3：減少 75%	14	5
	15	4
	16	3
	17	3
介入期 4：減少 100%	18	1
	19	0
	20	0

步驟　工作

3　　　依照標準繪圖指引步驟 1 及 2。

確定列數和欄數：就這張圖表的目的，共有 20 個資料點。要改變這樣本圖表，點擊右下角藍色框邊線以調整該圖表區域大小。你將調整圖表區域大小由欄 D 列 5 調至欄 F 列 22。每次由一階段到下一階段，改變階段標準要換至下一欄輸入資料。目前資料有三階段標準改變、一個基準線階段和節次數字，共需要五個欄位。（注意：總要比你蒐集的資料點總數多加兩列——例如，你蒐集了 10 個資料點，你要調整圖表至 12 列。）你會注意到你若在 Excel 文件上做改變，Word 文件也會跟著改變。

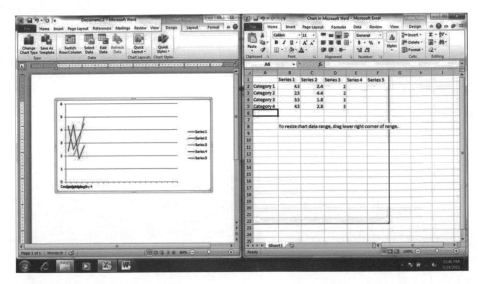

回到標準繪圖指引步驟 4 至 5。

6　　就逐變標準設計，對應欄 A 的節次在欄 B 輸入基準線資料。 [402]
對應欄 A 的節次在欄 C 輸入第一階段介入期資料。對應欄 A
的節次在欄 D 輸入第二階段介入期資料。對應欄 A 的節次在
欄 E 輸入第三階段介入期資料。對應欄 A 的節次在欄 F 輸入
第四階段介入期資料。

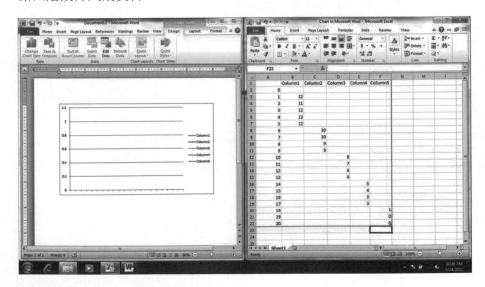

回到標準繪圖指引步驟 7 至 14。

名詞解釋
（依英文字母順序排列）

AB design（AB 設計） 單一受試資料圖示格式，可檢視行為改變。AB 設計有兩個階段： [403]
基準線階段（A）和處理階段（B）。這種設計無法顯示依變項和自變項間的功能關係，
因為不包括自變項效果的複製。單一受試實驗設計是本基礎設計的延伸，以確定功能關
係。

ABAB design（ABAB 設計） AB 設計的延伸設計，撤除自變項後又再介入。這種倒返
設計可顯示依變項和自變項間的功能關係。

abscissa（橫軸） 圖示的水平軸或 x 軸。時間向度（節次）就是沿著橫軸表示。

accountability（績效責任） 在教育中，學生進步情形的評量及公布其結果、目的、目標
及程序。家長、學校行政及其他方面有權獲得這資訊。

acquisition（習得） 學生反應能力的基本水準。意指學生表現新近學會反應的能力，達
到某種準確的標準。

alternating treatments design（交替處理設計） 一種單一受試實驗設計，可比較兩個
或多個處理的效果。與其他單一受試設計的不同在處理（有時包括基線期）是隨機交替
的，而非按順序呈現的。又稱為多重方式設計（multiple schedule design）、多元素基準
線設計（multi-element baseline design）、交替條件設計（alternating conditions design）。

antecedent stimulus（事前刺激） 行為發生前的刺激。這刺激可能或不能作為特定行為
的辨別物。

applied behavior analysis（應用行為分析） 系統應用行為原則以改變重要的社會行為
至一有意義的程度。研究工具使這些原則的使用者能檢驗行為與介入間的功能關係。

aversive stimulus（厭煩刺激） 當呈現作為行為後果以降低行為頻率或機率的刺激，如
此它是懲罰物的一種。另一方面，當移除以作為行為後果時，厭煩刺激可增加行為頻率
或機率，如此它是消極增強物。

backup reinforcer（後援增強物） 用特定數量代幣、點數等兌換物品或事件。

bar graph（長條圖） 以垂直長條而非水平直線來顯示表現水準，也稱為直方圖（histo-
gram）。

baseline data（基準線資料） 資料點在反映介入前該行為操作水準。基準線資料的目的
類似於前測資料，提供行為水準與介入的結果做比較。

behavior（行為） 個體任何可觀察、可測量的行動，也稱為反應（response）。

behavioral objective（行為目標） 用以溝通擬改變行為的陳述。行為目標必須包括有關

學習者、行為與行為表現的條件，以及評鑑的標準等陳述。

chaining（連鎖） 在形成複雜行為時，按照先後順序增強個體行為反應的教導程序。

changing conditions design（逐變條件設計） 一種單一受試實驗設計，包含持續改變反應表現的條件，以評鑑比較不同條件的效果。這設計無法顯示變項間功能關係，也叫作 ABC 設計。

changing criterion design（逐變標準設計） 一種單一受試實驗設計，持續改變以逐步有系統地增加或減少。

concept（概念） 一組所有成員共同的特徵，且僅該組成員有的。

conditioned aversive stimulus（制約的厭煩刺激） 經由與非制約厭煩刺激（如痛苦或不安）配對，所習得的衍生厭煩性質的刺激。

conditioned reinforcer（制約增強物） 經由與非制約或自然增強物配對，所習得具增強功能的刺激。包括大多數社會的、活動的及類化的增強物。參見次級增強物（secondary reinforcers）。

conditions（情境，條件） 自然存在或教師營造的學生行為表現的環境。

consequence（後果，事後結果） 任何刺激隨因增強特定反應而呈現。

contingent observation（後效觀察，隨因觀察） 要求一學生觀看（但沒參與）其他學生活動。

contracting（建立契約） 將隨因增強的安排轉成書面文件，這可以成為老師與學生參考的永久產品。

controlled presentations（預定式記錄） 事件記錄的變型。預定設定行為反應機會數量的方法，這種方法常包含在每節教學呈現特定數量的嘗試。

cumulative graph（累積圖） 將本節觀察行為發生次數累加入先前諸節的發生次數，使資料點呈現跨節行為遞增的圖示。

404 **dependent variable**（依變項） 經由介入所要改變的行為。

deprivation state（剝奪狀態） 學生無法取得潛在增強物的狀況。

determinism（決定論） 一種哲學主張，認為事件（包含人類行為）依循某些固定組型。

differential reinforcement of alternative behavior（DRA，增強替代行為的差別增強） 增強一個比該生現在從事行為更適當方式的行為。DRA 常與再指導行為合用。

differential reinforcement of incompatible behavior（DRI，不能共存行為的差別增強） 增強一個形態上與所欲減少行為不能共存的行為反應。

differential reinforcement of lower rates of behavior（DRL，降低行為發生率的差別增強） 當在一特定時段行為反應少於或等於規定的限制，便給予增強。這方式維持行為於預定的比率，低於基準線階段或自然發生的頻率。

differential reinforcement of other behaviors（DRO，增強其他行為的差別增強） 當

在一特定時段標的行為未產生便給予增強。隨因增強行為的未發生。

discrete behavior（間斷行為，不連續行為） 清楚可辨別開始與結束的行為。

duration recording（持續時間記錄） 在反應的開始與結束間時間量的記錄，是可觀察的記錄方法。

educational goals（教育目標） 提供計畫整學年或整單元學習架構的陳述。設定教育工作者負責預期學業及社會發展的估計參數，又稱長期目標（long-term objectives）。

enhanced functioning（強化功能） 可觀察、可測量的功能性改進，顯示介入的成功。

errorless learning（無錯誤學習） 安排辨別刺激（S^Ds）與提示，誘出只有正確反應的教導程序。

event recording（事件記錄） 在觀察階段，記錄行為發生的劃記或次數；是可觀察的記錄程序。

exclusion time-out（課堂內隔離的暫停增強） 將該生從教學情境移除以拒絕其獲得增強的方式。

extinction（削弱） 對先前增強的行為撤除增強，以減少該行為的發生。

fading（褪除） 漸次撤除提示，讓辨別刺激（S^D）獨自誘出反應。

fixed-interval schedule（FI，固定時距制增強方式） 參見時距制增強方式（interval schedules）。

fixed-ratio schedule（FR，固定比率制增強方式） 參見比率制增強方式（ratio schedules）。

fluency（流暢性） （在習得能力後）學生能力的第二階段。流暢性表示學生準確表現反應的比率。

frequency（頻率） 在觀察階段，行為發生的次數。

functional analysis（功能分析） 操弄引發或維持行為的變項，以測試假設性關係的程序（通常為倒返設計或多元素設計），以檢驗功能關係。

functional assessment（功能評量） 為形成引發或維持行為變項的假設而蒐集資料。可以晤談、檢核表或直接觀察等方式實施。

functional equivalency training（功能等值訓練） (1)執行問題行為的功能評量／分析；及(2)教導社會適當行為以替代問題行為等過程。

functional relation（功能關係） 依變項和自變項間的準因果關係。如果依變項朝預期的方向系統地改變是自變項的引入及操弄的結果，則這關係是存在的。

generalization（類化） 學生表現潛能的擴充，超越起初習得所設定的狀況。刺激類化指在諸條件（線索、教材、訓練者以及環境）的表現，超出在習得階段的表現。維持指的是在撤除隨因增強後持續表現習得行為。反應類化則指類似那些直接介入的行為改變。

generalized conditioned reinforcer（類化制約增強物） 與多種行為有關的增強物，或

能取得多種其他原級與次級增強物的增強物。可簡稱為類化增強物（generalized reinforcer）。

goal setting（目標設定） 鼓勵學生與教師或其他成人協調合作，參加選擇他們希望達到的目標的過程。

group design（團體設計） 焦點在有關一群個體的實驗研究。

handheld technology（掌上型科技） 有許多供教育應用的各種可攜式電子設備。包括（但不限於）錄影和錄音與聽的設備、個人數位助理、可攜式電子鍵盤、數位相機、智慧型手機等。

humane（人道，人性化） 特點在考慮他人。在教育上，提供一個安全舒適的環境，尊重對待所有個體與提供有效的介入。

independent variable（自變項） 實驗者為改變行為而操弄的處理或介入。

individualized education program（IEP，個別化教育計畫） 為每一合於接受特殊教育服務的學齡學生所發展的書面教育計畫。

informed consent（知後同意） 法律用語，意指若以他們的母語或其他溝通方式，適當充分告知家長（或代理人）及該生所有該活動的相關資訊，取得同意參與該活動。

initial behavior（起點行為） 行為類似終點行為（介入的最終目標），循著一些重要向度，學生已經能夠表現的行為（用於逐步形成）。

405 **intermediate behavior**（中間行為） 向終點行為漸次接近所代表的行為（用於逐步形成）。

intermittent schedules（間歇增強方式） 增強方式，在一些但非全部正確或適當反應後，或當一段適當行為消失後給予增強。這些增強方式包括比率、時距以及反應持續時間量等。

interval recording（時距記錄） 將觀察時段分成許多短時距的觀察記錄方法，觀察者計算該行為發生的時距數而非該行為發生的次數。

interval schedules（時距制增強方式） 增強物的給予方式，隨因增強於在特定時段或時距後行為的發生。在固定時距制增強方式（FI），時距是標準的，例如 FI 5 在觀察階段每 5 分鐘時段，行為第一次發生後給予增強。在不固定時距制增強方式（VI），時距是不固定的，例如 VI 5 在平均 5 分鐘時段後的第一次反應發生給予增強。

intervention（介入） 任何改變一個人的環境，乃在設計改變這個人的行為。

iterative（迭代反覆） 過程的重複運用和分析，提供效能的推測和考慮到做法的持續修改。

lag schedule of reinforcement（增強的延隔方式） 增強方式的設計在鼓勵反應的變異。在延隔方式中，若反應異於特定數量的先前反應，則給予增強。

latency recording（潛伏時間記錄） 記錄在呈現辨別刺激（S^D）和反應開始間的時間量。

lawful behavior（規則行為） 行為可以事前事件的知識和增強的歷史來預測。

limited hold（**LH**，限時持有） 用於時距制增強方式的增強方法，限制享用增強物的期間。

maintenance（維持） 即使在系統應用行為方法撤離後，超時表現反應的能力。參見類化（generalization）。

modeling（示範，楷模） 展示預期行為，以提示模仿反應。

multiple baseline design（多基線設計） 一種單一受試實驗設計，複製實驗處理跨越(1)兩位或更多位學生；(2)兩個或更多的行為；或(3)兩個或更多的情境。當自變項系統且順序地介入，而依變項隨之改變時，就可展現功能關係。

multiple probe technique（多探測設計） 在延長的多基線設計有別於連續測量。不是記錄每節該生的反應，研究者採取偶爾、預定的措施，以檢驗該生的行為在未介入前沒有改變。

negative practice（負向練習） 不當行為大量或誇張的練習。由於疲勞或饜足而減少發生。

negative reinforcement（負增強，消極增強） 在反應後立即將厭煩刺激移除。消極增強增加該反應的未來率與機率。

noncontingent reinforcement（**NCR**，非隨因增強） 不論學生行為如何，在預定好的時距給予增強物。

nonexclusion time-out（非隔離暫停增強法） 一種暫停增強的方法，不將學生撤離有增強物施予的教學情境。老師禁止取得增強物並操弄示意一段時間無法取得增強物。

observational recording systems（觀察記錄系統） 用以記錄各方面的行為確實發生的資料蒐集方法。包括事件記錄、時距記錄、持續時間量記錄、潛伏時間量記錄。

occasion（引起，致使） 當不再提供增強，而該反應發生確實存在，則稱一事前事件「引起」反應。

operational definition（操作型定義） 提供標的行為具體實例，以減少觀察者間對行為發生的不一致。

ordinate（縱軸） 圖示的垂直軸或 y 軸。沿此軸用以表示標的行為的數量或程度。

overcorrection（過度矯正） 一種減少不當行為發生的方法。經由誇張經驗教導學生適當行為。有兩種形式的過度矯正，在復原式過度矯正，學生必須復原或矯正其所破壞的環境至破壞前的狀況。學生必須超越原有狀況而改進環境，藉此過度矯正這環境。在正向練習過度矯正，學生在表現不當行為後，要求他誇大練習適當行為。

overlearning（過度學習） 提供學生超過初步精熟所需的練習。

pairing（配對） 同時呈現原級增強物和次級增強物以制約次級增強物。一旦這連結建立，

次級增強物取代該增強功能時，就不再需要原級增強物了。

permanent product recording（永久產品記錄）　記錄導自於行為的有形項目或環境效果，例如書面的學業作品。又稱結果記錄（outcome recording）。

pinpointing（指明）　可觀察、可測量的用語指明所欲改變的行為。

positive reinforcement（正增強，積極增強）　立即跟隨在反應後，刺激的隨因增強呈現，增加該反應發生的未來率或機率。寫為 S^{R+}。

positive reinforcer（正增強物）　在反應後立即呈現的刺激，增加該反應的未來率或機率。

Premack principle（普墨克原則）　任何高機率的活動可能作為任何低機率活動的正增強物的原則。又稱活動增強（activity reinforcement）。

primary reinforcers（原級增強物）　對個體來說，有生物重要性的刺激（例如食物），這樣的刺激是內在的動機。又稱自然的、非習得的或非制約的增強物）。

probes（探測）　在安排的時距蒐集資料，而非連續蒐集。

prompt（提示）　增加該辨別刺激（S^D）誘發期望反應的額外刺激，也就是補充性事前刺激。

punisher（懲罰物）　事後刺激，可減少行為的未來頻率或機率。

punishment（懲罰）　跟隨在反應後立即呈現隨因增強的刺激，可減少該反應的未來率或機率。

ratio schedules（比率制增強方式）　增強物的給予視正確反應的數量而隨因增強。在固定比率增強方式（FR），增強要求適當反應的數量保持固定。例如 FR 5 就在每第五個適當反應給予增強。在不固定比率增強方式（VR），增強要求適當反應的數量不固定。例如 VR 5 就在平均五個適當反映的給予增強。

ratio strain（比率緊繃）　當增強的安排快速淡化，以致正確反應和增強之比例過大而無法維持反應的適當比例時，反應表現的破壞便隨之而來。

reinforcer sampling（增強物取樣）　讓學生接觸潛在的增強物。增強物取樣讓老師確定對個別學生可能有效的增強物，也讓學生熟悉先前所不知的潛在增強物。

reliability（信度）　在獨立觀察者間資料蒐集報告的一致性。信度係數由公式所確定：

$$\frac{\text{一致的時距數}}{\text{一致的時距數 ＋ 不一致的時距數}} \times 100 = \text{一致性百分比}$$

又稱觀察者間一致性。

repeated measures（重複測量）　單一受試研究設計的要求，乃數次測量學生的行為，而非單一測量例如測驗或調查。

response-cost（虧損）　以撤除特定數量的增強物（隨因增強該行為的發生），來減少不當行為。

response-duration schedules（持續反應增強方式，反應持續時間量制） 增強物施予的進度按學生從事持續行為的時間量多久而定。在固定持續反應增強方式（FRD），需要增強的行為時間量是持續固定的。例如 FRD 10 分鐘是在固定每 10 分鐘的適當行為後給予增強。在不固定持續反應增強方式（VRD），需要增強的時間量是不固定的。例如 VRD 10 分鐘是在平均 10 分鐘的適當行為後給予增強。

response generalization（反應類化） 當標的行為改變後，非安排的類似行為也改變。參見類化（generalization）。

reversal design（倒返設計） 一種單一受試實驗設計，為了要檢驗功能關係的存在，在介入後移除處理情境。這設計有四階段：基線期、處理的介入、處理的移除（也就是返回基準線）及處理的再度介入（又稱 ABAB 設計）。

satiation（饜足） 當不再需要剝奪狀態時發生的狀況。

schedules of reinforcement（增強方式） 增強物給予的時間安排模式。參見間歇增強方式（intermittent schedules）、時距制增強方式（interval schedules）、比率制增強方式（ratio schedules）、持續反應增強方式（response-duratiion schedules）。

S-delta（S$^\Delta$，冷刺激） 參見刺激控制（stimulus control）。

secondary reinforcers（次級增強物，衍生增強物） 開始是中性的刺激，但經由與原級增強物配對而獲得增強的性質。又稱制約增強物（conditioned reinforcers）。

self-instruction（自我教導） 學生為自己提供口頭提示的過程，以引導或維持特定行為。

self-punishment（自我懲罰） 隨因於行為表現而自我實施的懲罰行為後果。

self-recording（自我記錄） 蒐集自己行為的資料，又稱自我觀察、自我評鑑或自我檢視。

self-reinforcement（**self-punishment**）〔自我增強（自我懲罰）〕 對自己執行事後結果。教導學生選擇增強物（或懲罰物）、決定給予的標準，及給予自己事後結果。

setting events（情境事件） 個體生活的情境，範圍從文化影響到不自在的環境，暫時改變增強物的力量。

shaping（塑造，逐步形成） 經由針對一特定標的行為漸次接近的差別增強，來教導新行為。

simultaneous prompting（同時提示法） 提供一個立即、控制的提示，以確保正確反應。

single-subject designs（單一受試設計） 個體作為控制自身的實驗研究。參見 AB 設計（AB design）、交替處理設計（alternating treatments design）、逐變條件設計（changing conditions design）、逐變標準設計（changing criterion design）、多基線設計（multiple baseline design），及倒返設計（reversal design）。

social reinforcers（社會增強物） 次級增強物的一種，包括面部表情、接近、接觸、特權、字彙及用語。

social validity（社會效度） 改變的行為對社群的重要；消費者對程序的接受度。

stimulus class（刺激類組） 參見概念（concept）。

stimulus control（刺激控制） 事前情境引發行為或作為行為發生的線索的關係。行為的重複發生視受增強的狀況而定。作為引發反應的適當線索，因而導致增強的事前情境叫做辨別刺激（熱刺激，S^D）。不作為引發反應的適當線索，因而不導致增強的事前情境叫做冷刺激（引出的反應未被增強的刺激，S^Δ）。

stimulus equivalence（刺激等同） 兩刺激可相互交替並引發相同反應，這兩刺激等值的。

stimulus generalization（刺激類化） 參見類化（generalization）。

stimulus overselectivity（刺激過度選擇） 僅對刺激的一個或一些方面加以注意，而非對整體刺激加以注意的傾向。

stimulus prompt（刺激提示） 變化刺激以增加正確反應的機率。常用於無錯誤學習的程序。

stimulus satiation（刺激饜足） 先前引發一些反應的東西或事件頻繁出現，以致其出現時反應不再發生的狀況。

task analysis（工作分析） 將一複雜行為分解成部分的過程。

terminal behavior（終點行為） 介入的終極目標（用於逐步形成）。

thinning（淡化） 讓增強逐漸比較不常用，或隨因增強於更大量的適當行為。

time-out（暫停增強） 在一段固定時間內，不給予該生接受增強的機會以減少不適當的行為。

time-out ribbon（暫停增強絲帶） 學生佩帶的絲帶，撤除則表示增強的機會已暫時失去了。

time sampling（時間取樣） 一種觀察的記錄系統。其中觀察的時間被分成相同的時距，在每個時距的最後才觀察有無標的行為。

trend（趨勢） 呈現在圖示的資料描述。在單一方向中，三個資料點用以定義上升或下降的趨勢。

trial（嘗試） 行為發生的具體機會。以事前情境、反應及事後結果的刺激等三個行為要素操作定義一嘗試。事前情境刺激的給予標示該嘗試的開始；給予事後結果的刺激象徵了該嘗試的終止。

unconditioned aversive stimulus（非制約厭煩刺激） 對個體導致其生理痛苦或不適的刺激。又稱普遍的、自然的或非習得的厭煩刺激。

variable（變項） 對研究包含的個體或與該研究的環境有關條件等的獨特屬性。

variable-interval（**VI**）**schedule**（不固定時距制增強方式） 參見時距制增強方式（interval schedules）。

variable-response-duration（**VRD**）**schedule**（不固定持續反應制增強方式） 參見持續反應增強方式（response-duration schedules）。

voluntary consent（自主同意） 同意的取得未訴諸威脅或酬賞。

Abrahams, B., & Geschwind, D. (2008). Advances in autism genetics: On the threshold of a new neurobiology. *Genetics, 9,* 341–355.

Achenbach, T. H., & Lewis, M. (1971). A proposed model for clinical research and its application to encopresis and enuresis. *Journal of American Academy of Child Psychiatry, 10,* 535–554.

Adams, C., & Kelley, M. (1992). Managing sibling aggression: Overcorrection as an alternative to time-out. *Behavior Therapy, 23,* 707–717.

Adams, G., & Engelmann, S. (1996). *Research on direct instruction: 25 years beyond Distar.* Seattle, WA: Educational Achievement Systems.

Adams, N., Martin, R., & Popelka, G. (1971). The influence of time-out on stutterers and their dysfluency. *Behavior Therapy, 2,* 334–339.

Agran, M., Fodor-Davis, J., & Moore, S. (1992). The effects of peer-delivered self-instructional training on a lunch-making work task for students with severe handicaps. *Education and Training in Mental Retardation, 27,* 230–240.

Ahearn, W., Clark, K., DeBar, R., & Florentino, C. (2005). On the role of preference in response competition. *Journal of Applied Behavior Analysis, 38,* 247–250.

Aiken, J. M., & Salzberg, C. L. (1984). The effects of a sensory extinction procedure on stereotypic sounds of two autistic children. *Journal of Autism and Developmental Disorders, 14,* 291–299.

Akmanoglu, N., & Batu, S. (2004). Teaching pointing to numerals to individuals with autism using simultaneous prompting. *Education and Training in Developmental Disabilities, 39,* 326–336.

Alber, S., & Heward, W. (2000). Teaching students to recruit positive attention: A review and recommendations. *Journal of Behavioral Education, 10,* 177–204.

Alberto, P., Heflin, J., & Andrews, D. (2002). Use of the time-out ribbon procedure during community-based instruction. *Journal of Autism and Developmental Disorders, 26,* 297–311.

Alberto, P., Troutman, A., & Briggs, T. (1983). The use of negative reinforcement to condition a response in a deaf-blind student. *Education of the Visually Handicapped, 15,* 43–50.

Alberto, P., Waugh, R., & Fredrick, L. (2010). Teaching the reading of connected text through sight-word instruction to students with moderate intellectual disabilities. *Research in Developmental Disabilities, 31,* 1467–1474.

Alberto, P. A., Sharpton, W., & Goldstein, D. (1979). *Project Bridge: Integration of severely retarded students on regular education campuses.* Atlanta: Georgia State University.

Alberto, P. A., Sharpton, W. R., Briggs, A., & Stright, M. H. (1986). Facilitating task acquisition through the use of a self-operated auditory prompting system. *Journal of the Association for Persons with Severe Handicaps, 11,* 85–91.

Alldy, R. A., & Pakurar, K. (2007). Effects of teacher greetings on student on-task behavior. *Journal of Applied Behavior Analysis, 40,* 317–320.

Allen-DeBoer, R., Malmgren, K., & Glass, M. (2006). Reading instruction for youth with emotional and behavioral disorders in a juvenile correctional facility. *Behavioral Disorders, 32,* 18–28.

American Psychiatric Association. (2000). *Diagnostic and statistical manual of mental disorders* (fourth edition, text revision; DSM-IV). Washington, DC: Author.

Anderson, N., Hawkins, J., Hamilton, R., & Hampton, J. (1999). Effects of transdisciplinary teaming for students with motor disabilities. *Education and Training in Mental Retardation and Developmental Disabilities, 34*(3), 330–341.

Anderson-Inman, L., Walker, H. M., & Purcell, J. (1984). Promoting the transfer of skills across settings: Trans-environmental programming for handicapped students in the mainstream. In W. Heward, T. E. Heron, D. S. Hill, & J. Trap-Porter (Eds.), *Focus on behavior analysis in education.* Columbus, OH: Merrill.

Apolito, P., & Sulzer-Azaroff, B. (1981). Lemon-juice therapy: The control of chronic vomiting in a twelve-year-old profoundly retarded female. *Education and Treatment of Children, 4,* 339–347.

Ardoin, S. P., Martens, B. K., & Wolfe, L. A. (1999). Using high-probability instruction sequences with fading to increase student compliance during transitions. *Journal of Applied Behavior Analysis, 32,* 339–351.

Ardoin, S. P., Williams, J. C., Klubnik, C., & McCall, M. (2009). Three versus six rereadings of practice passages. *Journal of Applied Behavior Analysis, 42,* 375–380.

Arhar, J., Holly, J., & Kasten, W. (2001). *Action research for teachers.* Upper Saddle River, NJ: Merrill/Pearson Education.

Arndorfer, R., Miltenberger, R., Woster, S., Rortvedt, A., & Gaffaney, T. (1994). Home-based descriptive and experimental analysis of problem behaviors in children. *Topics in Early Childhood Special Education, 14*(1), 64–87.

Arntzen, E., Halstadtro, A. M., & Halstadtro, M. (2003). Training play behavior in a 5-year-old boy with developmental disabilities. *Journal of Applied Behavior Analysis, 36,* 367–370.

Atthowe, J. M. (1973). Token economies come of age. *Behavior Therapy, 4,* 646–654.

Austin, J., Hackett, S., Gravina, N., & Lebbon, A. (2006). The effects of prompting and feedback on drivers' stopping at stop signs. *Journal of Applied Behavior Analysis, 39,* 117–121.

Austin, J., & Soeda, J. (2008). Fixed-time teacher attention to decrease off-task behaviors of typically developing third graders. *Journal of Applied Behavior Analysis, 41,* 279–283.

Axelrod, S. (1987). Functional and structural analyses of behavior: Approaches leading to reduced use of punishment procedures? *Research in Developmental Disabilities, 8,* 165–178.

Axelrod, S. (1996). What's wrong with behavior analysis? *Journal of Behavioral Education, 6,* 247–256.

Axelrod, S., Moyer, L., & Berry, B. (1990). Why teachers do not use behavior modification procedures. *Journal of Educational and Psychological Consultation, 1*(4), 310–320.

Ayllon, T., & Azrin, N. (1968). The token economy: A motivational system for therapy and rehabilitation. New York: Appleton-Century-Crofts.

Ayllon, T., & Kelly, K. (1974). Reinstating verbal behavior in a functionally mute retardate. *Professional Psychology, 5,* 385–393.

Ayllon T., Kuhlman, C., & Warzak, W. J. (1983). Programming resource room generalization using Lucky Charms. *Child and Behavior Therapy, 4,* 61–67.

Ayllon, T., Layman, D., & Kandel, H. J. (1975). A behavioral-educational alternative to drug control of hyperactive children. *Journal of Applied Behavior Analysis, 8,* 137–146.

Ayllon, T., & Milan, M. (1979). *Correctional rehabilitation and management: A psychological approach.* New York: Wiley.

Ayllon, T., & Roberts, M. D. (1974). Eliminating discipline problems by strengthening academic performance. *Journal of Applied Behavior Analysis, 7,* 71–76.

Ayllon, T. A. (1963). Intensive treatment of psychotic behavior by stimulus satiation and food reinforcement. *Behavior Research and Therapy, 1,* 53–61.

Ayllon, T. A. (1977). Personal communication.

Ayllon, T. A., & Michael, J. (1959). The psychiatric nurse as a behavior engineer. *Journal of the Experimental Analysis of Behavior, 2,* 323–334.

Azrin, N. H. (1960). Effects of punishment intensity during variable-interval reinforcement. *Journal of the Experimental Analysis of Behavior, 3,* 128–142.

Azrin, N. H., & Foxx, R. M. (1971). A rapid method of toilet training the institutionalized retarded. *Journal of Applied Behavior Analysis, 4,* 89–99.

Azrin, N. H., & Foxx, R. M. (2007). *Toilet training in less than a day.* New York: Pocket Books.

Azrin, N. H., Hake, D. G., Holz, W. C., & Hutchinson, R. R. (1965). Motivational aspects of escape from punishment. *Journal of the Experimental Analysis of Behavior, 8,* 31–44.

Azrin, N. H., & Holz, W. C. (1966). Punishment. In W. A. Honig (Ed.), *Operant behavior: Areas of research and application* (pp. 380–447). New York: Appleton-Century-Crofts.

Azrin, N. H., Holz, W. C., & Hake, D. F. (1963). Fixed-ratio punishment. *Journal of the Experimental Analysis of Behavior, 6,* 141–148.

Azrin, N. H., Hutchinson, R. R., & Hake, D. J. (1966). Extinction-induced aggression. *Journal of the Experimental Analysis of Behavior, 9,* 191–204.

Azrin, N. H., Sneed, T. J., & Foxx, R. M. (1973). Drybed: A rapid method of eliminating bedwetting (enuresis) of the retarded. *Behavior Research and Therapy, 11,* 427–434.

Azrin, N. H., & Wesolowski, M. D. (1974). Theft reversal: An overcorrection procedure for eliminating stealing by retarded persons. *Journal of Applied Behavior Analysis, 7,* 577–581.

Azrin, N. H., & Wesolowski, M. D. (1975). The use of positive practice to eliminate persistent floor sprawling by profoundly retarded persons. *Behavior Therapy, 6,* 627–631.

Baer, A. M., Rowbury, T., & Baer, D. M. (1973). The development of instructional control over classroom activities of deviant preschool children. *Journal of Applied Behavior Analysis, 6,* 289–298.

Baer, D. M. (1971). Behavior modification: You shouldn't. In E. A. Ramp & B. L. Hopkins (Eds.), *A new direction for education: Behavior analysis* (Vol. 1). Lawrence: University of Kansas Support and Development Center for Follow Through.

Baer, D. M. (1977). Just because it's reliable doesn't mean that you can use it. *Journal of Applied Behavior Analysis, 10,* 117–119.

Baer, D. M. (1999). *How to plan for generalization.* Austin, TX: Pro-Ed.

Baer, D. M., & Wolf, M. M. (1968). The reinforcement contingency in preschool and remedial education. In R. D. Hess & R. M. Bear (Eds.), *Early education: Current theory, research, and action.* Chicago: Aldine.

Baer, D. M., & Wolf, M. M. (1970). The entry into natural communities of reinforcement. In R. Ulrich, T. Stachnik, & J. Mabry (Eds.), *Control of human behavior* (Vol. 2). Glenview, IL: Scott, Foresman.

Baer, D. M., Wolf, M. M., & Risley, T. R. (1968). Some current dimensions of applied behavior analysis. *Journal of Applied Behavior Analysis, 1,* 91–97.

Baer, D. M., Wolf, M. M., & Risley, T. R. (1987). Some still-current dimensions of applied behavior analysis. *Journal of Applied Behavior Analysis, 20,* 313–327.

Bailey, D. B., Wolery, M., & Sugai, G. M. (1988). *Effective teaching: Principles and procedures of applied behavior analysis with exceptional children.* Boston: Allyn & Bacon.

Bailey, J. S., & Burch, M. R. (2005). *Ethics for behavior analysts.* Mahwah, NJ: Lawrence Erlbaum Associates.

Bailey, S., Pokrzywinski, J., & Bryant, L. (1983). Using water mist to reduce self-injurious and stereotypic behavior. *Applied Research in Mental Retardation, 4,* 229–241.

Baker, J., Hanley, G., & Mathews, R. (2006). Staff-administered functional analysis and treatment of aggression by an elder with dementia. *Journal of Applied Behavior Analysis, 39,* 469–474.

Baker, L. (1982). An evaluation of the role of metacognitive deficits in learning disabilities. *Topics in Learning and Learning Disabilities, 2*(1), 27–35.

Balsam, P. D., & Bondy, A. S. (1983). The negative side effects of reward. *Journal of Applied Behavior Analysis, 16,* 283–296.

Balson, P. M. (1973). Case study: Encopresis: A case with symptom substitution. *Behavior Therapy, 4,* 134–136.

Bandura, A. (1965). Influence of models' reinforcement contingencies on the acquisition of imitative responses. *Journal of Personality and Social Psychology, 1,* 589–595.

Bandura, A. (1969). *Principles of behavior modification.* New York: Holt, Rinehart & Winston.

Bandura, A. (1975). The ethics and social purposes of behavior modification. In C. M. Franks & G. T. Wilson (Eds.), *Annual review of behavior therapy, theory & practice* (Vol. 3, pp. 13–20). New York: Brunner/Mazel.

Bandura, A. (1977). *Social learning theory.* Upper Saddle River, NJ: Prentice-Hall.

Bannerman, D. J., Sheldon, J. B., Sherman, J. A., & Harchik, A. E. (1990). Balancing the right to habilitation with the right to personal liberties: The rights of people with developmental disabilities to eat too many doughnuts and take a nap. *Journal of Applied Behavior Analysis, 23,* 79–89.

Barbetta, P. (1990). GOALS: A group-oriented adapted levels systems for children with behavior disorders. *Academic Therapy, 25,* 645–656.

Barkley, R., Copeland, A., & Sivage, C. (1980). A self-control classroom for hyperactive children. *Journal of Autism and Developmental Disorders, 10,* 75–89.

Barlow, D., & Hayes, S. (1979). Alternating treatments design: One strategy for comparing the effects of two treatments in a single subject. *Journal of Applied Behavior Analysis, 12,* 199–210.

Barlow, D., & Hersen, M. (1984). *Single case experimental designs: Strategies for studying behavior change.* New York: Pergamon Press.

Baron, A., Kaufman, A., & Rakavskas, I. (1967). Ineffectiveness of "time-out" punishment in suppressing human operant behavior. *Psychonomic Science, 8,* 329–330.

Barrish, H. H., Saunders, M., & Wolf, M. M. (1969). Good behavior game: Effects of individual contingencies for group consequences on disruptive behavior in a classroom. *Journal of Applied Behavior Analysis, 2,* 119–124.

Barry, L., & Burlew, S. (2004). Using social stories to teach choice and play skills to children with autism. *Focus on Autism and Other Developmental Disabilities, 19,* 45–51.

Barry, L. M., & Messer, J. J. (2003). A practical application of self-management for students diagnosed with attention deficit/hyperactivity disorder. *Journal of Positive Behavioral Interventions, 5,* 238–248.

Barton, E. J., & Ascione, F. R. (1979). Sharing in preschool children: Facilitation, stimulus generalization, response generalization, and maintenance. *Journal of Applied Behavior Analysis, 12,* 417–430.

Barton, L., Brulle, A., & Repp, A. C. (1987). Effects of differential scheduling of time-out to reduce maladaptive responding. *Exceptional Children, 53,* 351–356.

Barton-Arwood, S., Wehby, J., Gunter, P., & Lane, K. (2003). Functional behavior assessment rating scales: Intrarater reliability with students with emotional or behavioral disorders. *Behavioral Disorders, 28,* 386–400.

Bassarath, L. (2001). Conduct disorder: A biophysical review. *Canadian Journal of Psychiatry, 46*(7), 609–617.

Bateman, B., & Linden, M. A. (1998). *Better IEPs* (3rd ed.). Longmont, CO: Sopris West.

Bauer, A., Shea, T., & Keppler, R. (1986). Levels systems: A framework for the individualization of behavior management. *Behavioral Disorders, 12,* 28–35.

Bayley, N. (2005). *Bayley Scales of Infant and Toddler Development* (3rd ed.). Upper Saddle River, NJ: Pearson.

Beare, P., Severson, S., & Brandt, P. (2004). The use of a positive procedure to increase engagement on task and decrease challenging behavior. *Behavior Modification, 28,* 28–44.

Becker, J., Turner, S., & Sajwaj, T. (1978). Multiple behavioral effects of the use of lemon juice with a ruminating toddler-age child. *Behavior Modification, 2,* 267–278.

Becker, W. C., & Engelmann, S. E. (1978). Systems for basic instruction: Theory and applications. In A. Catania & T. Brigham (Eds.), *Handbook of applied behavior analysis: Social and instructional processes* (pp. 57–92). Chicago: Science Research Associates.

Becker, W. C., Engelmann, S., & Thomas, D. R. (1975a). *Teaching 1: Classroom management.* Chicago: Science Research Associates.

Becker, W. C., Engelmann, S., & Thomas, D. R. (1975b). *Teaching 2: Cognitive learning and instruction.* Chicago: Science Research Associates.

Begeny, J. C., Laugle, K. M., Krouse, H. E., Lynn, A. E., Tayrose, M. P., & Stage, S. A. (2010). A control-group comparison of two reading fluency programs: The Helping Early Literacy with Practice Strategies (HELPS) program and the Great Leaps K–2 reading program. *School Psychology Review, 39,* 137–155.

Bekker, M. J., Cumming, T. D., Osborne, N. K. P., Bruining, A. M., McClean, J. M., & Leland, L. S., Jr. (2010). Encouraging electricity savings in a university residential hall through a combination of feedback, visual prompts, and incentives. *Journal of Applied Behavior Analysis, 43,* 327–331.

Bellini, S., & Akullian, J. (2007). A meta-analysis of video modeling and video self-modeling interventions for children and adolescents with autism spectrum disorders. *Exceptional Children, 73,* 264–287.

Benabou, R., & Tirole, J. (2003). Intrinsic and extrinsic motivation. *Review of Economic Studies, 70,* 489–520.

Bennett, K., & Cavanaugh, R. A. (1998). Effects of immediate self-correction, delayed self-correction, and no correction on the acquisition and maintenance of multiplication facts by a fourth-grade student with learning disabilities. *Journal of Applied Behavior Analysis, 31,* 303–306.

Benoit, R. B., & Mayer, G. R. (1974). Extinction: Guidelines for its selection and use. *The Personnel and Guidance Journal, 52,* 290–295.

Berg, W. K., & Wacker, D. P. (1989). Evaluation of tactile prompts with a student who is deaf, blind, and mentally retarded. *Journal of Applied Behavior Analysis, 22,* 93–99.

Berry, H. K. (1969). Phenylketonuria: Diagnosis, treatment and long-term management. In G. Farrell (Ed.), *Congenital mental retardation.* Austin: University of Texas Press.

Bettenhausen, S. (1998). Make proactive modifications to your classroom. *Intervention in School and Clinic, 33,* 182–183.

Bicard, D. F., Horan, J., Plank, E., & Covington, T. (2009). May I take a message? Using general case programming to teach students with disabilities to take and give phone messages. *Preventing School Failure, 54,* 179–189.

Bierman, K., Miller, C., & Stabb, S. (1987). Improving the social behavior and peer acceptance of rejected boys: Effects of social skill training with instruction and prohibitions. *Journal of Consulting and Clinical Psychology, 55,* 194–200.

Bijou, S., Peterson, R., Harris, F., Allen, K., & Johnston, M. (1969). Methodology for experimental studies of young children in natural settings. *Psychological Record, 19,* 177–210.

Bijou, S. W., Peterson, R. F., & Ault, M. H. (1968). A method to integrate descriptive and experimental field studies at the level of data and empirical concepts. *Journal of Applied Behavior Analysis, 1,* 175–191.

Billingsley, F. F. (1987). Where are the generalized outcomes? (An examination of instructional objectives). *Journal of the Association for Persons with Severe Handicaps, 11,* 176–181.

Billingsley, F. F., & Romer, L. T. (1983). Response prompting and the transfer of stimulus control: Methods, research, and a conceptual framework. *Journal of the Association for Persons with Severe Handicaps, 8,* 3–12.

Birkan, B. (2005). Using simultaneous prompting for teaching various discrete tasks to students with mental retardation. *Education and Training in Developmental Disabilities, 40,* 68–79.

Birnbrauer, J. S., Bijou, S. W., Wolf, M. M., & Kidder, J. D. (1965). Programmed instruction in the classroom. In L. P. Ullmann & L. Krasner (Eds.), *Case studies in behavior modification.* New York: Holt, Rinehart & Winston.

Blood, E. (2010). Effects of student response systems on participation and learning of students with emotional and behavioral disorders. *Behavioral Disorders, 35,* 214–228.

Bloom, B. S. (Ed.). (1956). *Taxonomy of educational objectives handbook I: Cognitive domain.* New York: David McKay.

Bollman, J. R., & Davis. P. K. (2009). Teaching women with intellectual disabilities to identify and report inappropriate staff-to-resident interactions. *Journal of Applied Behavior Analysis, 42,* 813–817.

Borkowski, J. G. (1992). Metacognitive theory: A framework for teaching literacy, writing, and math skills. *Journal of Learning Disabilities, 25*(4), 253–257.

Bornstein, P. H. (1985). Self-instructional training: A commentary and state-of-the-art. *Journal of Applied Behavior Analysis, 18,* 69–72.

Bornstein, P. H., & Quevillon, R. P. (1976). The effects of a self-instructional package on overactive preschool boys. *Journal of Applied Behavior Analysis, 9,* 179–188.

Bourbeau, P. E., Sowers, J., & Close, D. E. (1986). An experimental analysis of generalization of banking skills from classroom to bank settings in the community. *Education and Training of the Mentally Retarded, 21,* 98–107.

Boyle, J., & Hughes, C. (1994). Effects of self-monitoring and subsequent fading of external prompts on the on-task behavior and task productivity of elementary students with moderate mental retardation. *Journal of Behavioral Education, 4,* 439–457.

Bradford, S., Shippen, M. E., Alberto, P., Houchins, D. E., & Flores, M. (2006). Using systematic instruction to teach decoding skills to middle school students with moderate intellectual disabilities. *Education and Training in Developmental Disabilities, 41,* 333–343.

Bradley, R., Danielson, L., & Doolittle, J. (2007). Responsiveness to intervention: 1997 to 2007. *Teaching Exceptional Children, 19,* 8–12.

Bradley-Johnson, S., Johnson, C., & Sunderman, P. (1983). Comparison of delayed prompting and fading for teaching preschoolers easily confused letters and numbers. *Journal of School Psychology, 21,* 327–335.

Bradshaw, C., Mitchell, M., & Leaf, P. (2010). Examining the effects of schoolwide positive behavioral interventions and supports on student outcomes: Results from a randomized controlled effectiveness trial in elementary schools. *Journal of Positive Behavior Interventions, 12,* 133–148.

Brigance, A. (1999). *Brigance diagnostic inventory of basic skills* (Revised). Billerica, MA: Curriculum Associates.

Briggs, A., Alberto, P. A., Berlin, K., McKinley, C., Sharpton, W. R., & Ritts, C. (1990). Generalized use of a self-operated audio prompt system. *Education and Training in Mental Retardation, 25,* 381–389.

Britton, L., Carr, J., Kellum, K., Dozier, C., & Weil, T. (2000). A variation of noncontingent reinforcement in the treatment of aberrant behavior. *Research in Developmental Disabilities, 21,* 425–435.

Brobst, B., & Ward, P. (2002). Effects of public posting, goal setting, and oral feedback on the skills of female soccer players. *Journal of Applied Behavior Analysis, 35,* 247–257.

Brooks, A., Todd, A., Tofflemoyer, S., & Horner, R. (2003). Use of functional assessment and a self-management system to increase academic engagement and work completion. *Journal of Positive Behavior Interventions, 5,* 144–152.

Brooks, J. G. (1990). Teachers and students: Constructivists forging new connections. *Educational Leadership, 47*(5), 68–71.

Broussard, C., & Northrup, J. (1995). An approach to functional assessment and analysis of disruptive behavior in regular education classrooms. *School Psychology Quarterly, 10,* 151–164.

Broussard, C., & Northup, J. (1997). The use of functional analysis to develop peer interventions for disruptive classroom behavior. *School Psychology Quarterly, 12,* 65–76.

Browder, D. M., & Shapiro, E. S. (1985). Applications of self-management to individuals with severe handicaps: A review. *Journal of the Association for Persons with Severe Handicaps, 10,* 200–208.

Brown, K., Wacker, D., Derby, K. M., Peck, S., Richman, D., Sasso, G., et al. (2000). Evaluating the effects of functional communication training in the presence and absence of establishing operations. *Journal of Applied Behavior Analysis, 33,* 53–71.

Browning, E. R. (1983). A memory pacer for improving stimulus generalization. *Journal of Autism and Developmental Disorders, 13,* 427–432.

Bruner, J. S. (1960). *The process of education.* Cambridge, MA: Harvard University Press.

Bryan, L., & Gast, D. (2000). Teaching on-task and on-schedule behaviors to high-functioning children with autism via picture activity schedules. *Journal of Autism and Developmental Disorders, 30*(6), 553–564.

Bryan, T., & Bryan, J. (1978). *Understanding learning disabilities.* Sherman Oaks. CA: Alfred.

Bryant, L. E., & Budd, K. S. (1982). Self-instructional training to increase independent work performance in preschoolers. *Journal of Applied Behavior Analysis, 15,* 259–271.

Buchard, J. D., & Harig, P. T. (1976). Behavior modification and juvenile delinquency. In H. Leitenberg (Ed.), *Handbook of behavior modification and behavior therapy.* Upper Saddle River, NJ: Prentice Hall.

Buggey, T. (1999). Look! I'm on TV: Using videotaped self-modeling to change behavior. *Teaching Exceptional Children, 31,* 27–30.

Buggey, T. (2005a). Applications of video self-modeling with children with autism in a small private school. *Focus on Autism and Other Developmental Disabilities, 20,* 180–204.

Buggey, T. (2005b). Video self-modeling applications with students with autism spectrum disorder in a small private school setting. *Focus on Autism and Other Developmental Disabilities, 20,* 52–63.

Burchard, J. D., & Barrera, F. (1972). An analysis of time-out and response cost in a programmed environment. *Journal of Applied Behavior Analysis, 5,* 271–282.

Burgio, L. D., Whitman, T. L., & Johnson, M. R. (1980). A self-instructional package for increasing attending behavior in educable mentally retarded children. *Journal of Applied Behavior Analysis, 13,* 443–459.

Burke, J. D., Loeber, R., & Birmaher, B. (2002). Oppositional defiant disorder and conduct disorder: A review of the past 10 years, part II. *Journal of the American Academy of Child and Adolescent Psychiatry, 41*(11), 1275–1293.

Byrne, G. (1989). We have met the enemy and it is us! *Science, 243,* 32.

Cade, T., & Gunter, P. (2002). Teaching students with severe emotional or behavioral disorders to use a musical mnemonic technique to solve basic division calculations. *Behavioral Disorders, 27,* 208–214.

Call, N. A., Wacker, D. P., Ringdahl, J. E., & Boelter, E. W. (2005). Combined antecedent variables as motivating operations within functional analyses. *Journal of Applied Behavior Analysis, 38,* 385–389.

Callahan, K., & Rademacher, J. (1999). Using self-management strategies to increase the on-task behavior of a student with autism. *Journal of Positive Behavior Interventions, 1*(2), 117–122.

Callicott, K. J., & Park, H. (2003). Effects of self-talk on academic engagement and academic responding. *Behavioral Disorders, 29,* 48–64.

Cameron, J., Banko, K. M., & Pierce, W. D. (2001). Pervasive negative effects of rewards on intrinsic motivation: The myth continues. *The Behavior Analyst, 24,* 1–44.

Cameron, J., & Pierce, W. D. (1994). Reinforcement, reward, and intrinsic motivation: A meta-analysis. *Review of Educational Research, 64,* 363–423.

Cammilleri, A., & Hanley, G. (2005). Use of a lag differential reinforcement contingency to increase varied selections of classroom activities. *Journal of Applied Behavior Analysis, 38,* 111–115.

Campbell, C. R., & Stremel-Campbell, K. (1982). Programming "loose training" as a strategy to facilitate language generalization. *Journal of Applied Behavior Analysis, 15,* 295–305.

Cannella-Malone, H., O'Reilly, M., de la Cruz, B., Edrisinha, C., Sigafoos, J., & Lancioni, G. E. (2006). *Education and Training in Developmental Disabilities, 41,* 344–356.

Cannon, J., Easterbrooks, S., & Fredrick, L. (2010). Vocabulary acquisition through books in ASL. *Communication Disorders Quarterly, 31,* 96–112.

Capshew, J. H. (1993, Fall). Engineering behavior: Project Pigeon, World War II, and the conditioning of B. F. Skinner. *Technology & Culture,* 835–857.

Carey, R., & Bucher, B. (1983). Positive practice overcorrection: The effects of duration of positive practice on acquisition and response duration. *Journal of Applied Behavior Analysis, 16,* 101–109.

Carpenter, L. B. (2001). Utilizing travel cards to increase productive student behavior, teacher collaboration, and parent–school communication. *Education and Training in Mental Retardation and Developmental Disabilities, 36,* 318–322.

Carpenter, S., & McKee-Higgins, E. (1996). Behavior management in inclusive classrooms. *Remedial and Special Education, 17,* 196–203.

Carr, E., & Durand, M. (1985). Reducing behavior problems through functional communication training. *Journal of Applied Behavior Analysis, 18,* 111–126.

Carr, E., & Newsom, C. (1985). Demand-related tantrums: Conceptualization and treatment. *Behavior Modification, 9,* 403–426.

Carr, E., Robinson, S., & Palumbo, L. (1990). The wrong issue: Aversive versus nonaversive treatment. The right issue: Functional versus nonfunctional treatment. In A. Repp & N. Singh (Eds.), *Perspectives on the use of nonaversive and aversive interventions for persons with developmental disabilities* (361–379). Sycamore, IL: Sycamore Publishing.

Carr, E. G. (1977). The motivation of self-injurious behavior. A review of some hypotheses. *Psychological Bulletin, 84,* 800–816.

Carr, E. G. (1996). The transfiguration of behavior analysis: Strategies for survival. *Journal of Behavioral Education, 6,* 263–270.

Carr, E. G., Binkoff, J. A., Kologinsky, E., & Eddy, M. (1978). Acquisition of sign language by autistic children. I: Expressive labeling. *Journal of Applied Behavior Analysis, 11,* 489–501.

Carr, E. G., Dunlap, G., Horner, R. H., Koegel, R. L., Turnbull, A. P., Sailor, W., et al. (2002). Positive behavior support: Evolution of an applied science. *Journal of Positive Behavior Intervention, 4,* 4–16.

Carr, E. G., Horner, R. H., Turnbull, A. P., Marquis, J. G., McLaughlin, D. M., McAtee, M. L., et al. (1999). *Positive behavior support as an approach for dealing with problem behavior in people with developmental disabilities: A research synthesis.* Washington, DC: AAMR.

Carr, E. G., & Kologinsky, E. (1983). Acquisition of sign language by autistic children: II. Spontaneity and generalization effects. *Journal of Applied Behavior Analysis, 16,* 297–314.

Carr, E. G., Smith, C. E., Giacin, T. A., Whelan, B. M., & Pancari, J. (2003). Menstrual discomfort as a biological setting event for severe problem behavior: Assessment and intervention. *American Journal on Mental Retardation, 108,* 117–133.

Carr, J., & Britton, L. (1999). Idiosyncratic effects of noncontingent reinforcement on problematic speech. *Behavioral Interventions, 14,* 37–43.

Carr, J., & Burkholder, E. (1998). Creating single-subject design graphs with Microsoft Excel. *Journal of Applied Behavior Analysis, 31,* 245–251.

Carr, J., Coriaty, S., Wilder, D., Gaunt, B., Dozier, C., Britton, L., et al. (2000). A review of "noncontingent" reinforcement as treatment for the aberrant behavior of individuals with developmental disabilities. *Research in Developmental Disabilities, 21,* 377–391.

Carr, J., Dozier, C., Patel, M., Adams, A., & Martin, N. (2002). Treatment of automatically reinforced object mouthing with noncontingent reinforcement and response blocking: Experimental analysis and social validation. *Research in Developmental Disabilities, 23,* 37–44.

Carr, J., Nicolson, A., & Higbee, T. (2000). Evaluation of a brief multiple-stimulus preference assessment in a naturalistic context. *Journal of Applied Behavior Analysis, 33,* 353–357.

Carr, J., Severtson, J., & Lepper, T. (2009). Noncontingent reinforcement is an empirically supported treatment for problem behavior exhibited by individuals with developmental disabilities. *Research in Developmental Disabilities, 30,* 44–57.

Carter, M., & Kemp, C. R. (1996). Strategies for task analysis in special education. *Educational Psychology, 16,* 155–171.

Carter, S., & Wheeler, J. (2007). Functional analysis and reduction of inappropriate spitting. *Education and Training in Developmental Disabilities, 42,* 59–64.

Case, L. P., Harris, K. R., & Graham, S. (1992). Improving the mathematical problem-solving skills of students with learning disabilities. *Journal of Special Education, 26*(1), 1–19.

Casey, S., & Merical, C. (2006). The use of functional communication training without additional treatment procedures in an inclusive school setting. *Behavioral Disorders, 32,* 46–54.

Cashwell, T., Skinner, C., & Smith, E. (2001). Increasing second-grade students' reports of peers' prosocial behaviors via direct instruction, group reinforcement, and progress feedback: A replication and extension. *Education and Treatment of Children, 24,* 161–175.

Cassel, J., & Reid, R. (1996). Use of a self-regulated strategy intervention to improve word problem-solving skills of students with mild disabilities. *Journal of Behavioral Education, 6,* 153–172.

Castles, A., Adams. E. K., Melvin, C. L., Kelsch, C., & Boulton, M. L. (1999). Effects of smoking during pregnancy: Five meta-analyses. *American Journal of Preventive Medicine, 16,* 208–215.

Cavalier, A., Ferretti, R., & Hodges, A. (1997). Self-management within a classroom token economy for students with learning disabilities. *Research in Developmental Disabilities, 18*(3), 167–178.

Cavanaugh, R., Heward, W., & Donelson, F. (1996). Effects of response cards during lesson closure on the academic performance of secondary students in an earth science course. *Journal of Applied Behavior Analysis, 29,* 403–406.

Chadwick, B. A., & Day, R. C. (1971). Systematic reinforcement: Academic performance of underachieving students. *Journal of Applied Behavior Analysis, 4,* 311–319.

Chance, P. (1992, November). The rewards of learning. *Phi Delta Kappan,* 200–207.

Charlop-Christy, M., & Haymes, L. (1998). Using objects of obsession as token reinforcers for children with autism. *Journal of Autism and Developmental Disorders, 28*(3), 189–198.

Chasnoff, I. J., Wells, A. M., Telford, E., Schmidt, C., & Messer, G. (2010). Neurodevelopmental functioning in children with FAS, pFAS, and ARND. *Journal of Developmental and Behavioral Pediatrics, 31,* 192–201.

Cheney, T., & Stein, N. (1974). Fading procedures and oddity learning in kindergarten children. *Journal of Experimental Child Psychology, 17,* 313–321.

Chess S., & Thomas A. (1984) *Origins and evolution of behavior disorders.* Cambridge, MA: Harvard University Press.

Chin, H., & Bernard-Opitz, V. (2000). Teaching conversational skills to children with autism. *Journal of Autism and Developmental Disorders, 30*(6), 569–582.

Cicero, F., & Pfadt, A. (2002). Investigation of a reinforcement-based toilet training procedure for children with autism. *Research in Developmental Disabilities, 23,* 319–331.

Cihak, D. F., Alberto, P. A., Kessler, K. B., & Taber, T. A. (2004). An investigation of instructional scheduling arrangements for community-based instruction. *Research in Developmental Disabilities, 25,* 67–88.

Cihak, D., & Alaimo, D. (2003). *Using personal digital assistants (PDA) for collecting observational data in the classroom.* (Bureau for Students with Multiple and Severe Disabilities Monograph.) Atlanta: Georgia State University, Department of Educational Psychology and Special Education.

Cihak, D., Alberto, P., & Fredrick, L. (2007). Use of brief functional analysis and intervention evaluation in public settings. *Journal of Positive Behavior Interventions, 9,* 80–93.

Cihak, D., Alberto, P. A., Taber-Doughty, T., & Gama, R. I. (2006). A comparison of static picture prompting and video prompting simulation strategies using group instructional procedures. *Focus on Autism and Other Developmental Disabilities, 21,* 89–99.

Cihak, D., Fahrenkrog, C., Ayers, K. A., & Smith, C. (2010). The use of video modeling via a video iPod and a system of least prompts to improve transitional behaviors for students with autism spectrum disorders in the general education classroom. *Journal of Positive Behavior Interventions, 12*(2), 103–115.

Cihak, D., & Foust, J. (2008). Comparing number lines and touch points to teach addition facts to students with autism. *Focus on Autism and Other Developmental Disabilities, 23,* 131–137.

Cihak, D. F., Kessler, K. B., & Alberto, P. A. (2007). Generalized use of a handheld prompting system. *Research in Developmental Disabilities, 28,* 397–408.

Cipani, E. (1995). Be aware of negative reinforcement. *Teaching Exceptional Children, 27*(4), 36–40.

Clayton, M., Helms, B., & Simpson, C. (2006). Active prompting to decrease cell phone use and increase seat belt use while driving. *Journal of Applied Behavior Analysis, 39,* 341–349.

Clayton, M. C., & Hayes, L. J. (1999). Conceptual differences in the analysis of stimulus equivalence. *Psychological Record, 49,* 145–161.

Clayton, M. C., & Helms, B. P., (2009). Increasing seat belt use on a college campus: An evaluation of two prompting procedures. *Journal of Applied Behavior Analysis, 42,* 161–164.

Cohen-Almeida, D., Graff, R., & Ahearn, W. (2000). A comparison of verbal and tangible stimulus preference assessments. *Journal of Applied Behavior Analysis, 33,* 329–334.

Cole v. Greenfield-Central Community Schools, 667 F. Supp. 56 (S.D.Ind. 1986).

Cole, G., Montgomery, R., Wilson, K., & Milan, M. (2000). Parametric analysis of overcorrection duration effects. *Behavior Modification, 24,* 359–378.

Coleman, C., & Holmes, P. (1998). The use of noncontingent escape to reduce disruptive behaviors in children with speech delays. *Journal of Applied Behavior Analysis, 31,* 687–690.

Coleman-Martin, M., & Heller, K. (2004). Using a modified constant prompt-delay procedure to teach spelling to students with physical disabilities. *Journal of Applied Behavior Analysis, 37,* 469–480.

Coleman-Martin, M., Heller, K., Cihak, D., & Irvine, K. (2005). Using computer-assisted instruction and the nonverbal reading approach to teach word identification. *Focus on Autism and Other Developmental Disabilities, 20,* 80–90.

Collins, B., & Griffen, A. (1996). Teaching students with moderate disabilities to make safe responses to product warning labels. *Education and Treatment of Children, 19*(1), 30–45.

Collins, S., Higbee, T. S., & Salzberg, C. L. (2009). The effects of video modeling on staff implementation of a problem-solving intervention with adults with developmental disabilities. *Journal of Applied Behavior Analysis, 42,* 849–854.

Conley, O., & Wolery, M. (1980). Treatment by overcorrection of self-injurious eye gouging in preschool blind children. *Journal of Behavior Therapy and Experimental Psychiatry, 11,* 121–125.

Connell, J., & Witt, J. (2004). Applications of computer-based instruction: Using specialized software to aid letter-name and letter-sound recognition. *Journal of Applied Behavior Analysis, 37,* 67–71.

Connolly, A. (1998). *Key Math Diagnostic Arithmetic Test* (Revised). Circle Pines, MN: American Guidance Service.

Conroy, M., Asmus, J., Ladwig, C., Sellers, J., & Valcante, G. (2004). The effects of proximity on the classroom behaviors of students with autism in general education settings. *Behavioral Disorders, 29,* 119–129.

Conroy, M., Asmus, J., Sellers, J., & Ladwig, C. (2005). The use of an antecedent-based intervention to decrease stereotypic behavior in a general education classroom. *Focus on Autism and Other Developmental Disabilities, 20,* 223–230.

Conroy, M., Fox, J., Bucklin, A., & Good, W. (1996). An analysis of the reliability and stability of the Motivation Assessment Scale in assessing the challenging behaviors of persons with developmental disabilities. *Education and Training in Mental Retardation and Developmental Disabilities, 31,* 243–250.

Contrucci-Kuhn, S. A., Kuhn D. E., Lerman, D. C., Vorndran, C. M., & Addison, L. (2006). Analysis of factors that affect responding in a two-response chain in children with developmental disabilities. *Journal of Applied Behavior Analysis, 39,* 263–280.

Conyers, C., Miltenberger, R., Maki, A., Barenz, R., Jurgens, M., Sailer, A., Haugen, M., & Kopp, B. (2004). A comparison of response cost and differential reinforcement of other behavior to reduce disruptive behavior in a preschool classroom. *Journal of Applied Behavior Analysis, 37,* 411–415.

Cooper, J. (1981). *Measuring behavior* (2nd ed.). Columbus, OH: Merrill.

Cooper, J., Heron, T., & Heward, W. (2007). *Applied behavior analysis* (2nd ed.). Upper Saddle River, NJ: Merrill/Pearson Education.

Cooper, L., Wacker, D., Thursby, D., Plagmann, L., Harding, J., Millard, T., et al. (1992). Analysis of the effects of task preferences, task demands, and adult attention on child behavior in outpatient and classroom settings. *Journal of Applied Behavior Analysis, 25,* 823–840.

Copeland, S. R., & Hughes, C. (2000). Acquisition of a picture prompt strategy to increase independent performance. *Education and Training in Mental Retardation and Developmental Disabilities, 35,* 294–305.

Corte, H. E., Wolf, M. M., & Locke, B. J. (1971). A comparison of procedures for eliminating self-injurious behavior of retarded adolescents. *Journal of Applied Behavior Analysis, 4,* 201–213.

Costenbader, V., & Reading-Brown, M. (1995). Isolation timeout used with students with emotional disturbance. *Exceptional Children, 61*(4), 353–363.

Cote, C., Thompson, R., Hanley, G., & McKerchar, P. (2007). Teacher report and direct assessment of preferences for identifying reinforcers for young children. *Journal of Applied Behavior Analysis, 40,* 157–166.

Cote, C., Thompson, R., & McKerchar, P. (2005). The effects of antecedent interventions and extinction on toddlers' compliance during transitions. *Journal of Applied Behavior Analysis, 38,* 235–238.

Council for Children with Behavioral Disorders. (2009). CCBD's position summary on the use of seclusion in school settings. *Behavioral Disorders, 34,* 235–247.

Council for Exceptional Children. (2005). CEC code of ethics for educators of persons with exceptionalities. Retrieved May 1, 2007, from http://www.cec.sped.org/Content/NavigationMenu/ProfessionalDevelopment/ProfessionalStandards/CEC.

Council for Exceptional Children. (2010). CEC ethical principles for special education professionals. Retrieved from http://www.cec.sped.org/Content/NavigationMenu/ProfessionalDevelopment/ProfessionalStandards/EthicsPracticeStandards/default.htm.

Cowdery, G., Iwata, B., & Pace, G. (1990). Effects and side effects of DRO as treatment of self-injurious behavior. *Journal of Applied Behavior Analysis, 23,* 497–506.

Cox, A., Gast, D., Luscre, D., & Ayres, K. (2009). The effects of weighted vests on appropriate in-seat behaviors of elementary-age students with autism and severe to profound intellectual disabilities. *Focus on Autism and other developmental disabilities, 24,* 17–26.

Cox, C. D., Cox, B. S., & Cox, D. J. (2005). Long-term benefits of prompts to use safety belts among drivers exiting senior communities. *Journal of Applied Behavior Analysis, 38,* 533–536.

Craft, M. A., Alber, S. R., & Heward, W. L. (1998). Teaching elementary students with developmental disabilities to recruit teacher attention in a general education classroom: Effects on teacher praise and academic productivity. *Journal of Applied Behavior Analysis, 31,* 399–415.

Craighead, W. E., Kazdin, A. E., & Mahoney, M. J. (1976). *Behavior modification: Principles, issues, and applications.* Boston: Houghton Mifflin.

Crawford, J., Brockel, B., Schauss, S., & Miltenberger, R. (1992). A comparison of methods for the functional assessment of stereotypic behavior. *Journal of the Association for Persons with Severe Handicaps, 17,* 77–86.

Crawley, S. H., Lynch, P., & Vannest, K. (2006). The use of self-monitoring to reduce off-task behavior and cross-correlation examination of weekends and absences as an antecedent to off-task behavior. *Child & Family Behavior Therapy, 28,* 29–48.

Cronin, K. A., & Cuvo, A. J. (1979). Teaching mending skills to mentally retarded adolescents. *Journal of Applied Behavior Analysis, 12,* 401–406.

Crossman, E. (1975). Communication. *Journal of Applied Behavior Analysis, 8,* 348.

Crozier, S., & Tincani, M. (2005). Using a modified social story to decrease disruptive behavior of a child with autism. *Focus on Autism and Other Developmental Disabilities, 20,* 150–157.

Cruz, L., & Cullinan, D. (2001). Awarding points, using levels to help children improve behavior. *Teaching Exceptional Children, 33,* 16–23.

Cummings, C. (2000). *Winning strategies for classroom management.* Alexandria, VA: Association for Supervision and Curriculum Development.

Cummings, K., Atkins, T., Allison, R., & Cole, C. (2008). Response to intervention: Investigating the new role of special educators. *Teaching Exceptional Children, 40,* 24–31.

Cunningham, E., & O'Neill, R. (2000). Comparison of results of functional assessment and analysis methods with young children with autism. *Education and Training in Mental Retardation and Developmental Disabilities, 35,* 406–414.

Dadson, S., & Horner, R. H. (1993). Manipulating setting events to decrease problem behaviors. *Teaching Exceptional Children, 24,* 53–55.

Dahlquist, L., & Gil, K. (1986). Using parents to maintain improved dental flossing skills in children. *Journal of Applied Behavior Analysis, 19,* 255–260.

Dalton, T., Martella, R., & Marchand-Martella, N. (1999). The effects of a self-management program in reducing off-task behavior. *Journal of Behavioral Education, 9,* 157–176.

Daly, E. J., III, Wells, N. J., Swanger-Gagne, M. S., Carr, J. E., Kunz, G. M., & Taylor, A. M. (2009). Evaluation of the multiple-stimulus without replacement preference assessment method using activities as stimuli. *Journal of Applied Behavior Analysis, 42,* 563–574.

Daly, M., Jacob, S., King, D., & Cheramie, G. (1984). The accuracy of teacher predictions of student reward preferences. *Psychology in the Schools, 21,* 520–524.

Davies, D. K., Stock, S. E., & Wehmeyer, M. L. (2004). A palmtop computer-based intelligent aid for individuals with disabilities to increase independent decision making. *Research & Practice for Persons with Severe Disabilities, 28,* 182–193.

Davis, C. A., Brady, M. P., Williams, R. E., & Burta, M. (1992). The effects of self-operated auditory prompting tapes on the performance fluency of persons with severe mental retardation. *Education and Training in Mental Retardation, 27,* 39–49.

Davis, K., Boon, R., Cihak, D., & Fore, C. (2010). *Focus on Autism and Other Developmental Disabilities, 25,* 12–22.

Davison, G. C., & Stuart, R. B. (1975). Behavior therapy and civil liberties. *American Psychologist, 30*(7), 755–763.

De Lahunt, J., & Curran, J. P. (1976). Effectiveness of negative practice and self-control techniques in the reduction of smoking behavior. *Journal of Consulting and Clinical Psychology, 44,* 1002–1007.

DeCatanzaro, D., & Baldwin, G. (1978). Effective treatment of self-injurious behavior through a forced arm exercise. *Journal of Applied Behavior Analysis, 11,* 433–439.

Dehaven, E. D., Corley, M. J., Hofeling, D. V., & Garcia, E. (1982). Developing generative vocational behaviors in a business setting. *Analysis and Intervention in Developmental Disabilities, 2,* 345–356.

Deitz, D. E. D., & Repp, A. C. (1983). Reducing behavior through reinforcement. *Exceptional Education Quarterly, 3,* 34–46.

Deitz, S. M., & Repp, A. C. (1973). Decreasing classroom misbehavior through the use of DRL schedules of reinforcement. *Journal of Applied Behavior Analysis, 6,* 457–463.

Deitz, S. M., & Repp, A. C. (1974). Differentially reinforcing low rates of misbehavior with normal elementary school children. *Journal of Applied Behavior Analysis, 7,* 622.

Delbert, A. N., & Harmon, A. S. (1972). *New tools for changing behavior.* Champaign, IL: Research Press.

DeLeon, I., & Iwata, B. (1996). Evaluation of a multiple-stimulus presentation format for assessing reinforcer preferences. *Journal of Applied Behavior Analysis, 29,* 519–533.

DeLeon, I. G., Iwata, B. A., Conners, J., & Wallace, M. D. (1999). Examination of ambiguous stimulus preferences with duration-based measures. *Journal of Applied Behavior Analysis, 32,* 111–114.

DeLeon, I., Fisher, W., Herman, K., & Crosland, K. (2000). Assessment of a response bias for aggression over functionally equivalent appropriate behavior. *Journal of Applied Behavior Analysis, 33,* 73–77.

Denny, M. (1980). Reducing self-stimulatory behavior of mentally retarded persons by alternative positive practice. *American Journal of Mental Deficiency, 84,* 610–615.

Denny, P., & Test, D. (1995). Using the one-more-than technique to teach money counting to individuals with moderate mental retardation: A systematic replication. *Education and Treatment of Children, 18*(4), 422–432.

Deno, S., & Jenkins, J. (1967). *Evaluating preplanned curriculum objectives.* Philadelphia: Research for Better Schools.

Derby, K. M., Wacker, D., Sasso, G., Steege, M., Northup, J., Cigrand, K., et al. (1992). Brief functional assessment techniques to evaluate aberrant behavior in an outpatient setting: A summary of 79 cases. *Journal of Applied Behavior Analysis, 25,* 713–721.

Desrochers, M., Hile, M., & Williams-Mosely, T. (1997). Survey of functional assessment procedures used with individuals who display mental retardation and severe problem behaviors. *American Journal on Mental Retardation, 101,* 535–546.

Devany, J. M., Hayes, S. C., & Nelson, R. O. (1986). Equivalence class formation in language-able and language-disabled children. *Journal of the Experimental Analysis of Behavior, 46,* 243–257.

Dewey, J. (1939). *Experience and education.* New York: Macmillan.

Dickens v. Johnson Country Board of Education, 661 F. Supp. 155 (E. D. Tenn. 1987).

Dixon, M., Jackson, J., Small, St., Horner-King, M., Lik, N., Garcia, Y., & Rosales, R. (2009). Creating single-subject design graphs in Microsoft Excel. *Journal of Applied Behavior Analysis, 42,* 277–293.

Dixon, M. R., Hayes, L. J., Binder, L. M., Manthey, S., Sigman, C., & Zdanowski, D. M. (1998). Using a self-control training procedure to increase appropriate behavior. *Journal of Applied Behavior Analysis, 31,* 203–210.

Doke, L., & Epstein, L. (1975). Oral overcorrection: Side effects and extended applications. *Journal of Experimental Child Psychology, 20,* 496–511.

Dollard, N., Christensen, L., Colucci, K., & Epanchin, B. (1996). Constructive classroom management. *Focus on Exceptional Children, 29*(2), 1–12.

Donnelly, D., & Olczak, P. (1990). The effect of differential reinforcement of incompatible behaviors (DRI) on pica for cigarettes in persons with intellectual disability. *Behavior Modification, 14,* 81–96.

Dorsey, M. F., Iwata, B. A., Ong, P., & McSween, T. E. (1980). Treatment of self-injurious behavior using a water mist: Initial response suppression and generalization. *Journal of Applied Behavior Analysis, 13,* 343–353.

Dougherty, S., Fowler, S., & Paine, S. (1985). The use of peer monitors to reduce negative interaction during recess. *Journal of Applied Behavior Analysis, 18,* 141–153.

Dowrick, P. W. (1999). A review of self-modeling and related interventions. *Applied and Preventive Psychology, 8,* 23–29.

Drasgow, E., Halle, J. W., & Ostrosky, M. M. (1998). Effects of differential reinforcement on the generalization of a replacement mand in three children with severe language delays. *Journal of Applied Behavior Analysis, 31,* 357–374.

Drash, P., Ray, R. L., & Tudor, R. (1989). An inexpensive event recorder. *Journal of Applied Behavior Analysis, 22,* 453.

Ducharme, D. E., & Holborn, S. W. (1997). Programming generalization of social skills in preschool children with hearing impairments. *Journal of Applied Behavior Analysis, 30,* 639–651.

Ducharme, J., & Van Houten, R. (1994). Operant extinction in the treatment of severe maladaptive behavior. *Behavior Modification, 18*(2), 139–170.

Duker, P., & van Lent, C. (1991). Inducing variability in communicative gestures used by severely retarded individuals. *Journal of Applied Behavior Analysis, 24,* 379–386.

Dunlap, G. (2006). The applied behavior analytic heritage of PBS: A dynamic model of action-oriented research. *Journal of Positive Behavior Interventions, 8,* 58–60.

Dunlap, G., & Kern, L. (1996). Modifying instructional activities to promote desirable behavior: A conceptual and practical framework. *School Psychology Quarterly, 11,* 297–312.

Dunlap, G., Koegel, R. L., Johnson, J., & O'Neill, R. E. (1987). Maintaining performance of autistic clients in community settings with delayed contingencies. *Journal of Applied Behavior Analysis, 20,* 185–191.

Dunlap, K. (1928). A revision of the fundamental law of habit formation. *Science, 67,* 360–362.

Dunlap, K. (1930). Repetition in breaking of habits. *The Scientific Monthly, 30,* 66–70.

Dunlap, K. (1932). *Habits, their making and unmaking.* New York: Liverright.

DuPaul, G., Guevremont, D., & Barkley, R. (1992). Behavioral treatment of attention-deficit hyperactivity disorder in the classroom. *Behavior Modification, 16,* 204–225.

Durand, V. M. (1990). *Severe behavior problems: A functional communication training approach.* New York: Guilford Press.

Durand, V. M. (1999). Functional communication training using assistive devices: Recruiting natural communities of reinforcement. *Journal of Applied Behavior Analysis, 32,* 247–267.

Durand, V. M., Berotti, D., & Weiner, J. (1993). Functional communication training: Factors affecting effectiveness, generalization, and maintenance. In J. Reichle & D. Wacker (Eds.), *Communicative alternatives to challenging behavior: Integrating functional assessment and intervention strategies* (pp. 317–340). Baltimore: Paul Brookes.

Durand, V. M., & Carr, E. (1987). Social influences on "self-stimulatory" behavior. *Journal of Applied Behavior Analysis, 20,* 119–132.

Durand, V. M., & Carr, E. (1991). Functional communication training to reduce challenging behavior: Maintenance and application in new settings. *Journal of Applied Behavior Analysis, 24,* 251–264.

Durand, V. M., & Carr, E. (1992). An analysis of maintenance following functional communication training. *Journal of Applied Behavior Analysis, 25,* 777–794.

Durand, V. M., & Crimmins, D. (1988). Identifying the variables maintaining self-injurious behavior. *Journal of Autism and Developmental Disorders, 18,* 99–117.

Durand, V. M., & Crimmins, D. (1992). *The Motivation Assessment Scale (MAS).* Topeka, KS: Monaco & Associates Inc.

Eber, L., Sugai, G., Smith, C., & Scott, T. M. (2002). Wraparound and positive behavioral interventions and supports in the schools. *Journal of Emotional and Behavioral Disorders, 10,* 171–180.

Ellingson, S., Miltenberger, R., Stricker, J., Galensky, T., & Garlinghouse, M. (2000). Functional assessment and intervention for challenging behaviors in the classroom by general classroom teachers. *Journal of Positive Behavior Interventions, 2,* 85–97.

Ellingson, S., Miltenberger, R., Stricker, J., Garlinghouse, M., Roberts, J., Galensky, T., & Rapp, J. (2000). Analysis and treatment of finger sucking. *Journal of Applied Behavior Analysis, 33*(1), 41–52.

Ellis, D., Cress, P., & Spellman, C. (1992). Using timers and lap counters to promote self-management of independent exercise in adolescents with mental retardation. *Education and Training in Mental Retardation, 27,* 51–59.

Embregts, P. J. C. M. (2000). Effectiveness of video feedback and self-management on appropriate social behavior of youth with mild mental retardation. *Research in Developmental Disabilities, 21,* 409–423.

Emshoff, J. G., Redd, W. H., & Davidson, W. S. (1976). Generalization training and the transfer of treatment effects with delinquent adolescents. *Journal of Behavior Therapy and Experimental Psychiatry, 7,* 141–144.

Engelmann, S., & Carnine, D. (1982). *Theory of instruction: Principles and applications.* New York: Irvington.

Engelmann, S., & Colvin, G. (1983). *Generalized compliance training: A direct-instruction program for managing severe behavior problems.* Austin, TX: Pro-Ed.

Engelmann, S., Meyers, L., Carnine, L., Becker, W., Eisele, J., & Johnson, G. (1988). *Corrective reading: Decoding strategies.* Chicago: Science Research Associates.

Epstein, L. H., Doke, L. A., Sajwaj, T. E., Sorrell, S., & Rimmer, B. (1974). Generality and side effects of overcorrection. *Journal of Applied Behavior Analysis, 7,* 385–390.

Epstein, R. (1997). Skinner as self-manager. *Journal of Applied Behavior Analysis, 30,* 545–568.

Etzel, B. C., & LeBlanc, J. M. (1979). The simplest treatment alternative: The law of parsimony applied to choosing appropriate instructional control and errorless-learning procedures for the difficult-to-teach child. *Journal of Autism and Developmental Disorders, 9,* 361–382.

Fabry, B., Mayhew, G., & Hanson, A. (1984). Incidental teaching of mentally retarded students within a token system. *American Journal of Mental Deficiency, 89,* 29–36.

Fairbanks, S., Sugai, G., Guardino, D., & Lathrop, M. (2007). Response to intervention: Examining classroom behavior support in second grade. *Exceptional Children, 73,* 288–310.

Falcomata, T., Roane, H., Hovanetz, A., Kettering, T., & Keeney, K. (2004). An evaluation of response cost in the treatment of inappropriate vocalizations maintained by automatic reinforcement. *Journal of Applied Behavior Analysis, 37,* 83–87.

Faloon, B. J., & Rehfeldt, R. A. (2008). The role of overt and covert self-rules in establishing a daily living skill in adults with mild developmental disabilities. *Journal of Applied Behavior Analysis, 41,* 393–404.

Farlow, L., & Snell, M. (1994). *Making the most of student performance data.* Washington, DC: American Association on Mental Retardation.

Farrell, A., & McDougall, D. (2008). Self-monitoring of pace to improve math fluency of high school students with disabilities. *Behavior Analysis in Practice, 1,* 26–35.

Favazza, P. C., & Odom, S. L. (1997). Promoting positive attitudes of kindergarten-age children toward people with disabilities. *Exceptional Children, 63,* 405–418.

Favell, J. (1973). Reduction of stereotypes by reinforcement of toy play. *Mental Retardation, 11,* 21–23.

Fee, V., Matson, J., & Manikam, R. (1990). A control group outcome study of a nonexclusionary time-out package to improve social skills with preschoolers. *Exceptionality, 1,* 107–121.

Feeney, T., & Ylvisaker, M. (2008). Content-sensitive cognitive-behavioral supports for young children with TBI. *Journal of Positive Behavior Interventions, 10,* 115–128.

Felixbrod, J. J., & O'Leary, K. D. (1974). Self-determination of academic standards by children: Toward freedom from external control. *Journal of Educational Psychology, 66,* 845–850.

Ferguson, E., & Houghton, S. (1992). The effects of contingent teacher praise, as specified by Canter's assertive discipline programme, on children's on-task behaviour. *Educational Studies, 18,* 83–93.

Ferritor, D. E., Buckholdt, D., Hamblin, R. L., & Smith, L. (1972). The noneffects of contingent reinforcement for attending behavior on work accomplished. *Journal of Applied Behavior Analysis, 5,* 7–17.

Ferster, C., & Culbertson, S. (1982). *Behavior principles* (3rd ed.). Upper Saddle River, NJ: Prentice Hall.

Ferster, C. B., Culbertson, S., & Boren, M. C. P. (1975). *Behavior principles* (2nd ed.). Upper Saddle River, NJ: Prentice Hall.

Ferster, C. B., & Skinner, B. F. (1957). *Schedules of reinforcement.* New York: Appleton-Century-Crofts.

Filter, K. J., McKenna, M. K., Benedict, E. A., & Horner, R. H. (2007). Check in/checkout: A post-hoc evaluation of an efficient, secondary-level targeted intervention for reducing problem behaviors in schools. *Education and Treatment of Children, 30,* 69–84.

Finkel, A., Derby, K. M., Weber, K., & McLaughlin, T. F. (2003). Use of choice to identify behavioral function following an inconclusive brief functional analysis. *Journal of Positive Behavior Interventions, 5,* 112–121.

Fisher, W., & Iwata, B. (1996). On the function of self-restraint and its relationship to self-injury. *Journal of Applied Behavior Analysis, 29,* 93–98.

Fisher, W., O'Connor, J., Kurtz, P., DeLeon, I., & Gotjen, D. (2000). The effects of noncontingent delivery of high and low preference stimuli on attention maintained destructive behavior. *Journal of Applied Behavior Analysis, 33,* 79–83.

Fisher, W., Piazza, C., Bowman, L., Hagopian, L., Owens, J., & Slevin, I. (1992). A comparison of two approaches for identifying reinforcers for persons with severe and profound disabilities. *Journal of Applied Behavior Analysis, 25,* 491–498.

Fisher, W., Thompson, R., Piazza, C., Crosland, K., & Gotjen, D. (1997). On the relative reinforcing effects of choice and differential consequences. *Journal of Applied Behavior Analysis, 30,* 423–438.

Fisher, W. W., Kodak, T., & Moore J. W. (2007). Embedding an identity-matching task within a prompting hierarchy to facilitate acquisition of conditional discriminations in children with autism. *Journal of Applied Behavior Analysis, 40,* 489–499.

Flannery, K., Sugai, G., & Anderson, C. (2009). School-wide positive behavior support in high school. *Journal of Positive Behavior Interventions, 11,* 177–185.

Flood, W., & Wilder, D. (2002). Antecedent assessment and assessment-based treatment of off-task behavior in a child diagnosed with attention deficit-hyperactivity disorder. *Education and Treatment of Children, 25,* 331–338.

Flood, W., Wilder, D., Flood, A., & Masuda, A. (2002). Peer-mediated reinforcement plus prompting as treatment for off-task behavior in children with attention deficit hyperactivity disorder. *Journal of Applied Behavior Analysis, 35,* 199–204.

Flynt, S. W., & Morton, R. C. (2004). Bullying and children with disabilities. *Journal of Instructional Psychology, 31,* 330–339.

Fosnot, C. (1996). Constructivism: A psychological theory of learning. In C. Fosnot (Ed.), *Constructivism: Theory, perspectives, and practice* (pp. 8–33). New York: Teachers College Press.

Fowler, S. A., & Baer, D. M. (1981). "Do I have to be good all day?": The timing of delayed reinforcement as a factor in generalization. *Journal of Applied Behavior Analysis, 14,* 13–24.

Foxx, R., & Bechtel, D. (1982). Overcorrection. In M. Hersen, R. Eisler, & P. Miller (Eds.), *Progress in behavior modification* (Vol. 13, pp. 227–288). New York: Academic.

Foxx, R., & Shapiro, S. (1978). The timeout ribbon: A nonexclusionary timeout procedure. *Journal of Applied Behavior Analysis, 11,* 125–136.

Foxx, R. M., & Azrin, N. H. (1972). Restitution: A method of eliminating aggressive-disruptive behavior of retarded and brain-damaged patients. *Behavior Research and Therapy, 10,* 15–27.

Foxx, R. M., & Azrin, N. H. (1973a). The elimination of autistic self-stimulatory behavior by overcorrection. *Journal of Applied Behavior Analysis, 6,* 1–14.

Foxx, R. M., & Azrin, N. H. (1973b). *Toilet training the retarded: A rapid program for day and nighttime independent toileting.* Champaign, IL: Research Press.

Foxx, R. M., McMorrow, M. J., & Mennemeier, M. (1984). Teaching social/vocational skills to retarded adults with a modified table game: An analysis of generalization. *Journal of Applied Behavior Analysis, 17,* 343–352.

Fradenburg, L., Harrison, R., & Baer, D. (1995). The effect of some environmental factors on inter-observer agreement. *Research in Developmental Disabilities, 16*(6), 425–437.

France, K., & Hudson, S. (1990). Behavior management of infant sleep disturbance. *Journal of Applied Behavior Analysis, 23,* 91–98.

Frank, A. R., Wacker, D. P., Berg, W. K., & McMahon, C. M. (1985). Teaching selected microcomputer skills to retarded students using picture prompts. *Journal of Applied Behavior Analysis, 18,* 179–185.

Franks, C. M., & Wilson, G. T. (Eds.). (1976). *Annual review of behavior therapy, theory & practice.* New York: Brunner/Mazel.

Freeland, J., & Noell, G. (1999). Maintaining accurate math responses in elementary school students: The effects of delayed intermittent reinforcement and programming common stimuli. *Journal of Applied Behavior Analysis, 32*(2), 211–215.

Freeman, K. A., & Dexter-Mazza, E. T. (2004). Using self-monitoring with an adolescent with disruptive classroom behavior. *Behavior Modification, 28,* 402–419.

Friman, P. (1990). Nonaversive treatment of high-rate disruption: Child and provider effects. *Exceptional Children, 57,* 64–69.

Friman, P. (2000). "Transitional objects" as establishing operations for thumb sucking. *Journal of Applied Behavior Analysis, 33*(4), 507–509.

Friman, P., & Poling, A. (1995). Making life easier with effort: Basic findings and applied research on response effort. *Journal of Applied Behavior Analysis, 28,* 583–590.

Fryxell, D., & Kennedy, C. H. (1995). Placement along the continuum of services and its impact on students' social relationships. *Journal of the Association for Persons with Severe Handicaps, 20,* 259–269.

Fuchs, D., & Deshler, D. (2007). What we need to know about responsiveness to intervention (and shouldn't be afraid to ask). *Learning Disabilities Research & Practice, 22,* 129–136.

Fuchs, D., & Fuchs, L. (2005). Responsiveness-to-intervention: A blueprint for practitioners, policymakers, and parents. *Teaching Exceptional Children, 38,* 57–61.

Fuchs, D., & Fuchs, L. (2006). Introduction to Response to Intervention: What, why, and how valid is it? *Reading Research Quarterly, 41,* 95–99.

Fuchs, L., & Fuchs, D. (1986). Effects of systematic formative evaluation: A meta-analysis. *Exceptional Children, 53,* 199–208.

Fuchs, L., & Fuchs, D. (2007). A model for implementing responsiveness to intervention. *Teaching Exceptional Children, 39,* 14–20.

Fuchs, L., Fuchs, D., & Deno, S. (1988). Importance of goal ambitiousness and goal mastery to student achievement. *Exceptional Children, 52,* 63–71.

Fueyo, V., & Bushell, D., Jr. (1998). Using number line procedures and peer tutoring to improve the mathematics computation of low-performing first graders. *Journal of Applied Behavior Analysis, 31,* 417–430.

Fyffe, C., Kahng, S. W., Fittro, E., & Russell, D. (2004). Functional analysis and treatment of inappropriate sexual behavior. *Journal of Applied Behavior Analysis, 37,* 401–404.

Gable, R. (1999). Functional assessment in school settings. *Behavioral Disorders, 24,* 246–248.

Gagne, R. (1985). *The conditions of learning & theory of instruction* (4th ed.). Fort Worth, TX: Holt, Rinehart & Winston, Inc.

Gaisford, K. L., & Malott, R. L. (2010). The acquisition of generalized matching in children with developmental delays. *The Behavior Analyst Today, 11,* 85–94.

Gallagher, P. A. (1979). *Teaching students with behavior disorders: Techniques for classroom instruction.* Denver: Love Publishing.

Ganz, J. (2008). Self-monitoring across age and ability levels: Teaching students to implement their own positive behavioral interventions..*Preventing School Failure, 53,* 39–48.

Garcia, E. (1974). The training and generalization of a conversational speech form in nonverbal retardates. *Journal of Applied Behavior Analysis, 7,* 137–149.

Gast, D. (2010). *Single subject research methodology in behavioral sciences.* New York: Routledge.

Gast, D., & Nelson, C. M. (1977a). Legal and ethical considerations for the use of timeout in special education settings. *The Journal of Special Education, 11,* 457–467.

Gast, D., & Nelson, C. M. (1977b). Time-out in the classroom: Implications for special education. *Exceptional Children, 43,* 461–464.

Gast, D., & Wolery, M. (1987). Severe maladaptive behaviors. In M. E. Snell (Ed.), *Systematic instruction of people with severe handicaps* (3rd ed.). Columbus, OH: Merrill.

Gay, G. (2002). Culturally responsive teaching in special education for ethnically diverse students; setting the stage. *Qualitative Studies in Education, 15,* 613–629.

Gaylord-Ross, R. J., & Holvoet, J. (1985). *Strategies for educating students with severe handicaps.* Boston: Little, Brown.

Gelzheiser, L. M., McLane, M., Meyers, J., & Pruzek, R. M. (1998). IEP-specified peer interaction needs: Accurate but ignored. *Exceptional Children, 65,* 51–65.

Gesell, A., & Ilg, F. L. (1943). *Infant and child in the culture of today.* New York: Harper.

Gilbert, G. (1975). Extinction procedures: Proceed with caution. *Mental Retardation, 13,* 25–29.

Gilberts, G., Agran, M., Hughes, C., & Wehmeyer, M. (2001). The effects of peer delivered self-monitoring strategies on the participation of students with severe disabilities in general education classrooms. *JASH, 26,* 25–36.

Goldiamond, I. (1975). Toward a constructional approach to social problems: Ethical and constitutional issues raised by applied behavior analysis. In C. M. Franks & G. T. Wilson (Eds.), *Annual review of behavior therapy, theory & practice* (Vol. 3, pp. 21–63). New York: Brunner/Mazel.

Goldstein, K. (1939). *The organism.* New York: American Book.

Golonka, Z., Wacker, D., Berg, W., Derby, K., Harding, J., & Peck, S. (2000). Effects of escape to alone versus escape to enriched environments on adaptive and aberrant behavior. *Journal of Applied Behavior Analysis, 33,* 243–246.

Graff, R., Gibson, L., & Galiatsatos, G. (2006). The impact of high- and low-preference stimuli on vocational and academic performance of youths with severe disabilities. *Journal of Applied Behavior Analysis, 39,* 131–135.

Graff, R., & Libby, M. (1999). A comparison of presession and within-session reinforcement choice. *Journal of Applied Behavior Analysis, 32,* 161–173.

Graham, S., & Harris, K. R. (2005). *Writing better: Effective strategies for teaching students with learning difficulties.* Baltimore: Brookes.

Green, C., Middleton, S., & Reid, D. (2000). Embedded evaluation of preferences sampled from person-centered plans for people with profound multiple disabilities. *Journal of Applied Behavior Analysis, 33,* 639–642.

Green, C., Reid, D., White, L., Halford, R., Brittain, D., & Gardner, S. (1988). Identifying reinforcers for persons with profound handicaps: Staff opinion vs. systematic assessment of preferences. *Journal of Applied Behavior Analysis, 21,* 31–43.

Gresham, F., Van, M., & Cook, C. (2006). Social skills training for teaching replacement behaviors: Remediating acquisition deficits in at-risk students. *Behavioral Disorders, 31,* 363–377.

Gresham, R. (2005). Response to Intervention: An alternative means of identifying students as emotionally disturbed. *Education and Treatment of Children, 28,* 328–344.

Gronlund, N. (1985). *Stating objectives for classroom instruction.* New York: Macmillan.

Grossi, T., & Heward, W. (1998). Using self-evaluation to improve the work productivity of trainees in community-based restaurant training program. *Education and Training in Mental Retardation and Developmental Disabilities, 33*(3), 248–263.

Gulchak, D. (2008). Using a mobile handheld computer to teach a student with an emotional and behavioral disorder to self-monitor attention. *Education and Training of Children, 31,* 567–581.

Gumpel, T., & Shlomit, D. (2000). Exploring the efficacy of self-regulatory training as a possible alternative to social skills training. *Behavioral Disorders, 25,* 131–141.

Gunby, K. V., Carr, J. E., & LeBlanc, L. A. (2010). Teaching abduction-prevention skills to children with autism. *Journal of Applied Behavior Analysis, 43,* 107–112.

Gunter, P., Reffel, J., Worth, S., Hummel, J., & Gerber, B. (2008). Effects of self-graphing and goal setting on the math fact fluency of students with disabilities. *Behavior Analysis in Practice, 1,* 36–41.

Gureasko-Moore, S., DuPaul, G. J., & White, G. P. (2006). The effects of self-management in general education classrooms on the organizational skills of adolescents with ADHD. *Behavior Modification, 30,* 159–183.

Gursel, O., Tekin-Iftar, E., & Boskurt, F. (2006). Effectiveness of simultaneous prompting in small groups: The opportunity of acquiring non-target skills through observational learning and instructive feedback. *Education and Training in Developmental Disabilities, 41,* 225–243.

Haberman, M. (1995). *Star teachers of children in poverty.* West Lafayette, IN: Kappa Delta Pi.

Hagopian, L., Farrell, D., & Amari, A. (1996). Treating total liquid refusal with backward chaining and fading. *Journal of Applied Behavior Analysis, 29,* 573–575.

Hagopian, L., Wilson, D., & Wilder, D. (2001). Assessment and treatment of problem behavior maintained by escape from attention and access to tangible items. *Journal of Applied Behavior Analysis, 34,* 229–232.

Haisten, C. C. (1996). The role of verbalization in correspondence training procedures employed with students with severe emotional/behavioral disorders. Unpublished doctoral dissertation, Georgia State University.

Hall, R. V., Fox, R., Willard, D., Goldsmith, L., Emerson, M., Owen, M., et al. (1971). The teacher as observer and experimenter in the modification of disputing and talking-out behaviors. *Journal of Applied Behavior Analysis, 4,* 141–149.

Hall, R. V., & Fox, R. G. (1977). Changing-criterion designs: An applied behavior analysis procedure. In B. C. Etzel, J. M. LeBlanc, & D. M. Baer (Eds.), *New developments in behavioral research: Theory, method and application.* Hillsdale, NJ: Lawrence Erlbaum Associates, Inc., Publishers (In honor of Sidney W. Bijou).

Hall, R. V., & Hall, M. C. (1980). *How to select reinforcers.* Lawrence, KS: H&H Enterprises.

Hall, R. V., Lund, D., & Jackson, D. (1968). Effects of teacher attention on study behavior. *Journal of Applied Behavior Analysis, 1,* 1–12.

Hallahan, D. P., Kneedler, R. D., & Lloyd, J. W. (1983). Cognitive behavior modification techniques for learning disabled children:

Self-instruction and self-monitoring. In J. D. McKinney & L. Feagans (Eds.), *Current topics in learning disabilities* (Vol. 1). Norwood, NJ: Ablex.

Halle, J. W. (1989). Identifying stimuli in the natural environment that control verbal responses. *Journal of Speech and Hearing Disorders, 54,* 500–504.

Halle, J. W., & Holt, B. (1991). Assessing stimulus control in natural settings: An analysis of stimuli that acquire control during training. *Journal of Applied Behavior Analysis, 24,* 579–589.

Hanley, G., Iwata, B., & Roscoe, E. (2006). Some determinants of change in preference over time. *Journal of Applied Behavior Analysis, 39,* 189–202.

Hanley, G., Piazza, C., Fisher, W., & Eidolons, J. (1997). Stimulus control and resistance to extinction in attention-maintained SIB. *Research in Developmental Disabilities, 18,* 251–260.

Hanley, G., Piazza, C., Keeney, K., Blackeley-Smith, A., & Worsdell, A. (1998). Effects of wrist weights on self-injurious and adaptive behaviors. *Journal of Applied Behavior Analysis, 31,* 307–310.

Harding, J., Wacker, D., Berg, W., Barretto, A., Winborn, L., & Gardner, A. (2001). Analysis of response class hierarchies with attention-maintained problem behaviors. *Journal of Applied Behavior Analysis, 34,* 61–64.

Harding, J., Wacker, D., Berg, W., Cooper, L., Asmus, J., Mlela, K., et al. (1999). An analysis of choice making in the assessment of young children with severe behavior problems. *Journal of Applied Behavior Analysis, 32,* 63–82.

Haring, N. G. (1988). *Investigating the problem of skill generalization: Literature review III.* Seattle, WA: Washington Research Organization.

Haring, N. G., & Liberty, K. A. (1990). Matching strategies with performance in facilitating generalization. *Focus on Exceptional Children, 22*(8), 1–16.

Haring, N. G., & Phillips, E. L. (1962). *Educating emotionally disturbed children.* New York: McGraw-Hill.

Haring, T., Roger, B., Lee, M., Breen, C., & Gaylord-Ross, R. (1986). Teaching social language to moderately handicapped students. *Journal of Applied Behavior Analysis, 19,* 159–171.

Haring, T. G., Breen, C. G., Weiner, J., Kennedy, C. H., & Bednersh, F. (1995). Using videotape modeling to facilitate generalized purchasing skills. *Journal of Behavioral Education, 5,* 29–53.

Harris, F. R., Johnston, M. K., Kelley, C. S., & Wolf, M. M. (1964). Effects of social reinforcement on repressed crawling of a nursery school child. *Journal of Educational Psychology, 55,* 34–41.

Harris, J. (1996). Physical restraint procedures for managing challenging behaviours presented by mentally retarded adults and children. *Research in Developmental Disabilities, 17*(2), 99–134.

Harris, K. R., Graham, S., Reid, R., McElroy, K., & Hamby, R. S. (1994). Self-monitoring of attention versus self-monitoring of performance: Replication and cross-task comparison studies. *Learning Disabilities Quarterly, 17,* 121–139.

Harris, V. W., & Herman, J. A. (1973). Use and analysis of the "Good Behavior Game" to reduce disruptive classroom behavior. *Journal of Applied Behavior Analysis, 6,* 405–417.

Harrison, J., Gunter, P., Reed, T., & Lee, J. (1996). Teacher instructional language and negative reinforcement: A conceptual framework for working with students with emotional and behavioral disorders. *Education and Treatment of Children, 19*(2), 183–196.

Hartmann, D. P., & Hall, R. V. (1976). The changing criterion design. *Journal of Applied Behavior Analysis, 9,* 527–532.

Haupt, E. J., Van Kirk, M. J., & Terraciano, T. (1975). An inexpensive fading procedure to decrease errors and increase retention of number facts. In E. Ramp & G. Semb (Eds.), *Behavior analysis: Areas of research and application*. Upper Saddle River, NJ: Prentice Hall.

Hawken, L., MacLeod, K., & Rawlings, L. (2007). Effects of the behavior education program on office discipline referrals of elementary school students. *Journal of Positive Behavior Interventions, 9,* 94–101.

Hawkins, R. P., & Dotson, V. S. (1975). Reliability scores that delude: An Alice in Wonderland trip through the misleading characteristics of inter-observer agreement scores in interval recording. In E. Ramp & G. Semb (Eds.), *Behavior analysis: Areas of research and application* (pp. 359–376). Upper Saddle River, NJ: Prentice-Hall.

Hay, D., Murray, P., Cecire, S., & Nash, A. (1985). Social learning and social behavior in early life. *Child Development, 56,* 43–57.

Hay, L., Nelson, R., & Hay, W. (1977). Some methodological problems in the use of teachers as observers. *Journal of Applied Behavior Analysis, 10,* 345–348.

Hay, L., Nelson, R., & Hay, W. (1980). Methodological problems in the use of participant observers. *Journal of Applied Behavior Analysis, 13,* 501–504.

Hayes, S. C., & Nelson, R. O. (1983). Similar reactivity produced by external cues and self-monitoring. *Behavior Modification, 7,* 183–196.

Hayes, S. C., Rosenfarb, I., Wulfert, E., Munt, E. D., Korn, Z., & Zettle, R. D. (1985). Self-reinforcement effects: An artifact of social standard setting? *Journal of Applied Behavior Analysis, 18,* 201–214.

Hayes v. Unified School District No. 377, 877 F. 2d 809 (10th Cir. 1989).

Hegel, M., & Ferguson, R. (2000). Differential reinforcement of other behavior (DRO) to reduce aggressive behavior following traumatic brain injury. *Behavior Modification, 24,* 94–101.

Heinicke, M., Carr, J., & Mozzoni, M. (2009). Using differential reinforcement to decrease academic response latencies of an adolescent with acquired brain injury. *Journal of Applied Behavior Analysis, 42,* 861–865.

Herrnstein, B. J., & Loveland, D. H. (1964). Complex visual concept in the pigeon. *Science, 146,* 549–550.

Hersen, M., & Barlow, D. H. (1976). *Single-case experimental designs: Strategies for studying behavior change.* New York: Pergamon Press.

Heward, W. L. (2003). Ten faulty notions about teaching and learning that hinder the effectiveness of special education. *The Journal of Special Education, 36,* 186–205.

Hewett, F. M., & Taylor, F. D. (1980).*The emotionally disturbed child in the classroom: The orchestration of success.* Boston: Allyn and Bacon.

Higa, W. R., Tharpe, R. G., & Calkins, R. P. (1978). Developmental verbal control of behavior: Implications for self-instructional training. *Journal of Experimental Child Psychology, 26,* 489–497.

Higbee, T., Carr, J., & Harrison, C. (1999). The effects of pictorial versus tangible stimuli in stimulus-preference assessments. *Research in Developmental Disabilities, 20,* 63–72.

Higgins, J., Williams, R., & McLaughlin, T. F. (2001). The effects of a token economy employing instructional consequences for a third-grade student with learning disabilities: A data-based case study. *Education and Treatment of Children, 24,* 99–106.

Hill, W. F. (1963). *Learning: A survey of psychological interpretations.* San Francisco: Chandler.

Hill, W. F. (1970). *Psychology: Principles and problems.* Philadelphia: Lippincott.

Hillman, H., & Miller, L. (2004). Designing multiple baseline graphs using Microsoft Excel. *The Behavior Analyst Today, 5,* 372–380.

Hinerman, P., Jenson, W., Walker, G., & Peterson, P. (1982). Positive practice overcorrection combined with additional procedures to teach signed words to an autistic child. *Journal of Autism and Developmental Disorders, 12,* 253–263.

Holden, C. (1973). Psychosurgery: Legitimate therapy or laundered lobotomy? *Science, 173,* 1104–1112.

Holland, J. G., & Skinner, B. F. (1961). *The analysis of behavior.* New York: McGraw-Hill.

Holman, J. (1977). The moral risk and high cost of ecological concern in applied behavior analysis. *Journal of Teacher Education, 37,* 27–34.

Holmes, G., Cautela, J., Simpson, M., Motes, P., & Gold, J. (1998). Factor structure of the school reinforcement survey schedule: School is more than grades. *Journal of Behavioral Education, 8,* 131–140.

Homme, L., Csanyi, A., Gonzales, M., & Rechs, J. (1970). *How to use contingency contracting in the classroom.* Champaign, IL: Research Press.

Honig v. Doe, 56 S. Ct. 27 1988.

Horcones, C. L. (1992). Natural reinforcements: A way to improve education. *Journal of Applied Behavior Analysis, 25,* 71–75.

Horn, C., Schuster, J., & Collins, B. (2006). Use of response cards to teach telling time to students with moderate and severe disabilities. *Education and Training in Developmental Disabilities, 41,* 382–391.

Horner, R., & Day, H. (1991). The effects or response efficiency on functionally equivalent competing behaviors. *Journal of Applied Behavior Analysis, 24,* 719–732.

Horner, R., Sprague, J., O'Brien, M., & Heathfield, L. (1990). The role of response efficiency in the reduction of problem behaviors through functional equivalence training: A case study. *Journal of the Association for Persons with Severe Handicaps, 15,* 91–97.

Horner, R., Sugai, G., & Anderson, C. (2010). Examining the evidence base for school-wide positive behavior support. *Focus on Exceptional Children, 42,* 1–14.

Horner, R., Sugai, G., & Vincent, C. (2006). School-wide positive behavior support: Investing in student success. Retrieved January 25, 2008, from http://ici.umn.edu/products/impact/182/over2.html.

Horner, R. D., & Baer, D. M. (1978). Multiple-probe technique: A variation on the multiple baseline. *Journal of Applied Behavior Analysis, 11,* 189–196.

Horner, R. H., & Budd, C. M. (1985). Acquisition of manual sign use: Collateral reduction of maladaptive behavior, and factors limiting generalization. *Education and Training of the Mentally Retarded, 20,* 39–47.

Horner, R. H., Eberhard, J. M., & Sheehan, M. R. (1986). Teaching generalized table bussing: The importance of negative teaching examples. *Behavior Modification, 10,* 457–471.

Horner, R. H., Jones, D., & Williams, J. A. (1985). A functional approach to teaching generalized street crossing. *Journal of the Association for Persons with Severe Handicaps, 13,* 71–78.

Horner, R. H., McDonnell, J. J., & Bellamy, G. T. Undated. Teaching generalized skills: General case instruction in simulation and community settings (Contract No. 300-82-0362). Unpublished manuscript, University of Oregon.

Horner, R. H., & Sugai, G. (2005). School-wide positive behavior support: An alternative approach to discipline in schools. In L. Bambara & L. Kern (Eds.) Positive behavior support, (pp. 359–390). New York: Guilford Press.

Horner, R. H., Williams, J. A., & Stevely, J. D. (1984). Acquisition of generalized telephone use by students with severe mental retardation. Unpublished manuscript.

Horner, R. T., & Harvey, M. T. (2000). Review of antecedent control: Innovative approaches to behavioral support. *Journal of Applied Behavior Analysis, 33,* 643–651.

Horrocks, E., & Higbee, T. (2008). An evaluation of a stimulus preference assessment of auditory stimuli for adolescents with developmental disabilities. *Research in Developmental Disabilities, 29*, 11–20.

Hughes, C., & Agran, M. (1993). Teaching persons with severe disabilities to use self-instruction in community settings: An analysis of applications. *Journal for the Association of Severe Handicaps, 18*, 261–274.

Hughes, C., & Lloyd, J. W. (1993). An analysis of self-management. *Journal of Behavioral Education, 3*, 405–425.

Hughes, C., Ruhl, K. L., & Misra, A. (1989). Self-management with behaviorally disordered students in school settings. A promise unfulfilled. *Behavioral Disorders, 14*, 250–262.

Hughes, C., Rung, L. L., Wehmeyer, M. L., Agran, M., Copeland, S. R., & Hwang, B. (2000). Self-prompted communication book use to increase social interaction among high school students. *Journal of the Association for Persons with Severe Handicaps, 25*, 153–166.

Hughes, M. A., Alberto, P., & Fredrick, L. (2006). Self-operated auditory prompting systems as a function-based intervention in public community settings. *Journal of Positive Behavior Interventions, 8*, 230–243.

Huguenin, N. (1993). Reducing chronic noncompliance in an individual with severe mental retardation to facilitate community integration. *Mental Retardation, 31*, 332–339.

Huguenin, N., & Mulick, J. (1981). Nonexclusionary timeout: Maintenance of appropriate behavior across settings. *Applied Research in Mental Retardation, 2*, 55–67.

Hunley, S., & McNamara, K. (2010). *Tier 3 of the RTI model*. National Association of School Psychologists.

Hunt, P., & Goetz, L. (1997). Research on inclusive educational programs, practices, and outcomes for students with severe disabilities. *Journal of Special Education, 31*, 3–29.

Hunter, M. (1984). Knowing, teaching, and supervising. In P. Hosford (Ed.), *Using what we know about teaching*. Alexandria, VA: Association for Supervision and Curriculum Development.

Hupp, S. C. (1986). Effects of stimulus mode on the acquisition, transfer, and generalization of categories by severely mentally retarded children and adolescents. *American Journal of Mental Deficiency, 90*, 579–587.

Hurst, M., & Jolivette, J. (2006). Effects of private versus public assessment on the reading fluency of middle school students with mild disabilities. *Education and Training in Developmental Disabilities, 41*, 185–196.

Hutchinson, S. W., Murdock, J. Y., Williamson, R. D., & Cronin, M. E. (2000). Self recording plus encouragement equals improved behavior. *TEACHING Exceptional Children, 32*, 54–58.

Hyman, P., Oliver, C., & Hall, S. (2002). Self-injurious behavior, self-restraint, and compulsive behaviors in Cornelia de Lange syndrome. *American Journal on Mental Retardation, 107*, 146–154.

Inglesfield, E., & Crisp, A. (1985). Teaching dressing skills to the severely mentally handicapped: A comparison of intensive and non-intensive strategies. *British Journal of Mental Subnormality, 31*, 46–53.

Irvin, D., Realon, R., Hartley, J., Phillips, J., Bradley, F., & Daly, M. (1996). The treatment of self-injurious hand mouthing by using a multi-component intervention with individuals positioned in a small group. *Journal of Developmental and Physical Disabilities, 8*(1), 43–59.

Irvin, D. S., Thompson, T. J., Turner, W. D., & Williams, D. E. (1998). Utilizing increased response effort to reduce chronic hand mouthing. *Journal of Applied Behavior Analysis, 31*, 375–385.

Isley, E., Kartsonis, C., McCurley, C., Weisz, K., & Roberts, M. (1991). Self-restraint: A review of etiology and applications in mentally retarded adults with self-injury. *Research in Developmental Disabilities, 12*, 87–95.

Iwata, B. (1987). Negative reinforcement in applied behavior analysis: An emerging technology. *Journal of Applied Behavior Analysis, 20*, 361–378.

Iwata, B., & Bailey, J. S. (1974). Reward versus cost token systems: An analysis of the effects on students and teacher. *Journal of Applied Behavior Analysis, 7*, 567–576.

Iwata, B., & DeLeon, I. (1996). *The Functional Analysis Screening Tool*. The Florida Center on Self-Injury. Gainesville, FL: The University of Florida.

Iwata, B., Dorsey, M., Slifer, K., Bauman, K., & Richman, G. (1994). Toward a functional analysis of self-injury. *Journal of Applied Behavior Analysis, 27*, 197–209. (Reprint of original article published in *Analysis and Intervention in Developmental Disabilities, 2*, 3–20.)

Iwata, B., Pace, G., Dorsey, M., Zarcone, J., Vollmer, T., Smith, R., et al. (1994). The functions of self-injurious behavior: An experimental epidemiological analysis. *Journal of Applied Behavior Analysis, 27*, 215–240.

Iwata, B., Pace, G., Kalsher, M., Cowdery, G., & Cataldo, M. (1990). Experimental analysis and extinction of self-injurious escape behavior. *Journal of Applied Behavior Analysis, 23*, 11–27.

Iwata, B., Wong, S. E., Riordan, M. M., Dorsey, M. F., & Lau, M. M. (1982). Assessment and training of clinical interviewing skills: Analogue analysis and field replication. *Journal of Applied Behavior Analysis, 15*, 191–203.

Jahr, E. (2001). Teaching children with autism to answer novel wh-questions by utilizing a multiple exemplar strategy. *Research in Developmental Disabilities, 22*, 407–423.

Jerome, J., Frantino, E. P., & Sturmey, P. (2007). The effects of errorless learning and backward chaining on the acquisition of Internet skills in adults with developmental disabilities. *Journal of Applied Behavior Analysis, 40*, 185–189.

Johnson, L., McComas, J., Thompson, A., & Symons, F. (2004). Obtained versus programmed reinforcement: Practical considerations in the treatment of escape-reinforced aggression. *Journal of Applied Behavior Analysis, 37*, 239–242.

Johnson, L. A., & Graham, S. (1990). Goal setting and its application with exceptional learners. *Preventing School Failure, 34*, 4–8.

Johnson, P., Schuster, J., & Bell, J. K. (1996). Comparison of simultaneous prompting with and without error correction in teaching science vocabulary words to high school students with mild disabilities. *Journal of Behavioral Education, 6*, 437–458.

Johnston, J., & Pennypacker, H. (1993). *Strategies and tactics of behavioral research* (2nd ed.). Hillsdale, NJ: Erlbaum.

Johnston, J. M., & Johnston, G. T. (1972). Modification of consonant speech-sound articulation in young children. *Journal of Applied Behavior Analysis, 5*, 233–246.

Jolivette, K., Wehby, J., Canale, J., & Massey, N. (2001). Effects of choice-making opportunities on the behavior of students with emotional and behavioral disorders. *Behavioral Disorders, 26*, 131–145.

Jones, K., Drew, H., & Weber, N. (2000). Noncontingent peer attention as treatment for disruptive classroom behavior. *Journal of Applied Behavior Analysis, 33*, 343–346.

Jones, M. C. (1924). A laboratory study of fear: The case of Peter. *The Pedagogical Seminary and Journal of Genetic Psychology, 31*, 308–315.

Joseph, L. M., & Eveleigh, E. L. (2011). A Review of the effects of self-monitoring on reading performance of students with disabilities. *Journal of Special Education, 45*, 143–153.

Journal of Applied Behavior Analysis. (1977). *10*, Society for the Experimental Analysis of Behavior.

Journal of Applied Behavior Analysis. (2000). *33*, Society for the Experimental Analysis of Behavior.

Journal of Applied Behavior Analysis. (2000). *33*(3), 399.

Journal of Applied Behavior Analysis. (2004). *37*, 469–480.

Journal of Applied Behavior Analysis. (2006). *39*, Society for the Experimental Analysis of Behavior.

Journal of Teacher Education. (1986). *37*. Thousand Oaks, CA: Sage.

Kahng, S. W., Abt, K., & Schonbachler, H. (2001). Assessment and treatment of low-rate high-intensity problem behavior. *Journal of Applied Behavior Analysis, 34*, 225–228.

Kahng, S. W., & Iwata, B. (1998). Computerized systems for collecting real-time observational data. *Journal of Applied Behavior Analysis, 31*(2), 253–261.

Kahng, S. W., Iwata, B., Fischer, S., Page, T., Treadwell, K., Williams, D., et al. (1998). Temporal distributions of problem behavior based on scatter plot analysis. *Journal of Applied Behavior Analysis, 31*, 593–604.

Kamps, D. M., Wendland, M., & Culpepper, M. (2006). Active teacher participation in functional behavior assessment for students with emotional and behavioral disorders risks in general education classroom. *Behavioral Disorders, 31*, 128–146.

Karen, R. L. (1974). *An introduction to behavior theory and its applications.* New York: Harper & Row.

Karsh, K., Repp, A., Dahlquist, C., & Munk, D. (1995). In vivo functional assessment and multi-element interventions for problem behaviors of students with disabilities in classroom settings. *Journal of Behavioral Education, 5*(2), 189–210.

Kasper-Ferguson, S., & Moxley, R. A. (2002). Developing a writing package with student graphing of fluency. *Education and Treatment of Children, 25*, 249–267.

Kauchak, D. P., & Eggen, P. D. (1998). *Learning and teaching.* Boston: Allyn & Bacon.

Kaufman, A., & Kaufman, N. (2007). *Kaufman Assessment Battery for Children, second edition (KABC-II).* Upper Saddle River, NJ: Pearson Education.

Kayser, J. E., Billingsley, F. F., & Neel, R. S. (1986). A comparison of in context and traditional instructional approaches: Total task single trial vs. backward chaining multiple trial. *Journal of the Association for Persons with Severe Handicaps, 11*, 28–38.

Kazbour, R. R., & Bailey, J. S. (2010). An analysis of a contingency program on designated drivers at a college bar. *Journal of Applied Behavior Analysis, 43*, 273–277.

Kazdin, A. E. (1973). Methodological and assessment considerations in evaluating reinforcement programs in applied settings. *Journal of Applied Behavior Analysis, 6*, 517–531.

Kazdin, A. E. (1976). Statistical analyses for single-case experimental designs. In M. Hersen & D. Barlow (Eds.), *Single-case experimental designs: Strategies for studying behavior change* (pp. 265–316). New York: Pergamon Press.

Kazdin, A. E. (1977a). Artifact, bias, and complexity of assessment: The ABCs of reliability. *Journal of Applied Behavior Analysis, 10*, 141–150.

Kazdin, A. E. (1977b). Assessing the clinical or applied importance of behavior change through social validation. *Behavior Modification, 1*, 427–451.

Kazdin, A. E. (1977c). *The token economy: A review and evaluation.* New York: Plenum Press.

Kazdin, A. E. (1982). *Single-case research designs.* New York: Oxford University Press.

Kazdin, A. E. (1994). *Behavior modification in applied settings.* Pacific Grove, CA: Brooks/Cole Publishing Co.

Kazdin, A. E. (1998). *Research design in clinical psychology* (3rd. ed.). Boston: Allyn & Bacon.

Kazdin, A. E. (2000). *Behavior modification in applied settings.* Belmont, CA: Wadsworth.

Kazdin, A. E. (2001). *Behavior modification in applied settings* (6th ed.). Belmont, CA: Wadsworth.

Kazdin, A. E. (2011). *Single-case research designs* (2nd ed.). New York: Oxford.

Kazdin, A. E., & Bootzin, R. R. (1972). The token economy: An evaluative review. *Journal of Applied Behavior Analysis, 5*, 343–372.

Kazdin, A. E., & Polster, R. (1973). Intermittent token reinforcement and response maintenance in extinction. *Behavior Therapy, 4*, 386–391.

Keeling, K., Myles, B., Gagnon, E., & Simpson, R. (2003). Using the power card strategy to teach sportsmanship skills to a child with autism. *Focus on Autism and Other Developmental Disabilities, 18*, 105–111.

Keller, C., Brady, M., & Taylor, R. (2005). Using self-evaluation to improve student teacher interns' use of specific praise. *Education and Training in Developmental Disabilities, 40*, 368–376.

Kelley, M. L., & McCain, A. (1995). Promoting academic performance in inattentive children. *Behavior Modification, 19*(3), 357–375.

Kemp, C., & Carter, M. (2006). Active and passive task related behavior, direction following and the inclusion of children with disabilities. *Education and Training in Developmental Disabilities, 41*, 14–27.

Kennedy, C. (2005). *Single-case designs for educational research.* Boston: Allyn & Bacon.

Kennedy, C., & Haring, T. (1993). Teaching choice making during social interactions to students with profound multiple disabilities. *Journal of Applied Behavior Analysis, 26*, 63–76.

Kennedy, C., & Souza, G. (1995). Functional analysis and treatment of eye poking. *Journal of Applied Behavior Analysis, 28*, 27–37.

Kennedy, C. H., & Meyer, K. A. (1998). Establishing operations and the motivation of challenging behavior. In J. K. Luiselli & M. J. Cameron (Eds.), *Antecedent control: Innovative approaches to behavioral support.* Baltimore: Paul H. Brookes.

Kern, L., Dunlap, G., Clarke, S., & Childs, K. (1994). Student-assisted functional assessment interview. *Diagnostique, 19*, 29–39.

Kern, L., Koegel, R., & Dunlap, G. (1984). The influence of vigorous versus mild exercise on autistic stereotyped behaviors. *Journal of Autism and Developmental Disorders, 14*, 57–67.

Kern, L., Mantegna, M., Vorndran, C., Bailin, D., & Hilt, A. (2001). Choice of task sequence to reduce problem behaviors. *Journal of Positive Behavior Interventions, 3*, 3–10.

Kern, L., Wacker, D. P., Mace, F. C., Falk, G. D., Dunlap, G., & Kromrey, J. D. (1995). Improving the peer interactions of students with emotional and behavioral disorders through self-evaluation procedures: A component analysis and group application. *Journal of Applied Behavior Analysis, 28*, 47–59.

Kern-Dunlap, L., Dunlap, G., Clarke, S., Childs, K. E., White, R. L., & Stewart, M. P. (1992). Effects of a videotape feedback package on the peer interactions of children with serious behavioral and emotional challenges. *Journal of Applied Behavior Analysis, 25*, 355–364.

Kerr, M. M., & Nelson, C. M. (2002). *Strategies for addressing behavior problems in the classroom.* Upper Saddle River, NJ: Merrill/Pearson Education.

Kim, O., & Hupp, S. (2007). Instructional interactions of students with cognitive disabilities: Sequential analysis. *American Journal on Mental Retardation, 112*, 94–106.

Kimball, J. W., Kinney, E. M., Taylor, B. A., & Stromer, R. (2003). Lights, camera, action: Using engaging computer-cued activity schedules. *Teaching Exceptional Children, 36*, 40–45.

Kincaid, M., & Weisberg, P. (1978). Alphabet letters as tokens: Training preschool children in letter recognition and labeling during a token exchange period. *Journal of Applied Behavior Analysis, 11,* 199.

Kinch, C., Lewis-Palmer, T., Hagan-Burke, S., & Sugai, G. (2001). A comparison of teacher and student functional behavior assessment interview information from low-risk and high-risk classrooms. *Education and Treatment of Children, 24,* 480–494.

King-Sears, M. E. (1999). Teacher and researcher co-design self-management content for an inclusive setting: Research training, intervention, and generalization effects on student performance. *Education and Training in Mental Retardation and Developmental Disabilities, 34,* 134–156.

Kirby, F. D., & Shields, F. (1972). Modification of arithmetic response rate and attending behavior in a seventh-grade student. *Journal of Applied Behavior Analysis, 5,* 79–84.

Kirby, K. C., & Bickel, W. K. (1988). Toward an explicit analysis of generalization: A stimulus control interpretation. *The Behavior Analyst, 11,* 115–129.

Kirby, K. C., Fowler, S. A., & Baer, D. M. (1991). Reactivity in self-recording: Obtrusiveness of recording procedure and peer comments. *Journal of Applied Behavior Analysis, 24,* 487–498.

Kitchener, R. F. (1980). Ethical relativism and behavior therapy. *Journal of Consulting and Clinical Psychology, 48,* 1–7.

Kleeberger, V., & Mirenda, P. (2010). Teaching generalized imitation skills to a preschooler with autism using video modeling. *Journal of Positive Behavior Interventions, 12*(2), 116–127.

Kleinert, H. L., & Gast, D. L. (1982). Teaching a multihandicapped adult manual signs using a constant time delay procedure. *Journal of the Association of the Severely Handicapped, 6*(4), 25–32.

Knight, M., Ross, D., Taylor, R., & Ramasamy, R. (2003). Constant time delay and interspersal of known items to teach sight words to students with mental retardation and learning disabilities. *Education and Training in Mental Retardation and Developmental Disabilities, 38,* 179–191.

Kodak, T., Grow, L., & Northup, J. (2004). Functional analysis and treatment of elopement for a child with attention deficit hyperactivity disorder. *Journal of Applied Behavior Analysis, 37,* 229–232.

Koegel, L., Koegel, R., & Dunlap, G. (1996). *Positive behavior support.* Baltimore: Paul H. Brookes.

Koegel, R. L., Harrower, J. K., & Koegel, L. K. (1999). Support for children with developmental disabilities in full inclusion classrooms through self-management. *Journal of Positive Behavior Interventions, 1,* 26–34.

Koegel, R. L., O'Dell, M. C., & Koegel, L. K. (1987). A natural language teaching paradigm for nonverbal autistic children. *Journal of Autism and Developmental Disorders, 17,* 187–200.

Koegel, R. L., & Rincover, A. (1974). Treatment of psychotic children in a classroom environment: I. Learning in a large group. *Journal of Applied Behavior Analysis, 7,* 45–59.

Koegel, R. L., & Rincover, A. (1977). Research on the difference between generalization and maintenance in extra-therapy responding. *Journal of Applied Behavior Analysis, 10,* 1–12.

Kohlberg, L., Yaeger, J., & Hjertholm, E. (1968). Private speech: Four studies and a review of theories. *Child Development, 39,* 691–736.

Kohler, F., Strain, P., Hoyson, M., Davis, L., Donina, W., & Rapp, N. (1995). Using a group-oriented contingency to increase social interactions between children with autism and their peers. *Behavior Modification, 19*(1), 10–32.

Kohler, F., Strain, P., Hoyson, M., & Jamieson, B. (1997). Merging naturalistic teaching and peer-based strategies to address the IEP objectives of preschoolers with autism: An examination of structural and child behavior outcomes. *Focus on Autism and Other Developmental Disabilities, 12,* 196–206.

Kohn, A. (1993). *Punished by rewards.* Boston: Houghton Mifflin.

Kohn, A. (1996). *Beyond discipline: From compliance to community.* Alexandria: Association for Supervision and Curriculum Development.

Kohn, A. (2001). Five reasons to stop saying "Good Job." *Young Children, 56,* 24–28.

Kohn, A. (2006). *Beyond discipline: From compliance to community.* Alexandria, VA: Association for Supervision and Curriculum Development.

Konrad, M., Trela, K., & Test, D. (2006). Using IEP goals and objectives to teach paragraph writing to high school students with physical and cognitive disabilities. *Education and Training in Developmental Disabilities, 41,* 111–124.

Krantz, P. J., & McClannahan, L. E. (1993). Teaching children with autism to initiate to peers: Effects of a script-fading procedure. *Journal of Applied Behavior Analysis, 26,* 121–132.

Krantz, P. J., & McClannahan, L. E. (1998). Social interaction skills for children with autism: A script-fading procedure for beginning readers. *Journal of Applied Behavior Analysis, 31,* 191–202.

Krasner, L. (1976). Behavioral modification: Ethical issues and future trends. In H. Leitenberg (Ed.), *Handbook of behavior modification and behavior therapy* (pp. 627–649). Upper Saddle River, NJ: Prentice-Hall.

Kratochwill, T., Hitchcock, J., Horner, R., Levin, J., Odom, S., Rindskopf, D., & Shadish, W. (2010). *Single-case designs technical documentation.* Retrieved from What Works Clearinghouse at http://ies.ed.gov/ncee/wwc/pdf/wwc_scd.pdf.

Kromrey, J., & Foster-Johnson, L. (1996). Determining the efficacy of intervention: The use of effect sizes for data analysis in single-subject research. *Journal of Experimental Education, 65,* 73–94.

Krumboltz, J. D., & Krumboltz, H. D. (1972). *Changing children's behavior.* Upper Saddle River, NJ: Prentice Hall.

Kuhn, D., DeLeon, I., Fisher, W., & Wilke, A. (1999). Clarifying an ambiguous functional analysis with matched and mismatched extinction procedures. *Journal of Applied Behavior Analysis, 32,* 99–102.

Kuhn, S., Lerman, D., Vorndran, C., & Addison, L. (2006). Analysis of factors that affect responding in a two-response chain in children with developmental disabilities. *Journal of Applied Behavior Analysis, 39,* 263–280.

Lagomarcino, T. R., Hughes, C., & Rusch, F. R. (1989). Utilizing self-management to teach independence on the job. *Education and Training of the Mentally Retarded, 24*(2), 139–148.

Lalli, J., Casey, S., & Kates, K. (1997). Noncontingent reinforcement as treatment for severe problem behavior: Some procedural variations. *Journal of Applied Behavior Analysis, 30,* 127–137.

Lalli, J., Livezey, K., & Kates, K. (1996). Functional analysis and treatment of eye poking with response blocking. *Journal of Applied Behavior Analysis, 29,* 129–132.

Lalli, J., Zanolli, K., & Wohn, T. (1994). Using extinction to promote response variability in toy play. *Journal of Applied Behavior Analysis, 27,* 735–736.

Lambert, N., Nihira, K., & Leland, H. (1993). *AAMR Adaptive Behavior Scales: School edition* (2nd ed.). Austin, TX: Pro-Ed.

Lancioni, G., O'Reilly, M., & Emerson, E. (1996). A review of choice research with people with severe and profound developmental disabilities. *Research in Developmental Disabilities, 17*(5), 391–411.

Lancioni, G. E., & O'Reilly, M. F. (2001). Self-management of instruction cues for occupation: Review of studies with people with severe and profound developmental disabilities. *Research in Developmental Disabilities, 22,* 41–65.

Lane, K., Eisner, S., Kretzer, J., Bruhn, A., Crnobori, M., Funke, L., Lerner, T., & Casey, A. (2009). Outcomes of functional assessment-based interventions for students with and at risk for emotional and behavioral disorders in a job-share setting. *Education and Treatment of Children, 32,* 573–604.

Lane, K., Wehby, J., Menzies, H., Doukas, G., Munton, S., & Gregg, R. (2003). Social skills instruction for students at risk for antisocial behavior: The effects of small-group instruction. *Behavioral Disorders, 28,* 229–248.

Lannie, A., & Martens, B. (2004). Effects of task difficulty and type of contingency on students' allocation of responding to math worksheets. *Journal of Applied Behavior Analysis, 37,* 53–65.

Larsson, J. O., Larsson, H., & Lichenstein, P. (2004). Genetic and environmental contributions to stability and change of ADHD symptoms between 8 and 13 years of age: A longitudinal twin study. *American Academy for Child and Adolescent Psychiatry, 43*(10), 1267–1275.

Laski, F. J. (1991). Achieving integration during the second revolution. In H. L. Meyer, C. A. Peck, & L. Brown (Eds.), *Critical issues in the lives of people with severe disabilities* (pp. 409–421). Baltimore: Paul H. Brookes.

Lassman, K., Jolivette, K., & Wehby, J. (1999). Using collaborative behavioral contracting. *Teaching Exceptional Children, 31,* 12–18.

Lattal, K., & Neef, N. (1996). Recent reinforcement-schedule research and applied behavior analysis. *Journal of Applied Behavior Analysis, 29,* 213–230.

Laushey, K., & Heflin, L. J. (2000). Enhancing social skills of kindergarten children with autism through the training of multiple peers as tutors. *Journal of Autism and Developmental Disorders, 30*(3), 183–193.

Le Grice, B., & Blampied, N. M. (1997). Learning to use video recorders and personal computers with increasing assistance prompting. *Journal of Developmental and Physical Disabilities, 9,* 17–29.

Leatherby, J., Gast, D., Wolery, M., & Collins, B. (1992). Assessment of reinforcer preference in multi-handicapped students. *Journal of Developmental and Physical Disabilities, 4*(1), 15–36.

LeBlanc, L., & Matson, J. (1995). A social skills training program for preschoolers with developmental delays. *Behavior Modification, 19*(2), 234–246.

Lee, C., & Tindal, G. A. (1994). Self-recording and goal setting: Effects on on-task and math productivity of low-achieving Korean elementary school students. *Journal of Behavioral Education, 4,* 459–479.

Lee, D., & Belfiore, P. (1997). Enhancing classroom performance: A review of reinforcement schedules. *Journal of Behavioral Education, 7*(2), 205–217.

Lee, R., McComas, J. J., & Jawor, J. (2002). The effect of differential and lag reinforcement schedules on varied verbal responding by individuals with autism. *Journal of Applied Behavior Analysis, 35,* 391–402.

Lee, S., Simpson, R. L., & Shogren, K. A. (2007). Effects and implications of self-management for students with autism: A meta-analysis. *Focus on Autism and Other Developmental Disabilities, 22,* 2–13.

Lennox, D., Miltenberger, R., & Donnelly, D. (1987). Response interruption and DRL for the reduction of rapid eating. *Journal of Applied Behavior Analysis, 20,* 279–284.

Lennox, O. B., & Miltenberger, R. (1989). Conducting a functional assessment of problem behavior in applied settings. *Journal of the Association for Persons with Severe Handicaps, 14,* 304–311.

Lenz, M., Singh, N., & Hewett, A. (1991). Overcorrection as an academic remediation procedure. *Behavior Modification, 15,* 64–73.

Leon, Y., Hausman, N. L., Kahng, S. W., & Becraft, J. L. (2010). Further examination of discriminated functional communication. *Journal of Applied Behavior Analysis, 43,* 525–530.

Lerman, D., & Iwata, B. (1996). Developing a technology for the use of operant extinction in clinical settings: An examination of basic and applied research. *Journal of Applied Behavior Analysis, 29,* 345–382.

Lerman, D., Iwata, B., Rainville, B., Adelinis, J., Crosland, K., & Kogan, J. (1997). Effects of reinforcement choice on task responding in individuals with developmental disabilities. *Journal of Applied Behavior Analysis, 30,* 411–422.

Lerman, D., Iwata, B., Shore, B., & Kahng, S. (1996). Responding maintained by intermittent reinforcement: Implications for the use of extinction with problem behavior in clinical settings. *Journal of Applied Behavior Analysis, 29,* 153–171.

Lerman, D., Iwata, B., & Wallace, M. (1999). Side effects of extinction: Prevalence of bursting and aggression during the treatment of self-injurious behavior. *Journal of Applied Behavior Analysis, 32,* 1–8.

Lerman, D., Kelley, M., Van Camp, C., & Roane, H. (1999). Effects of reinforcement magnitude on spontaneous recovery. *Journal of Applied Behavior Analysis, 32,* 197–200.

Levendoski, L. S., & Cartledge, G. (2000). Self-monitoring for elementary school children with serious emotional disturbances: Classroom applications for increased academic responding. *Behavioral Disorders, 25,* 211–224.

Levingston, H. B., Neef, N. A., & Cihon, T. M. (2009). The effects of teaching precurrent behaviors on children's solution of multiplication and division word problems. *Journal of Applied Behavior Analysis, 42,* 361–367.

Lewis, T., Jones, S., Horner, R., & Sugai, G. (2010). School-wide positive behavior support and students with emotional/behavioral disorders: Implications for prevention, identification, and intervention. *Exceptionality, 18,* 82–93.

Lewis, T., Scott, T., & Sugai, G. (1994). The problem behavior questionnaire: A teacher-based instrument to develop functional hypotheses of problem behavior in general education classrooms. *Diagnostique, 19*(2–3), 103–115.

Lewis, T., & Sugai, G. (1996). Descriptive and experimental analysis of teacher and peer attention and the use of assessment-based intervention to improve pro-social behavior. *Journal of Behavioral Education, 6,* 7–24.

Liberman, R. P., Teigen, J., Patterson, R., & Baker, V. (1973). Reducing delusional speech in chronic, paranoid schizophrenics. *Journal of Applied Behavior Analysis, 6,* 57–64.

Lien-Thorne, S., & Kamps, D. (2005). Replication study of the First Step to Success early intervention program. *Behavioral Disorders, 31,* 18–32.

Lim L., Browder, D., & Sigafoos, J. (1998). The role of response effort and motion study in functionally equivalent task designs and alternatives. *Journal of Behavioral Education, 8,* 81–102.

Linton, J., & Singh, N. (1984). Acquisition of sign language using positive practice overcorrection. *Behavior Modification, 8,* 553–566.

Litow, L., & Pumroy, D. K. (1975). A brief review of classroom group-oriented contingencies. *Journal of Applied Behavior Analysis, 8,* 341–347.

Litt, M., & Schreibman, L. (1981). Stimulus-specific reinforcement in the acquisition of receptive labels by autistic children. *Analysis and Intervention in Developmental Disabilities, 1,* 171–186.

Livi, J., & Ford, A. (1985). Skill transfer from a domestic training site to the actual homes of three moderately handicapped students. *Education and Training of the Mentally Retarded, 20,* 69–82.

Lloyd, J., Bateman, D., Landrum, T., & Hallahan, D. (1989). Self-recording of attention versus productivity. *Journal of Applied Behavior Analysis, 22,* 315–323.

Lloyd, J., Eberhardt, M., & Drake, G. (1996). Group versus individual reinforcement contingencies within the context of group study conditions. *Journal of Applied Behavior Analysis, 29,* 189–200.

Lloyd, J. W., & Hughes, C. (1993). Introduction to the self-management series. *Journal of Behavioral Education, 3,* 403–404.

Lo, Y., & Cartledge, G. (2006). FBA and BIP: Increasing the behavior adjustment of African American boys in schools. *Behavioral Disorders, 31,* 147–161.

Loncola, J., & Craig-Unkefer, L. (2005). Teaching social communication skills to young urban children with autism. *Education and Training in Developmental Disabilities, 40,* 243–263.

Long, E. S., Hagopian, L. P., DeLeon, I. G., Markefka, J., & Resau, D. (2005). Competing stimuli for the treatment of multiply controlled problem behavior during hygiene routines. *Research in Developmental Disabilities, 26,* 57–69.

Lovaas, O. I., Schreibman, L., Koegel, R. L., & Rhen, R. (1971). Selective responding by autistic children to multiple sensory input. *Journal of Abnormal Psychology, 77,* 211–222.

Lovaas, O. I., & Simmons, J. Q. (1969). Manipulation of self-destruction in three retarded children. *Journal of Applied Behavior Analysis, 2,* 143–157.

Lovitt, T. C. (1973). Self-management projects with children with behavioral disabilities. *Journal of Learning Disabilities, 6,* 138–154.

Luciano, M. C. (1986). Acquisition, maintenance, and generalization of productive intraverbal behavior through transfer of stimulus control procedures. *Applied Research in Mental Retardation, 7,* 1–20.

Luiselli, J. (1980). Controlling disruptive behaviors of an autistic child: Parent-mediated contingency management in the home setting. *Education and Treatment of Children, 3,* 195–203.

Luiselli, J. (1996). Multicomponent intervention for challenging behaviors of a child with pervasive developmental disorder in a public school setting. *Journal of Developmental and Physical Disabilities, 8(3),* 211–219.

Luiselli, J., & Rice, D. (1983). Brief positive practice with a handicapped child: An assessment of suppressive and re-educative effects. *Education and Treatment of Children, 6,* 241–250.

Luiselli, J. K., & Cameron, M. J. (1998). *Antecedent control: Innovative approaches to behavioral support.* Baltimore: Paul H. Brookes.

Lyon, C., & Lagarde, R. (1997). Tokens for success: Using the graduated reinforcement system. *Teaching Exceptional Children, 29(6),* 52–57.

Maag, J. W., & Anderson, J. (2006). Effects of sound-field amplification to increase compliance of students with emotional and behavior disorders. *Behavioral Disorders, 31,* 378–393.

Maag, J. W., Reid, R., & DiGangi, S. A. (1993). Differential effects of self-monitoring attention, accuracy, and productivity. *Journal of Applied Behavior Analysis, 26,* 329–344.

Mabee, W. (1988). The effects of academic positive practice on cursive letter writing. *Education and Treatment of Children, 11,* 143–148.

MacAulay, D. J. (1990). Classroom environment: A literature review. *Educational Psychology, 10,* 239–253.

MacDuff, G. S., Krantz, P. J., & McClannahan, L. E. (1993). Teaching children with autism to use photographic activity schedules: Maintenance and generalization of complex response chains. *Journal of Applied Behavior Analysis, 26,* 89–97.

Mace, F. C., Lalli, J., & Lalli, E. (1991). Functional analysis and treatment of aberrant behavior. *Research in Developmental Disabilities, 12,* 155–180.

Mace, F. C., Page, T. J., Ivancic, M. T., & O'Brien, S. (1986). Analysis of environmental determinants of aggression and disruption in mentally retarded children. *Applied Research in Mental Retardation, 7,* 203–221.

Mace, F. C., Pratt, J., Prager, K., & Pritchard, D. (2011). An evaluation of three methods of saying "No" to avoid an escalating response class hierarchy. *Journal of Applied Behavior Analysis, 44,* 83–94.

Magee, S., & Ellis, J. (2000). Extinction effects during the assessment of multiple problem behaviors. *Journal of Applied Behavior Analysis, 33(3),* 313–316.

Mager, R. (1997). *Preparing instructional objectives* (3rd ed.). Atlanta, GA: The Center for Effective Performance, Inc.

Maher, G. (1989). Punch out: A behavior management technique. *Teaching Exceptional Children, 21,* 74.

Mahoney, M. J. (1974). *Cognition and behavior modification.* Cambridge, MA: Ballinger.

Mahoney, M. J., Kazdin, A. E., & Lesswing, N. J. (1974). Behavior modification: Delusion or deliverance? In C. M. Franks & G. T. Wilson (Eds.), *Annual review of behavior therapy, theory & practice* (Vol. 2, pp. 11–40). New York: Brunner/Mazel.

Malott, R. W., Whaley, D. C., & Malott, M. E. (1997). *Elementary principles of behavior.* Upper Saddle River, NJ: Prentice Hall.

Mancil, G., Haydon, T., & Whitby, P. (2009). Differentiated effects of paper and computer-assisted social stories on inappropriate behavior in children with autism. *Focus on Autism and Other Developmental Disabilities, 24,* 205–215.

Mancina, C., Tankersley, M., Kamps, D., Kravitz, T., & Parrett, J. (2000). Brief report: Reduction of inappropriate vocalization for a child with autism using a self-management treatment program. *Journal of Autism and Developmental Disorders, 30,* 599–606.

March, R., Horner, R., Lewis-Palmer, T., Brown, D., Crone, D., Todd, A., et al. (2000). *Functional Assessment Checklist: Teachers and Staff (FACTS).* Eugene, OR: Educational and Community Supports.

Marchand-Martella, N., Martella, R., Bettis, D., & Blakely, M. (2004). Project PALS: A description of a high school-based tutorial program using corrective reading and peer-delivered instruction. *Reading and Writing Quarterly.*

Marchetti, A. G., McCartney, J. R., Drain, S., Hooper, M., & Dix, J. (1983). Pedestrian skills training for mentally retarded adults: Comparison of training in two settings. *Mental Retardation, 21,* 107–110.

Marholin, D., & Gray, D. (1976). Effects of group response-cost procedures on cash shortages in a small business. *Journal of Applied Behavior Analysis, 9,* 25–30.

Marshall, H. (1965). The effect of punishment on children. A review of the literature and a suggested hypothesis. *Journal of Genetic Psychology, 106,* 23–33.

Marshall, K. J., Lloyd, J. W., & Hallahan, D. P. (1993). Effects of training to increase self-monitoring accuracy. *Journal of Behavioral Education, 3,* 445–459.

Martens, B., Muir, K., & Meller, P. (1988). Rewards common to the classroom setting: A comparison of regular and self-contained room student ratings. *Behavior Disorders, 13,* 169–174.

Martin, J., Rusch, F., James, V., Decker, P., & Trtol, K. (1974). The use of picture cues to establish self-control in the preparation of complex meals by mentally retarded adults. *Applied Research in Mental Retardation, 3,* 105–119.

Martin, R. (1975). *Legal challenges to behavior modification: Trends in schools, corrections, and mental health.* Champaign, IL: Research Press.

Mason, B. (1974). Brain surgery to control behavior. *Ebony, 28*(4), 46.

Mason, L., Kubina, R., Valasa, L., & Cramer, A. (2010). Evaluating effective writing instruction for adolescent students in an emotional and behavior support setting. *Behavioral Disorders, 35*, 140–156.

Mason, S., McGee, G., Farmer-Dougan, V., & Risley, T. (1989). A practical strategy for ongoing reinforcer assessment. *Journal of Applied Behavior Analysis, 22*, 171–179.

Mastropieri, M., Jenne, T., & Scruggs, T. (1988). A level system for managing problem behaviors in a high school resource program. *Behavioral Disorders, 13*, 202–208.

Mastropieri, M. A., & Scruggs, T. E. (1984). Generalization: Five effective strategies. *Academic Therapy, 19*, 427–431.

Mather, N., & Woodcock, R. (2001). *Woodcock Johnson III Tests of Achievement*. Hasca, IL: Riverside.

Matson, J., Esveldt-Dawson, K., & Kazdin, A. E. (1982). Treatment of spelling deficits in mentally retarded children. *Mental Retardation, 20*, 76–81.

Matson, J., & Keyes, J. (1988). Contingent reinforcement and contingent restraint to treat severe aggression and self-injury in mentally retarded and autistic adults. *Journal of the Multihandicapped Person, 1*, 141–148.

Matson, J., Sevin, J., Fridley, D., & Love, S. (1990). Increasing spontaneous language in three autistic children. *Journal of Applied Behavior Analysis, 23*, 227–233.

Matson, J., & Stephens, R. (1977). Overcorrection of aggressive behavior in a chronic psychiatric patient. *Behavior Modification, 1*, 559–564.

Matson, J., & Vollmer, T. (1995). *User's guide: Questions about behavior function (QABF)*. Baton Rouge, LA: Scientific Publishers.

Mayfield, K. H., Glenn, I. M., & Vollmer, T. R. (2008). Teaching spelling through prompting and review procedures using computer-based instruction. *Journal of Behavioral Education, 17*, 303–312.

Mayhew, G., & Harris, F. (1979). Decreasing self-injurious behavior: Punishment with citric acid and reinforcement of alternative behaviors. *Behavior Modification, 3*, 322–336.

Mazaleski, J., Iwata, B., Rodgers, T., Vollmer, T., & Zarcone, J. (1994). Protective equipment as treatment for stereotypic hand mouthing: Sensory extinction or punishment effects? *Journal of Applied Behavior Analysis, 27*, 345–355.

McAdam, D., Klatt, K., Koffarnus, M., Dicesare, A., Solberg, K., Welch, C., & Murphy, S. (2005). The effects of establishing operations on preferences for tangible items. *Journal of Applied Behavior Analysis, 38*, 107–110.

McCarl, J. J., Svobodny, L., & Beare, P. L. (1991). Self-recording in a classroom for students with mild to moderate mental handicaps: Effects on productivity and on-task behavior. *Education and Training in Mental Retardation, 26*, 79–88.

McCarty, T., Griffin, S., Apolloni, T., & Shores, R. (1977). Increased peer-teaching with group-oriented contingencies for arithmetic performance in behavior-disordered adolescents. *Journal of Applied Behavior Analysis, 10*, 313.

McComas, J., Hoch, H., Paone, D., & El-Roy, D. (2000). Escape behavior during academic tasks: A preliminary analysis of idiosyncratic establishing operations. *Journal of Applied Behavior Analysis, 33*, 479–493.

McConnell, J. V. (1970). Stimulus/response: Criminals can be brain-washed now. *Psychology Today, 3*, 14–18, 74.

McDonnell, A., & Sturmey, P. (2000). The social validation of three physical restraint procedures: A comparison of young people and professional groups. *Research in Developmental Disabilities, 21*, 85–92.

McDonnell, J., Johnson, J., Polychronis, S., & Risen, T. (2002). Effects of embedded instruction on students with moderate disabilities enrolled in general education classes. *Education and Training in Mental Retardation and Developmental Disabilities, 37*, 363–377.

McDougal, D., & Brady, M. P. (1998). Initiating and fading self-management interventions to increase math fluency in general education classes. *Exceptional Children, 64*, 151–166.

McGee, G. G., Krantz, P. J., Mason, D., & McClannahan, L. E. (1983). A modified incidental-teaching procedure for autistic youth: Acquisition and generalization of receptive object labels. *Journal of Applied Behavior Analysis, 16*, 329–338.

McGee, G. G., Krantz, P. J., & McClannahan, L. E. (1986). An extension of incidental teaching procedures to reading instruction for autistic children. *Journal of Applied Behavior Analysis, 19*, 147–157.

McGinnis, J. C., Friman, P., & Carlyon, W. (1999). The effect of token rewards on "intrinsic" motivation for doing math. *Journal of Applied Behavior Analysis, 32*, 375–379.

McIntosh, K., Borgmeier, C., Anderson, C., Horner, R., Rodriguez, B., & Tobin, T. (2008). Technical adequacy of the Functional Assessment Checklist: Teachers and Staff (FACTS) FBA interview measure. *Journal of Positive Behavior Intervention, 10*, 33–45.

McKeegan, G., Estill, K., & Campbell, B. (1984). Use of nonseclusionary time-out for the elimination of stereotypic behavior. *Journal of Behavior Therapy and Experimental Psychiatry, 15*, 261–264.

McSweeny, A. J. (1978). Effects of response cost on the behavior of a million persons: Charging for directory assistance in Cincinnati. *Journal of Applied Behavior Analysis, 11*, 47–51.

Mechling, L. (2006). Comparison of the effects of three approaches on the frequency of stimulus activation, via a single switch, by students with profound intellectual disabilities. *The Journal of Special Education, 40*, 94–102.

Mechling, L., Gast, D., & Cronin, B. (2006). The effects of presenting high-preference items, paired with choice, via computer-based video programming on task completion of students with autism. *Focus on Autism and Developmental Disabilities, 21*, 7–13.

Mechling, L., & Ortega-Hurndon, F. (2007). Computer-based video instruction to teach young adults with moderate intellectual disabilities to perform multiple step, job tasks in a generalized setting. *Education and Training in Developmental Disabilities, 42*, 24–37.

Mechling, L. C., Gast, D. L., & Langone, J. (2002). Computer-based video instruction to teach persons with moderate intellectual disabilities to read grocery aisle signs and locate items. *The Journal of Special Education, 35*, 224–240.

Meichenbaum, D. H. (1977). *Cognitive-behavior modification: An integrative approach*. New York: Plenum Press.

Meichenbaum, D. H., & Goodman, J. (1971). Training impulsive children to talk to themselves: A means of developing self-control. *Journal of Abnormal Psychology, 77*, 115–126.

Mesmer, E. M., Duhon, G. J., & Dodson, K. G. (2007). The effects of programming common stimuli for enhancing stimulus generalization of academic behavior. *Journal of Applied Behavior Analysis, 40*, 553–557.

Meyer, K. (1999). Functional analysis and treatment of problem behavior exhibited by elementary school children. *Journal of Applied Behavior Analysis, 32*, 229–232.

Michael, J. (1982). Distinguishing between discriminative and motivational functions of stimulus. *Journal of the Experimental Analysis of Behavior, 37*, 149–155.

Michael, J. (2000). Implications and refinements of the establishing operation concept. *Journal of Applied Behavior Analysis, 33*, 401–410.

Miles, N. I., & Wilder, D. A. (2009). The effects of behavioral skills training on caregiver implementation of guided compliance. *Journal of Applied Behavior Analysis, 42*, 405–410.

Mills, G. (2003). *Action research: A guide for the teacher researcher* (2nd ed.). Upper Saddle River, NJ: Merrill/Pearson Education.

Miltenberger, R., Rapp, J., & Long, E. (1999). A low-tech method for conducting real-time recording. *Journal of Applied Behavior Analysis, 32*(1), 119–120.

Miltenberger, R. G., Roberts, J. A., Ellingson, S., Galensky, T., Rapp, J. T., Long, E. S., et al. (1999). Training and generalization of sexual abuse prevention skills for women with retardation. *Journal of Applied Behavior Analysis, 32*, 385–388.

Mishel, W., & Patterson, C. J. (1976). Substantive and structural elements of effective plans for self-control. *Journal of Personality and Social Psychology, 34*, 942–950.

Mitchell, R. J., Schuster, J. W., Collins, B. C., & Gassaway, L. J. (2000). Teaching vocational skills with a faded auditory prompting system. *Education and Training in Mental Retardation and Developmental Disabilities, 35*, 415–427.

Mitchem, K. J., Young, K. R., West, R. P., & Benyo, J. (2001). CWPASM: A classwide peer-assisted self-management program for general education classrooms. *Education and Treatment of Children, 24*, 111–140.

Mizener, B. H. von, & Williams, R. H. (2009). The effects of student choices on academic performance. *Journal of Positive Behavior Interventions, 11*, 110–128.

Mogel, S., & Schiff, W. (1967). Extinction of a head-bumping symptom of eight years' duration in two minutes: A case report. *Behavior Research and Therapy, 5*, 131–132.

Molgaard, K. (2001). *Count It* V 2.7 *Manual*. Retrieved August 18, 2002, from http://palmguy.surfhere.net.

Moore, J., & Edwards, R. (2003). An analysis of aversive stimuli in classroom demand contexts. *Journal of Applied Behavior Analysis, 36*, 339–348.

Moore, J., Edwards, R., Wilczynski, S., & Olmi, D. (2001). Using antecedent manipulations to distinguish between task and social variables associated with problem behaviors exhibited by children of typical development. *Behavior Modification, 25*, 287–304.

Morales v. Turman, 1974, 383 F. Supp. 53 (E.D. TX.).

Morgan, R. L., & Salzberg, C. L. (1992). Effects of video-assisted training on employment-related social skills of adults with severe mental retardation. *Journal of Applied Behavior Analysis, 25*, 365–383.

Morris, R. (1976). *Behavior modification with children*. Cambridge, MA: Winthrop Publications.

Morrow, W. R., & Gochors, H. L. (1970). Misconceptions regarding behavior modification. *The Social Service Review, 44*, 293–307.

Morse, T. E., & Schuster, J. W. (2000). Teaching elementary students with moderate disabilities how to shop for groceries. *Exceptional Children, 66*, 273–288.

Morse, T. E., & Schuster, J. W. (2004). Simultaneous prompting: A review of the literature. *Education and Training in Developmental Disabilities, 39*, 153–168.

Morton, W. L., Heward, W. L., & Alber, S. R. (1998). When to self-correct: A comparison of two procedures on spelling performance. *Journal of Behavioral Education, 8*, 321–335.

Mosk, M. D., & Bucher, B. (1984). Prompting and stimulus shaping procedures for teaching visual-motor skills to retarded children. *Journal of Applied Behavior Analysis, 17*, 23–34.

Mowrer, D., & Conley, D. (1987). Effect of peer administered consequences upon articulatory responses of speech defective children. *Journal of Communication Disorders, 20*, 319–326.

Moyer, J. R., & Dardig, J. C. (1978). Practical task analysis for educators. *Teaching Exceptional Children, 11*, 16–18.

Mueller, M., Wilczynski, S., Moore, J., Fusilier, I., & Trahant, D. (2001). Antecedent manipulations in a tangible condition: Effects of stimulus preference on aggression. *Journal of Applied Behavior Analysis, 34*, 237–240.

Munk, D. D., & Repp, A. C. (1994). The relationship between instructional variables and problem behavior: A review. *Exceptional Children, 60*, 390–401.

Nanda, A., & Fredrick, L. (2007). The effects of combining repeated reading with reading mastery on first graders' oral reading fluency. *Journal of Direct Instruction, 7*, 17–27.

Neef, N., McCord, B., & Ferreri, S. (2006). Effects of guided notes versus completed notes during lectures on college students' quiz performance. *Journal of Applied Behavior Analysis, 39*, 123–130.

Neef, N., Nelles, D., Iwata, B., & Page, T. (2003). Analysis of precurrent skills in solving mathematics story problems. *Journal of Applied Behavior Analysis, 36*, 21–33.

Neef, N., Walters, J., & Engel, A. (1984). Establishing generative yes/no responses in developmentally disabled children. *Journal of Applied Behavior Analysis, 17*, 453–460.

Neisworth, J., Hunt, F., Gallop, H., & Nadle, R. (1985). Reinforcer displacement: A preliminary study of the clinical application of CRF/EXT effect. *Behavior Modification, 9*, 103–115.

Nelson, C., McDonnell, A., Johnston, S., Crompton, A., & Nelson, A. (2007). Keys to play: A strategy to increase the social interactions of young children with autism and their typically developing peers. *Education and Training in Developmental Disabilities, 42*, 165–181.

Nelson, J. R., Roberts, M., Mathur, S., & Rutherford, R. (1999). Has public policy exceeded our knowledge base? A review of the functional behavioral assessment literature. *Behavioral Disorders, 24*, 169–179.

Newman, B., Buffington, D. M., & Hemmes, N. S. (1996). External and self-reinforcement used to increase the appropriate conversation of autistic teenagers. *Education and Training in Mental Retardation and Developmental Disorders, 31*, 304–309.

Newman, B., Buffington, D. M., O'Grady, M. A., McDonald, M. E., Poulson, C. L., & Hemmes, N. S. (1995). Self-management of schedule-following in three teenagers with autism. *Behavioral Disorders, 20*, 191–196.

Newman, B., Reinecke, D. R., & Kurtz, A. L. (1996). Why be moral: Humanist and behavioral perspectives. *The Behavior Analyst, 19*, 273–280.

Nichols, P. (1992). The curriculum of control: Twelve reasons for it, some arguments against it. *Beyond Behavior, 3*, 5–11.

Ninness, H. A. C., Ellis, J., & Ninness, S. K. (1999). Self-assessment as a learned reinforcer during computer interactive math performance: An experimental analysis. *Behavior Modification, 23*, 403–418.

Northup, J. (2000). Further evaluation of the accuracy of reinforcer surveys: A systematic replication. *Journal of Applied Behavior Analysis, 33*, 335–338.

Northup, J., George, T., Jones, K., Broussard, C., & Vollmer, T. (1996). A comparison of reinforcer assessment methods: The utility of verbal and pictorial choice procedures. *Journal of Applied Behavior Analysis, 29*, 201–212.

Nozyce, M. L., Lee, S. S., Wiznia, A., Nachman, S., Mofenson, L. M., Smith, M. E., et al. (2006). A behavioral and cognitive profile of clinically stable HIV-infected children. *Pediatrics, 117,* 763–770.

Oakes, W., Mathur, S., & Lane, K. (2010). Reading interventions for students with challenging behavior: A focus on fluency. *Behavioral Disorders, 35,* 120–139.

Odom, S., & Strain, P. (1986). A comparison of peer-initiation and teacher-antecedent interventions for promoting reciprocal social interaction of autistic preschoolers. *Journal of Applied Behavior Analysis, 19,* 59–71.

O'Donnell J. (2001). The discriminative stimulus for punishment or SDp. *The Behavior Analyst, 24,* 261–262.

O'Leary, K. D. (1972). The assessment of psychopathology in children. In H. C. Quay & J. S. Werry (Eds.), *Psychopathological disorders of childhood* (pp. 234–272). New York: Wiley.

O'Leary, K. D., & Becker, W. C. (1967). Behavior modification of an adjustment class. *Exceptional Children, 33,* 637–642.

O'Leary, K. D., Becker, W. C., Evans, M. B., & Saudargas, R. A. (1969). A token reinforcement program in a public school: A replication and systematic analysis. *Journal of Applied Behavior Analysis, 2,* 3–13.

O'Leary, K. D., Kaufman, K., Kass, R., & Drabman, R. (1970). The effects of loud and soft reprimands on the behavior of disruptive students. *Exceptional Children, 37,* 145–155.

O'Leary, K. D., & O'Leary, S. G. (Eds.). (1977). *Classroom management: The successful use of behavior modification* (2nd ed.). New York: Pergamon Press.

O'Leary, K. D., Poulos, R. W., & Devine, V. T. (1972). Tangible reinforcers: Bonuses or bribes? *Journal of Consulting and Clinical Psychology, 38,* 1–8.

Oliver, C., Murphy, G., Hall, S., Arron, K., & Leggett, J. (2003). Phenomenology of self-restraint. *American Journal on Mental Retardation, 108,* 71–81.

Oliver, C., Oxener, G., Hearn, M., & Hall, S. (2001). Effects of social proximity on multiple aggressive behaviors. *Journal of Applied Behavior Analysis, 34*(1), 85–88.

Ollendick, T., & Matson, J. (1976). An initial investigation into the parameters of overcorrection. *Psychological Reports, 39,* 1139–1142.

Ollendick, T., Matson, J., Esveldt-Dawson, K., & Shapiro, E. (1980). Increasing spelling achievement: An analysis of treatment procedures utilizing an alternating treatments design. *Journal of Applied Behavior Analysis, 13,* 645–654.

Olympia, D. E., Sheridan, S. M., Jenson, W. R., & Andrews, D. (1994). Using student-managed interventions to increase homework completion and accuracy. *Journal of Applied Behavior Analysis, 27*(1), 85–99.

O'Neill, R., Horner, R., Albin, R., Sprague, J., Storey, K., & Newton, J. S. (1997). *Functional assessment and program development for problem behavior* (2nd ed.). Pacific Grove, CA: Brooks/Cole Publishing Co.

O'Reilly, M., Lancioni, G., King, L., Lally, G., & Dhomhnaill, O. (2000). Using brief assessments to evaluate aberrant behavior maintained by attention. *Journal of Applied Behavior Analysis, 33,* 109–112.

O'Reilly, M., Lancioni, G., & Taylor, I. (1999). An empirical analysis of two forms of extinction to treat aggression. *Research in Developmental Disabilities, 20,* 315–325.

O'Reilly, M. F., Lancioni, G. E., & Kierans, I. (2000). Teaching leisure social skills to adults with moderate mental retardation: An analysis of acquisition, generalization, and maintenance. *Education and Training in Mental Retardation and Developmental Disabilities, 35*(3), 250–258.

Orsborn, E., Patrick, H., Dixon, R., & Moore, D. (1995). The effects of reducing teacher questions and increasing pauses on child talk during morning news. *Journal of Behavioral Education, 5*(3), 347–357.

Ottenbacher, K. (1993). Interrater agreement of visual analysis in single-subject decisions: Quantitative review and analysis. *American Journal on Mental Retardation, 98,* 135–142.

Ottenbacher, K., & Cusick, A. (1991). An empirical investigation of interrater agreement for single-subject data using graphs with and without trend lines. *Journal of the Association for Persons with Severe Handicaps, 16,* 48–55.

Pace, G., Ivancic, M., Edwards, G., Iwata, B., & Page, T. (1985). Assessment of stimulus preference and reinforcer value with profoundly retarded individuals. *Journal of Applied Behavior Analysis, 18,* 249–255.

Pace, G., Iwata, B., Edwards, G., & McCosh, K. (1986). Stimulus fading and transfer in the treatment of self-restraint and self-injurious behavior. *Journal of Applied Behavior Analysis, 19,* 381–389.

Paclawskyj, T., Matson, J., Rush, K., Smalls, Y., & Vollmer, T. (2000). Questions about behavioral function (QABF): A behavioral checklist for functional assessment of aberrant behavior. *Research in Developmental Disabilities, 21,* 223–229.

Panyan, M. C., & Hall, R. V. (1978). Effects of serial versus concurrent task sequencing on acquisition, maintenance, and generalization. *Journal of Applied Behavior Analysis, 11,* 67–74.

Panyan, M. P. (1980). *How to use shaping.* Lawrence, KS: H&H Enterprises.

Parsons, M., Reid, D., & Green, C. (2001). Situational assessment of task preferences among adults with multiple severe disabilities in supported work. *JASH, 26,* 50–55.

Partin, T., Robertson, R., Maggin, D., Oliver, R., & Wehby, J. (2010). Using teacher praise and opportunities to respond to promote appropriate student behavior. *Preventing School Failure, 54,* 172–178.

Patel, M., Carr, J., Kim, C., Robles, A., & Eastridge, D. (2000). Functional analysis of aberrant behavior maintained by automatic reinforcement: Assessments of specific sensory reinforcers. *Research in Developmental Disabilities, 21,* 393–407.

Patterson, E. T., Panyan, M. C., Wyatt, S., & Morales, E. (1974, September). Forward vs. backward chaining in the teaching of vocational skills to the mentally retarded: An empirical analysis. Paper presented at the 82nd Annual Meeting of the American Psychological Association, New Orleans.

Patterson, G. R. (1965). An application of conditioning techniques to the control of a hyperactive child. In L. P. Ullmann & L. Krasner (Eds.), *Case studies in behavior modification* (pp. 370–375). New York: Holt, Rinehart & Winston.

Pelios, L., Morren, J., Tesch, D., & Axelrod, S. (1999). The impact of functional analysis methodology on treatment choice for self-injurious and aggressive behavior. *Journal of Applied Behavior Analysis, 32,* 185–195.

Peters, R., & Davies, K. (1981). Effects of self-instructional training on cognitive impulsivity of mentally retarded adolescents. *American Journal of Mental Deficiency, 85,* 377–382.

Petscher, E., Rey, C., & Bailey, J. (2009). A review of empirical support for differential reinforcement of alternative behavior. *Research in Developmental Disabilities, 30,* 409–425.

Phillips, E. L., Phillips, E. A., Fixsen, D. L., & Wolf, M. M. (1971). Achievement place: Modification of the behaviors of predelinquent boys within a token economy. *Journal of Applied Behavior Analysis, 4,* 45–59.

Piaget, J., & Inhelder, B. (1969). *The psychology of the child*. New York: Basic Books.

Piazza, C., Adelinis, J., Hanley, G., Goh, H., & Delia, M. (2000). An evaluation of the effects of matched stimuli on behaviors maintained by automatic reinforcement. *Journal of Applied Behavior Analysis, 33*, 13–27.

Piazza, C., Moes, D., & Fisher, W. (1996). Differential reinforcement of alternative behavior and demand fading in the treatment of escape-maintained destructive behavior. *Journal of Applied Behavior Analysis, 29*, 569–572.

Pierce, K. I., & Schreibman, L. (1994). Teaching daily living skills to children with autism in unsupervised settings through pictorial self-management. *Journal of Applied Behavior Analysis, 27*, 471–481.

Pierce, W. D., & Cheney, C. (2004). *Behavior analysis and learning* (3rd ed.). Mahwah, NJ: Lawrence Erlbaum.

Pigott, H. E., Fantuzzo, J., & Clement, P. (1986). The effects of reciprocal peer tutoring and group contingencies on the academic performance of elementary school children. *Journal of Applied Behavior Analysis, 19*, 93–98.

Pinkston, E. M., Reese, N. M., LeBlanc, J. M., & Baer, D. M. (1973). Independent control of a preschool child's aggression and peer interaction by contingent teacher attention. *Journal of Applied Behavior Analysis, 6*, 115–124.

Poling, A., & Byrne, T. (1996). Reactions to Reese: Lord, let us laud and lament. *The Behavior Analyst, 19*, 79–82.

Poling, A., Methot, L., & LeSage, M. (1994). *Fundamentals of behavior analytic research*. New York: Plenum Press.

Poling, A., & Normand, M. (1999). Noncontingent reinforcement: An inappropriate description of time-based schedules that reduce behavior. *Journal of Applied Behavior Analysis, 32*, 237–238.

Polirstok, S. R., & Greer, R. D. (1977). Remediation of mutually aversive interactions between a problem student and four teachers by training the student in reinforcement techniques. *Journal of Applied Behavior Analysis, 10*, 707–716.

Polloway, E., & Polloway, C. (1979). Auctions: Vitalizing the token economy. *Journal for Special Educators, 15*, 121–123.

Preis, J. (2006). The effect of picture communication symbols on the verbal comprehension of commands by young children with autism. *Focus on Autism and Other Developmental Disabilities, 21*, 194–210.

Premack, D. (1959). Toward empirical behavior laws: I. Positive reinforcement. *Psychological Review, 66*, 219–233.

Proctor, M., & Morgan, D. (1991). Effectiveness of a response cost raffle procedure on the disruptive classroom behavior of adolescents with behavior problems. *School Psychology Review, 20*, 97–109.

Pugach, M. C., & Warger, C. L. (1996). *Curriculum trends, special education, and reform: Refocusing the conversation*. New York: Teacher's College Press.

Quinn, M. M., Osher, D., Warger, C. L., Hanley, T. V., Bader, B. D., & Hoffman, C. C. (2000).

Rachman, S. (1963). Spontaneous remission and latent learning. *Behavior Research and Therapy, 1*, 3–15.

Rao, S. M., & Gagie, B. (2006). Learning through seeing and doing: Visual supports for children with autism. *Teaching Exceptional Children, 38*, 26–33.

Rapport, M. D., Murphy, H. A., & Bailey, J. S. (1982). Ritalin vs response cost in the control of hyperactive children: A within-subject comparison. *Journal of Applied Behavior Analysis, 15*, 205–216.

Raschke, D. (1981). Designing reinforcement surveys: Let the student choose the reward. *Teaching Exceptional Children, 14*, 92–96.

Raskind, W. H. (2001). Current understanding of the genetic basis of reading and spelling disability. *Learning Disability Quarterly, 24*(3), 141–157.

Rathovan, Natalie (1999). *Effective school interventions*. New York: Guilford Press.

Reed, G., Piazza, C., Patel, M., Layer, S., Bachmeyer, M., Bethke, S., & Gutshall, K. (2004). On the relative contributions of noncontingent reinforcement and escape extinction in the treatment of food refusal. *Journal of Applied Behavior Analysis, 37*, 27–42.

Reed, H., Thomas, E., Sprague, J., & Horner, R. (1997). The student guided functional assessment interview: An analysis of student and teacher agreement. *Journal of Behavioral Education, 7*(1), 33–45.

Regan, K., Mastropieri, M., & Scruggs, T. (2005). Promoting expressive writing among students with emotional and behavioral disturbance via dialogue journals. *Behavioral Disorders, 31*, 33–50.

Rehfeldt, R. A., Dahman, D., Young, A., Cherry, H., & Davis, P. (2003). Using video modeling to teach simple meal preparation skills in adults with moderate and severe mental retardation. *Behavioral Interventions, 18*, 209–218.

Rehfeldt, R. A., & Hayes, L. J. (1998). The operant respondent distinction revisited: Toward an understanding of stimulus equivalence. *Psychological Record, 48*, 187–210.

Reichow, B., Barton, E., Sewell, J., Good, L., & Wolery, M. (2010). Effects of weighted vests on the engagement of children with developmental delays and autism. *Focus on Autism and Other Developmental Disabilities, 25*, 3–11.

Reid, R., & Lienemann, T. O. (2006). Self-regualted strategy development for written expression with students with attention deficit hyperactivity disorder. *Exceptional Children, 73*, 53–68.

Reinecke, D. R., Newman, B., & Meinberg, D. (1999). Self-management of sharing in preschoolers with autism. *Education and Training in Mental Retardation, 34*, 312–317.

Reitman, D., & Drabman, R. (1999). Multifaceted uses of a simple time-out record in the treatment of a noncompliant 8-year-old boy. *Education and Treatment of Children, 22*, 136–145.

Remington, B. (1991). *The challenge of severe mental handicap: A behavior analytic approach*. New York: Wiley & Sons.

Repp, A. (1983). *Teaching the mentally retarded*. Upper Saddle River, NJ: Prentice Hall.

Repp, A., Deitz, S., & Deitz, D. (1976). Reducing inappropriate behaviors in classrooms and in individual sessions through DRO schedules of reinforcement. *Mental Retardation, 14*, 11–15.

Repp, A., Felce, D., & Barton, L. (1988). Basing the treatment of stereotypic and self-injurious behavior on hypotheses of their causes. *Journal of Applied Behavior Analysis, 21*, 281–290.

Repp, A., Felce, D., & Barton, L. (1991). The effects of initial interval size on the efficacy of DRO schedules of reinforcement. *Exceptional Children, 58*, 417–425.

Repp, A. C., Barton, L., & Brulle, A. (1983). A comparison of two procedures for programming the differential reinforcement of other behavior. *Journal of Applied Behavior Analysis, 16*, 435–445.

Repp, A. C., & Deitz, D. E. D. (1979). Reinforcement-based reductive procedures: Training and monitoring performance of institutional staff. *Mental Retardation, 17*, 221–226.

Repp, A. C., Nieminen, G., Olinger, E., & Brusca, R. (1988). Direct observation: Factors affecting the accuracy of observers. *Exceptional Children, 55*, 29–36.

Repp, A. C., Roberts, D. M., Slack, D. J., Repp, C. F., & Berkler, M. S. (1976). A comparison of frequency, interval, and time-sampling methods of data collection. *Journal of Applied Behavior Analysis, 9,* 501–508.

Reynolds, G. S. (1961). Behavioral contrast. *Journal of the Experimental Analysis of Behavior, 4,* 57–71.

Richards, S., Taylor, R., Ramasamy, R., & Richards, R. (1999). *Single subject research: Applications in educational and clinical settings.* San Diego: Singular Publishing Inc.

Richman, D., Berg, W., Wacker, D., Stephens, T., Rankin, B., & Kilroy, J. (1997). Using pretreatment and posttreatment assessments to enhance and evaluate existing treatment packages. *Journal of Applied Behavior Analysis, 30,* 709–712.

Richman, D., Wacker, D., Asmus, J., Casey, S., & Andelman, M. (1999). Further analysis of problem behavior in response class hierarchies. *Journal of Applied Behavior Analysis, 32,* 269–283.

Richman, D., Wacker, D., & Winborn, L. (2000). Response efficiency during functional communication training: Effects of effort on response allocation. *Journal of Applied Behavior Analysis, 34,* 73–76.

Richman, G. S., Reiss, M. L., Bauman, K. E., & Bailey, J. S. (1984). Teaching menstrual care to mentally retarded women: Acquisition, generalization, and maintenance. *Journal of Applied Behavior Analysis, 17,* 441–451.

Rimm, D. C., & Masters, J. C. (1979). *Behavior therapy: Techniques and empirical findings.* New York: Academic Press.

Rincover, A. (1981). *How to use sensory extinction.* Lawrence, KS: H&H Enterprises.

Rincover, A., & Devany, J. (1982). The application of sensory extinction procedures to self-injury. *Analysis and Intervention in Developmental Disabilities, 2,* 67–81.

Rincover, A., & Koegel, R. L. (1975). Setting generality and stimulus control in autistic children. *Journal of Applied Behavior Analysis, 8,* 235–246.

Risley, T. R. (1975). Certify procedures not people. In W. S. Wood (Ed.), *Issues in evaluating behavior modification* (pp. 159–181). Champaign, IL: Research Press.

Ritschl, C., Mongrella, J., & Presbie, R. (1972). Group time-out from rock and roll music and out-of-seat behavior of handicapped children while riding a school bus. *Psychological Reports, 31,* 967–973.

Rivera, M. O., Koorland, M. A., & Fueyo, V. (2002). Pupil-made pictorial prompts and fading for teaching sight words to a student with learning disabilities. *Education and Treatment of Children, 25,* 197–207.

Roberts, R. N., Nelson, R. O., & Olson, T. W. (1987). Self-instruction: An analysis of the differential effects of instruction and reinforcement. *Journal of Applied Behavior Analysis, 20,* 235–242.

Roberts, M. (1988). Enforcing chair timeouts with room time-outs. *Behavior Modification, 12,* 353–370.

Roberts-Gwinn, M., Luiten, L., Derby, K., Johnson, T., & Weber, K. (2001). Identification of competing reinforcers for behavior maintained by automatic reinforcement. *Journal of Positive Behavior Interventions, 3,* 83–87.

Rodewald, H. K. (1979). *Stimulus control of behavior.* Baltimore: University Park Press.

Rodi, M. S., & Hughes, C. (2000). Teaching communication book use to a high school student using a milieu approach. *Journal of the Association for Persons with Severe Handicaps, 25,* 175–179.

Rogers, C. R., & Skinner, B. F. (1956). Some issues concerning the control of human behavior: A symposium. *Science, 124,* 1057–1066.

Rollings, J., Baumeister, A., & Baumeister, A. (1977). The use of overcorrection procedures to eliminate the stereotyped behaviors of retarded individuals: An analysis of collateral behaviors and generalization of suppressive effects. *Behavior Modification, 1,* 29–46.

Romaniuk, C., Miltenberger, R., Conyers, C., Jenner, N. H., Jurgens, M., & Ringenberg, C. (2002). The influence of activity choice on problem behaviors maintained by escape versus attention. *Journal of Applied Behavior Analysis, 35,* 349–362.

Roscoe, E., Iwata, B., & Kahng, S. W. (1999). Relative versus absolute reinforcement effects: Implications for preference assessments. *Journal of Applied Behavior Analysis, 32,* 479–493.

Rosenbaum, M. S., & Drabman, R. S. (1979). Self-control training in the classroom: A review and critique. *Journal of Applied Behavior Analysis, 12,* 467–485.

Rotholz, O., & Luce, S. (1983). Alternative reinforcement strategies for the reduction of self-stimulatory behavior in autistic youth. *Education and Treatment of Children, 6,* 363–377.

Rothstein, L. F. (1990). *Special education law.* New York: Longman.

Rowling, J. K. (1998). *Harry Potter and the chamber of secrets.* New York: Scholastic Press.

Rusch, F., & Close, D. (1976). Overcorrection: A procedural evaluation. *AAESPH Review, 1,* 32–45.

Rusch, F., Connis, R., & Sowers, J. (1978). The modification and maintenance of time spent attending to task using social reinforcement, token reinforcement and response cost in an applied restaurant setting. *Journal of Special Education Technology, 2,* 18–26.

Rutherford, B. (1940). The use of negative practice in speech therapy with children handicapped by cerebral palsy, athetoid type. *Journal of Speech Disorders, 5,* 259–264.

Ryan, C. S., & Hemmes, N. S. (2005). Effects of the contingency for homework submission on homework submission and quiz performance in a college course. *Journal of Applied Behavior Analysis, 38,* 79–88.

Ryan, J. B., & Peterson, R. L. (2004). Physical restraint in schools. *Behavioral Disorders, 29,* 154–168.

Ryan, J. B., Peterson, R. L., & Rozalski, M. (2007). State policies concerning the use of seclusion timeout in schools. *Education & Treatment of Children, 30,* 215–239.

Salend, S., & Gordon, B. (1987). A group-oriented time-out ribbon procedure. *Behavioral Disorders, 12,* 131–137.

Salend, S., & Kovalich, B. (1981). A group response cost system mediated by free tokens. *American Journal of Mental Deficiency, 86,* 184–187.

Salend, S., & Lamb, E. (1986). Effectiveness of a group-managed interdependent contingency system. *Learning Disability Quarterly, 9,* 268–273.

Salend, S., & Maragulia, D. (1983). The time-out ribbon: A procedure for the least restrictive environment. *Journal for Special Educators, 20,* 9–15.

Salend, S., & Meddaugh, D. (1985). Using a peer-mediated extinction procedure to decrease obscene language. *The Pointer, 30,* 8–11.

Sasso, G., Conroy, M., Stichter, J., & Fox, J. (2001). Slowing down the bandwagon: The misapplication of functional assessment for students with emotional or behavioral disorders. *Behavioral Disorders, 26,* 282–296.

Sasso, G., Reimers, T., Cooper, L., Wacker, D., Berg, W., Steege, M., et al. (1992). Use of descriptive and experimental analyses to identify the functional properties of aberrant behavior in school settings. *Journal of Applied Behavior Analysis, 25,* 809–821.

Saudargas, R., & Zanolli, K. (1990). Momentary time sampling as an estimate of percentage time: A field validation. *Journal of Applied Behavior Analysis, 23,* 533–537.

Saunders, R., & Koplik, K. (1975). A multi-purpose data sheet for recording and graphing in the classroom. *AAESPH Review, 1,* 1.

Savner, J., & Myles, B. S. (2000). *Making visual supports: Work in the home and community: Strategies for individuals with autism and Asperger Syndrome.* Shawnee Mission, KS: Autism Asperger Publishing Company.

Schilling, D., & Cuvo, A. (1983). The effects of a contingency-based lottery on the behavior of a special education class. *Education and Training of the Mentally Retarded, 18,* 52–58.

Schloss, P., & Smith, M. (1987). Guidelines for ethical use of manual restraint in public school settings for behaviorally disordered students. *Behavioral Disorders, 12,* 207–213.

Schlosser, R., Walker, E., & Sigafoos, J. (2006). Increasing opportunities for requesting in children with developmental disabilities residing in group homes thorough pyramidal training. *Education and Training in Developmental Disabilities, 41,* 244–252.

Schmit, J., Alper, S., Raschke, D., & Ryndak, D. (2000). Effects of using a photographic cueing package during routine school transitions with a child who has autism. *Mental Retardation, 38,* 131–137.

Schnaitter, R. (1999). Some criticisms of behaviorism. In B. A. Thyer (Ed.), *The philosophical legacy of behaviorism.* Dordrecht, The Netherlands: Kluwer Academic Publishers.

Schneider, N., & Goldstein, H. (2010). Using social stories and visual schedules to improve socially appropriate behaviors in children with autism. *Journal of Positive Behavior Interventions, 12,* 149–160.

Schoen, S., & Nolen, J. (2004). Decreasing acting-out behavior and increasing learning. *Teaching Exceptional Children, 37,* 26–29.

Schopler, E., Van Bourgondien, M., Wellman, G., & Love, S. (2010). *Childhood Autism Rating Scale* (2nd ed.). Upper Saddle River, NJ: Pearson.

Schreibman, L. (1975). Effects of within-stimulus and extra-stimulus prompting on discrimination learning in autistic children. *Journal of Applied Behavior Analysis, 8,* 91–112.

Schreibman, L., & Charlop, M. H. (1981). S^D versus S^D fading in prompting procedures with autistic children. *Journal of Experimental Child Psychology, 34,* 508–520.

Schroeder, G. L., & Baer, D. M. (1972). Effects of concurrent and serial training on generalized vocal imitation in retarded children. *Development Psychology, 6,* 293–301.

Schroeder, S. R., & MacLean, W. (1987). If it isn't one thing, it's another: Experimental analysis of covariation in behavior management data of severely disturbed retarded persons. In S. Landesman & P. Vietze (Eds.), *Living environments and mental retardation* (pp. 315–338). Washington, DC: AAMD Monograph.

Schroeder, S. R., Oldenquist, A., & Rohahn, J. (1990). A conceptual framework for judging the humaneness and effectiveness of behavioral treatment. In A. C. Repp & N. N. Singh (Eds.), *Perspectives on the use of nonaversive and aversive interventions for persons with developmental disabilities.* New York: Sycamore.

Schug, M. C., Tarver, S. G., & Western, R. D. (2001). *Direct instruction and the teaching of early reading: Wisconsin's teacher-led insurgency.* Thiensville, WI: Wisconsin Policy Research Institute.

Schultz, D. P. (1969). *A history of modern psychology.* New York: Academy Press.

Schumaker, J. B., Hovell, M. F., & Sherman, J. A. (1977). An analysis of daily report cards and parent-managed privileges in the improvement of adolescents' classroom performance. *Journal of Applied Behavior Analysis, 10,* 449–464.

Schussler, N. G., & Spradlin, J. E. (1991). Assessment of stimuli controlling the requests of students with severe mental retardation during a snack routine. *Journal of Applied Behavior Analysis, 24,* 791–797.

Schwarz, M. L., & Hawkins, R. P. (1970). Application of delayed reinforcement procedures to the behavior of an elementary school child. *Journal of Applied Behavior Analysis, 3,* 85–96.

Scott, T. (2001). A schoolwide example of positive behavioral support. *Journal of Positive Behavior Interventions, 3,* 88–94.

Scott, T., & Nelson, C. M. (1999). Using functional behavioral assessment to develop effective intervention plans: Practical classroom applications. *Journal of Positive Behavior Interventions, 1,* 242–251.

Scott, T., Payne, L., & Jolivette, K. (2003). Preventing predictable problem behaviors by using positive behavior support. *Beyond Behavior, 13,* 3–7.

Sedlak, R. A., Doyle, M., & Schloss, P. (1982). Video games: A training and generalization demonstration with severely retarded adolescents. *Education and Training for the Mentally Retarded, 17,* 332–336.

Shabani, D. B., Katz, R. C., Wilder, D. A., Beauchamp, K., Taylor, C. R., & Fischer, K. J. (2002). Increasing social initiations in children with autism: Effects of a tactile prompt. *Journal of Applied Behavior Analysis, 35,* 79–83.

Shafer, M. S., Inge, K. J., & Hill, J. (1986). Acquisition, generalization, and maintenance of automated banking skills. *Education and Training of the Mentally Retarded, 21,* 265–272.

Shimabukuro, S. M., Prater, M. A., Jenkins, A., & Edelen-Smith, P. (1999). The effects of self-monitoring of academic performance on students with learning disabilities and AAA/ADHD. *Education and Treatment of Children, 22,* 397–414.

Shore, B., Iwata, B., DeLeon, I., Kahng, S., & Smith, R. (1997). An analysis of reinforcer substitutability using object manipulation and self-injury as competing responses. *Journal of Applied Behavior Analysis, 30,* 21–41.

Short, E. J., & Weissberg-Benchell, J. (1989). The triple alliance for learning: Cognition, metacognition, and motivation. In C. B. McCormick, G. E. Miller, & M. Pressley (Eds.), *Cognitive strategy research: From basic research to educational applications* (pp. 33–63). New York: Springer-Verlag.

Shriver, M. D., & Allen, K. D. (1997). Defining child noncompliance. An examination of temporal parameters. *Journal of Applied Behavior Analysis, 30,* 173–176.

Shukla, S., Kennedy, C., & Cushing, L. S. (1999). Intermediate school students with severe disabilities: Supporting their social participation in general education classrooms. *Journal of Positive Behavior Interventions, 1(3),* 130–140.

Sidman, M. (1960). *Tactics of scientific research: Evaluating experimental data in psychology.* Boston: Authors Cooperative.

Siegel, G. M., Lenske, J., & Broen, P. (1969). Suppression of normal speech disfluencies through response cost. *Journal of Applied Behavior Analysis, 2,* 265–276.

Siegel, L. (2007). *IEP guide.* Berkeley, CA: Nolo.

Sigafoos, J. (1998). Choice making and personal selection strategies. In J. K. Luiselli & M. J. Cameron (Eds.), *Antecedent control: Innovative approaches to behavioral support* (pp. 187–221). Baltimore: Paul H. Brooks.

Silverman, K., Watanabe, K., Marshall, A., & Baer, D. (1984). Reducing self-injury and corresponding self-restraint through the strategic use of protective clothing. *Journal of Applied Behavior Analysis, 17,* 545–552.

Simmons, D., Fuchs, D., Fuchs, L., Hodges, J., & Mathes, P. (1994). Importance of instructional complexity and role reciprocity to classwide peer tutoring. *Learning Disabilities Research & Practice, 9,* 203–212.

Simon, J. S., & Thompson, R. H. (2006). The effects of undergarment type on the urinary continence of toddlers. *Journal of Applied Behavior Analysis, 39,* 363–368.

Simpson, R. G., & Eaves, R. C. (1985). Do we need more qualitative research or more good research? A reaction to Stainback and Stainback. *Exceptional Children, 51,* 325–329.

Singh, N. (1987). Overcorrection of oral reading errors. *Behavior Modification, 11,* 165–181.

Singh, N., Dawson, M., & Manning, P. (1981). Effects of spaced responding DRL on the stereotyped behavior of profoundly retarded persons. *Journal of Applied Behavior Analysis, 14,* 521–526.

Singh, N., Lancioni, G., Joy, S., Winton, A., Sabaawi, M., Wahler, R., & Singh, J. (2007). Adolescents with conduct disorder can be mindful of their aggressive behavior. *Journal of Emotional and Behavioral Disorders, 15,* 56–63.

Singh, N., & Singh, J. (1986). Increasing oral reading proficiency: A comparative analysis of drill and positive practice overcorrection procedures. *Behavior Modification, 10,* 115–130.

Singh, N., & Singh, J. (1988). Increasing oral reading proficiency through overcorrection and phonic analysis. *American Journal of Mental Retardation, 93,* 312–319.

Singh, N., Singh, J., & Winton, A. (1984). Positive practice overcorrection of oral reading errors. *Behavior Modification, 8,* 23–37.

Singleton, D. K., Schuster, J. W., Morse, T. E., & Collins, B. (1999). A comparison of antecedent prompt and test and simultaneous prompting procedures in teaching grocery words to adolescents with mental retardation. *Education and Training in Mental Retardation and Developmental Disabilities, 34,* 182–199.

Singleton, K. C., Schuster, J. W., & Ault, M. J. (1995). Simultaneous prompting in a small group instructional arrangement. *Education and Training in Mental Retardation and Developmental Disabilities, 30,* 219–230.

Skinner, B. F. (1953). *Science and human behavior.* New York: Macmillan.

Skinner, B. F. (1957). *Verbal behavior.* New York: Appleton-Century-Crofts.

Skinner, B. F. (1963). Operant behavior. *American Psychologist, 18,* 503–515.

Skinner, B. F. (1968). *The technology of teaching.* New York: Appleton-Century-Crofts.

Skinner, B. F. (1969). Communication. *Journal of Applied Behavior Analysis, 2,* 247.

Skinner, B. F. (1971). *Beyond freedom and dignity.* New York: Knopf.

Skinner, B. F., & Vaughan, M. E. (1983). *Enjoy old age: A program of self-management.* New York: Warner Books.

Slavin, R. E. (1991, February). Group rewards make groupwork work: A response to Kohn. *Educational Leadership,* 89–91.

Smith, B., & Sugai, G. (2000). A self-management functional assessment-based behavior support plan for a middle school student with EBD. *Journal of Positive Behavior Intervention, 2,* 208–217.

Smith, B., Sugai, G., & Brown, D. (2000). A self-management functional assessment-based behavior support plan for a middle school student with EBD. *Journal of Positive Behavior Interventions, 2,* 208–218.

Smith, D. (1979). The improvement of children's oral reading through the use of teacher modeling. *Journal of Learning Disabilities, 12,* 172–175.

Smith, L. M., LaGasse, L. L., Derauf, C., Grant, P., Rizwan, S., et al. (2006). The Infant Development, Environment, and Lifestyle Study: Effects of prenatal methamphetamine exposure, polydrug exposure, and poverty on intrauterine growth. *Pediatrics, 118,* 1149–1156.

Smith, R., & Churchill, R. (2002). Identification of environmental determinants of behavior disorders through functional analysis of precursor behaviors. *Journal of Applied Behavior Analysis, 35,* 125–136.

Smith, R., Iwata, B., Goh, H., & Shore, B. (1995). Analysis of establishing operations for self-injury maintained by escape. *Journal of Applied Behavior Analysis, 28,* 515–535.

Smith, R., Iwata, B., & Shore, B. (1995). Effects of subject versus experimenter-selected reinforcers on the behavior of individuals with profound developmental disabilities. *Journal of Applied Behavior Analysis, 28,* 61–71.

Smith, R. G., & Iwata, B. A. (1997). Antecedent influences on behavior disorders. *Journal of Applied Behavior Analysis, 30,* 343–375.

Smith, R. L., Collins, B. C., Schuster, J. W., & Kleinert, H. (1999). Teaching table cleaning skills to secondary students with moderate/severe disabilities: Facilitating observational learning during instructional downtime. *Education and Training in Mental Retardation and Developmental Disabilities, 34,* 342–353.

Smith, R., Russo, L., & Le, D. (1999). Distinguishing between extinction and punishment effects of response blocking: A replication. *Journal of Applied Behavior Analysis, 32*(3), 367–370.

Smith, S., & Farrell, D. (1993). Level system use in special education: Classroom intervention with prima facie appeal. *Behavioral Disorders, 18*(4), 251–264.

Snell, M., & Loyd, B. (1991). A study of effects of trend, variability, frequency, and form of data on teachers' judgments about progress and their decisions about program change. *Research in Developmental Disabilities, 12,* 41–62.

Sobsey, D. (1990). Modifying the behavior of behavior modifiers. In A. Repp & N. Singh (Eds.), *Perspectives on the use of nonaversive and aversive interventions for persons with developmental disabilities* (pp. 421–433). Sycamore, IL: Sycamore Publishing.

Solomon, R. W., & Wahler, R. G. (1973). Peer reinforcement control of classroom problem behavior. *Journal of Applied Behavior Analysis, 6,* 49–56.

Sparrow, S., Cicchetti, O., & Balla, D. (2007). *Vineland Adaptive Behavior Scales, second edition (Vineland-II).* Upper Saddle River, NJ: Merrill/Pearson Education.

Spitz, D., & Spitz, W. (1990). Killer pop machines. *Journal of Forensic Science, 35,* 490–492.

Spooner, F. (1981). An operant analysis of the effects of backward chaining and total task presentation. *Dissertation Abstracts International, 41,* 3992A [University Microfilms No. 8105615].

Spooner, F., & Spooner, D. (1983). Variability: An aid in the assessment of training procedures. *Journal of Precision Teaching, 4*(1), 5–13.

Spooner, F., & Spooner, D. (1984). A review of chaining techniques: Implications for future research and practice. *Education and Training of the Mentally Retarded, 19,* 114–124.

Sprague, J., Holland, K., & Thomas, K. (1997). The effect of noncontingent sensory reinforcement, contingent sensory reinforcement, and response interruption on stereotypical and self-injurious behavior. *Research in Developmental Disabilities, 18,* 61–77.

Spriggs, A. D., Gast, D. L., & Ayres, K. M. (2007). Using picture activity schedule books to increase on-schedule and on-task behaviors. *Education and Training in Developmental Disabilities, 42,* 209–223.

Staats, A. W., & Staats, C. K. (1963). *Complex human behavior.* New York: Holt, Rinehart & Winston.

Stafford, A., Alberto, P., Fredrick, L., Heflin, J., & Heller, K. (2002). Preference variability and the instruction of choice making with students with severe intellectual disabilities. *Education and Training in Mental Retardation and Developmental Disabilities, 37,* 70–88.

Stahmer, A. C., & Schreibman, L. (1992). Teaching children with autism appropriate play in unsupervised environments using a self-management treatment package. *Journal of Applied Behavior Analysis, 25,* 447–459.

Stainback, S., & Stainback, W. (1984). Broadening the research perspective in special education. *Exceptional Children, 50,* 400–408.

Stainback, S., & Stainback, W. (1992). Schools as inclusive communities. In W. Stainback & S. Stainback (Eds.), *Controversial issues confronting special education: Divergent perspectives* (pp. 29–43). Boston: Allyn & Bacon.

Stainback, W., Payne, J., Stainback, S., & Payne, R. (1973). *Establishing a token economy in the classroom.* Columbus, OH: Merrill.

Stainback, W., Stainback, S., & Strathe, M. (1983). Generalization of positive social behavior by severely handicapped students: A review and analysis of research. *Education and Training of the Mentally Retarded, 18,* 293–299.

Steed, S. E., & Lutzker, J. R. (1997). Using picture prompts to teach an adult with developmental disabilities to independently complete vocational tasks. *Journal of Developmental and Physical Disabilities, 9,* 117–133.

Steege, M., & Northup, J. (1998). Functional analysis of problem behavior: A practical approach for school psychologists. *Proven Practice, 1,* 4–12.

Steege, M., Wacker, D., Cigrand, K., Berg, W., Novak, C., Reimers, T., et al. (1990). Use of negative reinforcement in the treatment of self-injurious behavior. *Journal of Applied Behavior Analysis, 23,* 459–467.

Stella, M. E., & Etzel, B. C. (1978). *Procedural variables in errorless discrimination learning: Order of S^D and S^D manipulation.* Toronto, Canada: American Psychological Association.

Stephens, T. M. (1976). *Directive teaching of children with learning and behavioral handicaps.* Columbus, OH: Merrill.

Stern, G., Fowlers, S., & Kohler, F. (1988). A comparison of two intervention roles: Peer monitor and point-earner. *Journal of Applied Behavior Analysis, 21,* 103–109.

Steuart, W. (1993). Effectiveness of arousal and arousal plus overcorrection to reduce nocturnal bruxism. *Journal of Behavior Therapy & Experimental Psychiatry, 24,* 181–185.

Stevens, K. B., & Schuster, J. W. (1987). Effects of a constant time delay procedure on the written spelling performance of a learning disabled student. *Learning Disability Quarterly, 10,* 9–16.

Stevenson, J., & Clayton, F. (1970). A response duration schedule: Effects of training, extinction, and deprivation. *Journal of the Experimental Analysis of Behavior, 13,* 359–367.

Stewart, C., & Singh, N. (1986). Overcorrection of spelling deficits in mentally retarded persons. *Behavior Modification, 10,* 355–365.

Stewart, M., & Bengier, D. (2001). An analysis of volleyball coaches' coaching behavior in a summer volleyball team camp. *Physical Educator, 58,* 86–103.

Stewart, S. C., & Evans, W. H. (1997). Setting the stage for success: Assessing the instructional environment. *Preventing School Failure, 41*(2), 53–56.

Stokes, T. F., & Baer, D. M. (1976). Preschool peers as mutual generalization-facilitating agents. *Behavior Therapy, 7,* 549–556.

Stokes, T. F., & Baer, D. M. (1977). An implicit technology of generalization. *Journal of Applied Behavior Analysis, 10,* 349–367.

Stokes, T. F., Baer, D. M., & Jackson, R. L. (1974). Programming the generalization of a greeting response in four retarded children. *Journal of Applied Behavior Analysis, 7,* 599–610.

Stolz, S. B. (1977). Why no guidelines for behavior modification? *Journal of Applied Behavior Analysis, 10,* 541–547.

Strauss, A. A., & Lehtinen, L. E. (1947). *Psychopathology and education of the brain-injured child.* New York: Grune & Stratton.

Streifel, S., & Wetherby, B. (1973). Instruction-following behavior of a retarded child and its controlling stimuli. *Journal of Applied Behavior Analysis, 6,* 663–670.

Stringer, E. (2004). *Action research in education.* Upper Saddle River, NJ: Merrill/Prentice Hall.

Stromer, R., MacKay, H., McVay, A., & Fowler, T. (1998). Written lists as mediating stimuli in the matching-to-sample performances of individuals with mental retardation. *Journal of Applied Behavior Analysis, 31*(1), 1–19.

Sturmey, P. (1994). Assessing the functions of aberrant behaviors: A review of psychometric instruments. *Journal of Autism and Developmental Disorders, 24,* 293–304.

Sugai, G., & Horner, R. (1999). Discipline and behavioral support: Practices, pitfalls, and promises. *Effective School Practices, 17,* 10–22.

Sugai, G., Horner, R., Dunlap, G., Hieneman, M., Lewis, T., Nelson, C., et al. (1999). *Applying positive behavior support and functional behavior assessment in schools.* Eugene, OR: OSEP Center on Positive Behavioral Interventions and Supports.

Sugai, G., Horner, R. H., Dunlap, G., Hieneman, M., Lewis, T. J., Nelson, C. M., et al. (2000). Applying positive behavioral support and functional behavioral assessment in schools. *Journal of Positive Behavioral Interventions, 2,* 131–143.

Sulzer-Azaroff, B., & Mayer, G. R. (1977). *Applying behavior-analysis procedures with children and youth.* New York: Holt, Rinehart & Winston.

Sulzer-Azaroff, B., & Mayer, G. R. (1986). *Achieving educational excellence.* New York: Holt, Rinehart & Winston.

Sulzer-Azaroff, B., Thaw, J., & Thomas, C. (1975). Behavioral competencies for the evaluation of behavior modifiers. In W. S. Wood (Ed.), *Issues in evaluating behavior modification* (pp. 47–98). Champaign, IL: Research Press.

Summers, J., Rincover, A., & Feldman, M. (1993). Comparison of extra- and within-stimulus prompting to teach prepositional discriminations to preschool children with developmental disabilities. *Journal of Behavioral Education, 3*(3), 287–298.

Sumner, J., Meuser, S., Hsu, L., & Morales, R. (1974). Overcorrection treatment of radical reduction of aggressive-disruptive behavior in institutionalized mental patients. *Psychological Reports, 35,* 655–662.

Sundberg, M. L., & Partington, J. W. (1999). The need for both discrete trial and natural environment language training for children with autism. In P. M. Ghezzi, W. L. Williams, & J. E. Carr (Eds.), *Autism: Behavior analytic perspectives* (pp. 139–156). Reno, NV: Context Press.

Sutherland, K., Wehby, J., & Copeland, S. (2000). Effect of varying rates of behavior-specific praise on the on-task behavior of students with EBD. *Journal of Emotional and Behavioral Disorders, 8,* 2–8.

Sutherland, K., Wehby, J., & Yoder, P. (2002). Examination of the relationship between teacher praise and opportunities for students with EBD to respond to academic requests. *Journal of Emotional and Behavioral Disorders, 10,* 5–13.

Sweeney, W. J., Salva, E., Cooper, J. O., & Talbert-Johnson, C. (1993). Using self-evaluation to improve difficult-to-read handwriting of secondary students. *Journal of Behavioral Education, 3,* 427–443.

Symons, F., McDonald, L., & Wehby, J. (1998). Functional assessment and teacher collected data. *Education and Treatment of Children, 21,* 135–159.

Szatmari, P., Paterson, A., Zwaigenbaum, L., Roberts, W., Brian, J., & Liu, X. Q. (2007). Mapping autism risk loci using genetic linkage and chromosomal rearrangements. *Nature Genetics, 39,* 319–328.

Taber, T. A., Alberto, P. A., & Fredrick, L. D. (1998). Use of self-operated auditory prompts by workers with moderate mental retardation to transition independently through vocational tasks. *Research in Developmental Disabilities, 19,* 127–145.

Tang, J., Patterson, T., & Kennedy, C. (2003). Identifying specific sensory modalities maintaining the stereotypy of students with multiple profound disabilities. *Research in Developmental Disabilities, 24,* 433–451.

Tapp, J., Wehby, J., & Ellis, D. (1995). A Multi-option observation system for experimental studies: MOOSES. *Behavior Research Methods, Instruments, & Computers, 27,* 25–31.

Tawney, J., & Gast, D. (1984). *Single subject research in special education.* Columbus, OH: Merrill.

Taylor, B. A., Hughes, C. A., Richard, E., Hoch, H., & Coello, A. R. (2004). Teaching teenagers with autism to seek assistance when lost. *Journal of Applied Behavior Analysis, 37,* 79–82.

Taylor, B. R., & Levin, L. (1998). Teaching a student with autism to make verbal initiations: Effects of a tactile prompt. *Journal of Applied Behavior Analysis, 31,* 651–654.

Terrace, H. S. (1966). Stimulus control. In W. K. Honig (Ed.), *Operant behavior: Areas of research and application.* New York: Appleton-Century-Crofts.

Tessing, J., Napolitano, D., McAdam, D., DiCesare, A., & Axelrod, S. (2006). *Journal of Applied Behavior Analysis, 39,* 501–506.

Test, D. W., & Spooner, F. (1996). *Community-based instructional support.* Washington, DC: American Association on Mental Retardation.

Test, D. W., Spooner, F., Keul, P. K., & Grossi, T. (1990). Teaching adolescents with severe disabilities to use the public telephone. *Behavior Modification, 14,* 157–171.

Thomas, J. D., Presland, I. E., Grant, M. D., & Glynn, T. L. (1978). Natural rates of teacher approval and disapproval in grade-7 classrooms. *Journal of Applied Behavior Analysis, 11,* 91–94.

Thompson, R., Fisher, W., & Contrucci, S. (1998). Evaluating the reinforcing effects of choice in comparison to reinforcement rate. *Research in Developmental Disabilities, 19,* 181–187.

Thompson, R., Fisher, W., Piazza, C., & Kuhn, D. (1998). The evaluation and treatment of aggression maintained by attention and automatic reinforcement. *Journal of Applied Behavior Analysis, 31,* 103–116.

Thorndike, E. L. (1905). *The elements of psychology.* New York: Seiler.

Thorndike, E. L. (1931). *Human learning.* New York: Appleton-Century-Crofts.

Tingstrom, D., Sterling-Turner, H., & Wilczynski, S. (2006). The Good Behavior Game: 1969–2002. *Behavior Modification, 30,* 225–253.

Tiong, S. J., Blampied, N. M., & Le Grice, B. (1992). Training community-living, intellectually handicapped people in fire safety using video prompting. *Behaviour Change, 9,* 65–72.

Todd, A., Campbell, A., Meyer, G., & Horner, R. (2008). The effects of a targeted intervention to reduce problem behaviors. *Journal of Positive Behavior Interventions, 10,* 46–55.

Todd, A. W., Horner, R. H., & Sugai, G. (1999). Self-monitoring and self-recruited praise: Effects on problem behavior, academic engagement, and work completion in a typical classroom. *Journal of Positive Behavior Interventions, 1,* 66–76.

Tolman, E. C. (1932). *Purposive behavior in animals and men.* New York: Appleton-Century-Crofts.

Touchette, P., MacDonald, R., & Langer, S. (1985). A scatter plot for identifying stimulus control of problem behavior. *Journal of Applied Behavior Analysis, 18,* 343–351.

Touchette, P. E., & Howard, J. S. (1984). Errorless learning: Reinforcement contingencies and stimulus control transfer in delayed prompting. *Journal of Applied Behavior Analysis, 17,* 175–188.

Trant, L. (1977). Pictorial token card (communication). *Journal of Applied Behavior Analysis, 10,* 548.

Trap, J. J., Milner-Davis, P., Joseph, S., & Cooper, J. O. (1978). The effects of feedback and consequences on transitional cursive letter formation. *Journal of Applied Behavior Analysis, 11,* 381–393.

Trask-Tyler, S. A., Grossi, T. A., & Heward, W. L. (1994). Teaching young adults with developmental disabilities and visual impairments to use tape-recorded recipes: Acquisition, generalization, and maintenance of cooking skills. *Journal of Behavioral Education, 4,* 283–311.

Tucker, M., Sigafoos, J., & Bushnell, H. (1998). Use of noncontingent reinforcement in the treatment of challenging behavior: A review and clinical guide. *Behavior Modification, 22,* 529–547.

Turnbull, H. R., Wilcox, B., Stowe, M., & Turnbull, A. (2001). IDEA requirments for use of PBS. *Journal of Positive Behavior Interventions, 3,* 11–18.

Twardosz, S., & Sajwaj, T. (1972). Multiple effects of a procedure to increase sitting in a hyperactive, retarded boy. *Journal of Applied Behavior Analysis, 5,* 73–78.

Twyman, J., Johnson, H., Buie, J., & Nelson, C. M. (1994). The use of a warning procedure to signal a more intrusive timeout contingency. *Behavioral Disorders, 19*(4), 243–253.

Ulman, J. D., & Sulzer-Azaroff, B. (1975). Multi-element baseline design in educational research. In E. Ramp & G. Semb (Eds.), *Behavior analysis: Areas of research and application* (pp. 377–391). Upper Saddle River, NJ: Prentice Hall.

Umbreit, J. (1995). Functional assessment and intervention in a regular classroom setting for the disruptive behavior of a student with attention deficit hyperactivity disorder. *Behavior Disorders, 20,* 267–278.

Umbreit, J., Ferro, J., Liaupsin, C., & Lane, K. (2007). *Functional behavioral assessment and function-based intervention.* Upper Saddle River, NJ: Merrill/Pearson Education.

Umbreit, J., Lane, K., & Dejud, C. (2004). Improving classroom behavior by modifying task difficulty: Effects of increasing the difficulty of too-easy tasks. *Journal of Positive Behavior Interventions, 6,* 13–20.

Valdimarsdottir, H., Halldorsdottir, L. Y., & Siguroardottir, Z. G. (2010). Increasing the variety of foods eaten by a picky eater: Generalization of effects across caregivers and settings. *Journal of Applied Behavior Analysis, 43,* 101–105.

Van Camp, C., Lerman, D., Kelley, M., Contrucci, S., & Vorndran, C. (2000). Variable-time reinforcement schedules in the treatment of socially maintained problem behavior. *Journal of Applied Behavior Analysis, 33,* 545–557.

Van Camp, C., Lerman, D., Kelley, M., Roane, H., Contrucci, S., & Vorndran, C. (2000). Further analysis of idiosyncratic antecedent influences during the assessment and treatment of problem behavior. *Journal of Applied Behavior Analysis, 33*(2), 207–221.

van den Pol, R. A., Iwata, B. A., Ivancic, M. T., Page, T. J., Need, N. A., & Whitely, F. P. (1981). Teaching the handicapped to eat in public places: Acquisition, generalization and maintenance of restaurant skills. *Journal of Applied Behavior Analysis, 14*, 61–69.

Van Houten, R. (1993). The use of wrist weights to reduce self-injury maintained by sensory reinforcement. *Journal of Applied Behavior Analysis, 26*, 197–203.

Van Houten, R., Axelrod, S., Bailey, J. S., Favell, J. E., Foxx, R. M., Iwata, B. A., et al. (1988). The right to effective behavioral treatment. *The Behavior Analyst, 11*, 111–114.

Van Houten, R., Nau, P., Mackenzie-Keating, S., Sameoto, D., & Colavecchia, B. (1982). An analysis of some variables influencing the effectiveness of reprimands. *Journal of Applied Behavior Analysis, 15*, 65–83.

Van Houten, R., & Retting, R. A. (2001). Increasing motorist compliance and caution at stop signs. *Journal of Applied Behavior Analysis, 34*, 185–193.

Van Houten, R., & Thompson, C. (1976). The effects of explicit timing on math performance. *Journal of Applied Behavior Analysis, 9*, 227–230.

Van Laarhoven, T., & Van Laarhoven-Myers, T. (2006). Comparison of three video-based instructional procedures for teaching daily living skills to persons with developmental disabilities. *Education and Training in Developmental Disabilities, 41*, 365–381.

Van Laarhoven, T., Zurita, L. M., Johnson, J. W., Grider, K. M., & Grider, K. L. (2009). A comparison of self, other, and subjective video models for teaching daily living skills to individuals with developmental disabilities. *Education and Training in Developmental Disabilities, 44*, 509–522.

Vasta, R., & Wortman, H. A. (1988). Nocturnal bruxism treated by massed negative practice. *Behavior Modification, 12*, 618–626.

Vaughn, S., Bos, C., & Schumm, J. (2000). *Teaching exceptional, diverse, and at-risk students in the general education classroom.* Boston: Allyn & Bacon.

Vegas, K., Jenson, W., & Kircher, J. (2007). A single-subject meta-analysis of the effectiveness of time-out in reducing disruptive classroom behavior. *Behavioral Disorders, 32*, 109–121.

Vollmer, T. (1999). Noncontingent reinforcement: Some additional comments. *Journal of Applied Behavior Analysis, 32*, 239–240.

Vollmer, T., & Bourret, J. (2000). An application of the matching law to evaluate the allocation of two- and three-point shots by college basketball players. *Journal of Applied Behavior Analysis, 33*(2), 137–150.

Vollmer, T., & Iwata, B. (1992). Differential reinforcement as treatment for behavior disorder: Procedural and functional variations. *Research in Developmental Disabilities, 13*, 393–417.

Vollmer, T., Iwata, B., Zarcone, J., Smith, R., & Mazaleski, J. (1993). The role of attention in the treatment of attention-maintained self-injurious behavior: Noncontingent reinforcement and differential reinforcement of other behavior. *Journal of Applied Behavior Analysis, 26*, 9–21.

Vollmer, T., Marcus, B., & Ringdahl, J. (1995). Noncontingent escape as treatment for self-injurious behavior maintained by negative reinforcement. *Journal of Applied Behavior Analysis, 28*, 15–26.

Vollmer, T., Ringdahl, J., Roane, H., & Marcus, B. (1997). Negative side effects of noncontingent reinforcement. *Journal of Applied Behavior Analysis, 30*, 161–164.

Vollmer, T., Roane, H., Ringdahl, J., & Marcus, B. (1999). Evaluating treatment challenges with differential reinforcement of alternative behavior. *Journal of Applied Behavior Analysis, 32*, 9–23.

Voltz, D. L. (2003). Personalized contextual instruction. *Preventing School Failure, 47*, 138–143.

Wacker, D., Berg, W., Wiggins, B., Muldoon, M., & Cavanaugh, J. (1985). Evaluation of reinforcer preferences for profoundly handicapped students. *Journal of Applied Behavior Analysis, 18*, 173–178.

Wacker, D. P., & Berg, W. K. (1983). Effects of picture prompts on the acquisition of complex vocational tasks by mentally retarded adolescents. *Journal of Applied Behavior Analysis, 16*, 417–433.

Walker, H. M., & Buckley, N. K. (1972). Programming generalization and maintenance of treatment effects across time and across settings. *Journal of Applied Behavior Analysis, 5*, 209–224.

Walker, H. M., Mattsen, R. H., & Buckley, N. K. (1971). The functional analysis of behavior within an experimental class setting. In W. C. Becker (Ed.), *An empirical basis for change in education.* Chicago: Science Research Associates.

Walker, H. M., & Shinn, M. R. (2002). Structuring school-based interventions to achieve integrated primary, secondary, and tertiary prevention goals for safe and effective schools. In M. Shinn, H. Walker, & G. Stoner (Eds.), *Interventions for academic and behavior problems II: Preventive and remedial approaches.* Silver Spring, MD: National Association of School Psychologists.

Wallace, I. (1977). Self-control techniques of famous novelists. (Introduction by J. J. Pear.) *Journal of Applied Behavior Analysis, 10*, 515–525.

Wallace, M., Doney, J. K., Mintz-Resudek, C. M., & Tarbox, R. F. (2004). Training educators to implement functional analyses. *Journal of Applied Behavior Analysis, 37*, 89–92.

Wallace, M., & Knight, D. (2003). An evaluation of a brief functional analysis format within a vocational setting. *Journal of Applied Behavior Analysis, 36*, 125–128.

Walls, R. T., Zane, T., & Ellis, W. D. (1981). Forward chaining, backward chaining, and whole task methods for training assembly tasks. *Behavior Modification, 5*, 61–74.

Walton, D. (1961). Experimental psychology and the treatment of a tiqueur. *Journal of Child Psychology and Psychiatry, 2*, 148–155.

Waters, M., Lerman, D., & Hovanetz, A. (2009). Separate and combined effects of visual schedules and extinction plus differential reinforcement on problem behavior occasioned by transitions. *Journal of Applied Behavior Analysis, 42*, 309–313.

Watras, J. (1986). Will teaching applied ethics improve schools of education? *Journal of Teacher Education, 37*, 13–16.

Watson, J. B. (1914). *Behavior: An introduction to comparative psychology.* New York: Holt, Rinehart & Winston.

Watson, J. B. (1919). *Psychology from the standpoint of a behaviorist.* Philadelphia: Lippincott.

Watson, J. B. (1925). *Behaviorism.* New York: Norton.

Watson, J. B., & Raynor, R. (1920). Conditioned emotional reactions. *Journal of Experimental Psychology, 3*, 1–4.

Watson, L. S. (1967). Application of operant conditioning techniques to institutionalized severely and profoundly retarded children. *Mental Retardation Abstracts, 4*, 1–18.

Waugh, R. E., Alberto, P. A., & Fredrick, L. D. (2010). Effects of error correction during assessment probes on the acquisition of sight words for students with moderate intellectual disabilities. *Research in Developmental Disabilities, 32*, 1, 47–57.

Webber, J., Scheuermann, B., McCall, C., & Coleman, M. (1993). Research on self-monitoring as a behavior management technique in special education classrooms: A descriptive review. *Remedial and Special Education, 14*, 38–56.

Wechsler, D. (2003). *The Wechsler Intelligence Scale for Children–IV*. San Antonio, TX: The Psychological Corporation.

Wehby, J. H., & Hollahan, M. S. (2000). Effects of high-probability requests on the latency to initiate academic tasks. *Journal of Applied Behavior Analysis, 33,* 259–262.

Wehmeyer, M. L., Agran, M., & Hughes, C. (2000). A national survey of teachers' promotion of self-determination and student-directed learning. *Journal of Special Education, 34,* 58–68.

Weinstein, C. S. (1992). Designing the instructional environment: Focus on seating. Bloomington, IN: Proceedings of Selected Research and Development Presentations at the Convention of the Association for Educational Communications and Technology. (ERIC Document Reproduction Service No. ED 348 039)

Werry, J. S. (1986). Organic factors in childhood psychopathology. In H. G. Quay & J. S. Werry (Eds.), *Psychopathological disorders of childhood* (3rd ed.). New York: Wiley.

Werts, M. G., Caldwell, N. K., & Wolery, M. (2003). Instructive feedback: Effects of a presentation variable. *Journal of Special Education, 37,* 124–135.

Werts, M., Zigmond, N., & Leeper, D. (2001). Paraprofessional proximity and academic engagement: Students with disabilities in primary-aged classrooms. *Education and Training in Mental Retardation and Developmental Disabilities, 36,* 424–440.

White, A., & Bailey, J. (1990). Reducing disruptive behaviors of elementary physical education students with sit and watch. *Journal of Applied Behavior Analysis, 23,* 353–359.

White, M. A. (1975). Natural rates of teacher approval and disapproval in the classroom. *Journal of Applied Behavior Analysis, 8,* 367–372.

White, O., & Liberty, K. (1976). Evaluation and measurement. In N. G. Haring & R. L. Schielfelbusch (Eds.), *Teaching special children* (pp. 31–71). New York: McGraw-Hill.

White, O. R. (1977). Behaviorism in special education: An arena for debate. In R. D. Kneedler & S. G. Tarber (Eds.), *Changing perspectives in special education*. Columbus, OH: Merrill.

White, O. R., & Haring, N. G. (1980). *Exceptional teaching* (2nd ed.). Columbus, OH: Merrill.

Whitman, T. L. (1990). Self-regulation and mental retardation. *American Journal on Mental Retardation, 94*(4), 347–362.

Wicker, T. (1974, February 8). A bad idea persists. *The New York Times,* p. 31.

Wilcox, B., & Bellamy, G. T. (1982). *Design of high school programs for severely handicapped students*. Baltimore: Paul H. Brookes.

Wilder, D., Chen, L., Atwell, J., Pritchard, J., & Weinstein, P. (2006). Brief functional analysis and treatment of tantrums associated with transitions in preschool children. *Journal of Applied Behavior Analysis, 39,* 103–107.

Wilder, D., Harris, C., Reagan, R., & Rasey, A. (2007). Functional analysis and treatment of noncompliance by preschool children. *Journal of Applied Behavior Analysis, 40,* 173–177.

Wilder, D., Normand, M., & Atwell, J. (2005). Noncontingent reinforcement as treatment for food refusal and associated self-injury. *Journal of Applied Behavior Analysis, 38,* 549–553.

Wilkinson, G. (2006). *Wide Range Achievement Test 4*. Los Angeles, CA: Western Psychological Services.

Wilkinson, L. A. (2005). Self-management for high-functioning children with autism spectrum disorders. *Intervention in School and Clinic, 43,* 150–157.

Williams, G., Pérez-González, L. A., & Vogt, K. (2003). The role of specific consequences in the maintenance of three types of questions. *Journal of Applied Behavior Analysis, 36,* 285–296.

Williams, J., Koegel, R., & Egel, A. (1981). Response-reinforcement relationships and improved learning in autistic children. *Journal of Applied Behavior Analysis, 14,* 53–60.

Wilson, P. G., Schepis, M. M., & Mason-Main, M. (1987). In vivo use of picture prompt training to increase independent work at a restaurant. *Journal of the Association for Persons with Severe Handicaps, 12,* 145–150.

Wilson, R., Majsterek, D., & Simmons, D. (1996). The effects of computer-assisted versus teacher-directed instruction on the multiplication performance of elementary students with learning disabilities. *Journal of Learning Disabilities, 29*(4), 382–390.

Winborn-Kemmerer, L., Wacker, D., Harding, J., Boelter, E., Berg, W., & Lee, J. (2010). Analysis of mand selection across different stimulus conditions. *Education and Treatment of Children, 33,* 49–64.

Winett, R. A., & Winkler, R. C. (1972). Current behavior modification in the classroom: Be still, be quiet, be docile. *Journal of Applied Behavior Analysis, 5,* 499–504.

Wolery, M., & Gast, D. L. (1984). Effective and efficient procedures for the transfer of stimulus control. *Topics in Early Childhood Special Education, 4,* 52–77.

Wolf, M. (1978). Social validity: The case for subjective measurement or how applied behavior analysis is finding its heart. *Journal of Applied Behavior Analysis, 11,* 203–214.

Wolfe, L. H., Heron, T. E., & Goddard, Y. I. (2000). Effects of self-monitoring on the on-task behavior and written language performance of elementary students with learning disabilities. *Journal of Behavioral Education, 10,* 49–73.

Wong, H. K., & Wong, R. T. (2009). *The first days of school: How to be an effective teacher*. Mountain View, CA: Harry K. Wong Publications, Inc.

Wood, S. J., Murdock, J. Y., & Cronin, M. E. (2002). Self-monitoring and at-risk middle school students. *Behavior Modification, 26,* 605–626.

Wood, S. J., Murdock, J. Y., Cronin, M. E., Dawson, N. M., & Kirby, P. C. (1998). Effects of self-monitoring on on-task behaviors of at-risk middle school students. *Journal of Behavioral Education, 8,* 263–279.

Woods, T. S. (1984). Generality in the verbal tacting of autistic children as a function of "naturalness" in antecedent control. *Journal of Behavior Therapy and Experimental Psychiatry, 15,* 27–32.

Woods, T. S. (1987). Programming common antecedents: A practical strategy for enhancing the generality of learning. *Behavioural Psychotherapy, 15,* 158–180.

Worsdell, A., Iwata, B., & Wallace, M. (2002). Duration-based measures of preference for vocational tasks. *Journal of Applied Behavior Analysis, 35,* 287–290.

Wright, C., & Vollmer, T. (2002). Evaluation of a treatment package to reduce rapid eating. *Journal of Applied Behavior Analysis, 35,* 89–93.

Wright, H. (1960). Observational study. In P. H. Mussen (Ed.), *Handbook of research methods in child development*. New York: Wiley.

Wyatt v. Stickney, 344 F. Supp. 373, 344 F. Supp. 387 (M. D. Ala. 1972) affirmed sub nom.

Wylie, A., & Grossman, J. (1988). Response reduction through superimposition of continuous reinforcement: A systematic replication. *Journal of Applied Behavior Analysis, 21,* 201–206.

Yarbrough, S., & Carr, E. (2000). Some relationships between informant assessment and functional analysis of problem behavior. *American Journal on Mental Retardation, 105,* 130–151.

Yates, A. J. (1958). Symptoms and symptom substitution. *Psychological Review, 65,* 371–374.

Yates, A. J. (1970). *Behavior therapy*. New York: Wiley.

Yell, M., & Stecker, P. (2003). Developing legally correct and educationally meaningful IEPs using curriculum-based measurement. *Assessment for Effective Intervention, 28,* 73–88.

Zanolli, K., Daggett, J., Ortiz, K., & Mullins, J. (1999). Using rapidly alternating multiple schedules to assess and treat aberrant behavior in natural settings. *Behavior Modification, 23,* 358–379.

Zarcone, J., Crosland, K., Fisher, W., Worsdell, A., & Herman, K. (1999). A brief method for conducting negative-reinforcement assessment. *Research in Developmental Disabilities, 20,* 107–124.

Zarcone, J., Iwata, B., Mazaleski, J., & Smith, R. (1994). Momentum and extinction effects on self-injurious escape behavior and noncompliance. *Journal of Applied Behavior Analysis, 27,* 649–658.

Zarcone, J., Iwata, B., Vollmer, T., Jagtiani, S., Smith, R., & Mazaleski, J. (1993). Extinction of self-injurious escape behavior with and without instructional fading. *Journal of Applied Behavior Analysis, 26,* 353–360.

Zarcone, J., Rodgers, T., Iwata, B., Rourke, D., & Dorsey, M. (1991). Reliability analysis of the Motivational Assessment Scale: A failure to replicate. *Research in Developmental Disabilities, 12,* 349–360.

Zhou, L., Goff, G., & Iwata, B. (2000). Effects of increased response effort on self-injury and object manipulation as competing responses. *Journal of Applied Behavior Analysis, 33,* 29–40.

Zigmond, N., Jenkins, J., Fuchs, D., Deno, S., & Fuchs, L. (1995). When students fail to achieve satisfactorily: A reply to McLeskey and Waldron. *Phi Delta Kappan, 77,* 303–305.

Zimmerman, E. H., & Zimmerman, J. (1962). The alteration of behavior in a special classroom situation. *Journal of the Experimental Analysis of Behavior, 5,* 59–60.

Zirpoli, T. J., & Melloy, K. J. (1993). *Behavior management: Applications for teachers and parents.* New York: Macmillan.

Zuna, N., & McDougall, D. (2004). Using positive behavioral support to manage avoidance of academic tasks. *Teaching Exceptional Children, 37,* 18–24.

英文人名索引

Abrahams, B., 3

Abt, K., 205

Achenbach, T. H., 7

Adams, A., 205, 206

Adams, C., 289

Adams, E. K., 5

Adams, G., 339

Adams, N., 279

Addison, L., 270, 319

Adelinis, J., 205, 215

Agran, M., 234, 301, 353, 362, 363

Ahearn, W., 205, 215, 216

Aiken, J. M., 274

Akmanoglu, N., 310

Akullian, J., 302

Alaimo, D., 99, 100

Alber, S., 285

Alber, S. R., 338, 357

Alberto, P. A., 78, 94, 194, 195, 218, 253, 279, 300, 302, 306, 310, 330

Albin, R., 183, 187, 267

Allday, R. A., 46, 47

Allen, K. D., 97, 98

Allen-DeBoer, R., 78

Allison, R., 64

Alper, S., 300

Amari, A., 78

American Psychiatric Association, 4

Andelman, M., 270

Anderson, C., 183, 208

Anderson, J., 97

Anderson, N., 76

Anderson-Inman, L., 336

Andrews, D., 279, 353

Apolito, P., 284

Apolloni, T., 241

Ardoin, S., 97, 300

Arhar, J., 166, 167

Arndorfer, R., 270

Arntzen, E., 225

Arron, K., 284

Ascione, F. R., 331

Asmus, J., 78, 194, 205, 217, 233, 270

Atkins, T., 64

Atthowe, J. M., 331

Atwell, J., 205, 269

Ault, M. H., 72, 94

Ault, M. J., 310

Austin, J., 85, 303

Axelrod, S., 22, 23, 25, 173, 187, 204, 217, 258

Ayers, K. A., 303, 306

Ayllon, T. A., 19, 23, 32, 81, 87, 217, 231, 265, 290, 308, 337, 345, 346

Ayres, K., 85

Ayres, K. M., 225, 301

Azrin, N., 217, 231

Azrin, N. H., 271, 276, 282, 285, 286, 288, 289, 290, 309, 337

Bader, B. D., 366

Baer, A. M., 280

Baer, D. M., 15, 19, 27, 33, 35, 102, 103, 142, 151, 161, 207, 254, 270, 271, 272, 273, 280, 284, 329, 330, 332, 333, 334, 336, 337, 338, 342, 344, 346, 347, 348, 356, 357

Bailey, D. B., 13, 295

Bailey, J., 265, 280

Bailey, J. S., 23, 27, 277, 303, 345

Bailey, S., 284

Bailin, D., 223

Baker, J., 205

Baker, L., 352

Baker, V., 273

Baldwin, G., 284

Balla, D., 43

Balsam, P. D., 24, 221, 242

Balson, P. M., 35

Bandura, A., 25, 26, 35, 273, 282, 286, 303

Banko, K. M., 24

Bannerman, D. J., 29

Barbetta, P., 233

Barenz, R., 277

Barkley, R., 277, 361

Barlow, D., 47, 129, 151, 152, 161

Barlow, D. H., 151

Baron, A., 279

英漢主題索引

（本索引主題後的頁碼係英文原著頁碼，檢索時請查本書頁邊的該數碼，
方便讀者英漢對照閱讀。）

Notes

Notes

Notes

國家圖書館出版品預行編目（CIP）資料

應用行為分析／ Paul A. Alberto, Anne C. Troutman
　著；周天賜譯. -- 初版. -- 新北市：心理，2017.03
　面；　　公分.--（障礙教育系列；63144）
　譯自：Applied behavior analysis for teachers, 9th ed.
　ISBN 978-986-191-757-3（平裝）

　1. 教育輔導　2. 行為改變術

527.4　　　　　　　　　　　　　　　106001686

障礙教育系列 63144

應用行為分析

作　　者：Paul A. Alberto、Anne C. Troutman

譯　　者：周天賜

執行編輯：林汝穎

總 編 輯：林敬堯

發 行 人：洪有義

出 版 者：心理出版社股份有限公司

地　　址：231 新北市新店區光明街 288 號 7 樓

電　　話：（02）29150566

傳　　真：（02）29152928

郵撥帳號：19293172　心理出版社股份有限公司

網　　址：http://www.psy.com.tw

電子信箱：psychoco@ms15.hinet.net

駐美代表：Lisa Wu（lisawu99@optonline.net）

排 版 者：辰皓國際出版製作有限公司

印 刷 者：辰皓國際出版製作有限公司

初版一刷：2017 年 3 月

I S B N：978-986-191-757-3

定　　價：新台幣 700 元